キリシタン時代の研究

キリシタン時代の研究

高瀬弘一郎著

岩波書店

目　次

第一部

第二部

第一部

第一章　大航海時代イベリア両国の世界二分割征服論と日本

一

アレッサンドロ・ヴァリニャーノはわが国のキリシタン布教に大きな足跡を残したイエズス会宣教師であるが、彼が一五九七年十一月十九日付でマカオからフィリピンの同僚に書送った書翰の中に次のような一節がある（傍点は引用者、以下同）。

「私は自分の良心の重荷をおろすため、そしてまたフィリピンにおいて真実を知ってもらうために尊師に申述べたいが、われわれ日本イエズス会や日本に関することは別において、一般的に言って、フィリピンの修道士は何人もシナ、日本、及びその他のポルトガル国民の征服に属する地域において、主への奉仕、霊魂の救済、更には国王陛下への奉仕を願い、それに添った行動をしてはならない。それどころか彼等がそれらの国に行こうとすればするほど、ますます大きな弊害が生じ、その目的を達するのが困難になるであろう。[1]」

日本などポルトガル国民の征服に属する地域に、スペイン植民地のフィリピンからスペイン系の修道士が入って来て、キリスト教の布教やスペインの国益に添った振舞をしてはならない旨彼地の同僚に警告をあたえたものである。

「ポルトガル国民の征服に属する地域」というのは las provincias q̃ pertenecẽ a esta conquista de los Portugueses. の訳

文であるが、このような、日本は「ポルトガル国(民)の征服に属する」とか、或は又「スペインの征服に属する」といった表現は、当時のカトリック宣教師や貿易商人、植民者が頻繁に用いた常套の表現であって、その事例は数多く挙げることが出来る。その内の二、三を例示すれば、スペイン人イエズス会士アントニオ・フランシスコ・デ・クリターナは一五九九年二月二十六日付で長崎からイエズス会総会長に宛てた書翰の中で、「スペイン系托鉢修道士の渡来は不都合である、という内容の、パードレ達の署名した文書が当地から送られて来ている、と猊下が申されるかも知れないが、結局のところそれは先頃の迫害はこれが原因でひき起された、と考えている巡察師〔ヴァリニャーノのこと――引用者〕と何人かのパードレの見解にすぎず、当然のことながらポルトガル人は、スペイン人がフィリピンを経てポルトガルの征服の土地に来るのは益になる筈がない、と感情的に思いこんでいるからである。[2]」と記しており、署名も日付もないが十七世紀初のイエズス会側の記録と思われる一文書にも、「日本はポルトガルの征服に属し、国王陛下はそれをポルトガルの特権内に守ることを誓った。そしてその特権の一つは、ポルトガル人以外の者が貿易のためにそこに赴いてはならない、というものである。それ故、同国王は、フィリピンからスペイン人が日本その他、東の征服の土地に行ってはならないことを命じた勅令を何通か発布した。[3]」とある。またアウグスチノ会士フライ・マヌエル・デ・ラ・マードレ・ディオスが一五九七年に作成した文書には、「イエズス会パードレ達は〔一五〕五〇年から現在まで日本で原住民改宗の事業にたずさわっているが、これは教皇とポルトガル国王の特別の指示によるもので、日本諸島は同国王の征服に属している。[4]」と記述されている。さらにポルトガル人のイエズス会士アッフォンソ・デ・ルセナが一五九八年十月三日付で日本からイエズス会総会長に宛てた書翰には、「既に猊下にも情報が届いていることと思うが、先年来スペイン人のパードレとポルトガル人のパードレの間で気持と意見の上で何らかの不和と分裂があった。そしてその原因の第一は托鉢修道士の渡来であって、多くのスペイン人パードレは、彼等の渡来は非常に結構なことで日本キリスト教界に裨益する。日本の征服はフィリピンに属することである。そしてこの司教区はフィリピンによって統治され、その属司教区となるのがよいと主張したいようだ。[5]」といった一節がある。

ところでこの「ポルトガルの征服に属する」とか「スペインの征服に属する」とかいった表現の「征服」conquistaという語は一体どのような意味を持つものであろうか。勿論本来の「武力による国土征服」の意味を含んでいることは言うまでもないが、単にそれだけではなく、その地の征服、植民、統治、布教、及びそこでの貿易といったもっと広い意味で用いられたと考えるべきだと思う。言換えれば「ポルトガルの征服に属する地域」というのは「東インド」Indias Orientales 即ち「ポルトガル領インド」Indias Portuguesas と略〻同じ意味で用い、また「スペインの征服に属する地域」というのは「西インド」Indias Occidentales 即ち「スペイン領インド」Indias Españolas と大体同義語であったと考えてよいと思う。このことは前引の無名のイエズス会文書の中で、「この協議会[6]において、日本は西インドに属するということ、及び上述の托鉢修道士達は安心して日本に入国し滞在することが出来る、ということを全員が決定した。〔中略〕しかしながら、これら二つの点でこの協議会の決定が誤りであったことは確かである。なぜならスペインとポルトガルが別々の国であった時に日本が東インドに属していたように、今日でも日本は東インドに属しているからである。というのは、これらの国々の征服という点では何らの変更も行われていないからで、日本は東インドを経て発見され、またポルトガル国民は現在まで日本を自国の征服の土地として所有して来た。[7]」といったような記述が行われているところからも明らかであろう。

それではこの「東インド」と「西インド」即ち「ポルトガル領インド」と「スペイン領インド」とは一体何にもとづく地域区分の概念であろうか。この点については、ポルトガル人のアウグスチノ会士フライ・マヌエル・デ・ラ・マードレ・ディオスが一五九七年に作成した前引の文書に、「昨年司教ドン・ペドロ・マルティンスは上述の跣足修道会遣外管区長〔一五九三年に来日、一五九七年二月に殉教した二十六聖人の一人フランシスコ会士フライ・ペドロ・バウティスタのこと——引用者〕に書送り、全く友好的且つ敬虔な表現で、日本において原住民改宗のために聖福音を説く聖務は、教皇聖下の大勅書、ことに教皇グレゴリウス十三世の大勅書〔小勅書の誤か——引用者〕、及びポルトガル国王の勅命によってイエズス会のポルトガル人パードレに指定されているので、この聖務を行うことを尊師に許可するわけにはゆかないという点を了解してもらいたい。というのは、それは教皇聖下の命令にそむき、教皇や権威ある地理学者達がポルトガルとカスティーリャの両王位の間で二分した征服の全体的な分割を侵すことに外ならないからである、と懇願した。[8]」とあるところから明らかなように、教皇及び地理学者達がポルトガルとスペイン両国の間で夫々の征服地の分割を行った地域区分に基づくものであった。そしてこの教皇と地理学者による征服地の分割というのは、一四九四年六月七日付でポルトガルとスペインの間で結ばれたトルデシーリャス条約の所謂デマルカシオン Demarcación の規定であることは言うまでもない。大西洋上に極から極へ線をひいてそこから東はポルトガル領、西はスペイン領と定めたこのデマルカシオンの規定こそが、前引のいくつかの史料からその一端をうかがい知ることが出来るように、その後百年余を経た十六世紀末から十七世紀初にかけて、日本に対する布教や貿易を行う権限をめぐってポルトガルとスペインの間で激しい論議がたたかわされる淵源となったのである。そしてこのような日本をめぐる両国の対立抗争は、ただ日本におけるカトリック布教の繁栄と成功だけを願う立場からみれば、著しくそれを阻害するものであったと言わなければならないが、しかし反面そのような論争を通して、はじめてこの当時のカトリック宣教師が持っていた祖国意識なり征服事業についての考え方なりが鮮明になり、延いてはキリシタン布教事業の性格を解明する手がかりがえられるということも出来よう。当時の日本の為政者によって行われた熾烈なキリシタン弾圧に屈せず、殉教を覚悟の上あくまでわが国にとどまって信仰の根を絶やさないように努めた宣教師達の宗教的情熱には強く心打たれ貴いものに思われるが、反面その同じ宣教師が、日本はポルトガルなりスペインなりの征服に属する――言換えれば日本を征服し、そこを統治し、交易を行い、キリスト教への改宗を進めるのはポルトガルなりスペインなりの権限に属することである、というような観念を持っていたことは、現実にポルトガル又はスペインによって日本の武力征服が行われる可能性の有無に拘らず、見のがすことの出来ない重大な点であり、わが国の為政者がとった対外政策、対キリシタン政策にしても、相手国のポルトガル、スペイン、及びキリシタン宣教師が日本についてこのような観念を抱いていたということをよく念頭において判断しなければならないであろう。それでは、このような観念を生むもとになったデマルカシオンの規定はどのような歴史的背景から生れ、それはポルトガル、スペイン両国の海外事業にいかなる意義を持ち、そして日本を含む東半球でのデマルカシオンについてはどのような議論の発展を見せたのであろうか。以下これらの点について述べてみたい。

二

十五、六世紀のポルトガル、スペイン両国の大航海事業における大きな特徴の一つは、ローマ教皇の発布した数多くの教皇文書が重要な役割を果してきたという点である。これは教皇が中世キリスト教世界の首長として絶大な影響力を持ち、その決定はヨーロッパのキリスト教国王すべてにとって精神的拘束力となり、一種の国際法的な意味すら持つものであったからに外ならない。ポルトガル国王もスペイン諸侯も、自己の海外発展の事業を正当化し、さらにそれを鼓吹するために随時教皇に対してこの種の精神的支援を求め、一方教皇の側は、カトリック教勢の伸長をはかる意味からも常にこれに応じて明確な援助を与えて来た。そしてこのような大航海事業に対するローマ教皇の支援、介入がその頂点に達したのが、ここで取上げるデマルカシオンを規定したアレキサンデル六世の大勅書であった。

ポルトガルとスペインの海外発展事業をくらべてみると、アフリカ沿岸におけるポルトガルの探険事業は、スペインを背景にしたコロンブスの航海事業よりも略〻一世紀先行しており、このため十五世紀末に発布されたアレキサンデル六世の大勅書は、それまでの一世紀の間に行われたポルトガル王室の航海事業の過程を通して数多くの教皇文書が発布されてきた、その経験の上に立って発せられたものであった。そこで一四一五年のアフリカ北岸セウタの攻略に始まるポルトガル国王の航海事業の過程を通して、同国王室に向け発布された教皇文書を十五世紀のものについてみてみると、それらは主として次の四つの内容に分類することが出来る。

一、異教徒の制圧と改宗に努力してきたポルトガル国王の事業を助長し、そしてその利益を守るために、同国王に対してアフリカからインドに至る新発見地の征服、領有、軍需品を除く異教徒との貿易、及び漁猟の独占権を認め、他国民が同国王の許可をえずに無断でその領域に船を出すことを禁じた内容のもの。

二、右の領域における原住民を奴隷にすることを許した内容のもの。

三、新発見地への布教を奨励し、そしてそこにおける布教保護権の制度を定めた内容のもの。

四、ポルトガル国民に対し、アフリカでの征服戦争を支援するためにそこに参加するよう呼びかけ、そして自ら参加するか、又はそれが出来なければ献金その他の形でこれに協力する者に対しては、贖宥その他の精神的な恩賞を与えた内容のもの。(9)

これらいくつかの内容は互に関連し合っており、分けて扱うことは妥当ではないが、しかしここでデマルカシオンの問題をとり上げ、その由来を考える場合、一の内容のものが最も重要な意味を持つものであることは言うまでもない。そしてこの意味から特に重要な教皇文書は、一四五五年一月八日付ニコラウス五世の大勅書 Romanus pontifex と(10)

一四五六年三月十三日付カリストゥス三世の大勅書 Inter caetera[11] である。即ち、ニコラウス五世の Romanus pontifex は、アフリカのボジャドール、ナン両岬から先のギネー全域、及び更にそこを越えて同地の南端に至るまでの陸地の征服が永久にポルトガル国王に属する旨定め、その地に対して同国王は適宜禁令、法規、刑罰、租税を設定することが出来、そしてその領域において軍需品を除き異教徒と貿易を独占的に行うことを許したものであり、またカリストゥス三世の Inter caetera は、ボジャドール、ナン両岬から先のギネー全域からインドに至るまでのすべての島々に対する精神的裁治権をポルトガルのキリスト騎士団に与え、聖職禄を授与する権限をこれに与えたものであった。言換えれば、これらの大勅書によってアフリカからインドに至る地域の征服はポルトガル国王に属する――即ちポルトガル国王がその地域を領有し、独占的に航海、貿易、そしてキリスト教布教の事業を進める、ということが明確に規定されたことになり、既にここに後のデマルカシオンの萌芽が見られると言ってよい[12]。そしてこのデマルカシオンの概念が一層はっきりした形をとるのは、一四七九年ポルトガルとスペインの間で締結されたアルカソヴァス条約である。

スペインでは一四七四年にカトリック両王の統治が始まるが、その冒頭からポルトガルとの戦争に入る。戦争の発端はポルトガル国王ドン・アフォンソ五世がスペインの王位継承に干渉してイベリア全土における支配権の確立を図ったことにあったが、これに加えて、カトリック両王即位後はそれまでのスペインと異なって海外発展に積極的な姿勢を示すようになり、ポルトガルに対抗してアフリカ西岸やカナリヤ諸島への航海が頻繁に行われるようになったために、ポルトガルとの間の対立も一層根深いものとなった[13]。このようなわけで両国間の戦争は一四七九年の夏までつづき、この年の九月四日にアルカソヴァス条約の締結に至ったが、その内容は、ギネーの地、その他既に発見され、そして将来発見されるあらゆる島々、海岸、陸地、及びマデイラ島、ポルト・サント島、デゼルタ島、アソーレス諸島全体、フローレス諸島、ヴェルデ岬諸島、その他カナリヤ諸島から下ギネーの方向に既に発見され、そして将来発見、征服されるあらゆる島々の領有はポルトガル国王に属する旨決定する。但しカナリヤ諸島、即ちランサロッテ島、ラ・パルマ島、フエルテベントゥーラ島、ゴメラ島、フィエーロ島、グラシオーサ島、グラン・カナリヤ島、その他既に獲得し又将来獲得するすべてのカナリヤ諸島については、その領有はカスティーリャ国王に帰することとする、というものであった。[14] 即ちこのアルカソヴァス条約は、発見地の領有と航海権をポルトガル、スペイン両国で二分割するデマルカシオンの概念がはっきりした形をとっていると言える。

ところでポルトガルにとっては、この条約の内容は既にローマ教皇から認められていた権限の内容と略〻同一のものであり、このような教皇文書によって与えられた広大な地域、海域に対する特権を、スペインと結んだ条約で改めて確認させたことに外ならない。教皇シクストゥス四世は、ポルトガル皇太子ジョアン二世の要請に応じて条約を確認する大勅書を発布するが、それは前記の一四五五年一月八日付ニコラウス五世の大勅書 Romanus pontifex と一四五六年三月十三日付カリストゥス三世の大勅書 Inter caetera を確認したのと同じ一四八一年六月二十一日付大勅書 Aeterni regis であった。[15] このことからも条約の内容が右の両大勅書によってポルトガル国王に与えられた特権と略〻同じものであることが明らかになる。この意味からも Romanus pontifex, Inter caetera, Aeterni regis. の三つの大勅書は、ポルトガルの海外発展途上における主要な教皇文書であり、また同時にデマルカシオンのなりたちの上からも重要な意味をもつものと言わなければならない。

三

コロンブスの航海は、従来ポルトガルにくらべて大きくたち遅れていたスペインの海外発展事業を、これと対等の地位にまで引上げるものであった。それと共に、従来アフリカについてポルトガル国王が獲得して来たのと同じような教皇文書を、今度はスペイン王室がローマ教皇に要請する番であった。ここに、前節で述べたような先駆的な形のデマルカシオンの後をうけて、スペインとポルトガルの間で極から極に線を引いて地球を二分割する本来の意味のデマルカシオンの規定が出現するに至る。即ち一四九三年のアレキサンデル六世の大勅書と翌一四九四年のトルデシーリャス条約であるが、まず大勅書の発布とその意義について取上げてみたい。

　第一回の航海から戻ったコロンブスは一四九三年三月四日にリスボンに着き、同月九日にはポルトガル国王ジョアン二世に謁見している。この会見の席で国王は、コロンブスの発見した島々はポルトガルの征服に属する旨主張したのに対し、コロンブスは、自分は往路カナリヤ諸島に寄港したにすぎない。カスティーリャの国王からギネーの海岸やミナには接近しないようにとの厳令をうけており、これを守って来た、と言って反駁するなど、両者の間で新発見地の帰属をめぐって論争が行われた。[16] コロンブスが帰国したニュースがスペイン国王の耳に入ったのは恐らく三月二十五日頃であった。[17] スペイン国王が急ぎ新発見地領有の承認を教皇に求める外交を展開するのは当然のことであるが、一方ポルトガル国王は四月三日に使者をスペイン国王の許に送り、カナリヤ諸島を通って東西に線を引き、そこから北をスペイン領、南をポルトガル領とする、という提案を行っている。これに対してスペイン国王は、ポルトガル側をあしらいつつローマに使者を送り、極から極に線を引いて地球を二分する解決案を示してこれに応じてほしい旨求めている。[18] そしてその結果教皇アレキサンデル六世の大勅書が発布されるわけであるが、これはポルトガル側がその過程において、何ら関知することなしに発布に至ったものである。[19]

　この件でアレキサンデル六世が発布した大勅書は、一般に「アレキサンデルの大勅書」Bulas alejandrinas と呼ばれる五通[20]であって、スペインの海外発展史上非常に重要な意味をもつものである。その内ここで取上げるべき点は、第一にこれらの大勅書によって、従来アフリカの地についてポルトガル国王に与えて来た諸〻の特権を、新発見地についてスペイン国王に許したこと、第二には、所謂デマルカシオンがはっきり設定されたという点である。第一の点については一四九三年五月三日付 Inter caetera と一四九三年五月三日付 Eximiae devotionis の両大勅書によって規定されているが、しかし従来アフリカについてポルトガル国王に与えてきた特権を新発見地についてスペイン国王に許したとは言っても、両者には微妙な相違がある。即ち、ポルトガルについて言えば、既に述べてきたように、数多くの教皇文書を通して同国国王に諸〻の特権が与えられた動機には、何と言ってもサラセン人に対する十字軍的精神というものがあった。そしてこのモーロ人に対する憎しみは、イスラム教徒ではなくても同じ非キリスト教徒であるアフリカの黒人に対しても向けられるようになった。このためポルトガルに与えられてきた教皇文書には異教徒の原住民に対し非常に熱狂的且つ残忍な内容が見られる。これに対しアレキサンデル六世の大勅書にはそのような色彩はない。例えば、ポルトガルに与えられた教皇文書には、ポルトガル領になった所では原住民を服従させこれを奴隷にしてもよい、というような規定も行われているが、スペインへの大勅書にはそのような規定はなく、それよりも原住民の教化、改宗という目標が大きく前面に出てきている。一般に、スペインの海外発展は植民地の獲得、経営を目指したのに対し、ポルトガルの方は各地の港に貿易の基地を設けることで満足し、植民地の獲得よりも貿易の繁栄を図った、というように説かれている。確かに史実から判断すればそのように言うことも出来ようが、しかし教皇文書を通してみる限り、むしろ逆にポルトガルの方がより熱狂的な征服事業の性格を持っていたと言わなければならない。*

＊　このことに関連して、ポルトガルにおける正当戦争の思想について簡単にふれておきたい。スペインにおいては、フランシスコ・デ・ビトリアが一五三七—三八年にサラマンカ大学で行った「インド人についての特別講義」(21)は、原住民に対する征服戦争の正当性、即ち原住民に対する正当戦争の理論を確立したものであって、その後の法学者や神学者で右のビトリアの学説

に従う者は多かった。[22] これをポルトガルについて見てみると、正当戦争の思想はモーロ人に対する国土回復戦争を通して生れて来るが、これがより重視され、はっきりした形をとって来るのは海外発展の事業が進められるようになってからである。即ち、ゴメス・エアネス・デ・ズララ、[23] ルイ・デ・ピーナ、[24] ドン・ドゥアルテ国王、[25] ジョアン・デ・バロス[26]等の著書に正当戦争の思想の系譜をたどることが出来るが、これがジョアン三世の治世になると、この件に関する興味深い文書の作成を見るに至る。これは、ジョアン三世が異教徒に対して戦争をしうる条件について一法学者に諮問したのに答えて提出された文書であって、「いかなる原因により異教徒に対して正当戦争を行うことが出来るか」Por que causas se pode mover guerra justa contra infieis. と題するものである。[27] 以下この文書の内容を簡単に紹介したい。

文書は、戦争が正当であるには次の三つの条件をみたさなければならないとしている。即ち第一に戦争の原因が正当であること、第二に戦争を行う者が然るべき認可をうけていること、第三にその戦争が善良な意図で行われること、の三点である。

先ず第一の原因についてであるが、戦争の正当な原因として二つの原因を挙げている。一つは、もしも誰かがわれわれのものを不当に奪い、その返還も補償も可能なのにそれを行わないどころか、われわれに害を加えて来るような場合は、その奪われたものを取返すために行う戦争は正当である、としている。そしてその実例として、ポルトガルの歴代国王がアフリカのモーロ人やアジアのトルコ人に対して行なってきた、また今後行う戦争は正当である。なぜなら、これらイスラム教徒やトルコ人はキリスト教徒の国土を不当に占拠して領有したので、ポルトガル国王がそこを領有すべきローマ教皇の許可をえて奪回を図る以上、その戦争は正当なものと認めることが出来る、としている。

次に、それではこれまでキリスト教徒によって所有されたことがない土地に住む異教徒に対する戦争はどうか、という問題である。東洋各地やブラジルにおける場合がこれに当てはまる。正当な原因の第二はこのような場合について考えているものである。救世主は未信徒をキリスト教に改宗させるために、宣教師を派遣して未信徒を導き霊魂の救済を行うように命じ給うたが、これらの任に当る宣教師は主の光栄のみを願い、自己をかえりみず、世俗的な富を無視するものである。しかし同時に、彼等はこのような聖務に従事する者として、布教地で優遇をうける権利をもっている。それ故もしも異教徒がこれらの宣教師を暖かく迎え、その言葉に耳を傾けることがない許りか、これに迫害を加えたり殺害したりする場合には、これに対して正当な戦争を行うことが出来る、としている。そしてこの戦争は武力でもって異教徒を改宗に強いるためのものではなく、主の使者に対して害を加えたことに対する懲罰のため、及び布教事業に対する妨害を排除するためのものである。文書の筆者は、このような考え方から、ドン・マヌエル国王やドン・ジョアン国王の東インドにおける戦争がいかに正当なものかよく判る、なぜなら国王の軍隊が征服した所は、平和的に取引を行う商人や国王の使節に害を加えた許りか、宣教師の入国を拒絶し、これに迫害を加えたからである、と言明している。

次にさらに一歩すすめて、それではキリスト教徒の領地を占拠することも、自国でキリスト教徒を圧迫することもなく、われわれと何ら交渉や貿易を持つことなしに、平和裡に暮している未信徒に対する戦争はいかなる場合に正当であるか、という問題をこの文書は取上げている。これはアメリカ大陸の原住民のことを念頭においているわけであるが、この点については、その異教徒が明らかに自然法に反する重大な罪を犯すような野蛮な悪習を守り、しかもそれを止めようとしないならば、彼等に対して戦争を行いその土地を占拠し、武力で以て彼等を服従させることが出来る、と主張している。

異教徒に対する戦争が正当であるために必要な条件として、右にのべた正当な原因による、ということにつづく第二の条件は、戦争を行う側が然るべき認可を受けていなければならない、ということである。この点について文書は、信徒、未信徒を問わずすべての人々はローマ教皇のことを牧者と考えなければならない。そして教皇は彼等に対し、救済に必要な生き方、即ち自然法に適った生き方を示さなければならない。そしてもしも彼等が宣教師を拒絶したり虐待したりするならば、教皇は牧者として、武力で以て彼等を矯正するようキリスト教徒の国王を鼓吹し、これにいろいろ援助をする必要がある、と述べている。

異教徒に対する正当戦争の条件の三つ目のものは、戦争を行う者が善良な意図を以て行わなければならない、という意図の問題である。この点については、アフリカ西岸からインドにまで危険な航海、多額な出費を伴う征服事業を進めてきたポルトガル国王の意図するところは、ただキリスト教布教、原住民の救済ということにあり、この目的のために多額の軍事費をかけ、多くの人々の生命を危険に陥れ、そして一方ではこの目的を達成するのに必要な経費を調達するための利益をえてきた。国王ジョアン三世陛下が布教に特別心をくばり、宣教師に財政援助をし、改宗した者や未信徒を平和裡に守るために経費を費しているのは、彼のこの意図が真実であることを証明する充分な証拠である、と述べてその対異教徒戦を正当なものとしている。

この文書には署名も日付もないが、コスタ・ブロシャードは、ブラジルにおける征服、植民事業の進展と正当戦争についての国王の諮問とは関連があろうとの判断から、文書の作成を一五三〇年以前と推測している[28]。そうだとするとこれはスペインでフランシスコ・デ・ビトリアがその見解を発表する以前ということになるが、その頃既にポルトガルにおいて原住民に対する正当戦争の理論が形成され、しかもポルトガル国王がアフリカのみならずインドにおいて進めてきた武力征服の事業も正当なものである、と認めた考え方がはっきり示されていたのは注目に値いする。即ち、ポルトガルに与えられてきた多くの教皇文書やポルトガルで行われていた正当戦争の考え方から判断して、ポルトガルはスペインとは違って貿易活動に重点をおき、国土征服、植民地獲得には関心がうすかったということは当らないと思う。

アレキサンデル六世の大勅書によって定められた第二の点は、デマルカシオンがはっきり規定されたということである。一四九三年五月四日付大勅書 Inter caetera によって設定されたものであるが、アソーレス諸島とヴェルデ岬諸島の西一〇〇レーグワのところに北極から南極に線を引き、そこから西及び南に発見される島と陸地をスペイン領とする、という有名なデマルカシオンの規定は、前に述べたようにポルトガルに与えられた教皇文書の中で既に萌芽が見られたデマルカシオンを、コロンブスによる発見事業の成功という新しい情勢に直面して敷衍したものにすぎず、これをもって教皇アレキサンデル六世がポルトガルの利益を無視して、カトリック両王に対して一方的な配慮をした、と断定することは出来ないであろう。

このデマルカシオンの規定に関連して、一四九三年九月二十六日付大勅書 Dudum siquidem の内容も重要な意味を持っている。即ちスペイン国王に対して、まだ他のキリスト教徒の領主の統治下にない限り、西及び南に航海して発見した土地が仮令東の地域及びインドに位置していようと、そこの領有を許可している。五月四日付の Inter caetera

では、大西洋上には極から極に線を引きポルトガル領とスペイン領を分割しはしたが、地球の裏側については何ら言及されていない。大勅書Dudum siquidemになるとこの点についての教皇の意向がさらにはっきりして来る。即ち教皇は「東の地域」或いは「インド」については、ポルトガル、スペインのいずれの領域とも明確には決定せず、先にそこを獲得したものの領有とする旨規定している。これは、インドは自領であると主張するポルトガル側と、コロンブスがインドに到達したというスペイン側の双方に妥協した決定であったと言うことが出来よう。後に日本も含め極東の各地において、ポルトガル、スペインのいずれに帰属するかについて論争が生じるが、それはこの地域の帰属についてはこのように当初から明確にされていなかったことに起因すると言わなければならない。

この、大西洋上にデマルカシオンの境界線を設定しながら地球の反対側では境界が確定していないという点は、翌一四九四年六月七日にポルトガルとスペインの間で締結されたトルデシーリャス条約[29]も同様である。この条約の主な決定事項は、アレキサンデル六世の大勅書では境界線をアソーレス諸島及びヴェルデ岬諸島の西一〇〇レーグワのところに引いたものを、ヴェルデ岬諸島の西三七〇レーグワに改める(但し同諸島の内のどの島から測定するかについては言及されていない)。そして右の境界線から東である限り、北方であれ南方であれ既に発見され、そして将来発見されるすべての島々と大陸はポルトガル国王とその継承者に属するものとし、境界線から西である限り、北方であれ南方であれ既に発見され、将来発見されるすべての島々と大陸はスペイン国王とその継承者に属するものとする、という点である。

アレキサンデル六世の大勅書と同様、このトルデシーリャス条約も東半球の境界については何もふれていない。その当時両国共に「インド」の地を目指して航海を競い合っていたのであるから、そこがいずれの領域に入るか明確な形で協定を結ぶことが出来る筈がなく、また両国共そのような条約を締結するつもりもなかったのである。ローマ教皇もこの点は同様であった。[30] かりに大西洋上に引いた境界線を東半球にまで延長して両国の領域を区分するという了解があったのなら、スペイン同様「インド」を目指すポルトガル側にとって、大西洋上の境界線が西に移動すればそれだけ不利になるわけで、アレキサンデル六世の大勅書でヴェルデ岬諸島の西一〇〇レーグワのところに引かれた境界線をさらに西に移すようスペイン側と交渉して、これを三七〇レーグワで妥結するようなことをする筈がないであろう。

なお同条約に対する教皇の承認についてであるが、一五〇〇年四月におけるブラジル発見後、ポルトガル側がアレキサンデル六世の大勅書によるとこの大陸がスペインのデマルカシオンに含まれるが、トルデシーリャス条約によれば自領に入るということを知り、急遽教皇ユリウス二世に対し条約の承認を求めた結果、[31] 一五〇六年一月二十四日付の大勅書 Ea quae pro bono が発布され、間接的な表現でこれが承認された。[32]

四

ここで東半球におけるデマルカシオンの問題についてふれてみたい。東半球におけるデマルカシオンの問題は、マゼランの航海の結果生じたモルッカ諸島の帰属をめぐるポルトガルとスペインの間の論争と関連を持っている。マゼランと共に航海に出た者の内一五二二年九月にスペインに戻ることが出来たのは、乗組員二六五人の内一八人にすぎなかったが、カルロス五世はモルッカ諸島に到達出来たことをよろこび、早くもその年の十一月に再度同諸島に向け遠征隊を送る準備をするよう勅令を発布した。しかしその噂がポルトガルに伝わり、ポルトガルから抗議が出て、このため翌一五二三年二月以後数年にわたってモルッカ諸島の帰属をめぐり両国の間で交渉が行われることになる。そして一五二九年四月に至りスペインのサラゴサに両国の代表が会し、同月二十三日付で条約が締結され、次のことが決定された。第一に、スペイン側がポルトガル国王及びその継承者達に対し、カスティーリャの皇帝がモルッカ諸島、島々、陸地、海洋について有していると称するすべての権利、領有、航海、及び貿易の権利を黄金三五万ドゥカドで売渡す。第二に、この契約によりカスティーリャ皇帝がポルトガル国王に売却する島々、陸地、海洋、権利が明確にわかるようにするために、モルッカ諸島から東北東に一九度、即ち赤道上を一七度東に当るところ、即ち赤道上の一度を一七・五レーグワとして同諸島の位置から二九七・五レーグワのところに北極から南極まで線を引く。その経線上の、モルッカ諸島から東北東の方向に当る所にヴェラス諸島とサン・トメ島が位置している。(33)

サラゴサ条約の内ここで取上げるべき規定事項はこのようなものであるが、この中で注意すべき点は、モルッカ諸島の東二九七・五レーグワのところに線を引いたとは言っても、これを以てトルデシーリャス条約では言及されなかった東半球のデマルカシオンの線についてポルトガルとスペインの間で協定が成立したと考えることは出来ないという点である。少なく共スペイン側にはそのような意向はなかったと言えよう。条約文にも、スペイン国王がポルトガル国王に売却する――スペイン国王はいつでも希望する時に三五万ドゥカドをポルトガル国王に返済すればこの契約を解消することが出来る、即ちモルッカ諸島等についての権利をポルトガル国王の手から回復することが出来る、ということも条約文に明記されているので、売買契約というより、スペイン国王がモルッカ諸島等についての権利を抵当にポルトガル国王から三五万ドゥカドの借入れをしたとも言える――島々、陸地、海洋を明確にするためにモルッカ諸島の東二九七・五レーグワで線を引く旨はっきり記載されている。即ち線を引いたのは、三五万ドゥカドで売買契約をした地域及び海域を明確にするために行なったことであり、この線を以てトルデシーリャス条約で大西洋上に引いた境界線と同様の意味を持つ東半球での境界線とするというようなことは、少なく共スペイン側は初めから考えていなかったものと思う。これは、その後フィリピンを基地にスペイン人が極東で展開した活動の歴史をみれば明らかであろう。そして事実、このサラゴサ条約にも拘らず、その後フィリピン、シナ、日本その他の地域の帰属について両国の間で激しい論議がたたかわされることになる。

メキシコを発ったビリャローボスの率いるスペイン艦隊は一五四三年二月にミンダナオ島に到達したが、早くもその年の八月にはモルッカ諸島のポルトガル人から、モルッカ、バンダ、ボルネオ、ミンダナオ、サン・フアン、マナドス、セレベス、パプアの島々はポルトガル国王の所有であるから、これらの土地から立ち去るようにとの要求があり、モルッカ諸島を除くその他のすべての地域は自国領だとするスペイン側との間でやりとりが行われた。一五五八年、ヌエバ・エスパーニャの副王ドン・ルイス・デ・ベラスコは遠征隊の派遣を計画したが、そのための経費を現地で調達することが出来ず、本国の政庁に使者を送って援助を求めた。これを機会に国王から副王に宛て遠征隊の派遣をせきたてる勅令が発せられた。目的はシナ、日本、及び西の海の全域を探検するための基地としてのフィリピンを調査し、そしてこのフィリピンとヌエバ・エスパーニャを結ぶ太平洋横断の航路を見出すことであった。スペイン国王は、モルッカ諸島の近くに他の島々、殊にフィリピンがあり、これらはサラゴサ条約の規定事項の中に入っておらず、スペインのデマルカシオンの中に含まれる旨確信していた。フェリペ二世は副王宛ての勅令と共に、当時メキシコにいたアウグスチノ会士ウルダネタにも勅令を送り、副王が準備しているフィリピン遠征に参加するように求めた。ウルダネタはそれを快諾しながらも、フィリピンに行くことはサラゴサ条約を侵すことになる旨国王に献言した。このフィリピン遠征計画は一五六四年にレガスピによって実行されるが、この航海がフィリピンを目指すものであることは、同行したウルダネタ等には航海の途中まで秘密にされた。ウルダネタはフィリピンからメキシコへの帰路の発見に成功し、さらにマドリードに戻ってこの航海について報告をする。

ウルダネタの帰国後、一五六六年十月にインド審議会にウルダネタ外五人の地理学者が招集されて協議会が開かれた。議題は、トルデシーリャス条約によるとモルッカ諸島、フィリピン諸島、及びセブー島はカスティーリャ国王の征服に属する地か、それともポルトガル国王の征服に属する地であるかという点、及びサラゴサ条約の抵当契約の中にフィリピン諸島とセブー島が含まれるか否か、という問題であった。そして協議の結果は、意外にも全員一致して、第一の点についてはフィリピン諸島とセブー島が含まれるか否か、という問題であった。

ウルダネタの帰国後、一五六六年十月にインド審議会にウルダネタ外五人の地理学者が招集されて協議会が開かれた。議題は、トルデシーリャス条約によるとモルッカ諸島、フィリピン諸島、及びセブー島はカスティーリャ国王の征服に属する地か、それともポルトガル国王の征服に属する地であるかという点、及びサラゴサ条約の抵当契約の中にフィリピン諸島とセブー島が含まれるか否か、という問題であった。そして協議の結果は、意外にも全員一致して、第一の点については全域スペインのデマルカシオンに入るとしながらも、第二の点についてはフィリピン諸島もセブー島も抵当契約に含まれる、との結論を出している。(34) しかしこのような地理学者達の見解も、その後スペインがフィリピン経営を進めてゆく上で何ら影響を与えなかったと言ってよい。そして既にフィリピンの植民地経営が始まった一五七九年になると、スペイン、インド審議会の地理学者ドン・バウティスタ・ヘシオによって次のような見解が発表されている。即ち、マカオ島はスペインのデマルカシオンの中に入るのみならず、モルッカの経線とマラッカの経線の間の土地についての抵当契約にも含まれていない。というのは、抵当契約はモルッカの経線から東方のヴェラス諸島別名ラドロネス諸島の経線までの経度で三〇〇レーグワの間についてであり、マカオはモルッカ諸島の西七度のところにあるのでカスティーリャのデマルカシオンの中に入ることになり、しかも抵当契約が行われていない西の領域に位置していることになる。同様にフィリピン諸島、ボルネオ、シャム、カンボジャ、コチンシナその他もこの領域に入る、と。(35)

この見解は当時スペインで行われていた東半球のデマルカシオンについての考え方を示すものである。即ちその頃スペインでは東半球のデマルカシオンはマラッカの上を通る経線だという考え方がとられていた。それ故、サラゴサ条約によってモルッカ諸島の経線から同諸島の東二九七・五レーグワの経線までの間がポルトガル領と定められたところから、モルッカ諸島の西端を通る経線とマラッカの上を通る経線の間については、スペインがポルトガルの権利を侵すことなく領有することが出来る、という結論が出されるわけである。一五八一年から一五八二年にかけてフィリピンのマニラで司教区会議が開催され、そこでの議題の一つはスペイン人によるフィリピン征服が正当か否かという問題であったが、もうそこにおいては対ポルトガルの問題などは全く討議の対象になっておらず、ただフィリピン原住民を征服することの正当性が取上げられて論ぜられているにすぎない。(36) このことは、フィリピンに遠征隊を派遣する段階では仮令異論があったにしても、現実にフィリピンに帰属するかとか、征服が行われ植民地経営が始められているこの時点においては、もはやフィリピンがいずれのデマルカシオンに帰属するかとか、フィリピンサラゴサ条約の抵当契約の中に含まれるか否かといったような問題は、スペイン人の間では既に念頭になかったということをよく示していると言えよう。

五

最後に、東半球のデマルカシオンの問題において日本の帰属がどのように取扱われたかについてのべてみたい。

日本はポルトガルの征服に属するとか、否スペインの征服に属するとかいった論争が教会関係者の間で行われたことは冒頭に記述した通りである。そして言うまでもなく、日本の場合は現実にポルトガル、スペインいずれの征服、支配をうけたわけでもなく、日本がポルトガルとスペインのいずれの征服に属するかという問題、言換えれば日本はいずれのデマルカシオンに属するかという問題は、主に布教と貿易の面で取上げられ論ぜられてきた。日本布教を行うのはポルトガル国王の後援をえた同国系の宣教師か、又はスペイン国王の後援をうける宣教師かという問題と、(37) ポルトガル人とスペイン人のいずれが日本と貿易を行うことが出来るかといった問題が、日本をめぐってポルトガル、スペイン両国に最も利害関係が大きい争点であった。そしてこの時代における両国民の海外での活動の常として、布教と貿易は互に相提携し並行して進められており、日本をめぐるデマルカシオンの問題にしても、この教、俗両様の思惑が錯綜して両国関係者の間で論争が行われた。

日本布教は、ザビエルの渡来以後おおよそ半世紀の間は、ポルトガル国王の保護をえた同国系のイエズス会宣教師のみによって進められてきた。この時期は、布教はポルトガル系の宣教師が独占的に行い、日本との貿易もポルトガル人のみが行う、というように、日本は事実上ポルトガルのデマルカシオンに入った観を呈した。そして、ポルトガル系イエズス会士の布教の実績の上に立ってのことであるが、ローマ教皇も一連の教皇文書を発布して日本がポルトガルのデマルカシオンの中に含まれるということを間接的に規定している。即ち、教皇グレゴリウス十三世は一五七六年一月二十三日付で大勅書 Super specula[38] を発布して、ポルトガルの布教保護権の下にマカオ司教区を創設することを定めたが、同司教区が包括する地域として、右の大勅書に「シナの全域、日本、マカオ、及びそれに隣接する島々と陸地」云々と記述されており、日本がポルトガル布教保護権の及ぶ地域に含まれる――言換えればポルトガルのデマルカシオンに含まれる――ということが初めて教皇文書によって規定された。そしてその後一五八八年二月十九日付の枢機卿会議議事録[39]により日本教会はマカオ司教区から独立し、新たにポルトガル布教保護権の下に府内司教区が創設されることになる。またグレゴリウス十三世はこれより先の一五八五年一月二十八日付で小勅書 Ex pastolari officio[40] を発布し、日本布教をイエズス会士のみに許し、他のスペイン系の修道士がそこに参加することを厳しく禁止している。

このようにキリシタン布教の歴史の前半の時期においては、日本の帰属に関してポルトガルの方が優位に立っていたと言えるが、しかしスペイン側も決して手を拱いていたわけではない。東半球のデマルカシオンの線はマラッカの上を通るものと主張するスペイン側にとって、マカオにポルトガル布教保護権が及ぶ司教区が設置され、シナ、日本を含む周辺一帯がポルトガルのデマルカシオンに入る旨を定める教皇文書が発布されたことは、見のがすことの出来ない重大な出来事であった。マカオ司教区創設の直後の一五七八年十二月二十七日付で、ドン・ファアン・デ・スニガという者がローマから国王に宛てた書翰には次のように記述されている。

「ドン・ファアン・デ・ボルハが私に書送り、ローマからの情報によって去る十月にシナのマカオ市に司教区が創設されたことを知ったが、その地域は陛下のデマルカシオンに入る筈だと言って注意して来た。私はこの司教区創設のことについて調べさせた結果、それが七六年一月二十三日のことであるということが判った。このことは当地からお送りする大勅書の写しによって陛下も了解されよう。それが、その時任命された司教が死亡したためか、或いは彼がそれを受けるのを望まなかったためか、この十月に再びその任命が行われた。この教会が創設されたという噂は、私は既に耳にしていたかも知れないが、マカオがどこか、そしてシナはいずれのデマルカシオンに入るかということを知らなかったので、陛下にとって弊害になるということを警告しなかった。シナにポルトガル人の司教が配されることは非常に不都合となるに違いない。というのは、これを機会にポルトガル人が軍勢を送り、そこの征服を企てるかも知れないからである。それ故、ドン・ファアン・デ・ボルハが警告しているように、マカオ司教区の創設は陛下の権利を損うものではないとの教皇聖下の言明を得るだけでは充分でなく、少なく共司教の任命及び同地についての布教保護権をポルトガル国王に与えたことを取消し、それを陛下に与えるようにしなければならないと思う[41]。」

このように、マカオはスペインのデマルカシオンに入るにも拘らず、ポルトガルのデマルカシオンに入るものとされてそこに同国王の布教保護権の下に司教区が創設されたのは、スペインの利益を著しく損うものであるとして、その廃止を教皇に求めるようスペイン国王に強く勧告している。

マカオ司教区の創設に伴い極東でのデマルカシオンのことが大きな問題になったスペインでは、早速インド審議会がこの件を取上げて協議を行い、国王は地理学者のファン・バウティスタ・ヘシオにこれについての見解を求めた[42]。ヘシオは国王の諮問に答えて一五七九年六月一日付で意見書を提出しているが、その主張は次のようなものである。

即ち、マカオはポルトガルの古い航海誌や海図によると北緯二二度、経度ではヴェルデ岬諸島のサント・アンタン島の西に引いたデマルカシオンの経線から一九一度のところにあり、ポルトガルのデマルカシオンから一一度外れている。われわれは東半球のデマルカシオンの線はマラッカを通ると主張するものであるが、マカオはマラッカから測って東へ一五度、おおよそ二八〇レーグワのところに位置している。またポルトガルの古い航海誌や海図によると、日本諸島の真中を通る経線からおおよそ三〇〇レーグワ西に位置している。しかしポルトガルの歴史家や地理学者が述べるところによると、マカオの経線から日本の経線まで五〇〇レーグワ以上あり、マカオはマニラから三度、モルッカ諸島から七度夫〻西に位置しているということである。従ってマカオがスペインのデマルカシオンの中に入るのみでなく、サラゴサ条約の抵当契約からも外れていることになる。抵当契約はモルッカ諸島の経線から東のヴェラス諸島別名ラドロネス諸島の経線までの三〇〇レーグワの間について結ばれたことだからである。フィリピン諸島、ボルネオ、ミンダナオ、バンダ、ティモール、ソロル、ジャワ、及び大陸の国々であるシャム、カンボジャ、チャンパ、コチンシナその他、及び日本についても同様である。ポルトガル人はマカオとシナがスペインのデマルカシオンに入るのを知って教皇をだまして勅書を獲得し、同地で貿易が出来るようにしようとした。彼等は教皇と枢機卿会に働きかけてマカオにポルトガル布教保護権の下に司教区を設立し、シナ、日本、フィリピンその他をそこに包括させようとした。教皇はこのような国王ドン・セバスティアンからの嘆願に動かされてその希望をかなえた大勅書を彼に発布した。このようにして同教皇は、アレキサンデル六世の大勅書及びスペインとポルトガルの間で結んだ協定にもとづくその他の大勅書を無効にしてしまった。スペイン国王がローマに配置している多くの役人や援助を与えてきた大勢の枢機卿が、マカオがどこにあるか判らなかったと言って大勅書の発布に同調し、陛下に通報もしなかったのは重大な不注意、怠慢である。マカオがインドの内だということと、その司教区に日本とシナが含まれるということを知れば充分の筈である。大勅書の発布は抗議によって阻止し、事前にそれについて陛下に通報していなければならなかった。後になって真相が判っても大して意味がない、と。(43)

スペイン側からこのような強い反撥があったにも拘らず、前述の如くマカオ司教区創設後もローマ教皇庁は一方的にポルトガル側に与した一連の措置をとっている。これはポルトガル側やイエズス会から強い働きかけが行われたのは勿論であるが、一五八一年四月にポルトガルを併合したスペイン国王フェリペ二世は、その際ポルトガル側に対して、ポルトガル領インドにおける同国の利権は一切侵害しない旨の約束を行なっており、(44)フェリペ二世の在位中はこの点でポルトガル側に相当の配慮を払わなければならなかったといった事情によるものであろう。これに対してスペインの現地の植民地関係者や宣教師のとった態度は、第一に日本やシナ等がポルトガルのデマルカシオンに入る旨を定めた教皇文書を取消し、それらの地域はスペインのデマルカシオンに含まれるという自分達の主張に対する教皇の承認をえようとした。そして第二には、先の一連の教皇文書を無視して、フィリピンを足場に日本やシナに布教と貿易を敢行していった。一方スペイン系宣教師に対し優位に立つことが出来たポルトガル系のイエズス会士は、教皇文書によって自分達の立場が正当化されていることを強調し、その擁護に全力を注いだ。彼等はデマルカシオンの線については、一五二九年のサラゴサ条約により三五万ドゥカドの抵当契約を結んだ地域をはっきりさせるために引いた、モルッカ諸島の東二九七・五レーグワの線を以て東半球におけるデマルカシオンと解釈し、(45)日本は当然ポルトガルのデマルカシオンに入ると主張して、スペインのデマルカシオンから自国のデマルカシオンの領域に航海が行われるのを強く排斥しようとした。日付と署名はないが、文面から一五九七年にマカオからイエズス会士がゴアのインド副王に書送ったものと思われる「日本キリスト教界の救済に関する覚書」と題する文書には次のように記述されている。

「〔マニラから托鉢修道士が日本に渡航することは〕イエズス会士でない修道士が日本に渡ることを禁じた教皇聖下の小勅書に反し、また世俗の者であれ修道士であれカスティーリャの征服の地からポルトガルの征服の地に赴くことを禁じた国王陛下の勅令を犯すものである。教皇聖下は修道士であれ世俗の者であれカスティーリャ人に対してはこの門戸を鎖し、もう決して彼等が日本及びそれに隣接したすべての島、シナの全海岸、それに向い合うフェルモサ島に入国することがないようにしなければならない。またマニラからカンボジャ、コチンシナに行ってそこに港を建設する者を罰するよう国王陛下に働きかけてもらいたい。〔中略〕

以上述べたことを徹底させるためには、ポルトガルに重要な人物を一人派遣して、国王陛下やポルトガル審議会に対してこの覚書で取上げてあることを訴え、そして次のように厳罰を以てルソンの総督に命じてもらいたい旨このインド領国の名で国王陛下に要請しなければならないと思う。即ち、ポルトガル国王が貿易を行なっているシナの全海岸、コチンシナ、シャム、パタニ、カンボジャ、フェルモサ島、及びこれらの地に隣接したその他の島々において、戦争や征服事業を企てないように。そしてこれらの征服事業は、国王陛下が神及び自分自身にとって奉仕になると判断した時に、同国王の特命によってのみ実行するようにしなければならない、と。」(46)

托鉢修道士が日本に渡来して布教に加わることに反対する理由としては、統一した布教方針の下に布教を進めることが出来なくなり弊害をきたす、という布教上の問題(47)の外に、彼等の渡来は日本とフィリピンの間に貿易を開くことになり、経済的に日本貿易に依存することの大きいポルトガル領マカオに甚大な打撃を与えることになる、という点が強調された。例えば一六〇八年十月十五日付で長崎からイエズス会士である府内司教ルイス・セルケイラが総会長補佐ジョアン・アルヴァレスに宛てた書翰に次のような一節がある。

「托鉢修道士達が日本に渡来することによって、多くの所で聖職者に不足し、国王陛下への奉仕という面でも、この日本教会の平穏を高めることにならない。それに劣らずポルトガル王位やインド領国、及び国王陛下がそこで有する税関にとって大きな害が及んでいる。彼等は恰もわがもの顔に日毎に日本貿易を奪っており、これは非常に増大しつつあるので、もしも国王陛下が有効な方策でもってそれを阻止しないと、マカオが——そしてそこを通してインド領国が日本との間に行なっている貿易は全く終息してしまうか、又は減少していって、全面的に日本貿易に依存しているマカオ市を維持することが出来なくなってしまうであろう。(48)」

ローマ教皇からはイエズス会士以外の日本布教を禁止する小勅書が発布されており、国王からは一五八六年以後数次にわたり、東西両インドの間の貿易を禁止する勅令が発布されていた(49)にも拘らず、そしてイエズス会やポルトガルの植民地関係者から強い抗議が行われたにも拘らず、フィリピンから十六世紀末にフランシスコ会士、十七世紀初にドミニコ会士、アウグスチノ会士が日本に渡来して布教を開始した許りか、十七世紀に入るとフィリピンとわが国との間の貿易量も増大し、現実にマカオのポルトガル人やイエズス会に脅威を与えるようになった。このため、フィリピン＝日本間の貿易が増加することによって、日本貿易に依存しているマカオ、延いてはポルトガルのインド領国全体が大きな打撃をうけることになる旨を訴えて、その禁止を求めたイエズス会士やポルトガルの植民地関係者の文書は多数残されている。司教セルケイラは一六〇九年十月十日付長崎発の国王宛て書翰で次のように述べている。

「何年か前からマニラと日本の間で開かれている貿易については、既に陛下に何度も書送ったが、陛下の勅令に反してこの貿易は日毎に増大の一途をたどっている。このためシナ国内の陛下のマカオ市を通して東インド領国が日本と行なっている貿易がこれによって大きな打撃をこうむっている。この日本貿易は既に古くポルトガル国王が手に入れ、同国王に属するものである。陛下の勅令を守ってもらいたいということ、及びマニラの日本貿易によって、東インド領国、陛下が同領国に有する税関、インドにおいて果した功績に報いる意味で陛下からシナ＝日本間の航海を与えられたポルトガル人貴族、そしてとりわけ上述の陛下のマカオ市に大きな損害と不正が及んでいるということを直視されたいと、マニラに何度も警告し、要請してある。」

セルケイラはこのように述べて、マニラのスペイン人は教、俗共にこの日本貿易をわがものにしようとしており、またその可能性もある。ポルトガル王室が所有するこの貿易の保護者である国王陛下がそれを守って下さらなければ、マカオ市の収入は失われポルトガル人は自活出来なくなってしまう、云々と訴えている。(50)

またポルトガル審議会も一六一二年一月四日付リスボン発の文書を国王に送り、右のセルケイラの書翰と略〻同様の趣旨のことを述べている。(51)

このような中にあって、ポルトガル系イエズス会に与した教皇文書を取消して自分達に有利な情勢を作ろうとしたフィリピン托鉢修道会の側は、十七世紀に入ってからも本国政府やローマに対してさかんに働きかけを行なっている。(52)その中心人物の一人であるフィリピン、フランシスコ会のファン・ポーブレ・デ・サモラは、国王に宛てた書翰の中で次のようにデマルカシオンについて論じている。

即ち、ポルトガル審議会の管轄は、スペインとポルトガルの間で結ばれた協定によりサント・アンタン諸島の最西端から二二度一二分西のところに決定されたデマルカシオンの経線から東へ一八〇度の内に入る島々と大陸に及ぶにすぎない。国王が公示を命じた修正ずみの新しい測定単位によると、この一八〇度はマラッカの経線までである。従って日本の真中を通る経線はおよそ三〇度スペインのデマルカシオンの中に入るので、日本諸島が少なく共二五度以上スペインのデマルカシオンの中に入るのは明らかである。またモルッカ諸島を自国のデマルカシオンに入れるために偽造し、故意に距離を縮めたポルトガルの測定単位によっても、同様に日本はポルトガルのデマルカシオンから大きく外れている。というのは、修正ずみの新しい測定単位にもとづくマラッカの真中を通る経線は、故意に短縮したポルトガルの測定単位によると二〇度強喰違うが、同じポルトガルの単位により、マラッカの経線から日本諸島の真中を通る経線まで、おおよそ三〇度あるからである。即ち、ポルトガルの偽造した単位によっても、日本はスペインのデマルカシオンに入る、と。(53)

フアン・ポーブレはこのように、東半球でのデマルカシオンの線はマラッカを通るという、スペイン側がその当時一貫してとった見解により、日本がスペイン領に属する旨を強く主張している。

ところでスペイン国王フェリペ二世の没後は、同国政府の方針が変化して自国民の要求により多く耳をかすようになり、そのようなスペイン王室の意向をうけて教皇パウルス五世は一六〇八年六月十一日付で小勅書 Sedis Apostolicae providentia(54) を発布して、イエズス会以外の托鉢修道士がいかなる経路を経て日本に入国しても差支えない旨を定めた。このことはデマルカシオンの問題に関しても、日本はポルトガルの領域に入り、同国の布教保護権のみが及ぶ範囲であるという従来の方針が転換したことを意味し、そしてスペイン系托鉢修道会宣教師によって日本布教の実績が出来て、彼等に属する教界が作られれば、今度はスペインの布教保護権に属する司教区を日本に創設しようという動きが出て来るのは当然の成行である。イエズス会側がそのようなことになるのをいかに憂慮していたかは、司教セルケイラが一六一二年三月一日付で長崎からイエズス会総会長に宛てた書翰からうかがうことが出来る。

「托鉢修道士達の意図は、ポルトガル国王に属するこの地域に、そして東インドのゴアの首都大司教に属する教会に、ヌエバ・エスパーニャの総会長直属管区長に属する西インドの管区を創設し、各修道会が夫々西インドでの布教法や慣習に従ってこの日本キリスト教界を司牧、管理する、ということにあることは明らかであり、私はそう断言する。要するに、彼等教、俗関係者の意図するところ——これはまたカスティーリャのインド審議会の意図するところであり、この方が主だと思うが――は、当地の教会の管理と世俗的な貿易を、一歩一歩ではあるが非常に速かにカスティーリャ国王の下にくみ入れてゆくことである。そしてこれは確かなことであるが、彼等は既に、カスティーリャ国王によって指名されたカスティーリャ人の司教を、フィリピンやヌエバ・エスパーニャを経てこの日本キリスト教界に送りこもうとしている。[55]」

一六一五年三月二十九日付長崎発、スピノラのスピノラ枢機卿宛て書翰にも次のように記述されている。

「われわれが当地のキリスト教徒を培う上で感ずる障害の一つが、フィリピン諸島経由で渡来する修道士である。彼等は、当地の司教職をマニラの大司教職に結びつけることと、現在までポルトガル国王の征服に属していた日本全土を、カスティーリャ国王の征服に属するものとすることを主張しているので、多くの不和と分裂の原因となっている。[56]」

イエズス会側が懸念した日本にスペイン布教保護権下の司教区を創設しようという動きは、一六一〇年代から一六三〇年代にかけてフランシスコ会のルイス・ソテロとドミニコ会のディエゴ・コリャードを中心に運動が展開されることになる。コリャードは一六三二年マドリードにおいて、日本は議論の余地なくスペインのデマルカシオンに入る故に、スペイン国王の布教保護権下の司教を配置すべきことを主張した文書を記述しており、国王もこれに同調する動きを見せている。[57] しかしその頃のローマ教皇庁は、一六二二年に創設された布教聖省を通して、布教事業をスペイン、ポルトガルの植民列強から切離し、布教地の教会を布教保護権の制度を通さずに直接教皇庁が統治する方針をとるようになったことと、日本がキリシタンを禁じ、鎖国政策をとってカトリック教国との交りを絶ったことにより、もうこの当時になると日本がポルトガルとスペインのいずれのデマルカシオンに属するかといった論争は全く意味のないものになってしまった。

以上日本を含む極東でのデマルカシオンをめぐる問題をふりかえってみて、要するにポルトガル側はサラゴサ条約によって定められたモルッカ諸島の東二九七・五レーグワの線を東半球におけるデマルカシオンの線と解釈したのに対し、スペイン側は右のサラゴサ条約の線はデマルカシオンを意味するものではないとして、トルデシーリャス条約に基づく大西洋上の境界線から測って、東半球のデマルカシオンはマラッカの上を通るという主張を行なった。そしてこのように両国の主張が大きく隔っていた上に、東半球の境界線についてはっきりした形で教皇文書によって規定されたことがなかったことも手伝って、極東におけるデマルカシオンの問題は両国の間で紛糾をみせた。そして現実には、各地域毎に、ポルトガル或いはスペインによる征服、貿易、又は布教の実績が大きくものを言い、そこにおける両国の力関係が反映する形で問題が処理されて行ったと言えよう。日本イエズス会側の記録に見られる「東インドを通ってポルトガル人が発見し、征服し、そして所有している所はすべて、仮令東でない地域であってもこの東インドという名称で呼ばれ、同様に西インドにおいても、スペイン人が西インドを通して征服し、所有している所はすべてこの名称で呼ばれる。[58]」との記述は、一面極東におけるデマルカシオンの性格をよく物語っていると言える。

（1） Real Academia de la Historia, Cortes 565, f. 63v.（東大史料編纂所架蔵の複製写真による）。
（2） Archivum Romanum Societatis Jesu, Jap. Sin. 13-II, ff. 282v., 283.
（3） Jap. Sin. 27, f. 88; Real Academia de la Historia, Cortes 566, f. 52.
（4） Real Academia de la Historia, Cortes 565, f. 235.（東大史料編纂所架蔵の複製写真による）。
（5） Archivum Romanum Societatis Jesu, Jap. Sin. 13-I, f. 158.
（6） 一五九三年五月二十八日にマニラのアウグスチノ会修道院においてフィリピンの教、俗関係者によって開かれた協議会のことで、そこにおいて、イエズス会の日本布教独占を定めた一五八五年一月二十八日付のグレゴリウス十三世の小勅書 Ex pastolari officio が発布されていても、フィリピン、フランシスコ会のサン・グレゴリオ管区の創設を認めた一五八六年十一月十五日付のシクストゥス五世の小勅書 Dum ad uberes fructus の規定内容から、同管区のフランシスコ会士が日本に渡って布教を行うことは可能であるとの結論が出され、その決定にもとづいてフライ・ペドロ・バウティスタ以下のフランシスコ会布教団の日本渡航が敢行された(Thomas Uyttenbroeck, *Early Franciscans in Japan*, Himeji, 1959, pp. 6, 7 ; Leo Magnino, *Pontificia Nipponica*, parte prima, Romae, 1947, pp. 24–27, 35–39.)。

ヴァリニャーノは「弁駁書」(一五九八年)の中で、このマニラ協議会の結論に対して次のように反論している。「彼〔フライ・マルティン・デ・ラ・アセンシオンのこと――引用者〕は、マニラにおいて参集した地理学者の助言により、この問題には確信を持っている。マニラは、学問、特に数学と地理学が非常に栄えている都市なので、彼等は世界で最高の地理学者であったことは間違いない。しかし私は、次のことを知れば充分である。即ち、同托鉢修道士とマニラの地理学者達が、西インド即ちカスティーリャ国王の征服に日本が属することを望んでも、カスティーリャとポルトガルの支配者たる国王は、日本がポルトガル国王に属するものとして統治されることを、充分な理由があって望んでいる。」(Jap. Sin. 41, f. 46.)

(7) Jap. Sin. 27, f. 88 ; Real Academia de la Historia, Cortes 566, f. 52.

(8) Real Academia de la Historia, Cortes 565, f. 236v. (東大史料編纂所架蔵の複製写真による)。

(9) これらの勅書については次の文献を参照した。Visconde de Santarem, *Quadro Elementar* t. IX, Lisboa, 1864, pp. 403–406, t. X, Lisboa, 1866, pp. 9–110 ; Joaquim dos Santos Abranches, *Summa do Bullario Portuguez*, Coimbra, 1895, pp. 38–46, 348–357 ; Levy Maria Jordão, *Bullarium Patronatus Portugalliae*, t. I, Olisipone, 1868, pp. 8–52; João Martins da Silva Marques, *Descobrimentos Portugueses*, vol. I, Lisboa, 1944, pp. 246–562 ; F. M. da Costa Lobo, *A acção diplomática dos portugueses nos séculos XV e XVI, destinada à realização de descobertas e conquistas*, Lisboa, 1937, pp. 100–106 ; Francisco Javier Hernaez, *Colección de Bulas, Breves y otros Documentos relativos a la Iglesia de América y Filipinas*, t. II, Bruselas, 1879, reprinted in 1964, pp. 824–836 ; Alfonso García Gallo, *Las Bulas de Alejandro VI y el Ordenamiento Jurídico de la Expansión Portuguesa y Castellana en Africa e Indias*, Madrid, 1958, pp. 305–327 ; W. Eugene Shiels, *King and Church*, Chicago, 1961, pp. 50–57.

(10) Santarem, *op. cit.*, t. X, pp. 53–57 ; Abranches, *op. cit.*, pp. 42, 43 ; Jordão, *op. cit.*, t. I, pp. 31–34 ; S. Marques, *op. cit.*, v. I, pp. 503–513 ; Hernaez, *op. cit.*, t. II, pp. 824–828 ; Gallo, *op. cit.*, pp. 305–315 ; Shiels, *op. cit.*, pp. 50–55.

(11) Abranches, *op. cit.*, p. 44 ; Jordão, *op. cit.*, t. I, pp. 36, 37 ; S. Marques, *op. cit.*, v. I, pp. 535–537 ; Hernaez, *op. cit.*, t. II, pp. 829, 830 ; Gallo, *op. cit.*, pp. 316–319 ; Shiels, *op. cit.*, pp. 55–57.

(12)　一四八一年六月二十一日付シクストゥス四世の大勅書 Aeterni regis がこれら両大勅書を確認している。Santarem, *op. cit.*, t. X, pp. 90, 91; Abranches, *op. cit.*, p. 46; Jordão, *op. cit.*, t. I, pp. 47–52; Hernaez, *op. cit.*, t. II, pp. 830–836; Gallo, *op. cit.*, pp. 325–327.

(13)　F. Mateos, Bulas portuguesas y españolas sobre descubrimientos geográficos, *Missionalia Hispanica*, núm. 56, Madrid, 1962, pp. 135, 136.

(14)　Florentino Perez Embid, *Los Descubrimientos en el Atlántico y la Rivalidad Castellano-Portuguesa hasta el Tratado de Tordesillas*, Sevilla, 1948, p. 217; Gallo, *op. cit.*, pp. 319–324.

(15)　註(12)を参照。

(16)　Gallo, *op. cit.*, 47.

(17)　*Ibid.*, p. 50.

(18)　Pedro de Leturia, *Relaciones entre la Santa Sede e Hispanoamérica*, I, Romae, 1959, pp. 196, 197.

(19)　Duarte Leite, *História dos Descobrimentos*, v. I, Lisboa, 1959, p. 702.

(20)　(一)一四九三年五月三日付カトリック両王宛て大勅書 Inter caetera.（実際は四月中に書かれており、日付を遅らせてある）。カスティーリャとレオンの両王が新発見地の布教を意図していることを賞讃し、彼等の使者によってこれまでに発見され、そして今後発見されるすべての陸地と島々を永久に両王とその継承者達に与える。また聖職者叙任権を与える。一方これらの土地に宣教師を送って原住民の教化、改宗を行うことを義務づける。何人に対しても、両王とその継承者達の許可なしに両王の使者によって発見された陸地や島々に、いかなる目的であれ航海することを破門罪をもって禁止する。カトリック両王とその継承者達に対し、アフリカ、ギネー、ミナ・デ・オーロの各地及び島々についてこれまでにポルトガル国王に与えてきたすべての独占権、恩恵、及び特権を、西の新発見地について許可する。Gallo, *op cit.*, pp. 339–347; F. Mateos, *op. cit.*, pp. 144, 145.

(二)一四九三年五月四日付大勅書 Inter caetera.（実際は六月に書かれており、日付を早めてある）。

（この大勅書は、大部分は(一)の五月三日付大勅書を転記し、その途中で問題のデマルカシオンの規定をしている。Gallo, *op. cit.*, pp. 339–347. において両大勅書を対比させて掲載してあるのでその相違箇所がはっきりする。有名なデマルカシオンの規定は次の通りである)。

陛下達がさらに大きな自由をもって課せられた務めを果すことが出来るように、われわれは陛下や他の誰からの要請によるものではなく自発的に、われわれの知識及び教皇の権能をもって、北極から南極に線を引き、その西及び南に既に発見され、そして将来発見されるすべての島々と大陸を陛下に割当てる。これらの島々や大陸は、インドの方やその他いかなる所に既に発見され、又将来発見されるものについても然りである。そしてこの線は一般にアソーレス諸島及びヴェルデ岬諸島と呼ばれている島々の西及び南一〇〇レーグワのところを通るものとする。Gallo, *op. cit.*, pp. 339–347; Hernaez, *op. cit.*, t. I, pp. 12–14; Balthasar de Tobar, *Compendio Bulario Indico*, t. I, Sevilla, 1954, pp. 9–14; F. Mateos, *op. cit.*, pp. 147, 148; Shiels, *op. cit.*, pp. 78–81.

㈢一四九三年五月三日付大勅書 Eximiae devotionis.(実際には七月に書かれており、日付を早めてある)。

カトリック両王とその継承者達に対し、その名において発見された、そして将来発見される島々や大陸において、アフリカ、ギネー、ミナ・デ・オーロについてポルトガル国王に与えた特権、恩恵、独占権、自由、権能、免除、免属、特典を同様に授ける。Gallo, *op. cit.*, pp. 348–350; Hernaez, *op. cit.*, t. I, pp. 15, 16; Tobar, *op. cit.*, t. I, pp. 15–18; F. Mateos, *op. cit.*, pp. 150, 151; Shiels, *op. cit.*, pp. 82–84.

㈣一四九三年六月二十五日付大勅書 Piis fidelium.

カトリック両王から、新発見地布教のためにフライ・ベルナルド・ボイル及びその他教区司祭又は修道司祭を何人か派遣したい旨の申出があったが、これに応じボイルに次の如き全権能を授ける。新発見地に伴う宣教師の人選。原住民を教化、授洗し、これに秘蹟を行うこと。原住民の告解を聴き、その罪を赦すこと。あらゆる種類の教会、礼拝堂、修道院その他を建設すること、等。Gallo, *op. cit.*, pp. 350–354; F. Mateos, *op. cit.*, pp. 153, 154.

㈤一四九三年九月二十六日付カトリック両王宛て大勅書 Dudum siquidem.

最近われわれは、西及び南に既に発見され、そして将来発見される島々と大陸を、現在他のキリスト教徒の領主の統治下にない限り、陛下とその継承者達に与えた。しかし陛下の家臣達が西及び南に航海して東の地域に到達し、そこに島々や大陸を発見することもありうるので、陛下の発展を願うわれわれは、同じような知識と教皇の権能により、自発的に前記の付与を拡大、伸長する。西及び南に航海して既に発見され、また将来発見される島々や大陸については、仮令それが西及び南の地域、そして東の地域、さらにインドに位置しようと、そこを陛下とその継承者達が所有することを許す。そして何人に対しても、陛下とその継承者達の許可をうけずにこれらの地域で航海、漁猟、島や大陸の発見事業を行うことを、破門罪をもって禁ずる。Gallo, *op. cit.*, pp. 354–356 ; Hernaez, *op. cit.*, t. I, pp. 17, 18 ; Tobar, *op. cit.*, t. I, pp. 18–20 ; F. Mateos, *op. cit.*, pp. 154, 155 ; Shiels, *op. cit.*, pp. 85–87.

(21)　一五五七年に刊行された『神学特別講義』*Relectiones Theologicae.* の中に含まれている。わが国におけるビトリアの紹介は伊藤不二男氏によって行われている。『ビトリアの国際法理論』昭和四十年、有斐閣刊。

(22)　Rafael Gomez Hoyos, *La Iglesia de América en las Leyes de Indias*, Madrid, 1961, pp. 65–67.

(23)　*Crónica da Tomada de Cepta*, cap. XI. (Costa Brochado, O Problema da Guerra Justa em Portugal, *Rumo*, núm. I, Lisboa, 1946, pp. 43, 44.)

(24)　*Crónica d'El-Rei D. Duarte*, caps. X–XII, XVII–XIX. (Brochado, *op. cit.*, pp. 43–45.)

(25)　*Leal Conselheiro*, cap. XVII. (Brochado, *op. cit.*, pp. 44, 45.)

(26)　*Asia, Primeira Década*, liv. V, cap. I. (Brochado, *op. cit.*, p. 46.)

(27)　この文書はリスボンのトーレ・ド・トンボ文書館に架蔵されており、その全文が *As Gavetas da Torre do Tombo*, II, Lisboa, 1962, pp. 676–685. に印刷されている。また Costa Brochado, O Problema da Guerra Justa em Portugal, *Rumo*, núm. I, Lisboa, 1946, pp. 41–59 ; Costa Brochado, A Espiritualidade dos descobrimentos e conquistas dos portugueses, *Portugal em Africa*, núm. 16, Lisboa, 1946, pp. 232–240. の中で紹介されている。

(28)　Brochado, *op. cit., Rumo*, I, p. 57.

(29)　条約の全文は *Alguns Documentos do Archivo Nacional da Torre do Tombo*, Lisboa, 1892, pp. 69–80. に掲載されている。また条約文の主要な部分は Gallo, *op. cit.*, pp. 359–363. にも収録されている。

(30)　Francisco Javier Montalban, *El Patronato Español y la Conquista de Filipinas*, Burgos, 1930, pp. 43, 44.

(31)　F. Mateos, *op. cit.*, pp. 163, 164.

(32)　Santarem, *op. cit.*, t. X, pp. 150, 151 ; Jordão, *op. cit.*, t. I, pp. 70, 71 ; Gallo, *op. cit.*, pp. 365–367.

(33)　Montalban, *op. cit.*, pp. 48–58 ; Jaime Cortesão, *Os Descobrimentos Portugueses*, v. II, pp. 221–223.

サラゴサ条約の条約文は *Alguns Documentos do Archivo Nacional da Torre do Tombo*, pp. 495–512. 及び Diogo de Couto, *Da Asia*, Década IV, parte II, livro VII, cap. I, pp. 113–122. (Lisboa, 1778.) に印刷されている。但し Diogo de Couto の方は、条約文を一字一句違わずに掲載する、とわざわざことわっていながら、実際は条約文の要旨をのせているにすぎない。尚 João Rodrigues Tçuzzu, *História da Igreja do Japão*, 1 vol., Macau, 1954, p. 101. に Couto が掲載した条約文から関係箇所を抜萃して転載してある（大航海時代叢書IX『日本教会史』上、二〇七、二〇八頁。また同じロドリーゲスの「司教伝」にも略々同一の記述がみられる。『日本教会史』下、六五四、六五五頁）。

(34) Montalban, *op. cit.*, pp. 58–63.

(35) このヘシオの意見書は一五七九年六月一日付のものである。後で詳しく紹介する。註(43)と同。

(36) Gayo Aragón, *Ideas Jurídico-Teológicas de los Religiosos de Filipinas en el Siglo XVI sobre la Conquista de las Islas*, Manila, 1950, pp. 59–79.

(37) 大航海時代におけるカトリック布教事業は、ポルトガル、スペイン両国の国王が布教事業に対して財政援助を行う義務を負う代りに、布教地に司教区を創設し、そこで働く聖職者の人事に介入する権利を持つ布教保護権の制度によって進められ、布教が国家的事業の一環として行われたと言ってよい。

(38) Magnino, *op. cit.*, parte prima, pp. 16–20 ; Jordão, *op. cit.*, t. I, pp. 243–245.

(39) Magnino, *op. cit.*, parte prima, pp. 40–46 ; Jordão, *op. cit.*, t. I, pp. 251–254. H・チースリク「キリシタン時代における司教問題」『キリシタン研究』第九輯所収、昭和三十九年、三九六—四〇二頁。

(40) Magnino, *op. cit.*, parte prima, pp. 24–27.

(41) Archivo General de Indias, Patronato 24, Ramo 66, ff. 60, 61.

(42) Archivo General de Indias, Patronato 24, Ramo 66, ff. 65, 66.

(43) Archivo Genera. de Indias, Patronato 24, Ramo 66, ff. 67, 68.

(44) Archivo General de Indias, Filipinas 18, Ramo 4, No. 103.

(45) 例えば J. Rodrigues Tçuzzu, *op. cit.*, 1 vol. pp. 100–102. (大航海時代叢書IX『日本教会史』上、二〇七—二〇九頁。及び同じ『日本教会史』の下、六五四—六五七頁)。

しかしながら先に述べた通り、サラゴサ条約の条約文を読むと、モルッカ諸島の東二九七・五レーグワに引いた線はあくまで三五万ドゥカドでスペイン国王がポルトガル国王に売った地域を明確にするための線であって、この条約は東半球のデマルカシオンについては何の取決めもしていない。言換えれば、デマルカシオンについては、一四九四年のトルデシーリャス条約以後何も新しい取決めは行われていないと言うべきである。

(46) British Museum, Add. Mss. 9858.（東大史料編纂所架蔵の複製写真による）。

(47) Alejandro Valignano & José Luis Alvarez Taladriz, *Sumario de las Cosas de Japón*, Tokyo, 1954, pp. 143–149.

(48) Jap. Sin. 21–I, f. 169v.

(49) Real Academia de la Historia, Cortes 566, f. 251.

(50) Real Academia de la Historia, Cortes 566, ff. 261, 262.

(51) Archivo General de Indias, Filipinas 4, Ramo 1.

(52) Lorenzo Pérez, Cartas, Memoriales y Relación de Fr. Juan Pobre de Zamora, *Archivo Ibero-Americano*, año V, núm. XXVIII, 1918, pp. 26–70.

(53) British Museum, Harley Manuscript 3570–3/7, ff. 331v., 332.（東大史料編纂所架蔵の複製写真による）。L. Pérez, Cartas y Relaciones del Japón, *Archivo Ibero-Americano*, año II, núm. XII, 1915, pp. 390, 391.

(54) Magnino, *op. cit.*, parte prima, pp. 68–71; Léon Pagés, *Histoire de la Religion Chrétienne au Japon*, annexes, Paris, 1870, pp. 82–85.

(55) Jap. Sin. 15–I, f. 129, 129v.

(56) Jap. Sin. 36, f. 177v.

(57) Lino M. Pedot, *La S. C. de Propaganda Fide e le Missioni del Giappone*, Vicenza, 1946, pp. 179, 180.

(58) Real Academia de la Historia, Cortes 565, ff. 198v., 199.（東大史料編纂所架蔵の複製写真による）。一六三〇年前後のものと思われるイエズス会文書にも、「両国王のいずれに日本が属するか、いずれの領域に日本が入るかについて、数学者の間に常に疑問があった。何故なら、「東」から「西」に移る境界点がはっきりしていないので、長さによって地球上に正確に領域を定めることは出来ないからである。そして、このような疑問においては、理性に従い、誰がそこを占有しているか、という条件が優越する。」(Jap. Sin. 27, f. 137.) と記述されている。

第二章　大航海時代とキリシタン

——宣教師の祖国意識を中心に——

一

キリシタン布教が一面霊的活動であったことは言うまでもない。イエズス会創立の精神がそれを推進した原動力となったことも事実であろう。しかし、それと同時に忘れてはならないことは、キリシタン布教が大航海時代の所産であって、ポルトガル・スペイン両国の国家事業の一環として展開されたものだという点である。従来わが国のキリシタン史研究が、とかく霊的側面の教会活動と、それと次元を同じくして直接かかわりを持つ事象の解明のみに主力が注がれてきたことは否定出来ない。これにはいろいろな理由が考えられるが、その最大のものは、キリシタン史の研究が、カトリック教会関係者の編纂した史料集や各種の日本カトリック教会史に依存してすすめられ、当時の宣教師自身が書き残した原文書にまで溯ることが余り行われてこなかったことによる、と言ってよい。教会関係者の文献は、確かに原文書に基づくものではあるが、厖大な量に上る文書からの取捨選択は教会の価値基準によって行われた。宣教師が布教地からローマなどに書き送った文書にも、既に教会の色彩が付着しているのは勿論であるが、しかし、同時にそこには政治や経済など極めて世俗的なことに密着していたキリシタン教会の姿が生々しく描かれ、宣教師の赤裸々な人間性が記録されている。しかし、後世の教会の編纂書としては、あらゆる事実をありのまま記述することは有害無益なものであり、「教会史」の埒外の事柄は、いかに文書に記録されていようと除外されてしまっている。そして限りなく美化された殉教史へと展開させるのに好都合なことを主として収録した教会版キリシタン史が作られてきた。当然そこでは、教と俗は癒着したものではなく、相反撥したものとして扱い、さらにそれを聖と悪にまで飛躍させ、それを巧妙に対比させることによって、キリシタン教会側の純粋性を効果的に際立たせている。そして原文書に接する機会に恵まれず、ただこのような編纂書を主な史料としてきたこれ迄のキリシタン史研究では、そこに織りこまれた奇跡譚などの修飾文を除けば、これがそのままキリシタン史の骨子になりうる、との考えが大勢であったと言ってよい。宗教書ならそれも方便でよいが、これを歴史の文献として利用するには、そこに記述されているのは一面的な真実のみであって、今一つの側面が欠落している、ということを念頭におかねばならない。

キリシタン布教がポルトガル・スペイン両植民帝国の国家事業の一翼を担う形で推進されたことこそが、その教会活動を性格的に規定した重要な要因であったと考える。そしてこのような性格規定は、教会活動の万端にまで影響を与えている許りか、禁教から鎖国に向うわが国の対外姿勢の決定にも、決して無関係ではありえなかった。

以下、大航海時代におけるカトリック布教のあり方に視点をおいてキリシタンをとらえ、布教を行なった主な修道会であるイエズス会宣教師を強く規制していた祖国意識の問題と、それがどのように変貌していったかを明らかにして、キリシタン布教の盛衰が意味するところを考えてみたい。

二　キリシタン宣教師の祖国意識

キリシタン布教がイベリア両国の国家事業の一環として行われたということを端的に表わすものとして、キリシタン宣教師の旺盛な祖国意識を挙げることが出来る。宣教師にとって、一体「神の国」以外のどこに祖国を必要とするのであろうか。神と隣人への没我的愛を会創立の精神とするイエズス会士が、このような精神的規制をうけていたとしたら、まことに奇妙なことだと言わねばならない。しかもその祖国意識は、素朴な母国愛にとどまらず、イベリア両植民帝国の覇権争いと緊密に結びついたものであった。

日本イエズス会の主な構成員であるパードレは、ポルトガル・スペイン・イタリアの三国の出身者がその大部分を占めていた。今一五九三年に例をとってみると、日本イエズス会所属のパードレは全部で五七人、内訳はポルトガル人二七人、スペイン人一六人、イタリア人一三人、その他一人であった。ポルトガル人が全体の半数近くに達している。しかし、同時にスペイン人も相当な数に上っている点注目に価する。更にこれを、イエズス会の幹部パードレというべき四盛式立誓司祭のみについてみてみると、この年には全部で一二人、内訳はポルトガル人三人、スペイン人五人、イタリア人四人であった[1]。幹部パードレの中では、ポルトガル人は全体のわずか四分の一にとどまっている反面、スペイン人とイタリア人が優位に立っている。日本イエズス会はポルトガル国王の布教保護権に属したにも拘らず、その会員がこのように各国人から成っていた許りか、管理面ではポルトガル人がむしろ劣勢であった所から、余計深刻な問題が生じた。

ヴァリニャーノはインドのイエズス会に見られたポルトガル人とスペイン人の間の反目について、一五九五年に次のように総会長に書き送っている。

「このような不和が生じたのは、既に何度か猊下に書き送ったように、スペイン人とポルトガル人の間では殆ど当然のことである。というのは、互に国境を接しているので屢〻戦火を交えてきたし、教皇アレキサンデル六世の許可をえて、凡ての未知の土地の征服を両国間で分割し、そこでも彼等は光栄と土地を求めて論争しているので、常にある種の競争が行われた。しかしポルトガル領国がフェリペ国王に帰属して以後は、この競争は大いに嵩じ、彼等の間に和を欠くことになった。(2)」

ローマ教皇の権威のもとに異教世界をポルトガル・スペイン両国の間で二分割したデマルカシオンの規定は、大航海時代を象徴するものであるが、互に版図の拡大を競い合った両国間の国民感情が教会の中にもち込まれ、しかもスペイン国王フェリペ二世のもとにポルトガルが併合されてからというものは、これが一層激化した様子が記述されている。そしてこれは単なる国民感情の問題にとどまるものではなく、現実の国家的利害がそこにからんでいた。ヴァリニャーノは別の書翰の中で次のように述べている。

「ポルトガル人とスペイン人の間には、征服に関して分割が行われているので、現在は凡て同一国王のもとにあるとはいえ、夫々の国民が独自の法律によって統治されており、夫々独自の王国と王権のもとに統治と征服の領域を区分することを望んでいる。ドン・フェリペ国王がポルトガル国民に誓った協定に従って、混同することなく、常に分割しておくためである。人は生来同胞に対して好意を持ち、常にこれに恩恵を施したいと望むものである。大勢のスペイン人イエズス会士がこの管区に来たが、彼等は通常、マラッカ、モルッカ、シナ、日本を含め、フィリピンにいるスペイン人と常に貿易関係を持ちうるような、「南」と呼んでいる土地に行くことを希望する。そして彼等は、その望み通り、この貿易を開き、更にその地を経てスペイン人がこの征服地に渡来するよう尽力することであろう。このことはポルトガル人にとって甚大な被害である。(3)」

スペイン人イエズス会士が、ポルトガルの保護下にありながら、スペインの商業圏と版図の拡大のための尖兵となって働いていたこと、そしてそのためにポルトガルの利益が損われるところ多大である、ということが力説されている。スペイン人イエズス会士は、スペイン貿易を開拓することを狙って日本などに渡ることを望んだという。このような思惑もあってか、日本イエズス会では、スペイン人会員の占める比重がインドにおけるよりはるかに高かった。それだけにまた一層深刻な問題をはらんでいたといえよう。

一五九二年二月長崎において日本イエズス会の管区会議が開かれ、そこで決まった事柄の一つに、日本をインド管区から分離して独立した管区にするよう総会長に要請する件があった(4)。ところが、この日本管区独立の問題について、モンクラロは一五九三年総会長に書き送った書翰の中で、次のような理由で反対している。

「国王ドン・セバスチアンは、イエズス会のスペイン人パードレは何人も日本とモルッカに行ってはならない、と明確に命じた。その地のポルトガルの貿易がヌエバ・エスパーニャとフィリピン経由で奪われることを恐れたからである。また国王陛下は今度これらの地方についての情報をうけ、この交通が開かれてポルトガル王国が被害を蒙っているのを知って、両王国の国王として、スペイン人はシナと日本に行ってはならない、ということを重罰のもとに勅令によって命じた。既にこのことが禁止されているのだし、またポルトガル人はこの点貿易に関し被害が及ぶのに決して同意しないことにかけては大層熱心なのであるから、猊下は、この管区の分割が行われないよう一層の注意を払わねばならない。それは、日本にはスペイン人が大勢おり、仮令彼等が有徳の人々であっても、その中に一人又は何人かは、その地で同胞に会いたいと思う者がいるかも知れないからである。現在管区が分れていないにも拘らずこれが認められるのであるから、分割したらどうなるであろうか(5)。」

日本管区独立の問題は、教会行政の見地から日本でそれを要望する声が上ったものであるが、右のモンクラロの書翰は、全く別の、ポルトガルの国益を守る見地からこの動きに反対している点、注目に価する。即ち、日本がインドから独立すると、既に日本に大勢いるスペイン人会員が、インドからの掣肘がなくなるために一層自由にスペインの商権拡大のために尽力することになろう、と警告している。管区昇格の問題も、イベリア両国の国家利害がからんでいたことが判る。

ヴァリニャーノは、インドはポルトガルの征服地であるから、教会行政もポルトガル人が主体となり、スペイン人などは排除するのがよい、というのが基本的な考え方であった。[6] しかし現実には、ポルトガル人イエズス会士の人材不足のために、スペイン人など他国人を用いざるをえないことも少なくなかった。殊に日本では、インド管区で優秀なポルトガル人会員がインドから流出しないようにしたために、管理能力があるポルトガル人に不足し、[7] どうしてもスペイン人を管理職的な地位につけざるをえなかった。日本でスペイン人会員が優位に立つと、彼等が自国の利益を優先させる態度をとるかも知れない。そしてそれを弊害と考えるなら、当然日本に有能なポルトガル人の導入を図らなければならなかった。一五九二年にヒル・デ・ラ・マタが管区代表としてローマに赴くに当り、ヴァリニャーノは総会長への要望事項を列挙した覚書を記しているが、そこで次のように述べている。

「第十は、学問あり、有徳且つ思慮深く、統轄面での助力を期待出来るような、何人かの会員、特にポルトガル人パードレを二人程、猊下に日本へ送ってもらうことである。本当にこのような人材は日本で非常に不足している。というのはインドで彼等を必要としているので、インドから送り出すのを欲しないからである。非常に大きい布教組織であるこの日本の全統轄に、学識豊かで卓越した何人かのポルトガル人がいないのは不当なことだと思う。というのは、日本では凡てのヨーロッパ人が外国人ではあるが、この管区はポルトガル人の管区なので、ポルトガル人を重視するのが当然だからである。それに日本の維持はポルトガル貿易に依存している。[8]」

インドで人材を確保してしまって日本に送らなかったことが、ヴァリニャーノ等が日本イエズス会の独立を望んだ理由の一つであるが、これを前引モンクラロの主張と対比させてみると、同じ利害関係に立ちながら日本管区独立の問題で反対の見解を出しており、興味深い。ヴァリニャーノは、フランシスコ・ロドリーゲスが管区代表として一六〇四年にマカオを発ってローマに赴くに当って、総会長に要望すべき事柄を列挙した覚書を作って彼に渡したが、その中にも、管理能力を備えたポルトガル人会員の派遣を求める件が含まれていた。(9)

このようにヴァリニャーノらイタリア人パードレの大勢とポルトガル人パードレは、日本をポルトガル領域内と規定して、その国益を守る立場から、スペイン人同僚が自国の権益を日本にまで及ぼして来るのを危惧したが、十六世紀末からスペイン系托鉢修道会士が日本で布教活動を始めるようになると、この危惧は現実のものとなった。日本布教をめぐるイエズス会と他会との間の抗争については、ここで改めて述べるまでもないことであるが、しかしもしこれを修道会単位の確執とのみ見るなら、それは妥当ではない。即ち、これは一面修道会を越えて、ポルトガル・スペイン両国の国益と祖国意識が衝突した問題でもあったからである。新たに日本に渡来した托鉢修道士に対して、在日イエズス会士が一致して退去を迫ったわけでは決してなかった。教皇の勅書などを拠所にして彼等の日本滞在を拒むことに異常なまでの情熱を見せたのは、主にポルトガル人とイタリア人の会員であって、この点スペイン人イエズス会士と際立った対照を見せている。宣教師と貿易商人が一体化し、布教地の拡大と市場の開拓が並行してすすめられた点、托鉢修道会＝スペインは、イエズス会＝ポルトガルと変るところはない。托鉢修道士による日本布教が進展することは、そのままわが国におけるスペインの市場の開拓に結びつくことであった。従って、スペイン人イエズス会士が托鉢修道士の日本布教に協力することは、スペインの日本進出を助けることに外ならなかった。スペイン人イエズス会士の中でも、準管区長ゴメスが率先して托鉢修道士の来日を歓迎する態度をとったために、殊にその影響は大きかった。ゴメスは彼等に対し、一〇〇〇ドゥカド以上ものかねを貸与して支援している。(10) 托鉢修道士の日本布教が正当且つ妥当であることを文筆に訴えて強く主張した代表的論者は、ペドロ・デ・ラ・クルス(スペイン人イエズス会士)であった。彼は一五九三年十月二十五日付、(11) 一五九九年二月二十七日付、(12) 一五九九年二月二十九日付と、(13) 度々総会長に長文の書翰を送り、托鉢修道士の日本布教を支持する論陣を張っている。そしてポルトガルと直接利害が対立する日本に対するスペインの商業進出についても、次のように述べている。

「貿易手段は、それを介して布教が始められたものであり、また布教はそれに依存するところ大きく、そのために布教が異教の領主に受入れられ、他人の攻撃を受けないですむのであるから、他の方面、即ちスペイン人を介して更に他の地域とも貿易関係を持つことは非常に重要であり、これを決して妨げないことが肝心である。ここで私は、もしもスペイン人がシナに港を持ち、そこから商品を日本にもたらすことがなければ、ポルトガル人の貿易に対して弊害にはならないことを保証する。即ち、フィリピンから来るだけでは害にならない。またスペイン人が当地に町を作れば、ポルトガル人の貿易は大いに増大することであろう。というのは、スペイン人は彼等から商品を買い、それを直ちにヌエバ・エスパーニャにもたらすからである(14)。」

スペインがマカオのようにシナに港を持って、そこを基地にして対日貿易をする、というポルトガルと全く同じ貿易形態をとってこれと競合しない限り、フィリピンからスペイン船が渡来することはポルトガルの利益を損うものではない。それどころか、スペイン人が日本に町を作ってそこを基地にすることが出来れば、ポルトガル貿易は更に発展の道が開かれる、と彼は主張している。しかし、十七世紀に入り、フィリピン貿易の増大に伴う商品価格の低落により、いかにポルトガル人が大きな打撃を受けたか、そしてポルトガル人とイタリア人のイエズス会士がポルトガルの利益を守るために、いかにフィリピン貿易の阻止に尽力したか(15)、を考えれば、ペドロ・デ・ラ・クルスはポルトガル系イエズス会に所属しながら、自国の国益を図ることにより大きな比重をおいていたと言わねばならない。スペイン人会員がこのような態度をとれば、ヴァリニャーノ等と真向から対立することになったことは言うまでもない。クルスは同じ書翰の中で、ヴァリニャーノが托鉢修道士を批判した「弁駁書」(一五九八年一月)は彼等に関して真実を伝えていない、と次のように強調している。

「私がこのことに言及したいと考えたのは、猊下に真実をよく知ってもらいたいからである。そして、もしも猊下がこの「弁駁書」を公表したいと思うなら、審査をする必要があるということを知ってもらいたいからである。托鉢修道士達に対して侮辱を与えないためである。巡察師が偽りを言うため、彼が率直に真実を語っていることまでも、信用を失ったり減じたりするかも知れない。というのは、或る種の事柄についてはインドで大いに噂されているので、巡察師がそれを隠しているのを知れば、その他のことでも偽りがあろう、自分達に都合の悪いことは隠し、托鉢修道士に対する攻撃は誇張して言う、と考えるであろう。(16)」

修道会のわくを越えて同国人のために熱心に弁護しているクルスと、スペイン勢力の日本進出をあくまで阻止し、イエズス会＝ポルトガルの利益を守るためには真実を語ることは第二義と考えるヴァリニャーノとは対照的である。同じスペイン人イエズス会士のクリターナは、一五九九年総会長に宛てた書翰の中で次のように記している。

「托鉢修道士の渡来は不都合だという内容の、パードレ達の署名した文書が当地から送られている、と猊下が言われるかも知れないが、結局のところそれは、先頃の迫害はこれが原因でひき起されたと考えている巡察師と何人かのパードレの意見にすぎない。スペイン人がフィリピン経由でポルトガル人の征服の土地に来るのは益になる筈がない、とポルトガル人が感情的に思い込んでいるのは当然のことである。しかし、そこに署名したパードレが全員そのような意見を持っていたわけではなく、考えを異にする者に対して威しをかける巡察師に対する恐れと配慮から、自分の意見に反して署名した。(17)」

自国の利益を優先させる傾きがあったスペイン人会員が日本イエズス会内部で影響力を持つのを抑えるには、ポルトガル人会員が管理的な地位につくことが肝要であったわけであり、このために前述の通り、ヴァリニャーノ等はポルトガル人の優秀な会員を日本に招致する努力をしたが、急にはその効果もあらわれなかった。日本イエズス会の最高責任者について言えば、永年スペイン人とイタリア人が準管区長の地位を占めて来た後、ようやく一六一一年ポルトガル人のカルヴァーリョが初代管区長に就任した。ポルトガル人会員がいかにこれを歓迎したかは、次のロドリーゲス・ジランの書翰からうかがうことが出来る。

「私は九年間準管区長の伴侶であった。現在は管区長パードレ・ヴァレンティン・カルヴァーリョの伴侶をつとめている。同管区長には、われわれ当管区の会員全体、それも主としてポルトガル人がよろこんでいる。当管区はポルトガルの管区であるにも拘らず、永年他国人の上長をいただいていたものが、今度同国人の上長を持つことが出来たからである。他国人の上長を持つ度毎に、多くの会員、否むしろ全員がそれを遺憾に思ったということを尊師は知っていただきたい。その上長がスペイン人の時は尚更である。というのは、その中にこのキリスト教界とポルトガル人の貿易をフィリピンの管轄下におく気になっている者がいるということが判っているからである。[18]」

このようにポルトガル・スペイン両国の会員が互に国益を重んずる立場から対立抗争を行なったことは、会員が修道会内での昇進人事等をめぐるまことに低次元の主導権争いを演じるところまで堕落する素地となってしまった。ここに来ると、もはやポルトガル＝イタリア対スペインといった図式で割切ることは出来ず、日本で比較的要職を占めることが多かったイタリア人パードレも、スペイン人同様、ポルトガル人の反感を買った。イタリア人のオルガンティーノは、「ポルトガル人パードレは、全体にスペイン人や他国人に対して余り好意を持たないことが認められるので、全員がより大きな和と満足を持つよう、当地にいる凡ての国民の友である中立的な上長を常に配するのがよいと思われる。[19]」と述べており、ポルトガル系イエズス会の一員という立場に立ちながら、人事の面ではむしろスペイン人と共にポルトガル人より優位に立つ傾向があったイタリア人会員の微妙な立場を語っている。ポルトガル人会員が人事面でいかに大きな不満を持っていたか、一六一八年九月三十日付日本発、巡察師フランシスコ・ヴィエイラの総会長補佐宛て書翰の一節を引用する。

「日本において、パードレ・フランチェスコ・パシオに関して最も指弾され、反撥を買ったことは、上述のようなやり方で一二、三年間もその職にありながら、それを咎められて職を解かれるどころか、パードレ・アレッサンドレ・ヴァリニャーノの死とともに同じ日本の巡察師となったことである。そしてこれは、パードレ・アレッサンドレ自身が彼についてローマに与えた情報に基づく人事であり、善良なイタリア人パードレはお互に兄弟のように助け合っている。〔中略〕祝福されたパードレ・フランシスコ・ザビエル以後凡ての日本最高の上長の内、イタリア人やスペイン人で生前にその職を離れた者は一人もいない。即ち、アレッサンドレ・ヴァリニャーノ、フランチェスコ・パシオ、コスメ・デ・トーレス、及びペドロ・ゴメスがそうであった。これに反して、ポルトガル人だけは一定期間で職を解かれており、パードレ・フランシスコ・カブラル、パードレ・ヴァレンティン・カルヴァーリョ、及びパードレ・ガスパル・コエリョがその例である。〔中略〕その他日本において行われた不公平な点に、イエズス会の昇進の問題があった。というのは、イタリア人のパードレで、イエズス会入会後二〇年までに盛式誓願を立てることを許されない者はごく稀であったが、私は、入会後二四年たって尚それを許されないポルトガル人が大勢いるのを知った。二六年もたっている者もいる。そしてこの管区の最も顕著な二人の例は、入会後二八年たってまだ階位がない。その内の一人は単式立誓司祭になれるだけなので、当然七年目に昇進が可能であった筈である。また何人かのイタリア人に対しては、学問上の資格が大幅に緩和されたのに、ポルトガル人に対してはそのようなことはなかった。[20]」

自国の利害がからんだ在日イエズス会宣教師の祖国意識が素地となって、昇進人事問題をめぐる内部の確執がひき起されたことを述べてきたが、更にこれにとどまらず、会員の祖国意識は、日本での宣教師の生活態度をめぐる論議に迄発展した。本来これは、各イエズス会士の日本人観の相違から日本布教方針にも差異が生れ、それが各宣教師の日常行動にも反映する、という面が強かったが、これが祖国意識や他国人の同僚会員に対する反感とからみ合い、表向き布教方針の問題に名を借りているが、内実は醜悪な内紛にすぎない、といった面も強かった。ことを教会内部に限って考えると、十六世紀キリシタン教会における最大の問題の一つに、ヴァリニャーノとカブラルの論争を挙げることが出来よう。これは、両者の対日観の差異に端を発した日本人聖職者養成の是非等、布教方針についての論議であったが、論点はそれだけではなく、日本布教を成功させるための建設的な議論からは逸脱した感を与えるような論争に迄すすんでおり、そこにまた、他国の同僚に対する根強い反感がからんでいたことを読みとることが出来る。次にカブラルとヴァリニャーノ両者の書翰から一節を挙げておきたい。先ず、一五九三年十二月十五日付コチン発、カブラルの総会長宛て書翰には次のように記述されている。

「関白殿は、日本が国をなして以来その六分の一も国王に贈られたことのなかったような異例な進物を受取った後、そのお返しに長崎の教会とカーザの破壊を命じた。パードレ・ルイス・フロイスは、それは一万タエルに価する、と私に書送ってきた。これは二万パルダオに上る。そして、今われわれが副王に働きかけて贈らせたのとはまた別の進物を副王が自分に贈ってくるまでの人質として、イエズス会士が一〇人日本にとどまることを命じた。今度パードレ・ヒル・デ・ラ・マタ――猊下は彼から知らせを受けることが出来るが――は、フィリピンから一人のアウグスチノ会士が別の使節として同じ暴君の所に来たことを私に話したが、噂では、彼は一ダースか半ダースの半分銹の出た剣の贈物しか持参しなかったということである。それにも拘らず、彼は同托鉢修道士のことを大変歓迎し、長崎において大いに彼を優遇するように、またポルトガル人は何人もスペイン人に対していやがらせをしてはならない、という内容の勅令を彼に与えた。これによって次のことがはっきりと判る。即ち、人々の心を動かすのは神で、神は人の心を手中にして望み通りの方にそれを向けることが出来る。そして同巡察師が良いと考えたような華美壮麗な装いを凝らすことでは、関白殿の所業を改めさせることは出来ない。〔中略〕生活態度について管区長が私に命じた所を実施するように働きかけたにも拘らず、結局パードレ・バルタザール・ロペスを除いて全員が反対した。しかしながら、私は、かの日本布教事業に協力し、彼等が間違っていることをお示し下さるに相違ない神に対する彼等の服従と信仰に信頼をおき、われわれの会憲と諸規則の趣旨に即して、自分にふりかかってきたあらゆる難儀を克服した。大きな難儀と不愉快が伴ったが、私は命ぜられたことを凡て実行に移した。神への奉仕、イエズス会の信用に適切と私が考えたことを実施した。主はこれに協力し給い、そのために直ちにその法が信用を博し、パードレ達は黒木綿の修道服の故に、曾て絹を身につけ華美を凝らしていた当時以上に、日本の王や領主達から名誉と尊敬を得るようになった。〔中略〕神は、巡察師が日本を去る際に、あとに名誉と華美を残さなかったら、事態をその後の推移のようにはお運びにはならなかったであろう。私は、遠く離れた所からそれを眺めていた。こういったようなことが原因で、私は当時彼との間の不和に悩んだ。というのは、彼の言うことは私には納得出来なかったからである。それ所か、私は猊下に私の考えを書き送り、その手紙に、もしもこれに対して対策を講じないと、丁度私はどこかの高い物見台から嵐の到来を予知するようなものだ、と書いたことを覚えている。不幸にも事実その通りになった。[21]」

他方ヴァリニャーノは、一五九五年十一月二十三日付ゴア発、総会長宛て書翰で次のように記述している。

「第二点は、彼〔カブラルのこと――引用者〕が布教長として日本にいた当時は、国内に維持すべきイエズス会士はパードレが一〇人とイルマンが一〇人しかいなかったにも拘らず、シナ＝日本間の貿易でたえず一〇〇乃至一二〇ピコの生糸その他金・水銀・鉛・反物といったような商品を大量に取扱った。これらは彼の命令によって日本で売られ、そして当時現金で三万ドゥカド以上の資産を蓄積していた。彼が日本を去って後にパードレやイルマンが前述のような人数にまでふえ、新たにレジデンシアや教会が数多く作られ、セミナリオ・修練院、及びコレジオが作られ、資産が大幅に減少し、しかも貿易は、私が猊下に別に書き送ったように、マカオ市民と結んだ契約により、五〇ピコの生糸のみに縮少した。それなのに、彼は日本で大規模な貿易をしていると考え、シナに滞在していた時などは、それを廃止するよう猊下に働きかけることまでした。

第三点は、彼は日本にいた時は、維持すべき人員が非常に僅かしかいなかったのに多額の資産を持っていたにも拘らず、日本からインド管区長に宛て、インドやシナの何人かのパードレが、当時日本の資金で以てシナで行われていた貿易について書いたり話したりするのに対して、強い不満を書き送った。そして吝嗇になり、インドやシナにいるパードレ達が安楽を縦にして鳥肉や菓子を食べながら、日本の行なっている僅かな貿易に反対するのは不当で我慢のならないことだと言った。日本は外に維持するすべがなく、物質的な維持費にこと欠くために、失われる危険にさらされていたからである。〔中略〕しかし全く驚くべきことに、彼が一旦日本を去るや、資産は減り、貿易は縮少した反面、人員が増加し、経費は今ではどうしても当時の三、四倍はかかるにも拘らず、常に彼は、日本は非常に富裕で凡てがあり余っている、などと言い立てている[22]。」

更にヴァリニャーノは、自分自身について別の書翰の中で次のように述べている。

「私が日本を助けることに余りに熱心だと言って不満を述べる者はいても、私が自分の親戚や甥達のために何か手に入れたと言って不満を述べたり、その事実を語ったりすることは出来ない、という点、私は主に深く感謝する。私は主の慈悲により、真実次のように述べることが出来る。即ち、私がこれらの地域を担当してきた二二年間に、私は一度も親戚や兄弟に牛黄その他、彼等に対する私の記憶を示しうるような物を、一レアルの価のものも送ったことはなかった。というのは、結局私は彼等に何も送らなかった。私は用心してそれを避けた。ポルトガルの管区長にも、長い間ローマにおける補佐であったパードレ・ペドロ・ダ・フォンセーカや、パードレ・マヌエル・ロドリーゲスにも、その他イエズス会や外部の何人にも何も送らなかった。更に、私は猊下に対しても、日本の貴人達及び今度パードレ・ヒル・デ・ラ・マタが赴いた時以外には、何も送らなかった。私はこれらの人々を介していろいろな品を送ったが、これは、彼等や猊下が適宜その判断に基づいて、ローマで日本のことに好意を持ってくれた人々に贈って、それに報いるためであった。私は主の恩寵により、このようにやってきて、何も私したことはなかったのであるから、仮令そのために私が商人呼ばわりされようとも、自分が行なったことは日本イエズス会の利益のためになった、と喜んでいる。(23)」

カブラルは、自分はインド管区長の指示に従って日本で清貧に徹した生活態度をとったために、教会は信用を博し、教勢は伸長したが、ヴァリニャーノがそれを弛緩させ、奢侈の風潮を導入したために、自分が危惧した通り、これが秀吉に対して逆効果となり弾圧を招いてしまった、と主張している。他方ヴァリニャーノの方は、カブラル自身が日本布教長であった時には、教会規模は小さかったのに積極的に貿易を行なって多額な資産をこしらえた程であるのに、一旦日本を去るや、日本教会の経済状態が曾てより悪化しているにも拘らず、それが非常に富裕であるかのように言い立てて貿易の禁止を主張したりしている、とカブラルの誠のない人柄を強調し、そして自分自身がいかに清廉を貫いたかを述べている。この当時カブラルはインド管区長、ヴァリニャーノは巡察師であったが、共に東インド・イエズス会の最高幹部であった二人の論争は、祖国意識、日本布教方針についての意見の相違、個人的感情、インド・イエズス会と日本イエズス会の関係等がからみ合ったものであり、キリシタン教会が抱えていた複雑な内情をよく表わしているものと言えよう。

三　祖国意識の変貌

十七世紀に入り江戸幕府によって禁教令が発せられるまでの一〇年余の間は、キリシタン教界にとって比較的平穏な時期であったと考えられがちである。しかしながら、この時期は確かに為政者による弾圧こそは行われなかったが、それとは別に、教界の順調な進展を妨げるような大きな障害が生じていたと言える。前節で、イエズス会士の祖国意識が、イベリア両国の覇権争いが基になって夫々の国益を重視するところに端を発し、それに修道会内の昇進人事等をめぐる主導権争いや、布教方針・生活態度等についての意見の対立や個人的感情がからみ、更にインド・イエズス会と日本イエズス会の関係等もそこにかかわりを持っていたことを述べてきたが、それらのことは十七世紀に入っても何一つ解決されていない所か、この時期に、イエズス会＝ポルトガルは托鉢修道会＝スペインという強力な競争者の進出を迎えねばならなかった。托鉢修道士による布教は既に一五九〇年代から始まっていたが、宣教師と貿易商人が一体となった進出の仕方をみせてくるのは、主として十七世紀に入ってからである。

家康はイエズス会＝ポルトガルと托鉢修道会＝スペインの二つの勢力を巧妙に競合させ、双方を利用してゆく政策をとった。この当時においては、イエズス会＝ポルトガルにとっての競争者は、リーフデ号に乗ってきたオランダ人やイギリス人よりも、現実に大量の商品をもたらすことによって価格面などで打撃を加えてきた許りか、商・教一体となってイエズス会側が開拓してきた布教地と販売ルートを侵蝕しつつあった托鉢修道会＝スペインの方がはるかに大きな存在であったに相違ない。

このことと関連するが、日本イエズス会の財務状態は一六〇三年頃を境に急速に悪化し、借入金による運営を余儀なくされるようになる。そしてその借入金の性格も、純粋にビジネスによる融資がその主なものになってきた。勿論そこにイエズス会が関与していた商取引への思惑がからんでいたことは言うまでもない。家康がイエズス会に相当な金額のかねを貸与したことなどは、その一例である。イエズス会がこのようにかねに依存するところが大きくなれば、その経済基盤の上からも、対外的に甚だ弱い立場に立たされることになった、と言わねばならない。従来から行われてきたことではあるが、イエズス会士の貿易への関与はここにきて一段と甚だしくなったと言えるが、それにはこのような事情があったことを考慮にいれなければならないであろう。

このように、イエズス会士はその財務内容の悪化から外部の経済力に依存するところが大きくなり、これがその対外的な立場の弱体化を招き、従ってポルトガル貿易への関与が益〻大きくなっていった、ということが指摘出来るが、このことは家康の貿易政策とも関連してくる。家康は海外貿易の振興を図ると同時に、これを法的に秩序化して幕府の統制下にくみ入れてゆく政策をとった。海外に渡航する日本船に対して朱印船の制度を確立し、ポルトガル船舶来の生糸を買付けるわが国の商人に対して糸割符制を定めたのもその施策の一環であるが、わが国にとっての主要貿易国であるポルトガルとスペインに対しては、この両国がわが国に対して類似した進出の仕方をした許りか、互に当面の最大の競争者であったところから、家康は巧みに彼等を競合させつつも、他方貿易を拡大させるために細心の配慮を傾けた。両国に対して共通して行なったことは、宣教師を彼我の仲介者として利用したことである。勿論これは家康が行なったことと言うより、商・教一体となったイベリア両国の海外進出・対日交渉の仕方に根差すものであり、秀吉は一時この二つを分断して貿易交渉の場面から教会関係者を排除することを試みたが、結局その思惑通りには事を運ぶことが出来なかった。家康は、ポルトガル・スペインの対日交渉の実態に即して、イギリス人三浦按針など外国人側近に準ずるものとしてキリシタン宣教師を利用し、非カトリック国とカトリック国とのバランスを図ると同時に、貿易の局面から宣教師を排除するのではなしに、むしろこれを幕府の統制の及ぶところにまで近付け、彼等を利用して円滑な商取引の運営や貿易関係の樹立を図った。スペインについては、托鉢修道士を介して友好的な関係を確立し、そして長崎がポルトガル船の固定した入港地であったのに対して、スペイン船を新たに関東の直轄領に入港させようとした思惑は結局実現しなかったが、多くの国と貿易関係を結び、互に牽制させることによって有利な立場を築いてゆこうという狙いは、相当に成果を上げたと言える。スペイン船のもたらす生糸のため、ポルトガル側が生糸の売値下落にいかに悩まされたかは、その被害を訴えたイエズス会士の多くの記録[24]から明らかである。それ許りか、イエズス会＝ポルトガルに甚だしい損害を与えたノッサ・セニョーラ・ダ・グラッサ号焼討の事件（一六〇九―一〇年）にしても、一方でスペイン貿易が行われていたために幕府がポルトガル側に強硬措置をとったのだという見方をしたイエズス会士もいた。即ち、パシオは「このマカオのナウ船焼失の出来事によって、フィリピンの修道士がこのマニラ＝日本間貿易で以て害をなすであろう、と危惧されていたことが現実のものとなった。というのは、公方はこのマニラ貿易がなければ、同ナウ船の捕獲やポルトガル人の殺害を命ずる決断をすることは決してなかったであろう。[25]」と記述している。更に加えてオランダの進出ということもあり、ポルトガル側の経済的地位が相対的に低下したことは事実であるが、しかしまだこの当時は、広東市場で商われる良質の生糸を大量にわが国に供給出来るその優位は尚他を圧倒していたと言ってよい。そのことは勿論家康もよく認識していたと言うべきで、それだけにスペインと競合させてそれを少しでも牽制しようとする一方で、イエズス会士を介してポルトガル貿易の円滑な運営を図っていった。それは、具体的には、イエズス会＝キリシタン信徒に長崎市政を委ね、同地でのポルトガル人との取引交渉においてイエズス会士に仲介者としての発言力を認めると同時に、その協力をとりつけ、更に生糸以外の品については、マカオ＝長崎間の教会ルートを利用して買付けを依頼した。[26]

このようにイエズス会は幕府がポルトガル関係の外交・貿易政策をすすめる上での仲介者としての役割を果し、またその役割に甘んじることがイエズス会とその教界を守る所以であると自覚していたと言ってよい。それは、司教セルケイラが「〔日本とシナの〕両キリスト教界は、神の恩寵に次いで、マカオ市とこの貿易の維持に依存しているのは確かである。それは、われわれの聖法に対して何らかの好意を抱いてではなしに、この貿易の故に、日本の王達は自国に福音の聖職者がいるのを許している程である。われわれがこの貿易の維持と継続のために有益だと、彼等は考えているからである。」[27]と記しているように、幕府がキリシタン禁止を手控えているのは貿易のためにすぎない、という的確な判断をしていたことによるものと言えよう。そして、このようなイエズス会の役割を主として担ったのは、パシオ（イタリア人、一六〇〇—一一年準管区長、一六一一—一二年巡察師）と通事パードレ・ロドリーゲス（ポルトガル人、一五九八年頃から一六一〇年までプロクラドール）であった。即ち、日本イエズス会の財務内容の悪化、国際環境の不利、家康の巧妙な対教会政策等により、この時期になると、日本イエズス会の幹部が自らポルトガルと教会の利益のために率先して対処しなければならなかった。一五九〇年代には、準管区長ゴメスが何かとスペイン系托鉢修道士に便宜を図ったことは前に述べたが、そのようなことはも早ここでは見られない。しかしその反面、イエズス会が余りに政治・経済的活動に比重をかけ、それを布教の拠所とすることが行き過ぎると、会内で、従来の祖国意識の系譜を越えてこれに対する批判が擡頭してきた。そのような批判意見の一例として、セルケイラの書翰の一部を挙げておく。

「私がイエズス会に対して持っている愛、及びイエズス会の会憲、その名声と気品を守ることについて神から与えられた情熱に駆られて、私は猊下にこの世俗的な仕事について若干指摘しなければならない。即ち、イエズス会が、通訳という意味でツヅと呼ばれているパードレ・ジョアン・ロドリーゲスを通して、ナウ船の諸事、貿易、その他当長崎市関係の諸事について行なっている統治の如き行為——尤もそれは単に指導するだけであるが——についてである。というのは、これは世俗の日本人・ポルトガル人、及びスペイン人許りでなく、イエズス会士の間でさえも大層話題になっているからである。これは、それ自体われわれの誓願や本来あるべき姿にそぐわないものと考えられ、非難の原因になる業務である許りか、上述のパードレ・ジョアン・ロドリーゲスが余りにそこに介入し、修道士としての配慮と慎重さが足りないからでもある。尤も彼がこれらの業務に有能で熟達していることは否定出来ないが。近年日本においてわれわれが蒙った、そして現在もつづいている難儀と不快は、殆ど凡てこの統治の如き行為が原因であった、と断言することが出来る。尤も本当はそれを統治と呼ぶことは出来ないが。[28]」

準管区長パシオとプロクラドールのロドリーゲスに代表されるイエズス会士の政治・貿易面への関与は、それ自体論議の対象になることであったが、問題はこれにとどまらず、このような教会活動のあり方がイエズス会士の日常生活に悪影響を及ぼし、これが修道精神を弛緩させ、布教と司牧活動に弊害をきたしたとして、厳しく非難する声が一方で高まった。巡察師フランシスコ・ヴィエイラは次のように記述している。

「商売によって貯えたこの莫大なかねによって、カーザや教会の建築、多数の小者による奉仕と扈従、進物、供応その他のことで無節度なことが行われるようになった。イエズス会の信徒で名誉ある人々が他の土地から来ると、その各〻に対し、長崎で宴会が三度も開かれた。即ち、最高の上長・長崎の地区長、及びプロクラドールが夫〻一回ずつ開き、互にそれを他より豪勢なものにしようと競い合った。しかし、そのために一般のパードレの衣食が向上したわけでは決してない。このような放縦はずっと以前から始まり、少しずつ嵩じてきたが、パードレ・フランチェスコ・パシオの時代に一層弛緩した。[29]」

同じヴィエイラは、別の書翰でも、「日本の最高の上長達は、大勢の人々に奉仕や扈従をさせたり、多くの私事に費す経費の点で余りにも浪費を行なっており、殊にパードレ・フランチェスコ・パシオは食事や住居その他のことでそれが甚だしかった。」[30]と記述している。カルデロンも、「第二は、日本での経費に行きすぎが行われ、そのための資産がないことである。そのため、仮令われわれの会憲やこの新キリスト教界に対して適切でなくても、どうしても何らかの手段を講じなければならない。」[31]と記している。

このパシオ時代における日本イエズス会内部の修道精神の頽廃ぶりを端的に示すものとして、その風紀の乱れを指摘することが出来る。メスキータは次のように総会長に訴えている。

「猊下に申し上げ、猊下から上長達に対し、然るべき措置をとり模範的に振舞うよう指示してもらいたいと思う第二の事は、女性がわれわれを訪ねたり、われわれが彼女等を訪問したりする際に、カーザの内外で彼女達と親密な交際をする点についてである。というのは、そこに行きすぎが行われ、慎重さが欠けるからである。多くの儀礼や無用な丁重さは避けることが出来るにも拘らず、それらは、当初はわれわれが新参者であった当時、この国の慣習により民衆をひきつけるために必要と思って始めたものである。しかし、今はもう本当にそのようなことはやめることが出来る。廃してもいささかも弊害にならない許りか、教化となり修道士の慎しみを全うすることにもなる。この慎しみは、余りに絶え間なく誘惑にさらされると、簡単に失われてしまったり危うくなったりする。これは全く心の離れてしまったような者でも、再び執着するようになる程で、左程心の離れていない者なら尚更である。このような者は必ず何人かいる。私は、根拠もなしにこのようなことを語るわけではないから、猊下は愛に基づいてこのことを指示していただきたい。そうすれば対策は一層有効なものとなろう。猊下が送った勧告に基づいて、女性の告解を聴く方法は大部分改善された。何か食べたり、葡萄酒を飲んだりすることに彼女達を招待するような親密さと丁重さについて、私はこの点是正することの出来る上長に勧告しなかったわけではない。しかしその点についてはいろいろな意見があり、既に行われている慣習をやめるのを望まない者もいる。何故なら、それは肉体的な苦痛ではなくて楽しみを与えるものだからである。[32]」

十七世紀初頭における日本イエズス会内部の風潮をよく物語っていると言えよう。その頃、プロクラドールのジョアン・ロドリーゲスが長崎市政や貿易関係のことで余りに大きな権限を握ったために、代官の村山当安等との関係が冷却し、当安等はロドリーゲスを除くためにいろいろと画策をした。その際、ロドリーゲスを失脚させるために、彼が貞潔の誓願を犯したと言いたててこれに汚名を着せようとしたようである。セルケイラはこれについて次のように記している。

「告発者——彼は当市の主な統治者で、曾ては同パードレの親しい友であった。同パードレは自分の業務について、凡て彼に連絡していた程であった——は、同パードレをその職務から除くために、貞潔の問題について偽りの証言をした、ということである。この統治者は、万事自分の意のままにしたいと望んだからである。主は真実によって救済して下さった。そして同パードレとイエズス会を助け、彼に着せられた偽りの汚名を晴らして下さった。[33]」

事の真偽は不明であるが、苟もパードレがこのような汚名を着せられたということ自体、当時のイエズス会内部の規律の弛緩がその背景にあったと言わねばならないであろう。十七世紀に入ると、日本人イエズス会士の中で「不名誉な事件」を起してイエズス会を脱会する者が相ついだ。ポーロは、不干斎ファビアンを初め何人もの日本人イルマンが「比丘尼達」bicunins と不祥事を起して脱会したことを伝えている。[34] そしてこのことは、既に以前からヨーロッパ人イエズス会士の間で根強いものがあった日本人会員に対する蔑視を一層強める結果となり、日本人には修道生活に入る資質がないという評価が行われるようになる。[35] しかし、このような日本人イルマンの不始末も、当時の日本イエズス会内部の修道精神の弛緩と風紀の紊乱がその温床となっていたと言わねばならない。

このような十七世紀初の教会の内情に着目すると、一六一二年に始まる幕府の禁教政策も、当然成るべくして成ったことだという思いがする。この点フランシスコ・ヴィエイラは次のように述べている。

「日本では、従来第六戒〔十戒の第六、即ち「汝姦淫するなかれ。」――引用者〕の罪に対して大きな弛緩と偽装が行われていた。（このような遠方で、多くの機会に充ち、それでいて一方では非常に重要な布教地の所では、他の管区以上に或る事に目をつぶり、それを隠すことがありうる、ということを告白する。）日本では、パードレ・ヴァレンティン・カルヴァーリョ以前の上長達によってこの点大変隠し立てが行われ、殊にパードレ・フランチェスコ・パシオの時に一層これが等閑にされた。パードレ・ヴァレンティン・カルヴァーリョは近年これらの欠陥に気付いたが、直ちに腐敗した肢体を切りすてる気持にはならなかった。これは、私が今排除しこの管区を清掃しつつある。〔中略〕

また、日本のパードレの大部分がレジデンシアと当地で田舎《イナカス》と呼んでいる教会に住み、各人が自分の住居と生活用具を持ったために、清貧に弛緩をきたした。もしも主が私を日本に行かせ給い、そして迫害が緩和するなら、容易にそれを締めつけることが出来ると思う。また上長達の消費も非常に大まかであった。そしてこのためにもわれわれは非常に貧困で、どうしてもそれを抑制しなければならない。またカーザや教会の建築に、レジデンシアと田舎《イナカス》におけるパードレ達に対する奉仕と扈従に、信徒改宗と教化に、キリストの福音の宣布者にふさわしい程度を越えて華美な装いを凝らすことに、夥しい経費がかかった。このため、今やパードレ達は、このような信徒改宗と教化の方法は、使徒とキリストの弟子達が福音を説き始めるのにとった清貧と謙遜には余り似ていない、ということが判った。幸いに、この欠陥の故に主は日本にこの迫害を許し給うた。そしてわれわれから多くの教会とカーザを奪った。というのは、われわれはキリスト教界をつくるのに、原始教会において行われていたのとは異なる誤った方法を用いてきたからである。(36)」

即ち、パシオの時代には、殊に、貞潔の誓願を犯すような修道精神の頽廃が甚だしく、それは、後になってことの重大性に気付いて正そうとしても、それには相当の決意を要する程瀰漫していた、ということが判ると同時に、従来日本では各方面に多額の経費をかけてきて、原始キリスト教会の清貧と謙遜には似つかわしくない方法を用いてきたので、神は迫害によってこれを是正しようとした、といったような見方が宣教師の間でも行われていたことを知ることが出来る。総会長は一六一二年三月二十八日付(37)と一六一三年一月三十日付(38)でパシオに指令を送り、浪費を慎しむようにと命じているが、日本イエズス会内部の堕落ぶりは、本部でも大きな問題になっていたことが判る。禁教の時代に入ったからといって、このような欠陥が一挙に矯正出来るわけでなかったことは言う迄もない。準管区長パシオの後をうけて初代管区長となったカルヴァーリョは、一六一二―一四年の禁教令発布当時日本イエズス会の最高責任者であったわけであるが、この難局に直面しての彼の振舞は、聖職者としての自覚の程度を疑わせるものであった。彼は、一六一四年全国的な禁教令が発せられると逸速くマカオに逃れたが、その前後の所業について、コーロスは次のように記述している。

「管区長ヴァレンティン・カルヴァーリョは、当管区のプロクラドールの手に一〇〇〇クルザドの彼自身の資産を預けている。彼はそのかねを貸付けることによって利殖を図った。そして、そのかねで以て望みのまま消費し、それを大きな楽しみとしている。マカオに同宿二人と従僕を一人持っているのに、尚もここ日本で彼に仕えていた何人かの従僕に、このナウ船で自分の許にくるように命じている。この資産で以て彼等を優遇するためであった。〔中略〕更に彼は、当日本国内の世俗の人々の家に、多くの砂糖煮の果物・ポルトガルの葡萄酒・フランドルのチーズその他の物が詰った食品戸棚を預けておいた。これについて、当管区のプロクラドール、パードレ・カルロ・スピノラは、もしもそれを売ったら二〇〇クルザドに上るであろう、と私に語った。管区長がこれを預けたので、プロクラドールも管区長代理も、それを動かす権限を持っていない。彼は、マカオから私と一緒に自分の同宿を一人つかわした。この同宿は今マカオに戻るが、それはただこれらの物を凡て調べて管区長に報ずるためだけのもので、それを管区長代理やプロクラドールには一切任せなかった。

既に猊下に書き送ったように、管区長は娯楽と音楽を余りにも愛好するということで際立った存在である。私と一緒にナウ船でシナから来たポルトガル人までが、同パードレが五〇人のイエズス会士と共に自分も連れて行ってほしいとオラシオ・ネレッティに内証で頼んで、マカオのリベイラ・グランデに行ったことに対して、悪口を述べた。また私は、同市にいる他会の修道士達が彼のことを非常に不思議に思い、もうイエズス会のパードレ達はヴェルデ島に満足せず、マカオ住民が所有している唯一の娯楽地を手に入れたがっている、と噂し合っているのを聞いた。同パードレは、日本において、屢〻夜の十時に、既に床に入っていながら一人のイルマンを自分の寝室に呼びよせ、ヴィオラを弾かせてそれに合せて眠りをさそう歌を裏声で歌わせた。[39]」

即ち、禁教令発布後マカオに避難した管区長は、長崎駐在のプロクラドール(カルロ・スピノラ)に自分自身の資産を預けて利殖をさせたこと、貴重な食品・嗜好品を日本国内の各地に預け、これを自分の同宿のみに管理させたこと、そして逸楽を縦にしていたその日常生活等が記述されている。このことは直接の関係者スピノラも記している。

「部下に対して率先して模範を示すべき管区長は、私には何も知らせないで、自分の本・文書、その他衣類や個人的な用品のみでなく、多くの文書入れ、ロザリオや神羊の像が一杯入った絹でおおわれた箱、ガラスの器、その他いろいろな種類の珍らしい品々をも各地に預けさせた。それは、キリスト教徒達や異教徒の領主達に贈物として与えるためであった。それらの品の大部分は、管区全体に供給するために私が所持していたものである。さらにいろいろな砂糖菓子を詰めた多くの瓶、ヨーロッパとインドの葡萄酒の樽、その他の食糧を預けさせた。これは彼の個人的な消費のためであった。また昨年彼は、日本全体の上長か又は私に鍵を送るべきところを、自分の若い同宿に鍵を持たせてマカオから派遣した。ミサ祭服を整えさせ、何冊かの本といくつかの必需品をマカオに運ばせるためであった。これについてわれわれ会員は一人も立会わせようとしなかった。即ち、彼は会員よりも同宿の方を信頼した。〔中略〕このような手本を示されては、部下達は自らを正すことは出来ない。それどころか、贈物にするためとか、日本人を招待するためという口実で、上長達が多くの品をたくわえたり、あらゆる自分の嗜好品を確保したりすることに心を配ったことから、会員の間に無駄とある種の私有の観念が導入された。[40]」

江戸幕府による全国的禁教令の発布という重大局面を迎えながら、管区長の所業がこのような有様だったのであるから、イエズス会精神の頽廃を憂える声が内部からも上ったのは当然のことであろう。ルセナは一六一六年に、日本イエズス会が直面している大きな障害の一つとして、イエズス会精神の大きな衰頽を挙げている。[41]

宣教師がこのように精神的に堕落したことは、日本布教に対する情熱の冷却につながるものであった。ルセナは、「日本にはイエズス会パードレをかくまう信徒が大勢いる。巡察師自身、自分も日本に渡りたいと言っている。というのは、イエズス会は当地で日本におけるよりも二倍の経費を会員に費しながら、皆無為にすごしている。〔中略〕一体いかなる些細なとるに足りない理由で、管区長がパードレ達を日本に残さず、全員をマカオに連れて来たのか私は知らない。[42]」と述べ、また「パードレ・ヴァレンティン・カルヴァーリョは日本にも日本の諸事にも愛を抱いたことがないどころか、イエズス会が日本から引揚げることを望んでいた。[43]」とも記述している。

これは管区長許りではない。「もしも主が私を日本に行かせ給い、そして迫害が緩和するなら、容易に清貧に弛緩をきたした在日パードレ達を締めつけることが出来ると思う。[44]」と述べて、日本イエズス会の粛正に意欲的なところを見せていた巡察師ヴィエイラも、一六一八年に来日してからの振舞はまことに目に余るものがあったようである。コーロスはヴィエイラの日常生活について次のように記述している。

「彼は上《カミ》から戻って以来今日迄高来の地にいる。そして常にそこから当地に屢〻目録を送って、自分が食べるための物を注文してきたし、今もそうである。それは雛鳥と鶏である。というのは、彼は牛肉は時々牛の腰肉を食べるだけだからで、これもまた注文してくる。彼に仕えている日本人従僕までが、彼は食事毎に鶏を一羽食べる、と同国人に語っている。そしてそれは事実である。巴旦杏の実は、マカオ経由でオルムズから来るもの以外にないので、当地で非常に高価であるにも拘らず、彼はマンジャール・レアル〔鶏・粉・巴旦杏の実で作った食物――引用者〕を注文する。さらに彼は、自分の好みの砂糖煮の果物・パン・ねじりパン、及び大好物の果物を注文する。

梨の時期には、梨の芯に穴をあけそこに砂糖を詰めてかまどで焼いたものを彼のデザートに供する。ゆで卵も彼は常に砂糖をつけて食べる。冬には狐皮で裏をつけた手袋と、同じく狐皮で裏をつけたコルクの上靴を用いた。これは彼が特に作らせたものであった。〔中略〕当地では病人でもこのような待遇をうけていないのは確かである。[45]」

コーロスは、「同巡察師は、マカオにいた間、ポルトガル人達から借りたいろいろな借金によって、自分の個人的な消費のための貯金をたくわえた。これを、イエズス会の他の財と共に利殖し、これによって自らを養い、自分の好きなように消費している。[46]」とも記述している。このような巡察師に、日本布教への情熱が認められる筈がなかった。彼は日本の文物に親しもうとせず、非常に冷酷な目で日本人を見た。コーロスは、「日本の習慣や儀礼も、食物も、彼には気に入らない。彼は日本人のことをけだものと言うこともあれば、黒ん坊と言うこともある。野蛮人と呼ぶこともある。」と記述し、彼が言う日本人の悪口が、ポルトガル語の判る彼の従僕に聞かれはしないかと恐れる、と述べている。[47]日本人に対してこのような評価しか出来なかったヴィエイラに、日本教界をあくまで守りぬこうという意欲などなかった。ルセナは、「資産を欠くので、巡察師は当管区から引揚げることを決意した。そして彼は、これを総会長の命だと言う。[48]」と記述している。この当時日本人に対するこのような見方は決して少数の例外とは言えない。後に捕えられて殉教するスピノラも、「この黒ん坊がラテン語その他の学習を始め、それを鼻にかけるようになったので、もうわれわれにとって彼等は役に立たない。」と記し、日本人は聖職には不向きであるから、これに学問をさせて昇進の希望を持たせるようなことをせず、同宿として働かせるのがよい、と強調している。(49) コーロスは、日本からローマに日本人の欠陥を書き立てた夥しい量の文書が送られていることをガブリエル・デ・マトスが日本人イルマンに話したために、彼等がヨーロッパ人に対して憤慨したことを記し、このために会員が自分の意見を自由にローマに書き送らないようになるのを憂慮している。(50) ヨーロッパ人イエズス会士の日本人蔑視は、それ程甚だしいものであった。

このようなイエズス会関係者の日本人蔑視と、日本布教に対する情熱の喪失に並行して、イエズス会では極東における布教活動の重心を日本から徐々に他の地域に移してゆく。在日イエズス会士の声が反映して、総会長が日本人聖職者登用の道を厳しく制限したのも、(51) そのような動向の一環であるが、もっと具体的には、資金の面でも日本に属するかねが他に向けられていくようになる。例えば、一六一七年に巡察師ヴィエイラが開いた協議会において、パードレ・ディオゴ・ブランダンが日本のコレジオのための基金として行なった喜捨を、マカオのコレジオに充てるように総会長に要望することを決定した。(52) 一六二二年当時、シナのイエズス会は日本イエズス会に五〇〇〇タエルの負債を負っていたが、(53) さらに総会長から、毎年五〇〇タエルをシナに与えるようにとの指令が出た。(54) この毎年の五〇〇タエル許りでなく、外にも巡察師はシナで要するいろいろな臨時の経費を日本の資金でまかなった。日本の資産はシナ布教のために割かれるため非常に減少してしまった。(55) これが余りに甚だしいために、日本のものをシナに与えることが出来る権限を巡察師から取上げてもらいたい、という要望が日本から本部に対して行われた程である。(56) 日本とシナの双方を一人の巡察師が統轄すると、日本のかねをシナに向けるので日本にとって不都合である、といった訴えも行われた。(57)

同じことがコチンシナに対しても行われた。管区長カルヴァーリョは一六一五年一月、禁教下にあって人的にも物的にも窮乏している日本から、パードレ二人、イルマン一人、日本人同宿の説教師二人をコチンシナに派遣した。[58] その後このコチンシナ布教は進展が期待出来るようになり、このためマカオ駐在会員の間でその布教に向けられる者がふえる反面、日本への関心が低下してしまった。[59] 資金の点でも、日本はシナに対するのと同じくコチンシナに対しても、毎年五〇〇タエルを給付した。[60] 管区長パシェコと顧問達は、一六二二年九月六日付で総会長補佐に書翰を送り、コチンシナ布教に既に八人従事しているところに、さらに三、四人追加派遣するようにとの指令が本部から届いたことにふれ、日本はイエズス会の名誉であり、東洋全域における希望の源泉であるが、このように人員とかねを他の布教地に割かれては、日本布教を前進させることは出来ず、日本教界は崩壊してしまう、と訴えている。[61] ほぼ同じ頃、バエサも、イエズス会本部と巡察師がこれ以上日本からコチンシナに人を送らないようにしてもらいたい、という要請をくり返し行なっている。[62]

このように一六二〇年前後におけるイエズス会内部の動向に着目してみると、ローマの本部、及びその意向をうけて極東イエズス会の問題を広い視野から統轄する立場にあった巡察師に、布教活動の重心を日本から他に移行させてゆく意思のあったことがはっきり認められる。同じ巡察師でも、曾てのヴァリニャーノなどは、日本イエズス会の経済基盤を強化し、日本に優秀な人材を向けることに大いに努力したことは、別の所で述べた通りである。管区長パシェコは、曾ての巡察師達は日本の資産を秘してそれを維持増大させる配慮をしてくれた、と言って現状を歎いているが、[63] これは日本布教を守ろうと考える会員の率直な声だと言えよう。しかし、このようなイエズス会幹部の日本に対する姿勢も、現地の布教活動の実態と無関係である筈がなかった。先に述べたように、特に十七世紀に入ってから顕著になった日本イエズス会内部の頽廃と日本布教に対する情熱の喪失が、ここにきてイエズス会幹部がとった方向転換に大きなかかわりを持っていることは間違いない。勿論そのような中にあって、あくまで日本教界を維持し発展させることを希望した会員が日本にいなかったわけではないが、既に教勢は衰退に向い、そしてイエズス会上層部の間で日本布教への情熱が冷えきってしまった以上、も早その趨勢には抗するすべはなかった。

四

キリシタンは、一面では確かに江戸幕府の弾圧によって滅んだ。仮りに教会がいかに日本布教を続けようとしても、幕府の禁教政策の前にそれが不可能であったことは明らかである。しかしその反面、教会は終始日本布教に対して積極的な姿勢を堅持したが、不本意にも幕府によって一方的に阻止された、というような見方もまた正しくない。キリシタン宣教師はその旺盛な祖国意識から自国の利益の擁護と教勢の拡大を一体化させ、その目標に向けて情熱を燃やしたが、これが特に十七世紀に入ってから、教会内外の情勢の変化もあって、イエズス会宣教師が政治・経済面にかかわりを持つことが一層甚だしくなり、このことがイエズス会内部の精神的頽廃を招いた。そしてその影響で日本人会員の多くが修道生活から脱落していったが、これがまたヨーロッパ人会員の日本人観に強く反映し、彼等自身の精神的堕落と相俟って、日本布教への情熱が冷却してしまったことは、以上述べてきた通りである。

大航海時代のカトリック布教は、イベリア両国の海外進出の一翼を担う形で行われ、国家事業の一環として進められた。布教が自国の進出に荷担する役割を果している限りにおいて、宣教師は使命感を燃やし、その布教に新鮮な情熱を持った。日本についても、布教が自国の利益につながるという意識を強くすればする程、宣教師は日本布教に情熱を抱いたと言ってよい。即ち、キリシタン宣教師の間に祖国意識の高揚が認められる限り、それが彼等を精神的に支え、日本に対する布教熱をかき立てた。このことは、布教と武力の問題にもかかわりを持っている。自国の軍隊を導入し、キリシタン領主と結託して国内に足がかりとなる基地を作り、そしてそれを拡大させてゆくという方策を、相当数のイエズス会士が是認していたと言ってよいが、これは、そうすることが教・俗両面から自国の国益に適うと認めたからに外ならない。従って当然、日本に対する武力行使を唱える主張が活潑に行われた時期は、宣教師の間に祖国意識の高揚がみられた時期と一致している。そしてその当時は、キリシタン教会は、いろいろな問題をかかえながらも、全体として真摯な姿勢で日本での教会活動をすすめていた、と評価出来ると思う。その頃は、国内情勢も中央政府の統制が国内に行きわたるようになる以前のことであり、教会が国内の一部にキリスト教社会を築いてそれを拡大させてゆくことも望みうる時期であった。右に述べたように、その後日本での教会活動に対する情熱が衰えてくる頃になると、も早宣教師の間に曾てのような旺盛な祖国意識は見られず、従ってまた武力行使に対する積極的な態度も失われてしまう。表面では祖国意識から出た論議のような形をとっても、内実はそれに名をかりた至って低次元の内紛にすぎない場合が多い。江戸幕府がポルトガル貿易を犠牲にキリシタン勢力の一掃に踏切る一六二〇年代半ば即ち寛永年間には、既に教会の側には、日本布教をあくまで推進し、本国の国益を全うしようという意欲が失われてしまっていた。そしてオランダ人がポルトガル人など競争者を追落すのに用いた、布教が侵略の下工作であることを宣伝する常套手段の材料だけが残った。迫害が日本に対する布教熱を殺いだという一面も否定出来ないであろう。しかし私は、確かにこの点も無視することは出来ないが、これは要因の一つにすぎず、それよりも、当時の布教事業のあり方にかかわって、イエズス会内部の動向として生じた面の方がはるかに大きいと考える。

そしてこれはまた、ローマ教皇庁を中心として、従来のカトリック布教活動を再検討しようという動きが強まったこととも関係している。即ち、十七世紀に入ると、従来海外布教を布教保護権の制度によってイベリア両国に委ねてきたことに対する反省から、教皇庁自身が布教活動の主導権を握ろうという動向が強まり、そのために一六二二年に海外布教を管轄する布教聖省が設置される。この布教聖省の初代書記官となり、二七年間その地位にあったイタリア人のインゴリは、布教保護権による教会活動の欠陥として、アジア原住民の司祭叙品が疎かにされてきたこと等を指摘している。[64] しかし乍ら、従来の海外布教が布教保護権による教会活動の弊害をいろいろ露呈してきたことも、根本的には、教会がイベリア両国の海外進出と一体となってその教勢を急速に伸長させた当初の新鮮な布教熱を失ってしまったことによるものと言えよう。それはまた、イベリア本国の国力の低下とかかわりを持つものであったことは言うまでもない。教皇庁は、スペイン・ポルトガル両国の領域に、布教保護権と関係を持たない聖職者を送り込む計画を立て、実行に移してゆく。日本に対しても、そのような聖職者をポルトガルのルートによらないで派遣しようという試みが行われたが、それは既に鎖国直前の時期であったために、実を結ぶことなく終った。教皇庁の方針が軌道に乗るのは、十七世紀半ばにパリ外国宣教会が組織され、これがフランスの東洋進出と共に教会活動を伸ばしてゆくようになってからである。

キリシタン布教盛衰の歴史において、とかく江戸幕府による迫害を中心に、教会活動を阻んだことのみが強調される嫌いがある。幕府による禁教が布教の進路に重大な影響を与えたことは言う迄もないが、それと同時に、教会自体が自壊した側面のあったことも見落してはならないであろう。

（1）一五九三年一月に作成された日本管区パードレとイルマンのカタログ（Archivum Romanum Societatis Iesu, Jap. Sin. 25, ff. 31–34v.）。

（2）一五九五年十一月十八日付ゴア発、ヴァリニャーノの総会長宛て書翰（Jap. Sin. 12–II, f. 309.）。

（3）一五九五年十一月十九日付ゴア発、ヴァリニャーノの総会長宛て書翰（Jap. Sin. 12–II, f. 311.）。

（4）A. Valignano & José Luis Alvarez-Taladriz, *Adiciones del Sumario de Japón*, Apéndice III, Primera Congregación de Japón.

pp. 682–685.（家入敏光訳編『日本のカテキズモ』天理図書館、一九六九年、二五五—二五八頁）。

（5）一五九三年十月二十六日付ゴア発、フランシスコ・デ・モンクラロの総会長宛て書翰（Archivum Romanum Societatis Iesu, Goa 14, f. 42.）。

（6）一五九五年十一月十八日付ゴア発、ヴァリニャーノの総会長宛て書翰（Jap. Sin. 12–II, f. 309.）。

（7）フロイスは、一五九三年一月十八日付マカオ発、総会長宛て書翰の中で、「日本では全体的統轄のためのポルトガル人会員が大いに不足している。」（Jap. Sin. 12–I, f. 96.）と記述している。

（8）Jap. Sin. 11–I, f. 173a. 11–II, f. 286v.

（9）Jap. Sin. 14–II, f. 272v.

（10）一五九七年十月十日付長崎発、アントニオ・ロペスの総会長宛て書翰（Jap. Sin. 13–I, f. 73.）。

（11）Jap. Sin. 12–I, ff. 108–111.（J. L. Alvarez-Taladriz, "Opinión de un Teólogo de la Compañía de Jesús sobre la Pluralidad de Ordenes Religiosas en Japón", 『天理大学学報』七十一輯に印刷紹介）。

（12）Jap. Sin. 13–II, ff. 286–291.（アルバレス「「フランシスコ修道士たちの日本における生活と死について」——あるイエズス会神学者の意見」『サピエンチア英知大学論叢』五号に印刷紹介）。

（13）Jap. Sin. 13–II, ff. 296–303.（尚この一五九九年二月二十九日付書翰は、一五九九年二月二十七日付書翰の内容に加筆したものである）。

（14）一五九九年二月二十九日付日本発、ペドロ・デ・ラ・クルスの総会長宛て書翰（Jap. Sin. 13–II, f. 301.）。

（15）高瀬弘一郎「十七世紀初頭におけるわが国のスペイン貿易について」（『史学』四十五巻一号）。

（16）Jap. Sin. 13–II, f. 298v.

（17）一五九九年二月二十六日付長崎発、アントニオ・フランシスコ・デ・クリターナの総会長宛て書翰（Jap. Sin. 13–II, ff. 282v., 283.）。

（18）一六一二年五月十日付長崎発、ジョアン・ロドリーゲス・ジランの総会長補佐宛て書翰（Jap. Sin. 15–I, f. 143v.）。

（19）一六〇七年三月二十八日付長崎発、オルガンティーノの総会長宛て書翰（Jap. Sin. 14–II, f. 279.）。

（20）Jap. Sin. 17, f. 168, 168v.

(21) Goa 14, ff. 154-155.

(22) Jap. Sin. 12-II, f. 316v.

(23) 一五九六年十二月一日付ゴア発、ヴァリニャーノの総会長宛て書翰(Jap. Sin. 13-I, f. 36.)。

(24) 高瀬弘一郎「十七世紀初頭におけるわが国のスペイン貿易について」前掲一三―一五頁。

(25) 一六一〇年三月十四日付長崎発、パシオの総会長補佐宛て書翰(Jap. Sin. 14-II, f. 335.)。

(26) 高瀬弘一郎「キリシタンと統一権力」(『岩波講座日本歴史　近世1』一九七五年)二一五―二二〇頁。

(27) 一六一〇年三月五日付長崎発、セルケイラの教皇宛て書翰(Jap. Sin. 21-I, ff. 214v., 215.)。

(28) 一六〇七年三月一日付長崎発、セルケイラの総会長宛て書翰(Jap. Sin. 21-I, ff. 136v., 137.)。

(29) 一六一八年九月十九日付日本発、ヴィエイラの総会長宛て書翰(Jap. Sin. 17, f. 154.)。

(30) 一六一八年九月三十日付日本発、ヴィエイラの総会長補佐宛て書翰(Jap. Sin. 17, f. 169.)。

(31) 一六一二年三月四日付日本発、カルデロンの総会長宛て書翰(Jap. Sin. 15-I, f. 132v.)。

(32) 一六〇五年三月九日付長崎発、メスキータの総会長宛て書翰(Jap. Sin. 36, f. 3v.)。尚メスキータは一六〇五年三月十日付長崎発、総会長宛て書翰でも同じ趣旨のことを記述している(Jap. Sin. 36, f. 6v.)。

(33) 一六〇七年三月一日付長崎発、セルケイラの総会長宛て書翰(Jap. Sin. 21-I, f. 137.)。

(34) 一六一一年九月二十日付日本発、ジョヴァンニ・バッティスタ・ポーロの総会長宛て書翰(Jap. Sin. 15-I, ff. 38v., 39.)。

(35) 高瀬弘一郎「キリシタンと統一権力」前掲二一一―二一四頁。

(36) 一六一六年十月十四日付マカオ発、ヴィエイラの総会長補佐宛て書翰(Jap. Sin. 17, ff. 16v., 17.)。

(37) Jap. Sin. 3, f. 41, 41v.

(38) Jap. Sin. 3, f. 42v.

(39) 一六一六年二月十五日付諫早発、コーロスの総会長宛て書翰(Jap. Sin. 35, f. 49v.)。

(40) 一六一六年三月十八日付長崎発、スピノラの総会長宛て書翰(Jap. Sin. 36, ff. 179v., 180.)。

(41) 一六一六年十二月二十一日付マカオ発、ルセナの総会長補佐宛て書翰(Jap. Sin. 17, ff. 24, 29.)。

(42) 一六一六年九月二十一日付マカオ発、ルセナの総会長補佐宛て書翰(Jap. Sin. 17, ff. 12v., 13.)。

(43)　一六一八年四月八日付マカオ発、ルセナの総会長補佐宛て書翰(Jap. Sin. 17, ff. 140, 142.)。
(44)　一六一六年十月十四日付マカオ発、ヴィエイラの総会長補佐宛て書翰(Jap. Sin. 17, f. 16v.)。
(45)　一六一九年九月二十五日付長崎発、コーロスの総会長補佐宛て書翰(Jap. Sin. 35, ff. 129, 132.)。
(46)　右と同じ書翰(Jap. Sin. 35, f. 131.)。
(47)　右と同じ書翰(Jap. Sin. 35, ff. 129, 129v., 132.)。
(48)　一六一八年四月八日付マカオ発、ルセナの総会長補佐宛て書翰(Jap. Sin. 17, ff. 140, 142.)。
(49)　一六一七年三月十五日付長崎発、スピノラの総会長補佐宛て書翰(Jap. Sin. 36, f. 187, 187v.)。
(50)　一六二〇年十月十二日付加津佐発、コーロスの総会長補佐宛て書翰(Jap. Sin. 37, f. 170v.)。コーロスは日本人に対する配慮からと思われるが、日本人パードレ・トマス・ツジが女性問題でイエズス会を追放されたことを総会長に報告するのに、「日本人パードレ・トメ」と「女たち」の語を数字暗号を用いて記し、記事の内容が余人に判らないようにしている(一六二〇年十月十日付加津佐発、コーロスの総会長宛て書翰。Jap. Sin. 37, f. 157.)。尚この数字暗号は、一六〇一年十月十二日付で総会長から東インドに送られた暗号表に基づいている(Real Academia de la Historia de Madrid, Jesuitas, Legajo 21, f. 235.)。
(51)　高瀬弘一郎「キリシタンと統一権力」前掲二一一—二一四頁。
(52)　一六一八年四月八日付マカオ発、ルセナの総会長補佐宛て書翰(Jap. Sin. 17, f. 140, 142.)。
(53)　一六二二年九月六日付日本管区長パシェコと顧問達の総会長補佐宛て書翰(Jap. Sin. 18–I, f. 1v.)。一六二三年二月二十五日付日本発、バルタサール・デ・トーレスの総会長宛て書翰には、シナは日本に五〇〇〇タエル以上の負債があり、毎年これがふえつつある、と記述されている(Jap. Sin. 38, f. 262. 一六二三年二月二十六日付日本発、トーレスの総会長宛て書翰も同文。Jap. Sin. 38, f. 268.)。
(54)　一六二二年三月三日付長崎発、トーレスの総会長宛て書翰(Jap. Sin. 38, f. 252.)。一六二二年三月五日付日本発、パシェコの総会長補佐宛て書翰(Jap. Sin. 38, f. 91v.)。一六二二年九月六日付日本管区長パシェコと顧問達の総会長補佐宛て書翰(Jap. Sin. 18–I, f. 1v.)。
(55)　一六二三年二月二十五日付日本発、トーレスの総会長宛て書翰(Jap. Sin. 38, f. 262, 262v. 一六二三年二月二十六日付日本発、トーレスの総会長宛て書翰も同文。Jap. Sin. 38, f. 268, 268v.)。

(56) 一六二二年九月六日付日本管区長パシェコと顧問達の総会長補佐宛て書翰 (Jap. Sin. 18–I, f. 1v.)。一六二二年十一月二十日付長崎発、フアン・バウティスタ・デ・バエサの総会長宛て書翰 (Jap. Sin. 34, f. 109.)。一六二二年十一月二十日付長崎発、バエサの総会長補佐宛て書翰 (Jap. Sin. 34, f. 111.)。

(57) 一六二一年一月十二日付日本発、パシェコの総会長補佐宛て書翰 (Jap. Sin. 38, f. 62v.)。

(58) 一六一五年五月十三日付マカオ発、ルセナの総会長補佐宛て書翰 (Jap. Sin. 16–I, f. 189.)。

(59) 一六二〇年十月二十一日付日本発、トーレスの総会長宛て書翰 (Jap. Sin. 38, f. 241.)。

(60) 一六二二年三月三日付長崎発、トーレスの総会長宛て書翰 (Jap. Sin. 38, f. 252.)。一六二二年十一月二十日付長崎発、バエサの総会長宛て書翰 (Jap. Sin. 34, f. 109.)。

(61) Jap. Sin. 18–I, f. 2.

(62) 一六二二年十一月二十日付長崎発、バエサの総会長宛て書翰 (Jap. Sin. 34, f. 109.)。一六二二年十一月二十日付長崎発、バエサの総会長補佐宛て書翰 (Jap. Sin. 34, f. 111.)。

(63) 一六二二年九月十四日付日本発、パシェコの総会長宛て書翰 (Jap. Sin. 38, f. 101v.)。

(64) C. R. Boxer, *The Portuguese Seaborne Empire*, London, 1969, p. 235.

第三章　キリシタン宣教師の軍事計画

一

大航海時代に於けるカトリック布教事業は、ローマ・カトリック教会が独自に、自主的な立場で行なったものではなく、イベリア両国の王室が布教事業に対して経済援助をする代りに、教会聖職者の人事等に介入しうる、という布教保護権の制度の下に進められたものであって、霊的救済を目指すべき布教事業が、航海、征服、植民、及び貿易といった事業の一環として行われたと言ってよく、このため当時の布教事業は、両国の国家的な利害と一致することが多かった。このような布教事業の性格は、勿論弊害も伴ったが、しかし、そのために、両国の版図が拡大してゆくのと軌を一にして、カトリック教会もその広大な地域に教勢を伸長させてゆくことが出来た、という面も看過することが出来ない。このようなところから、当時の布教事業は、本質的に両国王室による武力征服事業と並行して進められてゆく性格のものであったと言わなければならないであろう。そしてこのことは、スペイン、ポルトガル両国民がその大航海事業の最後に到達した、日本或いはシナの布教についても、従来両国民が発見、征服して来た各地と、本質的な性格の相違は認められない。そして、事実、日本やシナに対しても、武力によってそこを征服して、手取早くカトリック信仰を宣布すべきであるとの主張は、宣教師の間で一部ではかなり根強く行われていた。

以下、この問題に関し、ローマ・イエズス会文書館及びセビーリャのインド綜合文書館収蔵の文書の紹介を主とした報告を行いたい。日本キリシタン布教事業に直接関係した宣教師がこの件で書残した記録の紹介を主とするが、しかし、当時極東で布教にたずさわっていた宣教師の間で行われた、日本に対する軍事行動を主張する意見は、シナに対する武力征服と関連して論ぜられる場合が多かったので、ここでも必要な範囲内で、シナ派兵を主張する論も取り上げてゆきたい。尚、この問題を扱う以上、宣教師が布教のために武力に訴えることを主張した、その思想的背景から説きおこす必要があろう。「大航海時代イベリア両国の世界二分割征服論と日本」(第一部第一章)はこれに関係するものではあるが、さらに正当戦争の思想の系譜について解明する必要があろう。しかしこの問題に取組むのは私の能力に余ることなので、ここでは、日本を主として、極東で布教にたずさわった何人かの宣教師が書残した記録を基に、宣教師の武力征服論、布教と武力の問題等を述べるにとどめたい。

(尚、岡本良知氏が以前「天正末に於ける耶蘇会の軍備問題」——『桃山時代のキリスト教文化』所収、昭和二十三年——と題する論文を発表し、イエズス会日本準管区長の地位にあったガスパル・コエリョを中心として、日本に対する軍事行動を企てる動きが宣教師の間に見られたという、キリシタン史上非常に興味深い事実を明らかにされたが、私もこの論文に啓発されるところ大きかった、ということを附記しておく)。

二

スペインの勢力は、アメリカ大陸を経て十六世紀半ばすぎにフィリピンに達し、そしてそこを足場に、シナを初めとする極東各地に対し、貿易と布教の面で積極的な進出を企てて行った。征服者と共にフィリピンに渡来した宣教師の多くも、フィリピン原住民に対する布教活動よりも、大陸に渡って布教事業にたずさわることの方に、より大きな関心を持っていたが、アウグスチノ会のフライ・マルティン・デ・ラーダは、まだスペイン人がマニラに根拠地を確立する以前の一五六九年七月八日付でセブーから書送った書翰の中で、富裕で人口稠密な大国、シナを征服する件にふれ、もしもスペイン国王が然るべき準備をととのえてのぞむなら、容易に成就することが出来るであろう、と述べている。(1) まだフィリピンに於けるスペインの基盤すら確立していないこの時期は、大陸派兵の件など具体的な計画に上るような段階ではなく、このマルティン・デ・ラーダの献言は余りに時期尚早にすぎたが、しかし征服者レガスピと共に最初にフィリピンに渡来した宣教師の中に、既にシナに対してこのような意見を述べる者がいたということは注目に値いする。

ところで、スペイン人のフィリピン経営も徐々に進展して行ったが、一五七六年になると、フィリピン総督がスペイン国王とメキシコ副王に宛て、シナに対する武力征服を献策する文書を送っている。(2) 即ち、総督フランシスコ・デ・サンデは、この年六月七日付のスペイン国王とメキシコ副王宛ての書翰の中で、鉄や生糸等を産するシナとの貿易は、スペインやフィリピンにとって重要であるとして、そのためにもスペイン国王はシナに対する軍隊派遣を敢行しなければならない、と主張している。このような総督の献言に対し、国王は翌一五七七年四月二十九日付で返書を送り、目下のところこのような企ては適当ではない、として、シナ人とは当面友好関係を保ち、努めてシナ人の怒りを買うことのないように配慮するよう命じ、そしてもし今後シナについて更に詳しい情報をえ、それ迄の政策を改める方がよいということになれば、その時に然るべき措置を命ずる、と述べている。(3) 王室としては、当面はフィリピン諸島の経営に全力を注ぐという方針であったようである。スペイン国王のこのような政策に関連して、フィリピンのスペイン人宣教師の中に、シナに対して武力征服を行うことに反対し、その旨国王に意見を述べる者があったことも看過できない。即ち、一五八〇年四月二十四日付、スペイン国王のフィリピン総督ドン・ゴンサロ・ロンキーリョ・

デ・ペニャロサ宛ての書翰により、在フィリピン、アウグスチノ会のフライ・フランシスコ・デ・オルテガという宣教師が国王に覚書を送り、その中で、シナに使節を送ってこれと友好関係を結び、同国と自由に交通が出来るようにして、シナ国内に貿易の基地を割譲させ、そして宣教師がシナに入国して布教活動を行うことが可能になるよう尽力することを、国王がフィリピンの政庁関係者に指示するのが極めて重要である旨訴え、またこのことがうまく運ぶように、国王がシナ国王に書翰と何か珍らしい品の音物を送るのが有効であると主張したことがわかる。(4) そしてこのような内容のオルテガの覚書を受けとったことを述べた後で、国王は、総督に対して、右の覚書の中で記されている事項について調査し、然るべき裁断を下して自分に上申するように、という指令を与えている。(5)

一方、フィリピン総督のシナ征服に対する意欲は相当強いものがあり、一五八〇年五月二十五日付で国王に宛て書送った書翰では、有用な金属を産するシナの征服を強く主張し、そしてそれは容易に成就されるであろう、と述べている。またシナはスペインのデマルカシオンに属する故、ポルトガル人が同地に赴くことは出来ない、と附言している。(6) このようなフィリピン総督の考えを更に鼓吹するかのように、マカオのポルトガル関係者からも、総督の許に、シナ征服を使嗾する書翰が送られたことは注目に値いする。その経緯を簡単に述べると、一五八〇年一月、ポルトガル国王ドン・エンリーケの死に伴い、スペイン国王フェリペ二世が三万の軍勢を率いてポルトガルの首府リスボンに入り、他の王位継承の候補者達をしりぞけて、一五八一年四月ポルトガル国王に即位し、以後一六四〇年のポルトガル独立に至るまで、六〇年間ポルトガルはスペインに併合されることになる。併合につき、一五八二年にトマールで開催された議会に於いて、フェリペ二世がポルトガル側に対して行なった約束事項の第七章は、「インド、ギネーその他既に発見され、また将来発見されるポルトガル王国領の貿易については、これを奪ったり、現状に変更を加えたりせず、又その貿易にたずさわる役人はポルトガル人、船はポルトガル船を用いて航海すべきものとする。」と定め、(7) ポルトガル領インド、即ち東インドに於けるポルトガルの利権に対しては、スペイン国王は一切干渉しない旨の約束を最初に行なっている。フェリペ二世は、ポルトガルの王位継承を争ったドン・アントニオがポルトガル領インドに渡り、そこを拠点にスペイン王室に反旗をひるがえす意図だというような風説が流れたこともあり、急ぎフィリピン総督ゴンサロ・ロンキーリョに書送り、急遽マカオに両国併合のニュースを伝え、マカオのポルトガル人から、スペイン国王に対する忠誠の盟約をとり結ぶように、と指令した。その結果、フィリピン、イエズス会のアロンソ・サンチェスがマカオに派遣されることになり、一五八二年三月十四日にマニラを出発し、その年の五月末に目的地のマカオに到着した。彼がその使命を果してマカオを発ったのは同年七月であるが、マカオのカピタン＝モール、ドン・ジョアン・デ・アルメイダは、サンチェスに会見した後、一五八二年六月二十四日付の書翰をフィリピン総督に送っており、その中で、フェリペ二世がポルトガルに君臨することを歓び、これに忠誠を誓う旨述べた後で、次のように記しているのが注目される。即ち、国王陛下はシナ国王に使者を遣し、贈物をすることを望んでおられる由であるが、シナでは、赤毛の白人が遠方から来て国を奪うという予言が行われているので、外国の使節を入国させることは禁ぜられており、決して陛下の使者や贈物を受け入れようとはしないであろう。既に以前ドン・ジョアン国王が立派な進物を送ったことがあったが、シナではそれを受けつけなかった。このことから、現在も同様であることは明らかである。このため、シナに送るべき贈物は、スペイン、ルソン、インドの地から集められた一万乃至一万二〇〇〇人の軍勢である。但し、まず信仰を宣布し、何人をも害することなく、その自由を保障するわれわれの正義に基づく統治を明らかにしなければならない。そうすれば、国民の大部分は従来の隷属状態から逃れて陛下の麾下に参じ、総ての知識人は陛下の法に従うようになるであろう。このようにして、いとも容易にシナの最良の都市である広東市を占領することが出来、そして引続き占領地域を拡大し、その凡てに要塞を築いて行く。このために上述の軍勢が必要なのであって、広東市を占領するだけなら二〇〇人の兵隊で充分である。このようにして陛下はシナ全土を征服することが出来よう、と。[9] 元来マカオのポルトガル人は、次のような理由から、フィリピンのスペイン人がマカオに渡来して、同地と交渉をもつことを非常に警戒した。マカオのポルトガル人は、抑〻フィリピンはポルトガルのデマルカシオンに入るとして、フィリピンからスペイン人が撤退することを主張し、またスペイン人がモルッカ諸島に進出を意図したことも、両者の反目を激化させたが、何といってもスペイン人のマカオ渡来をポルトガル人が反対した第一の理由は、マカオを基地にポルトガル人が行なっていた、シナ産生糸を主な商品とする極めて有利な貿易を、スペイン人に侵害されるのを恐れたからである。ポルトガル人は、スペイン人がペルーやメキシコ等スペイン植民地で産する巨額の銀をもたらして、シナ生糸を高価に買い入れることを危惧した。このためポルトガル人は、スペイン人とシナ人が直接に接触すること、即ちスペイン人がシナに渡来したり、シナ人がマニラに渡ることを、出来る限り妨げようとした。[10] 彼等は、スペイン人がシナ産の生糸の貿易に参加することがマカオの利益を著しく損うことを繰り返し国王に訴え、その禁止措置を要求している。ポルトガル人がスペイン人のマカオ渡来に反対した第二の理由は、ポルトガル人は、シナ政府が自分達のマカオ居留を特に望んでいるわけではなく、何時でも機会さえあれば退去を求められることがありうる、ということをよく知っていた。[11] それ故、スペイン人がシナに渡来して、彼等の態度がシナ政府を刺戟してその怒りを買うことを恐れたからである。このように考えると、アロンソ・サンチェスの来訪を受けたマカオのカピタン＝モールが、前述の如く、シナに対しては平和的な使節の派遣は無駄であって、ただ軍事力によりシナ征服を目指す以外にない旨、フィリピン総督に勧告したのは、まことに奇異の感を与え、その真意を忖度するのは困難である。総督の使者としてカピタン＝モールに会見したサンチェスが、スペイン・ポルトガル両国併合の事実をマカオのポルトガル関係者に伝えて、新たにポルトガルに君臨することになったフェリペ二世に対する忠誠を求める、という使命をこえて、前述のような勧告を含んだ書翰をフィリピン総督に送るよう、彼我の新しい関係を嵩にカピタン＝モールに強要したのではないかとも考えられるが、勿論これは推測の域を出ない。この点は兎に角としても、サンチェスがマカオに滞在中、マカオの政庁及び教会の関係者に対し、シナに対する武力征服の件をさかんに唱道したことは推定出来る。そのことに関連して、折から天正少年使節の一行を伴ってマカオに滞在中であったイエズス会東インド巡察師アレッサンドロ・ヴァリニャーノが、マラッカに向けマカオを出帆する半月前の一五八二年十二月十四日付で、フィリピン総督に書送った書翰を引用したい。その中でヴァリニャーノは、サンチェスの来訪について述べた後で、次のように記述している。

「これら東洋に於ける征服事業により、現在いろいろな地域に於いて、陛下に対し、多くのそして大きな門戸が開かれており、主への奉仕及び多数の人々の改宗に役立つところ大である。これら征服事業は、霊的な面ばかりでなく、それに劣らず陛下の王国の世俗的な進展にとって益する。そしてそれらの征服事業の内、最大のものの一つは、閣下のすぐ近くのこのシナを征服することである。尤もそれは着手すべき時宜と条件に適えばのことである。というのは、さもないとその企ては非常に危険且つ有害で、陛下のこれらの領国にとって大変な損害を招くかも知れないからである。それ故、まず必要な準備をするためには、多くの勧告と正確な情報を必要とする。そしてこれは主や陛下への奉仕にとって非常に重要な事柄であるにも拘らず、その事業に関して持つべき真の計画なり、情報なりを授けることの出来るような者は殆どいないので、私がこの地でえた経験を基に、その件のために判るいくつかの重要な事柄について、閣下と相談することが出来れば大変嬉しく思う。そして当をえた計画が立てられることを希望する。何故なら妥当な計画を立てずにそれを実行すると、シナ人との貿易を失い、しかも莫大な経費を要するにも拘らず、何ら益するところがないわけで、陛下の財産にとって甚大な損害となるのは疑いないからである。しかしながら、これは手紙で明らかにしたり、理解してもらったりすることが出来るような事柄ではないので、私は今インドに戻り、そしてインドからローマに行って私の巡察の結果を報告しなければならない任務を帯びている故、その機会に陛下に謁見して、このこと凡てについて相談することが出来ればと願っている。そしてそれが陛下がこの征服事業を企てる決意をする以前であればよいがと思っている。何故なら、私は多くの人がそれについて語り、いろいろ多くの計画を立てているのを耳にしているが、その計画が当をえたものでないことは疑いなく、真実の情報を欠く許りに、ゆくゆくは甚大な被害を招くようなことを、陛下が続行することを私は恐れる。私がこのことを閣下に書送るのを望んだのは、イエズス会が主や陛下に対して忠誠を尽すべきところから、凡てに於いて、より大なる主の光栄と陛下への奉仕を願うが故である。しかし、将来なすべき凡ての事柄のためには、フィリピン諸島及びこのマカオの市と港の維持が非常に重要な事であるということは確実である。そしてこれについての私の意見を述べれば、このマカオ市の安定は、いずれ時宜をえて改善し安定策をほどこす迄は、現在のところ、シナ人と友好関係を保つ外に、それを維持することは決して出来ない。何故なら、貿易及び食糧補給を禁ぜられるだけでも、この市は立ち行かなくなるからである。また高官達は、この市の統治のことには精通しているが、市が拡大して行くのを見て、常に強い疑惑を抱いており、殊にスペイン人がルソン島に渡来してそこを征服したのを知って以後というものは、一層その傾向が甚だしい。それ故、ここ四年来、しばしば跣足修道司祭や他のスペイン人がこの地に渡来するのを見て、彼等は極めて遺憾に思った。此処に渡来した人々自身から聞いて閣下は御存知のことと思うが、彼等は大きな危険と辛苦をなめた。そして、ポルトガルとスペインの両国が新たに統一したことを高官達が知った現在、彼等は一層大きな疑惑を抱いており、彼等の様子から、われわれは彼等がこの市に対して何か良くない事を企てているのではないかと非常に恐れているが、これには根拠がある。何故なら、彼等は短期間の内に、市を非常な窮乏に陥れてしまった。私が三年前にマカオ市を通った時には、当地はこの地域の中で最も富裕で凡ての品々が潤沢にあったのに、今、日本から戻ってみて、凡ての品が非常に欠乏しているのを知り、大変驚いたが、この有様は、当地から赴く人々が閣下に語っていることであろう。そして現在のところは、この地を維持するのが何にもまして重要なことなので、スペイン人が当地に来ないように高官達が命じている件については、彼等の意向に従う必要がある。何故なら、そのことを当市に伝えるよう彼等が命じた現在、それに逆ったことをすると、殊の外危険な事態になり、高官達がポルトガル人に対し、渡来した者を引渡すよう求めることもあり得るので、そのような場合には、忍び難いことだが、彼等を引渡すか、左もないと当市を失わなければならないかの、二者択一を迫られることになろう。現在私が閣下に書送ろうと思うのは以上の事柄であって、これ以外の事は、長時間私が語り合ったパードレ・アロンソ・サンチェスが閣下にお話しすることであろう。〔中略〕

日本のキリスト教界については、閣下に書送るべきことが沢山有る。何故なら私は日本に三年近く滞在して、今年当地に戻って来たからである。私は閣下に対し、霊魂の改宗に関しては、日本布教は、神の教会の中で最も重要な事業の一つである旨、断言することが出来る。何故なら、国民は非常に高貴且つ有能にして、理性によく従うからである。尤も、日本は何らかの征服事業を企てる対象としては不向きである。何故なら、日本は、私がこれまで見て来た中で、最も国土が不毛且つ貧しい故に、求めるべきものは何もなく、また国民は非常に勇敢で、しかも絶えず軍事訓練をつんでいるので、征服が可能な国土ではないからである。しかしながら、シナに於いて陛下が行いたいと思っていることのために、日本は時とともに、非常に益することになるであろう。それ故日本の地を極めて重視する必要がある。(12)」

右に引用したヴァリニャーノの書翰により、フィリピンからマカオに派遣されて来たサンチェスが、マカオ滞在中、シナ征服の件を同地の政庁及び教会の関係者に対して積極的に唱道したことが推測出来ると同時に、この征服の問題について、ヴァリニャーノ自身の考え方を窺うことが出来て興味深い。即ち、ヴァリニャーノは、征服事業の対象としてシナと日本をはっきり区別し、シナを武力征服することは、教俗両面で国王に益するところ大であると認め、唯それを着手すべき時宜と条件には慎重な配慮を要するとして、正確な情報に基づいた綿密な計画を立てずに軽率に実行すると、大きな弊害を招くことになろう、と警告し、そして自分がこの地でえた経験を基にその諮問にあずかっても良い、と述べている。そして引続いて、彼は日本教界について触れ、日本は武力による征服を企てても成功の見込みはなく、しかも物質的に益するところが少ないとして、そのような挙に出ることに反対している。従来、ヴァリニャーノは、この種の武力行使の企てを極力排斥する立場をとった代表的なイエズス会士と看做されて来ているが、右の書翰に見られるシナ及び日本に対する軍事行動についての考え方から判断して、彼は布教事業を成就するための手段としての武力行使そのものについて、一切これを否定するという態度をとったわけではなかったことは明らかで、日本についても、条件次第では、布教のための武力を認める立場に立つこともありうる、としなければならないであろう。

三

一五八二年七月に使命を終えてマカオを発ったサンチェスは、翌一五八三年三月末にマニラに戻ったが、その後マニラでは、サンチェスの報告を基に、征服の問題について、政庁・教会関係者の間で協議が行われたものと思う。そして同年六月十八日付で、マニラ司教フライ・ドミンゴ・デ・サラサールはスペイン国王に次のように書送り、シナに対する武力征服の事業が正当であることを主張している。

「私がこの報告書を作成した意図は、シナの統治者達が福音の宣布を妨害しているので、これが、陛下が武装してかの王国に攻め入ることの出来る正当な理由になるということを、陛下に知らせるためである。尤も、この報告書のみに基づいてシナ人に対して戦争を行うことは出来ない。一方の当事者なしに作成されたものだからである。何故なら、聖トマスが言うように、戦争をするということは、両当事者の訴訟の判決を遂行するようなものであるから、戦争を行う以前に、その原因を正当化する必要がある。そして原因が正当である旨確信したら、相手方にも同じように正当化するよう要求し、それに応じようとしない場合に、初めて戦争を起すことが出来るが、この二つのことのいずれを欠く場合でも、その戦争は不当なものである。シナ人に対してはこの報告書について知らせず、戦争が是認される理由も伝えていないので、それは丁度、裁判官が原告の訴えを被告に知らせず、その弁明を聞くこともせずに、刑を宣告するようなものであろうが、しかしそれにも拘らず、次の理由から、これを大いに有効なものとせざるをえない。

第一、証人達の証言や当地での一般的な見方から、シナの統治者達が王国の門戸を堅く鎖しているので、説教者は入国することが出来ず、また入国を意図しても許されないであろう、ということは確かである。

第二、上述の事情により、充分な人数の護衛をつけ、かの野蛮人共が説教者を殺害したり、害を加えたりするようなことのない旨を保障することをせずに、陛下は説教者をシナに送ってはならないし、説教者も赴いてはならない。その理由は、使徒や殉教者達が行なったように、福音は死の危険にさらされようとも説教することを止めてはならないとは言っても、単独でかの王国に入国することは、われわれの判断によると、入国と同時に殺されるか、又は永久に投獄されるかのいずれかで、万一運よくそれを免がれても、立入禁止の処分をうけ、虐待されて国外に追放されるのが関の山だからである。このように、成果を生む当てのない、明白な危険をおかして単独で入国するのは、徳操ではなく、無謀な振舞と言うべきであろう。

第三、陛下はインドの全域にわたって説教者を送りこむ義務がある一方、単独で送るのは無謀なこと、又は少なくとも何の成果も生まない無駄なことだということが、この報告書によって明らかになった故、陛下は、説教者を殺害したり、害をなしたり、又は説教の妨害をしたりする者から守るのに充分なだけの人数の兵隊を添えて、彼等を送りこむことが出来るし、またそうするのが義務であろう。

第四、説教者達が上述の如き護衛つきでシナに滞在するなら、シナ人は説教者を守る兵隊を恐れるため、又は真実それを望んで、改宗するであろうが、たとえそうであっても、陛下は、兵隊の諸経費と給料、及び船の危険その他凡ての費用について、陛下が自分で調達することが出来ないか、又は少くともそれが可能かどうか明らかでない場合には、シナ人にその支払いを要請し、強要する権利を失っていない。もしも説教者達を単独で派遣したなら、殺害されるか、又は虐待されるという確証、又はその蓋然性がなく、説教者が何ら抵抗をうけない場合は、陛下はそれを徴収することは出来ないか、又は少なくとも、それが出来るということは余り明らかではないが、この蓋然性をうるためには、これについて存在し、この報告書で承認される世論及び信頼すべき八人の証人の証言で充分である。

第五、シナの為政者達が、陛下の武力を見て抵抗せず、説教者を守っている軍勢に引上げを求め、そしてそれまでに要した凡ての経費を支払う旨、述べたとしても、陛下はそのためにシナから兵隊を引上げる必要がないどころか、そのようにしてはならない。むしろ陛下は、上述の目的を達成するため、軍勢に同王国内に定住するよう命令することが出来る。そして上述の書翰の中で述べられているように、シナ人は、陛下を最高の主君としてこれに年貢を支払わなければならない。

しかしながら、民法と刑法の司法行政に関しては、シナ人はわれわれと同様、理性及び礼儀を重んずる国民であり、しかも多くの点でわれわれを上廻っているので、陛下の名で全域を獲得して統治し、原住民は許された事以外には何らそれに介入することが出来ないような、ヌエバ・エスパーニャ、ペルー、及び当諸島に於いて行なっているような遇し方を、彼等に対してしてはいけない。

そしてこのことは非常に重要な点であって、陛下の良心にかかわるところ大であるので、私は一篇の論文を作成し、その中で、この点について凡ての事を明らかにしている。また、上述の書翰の内容からも、もしも陛下がその調査をお命じになるならば、明らかになるに相違ない。私は、この点について陛下の命令に服する決意である。尤も、そうは言っても、シナ人は慎しみ深く、統治者は何人も自国に入国するのを許さないということを了解してもらいたいからではない。というのは、彼等は自国の夥しい人口に自信を持っており、スペイン人が征服する、と言うと嘲笑して、仮令身を守るべき武器はなくても、死体で城壁を築き、何人も通さないように出来る、などと語っているからである。尤もこの野蛮人共は、スペイン人というものを知らず、スペインの僅かな鉄砲隊でも、何百万ものシナ人を滅ぼすのに充分だということを知らない。私が言いたいのは、権利の要点を明らかにし、陛下は平和的な手段であろうと、戦争を伴おうと、シナに入国しうるということ、及び、シナ人は陛下に服従させられるのを望んでいない、ということを、はっきりさせたい点である。

この遠征のために適切な事項を充すためには、シナに安全に入国して国内に定住するのにどれ程の軍勢の派遣が必要かについて、確かな情報と報告を陛下に送ることが残っていた。私がこの報告書を作成した時、マカオのポルトガル人達が当地に滞在していたが、私は総督に対し、総督としても、この点や、入国に適する地域、兵隊を維持するために準備すべき食糧、及びどこに基地を設けるべきかについて、報告書を作るよう求めた。彼は私に、その凡てについて長文の報告書を作成すると答えたが、しかしそれを実行したかどうか知らない。

私がここで陛下に断言出来ることは、もしも迅速に遠征を行うなら、シナ人がわれわれを待機し、われわれに対して備えをするのを待ってから事を起すよりも、はるかに少数の軍勢でこと足りよう、という点である。そしてこのことを一層容易に運ぶには、シナのすぐ近くにいる日本人がシナ人の仇敵であって、スペイン人がシナに攻め入る時には、すすんでこれに加わるであろう、ということを、陛下が了解されるとよい。そしてこれが効果を上げるための最良の方法は、陛下がイエズス会総会長に命じて、この点日本人に対し、必ず在日イエズス会士の命令に従って行動を起すように、との指示を与えるよう、在日イエズス会修道士に指令を送らせることである。そうすれば、陛下はこの面で非常に大きな援助をうることが出来よう。

その他、この地の原住民からもかなりな人数の兵隊を調達出来よう。彼等はシナ人に対しては非常に効果的であろう。そして、毎年この港に一五乃至二〇艘渡来するシナ船に乗って渡り、陛下の費用を省くことが出来よう。尤もこの費用については考慮する必要はない。何故なら、入国した最初の都市において、それまでの凡ての経費とその後の費用をまかない、さらにその余りのかなりな額を陛下に送ることが出来る程の財宝を見出すことであろう。

上述の事柄の外に、かの王国に入国するには、国王に豪勢な贈物をするのがよいなどと誤った情報が陛下の許に届いているのを、この報告書によって正したい(13)。」

司教は、同じ一五八三年六月十八日付マニラ発、国王宛ての別の書翰の中で、フィリピン、フランシスコ会士が、無断で密かにシナに渡って布教を試みたことを強く非難し、このような軽率な振舞は、疑い深く、どの国民よりもわれわれを恐れているシナ人に対して、托鉢修道士は間者だという観念をうえつけ、そして守りをかためてしまい、われわれにとって非常な不利を招くことになる、と述べている(14)。

司教サラサールは、同じく一五八三年六月十八日付国王宛ての、更に別の書翰では、このシナ征服の件で国王に謁見した上要請したいが、それが叶わないので、書面にて上申するとして、次のように主張している。

「既に陛下もご存知のように、このインドの問題は、大きな懸念を以て取上げられ、スペインやインドの凡ての識者は、インディオに対して行なってきた征服事業を非難し、それにともなった凡ての損害、死、及び略奪に対しては、それを命じた者と征服事業に加わった者が償わなければならない、としている。私も、かなりな期間このような見解に立っていた。なぜなら、私はチャパの司教〔ラス・カサスのこと――引用者〕の学説によって育ったからである。私は、ヌエバ・エスパーニャにいた二、三年以上の間、このような見解に立っていた。しかしながら、陛下がご存知のように私に不相応な任務を帯びてこのフィリピン諸島に渡来して後、まず学識ある敬虔な人々に諮った結果、神は、これについて大きな懸念にかられていた良心にやすらぎを与えるようなことを教えて下さった。〔中略〕陛下はインド全域にわたって権利を有しており、またポルトガル国王でもあるので、シナとそれに隣接する諸王国及び東インド全域に対して権利を有するので、シナの武力から被害を受けないだけの軍隊を派遣することが出来る。そして仮令それを妨害しようとする者がいても、この軍隊は中国国内に入り、福音の宣布を許すようシナの国王と統治者達に強要し、説教者達が被害を受けないように、これを守ってやることが出来る。また、それに要した凡ての経費を陛下に支払うよう、同王国の住民に強要させることも出来る。もしもそれを支払おうとしない者があれば、強制的に徴集してもよいが、われわれの目的が、原住民の破滅にあるのではなく、彼等の改宗を目指しているのであるから、この目的にかなう公正と節度という点に、常に配慮しなければならない。陛下は、シナの全土にわたって年貢を課することが出来る。そしてその一部は、平定と治安維持に当る兵隊に与えるものとする。その場合も、上述のキリスト教的な公正と節度という点は常に心がけなければならない。シナの国王が余りに邪悪で、王国内での福音宣布を認めさせることがどうしても出来ないようなら、最善の努力をした挙句なら、陛下は、王国から彼を追放することが出来る。(15)」

右のような見解に立ったマニラ司教を初めとする教会関係者の同調をえて、フィリピン総督ディエゴ・ロンキーリョが、シナ征服の計画を更に具体化するため、この件でスペイン国王の許に使者を送る段取りまでたてたことが、一五八三年六月二十日付の総督の国王宛て書翰によって明らかになる。

「このフィリピン諸島の司教及び当地の凡ての識者は、陛下がシナに遠征軍を送って、そこを領有する正当な理由と原因がある、そして何ら懸念なくインドのその他の王国を領有することが出来る、と述べているので、私はアロンソ・サンチェスに対し、スペインに赴いて、シナで目撃した凡ての事情や、それに対する神学上の論拠について、陛下に報告してもらいたいと要請した。陛下への奉仕にとって必要なことだと考えたからである。そして私は、イエズス会の院長に、彼を行かせてほしい、と頼んだ。これに対し、アロンソ・サンチェスは、このような重要な問題に自分が赴いても余り役に立たない、自分よりも要職にある司教が行くのがよい、と答えた。そこで私は、この件について何回か協議会を開き、結局二人共赴くことになり、司教も後から赴く、ということに決まった。しかしながら、何か些細な不都合が原因で司教の考えがかわり、その結果二人共出発をとりやめてしまった。われわれが当地で、シナ人が行いうる抵抗の力を考えてみて、陛下がこの重要な遠征の断行をお命じになるなら、八〇〇〇人のスペイン兵と一〇乃至一二艘のガレオン船からなる艦隊で充分だと思われる。そしてもしも陛下がかねの支給を命じて下さるなら、その準備は、当地において、インドの他の地域やスペインよりもはるかに少ない経費でもって行うことが出来よう(16)。」

総督から要請を受けながら、司教が同行しないために、結局サンチェスのスペイン行きは実現を見ずに終わり、このようなわけで、フィリピンに於いて具体化しかけたシナ征服の計画は、一時中断されることになる。そして、この問題が同地で再び大きく取上げられ、サンチェスがこの件で本国に渡るのは、数年先のことである。

四

その後サンチェスは、一艘のスペイン船がマニラからマカオに渡航し、マカオに碇泊している間に、その乗組員が暴動を起して船長を追放するという不詳事が勃発したために、再び使者として一五八四年五月にマカオに渡っている。今回は、彼はこの年の十月迄マカオに滞在したが、この二回目のマカオ滞在中に、サンチェスは、シナ関係者と貿易交渉を行なっているが、その外に、マカオの教会関係者に会って、いろいろな問題について協議した中に、シナ征服の件が含まれていたようである。彼がマカオに着いた翌月、一五八四年六月二十五日付で、フランシスコ・カブラルがマカオからスペイン国王に宛て書送った書翰の内容が注目される。カブラルは、一五七〇年に日本に渡来してから一五八一年に至るまで、イエズス会日本布教長の地位にあったが、巡察師ヴァリニャーノが日本を視察し、カブラルのとる日本布教政策を誤りとして、布教長を辞任に追いこんだ。その後カブラルは、一五八三年にマカオに転出し、更に一五八六年にはインドのゴアに移っている。日本を辞去した後も、マカオのコレジオ院長、インド管区長等の要インド管区長等の要職を歴任しており、この当時東インドで布教事業にたずさわった主要なイエズス会士の一人であったと言えよう。このカブラルがマカオのサン・パウロ・コレジオ院長として同地に滞在中に、サンチェスの第二回目のマカオ渡航が行われ、そしてシナ征服の件についても、この両者の間で話し合いが行われたものと思われる。そしてサンチェスは、一五八四年六月二十七日付マカオ発の国王宛て書翰の中で、マカオの重立った人物がスペイン国王によるシナ征服を正当とみる点で自分と同意見であるとして、ヴァリニャーノやカブラル等の名前を挙げているが(17)、そのカブラルの、六月二十五日付国王宛ての書翰は、次のような内容のものである。

「私がこの覚書を陛下に提出するのは次の二つの動機からである。第一に、神への奉仕及び霊魂の救済のために、私がキリスト教徒及び修道士として帯びている大きな義務の故に、第二に、私が、陛下の臣下及びイエズス会の一員として、陛下への奉仕のために帯びている義務の故にである。イエズス会は陛下に極めて大きな恩義をこうむっており、それは普通一般の恩恵以外に、陛下の諸王国全土に於いて、常に特別に大きな恩恵を受けていることによるものである。従って、日本やこの地に一七年間も滞在した私が、陛下のこのナウ船がノヴァ・エスパーニャに向け、当港を出帆するこの機会に、当地の諸事情について何ら情報の提供を行わないことは、この大きな恩恵に照らして、自分の義務を果していないことになるであろう。同船は陛下への奉仕に関係する報告書や文書をいろいろもたらすが、それと共に、私はこの覚書を作成した。〔中略〕

他の径路により、陛下は、この偉大なシナ王国の豊かさ、財宝、及びその統治、その他この件に関する詳細についての長文の報告書を得るであろうから、ここでは、このようなことについては一切とり上げず、只、王国全土の年貢の台帳をわれわれの言語で印刷させた者として、次のことを陛下に申上げられるだけである。この台帳は、二年前に巡察師アレッサンドロ・ヴァリニャーノが陛下に見せるために、この地の他の多くの情報と共にもたらしたものである。これらの情報は、望みうる限り最も確実なものである。何故なら、それは何人かの原住民から聞いたり、又は苦心の末入手した台帳から採取したりしたものだからである。それ故、私はこれを参照して記すが、毎年国王の許に納められる年貢は、一億五〇〇〇万に上る。そしてまだこの地に来たことのない者には、シナ全域に於いていかに高貴な人といえども僅か一村の領主にもなりえず、またたとえ国王自身の王子といえども、只の一人の家臣をももっておらず、凡てが完全に国王の所有するところだということを知ったら、信じられないと思うであろう。一方各地方が、或いは労役、或いは果物や商品で納入する莫大な年貢に驚いてはならない。この一億五〇〇〇万の内、艦隊のための費用や、年貢・俸禄など国内で国王が支出する経費に毎年一億消費するのが常である。各地方の主要な都市が年貢の貯えをしているが、このような秩序はもう永年の間行われてきている。個人の財宝も多いが、その外、公けの財宝がどれ程か、陛下に理解していただきたい。一年前に国王の命で捕えられて処罰された一人の側近者から二〇〇万もの財宝が発見された。これら凡ての事柄の詳細については、私が参照している台帳を基にスペイン語で印刷した記録を巡察師がもたらす。

この国を征服することによって陛下にもたらされる利益は、まず第一に、これが最も主要な点で、しかも陛下が最も希望されるところに相違ないが、それが主への大きな奉仕となり、聖信仰を進展させ、そして悪魔がこれほど不当にわがものにしている所の、キリストの血で贖われた何百万もの霊魂を改宗させることが出来るという点である。第二には、この征服事業によって、全世界に陛下の名声が高揚される。第三、新たにこの国が加わることにより、陛下の王国は多額の利益を得、そして陛下の家臣達は、この王国と自由なそして非常に大規模で豊かな貿易を行うことによって、容易にその財産をふやすことが出来るであろう。第四、この国から毎年スペインにもたらされる商品に課する関税により、王室の税収入は、どれ程に増大するであろうか。第五、この地から多くの豊かな財宝を手に入れることが出来る。シナ国王が毎年蓄積しうる金額は五〇〇〇万にすぎないが、通常消費される一億を加えれば、はるかに多額になる。この王国が陛下のものになれば、現在は多額の経費を要しても、これを省くことが出来よう。陛下が統治に関して適切な命令を下すことによって、経費を大幅に切りつめることが出来よう。第六、こうすることによってこの国のキリスト教界は、貿易によるのみならず、陛下がこれほど厖大な財宝を獲得するので、キリスト教界に迫害を加える多数の主の敵から教界を守るだけでなく、凡ての敵を討破り、短期間で世界の帝王となることが、陛下にとって容易になるであろう。何故なら、困難な大事業を果しうるだけの不屈の精神や、それを遂行する経験豊かな逞しいカピタン、更にはそれを完全になし遂げうるだけの好運と恩寵が陛下にそなわっているからである。

この征服事業を容易にする、シナ王国の側の事情は次の通りである。第一に、国民は通常逸楽にふけり、柔弱であるが、殊に貴族はそうで、このような逸楽に溺れている。第二に、彼等は非武装の国民である。何故なら、何人も武器を持つことが出来ないからで、それは現在国境の守りについている兵隊を除き、武器を持つことが禁ぜられているからである。そして国王だけが倉庫に武器を所有していて、何か戦争が勃発すると兵隊に貸与され、戦いが終ると又それを返却させる。このため国民は余りにも軍事訓練が乏しく、また臆病で、先年私がこの市にいた時のことであるが、僅か一三人の日本人が搭乗した小舟が一艘渡来し、ここから四レーグワ離れた所に擱岸するや、二〜三〇〇〇人以上のシナ人に包囲され、日本人は洞窟にとじ込められたが、彼等はその堅い壁に出口を作り、そこから脱出するや、直ちに多数のシナ人を殺してしまった。シナ人は彼等を一昼夜にわたり包囲しながらも攻撃を加えることが出来ず、結局日本人の人数が増えて囲みを解き、その近くの海岸に行ってシナ人から舟を奪い、それに乗って逃げてしまい、シナ人は彼等を一人も殺すことが出来なかった。このようなところから、陛下はシナ人が臆病な国民だと推断することが出来よう。第三、シナ全土に青銅の鉄砲は一つもなく、熔解した鉄で作った繋船纜を艦隊に積んでいる。都市や村には凡て城壁を囲らしているが、その壁は弱く、いかなる大砲の攻撃にも抵抗することが出来ず、容易にこれを破壊することが出来よう。第四、当然のことながら、国民は凡て無信仰で謀叛を好み、このため、いかなる種類の武器も所持することを許されていない。第五、政治が苛酷であるので、どんな村にも司直の如き高官が多数おり、その一人一人が、犯人を逮捕して、長さ六パルモ、太さ四デードもある棒で打つことが出来る。そして屢〻二五回も打って殺してしまったり、取るに足りないことを咎めて打つなど、暴政を振うので、極く些細な動機で簡単に謀叛が勃発する。彼等に強いられる犠牲が大きければ大きい程、益〻謀叛が多くなる。特に、自分達を優遇するか、又は少なく共シナの為政者程虐待はしないということが判れば、簡単に謀叛を起す。この外にも尚有利なことがあるが、冗長にならないようこれ以上記述しない。

次に陛下の側の利点であるが、その軍事力については既に周知のこと故、触れるまでもないとして、まず第一に、これほど数多くの地方からなり、そしてキリスト教や陛下にとって、大きな利益、名声、及び名誉が期待されるこの偉大な王国を征服するのに、それほどの経費や武力を必要としない。何故なら、私の考えでは、この征服事業を行うのに、最初は七〇〇〇乃至八〇〇〇、多くても一万人の軍勢と適当な規模の艦隊で充分であろう。そしてその一部は容易にインドから、一部はフィリピンから、そして一部はペルーやノヴァ・エスパーニャから送ることが出来るであろう。またこれらの土地からこれだけの軍勢や軍艦が調達出来ない場合は、日本に駐在しているイエズス会のパードレ達が、容易に二〜三〇〇〇人の日本人キリスト教徒を送ることが出来るであろう。彼等は打続く戦争に従軍しているので、陸、海の戦闘に大変勇敢な兵隊であり、月に一エスクード半又は二エスクードの給料で、嬉嬉としてこの征服事業に馳せ参じ、陛下に御奉公するであろう。或いは戦利品の期待から、これより少ない給料で助力してくれるかも知れない。この外に、現在われわれが滞在しているこのマカオ市の助力をも期待しうる。ここは船にとって非常に良好な地で、周囲には多数の村がある。そして、ここには通常二〜三〇〇〇人のポルトガル人しか居住していないが、奴隷や原住民のキリスト教徒がこの外に三〇〇〇人はいる。更に、この地方の主要な都市で、首都である広東があり、そこにはこの地域の財宝と倉庫の大部分がある。そして、現在普通に行われている防備以上の措置がとられない限り、同市に入って略奪をするのに一五〇〇乃至二〇〇〇人の軍勢があれば充分であり、侵入してしまえば、容易に陛下は同地で、現金・武器・弾薬・食糧・艦隊を獲得し、それ以上新たに経費を要することなしに戦争をもちこたえ、更にそれを進めてゆくことが出来よう。そして一旦この地方を占領してしまえば、他の諸地方はたちどころに占領することが出来よう。何故なら、彼等原住民は生来新奇なものを好み、従来の統治を苛酷なものと考えている故、われわれの統治の方がよいということが判れば、煽動されれば容易に謀叛を起すものと思われるからである。更に、この地方の総督の居住地肇慶市には、既にイエズス会のパードレ達が駐在しているが、彼等は、七カ月程前にその地に赴いて滞在するよう、われわれがこのコレジオから命じたものである。もう二〇年近く、イエズス会は大きな目的を目指してシナに入るべく努めて来たが、高官によって堅く門戸が鎖されているので、今までに何回となく試みながらその目的を果すことが出来なかったが、今、主は二人のイエズス会士〔ルッジェーリ羅明堅とリッチ利瑪竇のことを指している——引用者〕の入国を許すよう命じ給うた。彼等は、後になって説教をして霊魂の救済が出来るようにとシナの言語と学問を学んでおり、そして同市に出入してもよい、という許可をえている。彼等も大いに力になることであろう。何故なら、彼等は既に言語と文字を知っているので、この事業を遂行する上でわれわれに必要な勧告と援助を与え、陛下に奉仕することが出来よう。このようにして私は、密かに一層多くの情報を得、そしてこの目的のために有効と思われる事を凡て知るように努めるつもりである。更に、僅か八日の行程のフィリピンから、必要な場合に、食糧や救援を期待することが出来る。また、フィリピンよりははるかに時間がかかるが、マラッカについても同じことが言える。この外にもこの征服事業の遂行を可能にする方法がいろいろあるが、余りに冗長にならないようにそれは記述しない。それ故もしも陛下がこの征服事業に着手されるおつもりなら、ここや他の地域にいる識者から、一層根本的な情報の提供をうけ、この目的を達成するために、最も容易な方法を用いることが出来よう。

陛下がこの征服事業を始めるに当り、良心に反しないようにその正当性を述べることは、今は行わない。尤も、博士達はあらゆる新たな征服事業を正当とする理由として、通常二つのことを挙げる。即ち一つは、貿易を拒絶するからというもので、これは人の権利を侵すことである。今一つは、聖福音の宣布を認めようとしないからというもので、これは、自然法及び神法に基づくものである。

しかしながら、これら二つの権利がこのシナ征服の事業に関して、どれ程の効力をもつものか私は知らない。何故なら、第一の貿易に関しては、ポルトガル人に対する許りでなく、スペイン人に対しても、税を支払うことを条件に既にその貿易を認めており、そのことは、今年、当地に渡来したこのナウ船や、代理商人が乗って来た別のフラガータ船を見れば明らかである。また布教事業を認める件に関しては、今までそれを禁止したことはなかった。以前は王国内への外国人の入国を認めていなかったにも拘らず、既にイエズス会のパードレ達に入国を許している。パードレや修道士に対して布教活動を妨害していないどころか、総督や役人達は、彼等にカーザを建設するための地所を与えたほどである。そして同地に駐在しているパードレ達が私に書送って来たところによると、これらの役人は、費用を負担して教会を建設してやりたいと望んでいる由である。従って、これら二つの理由から、この征服事業がどれほどの正当性をもつものか私は知らない。しかし、速かにそれを正当化しうることが確実だと、私が考える手段は、このマカオ港の住民がもっと増加してゆくよう、陛下が命ずることである。即ち、住民は貿易を口実にノヴァ・エスパーニャ、ペルー、及びインドから渡来することが出来る。このようにして当地に通常五〜六〇〇人の住民が常住し、そしてそこにカピタンが一人駐在するようにする。そうすれば、広東の高官や役人達は常に国王の関税収入を増加させることを望むであろう。何故なら、それは多くの場合彼等の利得にもなるからである。そこで彼等は、この目的のために当港の住民に何らかの不法を働き、住民がその補償を求めてもそれに応じない。このことは、今年私が実際に目撃した通りである。もしわれわれにその能力があれば、こういった理由で征服事業を起すのは正当であろう。そして、たとえ広東からわれわれに加えられるこれらの不法が、シナ王国に対して戦争を行う理由になりえないといっても、われわれの権利を侵すような不法を働く者に対しては戦争を行う理由となりうる。そして、これらの役人に対して戦争を仕掛ければ、王国全土から援助を受けるのは確実で、そうなれば、われわれが侵略者から身を守り、これを攻めるのは正当なことであろう。そしてこのような、神学者の間でも議論が百出し、決着のつかないような問題を論ずることは、短い書翰では不可能であるから、これ以上この件を論ずることはしない。それは、陛下がこの征服事業を行う旨決定してしまえば、それを正当化する口実には、こと欠かないからである。(18)」

カブラルがマカオからスペイン国王に宛て、シナ征服を強く勧告した書翰は右の通りであるが、その二日後の、一五八四年六月二十七日付で、サンチェスがマカオから国王に書送った書翰も、同じくシナに対する軍事行動の正当なることを述べているが、その中で、次のように、この点考えを同じくする者がかなりいたことを明らかにしている点が注目される。

「私はこの書翰を認めないでもいいと思ったが、しかし、この地で知りうる凡てのことについて報告して、陛下に奉仕したいという、陛下の年貢徴収官フアン・バウティスタ・ロマンの強い要請があったので、私は、陛下がシナ王国を征服しうる権利に関することについて記述しなければならないことになった。私はこれまで、この問題について特に語ることはしなかったが、それは、この問題は到底書翰で尽すことは出来ず、一篇の論文又は著書にまとめられるほどのことだからである。そこで、ここでは、ただ他の人々の意見をまとめて述べるにとどめたい。フィリピン諸島の司教が、この問題やその他の件について、修道士やその他の識者全員と協議会を開く度毎に、私はその凡てに出席して来たが、凡ての人々の考えでは、問題は至極明白であって、陛下は、二度にわたってシナのこの地に送って来た勅令(われわれは何度もそれを読んだが)の中で示しているような正当な理由によって、あらゆる外国に攻め入ることが出来る、というものであった。一二人以上に上るその凡ての識者が同じ見解であった。その意見を示すことも出来るが、今は次のことを述べれば充分である。即ち、現在の司教〔レオナルド・デ・サのこと――引用者〕、昨年当地のイエズス会コレジオにいたエチオピア総大司教〔メルシオール・カルネイロのこと——引用者〕、巡察師——陛下は、書翰又はもしも神の加護により安着すれば面談により、彼から長い報告を受けることであろう——及び現在このマカオのカーザの院長であるパードレ・フランシスコ・カブラル——彼もこの件で陛下に書送る——はシナ人の近くにいるだけに、尚更それは明白だと考えている。ヨーロッパの御地では、これが真実とは考えられないであろうから、私は自分の意見を述べることはしないで——それには、数多くの理由や論拠を述べるため多くの紙面を要するであろう——、私が信頼をおいている他の人々の見解と権威によって記述する方が、当をえていると考える。また、私は既に昨年、総督ドン・ゴンサロ・ロンキーリョ・デ・ペニャロサの命令でこのシナに渡った旅について、陛下に長文の報告書を送り、その中で、このシナ征服の正当性について若干記述したので、それで務めを果したことにする。フィリピンの司教も、陛下に送った別の報告書の中でこの問題を扱っている。これらの見解は、このシナ王国で失われている無数の霊魂に対して、陛下に同情していただくためには、アルカラやサラマンカに於いて殆ど暇つぶしのような無駄な議論をしている人々よりも、現地の近くにいる人々の見解だけに、一層この問題について重みのあるものに相違ない。[19]」

このような書翰を国王に送ったサンチェスは、その数日後の一五八四年七月五日付で、マカオからイエズス会の日本準管区長ガスパル・コエリョにも書翰を送り、次のようにシナ征服に関する考えを述べている。

「シナ王国の改宗は、苟くもキリスト教徒たるもの凡てにより熱望されてきたので、私、否むしろ敬虔な人物であるルソンの司教、総督、及びイエズス会カーザの院長がこの問題をとり上げるようになった。このため、予期しなかったこの時機を逸することなく秘密事項を書送る。この時機というのは、パードレ・ルッジェーリとその伴侶が前記の人々に宛て書送り、シナの総督達や国王と和平を結ぶことが出来る旨伝えて来たことである。われわれは、それが何ら成果を生まないものだということが判っているので、大してそれを望むわけではないが、しかしその和平を手がかりに戦争に持って行き、それによって真の平和、即ち福音宣布者達の平和に至ることが出来るであろうから、彼等に対し時機をとらえ策謀を企てることを望んだ。何故なら、私自身シナ国内に何カ月間か滞在し、更にルソンでシナ人と何年も交わって来た経験からして、説教によって彼等を改宗させることは不可能だと断言することが出来る。その上、彼地で彼等と二〇年間も交わって来た人々や、この地で三〇年近く交わって来た人々も同じことを言い、神はこの事業をヌエバ・エスパーニャやペルーと同じ道程で完了すべきで、只違う点は、それらの王国の場合は、征服すべき正当性がなかったが、当王国の場合には多くの正当性がある、と判断しているのに信頼をおきたいと思う。[20]」

五

右に引用したように、シナ布教は平和的な説得では果しえない、メキシコやペルーで行なって来たのと同様、武力によって国土を征服し、住民に改宗を強制すべきである、そしてスペイン国王は、メキシコ、ペルーの場合と異なり、シナに対してはそれを行う正当な権利を有する、というサンチェスの見解を述べた書翰を受取ったイエズス会日本準管区長コエリョは、一五八五年三月三日付で有馬から、フィリピン、イエズス会の布教長アントニオ・セデーニョに宛て、日本への軍隊の派遣を求めた極めて注目すべき書翰を書送っている。

「尊師に書翰を書送って後、日本の事情は大きく変化しやすいので、この地域を国王陛下の援助によって早急に救援しなければならないということが、いくつかの出来事によって一層はっきり判った。大層距離が離れているため、この地のキリスト教界がこうむるかも知れない大きな被害について、フェリペ国王に訴えることが出来ないので、再び尊師に懇願したいと思う。何故ならこのことは、陛下の義務、及び陛下がシナを征服するために望んでいる日本貿易に、大いに関係することだからである。主の愛により、非常に重要なこととして、陛下の代理者たる総督に伝え、当地のキリスト教界を早急に救済していただきたい。それは、凡そ四〇年来丹精こめて育てて来た果実を失わないためである。総督閣下に、兵隊・弾薬・大砲、及び兵隊のための必要な食糧、一、二年間食糧を買うためのかねを充分搭載した三、四艘のフラガータ船を、日本のこの地に派遣していただきたい。それは、現在軍事力が不均衡でこれに劣るために抵抗出来ず、他の異教徒に大いに悩まされている何人かのキリスト教徒の領主を支援出来るようにするためである。尊師は、御地から渡来する兵隊が危険な目にあうなどと考えないでほしい。ただ安全に渡来するためには大艦隊が必要である。何故なら、特に大砲とそれを操作出来る兵隊を充分に搭載した三、四艘のフラガータ船は日本では珍らしいので、当地のキリスト教徒の領主の支援をえて、この海岸全体を支配し、服従しようとしない敵に脅威を与えることが出来るのは疑いない。この陛下の援軍が派遣されることにより、いろいろ大きな利益が生ずるであろう。第一に、これらのキリスト教徒の諸侯とその家臣は、これほど遠方から陛下の援助が与えられ、その庇護の下にあるのを知り、一層信仰を強固なものにする。第二に、異教徒はこのことから脅威と驚きを抱き、そのためキリスト教界に対する迫害や、新たに改宗を望む者に対する妨害をしようとはしなくなるであろう。第三に、異教徒は、キリスト教徒が陛下から援助をうけるのを見て、これを好機に、改宗に反対する諸侯を恐れることなく、改宗するであろう。[21]」

このように、日本での布教事業を支援するために、フィリピンからスペイン艦隊を差し向けてほしい旨、総督への斡旋を求めた後、コエリョはシナ征服のことにふれ、「もしも国王陛下の援助で日本六十六カ国凡てが改宗するに至れば、フェリペ国王は日本人のように好戦的で怜悧な兵隊をえて、一層容易にシナを征服することが出来るであろう。[22]」と述べている。

先に紹介した一五八三年六月十八日付マニラ発、司教サラサールのスペイン国王宛て書翰、及び一五八四年六月二十五日付マカオ発、カブラルの国王宛て書翰の中に、シナに対し軍事行動を起すに際しては、日本からの援軍を期待している旨の記事が見られたが、これは、彼等が勝手にそれを当てにしていたというわけではなく、その頃、日本の側からも、必要な際には軍隊を提供する用意がある旨の意志表示が、フィリピンのスペイン人に対して行われていたようである。例えば、一五八七年六月二十六日付でフィリピン総督サンティアゴ・デ・ベーラがメキシコ副王マルケス・デ・ビリャマンリーケに宛てて書送った報告書の一節に、次のように記述されている。

「昨年、小麦、小麦粉、馬、その他のものを搭載した船が日本からこの諸島に渡来した。〔中略〕この日本船の船長は平戸の王の家臣であるが、この王は日本の要人の中でも才覚と英知の人物である。船長と話しをした際、彼は私に、自分が渡来したのは、われわれが互に知己になり、彼我の間に通交を開くためであるが、主要な目的は、平戸の王とその家臣達をスペイン国王陛下への奉仕に提供することだ、と語った。軍勢を必要とする旨要請があり次第、平戸の王及びその友である別のキリスト教徒の王ドン・アウグスティン〔小西行長のこと――引用者〕が、充分武装した兵隊を、僅かな費用で、ブルネイ、シャム、モルッカ、或いは敵国のシナにも差し向ける用意がある、とのことである。また、彼等はただスペイン国王陛下に奉仕し、名誉をえることを望んでいるにすぎないこと、自分は配下に五〇〇の兵を持つにすぎないが喜んで馳せ参ずる、とも語った。これは彼自身の正式の発言であるし、彼はいくさに於いて慎重且つ経験豊かな人物なので、私に対し、日本から容易に六〇〇〇の兵を調達することが出来る旨勧告し、そのための手順を示したが、それは的はずれなこととは思えなかった。(23)」

一五八七年の前年、即ち一五八六年にマニラに渡った平戸、松浦氏の家臣が、スペイン側から要請あり次第、相当数の兵隊を提供する用意がある旨、総督に語ったことを伝えている。これは一五八六年の出来事であるが、松浦氏は、ここ数年来フィリピンのスペイン人との間に通商を開くことを望み、一五八四年に平戸に漂着したフィリピンの托鉢修道士四人を手厚く遇し、総督の許に書翰を送るなど、貿易を求めていろいろ画策して来たことを考えれば、これ以前にも、松浦氏から、軍勢を提供する意向が先方に示されたことがあったかも知れない。この、スペイン人宣教師漂着の機会に、松浦法印が一五八四年九月十七日付でフィリピン総督に書送った書翰の中で、いかなることでも総督又はスペイン国王の命令には従う旨を表明しているのも、(24)この推測を裏付けるものであろう。そして松浦氏の書翰を受取った総督サンティアゴ・デ・ベーラは、一五八五年六月二十日付で国王に書送った報告書の中でこのことに触れ、昨年スペイン人修道士が平戸に漂着した際、平戸の王はこれを手厚く迎え、彼等が帰途につくのを援助してくれたこと、そして平戸の王からの書翰からわかるように、彼は陛下に対して奉仕することを非常に望んでいる、ということを伝えている。(25)

また、この時漂着した一人、アウグスチノ会士のフライ・フランシスコ・マンリーケは、後に一五八八年三月一日付でマカオからスペイン国王に送った書翰の中で、次のように記述している。

「日本の諸事情について記述する最後に、以下のことを申し述べる。もしも陛下が戦争によってシナに攻め入り、そこを占領するつもりなら、陛下に味方するよう、日本に於いて王達に働きかけるべきである。キリスト教徒の王は四人にすぎないが、一〇万以上の兵が赴くことが出来、彼等がわが軍を指揮すれば、シナを占領することは容易であろう。何故なら、日本人の兵隊は非常に勇敢にして大胆、且つ残忍で、シナ人に恐れられているからである。(26)」

これも、マンリーケが一五八四年に日本に漂着した折に、このような判断を下すだけの、何らかの根拠をえたものと考えるべきであろう。

以上述べて来たところから、その当時、フィリピンのスペイン人は、シナに対する征服事業を行うに際しては、平戸の松浦氏或いは小西行長等のキリシタン大名から軍事援助が期待出来るものと考えており、そしてこのような考えを抱かせるように意志表示が、日本側から行われていたことが推定出来る。そしてスペイン側は、このような日本からの援軍を斡旋してくれるものとして、在日イエズス会士に期待をかけていたことが、既に引用してきたいくつかの史料から明らかであるが、もしスペイン軍の力をかりて日本全国を改宗させることが出来れば、国王は日本人の軍勢を傘下に容易にシナ征服をなし遂げることが出来よう、という前引の一五八五年三月三日付コエリョの書翰の記事は、在日イエズス会士の側からの、右のような期待に応えた意志表示として興味深い。

六

日本のキリスト教界を異教徒から守り、そして布教事業を支援するために、フィリピンからスペイン艦隊を派遣してもらいたい旨、総督への斡旋を要請した一五八五年三月三日付有馬発、イエズス会日本準管区長ガスパル・コエリョの書翰を受取ったイエズス会フィリピン布教長アントニオ・セデーニョは、翌一五八六年四月二十二日付でコエリョに次のような返書を書送っている。

「尊師から何通かの書翰を受取ったがその内容は次の二点に要約することが出来る。第一点は尊師から要請がある兵士と武器を提供する件である。この件について私は次の二つのことを申述べる。第一に、当地から御地に赴いた者達が尊師達に誤った情報を与え、このため尊師達は、当地の軍事力は隣人を救援出来るほど強力である、尊師が要請しているような大規模な援助を行うことが出来ると思いこんでいる、という点である。この件について私はこの諸島の総督に交渉することはしなかった。それは、当地には兵士がわずかで非常に貧弱な上、尊師が日本のために必要であると言っている船や大砲のそなえは尚更不足しているので、総督が私の言葉に驚くおそれがあったからである。しかしながら彼は尊師が彼に書翰を書送ったのを機会に私とこの件を話し合ったが、それはその書翰で要請して来たものを送るためではなく、それを機会に、彼や他の人々に裨益する措置、即ち平和的な船に商品を積んで送る件をとり上げたものである。このことに関し私は第二番目に次のことを申述べる。即ち上述の措置は当地の人々には裨益するであろうが、御地のイエズス会やキリスト教界にとって非常な弊害となる。当地にいるわれわれイエズス会士は驚き、御地から書翰がきたことによって、われわれは当地から御地に向け行われる航海に重大な弊害をきたさねばよいがと気づかった。第一、われわれの意図について尊師が誤解することのないように、尊師に次のことを知ってもらうのがよい。即ち、いかなる種類の人といえども当地から日本やマカオに赴いてはならない旨、インド管区長〔ヴァリニャーノのこと——引用者〕は理性に訴えた説得と若干威嚇の調子でもって、われわれに書送ってきた。そしてこれがイエズス会士にかかわる問題だと思われないように、上述の弊害の要点を記した非常に長文のインド副王の勅令を書翰と共に送ってきた(27)。」

右の記事からコエリョはセデーニョだけでなく直接フィリピン総督にも軍事援助を求める書翰を送ったことがわかるが(28)、セデーニョは、日本キリスト教界への軍事援助を総督に頼んでほしいというコエリョからの要請を、二つの理由から拒絶している。即ち第一に、スペイン治下フィリピンには日本教界に援軍を送ることが出来るほど強大な軍事力を備えてはいないということ、そして第二には、それは日本のキリスト教界にとって弊害となる。それ故何人もフィリピンから日本に渡航することのないように命じた、インド管区長ヴァリニャーノの書翰とインド副王の勅令が送られて来た、ということを挙げている。この内、第一の理由については、例えば一五八五年六月二十日付マニラ発のスペイン国王宛て書翰で、フィリピン総督サンティアゴ・デ・ベーラは、日本人海賊に対する防禦のために軍事面の援助を求めており、[29] さらにその後一五九〇年代の初めにかけて、同じように日本からの脅威を訴えて軍事援助を求めた書翰が総督から国王に何通も送られていることを考えれば、当時フィリピンには日本教界に援軍を送るだけの軍事的能力がないということを理由に、セデーニョがコエリョからの要請を拒絶したのは当然のことであろう。

セデーニョが挙げた第二の理由は、イエズス会による日本布教独占の問題と関係がある。即ちコエリョはこの点考えを異にしたが、ヴァリニャーノを中心とする日本イエズス会の首脳は、布教方針の混乱を避けるということを最大の理由に、[30] イエズス会以外の修道会に属する宣教師が、日本布教に加わることを極力阻止しようとして、スペイン国王やローマ教皇にも働きかけ、その結果一五八五年一月二十八日付でローマ教皇グレゴリウス十三世によって小勅書 Ex pastorali officio が発布され、イエズス会以外の修道士が日本に渡って布教を行うことは破門罪を以て禁ぜられた。尤もこの小勅書の発布が極東に伝えられたのは、ポルトガル領のマカオには一五八六年の五、六月、スペイン領のフィリピンには同年六、七月頃と考えられ、一五八六年四月二十二日付の前引セデーニョの書翰には、まだこのグレゴリウス十三世の小勅書については言及されていない。ただ同書翰には、インド管区長ヴァリニャーノが、何人であれフィリピンから日本へ渡航することを禁ずるように求めた書翰にインド副王の勅令を添えて送ってきたことを伝えているが、これも、小勅書とは無関係に送られたものと思われる。そして日付と内容の点で、セデーニョがここで言及しているヴァリニャーノとインド副王の文書を確認することは出来ないが、フィリピンの宣教師が日本に入国することに最も強く反対した一人であるヴァリニャーノが、この件でフィリピンに何度か書送ったことは確かである。そしてイエズス会フィリピン布教長セデーニョは、ヴァリニャーノの説得によって影響をうけたということもあろうが、スペイン布教保護権下の布教事業に携わりながら、フィリピンから日本に宣教師を送る件で慎重な態度をとったことが認められる。

ところで、これは既に岡本良知氏によって指摘されていることであるが、(31)コエリョが有馬からフィリピンに援軍の派遣を求める手紙を書送った一五八五年三月当時は、日本におけるキリスト教界、殊に下《シモ》地区の教界は、外国に軍事援助を要請しなければならないほど、異教徒の勢力から脅威をうけていたわけではなかった。即ち、大村純忠が長崎を手放す事態にいたるまでこれを圧迫して、遂には大村領を完全に掌握するに至った竜造寺氏の勢力は、その後有馬領への進出を企てたが、一五八四年四月、島原の戦いで有馬晴信、島津義久連合軍の前に敗北し、竜造寺隆信は討死して、ここに竜造寺の勢力は一挙に失墜した。そして一五八四年までは、日本イエズス会の通信文には連年のように、下地区教界が竜造寺氏によって脅威をうけている旨の記述が見られるのに対し、一五八五年度の「年報」には、もはやそのような緊迫感は見られない。それ故、一五八五年三月にコエリョがマニラに軍事援助を求めたのは、とくに何らかの事情に対して彼が危機感を抱いたというより、後で触れるようにヴァリニャーノの第一回日本巡察によって確立した、長崎を中心に防備を固め、それを背景に布教をすすめてゆくという方針に則ったものと言えよう。

七

日本キリスト教界は、局地的にはいろいろと迫害をうけ危険に陥ったことはあったが、全国的に見てザビエルの渡来以後四〇年間は略〻順調に教勢を進展させて来たと言うことが出来る。それが一五八七年七月に至り、秀吉が九州征伐の帰途筑前箱崎において所謂伴天連追放令を発布し、さらに代表的なキリスト教徒の大名高山右近を改易処分にしたことは、それまでの布教の歴史で最も重大な、教界の存亡にかかわる出来事であった。それまでは秀吉の庇護をうけて教勢が上昇の一途をたどって来た時だけに、事態の急変に教界側の驚きは大きく、日本準管区長コエリョは、二〇日以内に全員のパードレが日本から退去するようにという秀吉の命令に従うことの到底不可能なことを説いてその猶予を請う一方、パードレ達を平戸に集めて善後策を練るなど、慌しい動きを見せる。そして突然この重大な危機に襲われてキリスト教界全体が狼狽していた時に、教会内部でその対策の一つとして軍事力により迫害者に抵抗して教界を守るべきであるとの意見が一部で強く唱えられた。まず最初に、その間の経緯を伝える興味深い記録として、一五九〇年十月十四日付長崎発、ヴァリニャーノのイエズス会総会長宛て書翰[32]を次に紹介したい。

「私がシナに滞在中に日本から受取った書翰や情報により、既に死亡した準管区長パードレ・ガスパル・コエリョの統治の中で行われた何らかの思慮を欠いた軽率な振舞が非常に重大な動機となって、この暴君が現在の迫害を始めた由を知った、ということを、私はシナから猊下に書送った。それ故、私は日本に着くと直ぐに事の真相を究明した。そしてこの人物の性格、品性を考慮して、嘗て私が書送ったような事態[33]であったことは疑いない。なぜなら、準管区長は真に有徳の人物であったのでそのすべての行為の動機が敬虔な善意にあったことは真実であるが、大きな過ちを犯し、真の摂理の命ずるところに反して、決して行なってはならないようなことをしてしまった。それは非常に悪い行動で、その件についてすぐれた意見をのべることの出来たパードレ達全体の意見に反し、また私が当地に残した命令やインドから何回も彼に送った指令に違反した行動をした。そして介入してはならないような多くの事柄に介入した。それでいて自分が行わなければならないことは怠った。全く私は、上述のパードレによって行われたいろいろな軽率な振舞を考えると、驚くばかりである。そのために、すべてのパードレばかりかキリスト教徒の領主にいたるまで、驚き呆れてしまった。しかし乍ら既に彼は死亡しており、また彼もすべて善意で行なったことであり、さらに過ちを犯すのは人の常であるので、私は今特にこれらの事柄について猊下に書送る必要はないと思う。また書翰は失われる可能性があるし、これはもう過ぎてしまったことで、しかもそれによってどうすることも出来ないからである。

また猊下に理解してもらうには、長文の記録を必要としようが、それには私には時間がないし、私に代って書いてくれる者もいない。しかし神の助けをえて、出来る限り事が終息するよう努力しようと思っている。〔中略〕

既に本状を認めた後ではあるが、私は軽率な振舞が行われた件について猊下に若干のことを明らかにしたいと思う。猊下が事の経緯を知らずに当惑することのないようにするためである。ことは、もうここ何年もの間戦争が続き、それによって有馬と大村の領主や豊後のフランチェスコ王が危険に曝されたのを機会に、パードレ・ガスパル・コエリョはこれらの戦争の中で彼等が身を守ることを望み、彼等を助けるためという口実でそこに余りに介入し、非常に重大な無謀で軽率な行為に及んだ。就中彼は関白殿《カンパクドノ》に対して、竜造寺や薩摩の王を服従させるためにこの下《シモ》に遠征するよう勧め、豊後のフランチェスコ王や有馬の王及びその他のキリスト教徒の領主達をして全員結束して関白殿に味方させようと約束した。彼は、関白殿のいろいろな企てに対し、パードレ達が援助出来るということを、出来るだけ彼に示さなければならない、と考えた。そして最後に、関白殿が、日本を平定した後でシナに渡るつもりである、と述べたのに対し、同パードレは、いつかはそれが実行され、彼は望みを達するであろうと考えて、この点でも自分が援助を与えることが出来るということを示す為に、関白殿がシナに渡りたい時には、二艘のポルトガル船を提供しよう、またインド副王に交渉して援軍を送らせよう、と語った。関白殿は非常に狡猾なので、パードレが自分に語ったことに満足したように見せかけ、彼に多大な恩恵と好意を示しながら、内心は次のように思い始めた。即ち、このパードレはキリスト教徒の領主達を望み通りに動かせるだけの力を持っているのであろうか。またシナに渡航するための船を二艘も自分に提供することが出来るほど裕福なのであろうか。彼が戦争に介入すると、当地で大坂《オサカ》と呼んでいる仏僧《ボンソ》――この仏僧は自分の宗派に多くの日本の民衆を糾合した後に三カ国の領主となり、信長に対して残忍な戦いを仕掛けた。この戦いは、信長が経験した内で最も長期にわたり、苦戦したものであった――と同じ振舞をするようになるかも知れない。むしろこの点パードレ達の方がはるかにうまくこれを行えるかも知れない。なぜなら非常に有力な領主をキリスト教徒にしており、彼等と共にパードレ達はいつの日にか自分に対し大きな戦争を起し、天下《テンカ》殿即ち日本の帝王になりうるかも知れない、と。パードレ達やキリスト教徒の領主達は、同パードレが語り、そして約束したことは非常に軽率で危険なことだということがよくわかったので、彼に忠告をした。しかし彼は関白殿から好意をえていると思いこんでいたので、この点過ちを犯したということを納得しようとしなかった。それどころか、彼は自分が非常に巧みに振舞い、それによってキリスト教界やイエズス会は大きな成果と信用を得たものと考えていた。私は、もしも何らかの形でわれわれが戦争に介入することになると、日本においてわれわれに弊害が及ぶことになろうと予測したので、次のような指令——原文通り——を残しておいた。即ち、このこと〔忠実な日本人キリスト教徒とよく相談し、その忠告を仰ぐようにするということ——引用者〕は、パードレが和睦を結んだり戦争をしたりすることで日本人領主に勧告を与えたり、自分自身戦争の相手方の領主の敵である旨を明らかにしてこれに援助を与えたりする場合に、一層よく守らなければならない。なぜならこのようなことはわれわれの修道会が希求するところとはまるで逆だからである。われわれは出来るだけすべての人々を友とするように心がけなければならない。なぜならこれに反すると、多大な弊害を来たし、信用と評判をおとすことになるからである。しかしながら、キリスト教界の利益のために必要な場合には、パードレは相手方の敵であることを明らかにしたり、戦争の協力者となることを公言したりすることはせずにキリスト教徒の領主を援助し救ってもよい。しかし他の人々がこのような措置を理解しない場合には、これに対して満足のゆくように説明しなければならない。更に仮令キリスト教徒の領主であろうと、領主のために大砲その他の武器を提供してはならない。なぜなら、そのようなことは弊害があるだけで何ら益するところとならないからである。しかしながら、関係をもっている領主の重要性や窮状が、これと別の措置をとらせることも時には生ずるが、このような場合には、良い勧告をえて出来る限りこのようなことを避けるように努めなければならない。[34]

これら二節は、私が日本を発つ時に、日本人の風俗習慣についての警告の中で書残したものである。それは私が御地に送ったこの警告のための論著の第一章の Isto muito mais se ha de guardar で始る節であり、もしも猊下がお望みなら見ることが出来よう。そして私はインドにおいて、上述のパードレ・ガスパル・コエリョがこのような戦争に介入しているという知らせをうけたので、彼に書送って警告し、パードレ達が尊師の机からこれらの文書を見つけた時には驚いた、といって彼をとがめた。なぜなら彼はこれらの文書を隠しておいて、自分の顧問の誰にもそれを知らせていなかったからである。その上、上述のパードレは、戦争においてこれらの領主に対し一層よく恩恵を施し援助を与えることが出来るように、命令や理性に背いて一艘のフスタ船を作らせ、何門かの大砲を買入れた。そして一層悪いことには、彼自身がそのフスタ船に搭乗してあちこちに行き、しかも関白殿が（今から三年前に）下の諸国を征服するために来て、軍勢と共に博多市に滞在していた時に、パードレ・ガスパル・コエリョは旗で飾り立てた上述のフスタ船に乗って海上から彼を訪ねた。それは丁度誰か大提督のようであった。そしてこのような船はこの日本では全く新奇な軍艦なので、その全軍を驚かせた。そして関白殿は自分自身でそのフスタ船を訪れ、船内に入って全部を隈なく観察し、その後で同パードレ・ガスパル・コエリョに対してそれを大いに讃え、これは軍艦である云々と語った。しかし内心は大いに自分の意見に確信をもち、キリスト教徒の領主、特にジュスト右近殿とアグスチノ〔小西行長のこと——引用者〕にそのような印象を与えた。彼等はこの人物の心中や気性をよく知っていたので、すぐに、同パードレのこのような振舞によってイエズス会やキリスト教界に大きな災難が及ぶことを恐れる、と警告し、このような大きな過ちの弥縫策として、同パードレに対し、このフスタ船は関白殿のために作らせたのだと告げて彼に与えてしまうように、と勧めた。そこにいた何人かのパードレも同じように勧めた。しかし彼等はどうしても彼を説得することが出来ず、遂にアグスチノは、もしもこのフスタ船を関白殿に与えなければ、イエズス会に何らかの災難が及ぶことは疑いない、と彼に言った。しかしコエリョは自分の言ったことを全く気にしておらず、自分は既に関白殿から非常な恩恵を受けているので、自分があれほど即座に彼に奉仕する態度を示したのであるから、何か大きな報酬を受けるであろうと思いこんでいた。しかし全く逆の結果となった。というのはその夜、仏僧の徳運《トクン》（彼についてはわれわれは別の書翰で述べた）が関白殿に対してわれわれのことを誹謗する機会をつかんで彼を激怒させ、今度の迫害に踏切らせた。

彼の傲慢さをくじき、戦争に介入することで犯した過ちを認めさせるにはこれで充分であるにも拘らず、彼は直ちに有馬に走り、有馬殿及びその他のキリスト教徒の領主達に対し、力を結集して関白殿への敵対を宣言するよう働きかけた。そして自分はかねと武器・弾薬を提供して援助すると約束し、直ちに多数の火縄銃の買入れを命じ、火薬・硝石、その他の軍需品を準備させた。そして結局、無理に上述の領主達をして関白殿への敵対を宣言させようとし、すんでのところで戦争が勃発するところであった。まさに主がイエズス会を明白な危険から救い給うた。なぜなら戦争を起すなどは論外としても、もしもこのようなことが少しでも関白殿の耳に入っていたら、イエズス会は日本のすべてのキリスト教界とともに破滅していたことは疑いないからである。しかし主は、有馬殿をしてアグスチノとともに同パードレを嫌悪している旨公言させることによって事態をお救いになり、一切沈黙が守られた。彼はこのような方法では自分の意図するところが達せられなかったのを見て、スペインの軍勢を当地に導入する、という別の妄想に入った。彼は二〇〇乃至三〇〇人のスペイン兵を導入すれば、すべてのパードレが或る場所に要塞を築き、関白殿の力に対抗して自衛することが出来ると考え、そこでフィリピン諸島の総督、司教、及びパードレ達に書送り、このような援軍を送ってもらいたい旨要請した。フィリピンではそれを嘲笑し、この件について国王陛下の許に書送ると彼に答えた。パードレ・アントニオ・セデーニョは同パードレに返書を送り、このようなことを問題にするのをとがめ、要請のあったような援軍を送るのは適当ではないし、またフィリピンにはその能力がないということを多くの理由を挙げて説明した。このようなわけで、ここでも神の恩寵と摂理が示された。なぜなら、もしもこのような援軍の派遣が出来たとしたら、否このような要請が行われたことが関白殿の知るところとなっていたら、日本のキリスト教界及びイエズス会は完全に破壊されていたであろう。しかし彼の決心はいささかもゆるがず、昨年パードレ・ベルチョール・デ・モーラ(彼はこの点コエリョと同じ気持であった)をシナに派遣することに決めた。それは、もしもシナで私に会うことが出来たら、兵士二〇〇人と多量の食糧・弾薬を伴わずに日本に渡ってはならない旨私を説得するためであり、さらに、私からドン・フェリペ国王、及びインドやフィリピンの国王の総督達に働きかけて、この暴君からキリスト教界を守るために日本に援軍の派遣を要請するよう求めるためであった。またもし万一私が死亡していたら、モーラ自身フィリピンに行って援軍を求め、さらにそこからスペインに赴いてこの件についてドン・フェリペ国王に働きかけ、更に彼がうけた指令に基づいて、すべてについて説明しに猊下の許に行くためである。その指令は私がシナから猊下の許に送った。私はその余りの向う見ず、無鉄砲に驚いた。なぜなら、これらのことはすべて不可能、不適当、且つ危険なものだと私は判断したが、それ許りか、私には余りに無分別かつ軽率に思われ、これまで、考える度に全く肝をつぶす思いがする程であった。そして企てられたことは凡て、パードレの全員、更には日本人イルマンや多くの信徒までも知り驚いたのであるから、このことが全然関白殿の耳に入らなかったのは驚くべきことであった。私はパードレ・モーラを連戻し、そしてフィリピンのパードレ・アントニオ・セデーニョに書送って、準管区長は死亡したということ、そして援軍を要請する件で彼がフィリピンに書送ったことは、当地で非常な危険を感じて心痛し、その対策に窮した者の幻想的な妄想であった、ということを伝え、そしてもうこのことについては口にしないでほしいということ、またもし必要ならば、私がそれを不適切で弊害を招き、しかも不可能だとして当地から尊師に書送った理由を総督や司教に説明してほしい、と要請した。私は当地に着くと、直ちに彼が集めていた武器・弾薬をすべて手早く、しかも密かに売払わせた。また、マカオにおいて誰かわれわれの友の手で売るため、すべての大砲をこの船で送るよう命じた。そしてわれわれが戦争に介入し、軽率で危険なことを企てているとキリスト教徒や異教徒の領主が思っているのをただすには、次のように公言し、また他人に言わせる以外に策が見出せなかった。即ち、パードレ・ガスパル・コエリョはキリスト教徒を助け、これを守りたいという余りに強い情熱と希望をもった許りに判断を誤った、といってその意図を弁解したとしても、彼がこれらの戦争に介入していったことはすべて私には遺憾なことで、非常な悪事だと思う。またもしも彼が生存していたら存分に処罰していたところである。なぜなら彼はイエズス会の命令と方針に反し、他のパードレ達の意見及び私が当地を発つ際に命じておいた指示に反して、これらすべてのことを行なったからである、と。このような措置によって、これまでのところ外部の人々もカーザのわれわれイエズス会士も満足しているように見える。そして彼等は、過ちを犯したのは彼であって、イエズス会の方針にあるのではない、ということを理解している。関白殿が抱いた想像や考えを払拭するのにこれで充分であればよいと願っている。なぜなら、関白殿の布告や彼が屢〻語った言葉の中には、この迫害を始めた原因として、われわれイエズス会士が神《カミ》、仏《フオトケ》、及び日本古来の法と習慣を破壊する悪法を説教したからと言っているにすぎないが、しかし彼は、イエズス会士は改宗を口実に当地に渡来して、大坂の仏僧と同じことを行なって日本王国の支配者になろうとしている、という自分の考えを屢〻明らかにしたからである。

本当のところ、キリスト教界やわれわれイエズス会士は頻繁に戦争にまきこまれており、われわれがどのようにしても、われわれが危険を蒙り、何らかの疑惑を買うのを絶つことは決して出来ないであろう。なぜなら、異教徒の側からこれらキリスト教徒の領主に対して絶えず戦争が仕かけられており、もしも彼等が滅亡してしまっては、その領内のキリスト教界全体が失われることになる（なぜなら、別の機会に書送ったように、日本では領主が移封されるとその一族全員や領内の貴人、兵士までも移住するからである）。その上、これらのキリスト教徒の領主はパードレ達に窮状を訴える以外に策がなく、またわれわれは彼等の領内に住んでおり、戦争が勃発した際に彼等を見捨てることは出来ない。また、かね又は食糧でもって彼等に対し時々何らかの援助をしなければ、戦いに当って彼等の城に集ってきた下層の人々が大きな貧困と窮乏に苦しんで、簡単に滅亡してしまうであろう。このようなわけで、パードレ達が彼等に援助や勧告を与えざるをえないような事態が屢々起る。従って彼等の敵方の異教徒達がわれわれに対して疑惑を持つのは避けられず、異教徒は、われわれイエズス会士が彼等の領内にいる以上、われわれは彼等を助け、そしてキリスト教徒が互に助合って分裂しないように努めているものと思っている。従ってまた、この点で過ちを犯し易い。なぜなら、これらの領主の一人がいずれの側につくかによって、否それどころか、いずれの側につくかの宣言を予期するだけでも、簡単に滅亡してしまうことがありうるからである。しかしそれにも拘らず、パードレ・ガスパル・コエリョが（既に述べたような）難儀で危険な企てを自分一人で決意したような、この件の解決の仕方というものは、私や他の人々の一般的な判断によると、非常に軽率で無分別なことであり、私は（これらのことに関して）彼が既に妄想の中で理性をそこない、健全で完全な判断力を欠いていたことは疑いないと考えざるをえない。なぜなら、彼が嘗てのように、有徳で敬虔な人物なら、そして日本について深い経験を持った人なら、妄想のとりこになり、判断力をそこなわない限り、これほど大きな過ちを犯し、軽率な振舞にでることはありえないように思われるからである。以上述べたすべてのことから、日本のイエズス会及びキリスト教界は、もしも上長がその統治を適切に進めないと、危険な状態に陥っているということを猊下はよく了解していただきたい。(35)」

八

右に掲載したヴァリニャーノの書翰の記事内容をふりかえってみたい。打続く戦争によってキリスト教徒の大名が打撃をうけ、滅亡するようなことになれば、それはキリスト教界にも重大な影響を与えるものであった。しかしそうかといって教会側が安易に彼等の危機を救うべくこれに援助を与えることは、逆に教会に対してあらぬ誤解を与える恐れがあるところから、ヴァリニャーノは既に第一回目の日本巡察中にこれについて配慮を示し、一五八一年十月に豊後において在日宣教師のために作成した「礼法指針」の中で、この問題をとり上げ、書翰に引用してあるような指示を与えている。このヴァリニャーノが与えた指示については後で再びとり上げて検討したい。ヴァリニャーノが第一回の巡察を終えて一五八二年に日本を辞去した後、日本教界の最高責任者である準管区長コエリョは、キリスト教徒の領主に対して一層の軍事援助を行うためにフスタ船を一艘作らせ、何門かの大砲を買い入れた。その上、九州平定の帰途博多に滞在中の秀吉に、その軍艦の威力を誇示するかのごとき、いささか常軌を逸したような振舞があり、高山右近や小西行長などのキリスト教徒の大名が秀吉の心中を察し、教界に大きな災難が降りかかるのを懸念して、コエリョに対し、そのフスタ船を秀吉に与えてしまうように勧めた。しかし彼はそれに全く応じようとしなかった。ヴァリニャーノによれば、秀吉が箱崎で突如伴天連追放令を発布して教界に対して迫害を始めた最大の原因は、このようなコエリョの軽率で、思慮を欠いた振舞にあったという。これに類した見解は一六〇七年三月二十八日付長崎発、オルガンチーノの総会長宛て書翰の中にも述べられている。

「イエズス会が日本で永年の間被って来た難儀は、殆どすべてこの長崎の市政が原因で生じたものであると言うことが出来る。第一に、二〇年ほど前に太閤《タイコ》がわれわれに日本退去を命じた時も、われわれの敵が、イエズス会士は当地に要塞を築き、ルソンからスペインの援軍を呼寄せて日本全土の支配者に反抗しようとしている、と言ってわれわれを非難したからに外ならない。このような中傷のために、イエズス会は日本で有するものをすべて失ってしまった。(36)」

秀吉が教界に対して迫害を加えて来たのに対抗して、コエリョがいくつかの重大な対策を順次講じたことが判る。まず第一に、彼は直ぐさま有馬に走り、大友宗麟、大村純忠亡き後の九州キリスト教界の大檀那有馬晴信に対し、キリスト教徒の領主を糾合して迫害者秀吉に敵対するよう働きかけた。そして自分もそのための資金と武器・弾薬を提供する旨約束し、直ちにそれらの準備を始めたという。しかし肝心の有馬晴信が、小西行長と共に、パードレ・コエリョのことを嫌悪している旨公言して彼の使嗾に応じなかったために、キリスト教徒の大名と教会が呼応して秀吉に対抗する企ては実現を見ずに終った。そこでコエリョは、次にフィリピンから援軍の派遣を求めるという別の対策を立てた。そして二〇〇乃至三〇〇人のスペイン兵の派遣があれば、要塞を築いて秀吉の武力から教界を守ることが出来ると考えて、フィリピンの総督、司教、及びパードレ達に書翰を送り、この件について彼等に要請したということである。コエリョがフィリピンに軍事援助を求めて書送った書翰として私が採取することの出来たのは、既に引用した一五八五年三月三日付のイエズス会フィリピン布教長セデーニョ宛てのものだけであるが、このヴァリニャーノの書翰によると、コエリョはその後一五八七年の伴天連追放令発布の後にもフィリピンの政教関係者に対して同じ趣旨の書翰を送ったことがわかり、今後これらの原文書が見出されることがあるかも知れない。このようなコエリョの要請をフィリピン側が拒否して来たので、次にコエリョは第三の措置として、一五八九年に、コエリョと考えを同じくしていたパードレ・ベルチョール・デ・モーラをマカオに派遣した。コエリョはモーラに次の二段階にわたる指図を与えていた。即ち第一段階として、帰国途上の天正少年使節の一行を伴って日本に再渡来する時機を待っていたマカオのヴァリニャーノに対し、日本に渡来する時には二〇〇人の兵隊と食糧・弾薬を伴って来てほしいということ、そしてさらにヴァリニャーノからスペイン国王、インド副王及びフィリピン総督に働きかけて日本教界に対する軍事援助を要請してもらいたいという二点を求める。次に万一ヴァリニャーノが既に死亡していた場合には、第二段階として、モーラ自身がフィリピンに赴き、そこからさらにスペインに渡って直接国王に軍事援助を要請し、あわせてイエズス会総会長にも会って了解を求める、ということを企てた。ヴァリニャーノはその企てに驚き、モーラを日本に連戻り、フィリピン、イエズス会のセデーニョに書送って、軍事援助を求めたコエリョは既に死亡した——コエリョの死は一五九〇年五月七日——旨を伝えて、援軍要請の件が発展するのを抑え、そしてコエリョによって長崎に集められていた武器・弾薬をすべて手早く極秘の内に売払い、日本で処分するには不適当な大砲は、マカオで売却するよう船で送る措置をとった。そして更に日本でキリスト教徒や異教徒の領主がイエズス会宣教師について誤解を抱くといけないとして、コエリョが企てたような、国内の戦争に介入して、キリスト教徒の大名に援助を与えたり、外国から援軍の派遣を求めたりするような、無分別で軽率な振舞は、ヴァリニャーノが指図したところと違い、イエズス会の方針に反する全くコエリョの独断による無謀な企てである、ということをさかんに力説してまわり、他人にも言わせたという。秀吉がキリシタン迫害を始めた理由は、彼がキリシタン布教事業について、改宗を口実に領土的野心を持っているという危惧を抱いたからである、と判断したヴァリニャーノが、コエリョの企てによって教界の上にさらに大きな災難が降りかかることを怖れ、それをコエリョ個人の独断とし、イエズス会の方針とは無関係であるということを躍起になって強調しようとしたのは尤もなことである。しかしながら、軍艦を作らせたり、大砲を初め諸々の武器・弾薬を準備したりすることを、ヴァリニャーノが言うように、日本イエズス会の他のパードレ全員の意見に反してコエリョが独断で進めたというようなことはありえない。第一、モーラをマカオに派遣し、さらに場合によってはフィリピンからスペインにまで派遣しようとしたのは、決してコエリョが独断できめたことではなく、日本で協議会を開いてその多数意見に基づいて行われたことであった。それは、一五八九年二月十一日高来において準管区長コエリョ以下、ゴメス、オルガンティーノ、フロイス、モーラ、レベロ、ラグーナの七人のパードレによって開かれた協議会のことである。参加者の七人全員が署名した協議記録が伝存しているが、それによると、準管区長は次の二点を諮問した。即ち、第一は、日本の諸事情が現状のような時に、巡察師がシナから渡来するのが適切なのかどうか。またどのようにしたら渡来出来るか、という点。第二は、もしも主が既に巡察師を御許に召し給うたか、又は既に彼がシナにいないような場合には、パードレ・メルチョール・デ・モーラ——前出ベルチョール・デ・モーラと同一人物——は、自分の使命に関して何を為すべきか、という点であった。この内第二点が軍事援助要請に関するものであるが、この諮問事項について七人の意見が一人ずつ簡単に記録されている。例えば、ゴメスについて次のように記されている。

「第二点について、彼は次のように考えた。即ち、もしも巡察師がシナにいないか、又は既に死亡している場合には、準管区長が適切と考えるパードレの一人がインドに行って、管区長と副王に会い、日本の現状について彼等に報告すべきである。また、パードレ・メルチョール・デ・モーラはルソンに行って救援について話すように。そして当地で助力しうると思われるような軍勢を派遣しようとルソンの人々が考えるなら、それはよいことであろう。そして同パードレは、さらにそこから先に行って、総会長と国王陛下に、日本の現状と窮状について話すべきである、と。」

その他コエリョ、フロイス、モーラ、レベロ、ラグーナの五人も、基本的にはこれと同様、モーラがマカオからフィリピンに渡って援軍の派遣を求め、さらにイエズス会総会長とスペイン国王の許にまで赴いて、同様の趣旨で働きかけを行うべきである、という意見を述べた旨記録されている。そして只一人オルガンティーノだけが、次のように反対意見を述べている。

「第二点については、巡察師が死亡している場合には、マカオにおいても、ルソンにおいても救援を求めてはならない。何故なら重大事が勃発することはないであろうから。そうではなくて、パードレ・メルチョール・デ・モーラが総会長に会いに行き、総会長がよしと判断されたら、国王陛下に対し、日本の救援について話をすること。パードレ・モーラがフィリピンにおいて救援について話す件は、仮令彼等がそれを実行出来ても、決して行なってはならない。[37]」

モーラが使者となって日本への軍隊派遣を各方面に要請することは、このようにオルガンティーノ一人を除く他の六人が合意したことであった(反対したオルガンティーノにしても、総会長がよしと判断したら、国王にこの件を要望すべきだとしている)。因にこの六人の内、ゴメス、モーラ、ラグーナの三人がスペイン人で、他のコエリョ、フロイス、レベロの三人はポルトガル人である(反対したオルガンティーノはイタリア人)。後にポルトガル人のアントニオ・ロペスは、一五九七年十月十日付長崎発、総会長宛て書翰の中で、右の協議会のことに言及し、「その協議会において、すべてのスペイン人パードレが一人の例外もなしに、国王陛下の手で日本に要塞を築くべきである。このようにしてキリスト教界を存続させるべきである。なぜなら征服による以外に、日本キリスト教界を前進させる手段はないからである、という見解であった。[38]」と述べているが、スペイン人に対する反撥から、記載が余りに作為的だと言わねばならない。

また肝心のヴァリニャーノの意見についてであるが、コエリョが右の協議会で多数の賛成をえて、一五八九年にマカオにいるヴァリニャーノの許に使いを送り、日本に渡来する時には二〇〇人の兵士と食糧・弾薬をもたらしてほしいということと、ヴァリニャーノからスペイン国王、インド副王及びフィリピン総督に対して日本教界への軍事援助を要請してほしいという、二点を求めたという事実は軽視出来ない。もしもヴァリニャーノが、一〇年ほど以前になる第一回目の日本巡察当時から終始一貫して、このような武力の行使、或いは布教地の諸問題に対する政治的及び軍事的な介入ということに対して無条件に反対する考え方に立って来たのなら、そのような考えのヴァリニャーノに対して、果してコエリョが右のような依頼をしたであろうか。私は先に一五八二年十二月十四日付マカオ発、ヴァリニャーノのフィリピン総督宛て書翰をとり上げ、シナに対して武力征服を企てることは布教事業の面と物質的利益の両面で有効であると認める一方、日本に対しては、武力による征服を企てても日本の軍事力から成功の見込みがないし、しかも物質的利益が乏しい、としてこれに反対した記述を紹介して、ヴァリニャーノは布教事業を成就するための手段としての武力行使そのものについて一切これを否定する態度をとったわけではなかったことは明らかで、日本についても、もしその条件さえととのえば、布教のための有効な手段として、武力行使を認める立場に立つこともありうる、ということを記述した(39)。このようにヴァリニャーノは、少くとも一五八二年当時は、条件さえ叶えば布教を進めるための手段として軍事力に頼ることをはっきり認める考えに立っていたのであるから、そのヴァリニャーノが第一回目の日本巡察中に、この件に関して宣教師達に与えた指示は、そのような彼の考えが反映したものであった。即ち彼は一五八一年十月に豊後で在日宣教師のための「礼法指針」とでも言うべき書物を作成し、その第一章の中で、国内の大名間の戦いに対する教会の介入という、当時日本でイエズス会が布教事業を進めて行く上で直面しなければならなかった重大な問題をとり上げ、それについて宣教師に指示を与えている。そしてその指示の箇所は、ヴァリニャーノが前引一五九〇年十月十四日付総会長宛て書翰の中にイタリア語に訳して引用しており、既に紹介した通りである。ヴァリニャーノはその中で、大名間の戦いに介入したりする場合は信頼のおける日本人キリスト教徒の勧告を仰いで、慎重に処するようにとか、キリスト教徒の領主に対してでも武器の提供をしてはならない、と命じてはいるが、しかしその反面、キリスト教界の利益のために必要な場合はこの限りではないとして、キリスト教徒の領主が侵犯されたような場合には教会は内密にこれを支援してもよいとか、武器提供のことにしても、キリスト教徒の領主が窮地に立ったような場合には、武器をこれに与えて援助する必要も生じうるということをはっきり認めていることに注目しなければならない。そして事実ヴァリニャーノは、第一回目の日本来訪直後の一五七九年に、竜造寺氏の侵攻にあって窮状に陥っていた有馬氏に多量の食糧や武器・弾薬を提供して、その危機を救っている。(40)それればかりでなく、一五八〇年六月に作った日本の上長のための規則――即ち当面はコエリョが従うことになる規則には、次のように記されている。「キリスト教界とパードレ達の利益と維持のために、通常ポルトガル船が入港する長崎港を充分堅固にし、弾薬・武器・大砲その他の必要なものを配備することが非常に重要である。同じように、茂木の要塞を整備して確かなものにすることが重要である。(41)」

即ち、ヴァリニャーノ自身のとった行為や彼が書残した記録から判断して、少なくとも第一回日本巡察の頃の彼は、日本においても、教界の利益となる場合は、布教のために武力を行使するということを否定する考え方でなかったことは明らかだと言わねばならない。このような考えを持っていたヴァリニャーノが、推測を逞しくするならば、その後戦国の動乱が収拾され、強大な支配者秀吉によって中央集権的な政府が生れ、そして全国統一を略〻成就した秀吉が、キリスト教界に対して新たに迫害を加えて来たというような、日本国内の情勢の新しい展開により、日本で布教事業を進める上で武力を用いる問題についても、それまで以上に慎重な考え方に変化したのではないであろうか。ヴァリニャーノは前引の書翰を認める二カ月ほど前の、一五九〇年八月十三日から二十五日にかけて、加津佐において、第二回日本イエズス会全体協議会を開催して諸問題を討議したが、それに諮ったヴァリニャーノの諮問の第三、即ちキリスト教界の利益と維持のために、日本国内の戦争にイエズス会士が介入する件についての、協議会の答申内容に対する裁決（一五九〇年十一月五日付）の中で、彼は次のように述べている。

「第一に、一般にこの戦争の件については、日本全体の上長もその他すべてのイエズス会のパードレやイルマンも、決して戦争を問題にしたりそれについて勧告を与えたりすることに介入してはならない、ということを了解しなければならない。なぜならこのようなことは絶対にわれわれの会憲に属することではなく、どのような事柄であれそれに介入することは、イエズス会及びわれわれが日本に有するキリスト教界に対する非常に重大な弊害と混乱の原因となりうる許りか、イエズス会の会員各人が大きな危険にさらされ、良心の呵責にさいなまれることにもなりうるからである。というのは、このような戦争は、死、醜聞、領国の破壊を伴うからである。〔中略〕

従って第一に、日本全体の上長、その他すべての上長、そして況んやその外のパードレやイルマンは、キリスト教徒の領主に対して、直接、間接を問わず脅迫又はその他のやり方で強制して、誰か他の領主——キリスト教徒であれ、異教徒であれ——と戦争を起させたり、和平を結ばせたり、または同盟を結んでいるか服従している誰か他の領主に反抗して、別の領主の許に走らせようとしてはならない旨、明確に禁止する。その場合われわれは、もしもそのようにしなければパードレ達は彼等の領外に立去ってしまう、と言ったり、彼等を見捨てたり、そのようなことを言ったり実行したりして、脅迫や無理強いによって事を行うことは出来ないし、又してはならない。

同様に、どこかに要塞を築くことを引受けたり、イエズス会が使用するためであろうと、それで以て戦争に際してキリスト教徒の領主を助けるためであろうと、大砲・弾薬・鉄砲その他の武器や戦争のための資材を所有したり、彼等のためにそれらを調達したりすることを禁ずる。しかしながら、パードレの件をして従僕が海賊や盗賊の危険がある道や場所を行く際に用いるために、何らかの武器をわれわれのカーザの中に、公然とではなく適当な所に保管して

所有することは差支えないであろう。しかしその武器も、上述の戦争のために提供してはならない。〔中略〕

誰かキリスト教徒の領主が異教徒と戦争をしていて、教会がこれに食糧又はかねの援助をしないと、その領内のキリスト教界と共に滅亡してしまうほど窮迫していて、この点われわれに援助を求め、もしもわれわれがそれに応じないと大きな弊害を招くというような場合が起りうる。それ故、われわれに救済の義務があるようなこういった事態に際しては、日本の準管区長又は彼が不在の時にはその他の地区長達にその措置を委ねるように。そして彼等も「規則」に従って委嘱されている顧問達とまずよく相談することなしにはこれを行なってはならない。そして顧問の大部分の意見を大いに尊重してこれに援助を与えるのが適当であると判断した場合には、与えるべき額についても顧問達に諮らなければならない。このような援助は出来るだけ秘密裡に行うようにしなければならず、食糧よりもかねを与えた方がよい。(42)」

右に引用したヴァリニャーノの裁決を一読してわかるように、もうそこには嘗て第一回日本巡察中に指示したような、キリスト教界の利益のためには、場合によってイエズス会が国内の戦争に介入してキリスト教徒の大名に軍事援助を行うことも認める、と言った内容は全然見られず、このような戦争に介入することや、目的の如何を問わず要塞を築いたり武器を保有したりすることを禁じ、戦争に際してキリスト教徒の大名を支援することにしても、非常に慎重な態度でのぞみ、その領内のキリスト教界の滅亡を救うために、これにかねと食糧だけを援助することの出来る道を残しているだけで、武器の援助については一切認めない、ということを規定しているのは注目に値する。即ち、第一回日本巡察後の日本国内の政情の変化によってこの問題に対するヴァリニャーノ自身の考えは明らかに変化したと言わなければならないであろう。国外にいながら日本の国内事情の変化を的確に洞察し、それに即応した布教政策を立案してゆくヴァリニャーノから見れば、軍艦を作り武器を集め、キリスト教徒の大名を糾合し、更に外国から援軍を招致して秀吉に抵抗することを企てた日本準管区長コエリョの動きは、思慮の浅いものに映ったことであろう。しかしヴァリニャーノ自身もコエリョと考え方の基盤は同じであって、事実第一回日本巡察の時には、長崎・茂木に武器・弾薬を集めその防備を固めるように、との指令をコエリョに与えたことは前述の通りである。コエリョはヴァリニャーノの指令を忠実に守ったということも出来よう。ヴァリニャーノは、新たな国内情勢に直面して、イエズス会とキリスト教界を守るために、都合の悪い実績は凡て亡きコエリョの責任とし、彼一人を犠牲にして日本イエズス会全体の罪を免れようとした。

九

一五八七年七月、秀吉によって伴天連追放令が発せられ、突如として勃発した迫害にキリスト教界全体が狼狽し、その対策に苦慮していた当時、武力に頼って教界を守ることを主張した宣教師がコエリョ一人ではなかったことは、前述の通り一五八九年二月十一日高来において開かれた協議会の記録から明らかであるが、更に他の史料も挙げてみると、一五八七年十月十五日付生月発、ペドロ・ラモンのイエズス会総会長宛て書翰(43)には次のように記述されている。

「別の点を簡潔に記述したいが、それは、日本キリスト教界の利益のためには、これ以上に必要なことはないと信ずるからである。またこれ以外には、日本で赫赫たる成果を上げうるものはないと信ずる。日本の教界を確立するためには、猊下に次のことを了解していただくのが適切である。即ち、日本の世俗的な統治は、今日は国王の如き者が明白には取るに足りない者になったり、今日一〇〇〇乃至二〇〇〇クルザド有する者が明日は一文なしになってしまう、といったような有様である。したがって、京都《ミヤコ》の非常に著名な或るキリスト教徒の身に生じたような事が勃発した。彼は、その名声の故に、御地でも知られていることと思うが、ジュストという者である。彼の領内には大きなキリスト教界があったが、関白殿《カンパクドノ》という日本の支配者が彼を他の城に移した。彼は所有していた城を去ったが、農民はすべてそこにとどまった。彼等は嘗てはジュスト同様キリスト教徒であったが、四万人以上いた内、六〇〇〇人以上も信仰を堅持しなかった。われわれが今このジュストの例に見る通りで、彼は前述の如く、高貴であり、嘗ては富裕で実力を持っていたが、今では全く零落してしまっている。これは関白殿が彼からすべてを剝奪してしまったからである。今度彼に対して起ったこのようなことは、外の人々の身に頻繁に起っている。このため基礎の固いキリスト教界が存在するのは困難である。そして今や事態は一層蒿じている。即ちこの関白殿はわれわれ全員の日本追放を命ずるに至り、われわれにはこれに対する確実な対策がない。このことはすべて、イエズス会もカトリック教会も、このような窮状に際し避難出来るような確固たる基地を日本に持たないところから生じている。このため、このような基地を持つことが何にもまして必要である。そしてそれには、フェリペ国王の手でこの日本国内に要塞を一つ獲得しなければならない。ナウ船が渡来する長崎、又はその他の土地において、それは非常に容易なことである。困難なのはこの場所を獲得することではなく、そこを保持することである。なぜなら経費が必要だからである。われわれは、国王陛下がこれの実行をお望みになるかどうか知らない。このことは御地で理解を得るのが重要であるが、詳細に説明する者がいないと、御地で理解してもらうことも遂行することも困難である。それは書翰では不可能なので、私はもうこれ以上話を進めることはしないが、ただ次の点だけを申述べておく。即ち、日本国内にポルトガル国王によって支えられている安全な土地がどこかにあって、それがパードレやキリスト教徒の避難所となり、しかもそこで平穏に日本人に対する教育を行うことが出来、コレジオ、修練院及びセミナリオが存在しうる、というような状態でない限り、日本には重要なものは何も存在しえないであろう。(44)」

ラモンは高山右近の例を挙げているが、秀吉が突然キリシタンに対する政策を転換し、宣教師の国外追放を命じた許りか、高山右近に対し、先に高槻、近くは明石において領民を信徒とし、寺社を破壊したのは不届きであるとして、信仰を棄てるように命じ、右近がそれに従わなかったのでその所領を没収し、右近を追放処分にしたことは、日本におけるキリスト教界が、支配者の意向一つで一夜にして保護者を奪われ、危機にさらされるような、極めて基盤の弱いものであるということをあらためて宣教師達に痛感させたに相違ない。そしてラモンは、このような日本の国情を考えて、日本教界を確固とした基礎をもったものに発展させるには、スペイン＝ポルトガル国王が長崎又はその他日本国内に基地を獲得して、そこに要塞を築き、武力をもって教界を守るのがよい。そこは危急に際して宣教師や信徒の避難所となる外、布教と教育の施設を安全に設置することが出来る、と主張している。このようなラモンの見解は、秀吉によって迫害が開始されたという新しい局面に対処するイエズス会士の反応の内、コエリョの考え方と相通ずるものである。

伴天連追放令発布の直後ではないが、一五八九年一月三十日付加津佐発、フロイスのイエズス会総会長宛て書翰(45)もこれに関連する記録である。

「非常に重要なことは、日本においてイエズス会やキリスト教界を維持するためには、この地域に堅固な要塞を有して、何か迫害が生じたらそこにパードレ達が避難出来、更に彼等が資産・衣服、及び生活に必要な物をそこに保存出来るようにするのが絶対に必要だという点である。フェリペ国王は装備を施した二〇〇乃至三〇〇人の兵士でもってこれを獲得することが出来よう。このようなことを勧告するのは、以後その裨益するところが大きく、一方もしもそれを実行しなかったら、不都合が甚大だからである。これは明白なことである。というのはもしも暴君が有馬のドン・プロタジオ、大村のドン・サンチョから領土を奪取るならば（彼は只命令を下しさえすればいとも容易にこれを行うことが出来る)、また天草殿を殺すよう命ずるならば、日本全土にわれわれが駐在出来るような所はなくなってしまうからである。暴君は既に全国にわたって支配権を掌握しているからである。このような要塞がないために、われわれは生活に必要なかねや黄金を常に地下にかくし、装飾品や聖なる物を大変な偽装をして異教徒の手に預けなければならない。しかし少なからず火災その他の危険にさらされている。従って今はこれを行うことが出来ないので、カーザの装飾品や主要な資産をシナに送る必要がある。ここ日本には保管するところがないからである。出来るだけ速かにこの要塞を築くのが適切だという理由は、既に昨年、当地で開催された協議会において、巡察師に書送った。また準管区長も彼に長文の書翰を送った。それは巡察師から猊下に書翰で伝えてもらうためであった。このため私は本状では猊下に詳しく述べることはしない。(一、二名を除き)すべての古参のパードレ許りか、重立った日本人キリスト教徒までもがこのような考えに立っていた。[46]」

右のフロイスの書翰から、彼もコエリョやラモンと相通ずる考えであったことが判る。即ち秀吉が新たにキリシタン迫害の政策をとり始めたことに大きな脅威を感じ、高山右近につづいて他のキリスト教徒の大名に対しても次々と改易処分にして、キリスト教界が安全な拠所を失うような事態になることを深く憂慮して、その対策として、ラモンと同様、国内に堅固な要塞を持つことを主張している。そしてスペイン＝ポルトガル国王は二〇〇乃至三〇〇人の兵士でもってそれを獲得することが出来るとしている。危急に際してパードレが避難出来るということの外に、イエズス会の資産や聖なる品々等の保管も迫害開始後は不如意になり、シナにまで送って避難させていた程であったので、その安全な保存場所を確保する上からも、これが肝要である旨フロイスは強調している。そして一、二の例外を除きすべての古参パードレがこの点同じ考えであった、というフロイスの記事は注目に値する。

十

秀吉の伴天連追放令は、彼が引続きポルトガル貿易を強く希望したために、不徹底なものに終ってしまった。当時日本では、イエズス会パードレの仲介なしのマカオ＝長崎間貿易はありえなかったので、ポルトガル貿易を望む以上、イエズス会宣教師の日本滞在を黙認せざるをえなかったわけである。このように伴天連追放令の発布はキリスト教界に対しその根底をゆるがすほどの打撃を与えたわけではなかったが、その後十六世紀の最後の数年は、教界をめぐる情勢が再び大きく転換し、イエズス会の布教事業に深刻な影響を与えるような出来事が相次いで発生した。即ちかねてから周辺の各地へ布教を進展させてゆくことを望んでいたフィリピンのスペイン系修道士(47)は、秀吉がフィリピン招撫のための使者を派遣したのを契機に、ローマ教皇の禁令を無視して日本に渡来し、ここにイエズス会による日本布教の独占が破られてフランシスコ会が新たに布教事業に参加したために、一致した布教政策による統一的な布教事業の推進は不可能となった。このように布教に携わる宣教師の構成の面で大きな変化をきたしたのに加えて、一五九六年にはマニラを発ってメキシコに向う大船が土佐の海岸に漂着して秀吉のために積荷を没収される所謂サン・フェリペ号事件が勃発し、これを契機にフランシスコ会宣教師と信徒の探索と逮捕が行われ、そして翌一五九七年二月には、宣教師と日本人信徒合せて二六人の聖殉教者が長崎で礫刑に処される事件へと発展した。このように全国統一をなしとげた秀吉が、近隣諸外国やキリスト教界に対して強硬な態度をもってのぞむようになり、布教事業に対して再度弾圧の手を加えて来て殉教事件にまで発展したことにより、キリスト教会の内部では、このような教界をめぐる情勢の変化に直面して、その対策をいろいろ考慮する気運が生じたことは当然であろう。一五九〇年代の終りに、再び宣教師の間で、布教のために武力を利用すべきだとする意見が一部で強く唱えられるに至ったが、それはこのような事情を背景としたものであった。このことはまた、日本イエズス会の内部における国籍を異にするパードレの間の反目を激化させることになった。即ち、この祖国意識がからんだ日本イエズス会の内紛は早くから見られたものであるが、それが、秀吉の教会政策に対する対応の仕方がからんで、ここにきて一層激しくなり、スペイン人「征服者」の日本渡来に対する強い反撥と懸念が、同じイエズス会の中のスペイン人同僚に対しても向けられるようになった。

例えば、ポルトガル人パードレ・アントニオ・ロペスは、一五九七年十月十日付長崎発、総会長宛て書翰の中で、フィリピンからスペイン系托鉢修道士がグレゴリウス十三世小勅書を無視して日本に渡来し、イエズス会と協調せずに独自の方針で布教事業を進めたために日本教界に弊害を及ぼしたという、その当時日本イエズス会が直面していた最も深刻な問題をとり上げ、托鉢修道士達の言動についてこれをまことに遺憾なこととして深い憂慮を示している許りでなく、日本イエズス会の中にも、準管区長ペドロ・ゴメス以下スペイン人の会員は彼等のことを歓迎し、これに出来る限りの援助を与えて来た、として強い不満を表明している。そして教皇や国王に対して然るべき働きかけを行うよう総会長に要請している。

これに関連してアントニオ・ロペスは、第二に、スペイン人は日本では歓迎されていないから準管区長の地位にはポルトガル人パードレが就任する方がよい、と主張している。日本人がスペイン人に対して好意を持っていなかったのは、スペイン人は国土侵略の野心を持っているとして警戒する気持からである、としている。そして日本人がスペイン人に対してどのような印象を抱いていたかを示す例として、長崎奉行寺沢広高もイエズス会士に対して、秀吉がスペイン人に対して好意を持っていないので、その巻添えをうける恐れがあるからイエズス会士はスペイン人と交りをもたない方がよい、という忠告を与えた旨を述べている。このことなどは、ポルトガル人であるロペスが国籍を意識した発言と言えるかも知れないが、それと同時に、矢張りその当時日本人がスペイン人の領土的野心に無関心ではなかったということを示すものと言わなければならないであろう。そして、このような重大な懸念を日本の為政者に植えつけていたスペインの植民地フィリピンから托鉢修道士が渡来して活動することは、日本教界に大きな弊害を及ぼす危険があるのに、スペイン人イエズス会士は、同胞の故に寺沢の忠告を無視して彼等に好意を抱き、大きな援助を与えている、と言ってロペスは同僚を非難している。

第三にロペスは、スペイン人の同僚を日本人に接近させてはいけない、とまで言い、スペイン人イエズス会士の日本布教に対する考え方として、先に引用したように、一五八九年二月十一日に高来で開催された協議会について言及している。(48)

同じポルトガル人のアッフォンソ・デ・ルセナが一五九八年十月三日付で日本から総会長に宛てた書翰には次のように記述されている。

「既に猊下にも情報が届いていることと思うが、先年来スペイン人のパードレとポルトガル人のパードレの間で気持と意見の点で何らかの不和と分裂があった。そしてその原因の第一は托鉢修道士達の渡来であって、多くのスペイン人パードレは、彼等の渡来は聖なる行為でよいことである。日本キリスト教界に裨益する。日本征服の事業はフィリピンに属する。そしてこの司教区はフィリピンによって統治され、その属司教区となるのがよい、ということを主張したいようだ。昨年以来パードレ・ペドロ・ゴメスの説得や巡察師の書翰によってこのような不和は非常に減少したが、同巡察師の渡来によってこのようなことは払拭されてしまい、もうそれについて語ったり考えたりする者は一人もいないであろう。

巡察師はすべてのスペイン人パードレを長崎に招集して彼等に一致を説き、彼等の内何人かの者が陥った欠陥一般と、彼等が他の人々と不和になったことを指摘して、今後はこの点に背かないように要請し、イエズス会の子として会がわれわれに希望している平安と一致の中で行動するよう求めた。このような措置によってもうこれに背く者はいないと思う。(49)」

スペイン人イエズス会士は、日本征服はフィリピンに属する旨主張しようとする、というルセナの記事は、彼等がわが国に対していかなる観念を持っていたかをよく示しているものである。立場は逆であるが、イタリア人のヴァリニャーノは、一五九七年十一月十九日付マカオ発、イエズス会フィリピン準管区長ライムンド・プラド宛て書翰の中で、日本などポルトガルの征服に属する地域にスペイン人が進出することに対して、強い警告を行なっている。

「私は自分の良心の重荷をおろすため、そしてまたフィリピンにおいて真実を知ってもらうために尊師に申し述べたいが、われわれ日本イエズス会やこの日本に関することは別において、一般的に言って、フィリピンの修道士は何人もシナ、日本及びその他のポルトガルの征服に属する地方において、主への奉仕、霊魂の救済、更には国王陛下への奉仕を願い、それに添った行動をしてはならない。それどころか彼等がそれらの国に行こうとすればするほど、ますます大きな弊害が生じ、その目的を達するのが困難になるであろう。その主な理由は、これらの地域の王や領主はすべてフィリピンのスペイン人に対して深い疑惑を抱いており、次のことを知っているからである。即ち、彼等は征服者であって、ペルー、ヌエバ・エスパーニャを奪取し、また近年フィリピンを征服し、日々附近の地方を征服しつつあり、しかもシナと日本の征服を望んでいる。そして近くの国々にいろいろな襲撃を仕かけており、何年か以前にボルネオに対し、また今から二年前にカンボジャに対して攻撃を加えた。少し前に彼等はモルッカ諸島を征服するための大艦隊を有していた。事実目下他の島々を征服しつつあり、現在フェルモサ島の征服を望んでいる、と。日本人やシナ人も、それを実行しているスペイン人と同様にその凡てを知っている。なぜなら毎年日本人やシナ人の船がマニラを往き来しており、見聞したことを語っているからである。このようなわけで、これらの国民は皆非常に疑い深くなっており、同じ理由から、フィリピンより自国に渡来する修道士に対しても疑惑を抱き、修道士はスペイン兵を導入するための間者として渡来していると思っている。このため彼等を自国に迎えるのを望まない許りか、彼等とポルトガル人が同じ国王の下にあることを知っているので、われわれに対しても疑惑を抱いており、それは現在われわれが日本で見ている通りであり、またシナで経験した通りでもある。(50)」

十一

先に述べたように、一五九〇年代は秀吉のフィリピン招撫、所謂サン・フェリペ号事件、二十六聖人殉教事件等、全国統一を略〻完成した秀吉がキリスト教界や近隣諸外国に対して一連の強硬な措置をとり、布教事業を再度弾圧し殉教事件にまで発展したことにより、教会の内部ではその対策として、日本布教を成功させるには軍事力に頼るべきだとする意見が再び一部で強く唱えられるようになった。次に紹介する一五九九年二月二十五日付長崎発、ペドロ・デ・ラ・クルス(51)のイエズス会総会長宛て書翰も、このような背景の中で記述されたものである。彼はこの書翰の冒頭で、昨年即ち一五九八年にフィリピン経由で同じ趣旨のことを書送ったが、その船が失われてしまったので再度認める、と断っている。この書翰は非常に長文故重要な箇所のみ原文を訳出引用し、それ以外は要旨を紹介するにとどめたい。

ペドロ・デ・ラ・クルスはこの書翰の中で次の四点について論じている。

一、日本教会を建設し、維持し、そして統治する上の危険について。

二、日本教界に対するいくつかの救済策について。
三、日本国内に防備を固めたスペイン人の都市を建設することの利点について。
四、同じくポルトガル人の都市を建設することの利点について。
以上の四点について彼は次のようなことを論述している。

一、日本教会を建設し、維持し、そして統治する上の危険について。
日本のキリスト教界がキリスト教国にふさわしい形に確立されるには、七つの大きな障害がある。
I　改宗事業が人為的及び世俗的な手段によるところが大きい。
これは日本のキリスト教界の殆どすべてが集中している下《シモ》の島について主に言えることである。この人為的・世俗的手段は次の二つに帰する。
(1)　われわれから援助をうけることを願ったり、われわれの斡旋をえてポルトガル貿易から利益をえたいと願ったりする殿《トノ》の期待にこたえること。
(2)　領主に従属することの大きい家臣を、領主を通して改宗させること。
領主の援助があるところでは、そして特に彼等が信徒であって家臣も信徒になるのを望んでいるような場合には、そこにおいて大量の改宗が行われる。大勢の家臣の改宗は下でも京都《ミヤコ》でも領主の援助をえて行われている。改宗事業を援助するための主の奇跡的な所作はこの日本では見られない。京都の貴人達の改宗は比較的純粋で利害がからんでいないが、そこは下にくらべて信徒の数は少なく、しかもすべてが戦争や転封の危険にさらされている。この第一の障害のため、もしもこういった手段に欠けるならば、日本では布教に大して成果を上げることは出来ないということになる。そしてまた日本のように変転きわまりない所では、簡単にこのような手段を欠く破目になる。結局のところ日本教会を確かなものにするには、このような手段では弱い。

Ⅱ　改宗が不確かなこと。

日本では、身分低い一般の人々については御地で考えられているのと全く異なり、彼等の大量の改宗は通常その殿次第であって、確乎とした信仰が植えつけられていない有様である。高山右近の領民は、彼が所領を奪われたことにより自ら信仰を棄ててしまい、僅かに辺鄙な二、三の村を残すのみとなってしまった。当地でも、彼等と同様相当な教育をうける前に領主の意向によって改宗した者は信仰が薄弱である。領主自身も多くは信仰が弱く、彼等をよろこばせるために贈物をするか、貿易の利益を斡旋してやるかすることが必要である。従って迫害が行われていないとはいっても、この教会はあまり確かなものではない。

Ⅲ　キリスト教徒の殿は、自領全域がキリスト教徒であっても、婚姻の法を守らせ、信仰に対する罪を罰することが出来るような強制力を教会が持つように、これに力をかすことはしない。

彼等はこの点何らかの支援を行うと約束しながら、実際は何も行なっていない。教会が彼等の家臣達に対して何ら力を持たないのであるから、一体領主に対して霊的な力を行使することがどうして出来ようか。

Ⅳ　道徳の掟がないこと。

男色・間引・堕胎といった非人道的なことが罰せられることなく行われている。一日本人イルマンが私に断言したところによると、ある地方ではキリスト教徒の地になって既に久しいのに、異教の地であった頃の如く残忍で野蛮な行為が行われているとのことである。このようなことは京都より下の方が多く行われていると思う。一般民衆は道徳のことについては無頓着で、キリスト教信仰をしっかり固めた直後でない限り、中途半端な教化ではこのようなことを根絶することは出来ないということがよく判る。一方領主はその領地全域にわたって絶対者であって、簡単に家臣の収入を剝奪し、農民からは収穫の三分の二に上る米を徴収するばかりか頻繁に労役奉仕を課する。そして領民に対する刑は苛酷である。真実この国民はキリスト教的な統治を行なってゆくには余りに欠陥があり不完全である。善意からかけ離れた習慣、キリスト教的理性や徳操からは一層かけ離れた習慣に余りに深く染っている。

Ⅴ　打続く戦争。

日本では何百年来戦争が絶えず、太閤様《タイコサマ》の時代の平和にしても永続するとは考えられない。それは、日本は互に友好的でない多数の為政者によって統治されているからである。一日本人イルマンが私に語ったところによると、嘗て上《カミ》のある国に三〇〇〇人の身分高いキリスト教徒がいたのに、二〇年経った今は二〇人もいない。また豊後には嘗て大凡一〇万人もの信徒がいたのに、現在はその後信徒になった他の人々を加えても八〇〇〇乃至九〇〇〇人いるかどうか判らない。

Ⅵ　戦争以外にも、諸事情が変動しやすいこと。

なぜなら殿は家臣の収入を左右出来る絶対的な権限を持ち、何か過失があるといとも簡単にそれを剝奪してしまう。同様に最高の統治者は自分より下の殿に対して思いのままの措置をとっている。太閤様は僅かな日数の間に三〇カ国もの殿を改易或いは転封に処したが、これは殆ど日本全国の半分に上る。殿がその領国を奪われる時には、すべての身分高い人々が彼と共に追われる。それは彼等も殿から収入をえていたからである。そして新たに入部して来た者は、自分が伴って来た者達にそれを分配してしまい、以前からそこにいた者は信頼されない。例えば太閤様が故豊後国王フランシスコ大友義鎮の息子コンスタンティーノ義統からその領国を奪ったので、身分高い人々はすべて家族と共に別の領主に仕官するか、身分不相応なつとめをするか、或いはまた殆ど物乞いをするなどして暮しを立てている。それ故、これら大勢のキリスト教徒の要人に対してわれわれは何らかの施しをする必要がある。さらに悪い例は、遺憾なことだが、霊魂の危険をおかして異教徒の地に流れ込む者もいる。

Ⅶ　いつなんどき迫害が勃発するかわからないこと。

或いはここかしこに、或いは全国的に迫害が勃発するのは避けられないように思われる。これまでに日本で発生した迫害は、昔の迫害にくらべ、迫害の影又は迫害の脅威とでも呼びうるものにすぎない。なぜなら太閤様は今から一二年前に、自分の政庁内にいた四人のキリスト教徒の領主に対して、従わなければ所領を没収すると言って棄教を命じ、またパードレ達に対して日本を退去するよう、そしてもうキリスト教を宣布しないようにと命じたにすぎず、その後徐々に態度が軟化してゆき、われわれの長崎滞在を許したからである。それればかりかわれわれが長崎の附近にいることを黙認し、さらに時折パードレのことを良く言い、われわれのカーザを通して貿易をすることを望んだ。これは、われわれが日本にいなくなるとポルトガル船が渡来しなくなってしまうと考えたからである。そして彼はパードレ達に対し、自分の望む物を買い入れて来てほしいと依頼した。彼はわれわれからの使者や贈物をうけ入れ、彼の奉行達もわれわれに好意を示した。彼等はわれわれが大勢いろいろな所に滞在していることが太閤様にわからないようにしてくれた。このために迫害は核心にまで至らなかった。それにも拘らず、彼は改宗を妨げたばかりでなく、教会に対する冷淡な態度を招いたことによって重大な悪事をなした。そして彼が棄教を命じた四人の領主(内一人は強固に信仰を守り通した)、その後はもうコンスタンティーノ大友義統と同様信仰を忘れてしまった何人かの者、死亡した別の大々名、今から一二年前の迫害以前又は太閤様が修道士達を処刑する以前に受洗してこの迫害の時に棄教してしまった何人かの殿は、太閤様が彼等を脅迫したわけではないにも拘らず、彼等自身の信仰の薄弱さのために脱落してしまった。このようなことは、多くは自分の意志よりは領主の意志でもって受洗したような者や、無教養な人々の振舞であって、ある程度理解した上ですすんで受洗した者については、何か重大な被害を避ける場合以外は、殆どこのようなことはおこらない。さらにこれとは別に脱落の道がある。即ち下層の人のみではなく、身分高く教養のある人々でも、教化が充分でなく、信仰がよく植えつけられていないようだと、異教徒の間にあって段々信仰を忘れていってしまう。その信仰が聖なる信仰というよりむしろ人の意見の如きものであったためか、又は信仰が薄弱であったために、その光は段々消え去ってしまう。迫害による損害について自分自身の経験に照して私がここに記述する必要はない。日本キリスト教会の現状について、一般的に言って、真の迫害に耐えうるだけの強靭さは日本教界は持っていないということを述べるだけで充分である。これまでに、すべての者に棄教を命ずるような徹底した迫害は起らなかったし、太閤様もそのようなことは命じなかった。もしも彼がこのような命令を下していたら、日本は既に廃墟となっており、神は私がここに赴くことをお許しにならず、また私自身も自分の判断でそれを望まないであろう。仮令直接キリスト教徒の社会に迫害が加えられることがなくても、パードレ達に対する迫害が行われるだけであっても、もしもパードレを殺害したり強制的に日本から追放したりするようなことが起ると、これはキリスト教界の完全な崩壊を意味する。神は太閤様がこのような行為に出ることをお望みにならなかった。それにも拘らずパードレが滞在することも訪問することも出来ないようなところでは、深刻な悲しみに襲われた。パードレが滞在していたキリスト教徒の領主の地、及び天草島において近年新たに改宗したものは大部分、恐らく七分の六までがその信仰は薄弱であった。最良の教界は京都《ミヤコ》のそれであって、そこでは太閤様が非常に柔和な態度を示していた時に、慎重にそして内密に改宗事業が行われた。従って京都の教界が作られたのは、改宗者に迫害に抵抗する情熱があったからではなく、慎重に対処したためと、太閤様が柔和であったために精神的に危険にあわなかったからである。このような人々は、教化され、教義の教育が施されるとはいっても、昔のキリスト教徒のようには信仰が根付いていないし、あのような活力を持たず、聖なる諸事にそれほど親しんでいないし、賢明さ、精神力、及び情熱も見られない。最良の人々は明らかにイエズス会のイルマンであるが、彼等とても入会は人為的な仲介によるところが大きい。そして彼等はこの管区のイエズス会を自分自身で統治してゆく能力はなく、ヨーロッパ人会員に頼らねばならない。世俗的な統治はきわめて不安定で、いつなんどき外人宣教師が国外に追放されたり殺害されたりするかも知れず、もしも日本に彼等パードレがいなくなってしまえば、またたくまにすべてが失われてしまうであろう。恐らく二〇年で、ここかしこに何人かのキリスト教徒がいるにすぎない、といったような状態になるであろう。

しかしもしもイベリヤ＝カトリック諸侯が日本で武力と統治権を持てば、この国は主の美しい葡萄園になるであろう。

二、日本教界に対するいくつかの救済策について。

Ⅰ　神の摂理は、貿易という手段によってわれわれが日本に有する殆どすべてのものを作り給うた。これは、貿易と共に説教者達が渡来したということだけではなく、貿易のために説教が許され、それが守られて来ているからである。このことは、貿易が増大すればキリスト教界が進展し、教界を維持する力が一層強化されるということを意味している。このため、スペイン人が日本と貿易を行い、別の港で殿達と親交を結べば、そのような領主は説教と家臣の改宗を認め、主への奉仕になるものと判断する。

Ⅱ　スペイン人が日本に貿易の基地をえることは非常に有効である。

ポルトガル人がマカオやコチン、シャウル等インドの諸都市を建設した如く、スペイン人が貿易のための基地を建設するよう日本人が何処かの港をこれに平和的に与えるならば、上述の目的のために非常に適切であろう。仮令相当かねがかかっても、出来るだけ尽力してそのような港を手に入れるべきである。そしてそこにおいて、徐々に海陸両方から充分に守りを固めてゆくようにすべきである。このような基地を持つことの効用は三で述べるが、中でも最も重要な利点は、日本キリスト教界にとって有効な救済と守りになるという点である。

Ⅲ　カトリック諸侯による日本の武力征服は有効な策であり、またそれは可能である。

「もしもカトリック諸侯がこの地に軍隊を導入することを考え、これについて勧告を求めて来たなら、私の考えでは、それを妨げて不可能にしたり、それが弊害があるかのような懸念を抱かせるべきではないと思う。既に猊下もご存じのように、巡察師はこの点全く考えを異にしている。それにも拘らず彼は、二、三日前に或るパードレに対し、この国を征服するだけの武力を持ちたいと神に祈るが、しかしそれは不可能だと密かに語った。彼やその他のパードレ達がこれを不可能と考えるのは、フィリピンのスペイン人は少数しかいないのに日本人は多数でしかも勇敢だということ、及びこれらのスペイン人を支援するために日本人がこれと団結することも満足に行われず、異教の国故、結束するキリスト教徒が少数しかいないということが理由である。また日本人はすぐに航海術に熟達し、軍艦を造るようになるであろう。かりに戦いを始めても所期の目的を達することが出来なかったならば、福音の宣布者達に対して門戸が鎖されることになろう。彼等の入国を許し、家臣達をキリスト教徒にさせるのは自領にとって弊害になると日本の領主達が考えるようになろう。これに加えて、兵士達の醜聞や乱暴な振舞も行われよう、と。私以上に主の下僕であり一層分別ある他の人々に対して、私は自分の浅薄な判断でもって敢えて反対しようと思わない。私の意見などそれにくらべれば価値がないに等しい。それでも尚私には疑問がわくので、そして私以上に分別があって、私の考えに満足してくれる人もいるので、以下それを述べてみたい。

⑴　第一、日本人は海軍力が非常に弱く、兵器が不足している。そこでもしも国王陛下が決意されるなら、わが軍は大挙してこの国を襲うことが出来よう。この地は島国なので、主としてその内の一島、即ち下《シモ》又は四国《シコク》を包囲する

ことは容易であろう。そして敵対する者に対して海上を制して行動の自由を奪い、さらに塩田その他日本人の生存を不可能にするようなものを奪うことも出来るであろう。

(2)　第二、隣接する領主のことを恐れているすべての領主は、自衛のために簡単によろこんで陛下と連合するであろう。またキリスト教界の基盤があるこの下の島はすべて領主達の間で分割されており、現在は平和であるが、上《カミ》即ち京都《ミヤコ》の国々の帝国から分離しない限り、この平和も永続きするとは考えられないし、また内部で争いが起るであろう。噂ではこのような混乱が起るのはそれほど遠いことではないようである。

(3)　第三、金銭的に非常に貧しい日本人に対しては、彼等をたすけ、これを友とするのに僅かなものを与えれば充分である。わが国民の間では僅かなものであっても、彼等の領国にとっては大いに役立つ。パードレ達が与えることが出来るごく些少な援助を期待するばかりに、これらの内の一領主は信徒になりたいという希望を持ち、そして説教を聞いて信徒になり、今では自領内に六万人のキリスト教徒がいる、という例があった。

(4)　第四、殿達の家臣は非常に隷属性が強く、常に身の破滅に及ぶ危険にさらされているので、もしもわれわれの統治の仕方なら、相当の大罪を犯さない限り確乎とした定収入をもつことが出来るということがわかれば、彼等はよろこんで陛下に服するか、又は陛下と連合するものと思われる。これと同じことは強大な他の殿に従属している弱小の殿についても言え、前者は意のままに後者の領国を剝奪することが出来る。もしもわれわれの下にあれば一層安定し、自領を確保することが出来るばかりか、恐らく領土拡大のための援助をも期待出来るということがわかれば、彼等がわれわれに連合するのをよろこばないのではないかと、危惧するような理由は、私には全く見出すことが出来ない。

(5)　第四《(ママ)》、農民はわれわれの統治下では自由になり、よろこんで自分達の労働に勤しむようになるであろう。現在彼等が捕虜より悲惨な状態にあるのは確かである。このため領主達はわれわれに敵対するのを恐れるであろう。なぜなら、このような領民は、よりよい処遇をしてくれるものに簡単によろこんでなびいてしまうからである。

(6) 第五、(ママ) われわれがこの地で何らかの実権をにぎり、日本人をしてわれわれに連合させるための独特な手立がある。即ち、陛下がポルトガル人のナウ船のカピタンと士官達に対して、われわれに敵対する殿達や、その家臣でわれわれに敵対する者、あるいは自領にパードレを迎えたり改宗を許したりしようとしない者には、貿易に参加させないように命ずることである。これは信じられないほど有効な手段である。なぜならこのナウ船によって日本人は珍らしい貴重な品や薬品をすべて入手しているからである。そして領主達はパードレ達の仲介によってこの貿易に参加出来るということのためと、その他これに附随した事情により、われわれは彼等の領内にどんどん入ってゆくことが出来るのである。殿達がこれを望まなければ、彼等がキリスト教界に敵対しているのが原因で主に生糸を扱うこの貿易にその領国の商人の参加が許されなければ、商人達は領外に立去ってしまうだけである。殿は商人が他の土地に去らないために自ら反省し、態度を和らげるであろう。太閤様のような日本全土の支配者でさえ、このナウ船には注目している。そのことについては贅言を要しない。ナウ船のために太閤様はわれわれを日本に滞在させ、キリスト教界のために大きな門戸を開いている、ということを述べれば充分である。このようなところから、もしも陛下がこれをお命じになるならいかに有効であるかがわかろう。これは正当なことである。そして高位聖職者も、敵対する殿達やその家臣達を生糸貿易(それはマカオの代理商人によってのみ売られる)に参加させないように監視すべきである。少くともこの下の島の殿達や、さらに他の地方の殿達を、或いは自衛のため、或いはナウ船から上る収益その他のために、われわれに連合させる上で、この手段がいかに効果があるかが以上述べてきたところから了解出来よう。

このような企てがわかるとキリスト教界に対して門戸が鎖される恐れがあるのではないかという点に対しては、回答するのに事欠かない。

(1)　第一、日本におけるキリスト教布教という目的以外にも、日本人がスペイン人に対して行なったこと——太閤様が彼等からかの非常に豊かなナウ船を奪い、彼等の托鉢修道士達と使者達を殺害し、そして彼等の領土を奪う為に人を派遣したことを言っているのであるが——は、これの正当な理由になりうるとわれわれは考える。まして日本人は、戦争の正当性について考慮せずに多くの戦いをするのを常としているので、これだけの理由があれば戦争を正当化するに余りあるということがわかるであろう。

(2)　第二、われわれの法を守る防禦は充分だということが彼等にわかるであろう。彼等にこのように言うことが出来るのも、改宗を強制しているのではなく、希望者が自由に法を受入れることを望んでいるにすぎないからである（彼等が日本の諸宗派を受入れたり棄てたりするのも、通常このようにその選択は自由である）。むしろこうすることによって、神の法が信用を博するものと思われる。さらに、すでに改宗したキリスト教領国や将来改宗する領国が平和裡に維持されることが期待出来る。日本人達はこれらのことを了解するであろう。

(3)　第四《(ママ)》、聖法に反対しない者はその領国を全うすることが出来るどころか、いろいろな面で利益をうけるということ、そしてこのような人々に対しては平和と友好関係が保たれるということが彼等にわかれば、どうしてわれわれの聖法に不信を招くであろうか。また聖法を受入れると身の破滅を招くなどとどうして考えるであろうか。またわれわれ会員が忠誠を守るのを見れば、一方では団結に動き、他方ではキリスト教の統治では誠実によってことが進められることを知るであろうが、そうすれば、どうして彼等は互にこの忠誠を持たないことがあろうか。

　これらすべての理由から、私はカトリック諸侯がこのような企てをするのを抑制しなければならないとは思わない。その理由が正当で、目的は敬虔なものだからである。また多くの理由から、日本に教会を建設してそれを堅固なものにするには外部からの救援が大いに必要だということが判っているからである。神が恩寵を与え給うと確信する。このため、弊害を恐れて懸念する必要はないと断言する。

しかしながら、好機があり次第カトリック諸侯がこれを決意することを前提として、彼が確信を持つよう、そして所期の目的を達成するために、いくつかの勧告を与えるのがよいと考える。私の考えでは、それは次のようなことである。

(1) 第一、このような軍隊を送る以前に、誰かキリスト教徒の領主と協定を結び、その領内の港を艦隊の基地に使用出来るようにする。このためには、天草島、即ち志岐が非常に適している。なぜならその島は小さく、軽快な船でそこを取囲んで守るのが容易であり、また艦隊の航海にとって恰好な位置にある、等々。その外、このような措置をとる必要があるのは、突然渡来しては余り歓迎されないということもありうるし、また日本側の連合を期待しなければならず、日本の事情、下の領主達が自分達同志、又は上の国々と結束するか離反するかということも、探知しておかなければならないからである。

(2) 第二は、われわれの聖法やキリスト教国の名誉のために、質の悪い軍勢を送ってはならない、という点である。なぜなら、その品性によっては日本人は彼等のことを非常に嫌悪し、軽蔑するかも知れないからであり、そうすれば日本人は、スペイン軍に連合又は同盟することによってこれを援助するのを、それ程よろこばないということにもなりかねないからである。それは、日本の武士は名誉を保ち、高貴な人々だからである。従って、他の征服事業のための兵士の中からえりすぐった、最も尊敬をえられるようなスペイン軍を渡来させなければならないであろう。いかなる所も、ここほど低級で尊敬をえない人間が不名誉となり、所期の目標をすべて、又は大部分失ってしまう原因となるようなところはないと思う。しかし彼等が無礼を働くのを危惧する者がいるが、これについては、この国民はインディオとは非常に異なりさげすみを受けるのは耐えられない、と考えることによって容易に得心がゆく。スペイン人は彼等を大いに尊敬しており、彼等と結束し、彼等の支援をうけるのを望んでいる。それ故、彼等を丁重に遇する。丁度日本人がフィリピンに行った時にこれに対して行なっているように。太閤様《タイコサマ》の家臣達がスペイン人に対して大きな害をなした後も、彼等はマニラに行った日本人に対しては、その身体にも財にも、全く手出しをしなかった。それを奪うだけの正当な理由があるにも拘らず。

(3)　第三に、陛下がこの征服事業を命ずるにしても、それは(沢山あると言われている)銀鉱を発見するためではなく、聖法の宣布とキリスト教界の維持と守りのためにこれらの国々を平定して統合するためと、そこにキリスト教的な善政をしくために行うべきだという点である。従って、仮令ある領主に、正義の法に照してみて、戦争によってその領国を奪うだけの理由があっても、日本人の好意をえ、そして危惧を抱いているようなその他の人々を憤らせることのないようにするためには、それは避け、それよりカトリック諸侯に見られるキリスト教的善意の平安と名声により、彼等が連合して安らぎをうるのをよろこび、そして神の光栄のために互により一層善行を積むようにさせるべきである。そのようにするのが自分達の利益になるのだということを、悟らせるべきである。出来るだけ領主達に領国を全うさせるべきである。このことは、絶対的な権力というものがなく、謀叛が起りうる間は、一層肝要なことである。さらに重要なことは、われわれが鉱山に対して貪欲な望みを持つことは、日本における布教の目的や、彼等の望みを達成するうえに大きな障害になりうる、という点である。それは多分何も始めなかったよりも大きな弊害となるであろう。それが逆に、何らかの正当性があると思えるにも拘らず、その目的のために鉱山を探すことも、国土を奪うこともしない――彼らがわれわれと協定を結び、連合することが条件だが――ということがわかれば、われわれの聖信仰にとって単に裨益するばかりでなく、著しい名誉と尊敬を博するところとなり、そしてこの異教の社会で大いに評判を呼ぶことになる。そして、われわれが法の説教を口実に国土をうかがっている、という多くの者が抱いている疑惑は誤りだということがわかるであろう。なぜなら、そうではなくて法の宣布そのものが目的だからである。

〔中略〕

(4) 第四に陛下に勧告すべきことは、ポルトガル人のナウ船に命じて、陛下に味方する者の領内の適当な港に入港するようにしてほしい、という点である。その方がより安全であるし、またわれわれとの同盟に応ずる者以外には貿易を許さないようにすることによって、日本の領主との連合、同盟を達成するためでもある。船など敵方に与えることが大勅書によって禁ぜられているような品物を、シナからもたらしてこれに与えないようにする、ということを言っているのではなく、生糸やこれに類する品物を敵や敵対する殿達の家臣等に与えないようにする、ということであるが、これは妙策といえよう。」

三、日本国内に防備を固めたスペイン人の都市を建設することの利点について。

そのような都市を手に入れる方法は、どこかの港の領主に対して、フィリピンやヌエバ・エスパーニャと貿易を行うためにそこに町をつくるのを許してほしいと要請するか、またもしそうするのが必要で適切な処置であるなら、その土地と港を買入れて、国王陛下がそこに絶対的な支配権を確立すべきである。これの利点は次の通りである。

Ⅰ　日本とヌエバ・エスパーニャとの間の航海がフィリピンを経由せずに直接行われるようになり、これが容易な航路になるであろう。そうすれば、日本とローマとの間の連絡も短時間に行われるようになり、日本教会の統治や宣教師の増員が容易に行われるようになるであろう。

Ⅱ　このように彼我の交通が密になれば、日本人はキリスト教国民やその風俗習慣になじみ、親近感を覚えるようになるであろう。さらに多くのスペイン人と日本の貴人や領主との間の結びつきが、婚姻その他を通して緊密になるであろう。またこれらの殿とカトリック諸侯や副王達との間の交通も生れるであろう。このようなことはすべて日本教界のために非常に重要である。

Ⅲ　日本人は、教俗共にキリスト教的な統治を経験することになる。そしてキリスト教徒の領主や将来領国をあげて改宗する他の領主にとって、これは模範となるであろう。そしてスペイン人達が町を買入れて、そこでキリスト教的な統治を行うことにもなるであろう。多くの日本の貴人はスペイン人と生活を共にし、子弟をスペイン人の間で育てることになるであろう。このようにして、彼等は領民に対し、キリスト教的な統治を行うようになるであろう。

Ⅳ　日本人が聖祭式を眼の当りにして、その信仰を強固なものにするであろう。そして世俗事を軽視することや貞潔等の点で、キリスト教聖職者と仏僧の相違が明らかになり、悪魔は宗教的な外観をもった仏僧を使って日本人を欺してきたが、もうそれが出来なくなるであろう。

Ⅴ　ミゼリコルヂアの組のような愛隣の行為を行うことが出来る。これは寄辺なき貧者・孤児・捕虜・不当に苦しめられている者などに対して施しをして、これを救済する。このことはキリスト教的善意の偉大な証しであり、日本人に対し、多くの明らかな奇跡に代る価値のあることである。その外、この都市に自分の土地を追われた多くの貴人を迎えることが出来よう。彼等は殿から迫害をうけ、危険をおかして異教徒の中に暮しているキリスト教徒であったり、それまで異教徒であっても同市に来れば信徒になるような人であったりする。そしてよくあることだが、彼等が自国に帰りそこで教界の発展に貢献するということもありうる。またわれわれから受けた恩恵の故に、それまで以上にわれわれの味方になるであろう。

Ⅵ　その市に聖職者の安住の場所をうることが出来る。現在はそれが存在していないどころか、イエズス会の主要なコレジオが年に二度も移転する有様である。またそこに司教と教区司祭達が駐錫し、修道士の主要なカーザとコレジオ、教区司祭のためのセミナリオとコレジオを設けることが出来よう。

Ⅶ　このような市では大勢のヨーロッパ人が修道生活に入るであろう。また仮令同地で日本の女性から生れた者でも、容姿・才能・勇気等の面でヨーロッパ生れの者に殆ど劣るところがないであろう。彼等にとって日本の学問や礼儀を学ぶのは容易であり、これにヨーロッパ人の品性が加われば独特な良さが生れるものと思われる。ヨーロッパ人と共に成育する日本の若者は、われわれの言語や風俗習慣を学びとるとともに、学習を競い合うことによって励みをえて、そして聖職者に叙階されるのに必要なものを身につけるようになるであろう。

Ⅷ　より多くの修道士を維持する上で利点がある。なぜならスペインが喜捨や贈物によって援助をしてくれたり、インドで行なっているように大小のカーザやコレジオを建設してくれたり、定収入を設定したりしてくれるであろう。スペインから多くの品をもたらす場合、フィリピンを経ずにヌエバ・エスパーニャから直接もたらす方が日本にとって利点があろう。

Ⅸ　イエズス会士達が厄介な負担から解放される。即ちイエズス会やキリスト教界が余りに日本の殿達に依存しているので、その求めに応じてナウ船に彼等のかねを投資してやらなければならないし、彼等の防禦のためにかねの援助をしなければならない。イエズス会はそれに応じないわけにはゆかないが、そのために厄介が降りかかって来る。即ち、そのような恩典に浴さない日本人の間や――というのは凡ての人々を満足させることは不可能だからであるが――ヨーロッパとインドにおいて、これに対して強い不満が述べられている。さらに危険なことは、窮迫したキリスト教徒の殿がいたら、イエズス会はこれになにがしかのかねを与えて救済しなければならないが、その場合、最も小さな損害はこのかねを失うことであり、大きな損害は、彼の敵である異教徒の領主がイエズス会士のことを敵視し、これに対して自領への門戸を鎖すことである。二でとり上げたような武力をわれわれが当地で持てば、このようなことはなくなるであろう。というのは、そうなればわれわれが彼等に依存するより、むしろ彼等の方がわれわれに依存することになるからである。しかし、仮令そのような武力を持たなくても、もしも当地に都市があり、カピタン・判事・富裕にして高貴なスペイン人が居れば、カエサルのものはカエサルに、神のものは修道士に求めよ、と言うことが容易になるであろう。

X　スペイン人が当地に確乎たる居留地及び都市を所有すれば、イエズス会以外の修道士が渡来するのを恐れる必要はなくなる。なぜなら、このような都市の統治を通して布教区を区分し、混乱に陥るのを避けることが出来るからである。かくして日本教会には、各修道会に属する精神と学問の両面で秀でた非常に多数の聖職者が働くことが出来る。スペイン人が遠く離れた港を所有するなら、布教区の区分は容易に行うことが出来よう。そしてその港は薩摩《サスマ》・四国《シコク》の島、又は日本最大の領主でスペイン人との貿易を望んでいる家康殿《イイエアスンドノ》の領地である関東《カント》の内がよいであろう。彼の国はここから非常に遠く、そこにはイエズス会士が足を踏み入れたことがない。

XI　日本にわが国民の都市があれば、異教徒の領主をしてパードレ達がその領内に入るのを許可させる独特な手立を用いることが出来る。即ち、教界に反対する者やその家臣達に貿易を許さないようにする。

XII　スペイン人はその征服事業、殊に機会あり次第敢行すべきシナ征服の事業のために、非常にそれに向いた兵隊を安価に日本から調達することが出来る。このシナ征服については多くを語ることが出来るが、その内次の三点だけを提言したい。

(1)　シナを改宗させるには、征服による以外に手段があるとは到底考えられない。

(2)　シナ征服を成就しうる武力は、日本から調達する以外にありえない。

(3)　このようなスペイン人と日本の国々との結束を見る者は、主がその信仰の大規模な宣布のためにそれを命じ給うたことを信ずることが出来よう。そして当地に充分基礎を固めた都市を所有することが、このような結束をつくるきっかけとなる。このことから、このような基地を有することが、日本のため、フィリピンとそのナウ船貿易の維持のため、そしてさらに大きな他国の改宗のために非常に重要だということがわかるであろう。これはまた、二でとり上げたように国王陛下が当地で武力を保有するきっかけにもなるであろう。

四、日本にポルトガル人の都市を建設することの利点について。

ポルトガル人が最初に日本との交通を開き、日本貿易を始めたのであるから、彼等が他国に先んじてこれを行うべきだというのは確かである。彼等がインドの各地に設立したように、当地に一都市を設け、その支配下に港を所有するのは、大いに可能性があることである。二、三日前に一パードレが巡察師とこの件を相談した際、彼は、決してそのようなことをしてはならない。なぜなら、もしもポルトガル人がこのような基地の入手を求めようものなら、ポルトガルとスペインが同一の国王を戴いているところから、日本人はポルトガル人がスペイン人の支援をえて何か征服を意図している、と言立てるであろうから、と答えた。私は、このような危惧は、この重要な事業を断念するだけの理由にはならないと思う。かりに日本人がそのようなことを言ったとしても、マカオのポルトガル人がこのような基地を求めたからといって、領主が許可しない以上、日本人はわれわれイエズス会士のことをどうすることが出来ようか。われわれに対するこの種の疑惑は常に語られていることであって、そうだからといって、われわれは自分達のつとめを止めるわけにはゆかず、またこのようなことを語る異教徒の領主達のわれわれに対する好意がなくなるわけでもない。摂理によって示された手段によってこの大事を企てる以上、われわれはそのような危惧の念にとらわれるべきではない。また日本人はポルトガル人のことを、何ら征服の意図をもたずにマカオに居留していると思いこんでいるので、このような企てが成就する可能性は大きい。その上、この下《シモ》が上《カミ》から離反すると信じられているが、もしそうなれば、下の殿達がポルトガル人にそのような基地を与えることは疑いない。またアウグスチノ津守殿〔小西行長のこと――引用者〕が諸手をあげて志岐の港を彼等に与えることは間違いない。このような入手法はかねがかからず、好都合なものであるが、しかし出来たらそこを買入れ、陛下の名で同港に対し絶対的な権利を掌握して、そこに渡来する貿易船が他の領主に何も支払わないでもよいようにした方がまさっている。そうすれば、ポルトガル人の庇護の下にあるので、シナその他の地域から多くの貿易船が渡来するようになるであろう。またもしもスペイン人が別に一層安全な基地を手に入れることが出来なかったら、そこに来航するであろう。

このような基地をポルトガル人が要求する論拠は次の通りである。

Ⅰ　大勢のポルトガル人が毎年日本に渡来して六、七カ月滞在し、何人かの者は居住している。これほどの人々が自分自身の暮し方が出来ないでいるのは不都合なことである。日本では彼等がキリスト教の法を守るのに障害があり、教会の盛儀をとり行なったりするのが不如意である。またナウ船のカピタンは船内で権力を持っているにすぎないので、陸上でポルトガル人のことを統治し、これを処罰する世俗の統治者がいる必要がある。

Ⅱ　日本では頻繁に謀叛が起る。そしてこの長崎を奪い取ることを望む殿が大勢いる。また既に何人かの殿が企てたことだが、ポルトガル人を殺害してナウ船を奪うこともありうる。一方マカオは健康的な土地ではなく、しかもいろいろシナの役人から侮辱をうけ、身の危険もあり、ポルトガル人はより自由な所を求めて日本に来たがるようになっている。

Ⅲ　この港に誰が居住するのかという問に対しては、私は次のように回答する。即ち、マカオにいる者でそこに家を持たない者か、又は当地が健康に良く物価の安い国なので渡来したがっている者などが、直ちに移住し始めるであろう。家族を伴ってアンゴラに移住する者に支給されるものの三分の一か四分の一を一定期間これに与えるならば、速かに渡来するであろう。またナウ船の守りのために渡来する兵士への支給額を、移住者に与えることも出来るであろう。彼等に対しては報酬及び食費として一人当り五〇クルザドほど与えられている。一定の年月の間毎年これだけの額を当地への移住者に与えれば、それだけで大勢の者が渡来するであろう。このための経費はナウ船の運賃や関税からまかなうことが出来、陛下には何ら出費とはならない。また長崎に居住するポルトガル人に対し、適当な時にそこに移住するよう命ずべきである。さらに、何人も新たにインドからマカオに移住してはならない旨命ずべきである。陛下はマカオをつぶす考えだという噂であるが、事実マカオの住民は陛下に対して奉仕をしていないし、同地のキリスト教界を維持することもしていない。ナウ船の貿易のためなら、そこに小さな町があれば充分である。その上、もしもそこに移住して来る者に対して、一定の年月ナウ船の貿易に関して特権を与えれば——例えば彼等には関税を免除するとか、商品に対する支払い金額を他より少額でよしとするとか、或いは鉛その他若干の商品の取引を彼等だけに許可するとか言った特権を許せば、移住者の人数は急増するであろう。

Ⅳ　最大の利点は、当地からマカオを経ずに直接インドに渡航しうるようになることであって、十月に出帆して三カ月でインドに到着することが出来よう。そしてそこでポルトガル産の葡萄酒・オリーブ油その他の品々を手に入れて日本にもたらし、さらにそれをフィリピンに舶載するなり、スペイン人が当地に買いに来るなりするであろう。これによってポルトガル人は多額の収益を上げることが出来る。そして同地は非常に豊かで人口稠密の地となるであろう。現在マカオが掌握しているような貿易の主要部分がこの町に移されるようになるかも知れない。そしてインドから直接当地にナウ船が渡来し、ここからマカオに商品を仕入れに渡航する、という貿易が行われるようになるであろう。

しかし、陛下は、ポルトガルからインドに行くナウ船や、フィリピンからヌエバ・エスパーニャに渡る船に対するのと同様、この航海を独占し、関税等の収入をえるようにした方がよい。その収入でもって当地の経費をまかなうためである。これらの収入でもってフスタ船を造り、それに住民の資金を加えて、キリスト教徒の領主達を守る武力を保持することが出来よう。そしてキリスト教界の目的に協力する領主に対してはポルトガル人がナウ船の貿易を許す、ということが出来よう。これにまさる有効な手段はないであろう。またもしもポルトガル人が当地でキリスト教界を守るための艦隊を持つに至らない場合には、スペイン人に対し、これに協力して支援を与えるよう勧告することが出来る。このようにポルトガル人だけでは不可能な場合も、またスペイン人だけでも日本で何ら武力を持ちえない場合でも、このようにすれば、日本での企てのために道が開かれることになるであろう。さらにシナ征服などのように日本人の支援を要する企ても、ポルトガル人とスペイン人に日本人が連合して成就することが出来るであろう。

Ⅴ　三で述べたような利点、即ち日本人とヨーロッパ人の間の結びつきが行われること、キリスト教的な統治が導入されること、愛隣の所作が行われること、聖職者のための安全な避難所を持つことが出来ること等が指摘出来る。

Ⅵ　仮令スペイン人が基地を入手しえなくても、ポルトガル人なら貿易を通して容易に与えられるであろう。なぜなら、日本ではポルトガル貿易の方がスペイン貿易よりはるかに重要だからであり、またスペイン人よりポルトガル人の方が穏やかだと、考えられているからである。

Ⅶ　最良の策は、ポルトガル人とスペイン人が日本において別々の所に基地を設けることだと思う。仮令一方がそれに成功しない場合でも、他方が成就するであろう。双方が基地の獲得を達成すればそれにこしたことはない。征服事業においても、一方が他方を支援し、またこれに避難所を提供することも出来よう。同じスペインを発した両者が、一方は東に、他方は西に向い、地球を完全に一周して、発見事業の最後に到達したこの日本で一緒になる、ということの策は主の光栄のために最も望ましい姿である。日本その他の国々の無数の霊魂の救済のために両者が助け合うことが出来る。
両者の間での日本の分割は次のようにするのがよい。即ちポルトガル人はこの下（例えば上述の志岐又は他の適当な港）に基地をえ、一方スペイン人の方はヌエバ・エスパーニャに渡ったり、フィリピンを発ったナウ船が寄港したりするのに適した四国又は関東といった、もっと西（ママ）の地域に基地を置くとよい。この分割は日本の位置について言われているところと無関係ではない。教皇アレキサンデル六世が行なった分割において、その「東方」と「西方」のいずれに日本が属するかについて意見が分れている。[52] スペイン人が当地に渡来するか否かをこれに基づいて決めるべきだと言っているのではない。なぜならこのような分割が行われたのは、両国が互に協力し合って布教等を行うためのものであった。まして同一国王のもとにあるのなら尚更それは当然のことである。ただ私は、当地で両国民の間で協定を結ぶのがよいと考える。

Ⅷ　以上は、武力を用いず、貿易により、そしてそこに居住する商人の手で基地を得ることについて述べて来たが、一方軍事力に頼ってこれを行う方がよいと思われる場合については、これはポルトガル人では成就しえないことは明らかである。それはインドが非常に遠く、しかもポルトガル人は多くの敵から自衛することに追われているからである。またマカオからこの種の軍隊が当地に渡来することが出来ないことは明白である。

しかし基地を入手するためのこれら二つの方法、即ち平和的に行うのと武力によって行うことをくらべてみると、もし出来るなら後者の方が断然まさっている。その理由は次の通りである。

(1)　土地の提供をうけて居留が許されるということは不確かである。一領主がそれに好意的であっても日本全土の支配者の統治がつづく限り、それを成就するのは困難であろう。

(2)　その都市に城壁をめぐらして自衛の措置を講じて安全なものにする以前にそこに居留をはじめると、謀叛が起る恐れがあり、そこの領主は破滅し、そこに居留するヨーロッパ人が略奪・殺害されることになろう。またそこの領主が異教徒だと、初めは彼等を保護していても、後になって毎年の贈物や貿易の利益を一度に奪いとった方がよいと思うようになることもありうる。

(3)　同領主が、一層の利益を求め、また彼等ヨーロッパ人に対して何らかの権力を掌握しようと欲して、常に悩ませるに違いない。更に全国的支配者にも悩まされることであろう。そしてもしもこれに抵抗しようものなら、たちどころに戦いが起るであろうが、緊急事態にフィリピンから救援の手をさしのべることは出来ず、ましてインドからは不可能なので、これに対する救済策はないであろう。

(4)　常に彼等は、われわれが何か野心を持っているとの疑惑を抱いているに違いない。そして宣教師やヨーロッパ人に対するこのような疑惑を買うことは、直ちに武力を行使するよりも大きな弊害となるであろう。というのは、キリスト教界を守るために行動することの正当性が理解されない限り、われわれが基地を持つことも、そこには腹黒い下心があり、布教事業の中に謀叛の意図がかくされている、という疑惑は消えないであろうから。

(5)　日本人が大して軍事力を持たない間は問題ないが、われわれを通して徐々に軍備を増強し、フスタ船やガレーラ船、及び大砲を備えるようになるであろう。そうなると、ポルトガル人は彼等に対して当初のように意のままに振舞えなくなり、日々障害が大きくなるであろう。反対に、このような備えがないところを武力攻撃すると、日本人は降服してしまう。嘗て下の島が太閤様に服した時には、一人の領主が降服すると直ちにつづいて他の領主達も降り、その後は彼に抵抗する者は一人もいなくなってしまった。従ってこの方法が適切と思われる。

Ⅸ　キリスト教徒の領主に前以って連絡し、その協力を得る措置は良いが、彼が忠実でなくても、ヨーロッパ人に不信を働くことを恐れるだけの武力の備えをしておかなければならない。この意味から、単にどこかに基地を獲得してそこを守るのに充分なだけの軍事力でもって入国するのは適当ではないであろう。軍備を増強する機会を彼等に与えるからである。少なく共、下又は四国をまたたくまに海上から包囲して支配出来るような武力をもって渡来しなければならない。四国にはキリスト教徒の領主はおらず、信徒の町もないが、そこはヌエバ・エスパーニャに向けて発つのに適しており、日本の政庁に近い。ここで基地にすべき最良の地点は、サン・フェリペ号が漂着したところである。一方下は、多くのキリスト教徒の領主がいて完全な領国をなしており、しかもポルトガルのナウ船が渡来するので、貿易の相手を選定することによって連合を図るという前述の手段を用いることが出来るという利点がある。

もしもこれが実行されるなら、三で挙げたような多くの利点を一層迅速かつ充分に追求することが出来るであろう。なぜなら、緊急の事態に急遽救援することが容易でないこの遠隔の地においては、相当の軍事力を保有しなければ、都市を設立し、そこに権威ある善政をしき、また他の征服事業のためにそこから兵隊を調達することも出来ないどころか、略奪と破壊をほしいままにされるであろう。

X　スペイン人の都市の人口が増大し、またそこに渡来する者が多数に上れば、他に新しい基地をいくつか手に入れて大きな成果を上げることになるであろう。そうなれば、殿達が必要な際に同市に援助を求めてきたり、よろこんで同市と連合することにもなるであろう。なぜなら、ポルトガル人のナウ船が渡来するこの長崎に対してさえも、大勢の殿が連合することを望んでいるからである。(53)

以上、ペドロ・デ・ラ・クルスが総会長に宛てた長文の書翰を紹介してきた。この内一の、日本教界に見られる欠陥とその脆弱性についての指摘は、勿論一人クルスのみが行なっていることではなく、他にも日本の教会と信徒、及び教界をとり囲む諸事情についてこれに類した見方をしたイエズス会士の記録は残されており、そのような宣教師は少なくなかったと見てよいと思う。そして日本布教についてのこのような考えの上に立って、彼は二のⅢでスペイン国王によって日本を武力征服すべきことを強く主張している。クルスがこのように日本に対する武力行使を主張したのは、根本的には一で指摘されているような、日本教界の基盤の弱さ、日本での布教事業に伴う危険性についての彼の認識から、武力に訴えるのは正当であるとの判断をしたからであろうが、彼がこの書翰を認めた直接の動機としては、彼自身が同じ書翰の冒頭で記述しているように、サン・フェリペ号事件と二十六聖人殉教の事件であったとみてよいであろう。日本に対して軍事行動を起すべきだと主張してそのための策略等を詳細に記述した二のⅢの箇所は原文のまま邦訳引用しておいたが、在日宣教師が日本に外国軍隊を導入することを主張した記録の中でも、これほど露骨な軍事計画を述べたものは外に例がないと思う。次にペドロ・デ・ラ・クルスは、三及び四において、スペイン人及びポルトガル人が日本で別々にどこかの港を基地として手に入れ、武力をもってその都市を確保すべきことを主張している。武力征服を成就する以前の、布教・貿易、及び征服事業のための当面のより実現可能な施策として述べたものであろう。それにしても、従来の横瀬浦や長崎等の場合は、寄進を受けたのはイエズス会であって、ポルトガルなりスペインなりが国家としてこれに関与したわけではなかったのに対して、彼の主張はポルトガル領のゴア、マラッカ、マカオと同じような基地を、ポルトガルとスペインが夫々日本において入手し、武力でもってその安全を確保する許りでなく、そこを拠点に日本征服をすすめるように主張している点、注目に値いする。ところで、クルスも日本イエズス会の会員である以上、ポルトガル国王の布教保護権の下に日本布教にたずさわる立場にあったわけであり、日本イエズス会士なら等しく、日本教会の保護者であるポルトガル王室と利害を一にした筈であった。ところが現実には、日本に渡来したイエズス会士はポルトガル人ばかりではなく、スペイン人やイタリア人もかなりな人数に上り、彼等とポルトガル人の同僚の間には、反目が生ずるところとなった。即ち、スペイン人の在日イエズス会士の中には、祖国のスペインの利害を念頭におき、スペイン系の托鉢修道士に対して便宜を図るようなことをした者がかなりおり、このようなことは、修道会内の人事問題もからんで日本イエズス会の内部で国籍の異なる会員の間の軋轢に発展することになった。同じペドロ・デ・ラ・クルスは、一五九九年二月二十七日付と二十九日付の二通の総会長宛て書翰の中で、フィリピンからスペイン系托鉢修道士が日本に渡来することに反対する者があげている理由を逐一反駁し、彼等が日本布教に参加することを強く支持するとともに、彼等の日本での布教成果についてヴァリニャーノが記述した記録は事の真相を伝えていないと言って、これを激しく非難しているほどである。(54) 右に紹介した二月二十五日付の書翰には、布教と貿易の面でポルトガルとスペインの両国が日本において共存すべきである、というスペイン人イエズス会士としての彼の考えがはっきりと示されている許りか、軍事的にはスペインに頼るべきことを明らかにしている。

このような書翰を認めたペドロ・デ・ラ・クルスは、註(51)に記述したように日本で長い間神学の教授をつとめた人物であり、しかもこの書翰を記述してからほどなく一六〇一年には四盛式誓願を立て、イエズス会の幹部パードレになっている。

十二

当時わが国において、キリシタン布教と国土征服との関連について為政者などの間でどのように考えられていたかという問題であるが、宣教師の間には、江戸幕府がキリシタン禁制の政策を打出した理由は、キリシタン布教のうらに領土的野心がかくされているとの危惧を持ったからである、という見方をした者が少なくなかった。例えば一六一三年一月四日付京都発、ペドロ・モレホンのイエズス会総会長宛て書翰には次のように記述されている。

「今年日本で起った迫害については、どうしてそれが始まったか、そして将来の見通しはどうかについて、猊下は長文の報告をお受けになるであろう。今度のはこれまでに起った迫害の中で最大のものであったが、既に大幅に緩和しつつある。その原因については、他の人々は又別の記述をするであろうが、私はそれについての自分の考えをここに記述する。というのは、私はこの京都《ミヤコ》の地に二〇年近くもおり、この地において諸事情が一番よくわかるからである。第一の、そして主要な原因は、もう七十二歳をこえたこの日本全土の支配者将軍《ショグン》が、当然のことながらわれわれの聖法に対して敵意を抱いているからである。それは彼が新しいことを嫌うからであり、また法を宣布することは国土を奪いとるための策略であると考えているからである。彼や彼の家臣達は次のように語っている。即ち、これはフィリピン諸島やヌエバ・エスパーニャに対して行われたことである。そしてこれらの地域に近い日本に貿易をしに来るのも、このような思惑あってのことである。自分達にはすべて明らかである。また、仮令スペイン人は恐れるに足りなくても、キリスト教徒は非常に結束が強いから、嘗て他の宗派が行なったように、その土地を奪回しえないようなこともありうる、と。」(55)

また一六二一年三月十五日付日本発、イエズス会日本管区長マテウス・デ・コーロスの総会長宛て書翰には、この点について次のように記されている。

「キリスト教界に対する迫害は進められていて、早急にこれがやむという期待は到底望むことが出来ない。何故ならばこの迫害は主として国是に基づいているからであり、私たちを恐れているということを表わすまいとして、表面では別の口実を設けてはいるが、神の法は諸国を征服するために作り出された策略であるという考えが将軍《ショグン》やその家臣たる為政者の心の中に根をはっている。」(56)

また後に転び伴天連沢野忠庵となったクリストヴァン・フェレイラが一六二一年三月十八日付で長崎から総会長に書送った書翰には次のような記事が見られる。

「イエズス会やキリスト教界は以前と同じ迫害の中にあるばかりか、この迫害は段々きびしさをましている。そしてわれわれは将軍《ショーグン》が迫害を行う理由を知って大変遺憾に思う。即ちそれは、国是によるものであって、われわれが福音を宣布することによって将軍から王国を奪うことを企てていると確信している。将軍は既に以前からこのような危惧の念を抱いていたが、それに加えてオランダ人異端者達がこの点彼に確信を与えた。今年彼の一重臣がポルトガル人の使者に対し、将軍はオランダ人達がこの点を自分に明らかにしてくれたので彼等に感謝している、と語ったほどである。そしてこのような確信を一層深めるために、嘗てイエズス会のイルマンであったファビアンという背教者が、神やその聖法に対する邪説と冒瀆の言説に充ちた一論著〔不干斎ファビアンの元和六年(一六二〇)の著作『破提宇子』のことである――引用者〕を作成したが、その中で彼が主に意図したことは、われわれが福音を宣布することによって日本を奪い、それをわれわれの国王に服属させることを図っている旨を証明することである。[57]」

このように、将軍をはじめとする日本の為政者は、キリシタン布教は国土征服を目的としたものだという疑惑を抱いており、このような疑惑にもとづく危惧の念がキリシタン迫害の原因である、と記述している宣教師は少なくなかった。

ところで、当時わが国においてキリシタンについてこのような疑惑が持たれていたということを明らかにしうる国内の史料は少ないようである。所謂排耶書の類には、キリシタンは国土を奪いとる謀り事だという記事が多く見られるが、これらは、多かれ少なかれ、このようなキリシタン邪教思想を広く国民の間に植えつけようとした幕府の教化政策に呼応して作成されたものと言ってよく、この種の記録をここですぐに史料として取り上げるわけにはゆかないであろう。これに対して、例えば、寛永二十年(一六四三)に日本潜入を企てて筑前国で捕えられたジュゼッペ・キアラ等四人のパードレと日本人イルマン一人は、江戸に送られて幕府の取調べを受けた結果、同年九月八日に次のようなことを白状している。

「イタリヤラウマといふ所に、吉利支丹宗門之頭ぱつぱといふ者あり、国々へ伴天連を遣はし、宗門をひろめ、其国ぱつぱに随ひ候へは、漸々に奉行を遣はし仕置致候、ノビスパンヤ呂宋其外多く貪り取、日本国は軍にては猶々難儀故、後生のための宗門をひろむるとて、伴天連を渡し、宗門大方ひろまりたる時分に、仲間にて軍をいたし、日本を討平け、ぱつぱに従へんとの巧に候事。」(58)

勿論、この史料のみによって、パードレ等が本当に右のような内容を白状したと速断することは出来ないが、そうかと言って幕府により捏造された記録として片付けてしまうことも出来ないであろう。(59) 後に新井白石が、単身日本潜入を図ったシドッティを自ら訊問した結果、キリスト教について、「彼国の人我国に来り法をひろめ候事は我国をうばひとり候謀の由相聞え候事は阿蘭陀人幷に彼国の人フランシスクスリアン幷に我国より彼国へ渡り法を伝候コンパニヤドウウと申すもの申し出したる事に御座候歟其教の本意幷其地勢等をかんがへ候に謀略の一事はゆめ〳〵あるまじき事と存ぜられ候事。」(60)と記して、キリシタン布教はわが国を征服する下工作であるという言説を否定したのはよく知られていることであるが、このことは、とりもなおさず、その当時に至るまで幕府関係者の間でそのような疑惑が持たれていたことを、証明していると言わなければならない。

このような幕府のキリシタンに対する疑念を一層煽ったものに、オランダ、イギリス両国による宣伝工作が考えられる。即ち十七世紀に入って新たにわが国との貿易を始めたオランダ、イギリス両国の商人は、自己の商権を拡大するために競争相手を駆逐することに努めた。彼等は、ポルトガル、スペインといったカトリック教国の商人や、これら両国が南洋に持つ植民地に赴いて取引をするわが国の朱印船に対して妨害を加えるには、キリシタン布教事業の真の目的は国土侵略にある、と言ってその脅威を幕府に宣伝するのが最も効果的であると考え、これまでに両国が植民地を獲得して来た経緯等を引合いに出して、ことあるごとに幕府に対してこの種の働きかけを行なった。(61) そしてこのようなオランダ、イギリス側からの宣伝工作が幕府関係者にキリシタン邪宗観を植えつける上でいかに大きな効果があるかは、教会側も充分認識し、それを強く警戒していた。オランダ人やイギリス人がキリシタンに対してこの種の中傷を行い、それが幕府のキリシタン政策に影響を与えている旨を記述した教会側の史料は数多く残されている。例えば一六一二年十一月十五日付長崎発、司教セルケイラのスペイン゠ポルトガル国王宛て書翰には次のように記されている。

「現在この日本教界がこうむっている迫害と、この異教徒の国王がキリスト教徒に対して立腹するに至った迫害の直接の原因について、十月に陛下に書送った。即ち、それは二人の高貴なキリスト教徒が起した或る不祥事〔所謂岡本大八事件のことで、二人の信徒とは有馬晴信と岡本大八を指す――引用者〕であって、彼はこれを非常に悪くとり、厳しく処罰した。しかし今では、彼がキリストの法に対してこのように激怒した原因はこれだけではなく、日本の国是もこれにからんでいるということが判って来た。というのは、ノヴァ・エスパーニャの副王の命令をうけその使者として昨年同地から日本に渡来した船の或るスペイン人カピタン〔セバスチアン・ビスカイノのこと――引用者〕が、国王とその息子である皇太子が政庁をかまえている関東《カントー》――国王は駿河に、息子は江戸に――に入港し、先年フィリピンから渡来したフランシスコ会修道士の一人でフライ・ルイス・ソテロという者を伴って、この諸島の南岸に位置する殆どすべての港についてその水深を測量したからである。ノヴァ・エスパーニャ又はフィリピンの船が必要な場合に安全にそこに避難出来るよう水深を知りたいし、また標示をしたいからだという触れこみであった。国王はそれに許可を与えはしたが、しかし宮廷に入りこんでいた或るオランダ人又はイギリス人が、尋ねられて、それは戦争と征服の前兆であると彼に語ってからは、この件について不愉快そうに不満をもって語った。尤も自分が恐れていることを表わさないために、その時は、そのような目的なら測量したらよかろう、と言ってごまかしたが、しかし内心では、多くの異教徒の日本人やさらに何人かのキリスト教徒までもが、一五九六年に土佐国に坐礁したガレオン船サン・フェリペ号の水先案内人の発言にもとづいて抱いていたこの件についての疑惑に対し、一層確信を強めた。」[62]

また一六二一年三月十五日付日本発、マテウス・デ・コーロスの総会長宛て書翰にも、「オランダ人やイギリス人が日本と貿易を開いてから、毎年彼らのナウ船が来る度に、彼らも立派な贈物と共に使節を政庁へ派遣する慣わしになっている。それはこの地に商館をおくことが彼らにとって極めて重要だからである。これらの者はカトリック教徒及び特にスペイン国王に対する憎悪の念にかられて、内府《ダイフ》や領主達に、スペイン人やポルトガル人が征服した諸外国について報告し、日本に対しても同じ方法を取るということを確言した。」とあり、このような観念が内府の心に強く植えつけられた旨記述している。[63]

各種の排耶書を初めとする日本側の史料に見られる江戸時代のキリシタン邪教の思想は、オランダ、イギリス側からの働きかけを利用して、鎖国政策の遂行と思想統制のために幕府が意識的に行なった宣伝によるものであるとの考え方が広く行われている。勿論そのような面も確かにあろうが、しかし幕府自体もキリシタン布教と結びついたスペイン、ポルトガルの領土的野心に対して無関心であったとは考えられず、イエズス会宣教師の中にも、管区長コーロスをはじめとして、江戸幕府がとったキリシタン禁教の政策は、このような疑惑にもとづいて日本の国益を守るためにとられた措置であるという認識を持つ者がかなりいたことは、注目に値いする。本稿の冒頭で記述したように、大航海時代における海外へのカトリック布教の事業は、布教保護権の制度によって進められたものであって、宣教師達の言動も教会の保護者であるスペイン国王なりポルトガル国王なりの国家的利害と一致しがちな面があったことは否定出来ない。その上この当時はスペイン、ポルトガルで、ローマ教皇の権威のもとに大西洋上にデマルカシオンの線を引き、世界中の異教の国々を両国の間で二分割して、夫々の領域について征服・統治・交易、及び布教を独占的に進める権限を有するといった観念が持たれていた。わが国の為政者によって行われた苛烈な迫害に屈せず、殉教を覚悟の上で布教と司牧に挺身したキリシタン宣教師といえども、このような時代を背景にした人々であったということを忘れてはならない。本稿で取り上げて紹介してきたような、布教のための武力行使を主張した記録を書残した宣教師は、確かに全体からみれば少数である。勿論教会史料についての私の調査は不充分なもので、見落した史料も少なくないと思うが、仮に現存する凡ての教会史料を調査したとしても、この種の主張をしている宣教師は尚全体からみれば少数にすぎないであろう。但、それはその他のイエズス会士が皆武力行使に反対であったということを意味するものではない。実際の布教政策の面では、布教地の諸事情に即応して、武力行使の件についても様々な考え方が宣教師の間で行われていたことは事実である。わが国に関しても、日本布教を成功させるには武力に頼らなければならない、というような考え方に反対する宣教師が少からずいたことも確かである。しかしながら、日本で布教事業を進めてゆくにはいかなる政策をとるのがより有利であるか、といったような布教方針をめぐって意見の違いが見られたということと、ローマ教皇によって正当化されて、異教の世界を二分割して征服し領有することを目指したスペイン、ポルトガル両国の国家事業の一環として布教を行い、その国家的利害と一致した言動をとることの多かったこの時代の宣教師による海外布教活動に内包されていた本質的な性格とは、はっきり区別して考えるべきだと思う。現実にスペイン、ポルトガル両国によってわが国に対する武力征服が行われる可能性の有無にかかわらず、このような当時の布教事業の本質的性格を等閑に付して、江戸幕府の対キリシタン政策を単に信仰や思想に対する不当な弾圧とのみるのは、必ずしも充分とは言えないのではないであろうか。

(1) Archivo General de Indias, Filipinas, Legajo 79, Ramo 1.
(2) Archivo General de Indias, Filipinas 6, Ramo 1, Nos. 27, 28.
(3) Archivo General de Indias, Filipinas 339, Libro 1, ff. 81–82.
(4) Archivo General de Indias, Filipinas 339, Libro 1, ff. 187–190v.
(5) Archivo General de Indias, Filipinas 339, Libro 1, ff. 187–190v.
(6) Archivo General de Indias, Filipinas 6, Ramo 2, No. 45.
(7) Archivo General de Indias, Filipinas 18, Ramo 4, No. 103.
(8) H. de la Costa, S. J., *The Jesuits in the Philippines*, Harvard University Press, 1961, pp. 37–47.
(9) Archivo General de Indias, Patronato 24, Ramo 59.
(10) William Lytle Schurz, *The Manila Galleon*, New York, 1959, pp. 130, 131. C. R. Boxer, *The Great Ship from Amacon*. Lisboa, 1959, pp. 73, 74.
(11) H. de la Costa, *op. cit.*, p. 45.
(12) Archivo General de Indias, Patronato 24, Ramo 57. (Francisco Colin & Pablo Pastells, S. J., *Labor Evangélica*, tomo 1 Barcelona, 1900, pp. 297, 298.)
(13) Archivo General de Indias, Filipinas 74, Ramo 1, No. 23.
(14) Archivo General de Indias, Filipinas 74, Ramo 1, No. 27.
(15) Archivo General de Indias, Filipinas 74, Ramo 1, No. 28. (Colin & Pastells, *op. cit.*, tomo 1, p. 312.)
(16) *Ibid.*, pp. 310, 311.
(17) Archivo General de Indias, Patronato 25, Ramo 20.
(18) Archivo General de Indias, Patronato 25, Ramo 21.
(19) Archivo General de Indias, Patronato 25, Ramo 20.

(20) Archivum Romanum Societatis Iesu, Jap. Sin. 9–II, f. 268, 268v.

(21) Jap. Sin. 10–I, f. 23, 23v.

(22) Jap. Sin. 10–I, f. 23v.

(23) Archivo General de Indias, Filipinas 18, Ramo 3, No. 64.

(24) 村上直次郎『貿易史上の平戸』大正六年、附録五・六頁。

(25) Archivo General de Indias, Filipinas 18, Ramo 2. No. 38.

(26) Archivo General de Indias, Filipinas 79, Ramo 2, No. 18.（岡本良知『十六世紀日欧交通史の研究』六甲書房、昭和十七年、四五〇頁）。

(27) Jap. Sin. 10–I, f. 154.

(28) イエズス会日本準管区長が直接フィリピン総督に軍事援助を要請する書翰を送ったということについては、本文に引用したセデーニョのコエリョ宛て書翰のみでなく、一五八六年六月二十六日付フィリピン総督サンチアゴ・デ・ベーラのスペイン国王宛て書翰にも、このことをうかがわせる記事が見られる。

「その後一一人の日本人キリスト教徒が当市に来た。彼等はドン・バルトロメ王（大村純忠のこと——引用者）の臣下であり、ポルトガル人が貿易を行う主要な港長崎の住民である。彼等はその地に駐在するイエズス会の管区長と修道士達の書翰を私の許にもたらしたが、それは、キリスト教徒の王達に対して何か救援を送るように私に求めたものである。」(Pablo Pastells, *Historia General de Filipinas*, Barcelona, 1926, t. II, p. CXCVIII. 岡本良知「天正末に於ける耶蘇会の軍備問題」——岡本良知『桃山時代のキリスト教文化』所収、東洋堂、昭和二十三年、一二二・一二三頁）。

(29) Archivo General de Indias, Filipinas 18, Ramo 2, No. 38.

(30) 日本イエズス会が、フィリピンからスペイン系の修道士が日本に渡来することを阻止しようとしたのは、根本的にはポルトガル国王の布教保護権の下で日本布教を進めていたイエズス会士が、スペイン国王の布教保護権の下にある在フィリピン、各修道会宣教師の日本布教に反対したものであって、布教方針の混乱を避ける、といった布教政策上の理由とともに、布教保護権に基づく布教事業の性格からして、ポルトガル、スペイン両国の国家的利害に基づく双方の思惑がからんでいたという面も忘れることは出来ない。フィリピンから宣教師が日本に渡来して布教事業に参加すると、両国の間に貿易関係を開くことになり、そのためにマカオ＝長崎間の貿易が打撃をうける、というような、経済的な利害からスペイン系宣教師の日本布教に強く反対した日本イエズス会士の記録は数多く残されている。

（31）岡本良知『桃山時代のキリスト教文化』一二九・一三〇頁。

（32）このヴァリニャーノの書翰は既に岡本良知「長崎のフスタ船」及び同「天正末に於ける耶蘇会の軍備問題」（共に『桃山時代のキリスト教文化』所収）の中で一部紹介されているので、いささか躊躇したが、岡本氏が引用されなかった箇所にも興味深い記事が見られ、ここでその関係記事の全文を紹介するのも無意味なこととは思われないので、敢えて訳載することにした。

尚この書翰は二つの部分に分れ、前半は一五九〇年十月十二日の日付があり、その後に十月十四日付の追書がつづいている。以下掲載する訳文中、〔中略〕以前は十月十二日付の箇所、以後が十月十四日付の記事である。

（33）ヴァリニャーノは、既に一五八九年六月十二日付でマカオから総会長に宛てた書翰の中で、モーラが軍事援助の要請のためマカオに渡来し、自分がマカオにいない場合には、モーラ自身がフィリピン総督と国王の許に行ってこの件を交渉するつもりであった。日本準管区長その他何人かのパードレの間で立てられた対策は、三〇〇乃至四〇〇人のスペイン兵を導入し、日本に要塞を作ろうというものである。しかしこれは成功の見込みがない許りか、非常に危険である。決して私の意見ではない、と記述している。(Jap. Sin. 11-I, f. 80, 80v.)

（34）この傍点を附した箇所は、ヴァリニャーノが一五八一年十月に豊後で作成した、在日宣教師のための「礼法指針」Advertimentos e avisos acerca dos costumes e catangues de Jappão. の一節である。シュッテ神父がポルトガル語の原文にイタリア語訳を添え、序論を附して公刊された *Il Cerimoniale per i Missionari del Giappone*, Roma, 1946. の一五〇・一五一・三〇二—三〇四頁である（矢沢利彦・筒井砂訳『日本イエズス会士礼法指針』キリシタン文化研究会、昭和四十五年、六四・六五・一二三・一二四頁）。

（35）Jap. Sin. 11-II, ff. 233-235v.

（36）Jap. Sin. 14-II, f. 278v.

（37）Jap. Sin. 11-I, ff. 60-62.

尚、オルガンティーノは、一五八九年三月十日付長崎発、総会長宛て書翰（Jap. Sin. 11-I, ff. 66-72. J. L. Alvarez-Taladriz,

"El Padre Viceprovincial Gaspar Coelho ¿ "Capitán de armas o pastor de Almas" ?", *Sapientia* 6, 43–76. に印刷紹介)及び一五九八年二月十五日付長崎発、総会長宛て書翰(Jap. Sin. 13–I, ff. 126–127.)の中でも、日本に対する武力行使に反対している。

(38) Jap. Sin. 13–I, f. 73.

(39) 本書第1部第三章八一―八四頁(『史学』四十二巻三号、四七―五〇頁)。

(40) 岡本良知『十六世紀日欧交通史の研究』五七九―五八三、六一五―六二七頁。

(41) Jap. Sin. 49, f. 256 ; Jap. Sin. 8–I, f. 262.

(42) José Luis Alvarez-Taladriz, *Adiciones del Sumario de Japón*, Apéndice II, pp. 649–652.

(43) このラモンの書翰の内、天正少年使節の身分を暴露し、使節派遣はヴァリニャーノが仕組んだ筋書による芝居であったと言って非難した箇所は、岡本良知他『九州三侯遣欧使節行記』続編、東洋堂、昭和二十四年、六二―七〇頁に訳載されている。ここで本文に引用した記事は、右の、少年使節に関する記事につづいて記述されているものである。

(44) Jap. Sin. 10–II, ff. 284v., 285.

(45) この史料はアルバレス博士から教示をうけたものである。

(46) Jap. Sin. 45–I, f. 132v.

(47) 従来のイエズス会による日本布教がポルトガル国王の布教保護権によって行われていたのに対し、スペイン植民地であるフィリピンで布教を進めて来た各修道会宣教師はスペイン王室の布教保護権の下にあった。ローマ教皇は、当初は日本布教はポルトガル布教保護権に属する事業であるとして、フィリピンから宣教師が日本に入国することを禁止していたが、後にスペイン側からの強い働きかけもあってこれを許可するに至った。

(48) Jap. Sin. 13–I, f. 72v.–73v.

(49) Jap. Sin. 13–I, f. 158, 158v.

(50) Real Academia de la Historia, Cortes, 565, f. 63v. (東大史料編纂所架蔵の複製写真による)。

ヴァリニャーノはこの書翰の中で、日本の王や領主は、フィリピンのスペイン人宣教師は同国の征服事業の手先であるとの疑惑を抱いているから彼等は日本に渡来しないでほしい、と記述しているが、ポルトガル人イエズス会士の日本司教ルイス・セルケイラも、これと同じ趣旨のことを、一六〇二年十月二十二日付長崎発、イエズス会フィリピン準管区長ディオゴ・ガルシア宛て書翰の中で記述している。

「考えに入れておかなければならない第二のことは、内府《ダイフ》や日本の異教徒の領主は(更に何人かのキリスト教徒の領主に対してもそれを打消すのは困難である)、一般に、前任者の太閤《タイコ》が抱いていたのと同じ考え、疑惑を持っているということである。即ちルソンやヌエバ・エスパーニャのスペイン人は征服者で、常に武器を携えている。当地における彼等の主な望みは、マニラやヌエバ・エスパーニャで行なったのと同様に、他国の国土を奪うことである。そして福音の宣布は征服のための狡智であり、策略である(先年土佐国に漂着したガレオン船、サン・フェリペ号の水先案内人が軽率にも太閤の奉行の一人に語ったことがこの原因で、日本の領主達はそのことをよく覚えている)。スペイン人が新世界においてこれほど多くの国を征服した方法は、前以て修道士を派遣して福音を宣布し原住民をキリスト教徒にする。然る後に原住民がスペイン人と結託して領主に対して蜂起し、それらの国の領有をこれらスペイン人の掌中に帰するのだ、と。日本人の領主達は非常に勇敢で自己の武力を信じ大胆なので、私は外国人が彼等の国を征服することなど出来ず、むしろ逆に彼等の方が外国を征服することが可能ではないかと思うが、しかしそれでも彼等は、スペイン人やルソンの修道士に対してこのような疑惑を持っている。」(Real Academia de la Historia, Cortes, 565, f. 69v. —東大史料編纂所架蔵の複製写真による)。

(51)　ペドロ・デ・ラ・クルスは一五五九年か一五六〇年にスペインのセゴビヤに生れ、同地で一五七六年にイエズス会に入会した。その後サラマンカ、バリャドリード等で学んだ後司祭に叙階され、一五八六年に日本渡航のためリスボンに赴いた。一五九〇年、天正少年使節の一行と共に来日、加津佐で日本語を学んだ後、長崎のコレジオで神学を教授した。一六〇一年に盛式誓願を立て、その後も長崎で教育に当っている。一六〇五年九月十五日に同地で開かれた協議会の議事録に見られる彼の署名が、日本における彼に関する最後の記録である。その後病身のためマカオに移り、一六〇六年六月二十四日同市で死亡した。以上Jesus Lopez Gay S.J., "Censuras de Pedro de la Cruz S.J., teólogo del Japón, a las doctrinas de Francisco Suárez, año 1590", *Arch Teol Gran* 30 (1967) pp. 213–244. (井手勝美訳「日本の神学者ペドロ・デ・ラ・クルスのフランシスコ・スアーレス学説批判、一五九〇年」『キリシタン研究』十四輯所収、一九四—二一一頁)による。

(52)　これは教皇アレキサンデル六世が一四九三年五月四日付大勅書Inter caeteraによって、アソーレス諸島及びヴェルデ岬諸島の西及び南一〇〇レーグワのところに極から極に線を引き、その線から西及び南をスペイン領、東をポルトガル領と定めた所謂デマルカシオンの規定のことを指している。しかしこのアレキサンデル六世の大勅書も、翌一四九四年六月七日付でポルトガルとスペインの間で締結された、ヴェルデ岬諸島の西三七〇レーグワに線を移したトルデシーリャス条約の規定も、地球の反対側の東半球については言及されていなかったこともあって、東半球におけるデマルカシオンの線をどこに引くかについて両国関係者の間で論争が行われ、このため日本がいずれに帰属するかについても意見が分れていた。

(53) 以上ペドロ・デ・ラ・クルスの書翰はJap. Sin. 13–II, ff. 269–277. である。

(54) Jap. Sin. 13–II, ff. 286–291, 296–303. 尚二月二十七日付の書翰はアルバレス「フランシスコ修道士たちの日本における生活と死について――あるイエズス会神学者の意見（一五九九年）」（『サピエンチア英知大学論叢』五号、昭和四十六年二月）に印刷紹介。

(55) Jap. Sin. 15–II, f. 221.

(56) J. L. Alvarez-Taladriz, "La Razón de Estado y la Persecución del Cristianismo en Japón los siglos XVI y XVII", *Sapientia*, 2, Nov. 1967, p. 57.（佐久間正訳「十六・七世紀の日本における国是とキリシタン迫害」『キリシタン研究』十三輯所収、昭和四十五年、四頁）。

(57) Jap. Sin. 17, f. 274.

(58) 「格致累年録」（『通航一覧』刊本第五、国書刊行会、大正二年、九五頁）。

(59) 後に背教者となるペドロ・アントニオ・アラキ（又はトマス・アラキ）がまだキリスト教を棄てる以前のこと、ローマで勉強し司祭に叙階されて帰国する途中のマカオで日本人達に、マドリードで耳にしたことだが宣教師達はスペイン国王に対して日本征服のための軍隊の派遣を要請している、と語り、長崎に着いてからも同じことを言いつづけたという（Bartoli, *Il Giappone*, 4, Torino, 1825, p. 65; Charlevoix, *Histoire du Japon*, IV, Paris, 1754, pp. 463, 464. 及び一六二〇年三月十二日付長崎発、マテウス・デ・コーロスの書翰――J. L. Alvarez-Taladriz, "La Razón de Estado", p. 66. 佐久間正訳、前掲論文、三九頁）。

　トマス・アラキについては一六二三年二月九日付日本発、マテウス・デ・コーロスの総会長補佐宛て書翰にも次のような記事が見られる。「私が管区長であった時、長崎においてトマス・アラキ司祭――ローマではペドロ・アントニオと称していた――の背教についてのいくつかの証言を徴した。就中彼が平戸で何人かの異教徒に次のように語ったということが判った。即ち、自分は嘗てローマに留学したことがあるが、キリストの法では救済はえられず、パードレ達はその法を利用して日本国をスペイン国王に服させようとしているということが非常によく判った。それは日本人は好戦的なので武力では不可能だからである、と。」(Jap. Sin. 37, f. 217.)

邦人聖職者の中に、キリシタン宣教師はわが国の征服を意図している、という内容のことを幕府関係者に語った者がいなかったとは断言できない。『長崎実録大成』第七巻によると、慶長十六年に肥後国八代の切支丹寺住僧が駿府にやって来て、「彼南蛮国王己カ領地五ケ国ノ物成ヲ其料ニ当テ、毎年商船ト名付テ金銀珍宝織物器物等ヲ日本ニ渡シ、諸人ニ邪宗門ヲ勧入ヘキ旨、年々伴天連入満方ヨリ大帳ヲ作リ、何ノ年ニハ何千何百人ヲ勧入タル由其人数ニ応シテ褒美ノ諸品ヲ与フ。昔年ヨリ此方術ニテ南海ニ有之呂宋国ノビスパンヤ国々モ、南蛮人方ヨリ珍奇ノ財物等ヲ贈リ、初ハ僅ハカリノ地ヲ借リ寺ヲ立密々ニ切支丹ノ法ヲ勧シカハ、其国ノ愚民共彼宗門ヲ信用シテ遂ニ南蛮人ニ一味同心シ、我国ヲ輒ク蛮人方ニ奪取シメタリ。扨其後ハ奪取シ国々ニ蛮人方ヨリ守護人ヲ居ヘ置、其地出産ノ諸物金銀一切己カ得分トシ、三年目ニ其諸品ヲ本国ニ運送セシメシ由」を言上したので、畿内西国の僧侶を多数駿府に召して穿鑿したところ、右の言上の趣が明白になり、ここに迫害が開始された、と記述されている(『長崎実録大成正編』長崎文献社、昭和四十八年、一七三頁)。これなども必ずしも頭から否定してしまうことは出来ないであろう。

(60)　新井白石「天主教大意」『新井白石全集』第四所収、明治三十九年、七九六頁。

尚白石は「慶長十九年より彼宗門を制せらるゝといへとも、法禁猶ゆるやかなり、其後彼国人来りて其法を弘る事は、我国を奪ふ謀なりと聞えて、猷廟の御時、其禁尤厳になりて」云々とも記述している(「白石遺書」『通航一覧』刊本第五、一九六頁)。

(61)　岡田章雄「近世初期に於ける日英関係の政教的意義」及び同「平山常陳事件」(ともに同『南蛮帖』所収、黄河書院、昭和十八年)。岩生成一『朱印船貿易史の研究』弘文堂、昭和三十三年、三七六―三八七頁。

(62)　Jap. Sin. 15-II, f. 191v.

(63)　J. L. Alvarez-Taladriz, “La Razón de Estado”, p. 65.(佐久間正訳、前掲論文、一〇頁)。

第二部

第一章　キリシタン教会の経費

一

イエズス会がわが国で布教活動をするには、いろいろな方面に多額の経費を要した。ヴァリニャーノの記録から、主なかねの用途が次のようなものであったということが判る。一、多数に上った日本イエズス会布教団の維持費、二、カーザ・教会等の建築費、三、物資の輸送や宣教師の旅などの費用、四、領主等への進物、五、迫害を受けた者や貧者等への施し、六、カーザを来訪する者に対する接待費、七、迫害・戦争・船の遭難に伴う出費。(1)

以下ここでは、このように様々な方面に費用がかかった日本イエズス会の経費は年間どれ程に上ったのか、その金額のみをとり上げてみたい。

史料は、ローマ・イエズス会文書館架蔵文書を主とする教会史料に依存しなければならないのは勿論であるが、詳細な会計報告のような史料はむしろ少なく、多くは日本布教に関する書翰や報告の中の関係記事を収集したものである。従って、そこに記されている数字は概算の金額にすぎないものが多い。しかしながら、概算の金額とはいえ、相当な期間にわたってキリシタン教会の経費を示すことは、それを手がかりに更に問題を発展させる上からも無意味なものとは思われないので、ここでとり上げた次第である。

二

一五六六年一月二十四日付堺発、フロイスの、ゴア・ゴレジオの某パードレ宛て書翰には次のように記述されている。

「特に私のように三〇〇レーグワの内地におり、日本にいるパードレ達よりも年々一回の通信を受けるにすぎず、土地は物価が非常に高く、当地に今までパードレ二人、日本人イルマン二人、及び二、三人の従僕がおり、大根の葉、米、それに祭日には塩鰯を少し食べるにすぎないが、それでも一年の経費は四五〇クルザドでもたりなかった。(2)」

ここに見えている一年の経費四五〇クルザドというのは、勿論日本イエズス会全体の経費ではなく、当時上方にいたパードレ二人、イルマン二人、従僕二、三人の経費のことである。二人のパードレとは、フロイスとヴィレラである。ところで、一五六五年十月現在の在日イエズス会士は全部で一二人、この内パードレは七人イルマンは五人であった。一二人共凡て外国人で、まだこの当時は日本人会員はいない。(3) しかし、一五六四年十月十一日付豊後発、ジョヴァンニ・バッティスタ・デ・モンテの書翰に、「われわれはパードレ七人とイルマン五人で、外に日本人でイルマンの如き者が大勢いる。(4)」と記述されており、前引フロイスの書翰に見えている、一五六六年一月当時堺にいた「日本人イルマン二人」も、この「イルマンの如き日本人」のことであろう。とにかく、当時日本にいた外国人イエズス会士一二人と大勢のイルマンの如き日本人から成る布教団の内、パードレ二人を初めとする六、七人の上方教会の年間維持費が四五〇クルザドであったことが判る。

一五七一年十一月三日付ゴア発、ヴィレラの総会長宛て書翰には次のように記述されている。

「現在かの王国のキリスト教徒を維持するのに必要な八軒のカーザで、毎年二〇〇〇クルザドを消費する。(5)」

この記事から、当時日本イエズス会の年間経費が二〇〇〇クルザドであったことが判る。しかしヴィレラは、翌一五七二年一月二十三日付インド発、総会長宛て書翰では、次のように記している。

「〔日本では〕九軒のカーザにおいて、現在毎年三〇〇〇クルザドを消費する。(6)」

この書翰には、前引の書翰と異なり、当時の年間経費として三〇〇〇クルザドの金額を挙げている。この点、次の一五七五年十月二日付カブラルのゴア管区長代理マヌエル・テイシェイラ宛て書翰の記事は、一五七二年一月二十三日付書翰に見えている数字に符合している。

「既に私が当地に来た時に、毎年の経費は二〇〇〇タエルに上った。これは三〇〇〇ドゥカドにも相当しよう。〔中略〕これら凡てのことを行うために、現在は毎年四〇〇〇ドゥカド以上を必要とする。しかもその上これが増大しつつある。というのは、教会やキリスト教徒の数がふえるにつれて経費もふえてゆくからである。(7)」

カブラルが日本に渡来したのは一五七〇年のことであるが、その頃は年間経費が二〇〇〇タエル(＝三〇〇〇ドゥカド)であったものが、五年後の一五七五年にはこれが四〇〇〇ドゥカド以上に増加したことが記されている。カブラルは同じ書翰の中で、自分が渡来してから教会が一〇〇以上作られ、それに伴い布教団も増大し、一方領主に対しては頻繁に進物を贈らねばならない許りか、信徒は貧しく、これを援助しなければならない。大村純忠に対しても、或いは一〇〇タエル、或いは五〇タエルと屢〻援助する必要があった、と経費が増加した所以を説明している。(8)

一五七六年末頃のカブラルの書翰には次のように記述されている。

「今どうしても作らねばならない教会とカーザを作るだけのために一万ドゥカド以上必要である。そしてこのキリスト教界を維持するために、毎年五〇〇〇ドゥカド以上必要とする。しかも改宗がすすめばすすむ程益〻多くのかねがいる。[9]」

前年の一五七五年十月の書翰には、カブラルは年間経費として四〇〇〇ドゥカドの数字を挙げていたが、一年余経た一五七六年末にはこれが五〇〇〇ドゥカドにふえている。因に一五七五年と一五七六年を比較すると、在日イエズス会士はパードレが九人から一一人に、イルマンが五人から一一人に夫〻増加している。[10]

一五七八年十二月一日付マカオ発、ヴァリニャーノの総会長宛て書翰には次のように記されている。

「日本について猊下に言いうることは、六〇〇〇乃至八〇〇〇クルザドのレンタ〔定収入のこと――引用者〕が与えられない限り、この貿易、即ち八〇〇〇乃至一万クルザドの資産をこのシナ＝日本間の航海で送り、その利益で以て日本のパードレとキリスト教界を維持するのを止めることは決して出来ない、という点である。〔中略〕従って毎年費す経費は少なく共六〇〇〇クルザド程で、これだけのかねを与えてくれる者はいないし、それがえられる収入源もないのであるから、パードレ達が外部の代理人を通して毎年八〇〇〇乃至一万クルザドを送って当シナで生糸を買い、後にこれを他の人々の生糸と一緒に日本で売る。これを搭載して毎年一艘のナウ船が日本に行く。この資産からの利益で以て、パードレ達はその経費を全額まかなう。[11]」

この書翰は一五七八年十二月一日付マカオ発のものであるが、この年は、この書翰をゴアに向う船に積んで発送するまでに日本からマカオにポルトガル船は帰港せず、従って日本から新しい情報を受取ることは出来なかった。[12]従って、厳密に言えば、そこに記述されている六〇〇〇クルザドという年間経費は、一五七七年までの数字だと言わねばならない。これだけの経費をまかなうだけの収入が別に与えられない限り、生糸貿易を廃止させるわけにはゆかない、というのが、貿易を行うことの是非をめぐっての総会長の諮問に対する巡察師ヴァリニャーノの回答であった。一五七七年現在の年間経費六〇〇〇クルザドは、前引一五七六年末のカブラルの書翰に見えている五〇〇〇ドゥカドにくらべ、一〇〇〇クルザド(＝ドゥカド)増加している。即ち、一五七五年、一五七六年、一五七七年と三年間毎年経費が一〇〇〇クルザドずつふえていったことが判る。

一五七九年十二月五日付ロノ津発、ヴァリニャーノの総会長宛て書翰には次のように見えている。

「この生糸貿易の利益四〇〇〇スクードに、インドの内バサインの地にわれわれが有する一〇〇〇の収入を加えたかねで以て、われわれイエズス会士を維持し、われわれが日本に有するレジデンシアのカーザや教会の凡てに要する多額の経費をまかなっている。(13)」

このヴァリニャーノの書翰によると、一五七九年現在の日本イエズス会の維持費は五〇〇〇スクード(＝クルザド)であったように記されている。この数字は、一五七七年当時六〇〇〇クルザドであったことを考えると、いささか少なすぎる嫌いがある。尤も、同じヴァリニャーノは、右の書翰を記してから半年後の一五八〇年八月六日付長崎発、総会長宛て書翰では、次のように記述している。

「これまでの成果を維持するには、少なくとも毎年七〇〇〇ドゥカド必要である。しかも経費は毎年増加しつつある。しかし維持する方法が別にあるなら、われわれは皆貿易の廃止をよしとするであろう。(14)」

この書翰では、経費が七〇〇〇ドゥカドになっている。さらにヴァリニャーノは、同じ一五八〇年八月に執筆した「インドのスマリオ」の中で次のように述べている。

「経費は毎年六〇〇〇クルザド以上必要である。しかもキリスト教界とカーザがふえてゆくにつれて、経費は毎日増加してゆく。(15)」

ここでは年間経費として六〇〇〇クルザドの金額を挙げている。さらに同じ頃のヴァリニャーノが関係した記録として、一五八〇年十月に豊後において彼によって開かれた協議会の記録があるが、そこには次のように見えている。

「第四点は、総会長と教皇に次のことを知らせねばならない。即ち、これまでに日本においてなしえた成果を維持するには、どうしても毎年少なくとも八〇〇〇クルザド必要である。そして、この協議会で論ぜられたように、セミナリオやカーザを作るなどイエズス会の利益とこのキリスト教界の維持のために極めて必要なことを実行するには、確実に毎年少なくとも一万二〇〇〇クルザド必要である。これは多額な経費だと思われようが、このように大きな管区を維持するための経費としては、非常にわずかな額にすぎない[16]。」

即ち、右の協議会記録では年間経費として八〇〇〇クルザドの数字が挙げてある。このように、一五八〇年の八月―十月と殆ど同じ頃にヴァリニャーノが記述した書翰、「インドのスマリオ」、及び協議会記録に、夫々七〇〇〇ドゥカド、六〇〇〇クルザド、八〇〇〇クルザドと区々の数字が記されている。協議会記録には、日本各地にコレジオ・セミナリオ・修練院を作る計画が実行に移されると、経費は一万二〇〇〇クルザドに増加する、と予想している。即ち、右の三点の史料に見えている六〇〇〇乃至八〇〇〇クルザドの金額は、ヴァリニャーノによって各種の教育機関が設置される直前までの年間経費であったと言える。因に一五八〇年十月現在の在日イエズス会士は、パードレ二八人、イルマン三一人、合計五九人であった。五年前の一五七五年十月二日付書翰でカブラルが年間経費四〇〇〇ドゥカドの数字を示した当時の在日イエズス会士は、パードレ九人、イルマン五人、合計一四人にすぎなかった。即ち、カブラルが布教長であった一五七五年と、ヴァリニャーノ渡来後の一五八〇年をくらべると、イエズス会士は一四人から五九人にと四倍以上にふえたにも拘らず、経費の方は四〇〇〇ドゥカドから六〇〇〇乃至八〇〇〇クルザド（ドゥカド）に、即ち一・五乃至二倍にふえたにすぎなかったことが判る。日本イエズス会にとって在日会員の維持が主な支出であったことは確かであり、一つの基準になりうると思う。後になって、主にポルトガル人イエズス会士の間から、ヴァリニャーノ渡来後は各方面に浪費が行われるようになり、日本イエズス会にそれ迄のような清貧の風がなくなってしまった、という非難の声が上るが、このような批判が果して正しいものかどうか疑問だと言わねばならない。この件に関連するが、一五八一年九月三日付臼杵発、カブラルの総会長宛て書翰に次のように記述されている。

「私は猊下に断言するが、私が日本について責任を負ってきたこの一一年の間、最も苦労し悩んだことの一つは、この新キリスト教界を維持し発展させるために必要な食糧とその他の経費を探すことであった。そのためにわれわれは今迄人やその他の経費について少なからず緊縮してきた。〔中略〕一層危険になり大きな悩みとなったことに、巡察師は出費をもっと大まかに行うのがよいと考え、彼が日本にいるこの二年間に、プロクラドールが私に送ってきた表によると、工事には三〇〇〇タエルしか費さなかったにも拘らず、三万二〇〇〇パルダオ以上消費してしまい、あとにはこれと同額の資産も残らなかった(18)。」

カブラルは一日後の一五八一年九月四日付で総会長補佐に宛てた書翰でもこの問題を記している。

「現在出費に浪費が行われるようになり、さらにその他のこともあり、現在の資産と経費に即してこのキリスト教界をいかに維持してゆくか、何らかの命令と方法が与えられない限り、私は五年もたたない内に滅亡してしまうと確信している。というのは、日本は一万五〇〇〇タエルの資産しかなく、そこからの利益で以て維持されている、ということを尊師に知ってほしい。ところが、巡察師が日本にいるこの二年間だけで、三万パルダオ以上消費した、ということをプロクラドールの表で知った。この勘定の中には、工事に費したかねは五〇〇〇までしか入っていない。外に、巡察師が来た時にあった資産による儲け七〇〇〇タエル即ち一万四〇〇〇パルダオが入った。それでいて、もう一万五〇〇〇タエルしか残っていない(19)。」

右の二通のカブラルの書翰は、日付がわずか一日違うだけであるにも拘らず、そこに見えている数字が食違っている。即ち両方の書翰共に、自分が統轄していた時は経費節減に努めたが、ヴァリニャーノ渡来後は浪費が行われ、経費がかさみ資産が乏しくなってしまったという不満を述べ、ヴァリニャーノの行き方を批判したものであるが、前の九月三日付書翰には、ヴァリニャーノが一五七九年七月に渡来して以来二年間の出費を三万二〇〇〇パルダオ(=一万六〇〇〇タエル)以上、その内工事の費用は三〇〇〇タエルと記しているのに反し、九月四日付書翰では、同じく二年間の出費三万パルダオ(=一万五〇〇〇タエル)以上、この内工事費五〇〇〇パルダオ(=二五〇〇タエル)と記述されている。ヴァリニャーノは三年足らずの第一回日本滞在中に、コレジオ一、セミナリオ二、修練院一の教育機関を作っている。カブラルが一五八一年九月に右の書翰を認めた時には、その凡てが開設されていた。[20] カブラルが工事費として三〇〇〇タエルとも二五〇〇タエルとも記しているのは、これら新設教育機関を含む各種の建築費のことを指しているものであろう。ところで、この工事費は臨時の出費であるから別途に扱うと、ヴァリニャーノ渡来後二年間に要した経常の出費は、一万三〇〇〇タエル又は一万二五〇〇タエルであったことになる。カブラルはこの金額について、浪費の結果従来の経費にくらべ増加した、と主張している。問題はカブラルがここで用いたタエルの単位と、それ迄使用してきたクルザド・ドゥカド・スクードとの比率である。一般にこの通貨換算の問題は、一定の換算率で割切って考えることは出来ないが、ただカブラルがいかなる率で換算を考えていたかについて推測する材料がないわけではない。即ち、前引一五七五年十月二日付カブラルのテイシェイラ宛て書翰に、「毎年の経費は二〇〇〇タエルに上った。これは三〇〇〇ドゥカドにも相当しよう。[21]」と記されている。ここから、彼が一タエル=一・五ドゥカドの換算率を用いていたことが判る。今この率に基づいて計算すると、ヴァリニャーノ渡来後二年間の経常費としてカブラルが記している金額は、一万九五〇〇又は一万八七五〇ドゥカドとなり、年額九七五〇又は九三七五ドゥカドに当る。これは一五八〇年八月—十月に記述された記録に見える年間経費六〇〇〇乃至八〇〇〇クルザド(ドゥカド)にくらべて確かにふえており、ヴァリニャーノ渡来以前の一五七七年当時の経費が六〇〇〇クルザドであったのにくらべ、一・五倍以上に増加している。しかし他方在日イエズス会士の人数だけを比較しても、一五七七年には三五人であったものが、一五八一年十二月には七四人になり[22]、二倍以上にふえている。即ち、これだけみても、ヴァリニャーノ渡来後は浪費が行われたというカブラルの主張は、少なくとも数字で裏付けることは出来ない、と言わねばならない。

一五八一年十月十三日付日本発、コエリョの総会長宛て書翰には次のように記述されている。

「巡察師は、作られたキリスト教界を守り、そして改宗を進展させうる態勢に日本をおきたいと考え、京都《メアコ》とこの下《シモ》に一つずつ、二つのセミナリオ、豊後国に修練院一つとコレジオ一つを設けるよう命じた。これらのカーザ及びその他のレジデンシアの凡てを維持するために、毎年五〇〇〇クルザドの経費を定めた。さらにその外に日本の上長が行わねばならない進物や諸経費がある。〔中略〕今まで日本でイエズス会士の維持が容易に出来たのは、コレジオもセミナリオもなく、イエズス会士は九人か一〇人しかおらず、一五〇〇クルザド位しか経費がかからなかったからである[23]。」

イエズス会士が一〇人前後であったのは一五六〇年代までのことである[24]。前引一五七五年十月二日付のカブラルの書翰には、カブラルが渡来した一五七〇年当時の年間経費が既に三〇〇〇ドゥカドに上ったと記述されていた。コエリョが記している、一五〇〇クルザド位しか経費がかからなかったというのは、恐らくかなり初期の頃のことではないかと思う。ヴァリニャーノが渡来するまでは年間経費が一五〇〇クルザドにすぎなかったかの如き印象を与える右のコエリョの記載は、正確なものとは言えない。またコエリョは、各種教育機関が作られた結果、全体の維持費として五〇〇〇クルザドの金額が定められ、外に日本の上長即ち日本準管区長が行う進物や諸経費がかかる、と記述している。この諸経費の内容についてであるが、一五八二年にヴァリニャーノが作成してローマに送った「日本におけるイエズス会のコレジオとカーザ、及び毎年生活するのに必要な経費のカタログ」と題する文書には、日本準管区長と下・豊後・京都の三地区長の経費として、建築・新規の布教事業・異教領主への進物・信徒に対する救済・旅等の事項の費用を挙げている。[25] コエリョの記す上長の経費も、大体こういった出費を指していたものであろう。

コエリョは、一五八二年一月十二日付日本発、総会長宛て書翰の中で次のように記述している。

「経費は毎年七〇〇〇ドゥカド以上に定められている。一方そのためのレンタの基盤はない。このため私は、この布教事業がいつまでつづくか判らない。[26]」

前引一五八一年十月十三日付の書翰では、コエリョは日本にある布教施設全体の年間経費が五〇〇〇クルザドに定められ、その外に上長の経費がかかった、と記述していた。それ故、この一五八二年一月十二日付書翰に、日本イエズス会全体の経費として七〇〇〇ドゥカド以上に定められた、と記されている以上、上長の経費は二〇〇〇ドゥカド以上であったということになる。当時の日本イエズス会の経費総額から考えて、上長のために莫大な額の予算が充てられていたと言わねばならない。尤も、上長の経費が右に述べたような事項の出費である以上、年によって建築等のために多額な出費を要することがあったであろうが、果して日本準管区長一人の予算に二〇〇〇ドゥカド以上もの額が毎年充てられたものか疑問である。というのは、ヴァリニャーノは上記の「日本におけるイエズス会のコレジオとカーザ、及び毎年生活するのに必要な経費のカタログ」（一五八二年）の中で、上長の経費として年に一六〇〇ドゥカドを計上しており、内訳は、下地区長三〇〇ドゥカド、豊後地区長三〇〇ドゥカド、京都地区長四〇〇ドゥカド、そして準管区長六〇〇ドゥカドとなっている。さらにこの文書では、下地区にある布教機関に三二三〇ドゥカド、豊後地区に三三九〇ドゥカド、京都地区に三八〇〇ドゥカドの経費を計上し、以上凡てを合計して、日本イエズス会の年間経費総額として一万二〇二〇ドゥカドの予算を立てている。[27] 尤もこの文書には、建設予定の布教機関をも挙げてそこの経費を計上しており、ヴァリニャーノが計画を立てた布教施設が完成した上での経費の予算を記したものと思われ、当時の実際の年間経費を示すものとは言えない。このことは、前引第一回全体協議会記録にも、「コレジオ・カーザ・セミナリオについてこの協議会で論ぜられたことは、日本イエズス会の利益と改宗のために必要なので、それを実行しなければならないが、そうすると毎年少なくとも一万二〇〇〇クルザド必要である。[28]」と記述されているところと符合しており、計画通りに各施設が完成した上での年間経費として、協議会においてこれだけの金額を見込んでいたことが判る。そして右の一万二〇二〇ドゥカドの予算を立てたヴァリニャーノの文書にも、準管区長の経費として年に六〇〇ドゥカドを計上しているにすぎず、コエリョがこの関係の経費として二〇〇〇ドゥカド以上の額を挙げているのは過大だと言わねばならないであろう。

一五八二年十一月五日付ロノ津発、フロイスの総会長宛て書翰には次のように記されている。

「猊下に改めて要望したいと思う別の事は、再び誰か巡察師を当地に派遣しなければならない時は、彼が自分で消費する必要物資やかねをインドから持って来るようにさせてほしい。というのは、日本イエズス会がそれをまかなって当地が非常に著しい損害を蒙ることには決して耐えられないからである。それをよろこばないからである。何故なら、会計報告によると、パードレ・アレッサンドロ・ヴァリニャーノが日本に滞在した二年間に費した経費は避けられないもの許りであったが、二万クルザド費す必要があった。[29]」

ヴァリニャーノは日本に滞在した二年間に二万ドゥカドもの経費を費し、このため日本イエズス会の経済状態を悪化させてしまったので、今後は巡察師の派遣に際しては自ら必要とする資金等を持って来るようにしてほしい、と訴えている。前引カブラルの一五八一年九月三日付と同年九月四日付の書翰には、ヴァリニャーノ滞日二年間の出費の総額(工事費を含む)として三万二〇〇〇パルダオ及び三万パルダオの数字が記されていた。カブラル自身が用いた換算率(一タエル＝一・五ドゥカド＝二パルダオ)で計算すると、これは二万四〇〇〇ドゥカド及び二万二五〇〇ドゥカドに

なる。従って、右のフロイスの書翰に見える金額は、これより若干少な目のものだと言えよう。(30)

一五八二年十二月二十日付マカオ発、ロレンソ・メシアの総会長補佐宛て書翰には、「在日イエズス会士は、毎年大凡八〇〇〇クルザド又はそれ以上を必要とする。(31)」と記述されている。メシアは一五七九年七月来日し、一五八二年二月に日本を去ってマカオに戻っており、(32)この点ヴァリニャーノの第一回日本巡察と行を共にしている。従って、この書翰で年間経費を八〇〇〇クルザド又はそれ以上、と記したのは、ヴァリニャーノ滞日中のことを言ったものと考えてよいであろう。そうだとすると、前引カブラル、フロイスの記す金額よりも多少少ない嫌いがある。

一五八三年一月二十九日付日本発、コエリョの総会長宛て書翰には次のように記述されている。

「これらのコレジオやセミナリオは、毎年通常七〇〇〇乃至八〇〇〇クルザド要する経費をまかなうだけのレンダを持っていない。〔中略〕現在われわれは日本に大凡一万クルザド持っているであろうが、これでは二年分にも足りない。(33)」

これも前引メシアの書翰と同様、カブラルやフロイスが記述するところよりはいくらか少な目な金額だと言えよう。

一五八三年十月五日付マカオ発、カブラルの総会長宛て書翰には次のように記述されている。

「……従って、豊後・京都《メアコ》、及び準管区長の経費を凡て合計すると、二五四五タエルに上り、これに九一〇タエルに上った上述の下《シモ》のカーザの経費を加えると、全体で三四五五タエルになる。この三四五五タエルに更に臨時の経費として一〇〇〇タエルふえるか、又は別の出費に要することがありうるので、これを加算すると合計四四五五となる。これが消費する最大限である。(34)」

右のカブラルの書翰には、一五八三年当時日本イエズス会の経費総額が四四五五タエルを越えることはない、と記されている。仮にここでも一タエル＝一・五ドゥカドの換算率を適用すると、これは六六八三ドゥカドになり、これはカブラル自身が二年前に記したところや、同じ一五八三年にヴァリニャーノが記述している金額にくらべ少ないと言わねばならない。これは一つには、カブラルは特に日本を去った後は、ヴァリニャーノに対する反感もあって、日本イエズス会の経費を過小に、収入を過大に記してその教会運営と布教方針を非難したからであって、これに対してヴァリニャーノは抗弁に努めている。

ヴァリニャーノは、「日本のスマリオ」(一五八三年十月)の中で当然経費の問題をとり上げているが、そこでは次のように記述されている。

「この生糸の利益として毎年五〇〇〇乃至六〇〇〇ドゥカドがえられ、曽てはこのかねで維持されていた。しかし日本が管区のように整えられ、セミナリオ・修練院・コレジオが作られて後はそれでは足りず、少なくとも一万ドゥカドが必要である。特に働き手の人数と共にセミナリオとカーザをふやしてゆかねばならない。そういうわけで、プロクラドールからえた会計報告により、私が日本に滞在した三年足らずの間に、三万二〇〇〇ドゥカド以上の経費がかかった、ということを知った。年額一万以上になる(35)。」

日本イエズス会は曽ては五〇〇〇乃至六〇〇〇ドゥカドで維持出来たが、今では一万ドゥカド以上必要である。自分が日本に滞在した三年足らず――正確には二年七カ月の間に三万二〇〇〇ドゥカド以上経費がかかった、とヴァリニャーノは述べている。前述のように、カブラルは一五八一年九月三日付と四日付の二通の書翰で、ヴァリニャーノ渡来後は出費がふえたとして経費の金額を挙げているが、ヴァリニャーノ自身が「スマリオ」で記している右の数字は、それを更に上廻るものである。彼が記している二年七カ月の滞日期間中の経費三万二〇〇〇ドゥカドから、一年当りの経費を算出してみると、一万二三八四ドゥカドになる。これは、前引ヴァリニャーノの「日本におけるイエズス会のコレジオとカーザ、及び毎年生活するのに必要な経費のカタログ」(一五八二年)及び第一回全体協議会記録(一五八〇―八一年）に、計画通りに各布教機関が完備した上での年間必要経費として、夫〻一万二〇二〇ドゥカドと一万二〇〇〇クルザドの額が示されていたのに近似の金額である。或いは、ヴァリニャーノはこれらの記録に符合させようとの思惑から、「スマリオ」に上記の数字を記したということは考えられないであろうか。

「イエズス会の管区がインドに有する凡てのコレジオ・カーザ・レジデンシア・人・レンタ及び経費の要録。一五八六年作成」と題する文書には、日本のためにポルトガル、インド、シナで費される経費が年に一〇七万四〇〇〇レイス（同文書では一クルザド＝四〇〇レイスの換算率が用いられているので、これによると、右の金額は二六八五クルザドに当る）。日本国内では、下地区の各機関に一二〇万四〇〇〇レイス（＝三〇一〇クルザド）、豊後地区の各機関に一三五万六〇〇〇レイス（＝三三九〇クルザド）、京都《メアコ》地区の各機関に一三二万レイス（＝三三〇〇クルザド）、準管区長の経費二四万レイス（＝六〇〇クルザド）、下地区長の経費一二万レイス（＝三〇〇クルザド）、豊後地区長の経費一二万レイス（＝三〇〇クルザド）、京都地区長の経費一六万レイス（＝四〇〇クルザド）、即ち、国内の経費だけで四五二万レイス（＝一万一三〇〇クルザド）に上る旨記されている。尤もこれは毎年の経常費のみであって、この外にいろいろ臨時の出費があったことも記述されている(36)。

一五八七年十一月二十日付ゴア発、ヴァリニャーノの総会長宛て書翰には次のように記述されている。

「昨年と今年、準管区長とプロクラドールが私に送ってきた会計報告によると、二年前には日本国内に有する何がしかのレンタの外に、現金一万五三〇〇パルダオ余を消費し、昨年は現金一万七六〇〇パルダオ余を消費した、ということが判る。これは大凡一万四〇〇〇クルザドに当る(37)。」

この当時イエズス会が国内に所有していたレンタの額を正確に知ることは困難故、一応除外して考えると、右の書翰は、一五八五年の経費が一万五三〇〇パルダオ余、一五八六年は一万七六〇〇パルダオ余即ち一万四〇〇〇クルザド余であったことを伝えている。ここで用いられている換算率によると、一五八五年の一万五三〇〇パルダオは約一万二一七二クルザドに当る。尚、ヴァリニャーノは一五八七年十一月二十七日付ゴア発、総会長補佐宛て書翰では、次のように述べている。

「昨年私の許に送られてきた会計報告によると、一五八六年には日本で一万七六〇〇シェラフィン余消費した。これは五コント二八万レイス余に当る。またその前年の一五八五年には一万五三〇〇シェラフィン余消費した。これは四コント二九万レイス余に当る。(38)」

この書翰を、前の一五八七年十一月二十日付の書翰とくらべてみると、一五八五年と一五八六年の経費について、パルダオとシェラフィンというように通貨単位が異るにも拘らず、同じ数字が記されている。即ち、ヴァリニャーノはこれら二つの単位を同価値として使用している。

一五八八年十月十八日付マカオ発、ヴァリニャーノの総会長宛て書翰には次のように記されている。

「一五八七年だけで一万五〇〇〇クルザド消費した。今度の迫害と戦争によって、コレジオ・修練院・セミナリオ、及び豊後・山口・五畿内《ゴキナイ》に持っていたその他すべてのカーザと教会が破壊されたので、この迫害がやんでもわれわれが再び住まいを得るためには、これだけのかねでも、その倍でも足りないであろう。(39)」

一五八五年は一万二〇〇〇クルザド余、一五八六年には一万四〇〇〇クルザド余であった経費が、一五八七年には一万五〇〇〇クルザドに上ったことが明らかになる。一五八九年七月二十八日付マカオ発、ヴァリニャーノの総会長宛て書翰に、「その他、今から二年前に起ったようにシナから日本への航海が欠けることがある。二年前の時には、資産の中から一万ドゥカドを消費した。(40)」と記述されているが、これは、一五八七年にポルトガル定航船が欠航したので収入が不足し、このため資産の中から一万ドゥカドを割いて経費の不足分を補ったということであって、前引一五八八年十月十八日付書翰の記述と矛盾するものではないであろう。

この一五八八年十月十八日付ヴァリニャーノの書翰にも記述されていたように、一五八七年には、既にこれ以前から行われてきた島津氏と大友氏の間の戦い、秀吉の伴天連追放令発布とそれにつづく各地の教会施設の破壊が行われ、日本イエズス会がかなりな経済的打撃を蒙った。ここでは施設破壊の詳細を述べるのは省略し、その金額にふれるにとどめるが、一五八八年二月二十日付有馬発、フロイスの一五八七年年報に次のように記述されている。「すべての地方において非常に大きな破壊と損失があって、前の通りわれわれが住まいを得るには三万クルザドでも足りないであろう。[41]」また一五八八年十月二十八日付マカオ発、ヴァリニャーノの総会長補佐宛て書翰にも、「仮令間もなくこの関《クア》白《パコ》の迫害がおさまっても、在日イエズス会士が再び住まいを得るには三万クルザドでも足りないであろう。[42]」と、右の年報と同じ金額が記されている。或いは、ヴァリニャーノは年報の記事に基づいてこれを記述したものかも知れない。さらに一五八九年九月十三日付日本発、コエリョの総会長宛て書翰にも、「今回の迫害において、暴君はわれわれに対して大損害を与えた。そしてそれを再建するには――短期間に成就することをわれわれは主に期待しているが――三万ドゥカドでも足りないであろう。[43]」と同じ数字が挙げてある。即ち、これらの史料により、秀吉によって行われた破壊から日本イエズス会を復旧させるには三万クルザドの資金を要する、との判断が共通に行われていたことが判る。

一五八九年七月二十三日付マカオ発、ヴァリニャーノの総会長宛て書翰には次のように見えている。

「イエズス会士がこれまで日本で毎年消費している必要経費は、近年日本から私の所に送られてきた会計報告によると非常に多額であって、毎年一万ドゥカドを上廻る。[44]」

一五八九年七月付マカオ発の書翰であるから、一五八八年の経費についての報告は受けていた筈である。前述の通り、一五八六年には一万四〇〇〇クルザド余、一五八七年は一万五〇〇〇クルザドの経費がかかっていた。それが同じヴァリニャーノの記すところでありながら、右の書翰によると、一五八八年以前のことと思われるにも拘らず、毎年一万ドゥカドを上廻る、というような表現になっている。毎年という語に問題はあるが、一五八七年までにくらべ一五八八年からは経費が減少したことは、次に引用するいろいろな史料からも推定出来る。因に、伴天連追放令の発布に伴う迫害で教会施設は破壊されたが、在日イエズス会士の数はこの間減少していない。

一五八九年九月二十二日付マカオ発、ヴァリニャーノの総会長宛て書翰に次のように記されている。

「今年当地から日本への船の渡航が全くなく、利益を失ってしまう。それ故、彼等は資産として残った僅かなかねの中から消費をしなければならない。その額は、今年はいくら切詰めても八〇〇〇乃至一万ドゥカドにも上るであろう。(45)」

前年につづいて一五八九年の経費の予想額も、八〇〇〇乃至一万ドゥカドと、一五八七年までにくらべ著しく減少しているのが注目される。

一五九〇年七月ヴァリニャーノは二度目の日本巡察のために渡来し、早速その年の八月に第二回日本イエズス会全体協議会を開いたが、その記録には次のように記述されている。

「経費は非常に多額に上り、毎年通常一万クルザド必要である。(中略)もしも船が失われると、搭載されてきた資産とそこからの利益が失われてしまう。そうしたら、その年は日本に残っているかねで以て食べてゆく必要があるが、その額は既に述べた通り、一万クルザド以下では補えない。(46)」

ここでも年間経費として一万クルザドの金額がくり返し記されている。即ち、日本イエズス会の経費は一五八七年までは増加して一万五〇〇〇クルザドに達したが、その後一五八八年と一五八九年は著しく減少して一万クルザド前後の消費しかしなかったことがはっきりする。前に述べたように、この間在日イエズス会士の人数が減ったわけではなく、例えば会員数は、一五八七年一月に一一二人、同年十月に一一一人であったものが、一五八八年は一一三人、一五八九年は一一六人、そして一五九〇年十月には一四〇人であった。[47] 会員のみでなく、非会員の同宿・看坊・小者等を凡て合計した布教団全体の人数も、一五八三年には約五〇〇人であったものが、一五九二年には六〇〇人以上にふえている。[48] このように布教団の人数が減っていないにも拘らず経費が減少しているのは、矢張り伴天連追放令発布以後はイエズス会士が布教機関の建設、領主への救援、接待・進物等表立った活動を控えた結果だと思う。

尤もヴァリニャーノは、第二回全体協議会が開かれた直後の一五九〇年十月十二日付で長崎から総会長に書送った書翰では、「当地ではイエズス会士やセミナリオの少年達の人数、及びカーザや教会の数は増加してきたし、また神の恩寵により今後も毎日ふえてゆくであろうが、それにつれて経費もふえ、今では既に毎年一万二〇〇〇ドゥカドでも足りない。[49]」と記述している。この辺のヴァリニャーノの記事にはいささか作為的なものが感ぜられる。

一五九一年十月二十八日付長崎発、ゴメスの総会長宛て書翰には次のように記述されている。

「プロクラドールが私に言うには、副王が与えた反物や貴人達が道中持って来た物を勘定に入れないで、われわれが買った反物や銀に費しただけで以て、この使節の経費は六〇〇〇ドゥカドに達した。しかし、関白《クアンバコ》が二〇〇〇ドゥカドを与えたので、結局使節には四〇〇〇ドゥカドの経費がかかったことになった。これにその年イエズス会が補給に費した八〇〇〇ドゥカド余を加え、その年の経費は一万二〇〇〇ドゥカドになる。[50]」

これは、ヴァリニャーノが帰国した天正少年使節の一行を伴って一五九一年三月に秀吉に謁見した時のことを言っているものである。ゴメスは莫大な経費をかけたこの時の使節のことを批判して記述している。これは一五九〇年九月一日から一五九一年八月末日迄の会計年度の経費のことを述べているものと思うが、その年は、ヴァリニャーノ一行の秀吉謁見のために四〇〇〇ドゥカド、日本イエズス会の経常費に八〇〇〇ドゥカド、合計一万二〇〇〇ドゥカドの出費があった旨記されている。

このヴァリニャーノ一行の秀吉謁見の際の進物のことについては、一五九三年十二月十五日付コチン発、カブラルの総会長宛て書翰は一層詳しく記述されている。

「その際巡察師が関白殿《コンバクンドノ》に贈った反物と進物だけで一万パルダオ以上に上ったものと思う。というのは、当地から彼が持って行った二頭の馬と馬具、装飾品だけで金二〇〇〇パルダオ以上かかった。これも、日本に到着するまでに要した経費にくらべれば大した額ではない。というのは、彼はそのために獣医・蹄鉄工・調教師を連れていった。しかも、ナウ船にこれを乗せていった難儀と、搭乗者達がそのために蒙った迷惑が伴い、不満が生じたからである。私は、同パードレ以外にこのような大がかりなことを企てる気になる者がいようとは思わない。贈られた反物を除いても、この進物の仰々しさは行きすぎであった。というのは、彼は何人かのポルトガル人を京都《メアコ》に連れて行ったが、彼等に多額の経費がかかった。またパードレ・ヒル・デ・ラ・マタと共に来たイルマン・アンドレ・ドリアが私に語ったところによると、巡察師が利用した舟《フネス》は九艘で、出発した長崎から堺までの運賃に少なく共二〇〇タエルかかるということで、これは四〇〇パルダオに当る。また御地に行くパードレ・ヒル・デ・ラ・マタは私に、この人々の食費だけで毎月三〇〇タエル即ち六〇〇パルダオかかった。そしてこの出費が三、四カ月つづいた、と語った。(51)」

カブラルが用いた一タエル＝一・五ドゥカド＝二パルダオの通貨換算率によって右の書翰に見える金額をドゥカドで表わしてみると、秀吉に贈った進物だけで七五〇〇ドゥカド、長崎から堺までの運賃に三〇〇ドゥカド、一行の食費に一四〇〇乃至一八〇〇ドゥカドかかったことになる。これらを合計しただけでも九二〇〇乃至九六〇〇ドゥカドに上り、さらにカブラルが記しているように、この外にもいろいろ経費がかかったとすると、その総額は厖大な額に上ったと言わねばならない。カブラルの書翰では、秀吉が与えた二〇〇〇ドゥカドのことには、故意かどうかは不明だが触れていない。またゴメスの書翰には、副王と少年使節達からの進物は別にして、イエズス会士が調達した進物だけで以て六〇〇〇ドゥカド、関白が二〇〇〇ドゥカド与えたので実際には四〇〇〇ドゥカドかかった、と記述されていた。従って、金額は記されていないが、秀吉への進物としては、まだ外に副王からのものとか少年使節からのものがあったことが判る。この点カブラルの記述の方は明確さを欠いており、巡察師ヴァリニャーノの仕方を殊更に印象付けるために、凡ての進物に要した経費を記したものかも知れない。もしもそのように解することが出来るなら、右の二通の書翰に見える金額の食違いについても説明出来よう。そしてまた、日本イエズス会の経費という点では、ゴメスの書翰に見えている使節一行に四〇〇〇ドゥカド、在日イエズス会士に対する補給に八〇〇〇ドゥカド、合計一万二〇〇〇ドゥカドという数字が信頼出来るものとなる。一五九一年は、秀吉謁見という大きな出来事があり、このために臨時にかなりな支出があったことは確かである。

一五九二年三月十三日付長崎発、ヴァリニャーノの総会長宛て書翰には次のように記述されている。

「何年か前から今まで、毎年一万ドゥカド以上必要とする。（中略）日本全土においてこれら凡ての布教機関に毎年一万ドゥカド消費するにすぎない。いかなる管区でも、大きなコレジオならそれ一つだけでもこれよりはるかに多額の経費がかかっている。[52]」

この記事は、一五八八年以後経費は年間大体一万ドゥカドであったという、これ迄引用してきたいろいろな史料に見えているところと符合している。

一五九二年三月十九日付長崎発、ゴメスの総会長宛て書翰には、「プロクラドールが言うところによると、八月末で終る今年一五九二年度[53]の経常費は一万一〇〇〇タエルに達するであろうということで、われわれ全員を驚かせた。[54]」と記されている。即ち、一五九一年九月から一五九二年八月までの経常費が一万一〇〇〇タエルに上る予想だということが記述されている。ここでゴメスが用いている通貨単位タエルについてであるが、一五九一年十月二十八日付長崎発、ゴメスの総会長宛て書翰に、「使節一行を迎えた日、関白は同パードレ巡察師と彼が伴った二人のパードレとイルマン二人に対し、二〇〇〇タエル即ちクルザドを与えた。[55]」と記されている。即ち、その頃ゴメスはタエルとクルザドを同価値のものとして使用していたと言ってよい。それ故、前引の書翰に見える一五九二年八月末日に至る一年間の経費の予想額一万一〇〇〇タエルは一万一〇〇〇クルザドに換算出来、一五八八年以後年間経費は大凡一万クルザドであった趨勢は、ここでも変っていないと言ってよい。

ヴァリニャーノが一五九二年に記述した「日本のスマリオの補遺」にも、「毎年一万ドゥカドで足りるとは、まさに奇跡のように思える。[56]」と見えており、この点一貫している。一五九三年一月一日付マカオ発、ヴァリニャーノの総会長宛て書翰にも同じく、「日本は現在毎年一万ドゥカド消費することは避けられない。[57]」と記述されている。

一方一五九三年九月二十五日付日本発、ゴメスの総会長宛て書翰には、「われわれは会計報告により、切詰められるだけ切詰めても一年に七〇〇〇タエルの経費がかかる、ということが判った。[58]」と記述されている。もしも前記一五九一年十月二十八日付ゴメスの書翰に見える一タエル＝一クルザドの換算率をここでも適用することが出来るなら、年間経費七〇〇〇タエルの額は少なすぎる嫌いがある。同じことは、ゴメスの一五九四年二月八日付長崎発、総会長宛て書翰についても言える。

「プロクラドールが私に語るところによると、今年一五九四年は、管区の経常費のために五〇〇〇タエル程を資産から割くことになろう、ということである。なぜならナウ船の利益は三〇〇〇タエルを少し上廻る額であろうから、これに五〇〇〇を加えて管区の経常費をまかなうことが出来るからである。〔中略〕収入の道がもっと容易になるまでは、生糸貿易をやめることは出来ない。なぜなら、生糸の利益があっても資産から五〇〇〇タエルを費すのであるから、もしも生糸貿易が行われなかったら、八〇〇〇タエル全額を資産から割かねばならないことになるからである。[59]」

ここでは、一五九四年の予想経費として八〇〇〇タエルの額がくり返し記述されている。これらゴメスの書翰に見える金額は、タエルの換算に問題を残すが、一五九四年十月十七日付長崎発、パシオの総会長宛て書翰には次のように記されている。

「今年ナウ船が渡来しなかったので、日本は、もしも来年も欠航したら人力では救いようがない状態に陥ってしまうであろう。というのは、八〇〇〇スクードに上る年間必要経費を貸与出来るような裕福なキリスト教徒の商人は当地にはいないからである。[60]」

日本にはイエズス会に多額な経済援助をなしうるような信徒の商人はいない、とパシオが記しているのは、マカオにおいてはイエズス会が友好的な有力商人と経済的に深いつながりがあり、彼等から援助を受けることも少なくなかったことと対比させて言っているものであろうか。それは兎に角、ここでパシオは年間経費を八〇〇〇スクード(＝クルザド)と記述しており、これは、過去数年間いろいろな史料に見える金額が大体一万クルザドで一貫していたのにくらべ、いささか少ない感がある。この点一五九五年十一月二十三日付ゴア発、ヴァリニャーノの総会長宛て書翰に、「極めて確実な、そして完備した会計報告によると、毎年日本における経費は、少なくとも八〇〇〇タエル即ち一万二〇〇〇ドゥカドであって、一万四〇〇〇でも足りないことが屢〻ある。[61]」と見え、さらに「パードレ・カブラルが日本を去って後、人数と経費が非常にふえ、現在経費は彼がいた当時にくらべどうしても三、四倍に上る。[62]」とも記されているのと、かなりな食違いを見せている。カブラルが日本布教長であった当時の経費は、前述の通り一五七〇年三〇〇〇ドゥカド、一五七五年四〇〇〇ドゥカド、一五七六年五〇〇〇ドゥカド、一五七七年六〇〇〇クルザド、一五八〇年六〇〇〇乃至八〇〇〇クルザドであった。従って一五七〇―七五年頃の経費を基準にすると、その三、四倍は一万二〇〇〇ドゥカドになり、右のヴァリニャーノの記述に矛盾はない。しかし、経費は少なくとも八〇〇〇タエル即ち一万二〇〇〇ドゥカドで、一万四〇〇〇でも足りないことが屢〻ある、という金額自体は、この当時ヴァリニャーノとカブラル等インド管区関係者との間で経済問題等について感情的な対立が見られ、ヴァリニャーノの方に、日本の経費は大きく、収入は少なく言おうとする思惑があったことも念頭において取上げねばならないであろう。

一五九八年七月一日付マカオ発、ヴァリニャーノの書翰には次のように記述されている。

「日本での毎年の経費は、少なくとも八〇〇〇ドゥカドに上ることはどうしても避けられず、これをはるかに越えることも時々ある。現在パードレ達は非常に小心になっており、準管区長は、九月から九月までを単位にして、一五九五年には消費に非常に控え目であったにも拘らず、私の許に書送られてきた書翰によると、七八七二ドゥカド八レアル消費し、更にこの外日本の負担でシナとインドで費された経費があったことが判る。また一五九六年の九月までには、八七八七ドゥカドと何レアルかを費し、そして一五九七年の九月までに九八八一ドゥカド四レアル消費し、矢張りこの外に当シナとインドで費した分があった、ということが判る。毎年インドとシナにおいて、日本の負担で葡萄酒、オリーブ油、渡来する者の食糧、インキその他購入するよう命ぜられている品物を買うのに費される額は、さらに少なくとも一〇〇〇ドゥカドに上る(63)。」

右のように記述したヴァリニャーノは、同じ書翰の末尾に次のような追書を記している。

「この書翰の中の日本の経費の勘定は間違っている。というのは、これをポルトガル語からスペイン語に訳した者が、タエルの代りにドゥカドとしてしまったからである。この両者が同じだと考えてのことであるが、しかし大きな違いがある。なぜなら、一タエル——これはシナと日本の銀の重量の名称である——は当地と日本で六六〇レイスに相当するのに対し、スペインにおける一ドゥカドは四三四レイスの価しかない。従って一タエルは一・五ドゥカド以上の価値がある。それ故、日本で一年に八〇〇〇タエル消費するのなら、それは一万二〇〇〇ドゥカド以上に当り、一年に一万タエル消費するのなら、一万五〇〇〇ドゥカド以上に相当する。私はタエルの代りにドゥカドと記した書翰の訳文によって尊師が誤解しないように、この点を尊師にはっきり申し上げる必要があると考えた。即ち、日本で毎年消費する額は少なくとも一万二〇〇〇ドゥカドである、というのが真実である。(64)」

ヴァリニャーノが言うように、タエルとすべき単位がドゥカドと誤記されているとなると、これを一タエル＝六六〇レイス、一ドゥカド＝四三四レイスの換算率によって訂正すると次の通りになる。即ち、日本での年間経費は少なくとも八〇〇〇タエル即ち一万二〇〇〇ドゥカド強に上り、これを越えることも時々ある。一五九五年九月迄の一年間の経費は日本国内で消費した分だけで七八七二タエル余即ち一万一九六五ドゥカド余、一五九六年九月迄の一年間の経費は、同じく国内の分だけで八七八七タエル余即ち一万三三五六ドゥカド余、一五九七年九月迄の一年間の経費は矢張り国内の分だけで九八八一タエル余即ち一万五〇一九ドゥカド余に上った。このヴァリニャーノの記事による限り、一五九五―九七年の三年は一万二〇〇〇――一万五〇〇〇ドゥカドもの経費がかかったことになる。

ヴァリニャーノがフランシスコ会士に対して記述した「弁駁書」(一五九八年一月)には、この経費のことについて次のように見えている。

「もしも同托鉢修道士が日本のために毎年一万二〇〇〇ドゥカドを与えてくれさえすれば、私はそれで満足する。そしてもしもこのレンタが確実なものであるなら、直ちにわれわれは上述の生糸貿易をやめる。というのは、真実毎年日本において通常これだけ消費するからである。尤も、この外に尚毎年インドで費される大凡一〇〇〇がある。これは、インドから日本に送られるパードレやイルマンの旅費や、インド管区の全体の経費に対する日本の分担金や、ミサのための葡萄酒その他必需品を買うのに充てられる。(65)」

ここでもヴァリニャーノは、国内で消費される経費だけで一万二〇〇〇ドゥカドに上ることを強調している。

三

一六〇〇年十月二十日付長崎発、ヴァリニャーノの総会長宛て書翰には次のように記述されている。

「経費はこれ程多額に上るとはいえ、本当の所それは少額にすぎず、われわれを驚かせるような額ではない。私が経費は少額だと言うのは、結局われわれが毎年日本全体で消費する金額は一万二〇〇〇、一万三〇〇〇又は一万四〇〇〇ドゥカドを越えることはないからである。これは、われわれ会員が土地の貧しさによく順応しているからである。この毎年の経費一万二〇〇〇乃至一万四〇〇〇ドゥカドは、一つの準管区全体の維持費としてはかなり少ないものである。というのはわれわれの負担で維持しているカーザと人の数の点で、この準管区は他のいかなる管区に劣らないし、われわれに消費の義務がある事柄の点では、あらゆる管区を上廻っているように思われるからである。というのは、現在われわれはいろいろな地方に三〇軒のカーザを持っており、一二〇人以上のイエズス会士と他に七〇〇人以上の俗務の人がいる。彼等はセミナリオの同宿とともにわれわれのカーザにいる。彼等はすべてのカーザに配置され、教会の世話をする者や、なくてはならない従僕等から成っている。この外に、追放された者や貧者の寄宿人といった臨時の人々がいる。これは確実に俗務の人々の人数を大幅に上廻る。というのは、信仰を否定することをせず、後もどりしなかったために平戸を追放された人々だけで、われわれは一年何カ月以上にわたって七〇〇人以上の人を養っている。一万二〇〇〇乃至一万四〇〇〇ドゥカドは、イエズス会の他の管区ではただ一軒のコレジオだけで消費してしまう額である。[66]」

即ち、ここでは年間経費として一万二〇〇〇乃至一万四〇〇〇ドゥカドの金額がくり返し記述され、この額が日本イエズス会の規模からいっていかに少ないものであるかが強調されている。イエズス会士と同宿・従僕など会員でない者を合わせ、イエズス会が維持する人数は、一五九二年当時は六六〇人余、[67]一五九七年には七〇〇人余であった。[68]このように一五九〇年代の布教団は六〇〇人代から七〇〇人位であったものがその後急に増加し、右の一六〇〇年十月二十日付ヴァリニャーノの書翰には、既にその頃会員一二〇人以上、俗務の人々七〇〇人以上、セミナリオの同宿を加えると九〇〇人にも達したであろうといった様子が記されている。この日本イエズス会布教団九〇〇人の人数は、その後一六一四年の禁教令発布の時期までつづいたとみてよく、[69]秀吉の死後、十七世紀初の十数年間キリシタン教会の規模が最も拡大したことを表わしている。同時に、俗務の人々がふえたことは、上長等が多くの従僕の奉仕をうけるなどの行きすぎが行われる素地となり、これは後にイエズス会内部でも強い批判を招いたことの一つである。

一六〇一年十月二十四日付長崎発、ヴァリニャーノの総会長宛て書翰には、「日本における経費はこの三年間非常に多額で、出来るだけ切詰めても三万五〇〇〇ドゥカド余以上消費した。[70]」と記されている。この三年間というのは、もしも日本イエズス会の会計年度を基にしたものであるなら、一五九八年九月から一六〇一年八月末迄ということになろうが、この間に三万五〇〇〇ドゥカド余の経費を要したとある。一年当り一万二〇〇〇ドゥカド弱になる。

一六〇一年十月十六日付長崎発、ヴァリニャーノのベラルミノ枢機卿宛て書翰にも、「われわれは日本において、毎年一万二〇〇〇ドゥカド以下では維持出来ない。[71]」と記述されており、右の書翰の記事に符合している。

ところが一六〇三年一月十一日付長崎発、ヴァリニャーノの総会長宛て書翰には、「われわれの通常の経費は、毎年一万五〇〇〇タエルでも足りない。[72]」と記述されている。この書翰には、日本イエズス会がかかえている俗務の日本人の数を八〇〇人以上と記しており、[73]前引一六〇〇年十月二十日付ヴァリニャーノの書翰に見えていた七〇〇人余にくらべ増加してはいるが、それにしても一万五〇〇〇タエルの額は余りに過大である。尤も同じ書翰の中で一般に使用されている通貨単位がドゥカドであるのに対してここだけタエルで記しているのは奇異な感もあり、或いはここのタエルはドゥカドの誤記であるかも知れない。一万五〇〇〇ドゥカドなら、前引一六〇〇年十月二十日付ヴァリニャーノの書翰に一万二〇〇〇乃至一万四〇〇〇ドゥカドと記されていたことでもあり、この位の額に達した年もあったであろう。しかしもしもタエルが誤記でないとすれば、これの換算率が問題になる。仮に前引一五九八年七月一日付ヴァリニャーノの書翰の追書に記述されている一タエル＝一・五二ドゥカドの率に基づくと、一万五〇〇〇タエルは実に二万二八〇〇ドゥカドに相当することになる。しかしヴァリニャーノはその後一六〇三年十月八日付マカオ発、総会長宛て書翰の中で、後述するように一万二〇〇〇タエル＝一万五〇〇〇ドゥカドの換算率が示されている。(74) これによると一万五〇〇〇タエルは一万八七五〇ドゥカドに当る。このいずれにしても極端に多額な経費が記されている、と言わねばならない。

次に、一六〇三年十月六日付マカオ発、ヴァリニャーノの総会長宛て書翰であるが、この書翰には、その年の七月末日本に向けマカオを出帆する直前のポルトガル船が三艘のオランダ船に襲われて積荷を奪われるという事件が勃発し、これに伴って日本イエズス会も日本への補給物資三〇〇〇ドゥカド余と生糸一万二〇〇〇ドゥカド、合計一万五〇〇〇ドゥカド以上に相当する物を失ってしまったことを記述した後、(75) 次のように記されている。

「四年間教皇からの年金の支給がなく、しかもこの資産が失われ、目下全く策に窮している。というのは、在日イエズス会の許には、今年一六〇三年九月一日に始まり一六〇四年九月一日に至る迄の今年度の維持に必要な額しか残っていないからである(というのは、ナウ船は八月に日本に着くので、われわれの経費に関しては、一年は九月に始まり九月に終る。そして既に別の機会に書送ったように、日本は毎年一万二〇〇〇ドゥカド消費する)。そして当地に日本の資産は全然なく、マカオのコレジオやシナのレジデンシア及び当市全体が同じ貧困と窮状にあるので、われわれは当地で協議会を開き、日本のイエズス会とキリスト教界が全面的に失われないようにするためには、大至急日本に軽快な船を送り、準管区長に対して、損失が生じたこととわれわれが窮地に陥っていることを知らせ、経費を切詰めて、キリスト教徒が与えてくれるであろう何らかの援助を加えて、今年消費するために残っている一万二〇〇〇ドゥカドを三年間もたせるように指示する以外に、緊急のそして確実な対策はない、ということがわれわれに判った。〔中略〕非常に軽快で安全な船であるこのパタショ船に託して、私は準管区長にことの経緯を凡て書送り、当地からは僅かな援助しか送ることが出来ないこと、及び日本のイエズス会とキリスト教界の成果と信用にとって大きな損失を伴うが、経費を節減する以上の良策はないこと、そして節減出来るものとして私に思いつくものは次のことだと書送った。即ち、セミナリオ・印刷所・画塾を解散し、われわれのカーザにいる三〇〇人弱の同宿の内の二〇〇人と、従僕の三分の二を解雇し、異教徒の中にあるかキリスト教徒の中にあるかを問わず、レジデンシアの多くを手放し、パードレ達はキリスト教界の司牧や改宗事業に赴くのに最も好都合な主要ないくつかのカーザに集まって生活させる。そして仮に必要なものであっても、建築や進物に費される経費は全廃する。更にこれ迄行なって来た喜捨やその他あらゆる経費を節減し、このようにして毎年一万二〇〇〇ドゥカド消費してきたところを、五〇〇〇乃至六〇〇〇迄の消費に抑えるようにする。そしてキリスト教徒の領主達に交渉してわれわれの窮状に対し何らかの援助を乞い、このようにして一年間の維持費として残っている資産と、このような窮状に際してキリスト教徒達から受けることが出来る援助とで以て、当地から何も期待せずに三年間持ちこたえるように、と。[76]」

この書翰の内容に入る前に、右の書翰の日付の二日後、同年十月八日付マカオ発、ヴァリニャーノの総会長宛て書翰の関係記事を先に挙げておく。

「これらのカーザを維持するのに要する経費が毎年一万二〇〇〇タエルの額に達するということを猊下に了解していただきたい。タエルというのは当地で用いられている重量単位で一ドゥカド・デ・ラ・カマラに相当する。それ故この額は大凡一万五〇〇〇ドゥカドになる。(77)」

この書翰では、前引一五九八年七月一日付のヴァリニャーノの書翰に記されているところとは異なる換算率が示されているが、それは兎に角、ここでは記述されている一万二〇〇〇タエル(=一万五〇〇〇ドゥカド)の年間経費の金額のみを取上げる。先に引用した十月六日付書翰には年間経費として一万二〇〇〇ドゥカド、十月八日付書翰には一万二〇〇〇タエル即ち一万五〇〇〇ドゥカドと記されており、食違いを見せているが、しかしこの当時の経費としては両方共妥当な金額だと言えよう。

十月六日付書翰の中で、ヴァリニャーノが日本準管区長に指示した経費節減の対策が述べられている。その中でも主なものは、布教団の人数を削減することであった。即ち、三〇〇人弱の同宿の内の二〇〇人と従僕の三分の二を解雇するように、との指示が与えられた。当時の従僕の人数であるが、前引一六〇三年十月八日付ヴァリニャーノの書翰によると、その頃日本にはイエズス会士一二一人、(78)同宿約三〇〇人、教会の世話をする者一九〇人以上、その他従僕がおり、合計約九〇〇人という構成であった、と記述されている。(79)これによると従僕の数は二九〇人弱ということになる。即ち、ヴァリニャーノはこの二九〇人弱の従僕を三分の一に減らすように指示したものであって、右の、教会の世話をする者一九〇人以上については問題にしていないと言うべきであろう。これは、その頃わが国に教会は一九〇以上あり、(80)従って教会活動に支障をきたさないためにはこの関係の人々を削減するわけにはゆかず、同宿とか従僕といった(同宿には布教の仕事にたずさわる者もいるが)主としてイエズス会士に対して個人的に奉仕するのを務めとする人々を先ず削減することにしたものであろう。ところで、仮にヴァリニャーノの指示通りに人員整理を行なったとすると、同宿は一〇〇人に、従僕は九〇人余になり、日本イエズス会布教団全体で九〇〇人が五〇〇人に減少する。この人数は、ヴァリニャーノが第一回日本巡察を行なった当時と同じである[81]（尤も会員だけの人数は、一六〇三年当時の方が大分ふえているが）。そしてその当時の年間経費については、前述の通り史料によって七〇〇〇クルザドとも八〇〇〇クルザドとも、更には一万クルザドとも記されていた。しかしその中でもここで注目すべきものは、前引一五八一年十月十三日付日本発、コエリョの総会長宛て書翰の、次のような記事である。「〔巡察師は〕これらのカーザ及びその他のレジデンシアの凡てを維持するために、毎年五〇〇〇クルザドの経費を定めた。更にその外に、日本の上長が行わねばならない進物や諸経費がある。[82]」諸経費とは、建築、新規布教事業、喜捨等を指すものであろう、ということも前に記した。即ち、五〇〇人の布教団の維持そのものは、年間五〇〇〇クルザドでまかなうことが出来たわけである。一方、一六〇三年にヴァリニャーノが日本準管区長に与えた指示の中には、人員整理とともに、新たな建築と進物を全廃し、喜捨も節減するように、ということが含まれていた。即ち、この種の上長の経費と言うべき出費を極力抑えようというものであるから、ヴァリニャーノが、日本で指示通りに対策を講ずれば経費を五〇〇〇乃至六〇〇〇ドゥカドに抑えうると述べているのは、物価の変動を考慮に入れなければ、妥当な判断だと言えよう。

ヴァリニャーノが、日本準管区長に対して、経費を五〇〇〇乃至六〇〇〇ドゥカドに抑えて、それに喜捨などを期待して、一六〇三年九月一日から一六〇四年八月末に至る迄の一年間の経費として残っている一万二〇〇〇ドゥカドで以て三年間持ちこたえるように、と指示したのは、当時日本イエズス会にはこれだけの資金が有るという事を前提にしてとられた措置であることは言うまでもない。ヴァリニャーノの書翰を持った使者イルマン・モンテアグードが乗ったパタショ船は、一六〇三年八月十日にマカオを出帆、日本に向った。そしてモンテアグードは同年十月十八日にマカオに戻って来たが、[83]ヴァリニャーノは彼から、その年は臨時に多額の出費をしてしまい、一六〇三年九月一日から向う一年間の経費の分として残っているかねは、一万二〇〇〇ドゥカドをかなり下廻るということを知らされた。即ち、前引一六〇三年十月六日付ヴァリニャーノの書翰の末尾に、モンテアグードが戻った後の同年十一月十二日付の追書が記されているが、そこに次のように見えている。

「日本のパードレ達は、一六〇三年九月に始まり一六〇四年九月に至る今年度の経費のために、私が彼等に残しておいた一万二〇〇〇ドゥカド以上のかねを持っているものと私は考えていたが、私の許に送られてきた会計報告により、通常毎年費される一万二〇〇〇の外に、今年は、私が日本から戻った後に〔ヴァリニャーノは一六〇三年一月十五日に日本を発ち、二月十日か十一日にマカオに戻った[84]――引用者〕さらに四〇〇〇以上を費したこと、パタショ船が着いた時には大凡七五〇〇ドゥカドしかなかったことが判った。これだけでは、キリスト教徒達が与えてくれる凡ての援助を加えても、一六〇四年九月迄の今年度の分にも充分ではない[85]。」

これに関連して、三日後の一六〇三年十一月十五日付マカオ発、ヴァリニャーノの総会長宛て書翰を併せ読むと、この間の事情が一層はっきりする。

「〔日本教会を〕維持するためには、当地に少なくとも三万六〇〇〇ドゥカド迄の資産を現金で持つ必要がある。それでも尚常に危険がある。その理由は、常に一万二〇〇〇ドゥカド迄の資産をこのシナ＝日本間の航海に投ずる必要があるからである。というのは、その内三〇〇〇は、シナから日本に凡てのカーザへの通常の補給品を送るために必要であり、他の九〇〇〇は貿易のために送られる生糸を買う資金である。もしもこのかねがないと、われわれはその利益を得ることが出来ず、われわれの維持費の内の、最も確実な部分を欠くことになる。この外に、ナウ船が欠けた時に生活のための財源を持ちうるよう、常に日本に二年分の維持費をおいておく必要がある。既に述べたように、この一四年の間にこの航海は隔年にしか行われていない。経費は毎年一万二〇〇〇ドゥカドで、二年分で少なくとも二万四〇〇〇ドゥカドに上る。即ち全部で三万六〇〇〇ドゥカドか更にそれ以上になる。というのは、勘定は当地ではタエルを使用するが、一タエルはポルトガルの一ドゥカドより価値があるからである。しかし、仮令日本にこの三万六〇〇〇タエルがあっても、日本イエズス会はたえず滅亡の危険にある。というのは、毎年一万二〇〇〇を消費するのであるから、もしもナウ船が失われるとそこに搭載されている一万二〇〇〇は失われ、一万二〇〇〇はその年に消費され、そして残りの一万二〇〇〇はその翌年の分に足りるにすぎない。そして次の年の生糸貿易をするために送金するかねは残らないことになる。これはまさに今年起ったことである。というのは、私は日本を発った時に、プロクラドールのパードレと準管区長の手に二万四〇〇〇タエル以上を残した。そして更に一万二〇〇〇はナウ船でシナにもたらされた。昨年インドからわれわれの許に届いた何がしかを加え、既に述べたようにナウ船で一万五〇〇〇タエルが送られた。しかしこのナウ船はイギリス（ママ）人に拿捕され、すべて失ってしまった。一方、私は日本において昨年度は一万二〇〇〇タエル以下の消費であったものと思っていたが、実際は一万六〇〇〇消費した。それ故、今年度の経費のために八〇〇〇しか残らなかった。これでは、仮令今年キリスト教徒達が彼等に援助を約束したとはいっても足りない。(86)」

右の引用文で、タエルとドゥカドの通貨単位のことがまず問題になる。ここではヴァリニャーノは、タエルはドゥカドよりも価値が高い、としながらも、文中ではその差は僅かなものの如く扱われ、両者が混同して使用されている。従ってここでは便宜上一応単位をドゥカドに統一して述べてゆく。

前引一六〇三年十月六日付の彼の書翰に見えていたのと同じく、年間経費一万二〇〇〇ドゥカドの金額はここでも記述されており、この頃の年間経費としてこれが一応平均的な金額であったと言えよう。

ヴァリニャーノは第三回目の日本巡察をおえ、一六〇三年一月十五日に日本を離れマカオに向ったが、その際日本イエズス会には二万四〇〇〇ドゥカドのかねがあり、さらに恐らくヴァリニャーノが日本からマカオに戻ったのと同じナウ船(カピタンはドン・パウロ・デ・ポルトガル)に搭載して一万二〇〇〇ドゥカドがマカオに送られた。この一万二〇〇〇ドゥカドの内三〇〇〇は日本イエズス会士に対する補給品の買入れに、九〇〇〇は商品の生糸の仕入れに充てられた。これに前年インドから届いた三〇〇〇を加えて日本に送ろうとした所、オランダ船に奪われてしまった。一方日本にあった二万四〇〇〇ドゥカドは、その年度(一六〇二年九月一日から一六〇三年八月末まで)と次年度(一六〇三年九月一日から一六〇四年八月末まで)の二年分の経費をまかなうためのかねであった。従って新年度が始まる一六〇三年九月一日には一万二〇〇〇ドゥカドのかねが残っていなければならなかった。それを前提として、ヴァリニャーノはいろいろな対策を講じて経費を削減し、この一万二〇〇〇で三年間もちこたえようと考えたわけである。しかし、ヴァリニャーノが送った使者モンテアグードが日本に着いた時には、既に日本イエズス会には七五〇〇乃至八〇〇〇ドゥカドしか残っていなかった。前年度(即ち一六〇二年九月一日から一六〇三年八月末まで)に通常の一万二〇〇〇の外に、ヴァリニャーノが日本を離れた後に、四〇〇〇ドゥカド以上を余分に使ったからであった。即ち、一六〇三年八月末までの年度には一万六〇〇〇ドゥカド以上を費したことになる。

以上が、ヴァリニャーノの一六〇三年十一月十二日付追書と十一月十五日付書翰から判るところである。これらの書翰を認めた時は、ヴァリニャーノは日本イエズス会の経済状態についてこのような認識を持ち、強い危機意識を抱いていたと言ってよい。しかし、使者モンテアグードからマカオでのナウ船略奪の出来事についての知らせを受けた日本イエズス会関係者は、ヴァリニャーノとは異なった反応を示したようである。即ち、日本準管区長は経費節減についてのヴァリニャーノの指示に従わず、結局セミナリオもカーザも全く解散せず、同宿と従僕の両方で五、六〇人を解雇したにすぎなかった。[87]ヴァリニャーノはこの両方で約四〇〇人解雇するよう指示したことは先に述べた通りである。前引十一月十二日付追書の中でヴァリニャーノは、これはスペイン＝ポルトガル国王が多額な喜捨を日本に与えこれがマカオに届いている筈だ、といった間違った情報と判断に基づく措置だとして憂慮している。(88)

さらに一六〇五年一月二十日付マカオ発、ヴァリニャーノの総会長補佐宛て書翰には、これに関して次のようなことが記してある。

「日本から司教・準管区長、及びその他凡てのパードレが私に書送ってきたように、もしもこのパタショ船〔使者モンテアグードが日本に渡来した船のこと――引用者〕がなかったら、日本のイエズス会が全滅していたことであろう。何故なら、マカオでナウ船が無事であるとの期待をもって、所有していた僅かばかりの資産をその年に凡て使い切ってしまい、多くの負債を残すことになったであろうと思われるからである。しかしこのパタショ船の助けによって、大幅に経費を節減し、キリスト教徒達は喜捨によってこれを援助し、そして同じパタショ船で日本から私の許に五〇〇〇クルザドものかねを送ってきた。これは、別のナウ船で何らかの救済を日本に送るためのいくらかの資金を得るためであった。(89)」

一六〇三年十月十八日にマカオに戻ったモンテアグードは日本の実情についてヴァリニャーノに報告し、それに基づいて彼は十一月十二日付追書を認めた。そしてその中で、前年度に四〇〇〇ドゥカド以上余分に使ってしまったので、今年度（一六〇三年九月一日に始まる一年）の分として七五〇〇ドゥカドしか残っていないことが判った旨記述しているることは前述の通りである。即ち、そこには、同パタショ船で日本イエズス会が五〇〇〇クルザドものかねを送り、救済物資（生糸等の商品のことか）の買付けを依頼してきた、というようなことは全く記載されていない。七五〇〇ドゥカドしか残っていないにも拘らず、五〇〇〇クルザドもの送金をしたのは、意外な事である。兎に角イエズス会は、翌一六〇四年夏に渡来したポルトガル船による取引で、異例な程厖大な利益を上げている。(90)これは、一六〇五年一月二十日付ヴァリニャーノの書翰に、「ポルトガル人と取引をしている異教徒のシナ人がわれわれに同情し、九〇〇〇タエル以上の財をわれわれに掛けで売ってくれた。〔中略〕これらの援助により、われわれは、一六〇四年七月に当港を発ったナウ船で以て、日本のパードレ達にかなりな救援を送れるだけのものを持つことが出来た。[91]」と記されているように、シナ人商人の援助を第一に挙げるべきであろうが、それと共に、一六〇三年十月にパタショ船で送られてきた五〇〇〇クルザドも、翌一六〇四年の貿易資金の内の主要な部分をなしたと言えよう。

ところでこの五〇〇〇クルザドについてであるが、七五〇〇ドゥカドしか残っていなかった筈の日本から、五〇〇〇もの額が送金出来たのは何故か、ということと、十月にそのかねがマカオに届いているのに、ヴァリニャーノは十一月十二日付追書と十一月十五日付書翰ではこれには全く触れず、かえって時間を経た一六〇五年一月二十日付書翰でそれに言及しているのは何故か、という疑問が生ずる。これは不可解なことであるが、強いて次のように推測することも出来よう。即ち、本書第二部第三章で述べるように、この頃から日本イエズス会は、貿易資産を自己資金だけではまかない切れず、かなりな部分を外部からの融資に頼るようになる。イエズス会に融資した者は日本人・シナ人・ポルトガル人等で、日本人も将軍・大名から商人に至るまで各層に及び、その条件も様々であったものと思う。一六〇三年の場合であるが、この年の夏ポルトガル船が欠航したことは、翌一六〇四年夏に渡来するポルトガル船の貿易が、ポルトガル側にとって非常に有利なものになることを予想させるものである(これは事実その通りになる)。それはイエズス会も同じく大きな利益に浴することを意味する。イエズス会にとって、一六〇四年夏のポルトガル貿易は、厖大な利益が得られる好機であったと言える。マカオに戻るパタショ船を利用して貿易資金を送ろうと努力したのは当然のことである。送金された五〇〇〇クルザドは、イエズス会の自己資金ではなく、恐らく外部の日本人から融資をうけたかねではなかったか。はっきり貿易資金の融資という形をとったかどうかは別だが、ポルトガル船略奪の情報が入って後、かなりな喜捨が行われたことについては、一六〇五年一月二十日付マカオ発、ヴァリニャーノの総会長補佐宛て書翰に見えている通りである。[92] 翌一六〇四年の取引では大きな利益を上げることが出来るのを見越して、五〇〇〇クルザド程度の融資が日本人からイエズス会に対して行われたとしても不思議ではない。

またパタショ船で五〇〇〇クルザド送られてきたことが、その直後のヴァリニャーノの書翰に記述されていない点であるが、これは、ヴァリニャーノがそれを知りながら、十一月十二日付と十一月十五日付の二通の書翰には書かなかった(日本教会の経済的窮状を強調している書翰の趣旨にふさわしい記事ではないから)ということも考えられないではないが、それよりも、貿易資金は長崎駐在プロクラドールからマカオ駐在プロクラドールの許に送られた筈なので、ヴァリニャーノでも直にそれを知ることは出来なかったものではないであろうか。

ジョアン・コエリョが一六〇九年十一月十二日付でシナで作成した「日本イエズス会のカーザ・布教団・レンダ及び経費の数字に関する短い叙述」と題する文書には、日本国内にある各機関の年間経常費が合計ポルトガルの銀一万五六七〇クルザド(=シナの銀一万四四九四タエル七マス五コンドリン=レアル貨一万九七七四パルダオ四マス)に上り、その他運賃・関税・インドでの経費・救貧・進物・建物・教会使用人・旅費の経費が六一三九パルダオ四マス(約四八六四クルザド)になり、右の二つを合せ経費は全体で二万五九一四パルダオ一マス(約二万〇五三四クルザド)に上る旨記述されている。[93]

次に一六一六年三月十八日付長崎発、スピノラの総会長補佐宛て書翰に次のように記述されている。

「現在われわれはこのように少数であるにも拘らず、布教団を派遣する方法で以て、キリスト教界は非常に良く開拓されている。そしてわれわれが支出する経費は一〇〇〇クルザドにも達しない。またわれわれは、われわれが安定していた当時よりも、現在のような状態の方が、日本人がわれわれのことを尊敬し助け合う、ということを立証した。[94]」

当時の在日イエズス会士は二九人であった。[95]同宿など非会員の人数は一六一四年以後は不明であるが、[96]経費が一〇〇〇クルザドにも達しない、という右のスピノラの記す金額は余りにも少なすぎ、一万クルザドの誤記ではないかとさえ思われる。

一六一七年一月五日付マカオ発、ジェロニモ・ロドリーゲスの書翰には、「この管区は毎年大凡一万クルザドを支出する。〔中略〕われわれが毎年必要とする一万クルザドの利益を得るために、一万二〇〇〇乃至一万五〇〇〇、時にはそれ以上を危険にさらさねばならない。[97]」と記述されている。

このようにジェロニモ・ロドリーゲスは、日本管区の年間経費として一万クルザドの金額をくり返し記している。さらにヴァレンティン・カルヴァーリョの「弁駁書」(一六一七年)には、次のように見えている。

「この管区は毎年一万乃至一万二〇〇〇ポルトガル・クルザド――これは一万乃至一万二〇〇〇タエルより僅かに価値が小さい――を支出するにも拘らず、また上述の三航海(一六一二・一六一四・一六一五年の航海のこと――引用者)にはごく僅かな資金を投じたにすぎず利益も非常に少なかった――それは当地でよく知られているように日本では生糸が安値で売られたからであるが――にも拘らず、現在われわれが以前程には負債を負っていないのは大きな驚異であり、主の摂理だと思う。[98]」

ここでは、一万乃至一万二〇〇〇クルザドの金額が示されている。

一六二〇年二月十日付マカオ発、ジェロニモ・ロドリーゲスの総会長補佐宛て書翰には、「ヨーロッパから送られてくるものを別にして、五〇ピコの生糸の利益によって、大抵の年この管区が支出した七〇〇〇乃至八〇〇〇タエル又はそれ以上を調達することがどうして出来ようか。[99]」と記述されている。ここでは通貨単位がタエルであるが、ロドリーゲスが大抵の年の経費として記している七〇〇〇乃至八〇〇〇タエルの金額は、同じロドリーゲスの前引一六一七年一月五日付書翰やカルヴァーリョの「弁駁書」に見えている額と略〻同じだとみてよいであろう。

日本管区がシナに貸家を持って収入を図ることの是非を論じた一六三五年の一文書に、「管区は毎年九〇〇〇乃至一万パタカ支出し、しかもこの支出は確実なものなので、商品の販売と利益も同じように確実であることが好都合である。[100]」と記述されている。ここでは年間経費を九〇〇〇乃至一万パタカと記している。通貨単位パタカはパルダオと同じ価と見てよいと思う。[101]

以下は年代不明の史料であるが、先ず、「在日イエズス会パードレ達を維持している生糸貿易に関するカトリック国王の命令を延期させるよう、東インド副王に提出された諸理由」と題する文書がある。文書の内容は、表題の通り、本国国王が日本イエズス会の生糸貿易を禁ずる命令を出したのに対し、日本布教は多額の経費がかかる反面収入が乏しく不安定なので、この勅命の実施を延期するよう副王に要望しているものである。スペイン＝ポルトガル国王は、一六〇七年八月二日付、[102]一六〇八年一月二十三日付、[103]一六一〇年二月二〇日付[104]と、つづけて日本イエズス会の貿易活動を禁止する勅令を発布しており、右の文書がこれらの勅命に対するイエズス会側の対応であるなら、その年代も大凡のところは推測出来よう(尤も文書とこれらの勅令とが内容的に符合しない点もあり、この点尚疑問が残る)。この文書に、経費について次のように記述されている。

「日本イエズス会は、修道的且つ厳格な清貧を守って生活しているが、キリスト教界の開拓にどうしても必要な会員を維持するのに、毎年三万スクードもの経費がかかる。[105]」

同文書には、「今日、日本におけるキリスト教徒の人数は七〇万を越え、教会は二〇〇以上、同イエズス会に養われている福音の聖職者は三〇〇人以上に上る。[106]」とも記されている。「聖職者」がイエズス会士のみを意味するのなら、在日イエズス会士が三〇〇人にも上ったことはない。ここでは同宿・伝道士等を含めているものかも知れないが、日本イエズス会の規模を過大に印象付けようという意図が働いていたと言えよう。ここに見えている年間経費三万スクードの金額が誇張であることは言う迄もない。

イエズス会と托鉢修道会との抗争に関する記録の一つで、托鉢修道会側が国王に提出したイエズス会非難の文書に対する論駁の文書(マドリード政庁駐在プロクラドール、アントニオ・コラソの記述したもの故、一六〇一―一〇又は一一年の記録である。)[107][108]に、「在日イエズス会士が毎年消費する一万二〇〇〇クルザドの全額又はその一部をまかなえるだけのものを与えてくれるなら[109]……」と記述されている。

同じく年代不明であるが、「日本管区のレンタ」と題する記録に、「教会、諸施設、セミナリオ、カーザ、レジデンシア――そこに修道士と世俗人六六〇人からなるイエズス会布教団が居住しているが――の維持に毎年どうしても必要な一万二〇〇〇ドゥカドに欠ける分は[110]……」と記述されており、年間経費一万二〇〇〇ドゥカドの金額を示している。

四

以上述べてきたいろいろな史料に見えている経費の金額を表示してみたい(次頁以下の表を参照していただきたい)。この表についていくつかの点を指摘したい。

一　二十二・二十三・二十四・四十一・五十一番の史料など、プロクラドールの会計報告又はそれに基づいて金額を記したと思われる例もあるが、大部分の史料に記されている金額は概算の数字だということは認めねばならない。

	史料		時期	年間経費
1	1571.11. 3	ヴィレラ	毎年	2,000 クルザド
2	1572. 1.23	ヴィレラ	〃	3,000 クルザド
3	1575.10. 2	カブラル	1570 1575	2,000 タエル (=3,000 ドゥカド) 4,000 ドゥカド以上
4	1576 末	カブラル	毎年	5,000 ドゥカド以上
5	1578.12. 1	ヴァリニャーノ	〃	6,000 クルザド以上
6	1579.12. 5	ヴァリニャーノ	〃 ?	5,000 スクード
7	1580. 8. 6	ヴァリニャーノ	〃	7,000 ドゥカド以上
8	1580. 8	ヴァリニャーノ「インドのスマリオ」	〃	6,000 クルザド以上
9	1580.10	豊後協議会記録	〃	8,000 クルザド以上
10	1581	第一回全体協議会記録	〃	8,000 クルザド以上
11	1581. 9. 3	カブラル	ヴァリニャーノ滞日の過去2年間	32,000 パルダオ以上 (=16,000 タエル以上. 内 3,000 タエルは工事費)
12	1581. 9. 4	カブラル	〃	30,000 パルダオ以上 (=15,000 タエル以上. 内5,000パルダオは工事費)
13	1581.10.13	コエリョ	毎年	5,000 クルザド ＋上長の経費
14	1582. 1.12	コエリョ	〃	7,000 ドゥカド以上
15	1582.11. 5	フロイス	ヴァリニャーノ滞日の2年間	20,000 クルザド
16	1585. 1. 2	フロイス	〃	30,000 スクード
17	1582.12.20	メシア	毎年	8,000 クルザド又はそれ以上

18	1582	ヴァリニャーノ 経費のカタログ	施設完備後の見積り	12,020 ドゥカド
19	1583. 1.29	コエリョ	毎　年	7-8,000 クルザド
20	1583.10. 5	カブラル	〃	4,455 タエル
21	1583.10	ヴァリニャーノ 「日本のスマリオ」	毎　年 ヴァリニャーノ滞日の2年7カ月間	10,000 ドゥカド以上 32,000 ドゥカド以上
22	1586	「要録」	毎　年	国内での経常費 4,520,000 レイス (=11,300 クルザド) ポルトガル，インド，シナでの経費 1,074,000 レイス (=2,685 クルザド)
23	1587.11.20	ヴァリニャーノ	1585 1586	15,300 パルダオ以上 (=約 12,172 クルザド以上) 17,600 パルダオ以上 (=約14,000 クルザド以上)
24	1587.11.27	ヴァリニャーノ	1585 1586	15,300 シェラフィン以上 17,600 シェラフィン以上
25	1588.10.18	ヴァリニャーノ	1587	15,000 クルザド
26	1589. 7.23	ヴァリニャーノ	毎　年	10,000 ドゥカド以上
27	1589. 9.22	ヴァリニャーノ	1589 の予想	8-10,000 ドゥカド
28	1590. 8	第二回全体協議会記録	毎　年	10,000 クルザド
29	1590.10.12	ヴァリニャーノ	〃	12,000 ドゥカド以上
30	1591.10.28	ゴメス	1591	12,000 ドゥカド (内 4,000 は秀吉への使節に関する経費)
31	1592. 3. 3	ヴァリニャーノ	毎　年	10,000 ドゥカド以上
32	1592. 3.19	ゴメス	1592 の予想	11,000 タエル

	史料		時期	年間経費
33	1592	ヴァリニャーノ「スマリオの補遺」	毎年	10,000 ドゥカド
34	1593. 1. 1	ヴァリニャーノ	〃	10,000 ドゥカド
35	1593. 9.25	ゴメス	〃 ?	7,000 タエル
36	1594. 2. 8	ゴメス	1594の予想	8,000 タエル以上
37	1594.10.17	パシオ	毎年?	8,000 スクード
38	1595.11.23	ヴァリニャーノ	〃	8,000 タエル以上 (=12,000 ドゥカド以上)
39	1596.12.10	カブラル	〃 ?	8,000 タエル
40	1596.12.17	カブラル	〃 ?	8,000 タエル
41	1598. 7. 1	ヴァリニャーノ	1595	7,872 タエル余 (=11,965 ドゥカド余)
			1596	8,787 タエル余 (=13,356 ドゥカド余)
			1597	9,881 タエル余 (=15,019 ドゥカド余) 更にインドとシナで毎年1,000 タエル支出
42	1598	ヴァリニャーノ「弁駁書」	毎年	12,000 ドゥカド 更にインドで毎年1,000 ドゥカド支出
43	1600.10.20	ヴァリニャーノ	〃	12-14,000 ドゥカド
44	1601.10.16	ヴァリニャーノ	〃	12,000 ドゥカド
45	1601.10.24	ヴァリニャーノ	1599-1601の3年間	35,000 ドゥカド余以上
46	1603. 1.11	ヴァリニャーノ	毎年	15,000 タエル
47	1603.10. 6	ヴァリニャーノ	〃	12,000 ドゥカド
48	1603.10. 8	ヴァリニャーノ	〃	12,000 タエル (=15,000 ドゥカド)

49	1603.11.12	ヴァリニャーノ	1603	16,000 ドゥカド以上
50	1603.11.15	ヴァリニャーノ	毎年 1603	12,000 ドゥカド 16,000 タエル
51	1609.11.12	コエリョ	毎年？	国内での経常費 15,670 クルザド その他の諸経費 6,139 パルダオ余 (＝約4,864 クルザド)
52	1616. 3.18	スピノラ	〃	1,000 クルザド以下
53	1617. 1. 5	ロドリーゲス	〃	10,000 クルザド
54	1617	カルヴァーリョ「弁駁書」	〃	10-12,000 クルザド
55	1620. 2.10	ロドリーゲス	大抵毎年	7-8,000 タエル又はそれ以上
56	1635	貸家所有の是非に関する文書	毎年	9-10,000 パタカ
57	不明	貿易関係勅令に関する文書	〃	30,000 スクード
58	不明	托鉢修道会に対する論駁文書	〃	12,000 クルザド
59	不明	管区のレンタ	〃	12,000 ドゥカド

しかしながら、仮令概算とはいえ、そこから日本イエズス会の支出の大凡の推移を知ることは出来る筈である。

二　数字が概算だということ以上に厄介な問題は、史料の中には多分に作為的と思われる金額を挙げたものがある、という点である。日本イエズス会に対する経済援助を獲得する条件を少しでも有利にしようという思惑から、日本での必要経費を誇張してヨーロッパに書送ったり、逆に、日本においてイエズス会士が清貧を守っていることを印象付けようとするあまり、故意に経費を少なく記したり、或いは、特にインド管区関係者が日本イエズス会が経済的に豊かであることを主張するために、その収入を大きく支出を少なく言う、などのことが行われたと推定出来る。また作為でなくても、不確実な知識に基づいて記述したり、単純な誤記などの場合もあろう。略〻同じ頃に書かれた記録であるにも拘らず、はっきり異なる金額が記されている場合(例えば七・八・九、二十八・二十九、四十六・四十七・四十八番の史料)や、余りに他の多くの史料とかけ離れた数字を挙げている例(例えば五十二、五十七番の史料)などは、取扱うのに注意を要する。

三　日本イエズス会の年間経費は、大凡次のようなところであった。

1　ヴァリニャーノが一五七九年に初めて渡来する頃までは、六〇〇〇クルザド以下であった。

2　ヴァリニャーノの第一回日本巡察中は、各種の布教・教育機関が設立されたこともあって年間支出は一万クルザドを越え、彼の滞日二年七カ月の間(一五七九年七月―八二年二月)に三万二〇〇〇クルザド以上を支出した。

3　その後は布教組織が拡大したために経費がふえ、一五八七年秀吉の伴天連追放令が発布されるまでは、一万―一万五〇〇〇クルザドもの経費がかかった。

4　伴天連追放令発布後の数年は、教勢そのものは余り縮小したわけではなかったが、支出の方は抑えられ、八〇〇〇―一万クルザドであった。

5　一五九〇年代後半になると再び支出がのび、一万二〇〇〇―一万五〇〇〇クルザドに達した。

6　十七世紀冒頭の一〇年程は一万二〇〇〇―一万六〇〇〇クルザドに上ったことが判る。恐らくこれは、江戸幕府の禁教令発布までつづいたものと思う。

7　禁教令発布後は当然経費も減少し、一万クルザド程であったようである。

四　右の支出の動向と日本イエズス会布教団の人数との相関関係をみてみたい。シュッテ神父の研究により、布教団の数を次に記す。

イエズス会員（パードレとイルマン）の数

一五七〇年　一一人
一五七九年　五五人
一五八一年　七四人
一五八七年　一一一人
一五九五年　一三九人
一六〇〇年　一二三人
一六一三年　一二二人
一六一五年　二九人
一六二〇年　二八人

布教団全体（会員と会員外の同宿・看坊・従僕等を含む全員）の数

一五八二年　五〇〇人
一五九二年　六六〇人
一五九五年　六〇〇人
一六〇一年　九〇〇人
一六〇四年　九〇〇人
一六〇九年　八六三人(11)（？）

布教団全体の人数についてデータが乏しいので厳密なことは言えないが、経費と人数を対比させて次の点を指摘することが出来る。会員数は伴天連追放令発布当時から江戸幕府禁教令発布まで、余り大きな変化はない。一方布教団の方は、十七世紀に入って著しく増員している。即ち、同宿・従僕等非会員の数が急に増加したことを意味する。このことは、確かに経費にある程度反映してはいる。しかし、活動を自粛した伴天連追放令後の数年間経費が少なかったのは当然として、それ以前の数年とくらべてみると、殊に十七世紀に入って禁教令発布迄の時期が、これではむしろ少額にすぎると言える。まして一六〇〇—一二年のパシオ時代の日本イエズス会が清貧を全うしていたといった声は殆ど聞かれず、逆にその弛緩と頽廃を訴える意見が内部でいかに強かったかは、既に第一部第二章で述べた通りである。このような風潮と同宿・従僕の増員が関連していることは言うまでもない。当時の教会内部の実態と布教団の人数を考え、経費が伴天連追放令発布以前の数年と大差ないというのは、不可解なことと言わねばならない。これに関して私は次のように推測する。即ち、ここで取上げてきた多くの史料に見えている経費は、基本的には、プロクラドールが管理する会計を基に、そこに記載されている金額をそのまま正確に記したり、その概算を伝えたり、或いはそこに作為を加えて記述したりしたものと考えてよいであろう。しかし、日本イエズス会には、プロクラドールの会計を通さない収支もあった。その主な収入としては、管区長＝プロクラドールの管理下で行われた貿易以外に、一般のイエズス会士が個人的に行なった非公認の商業活動(112)による収益を挙げることが出来よう。この個人的商業活動からの利益高の合計を知ることは極めて困難であって、プロクラドールの管理する収支と別途の収支との比率を明らかにすることは出来ない。このような非公認の商業活動は、既にカブラルの布教長時代にも見られたことではあるが、特にパシオ時代に最も大規模に行われたことは確かなようである。その時期に教会組織が急速に拡大し、支出が増加したと思われるにも拘らず、記録されている経費にそれが充分反映していないのは、国内各地の会員がプロクラドールから給付を受ける以外に、個人的にこの種の商業活動等によって収入を図っていたことを物語っているものではないであろうか。そしてそれはまた、当時のイエズス会内部の修道精神を一層頽廃に導くものであったと言えよう。

（1） A. Valignano & José Luis Alvarez-Taladriz, *Sumario de las cosas de Japón*, Tokyo, 1954, pp. 309, 310.（松田毅一他訳『日本巡察記』平凡社、昭和四十八年、一四〇・一四一頁）。A. Valignano & J. L. Alvarez-Taladriz, *Adiciones del Sumario de Japón*, pp. 515–528.（松田毅一他訳、前掲書、二〇四―二一一頁）。A. Valignano, Apología en la qual se responde a diversas calumnias que se escrivieron contra los Padres de la Comp.ª de Jesús de Jappón y de la China, 1598, Archivum Romanum Societatis Iesu, Jap. Sin. 41, f. 84, 84v.

（2） *Cartas que os Padres e Irmãos da Companhia de Jesus escreverão dos Reynos de Japão & China aos da mesma Companhia da India, & Europa, desdo anno de 1549 atè o de 1580*, Évora, 1598, f. 212v.（村上直次郎訳『耶蘇会士日本通信』上、聚芳閣、昭和二年、三三二頁）。

（3） Josephus Franciscus Schütte, *Introductio ad Historiam Societatis Jesu in Japonia*, Romae, 1968, pp. 313–315.

（4） *Ibid.*, p. 314.

（5） Jap. Sin. 7–III, ff. 78v., 79.

（6） Jap. Sin. 7–III, f. 88v.

（7） Jap. Sin. 7–I, f. 321v.

（8） Jap. Sin. 7–I, f. 321v.

（9） Jap. Sin. 8–II, f. 13 av. (J. F. Schütte, *Valignanos Missionsgrundsätze für Japan*, I, I, Roma, 1951, p. 298.)

（10） J. F. Schütte, *Introductio*, pp. 316, 317.

（11） Jap. Sin. 8–I, f. 215, 215v.

（12） Jap. Sin. 8–I, f. 215.

（13） Jap. Sin. 8–I, f. 240, 240v.

（14） Jap. Sin. 8–I, f. 273v.

(15) A. Valignano, Sumario de las cosas que perteneçen a la Provincia de la Yndia Oriental y al govierno della. (António da Silva Rego, *Documentação para a História das Missões do Padroado Português do Oriente, Índia,* 12.° vol., Lisboa, 1958, p. 544.)
(16) Jap. Sin. 2, ff. 22v., 23.
年間経費八〇〇〇クルザドの数字は、この一五八〇年十月の豊後協議会の記録だけでなく、その後一五八一年七月安土、一五八一年十二月長崎と三回に亙って開かれた第一回全体協議会の総括的な記録にも、次のように記されている。

「第二点は、これも全員が一致したことであるが、次のことを総会長・教皇、及びポルトガル国王にはっきりと知らせねばならない。即ち、今迄に日本で達成しえた成果の凡て、及びそれを維持するためにはどうしても毎年少なく共八〇〇〇クルザドは必要だという点である。亦、コレジオ・カーザ・セミナリオについてこの協議会で論ぜられたことは、日本のイエズス会の利益と改宗のために必要なので実行しなければならないが、そうすると、毎年少なくとも一万二〇〇〇クルザド必要である。しかも上述のカーザの建築に要する経費は別である。これだけのかねは多額のように思われるが、このように大きな管区を維持するためには、真実非常に少額にすぎない。」(Jap. Sin. 2, f. 60v. A. Valignano & J. L. Alvarez-Taladriz, *Sumario*, pp. 331, 332.)
(17) J. F. Schütte, *Introductio*, p. 321.
(18) Jap. Sin. 9–I, ff. 19v., 20.
(19) Jap. Sin. 9–I, ff. 23v., 24.
(20) 片岡弥吉「イエズス会教育機関の移動と遺跡」(『キリシタン研究』十一輯所収)一頁。
(21) Jap. Sin. 7–I, f. 321v.
(22) J. F. Schütte, *Introductio*, pp. 317, 321.
(23) Jap. Sin. 9–I, f. 41.(一五八二年一月十二日付日本発、コエリョの総会長宛て書翰にも同じ文章が記述されている。Jap. Sin. 9–I, f. 76.)
(24) J. F. Schütte, *Introductio*, pp. 313–316.
(25) Jap. Sin. 25, f. 5v. (A. Valignano & J. L. Alvarez-Taladriz, *Sumario*, p. 70.)
(26) Jap. Sin. 9–I, f. 80.

(27) Jap. Sin. 25, ff. 5–6. (A Valignano & J. L. Alvarez-Taladriz, *Sumario*, pp. 69, 70.)
(28) Jap. Sin. 2, f. 60v. (A. Valignano & J. L. Alvarez-Taladriz, *Sumario*, p. 331.)
(29) Jap. Sin. 9–I, f. 95.
(30) このフロイスの書翰に関連して、一五八五年一月二日付加津佐発、フロイスの総会長宛て書翰には、次のように記されている。「誰か別の巡察師が日本に渡来しなければならない時は、その日本巡察中、彼自身と彼の旅に従う人々の経費や、どうしても贈らねばならない進物のために必要なだけのかねをインド又はヨーロッパから持って来るようにしなければならない、ということを、再度猊下に申し上げる。というのは、報告によって猊下が非常によくご存知のように、巡察師アレッサンドロ・ヴァリニャーノは、決して慎しみのないことと認められるようなことや不正な消費などに行きすぎた浪費をしたわけではないのに、当地に滞在した二年間に、日本イエズス会を維持していた資金の中から三万スクードを消費する必要があった。」(Jap. Sin. 10–I, ff. 6v., 7.) スクードは、クルザド、ドゥカドと同価値である。本文に引用した一五八二年十一月五日付フロイスの書翰には、ヴァリニャーノ滞日二年間に二万クルザド費した、とあり、右の一五八五年一月二日付フロイスの書翰には、同じく二年間に三万スクードを消費した、と記されている。一方、本文に引用するように、ヴァリニャーノ自身「日本のスマリオ」の中で、自分が日本に滞在した三年たらずの間(正確には二年七カ月)に三万二〇〇〇ドゥカド以上の経費がかかった、と記述している。従って、先のフロイスの二通の書翰の内、二年間が誤記であるなら、一五八五年一月二日付の方が正しく、また誤記ではなく、ヴァリニャーノ日本滞在期間の内の二年間に限ってのことなら、一五八二年十一月五日付の書翰の記事の方が事実に近い、と言えよう。
(31) Jap. Sin. 9–I, f. 128.
(32) J. F. Schütte, *Introductio*, p. 963.
(33) Jap. Sin. 9–I, f. 133v.
(34) Jap. Sin. 9–II, f. 168, 168v. (一五八四年十月六日付マカオ発、カブラルの総会長宛て書翰も同文。Jap. Sin. 9–II, f. 303, 303v.)
(35) A. Valignano & J. L. Alvarez-Taladriz, *Sumario*, p. 311. (松田毅一他訳、前掲書、一四一・一四二頁)。
(36) J. F. Schütte, *Monumenta Historica Japoniae* I, Romae, 1975, pp. 189–198.

(37) Jap. Sin. 10–II, f. 293v.

(38) Jap. Sin. 10–II, f. 289v.

この引用文に見えているシェラフィンとレイスの間の換算率についてであるが、一万七六〇〇シェラフィン＝五二八万レイス余からは一シェラフィン＝三〇〇レイスの換算率になり、これは C. R. Boxer, *The Great Ship from Amacon*, Lisboa, 1959, p. 338. に記されているところにも符合する。しかし今一例の一万五三〇〇シェラフィン＝四二九万レイスの方は同じ換算率にならない。従ってこの数字に誤りがあるとしなければならないが、前引一五八七年十一月二十日付ヴァリニャーノの書翰にも、一万五三〇〇パルダオと同じ数字が見えているので、四二九万レイスの方に誤りがあるものと思われる。

(39) Jap. Sin. 10–II, f. 336.

(40) Jap. Sin. 11–I, f. 126.

(41) *Cartas*, segunda parte, Évora, 1598, f. 224v.（村上直次郎訳『耶蘇会の日本年報』二輯、拓文堂、昭和十九年、三八八頁）。

(42) Jap. Sin. 10–II, f. 331.

(43) Jap. Sin. 11–I, f. 136.

(44) Jap. Sin. 11–I, f. 84.

(45) Jap. Sin. 11–I, f. 140.

(46) A. Valignano & J. L. Alvarez-Taladriz, *Adiciones*, Apéndice I, Segunda Consulta de Japón, pp. 608, 609.

(47) J. F. Schütte, *Introductio*, p. 322.

(48) *Ibid.*, p. 379.

(49) Jap. Sin. 11–II, f. 227v.

(50) Jap. Sin. 11–II, f. 257v.

(51) Archivum Romanum Societatis Iesu, Goa 14, f. 154.

(52) Jap. Sin. 11–II, f. 288v.

(53) ヴァリニャーノが一五九一年に作った「日本のプロクラドールの規則」には、「日本の支出の合計はナウ船が渡来する八月に始まり、次のナウ船が渡来する時に終るので、収入と支出の会計年度は八月末か九月を起点とすること。」(Jap. Sin. 2,

f. 115.)と定めている。尚、高瀬弘一郎「キリシタン教会の財務担当パードレについて」(『社会経済史学』四十一巻二号)八頁、本書第二部第六章五二五頁を参照していただきたい。

(54) Jap. Sin. 11-II, f. 298v.

(55) Jap. Sin. 11-II, f. 257.

(56) A. Valignano & J. L. Alvarez-Taladriz, *Adiciones*, p. 528.(松田毅一他訳、前掲書、二一一頁)。

(57) Jap. Sin. 12-I, f. 7v.

尤もこの書翰の別の所には、「一回の日本航海は、インドにおいて二万三〇〇〇乃至二万四〇〇〇パルダオまでにしか売れない。これは一万二〇〇〇ドゥカドを少し上廻るにすぎない。これは非常にわずかな額で、日本では一年でそれを消費してしまう。」(Jap. Sin. 12-I, f. 6v.)とあり、日本での年間経費が一万二〇〇〇ドゥカドに上ったかのように記述されていて、この点本文で引用した箇所に見える一万ドゥカドと食違いを見せている。しかし、右に引用したところは、日本イエズス会の収入を図るために一回の日本航海を国王に求める案に対して、それが余り大きな収入をもたらさないことを主張しているものであって、航海の売価一万二〇〇〇ドゥカドは日本で一年で消費してしまう、という表現も、文意を強調することを狙って多少誇張して記述したものだと思う。

(58) Jap. Sin. 12-I, f. 104.

(59) Jap. Sin. 12-I, f. 168, 168v.

(60) Jap. Sin. 12-II, f. 197v.

(61) Jap. Sin. 12-II, f. 317.

一五九六年十二月十日付ゴア発、カブラルの総会長補佐宛て書翰にも次のように記述されている。

「教皇が日本に支給しているレアル貨六〇〇〇クルザド——これはシナで六〇〇〇タエルに相当する——の外に、国王が毎年当地サルセッテとマラッカ税関において日本に給付させている二〇〇〇クルザドがあり、その外、日本がバサインに所有するいくつかの村から入る収入二〇〇〇パルダオがあり、さらにマラッカの家屋と店舗から入る収入六〇〇タエルを有する。それ以外に、日本国内にも有馬・大村、及び天草のようなキリスト教徒領主の領内にレンダを所有している。これは、これらの領主の領内にあるので、失われたことはない。これを凡て合計すると、パードレ・アレッサンドレが日本の必要経費だと言う八〇〇〇タエルを越える。」(Goa 32, f. 587v.)
さらに、一五九六年十二月十七日付ゴア発、カブラルの総会長宛て書翰にも、「日本教会の維持には毎年八〇〇〇タエル必要だと、同パードレ・ヴァリニャーノは言っている。」(Goa 32, f. 583v.) と見えている。

(62) Jap. Sin. 12–II, f. 316v.
(63) Jap. Sin. 13–I, f. 135.
(64) Jap. Sin. 13–I, f. 135v.
(65) A. Valignano, Apología, Jap. Sin. 41, ff. 83v., 84.
(66) Jap. Sin. 14–I, f. 36.
(67) A. Valignano, Apología, Jap. Sin. 41, f. 84. J. F. Schütte, *Introductio*, p. 379.
(68) A. Valignano, Apología, Jap. Sin. 41, f. 84.
(69) J. F. Schütte, *Introductio*, p. 380.
(70) Jap. Sin. 14–I, f. 83.
(71) Jap. Sin. 14–I, f. 81v.
(72) Jap. Sin. 14–I, f. 116.
(73) Jap. Sin. 14–I, f. 116.
(74) Jap. Sin. 14–I, f. 131.
(75) Jap. Sin. 14–I, ff. 137v. 138. (J. L. Alvarez-Taladriz, "Un documento de sobre el Contrato de Armação de la Nao de Trato entre Macao y Nagasaki",『天理大学学報』十一巻一号、九・一〇頁。野間一正訳「マカオ・長崎間貿易船のアルマサン契約に関する一六一〇年の資料」『キリシタン研究』十二輯所収、三六八・三六九頁も参照した)。
(76) Jap. Sin. 14–I, f. 138, 138v.
(77) Jap. Sin. 14–I, f. 131.
(78) 一六〇三年十月六日付コーロスの総会長宛て書翰によると、その当時の在日イエズス会士は、パードレ五三人、イルマン六六人、合計一一九人となっている(村上直次郎訳「イエズス会年報」『キリシタン研究』十二輯所収、二一八頁。J. F. Schütte,

Introductio, p. 325.)。

（79）Jap. Sin. 14–I, f. 131.

（80）J. F. Schütte, *Introductio*, p. 751.

（81）*Ibid.*, p. 379.

（82）Jap. Sin. 9–I, f. 41.（一五八二年一月十二日付日本発、コエリョの総会長宛て書翰にも同じ文章が記されている。Jap. Sin. 9–I, f. 76.）

（83）Jap. Sin. 14–I, f. 138, 138v.

（84）J. F. Schütte, *Introductio*, p. 1027.

（85）Jap. Sin. 14–I, f. 139.

（86）Jap. Sin. 14–I, f. 146, 146v.

（87）Jap. Sin. 14–I, f. 139.

一六〇三年十月六日付コーロスの総会長宛て書翰によると、日本準管区長が協議の結果経費節減のためにとった措置は、食物と衣服を節約することと、役に立たないセミナリオの学生数人を退学させることのみであった、と記されている（村上直次郎訳「イエズス会年報」『キリシタン研究』十二輯所収、二二〇・二二一頁）。いずれにせよ、日本イエズス会布教組織には殆ど変化がなかったことは確かである。

（88）Jap. Sin. 14–I, f. 139.

（89）Jap. Sin. 14–II, f. 186.

（90）高瀬弘一郎「キリシタン教会の貿易収入額について」（『社会経済史学』四十巻一号）一五頁。本書第二部第八章六〇〇・六〇一頁。

（91）Jap. Sin. 14–II, f. 186.

シナ人商人が九〇〇〇タエル貸与したことについては、J. L. Alvarez-Taladriz, "Un documento de sobre el Contrato de Armação", p. 11.（野間一正訳「マカオ・長崎間貿易船のアルマサン契約に関する一六一〇年の資料」三七一頁）にも記述されている。

(92) Jap. Sin. 14–II, f. 186.

(93) Jap. Sin. 23, ff. 33–38. (J. F. Schütte, *Monumenta*, I, pp. 516–538.)

(94) Jap. Sin. 36, f. 181v.

(95) J. F. Schütte, *Introductio*, p. 349.

(96) *Ibid.*, p. 378.

(97) Jap. Sin. 17, f. 56.

(98) Valentim Carvalho, Apologia e reposta a hum tratado feito pello P.e Frei Sebastião de S. Pedro da Ordem de S. Fr.co q. se intitula recopilação das causas por q. o Emperador de Japão desterrou de seus reynos todos os padres, núm. 31. Biblioteca Nazionale Centrale Vittorio Emanuele II, Fondo Gesuìtico 1469.

(99) Jap. Sin. 17, f. 256.

(100) Biblioteca da Ajuda, 49–V–11, f. 491v.（東大史料編纂所架蔵の複製写真による）。

(101) 本書第二部第五章五一〇・五一一頁註(48)を参照。またパルダオとタエル、クルザドとの換算については、本書付録「通貨の換算率」を参照していただきたい。

(102) *Archivo Portuguêz-Oriental*, fascículo 6.o, Nova Goa, 1875, pp. 795, 796.

(103) *Documentos remettidos da India*, t. I, Lisboa, 1880, p. 185.

(104) *Ibid.*, t. I, pp. 343–345. (C. R. Boxer, *The Affair of the "Madre de Deus"*, London, 1929, pp. 80–82. に英訳が掲載されている)。

(105) Jap. Sin. 24, f. 27.

(106) Jap. Sin. 24, f. 27.

(107) J. F. Schütte, *Documentos sobre el Japon conservados en la Coleccion《Cortes》de la Real Academia de la Historia*, Madrid, 1961, p. 79.

(108) *Ibid.*, pp. 8, 12, 16.

(109) Real Academia de la Historia, Cortes 565, ff. 293v., 299.

(110) Jap. Sin. 23, f. 19, 19 v.

(111)　J. F. Schütte, *Introductio*, pp. 313-380. J. F. Schütte, *Monumenta*, I, pp, 515-539. 尚この布教団の人数については、キリシタン教会における非会員日本人に関して克明な研究をした柳田利夫氏の修士論文をも参照した。

(112)　高瀬弘一郎「キリシタン宣教師の非公認の商業活動について」(『日本歴史』三三〇号)。本書第二部第九章。

第二章　キリシタン教会の資産と負債

一

イエズス会の日本布教を経済的に支えた収入の内の定収入は、ポルトガル国王給付の年金、ローマ教皇給付の年金、不動産収入、貿易収入等が主なものであったが、これと共に不定期の収入も重要な意味を持っていた。これは喜捨と借入金が主要なものであった。喜捨は、キリシタン時代を通してさまざまな人々から金品や不動産の形で屢〻行われており、その額も相当な高に上り、教会を潤すところが大きかった。この喜捨と並んで不定期に調達した資金に借入金がある。日本イエズス会が借入金など不定期に資金を調達するようになった最大の原因は、何といっても教皇や国王の給付金が滞ったり、日本に送金される途中で事故があったり、欠航や遭難のために貿易が出来なかったりして、肝心の定収入が確実な定収入でなかったことによる。借入金はいろいろな条件で行われており、その実態を解明することは、東洋におけるポルトガルの経済活動の中におけるイエズス会布教事業の位置づけと、当時のわが国の海外貿易とのかかわりを明らかにする上での手がかりになると考える。

そこで、ここでは、この借入金の問題をとり上げる前提として、日本教会が借入金に依存することが大きくなるのは何時頃からか、その金額はどれ程であったのか、といったようなことを端的に示すために、日本イエズス会の資産と負債の高を出来るだけ明らかにしておきたい。尚、資産を取上げる以上、不動産等も考慮に入れるべきではあるが、イエズス会所有の不動産の時価を明らかにして総資産高を出すことは史料的に不可能である。ここで資産というのは、主としてかねと商品を指し、単に収支のバランスと財務内容の大凡の推移を述べるのが限界である。

二

一五七一年十一月三日付ゴア発、ヴィレラの総会長宛て書翰に次のように記述されている。

「初期には生糸貿易の利益は大きく、一方経費を要する布教団は少数であったので、資産は大凡一万八〇〇〇クルザドになった。しかしインドから指令が届き、生糸貿易を禁止する一方、そのかねの中から一万二〇〇〇クルザドをインドに送金してレンダを買うように命じてきた。(1)」

一五五〇年代後半に開始された生糸貿易により日本イエズス会は厖大な資産を蓄積することが出来たが、インドに土地を買うためにその大半を送金したことが記述されている。これが翌一五七二年一月二十三日付インド発、ヴィレラの総会長宛て書翰には、当時の日本の資産が一層明確に記されている。

「〔生糸貿易によって儲けた〕このかねが殖えてゆき、二万クルザドの貯えが出来たので、インドの上長は、その大部分をインドに送って何らかのレンダを買い、そしてもうシナには送金しないのがよい、と考えた。そして大凡一万二〇〇〇クルザドがインドに送られてきた。日本には六〇〇〇クルザド残ったであろう。(2)」

即ち、右のヴィレラの二通の書翰によって、日本イエズス会は一五六〇年代後半には一万八〇〇〇乃至二万クルザドの資産を持っていた。これが一五六〇年代末から一五七〇年代冒頭にかけてインドに一万二〇〇〇クルザド程送金したので、(3) 日本に残った資産は六〇〇〇クルザドとなった、ということが判る。

一五九五年十一月二十三日付ゴア発、ヴァリニャーノの総会長宛て書翰には次のように記述されている。

「〔カブラルが布教長として日本にいた当時は、大規模な貿易によって〕現金で三万ドゥカド以上の資産があった。」(4)

カブラルは一五七〇年から一五八一年又は一五八二年まで日本布教長であった。右の、カブラル布教長時代には日本に現金で三万ドゥカド以上の資産があった、とヴァリニャーノが記しているのは、ヴァリニャーノが一五七九年に日本を訪れた時には、これだけの資産があった、という意味であろう。その頃三万ドゥカドの資産があったということは、次の一五七九年十二月五日付ロノ津発、ヴァリニャーノの総会長宛て書翰からも裏付けることが出来る。

「われわれがかねやその他売ることの出来る資産の総額は二万タエルに上り、これはわれわれの通貨に換算すると、丁度三万スクードに当る。」(5)

さらにヴァリニャーノは、一五八三年に記述した「日本のスマリオ」でも、「私が日本に着いた時には、三万ドゥカド程の資産があった。」(6)と述べている。即ち、これらの史料によって、一五七九年ヴァリニャーノが来日した当時、日本イエズス会の資産が三万ドゥカドに上ったことは確かであろう。

しかしその直後に、彼が巡察師として日本に滞在していた間に多額の支出をしたこともあって、資産は減少している。一五八〇年十月豊後で開かれた協議会の記録には次のように記述されている。「日本イエズス会は全部で辛うじて二万クルザドに達する資産を有するにすぎない。」(7)

更に、右の豊後協議会を含め一五八〇年から一五八一年にかけて開かれた第一回全体協議会の総括的記録には、次のように記されている。

「イエズス会は日本において、シナから日本に向けて生糸に投資される僅かな資産からの利益以外に何もレンタを持たないが、この資産は辛うじて二万クルザドに達するにすぎない。」(8)

右の二点の記録から、第一回全体協議会が開かれた当時における日本イエズス会の資産は二万クルザド程であったことが判る。

一五八一年九月三日付臼杵発、カブラルの総会長宛て書翰には次のように記述されている。

「巡察師が日本にいるこの二年間に、プロクラドールが私に送って来た表によると、工事には三〇〇〇タエルしか費さなかったにも拘らず、三万二〇〇〇パルダオ以上消費してしまい、あとにはこれと同額の資産も残らなかった。(9)」

この記事は、正確な金額を示してはいないが、当時の資産が三万二〇〇〇パルダオに達しなかったことを伝えている。カブラルは翌日の一五八一年九月四日付で臼杵から総会長補佐に宛てた書翰で「日本には一万五〇〇〇タエルの資産しかない。(10)」と記している。別の所で記したように、この当時カブラルは一タエル＝一・五ドゥカド＝二パルダオの換算率を用いていた。この率によって算出すると、九月三日付書翰の記事は、資産は二万四〇〇〇ドゥカドに達しなかった、となり、また九月四日付書翰に見える資産は二万二五〇〇ドゥカドになり、前引の協議会記録に記されているところに略〻符合していると言える。

ヴァリニャーノは「日本のスマリオ」の中で、「私が日本を離れる時〔一五八二年二月――引用者〕には、資産は二万ドゥカド又はこれより少し多い額しかなかった。(11)」と記述しており、先の協議会記録やカブラルの書翰に見えている金額と略〻一致している。ヴァリニャーノが一五七九年七月に来日した時に三万ドゥカド程あった資産が、二年七カ月の巡察をおえて日本を離れる時にはこれが二万ドゥカドに減少していたことが判る。

次に一五八三年一月二十九日付日本発、コエリョの総会長宛て書翰には、「現在われわれは日本に大凡一万クルザド所有しているであろう。(12)」と記されている。即ち、一五八二年二月には二万ドゥカド余あった資産が、一年後の一五八三年一月には一万クルザドに半減してしまったことになる。この点に関して、一五八二年十一月五日付ロノ津発、フロイスの総会長宛て書翰に、「もしも主の御旨により当地に来る船が失われようものなら、われわれには来年の維持費と一五〇〇クルザド程の負債が残るだけになってしまう。[13]」と記述されている。一五八二年夏に日本に渡来する予定のポルトガル船が失われると、日本には一年分の経費と一五〇〇クルザドの負債しか残らない、と述べている。この一五〇〇クルザドの負債というのは、日本イエズス会の経常費の不足を補うためにこれだけの負債を余儀なくされる、という意味ではなく、恐らくこれは、イエズス会が一五八二年の貿易資金として何らかの形で融資をうけたものではないかと思う。その詳細は不明であるが、日本イエズス会で負債が問題になった早い例の一つと言ってよい。いずれにせよ、その金額から言っても、この負債は、後になってイエズス会が資産を上廻る多額な負債をかかえて窮地に陥ったような、深刻な事態とは言えない。兎に角、一五八二年十一月現在でもしも船が失われたら一年分の経費しか残らない、ということは、この年の初めには外に尚その年の分の貿易資金があったが、これがマカオに送金されて商品の購入に充てられた。これはその年の夏に日本に送られて来る筈であったが、これがもしも失われたとしたら、日本イエズス会の資産は上述の額しか残らない、という意味であろう。このことは、前引一五八三年一月二十九日付コエリョの書翰の別の箇所からもうかがうことが出来る。「貿易の利益は非常に不確かで、既に今年それを欠いてしまった。何故ならわれわれの商品を積んだ船が着かなかったからである。船が失われてしまったのか、それともシナに戻ったのか判らない。その船には、喜捨と日本が所有していた資産の大部分を投じて仕入れた商品が搭載されていた。それ故通常の消費をするわけにはゆかず、われわれに残された僅かな資産を消費しなければならないが、それを使い切ってしまったら、最早われわれには生きるすべがなくなってしまう。[14]」一五八二年夏にマカオからポルトガル船の渡来がなかったので、日本イエズス会では残された資産で以てやっていく以外にない。そしてその資産は先に引用した所に記されていたように一万クルザドだというものである。一五八二年夏には、マカオから日本に向け大小二艘の船が出帆した。この内大きい方は途中台湾で坐礁し積荷は凡て失われた(七月)。イエズス会はこのため八〇〇〇ドゥカドの資産とそこからの利益を失ってしまった。[15] 今一艘の方は八月に日本に着いたが、[16] 前引一五八三年一月二十九日付コエリョの書翰などから判断して、恐らくイエズス会は坐礁した船の方にその年の商品の大部分を搭載していたものと思う。そしてそれは、八〇〇〇ドゥカドで仕入れた商品であったという。ヴァリニャーノが日本を去った一五八二年二月当時二万ドゥカドあった資産が、一五八三年一月に一万クルザドに減少していたのは、このような事情からであった。

一五八八年十月十八日付マカオ発、ヴァリニャーノの総会長宛て書翰には、「本当のところ日本の全資産は、船で送ったものと日本に所有するものを勘定して現在二万クルザドに達しない。[17]」と記述されている。即ち、一五八八年十月現在の日本の資産は、日本国内に所有するもののみでなく、商品購入のためにマカオに送ったかねも合計して、全部で二万クルザド以下であったということが判る。

一五九〇年八月に加津佐で開かれた第二回日本イエズス会全体協議会の記録に、「日本管区が有する資産は、全部で大凡二万クルザドにも達しない。[18]」と見え、当時の資産額に触れている。

一五九二年二月に長崎で開かれた第一回日本イエズス会管区会議の記録には、「イエズス会は日本において確かな定収入や不動産を何も所有せず、総額大凡二万金のかねを所有しているだけである。[19]」と記述されている。二万金のかね、という表現は明確でないが、二万クルザド(ドゥカド)という意味であろう。というのは、ローマ教皇が日本イエズス会に給付した六〇〇〇クルザドの年金について、六〇〇〇金と記しているからである。[20] 一五九二年三月十三日付長崎発、ヴァリニャーノの総会長宛て書翰にも、「現在われわれの資産は全部で二万にすぎない。[21]」と見えている。前後の文章から通貨単位がドゥカドであることは明らかである。さらに同じ一五九二年にヴァリニャーノが執筆した

「日本のスマリオの補遺」には、「資産は非常に僅かで全部で二万ドゥカドを越えない。しかもこの内半分以上は毎年危険にさらされる。[22]」と記述されている。二万ドゥカドの資産の半分以上は貿易資金としてマカオに送られる、ということであって、前引一五八八年十月十八日付ヴァリニャーノの書翰に記されているところと略〻同じである。即ちこ数年日本イエズス会の資産は二万ドゥカド前後であったと言ってよいが、日本国内に常にこれだけのかねを所有していたわけではなく、その内の半分以上は貿易資金としてマカオに送金され、商品に投資して日本に送り返されて来るのを常とした。[23]尚ヴァリニャーノが一五九二年に作成した「服務規定」には、「八月に終るこの一五九二年度末には二万三〇〇〇タエルまでになるであろう日本の資産を減少させない許りか、五万タエルに達するまで出来るだけそれを増加させるよう最善の尽力をするように。[24]」と記されており、一五九二年八月末における資産高の見込が示されている。

一五九四年十一月九日付マカオ発、ヴァリニャーノの総会長宛て書翰には、「日本の資産は非常に減少しつつある。というのは、現在全部で一万七〇〇〇乃至一万八〇〇〇ドゥカドしか所有していない。[25]」と記されている。過去数年とくらべいくらか減少した金額が挙げてある。

一五九六年十二月十七日付ゴア発、カブラルの総会長宛ての書翰には次のように記述されている。

「バルテザール・コエリョ——彼は当市の名誉ある裕福な妻帯者であり、もう多年シナにいて、われわれの親しい友でこの日本の商品について責任を負っている主な代理商人である。そして日本イエズス会が所有しているものをよく知っている——は私に次のように語った。即ち、今年当地で投資されるかねの外に、彼地に三万タエルの資産が残っている、と。これは六万パルダオに当る。[26]」

ゴアで投資されるかねを除き、日本国内だけで三万タエルもの資産を所有していた、とカブラルは書いている。これは、他の関係史料に見えているところにくらべ、資産額が余りに多すぎると言わねばならない。別の所で記述したように、カブラルのヴァリニャーノに対する反感が基になって、多分に作為的な誇張が行われたと見ることが出来るのではないであろうか。

一五九八年七月一日付マカオ発、ヴァリニャーノの書翰には次のように記述されている。

「日本が当マカオや日本に所有する資産を凡て合計して――今確実な会計報告により算出した所――二万二〇〇〇ドゥカドに達しない。〔中略〕上に述べたところが真実で、日本の全資産は二万二〇〇〇ドゥカドにも達せず、そしてその内一万二〇〇〇は常に危険を冒してナウ船で送られる。[27]」

ここではヴァリニャーノは、当時の日本イエズス会の資産として二万二〇〇〇ドゥカドに達せず、との金額をくり返し書いている。この内一万二〇〇〇ドゥカドは、貿易資金及び必要物資購入のためにマカオに送金されていた。

三

十七世紀に入って、一六〇二年一月二十五日付マカオ発、スピノラの総会長補佐宛て書翰には次のように記述されている。

「多額なかねの援助が与えられない限り、どうしても資産を減らすことになる。この資産も既に非常に乏しくなっている。その原因は、このコレジオで多額の消費をしているからである。これは二重の損失になる。何故なら元手と利益を失ってしまうからである。[28]」

マカオ・コレジオは日本とシナの布教にたずさわるパードレの養成を主な目的として十六世紀末に開設されたもの

であるが、これがつくられてからは、そこでの経費がかさみ、商品を仕入れて日本に送れば利益になる資金をそこで消費してしまうので、まるで二重の損失になる。このため資産は減少し既に非常に乏しいものになってしまった、とスピノラは記述している。しかし未だここでも負債のことは問題になっていない点注目に価する。それどころか、その直後には日本イエズス会は相当多額な資産を所有している。即ち、一六〇三年十一月十五日付マカオ発、ヴァリニャーノの総会長宛て書翰に次のように記述されている。

「私は日本を発った時に、プロクラドールのパードレと準管区長の手に二万四〇〇〇タエルを残した。そして更に一万二〇〇〇はナウ船でシナにもたらされた。昨年インドからわれわれの許に届いた何がしかをそれに加え、既に述べたようにナウ船で一万五〇〇〇タエルが送られた。しかしこのナウ船はイギリス人《(マヽ)》に拿捕され、凡て失ってしまった。一方私は、日本において昨年度は一万二〇〇〇タエル以下の消費であったものと思っていたが、実際は一万六〇〇〇消費した。それ故、今年度の経費のために八〇〇〇しか残らなかった。[29]」

ここではまず使用されているタエルの単位が問題になるが、ヴァリニャーノはこの書翰の他の箇所でタエルはドゥカドより価値が高いとしながらも、実際の記述では混用しており、両者の価値が大差ないものの如く扱っている。そこで一応この点を無視して述べることにする。右のヴァリニャーノの書翰によると、彼が一六〇三年一月十五日に第三次日本巡察を終えて離日する当時には、日本に三万六〇〇〇タエルもの資産があった。[30] この内二万四〇〇〇は、その年度(一六〇二年九月一日から一六〇三年八年末まで)と翌年度(一六〇三年九月一日から一六〇四年八月末まで)の日本の経費に充てるために残し、一万二〇〇〇は、貿易資金として、恐らくヴァリニャーノと同じ船でマカオに送られた。しかしこのマカオに送られたかねに、一六〇二年にインドから届いた三〇〇〇タエルを加え、一万五〇〇〇タエルで以て仕入れた商品等を日本に送るためにポルトガル船に搭載したところ、一六〇三年七月マカオにおいて出帆直前にオランダ船の襲撃をうけ、積荷を略奪されてしまった（前引一六〇三年十一月十五日付ヴァリニャーノの書翰にはイギリス人とあるが、これはオランダ人の誤りであろう）。一方日本に残した二万四〇〇〇タエルについては、一年分の経費を一万二〇〇〇と見積り二年分の経費に足りる筈であったが、一六〇二年九月一日から一六〇三年八月末までの年度において一万六〇〇〇も支出し、翌年度の資金の中から四〇〇〇を消費してしまったので、一六〇三年九月一日の新年度が始まる時には八〇〇〇タエルしかなかった、と記されている。この時点での日本イエズス会の資産については、一六〇三年十一月十二日付のヴァリニャーノの総会長宛て書翰には次のように記されている。「日本のパードレ達は、一六〇三年九月に始まり一六〇四年九月に至る今年度の経費のために私が彼等に残しておいた一万二〇〇〇ドゥカド以上のかねを持っているものと私は考えていたが、私の許に送られてきた会計報告により、通常毎年費される一万二〇〇〇の外に、今年は私が日本から戻った後にさらに四〇〇〇以上を費したこと、及びパタショ船が着いた時には大凡七五〇〇ドゥカドしかなかったことが判った[31]。」パタショ船は一六〇三年八月十日にマカオを発ち、好天に恵まれたので八日か一〇日で日本に着くものと予想された[32]のであるから、遅くも八月下旬には日本に到着したことであろうが、その時には日本に大凡七五〇〇ドゥカドしかなかった、と記述されている。この一六〇三年十一月十二日付ヴァリニャーノの書翰に見える七五〇〇ドゥカドと、前引同年十一月十五日付書翰に記されている八〇〇〇タエルのいずれが正しいものかは決める手がかりがない。

一六〇四年二月二十四日付長崎発、パシオのインド副王宛て書翰には、一六〇三年七月マカオでのポルトガル船略奪のことに触れた後で、次のように記述されている。

「このナウ船によって日本イエズス会は救済の道を凡て絶たれてしまった。というのは、所有していたものを凡て失ってしまって、マカオにはもう年間経費をまかなうためにわれわれに送るものは何も残っていない許りか、われわれが充分なだけ自分達の資産を持たなかったために借入れていた二〇〇〇タエルの負債が残った。[33]」一六〇三年九月一日現在七五〇〇乃至八〇〇〇ドゥカドあった資産はその後使い切ってしまい、一六〇四年二月には二〇〇〇タエルの負債のみ残った、という意味であろうか。十七世紀に入り、特に一六〇三年夏マカオでの略奪事件以降日本イエズス会の財務内容が悪化し、趨勢として負債に依存することが大きくなってゆくが、右のパシオの書翰は、まだ負債は少額ではあるが、このような転機を示すものと言えよう。

一六〇三年夏のマカオでの事件は、日本教会に大きな経済的打撃を与えるものであったが、その直後にイエズス会は一時的にではあるがかなり資金が豊かになる。メスキータは、一六〇五年三月十日付長崎発の総会長宛て書翰の中で次のように述べている。即ち、非教化的な貿易収入に頼ることはやめ、日本人やポルトガル人の援助に期待すべきである。托鉢修道士は貿易によらずにやっていることを誇っており、またそのために薩摩王が彼等に銀や食糧を与えて支援している。内府様はわれわれイエズス会士がそれ程窮乏しているわけでないということを知りながら、五〇〇〇ドゥカドを貸与してくれた。それ故、もしもわれわれが貿易をやめたら彼から大きな援助が期待出来よう。また貿易をやめれば、われわれが物乞いに悩まされることもなくなり、丁度仏僧に対して行われているように、コレジオやカーザに対してレンタの寄進が行われるであろう。メスキータはこのように述べて来た後で、「今まで日本人が、われわれが望むような寄進をしなかったのは、われわれにとってあらゆる物があり余っており、われわれは負債を負っていないどころか、むしろ他人に貸与しているということを見ているからである。[34]」と記述している。一六〇四年二月には負債を負っていたものが、僅か一年後の一六〇五年三月には豊富な資金を持ち、他人に貸付けている程であったというが、このようなイエズス会の財務状態の急激な好転は、一六〇四年夏に渡来したポルトガル船に伴う貿易によって、日本イエズス会が異例な程莫大な利益を上げたことによる。即ち、イエズス会は一六〇四年の貿易で実に二万五〇〇〇ドゥカド以上の純益を上げた。[35] これはイエズス会がマカオ＝長崎間の貿易によってえていた通常の利益の数倍にも上るものであった。これにより、教会は一時的に相当な資産を回復することが出来た。

しかしその後一六〇八年一月二十八日付、セバスチアン・ヴィエイラの総会長宛て書翰に次のように記述されている。「私がこのプロクラドール職についた時には、日本とシナに一万五〇〇〇クルザドの負債を負っていた。[36]」ここで言うプロクラドールとは、日本準管区のマカオ駐在プロクラドールのことである。日本にいたヴィエイラがマカオに戻ってプロクラドールに就任した時期は、正確に知ることは出来ないが、右のヴィエイラの書翰の冒頭に、「私はこのマカオから猊下に対し、準管区のプロクラドールになるようにとの命令をうけて日本から帰ったことを書送る。[37]」と見えており、書翰を認めた一六〇八年一月二十八日から余り溯らない時期に、日本からマカオに戻ってプロクラドールに就任したことが判る。そしてその時期には、一六〇五年当時とは一変して日本準管区は日本とシナに一万五〇〇〇クルザドもの負債を負っていたことが判る。前述の通り一六〇三年以後日本イエズス会の会計は赤字基調になるが、潤沢な資金に恵まれた一六〇五年の一時期もすぎ、一六〇七年頃からは(一六〇七年・一六〇八年と二年つづけてポルトガル船欠航)、最早終始負債を脱することの出来ない財務状態になる。一六〇八年十月十五日付長崎発、セルケイラの総会長補佐宛て書翰にも次のように記されている。「オランダ人が原因で、今年一六〇八年も昨一六〇七年もシナから日本への航海が行われなかった。このナウ船によってわれわれを維持するための物質的救援が送られて来るのであるから、司教もイエズス会も既に去年から負債を負っている。[38]」ここには負債の金額は記されていないが、一六〇七年から日本教会が負債をかかえるようになった、と記述されており、前引ヴィエイラの書翰の内容と符合している。

一六〇九年十一月十二日付シナ発、ジョアン・コエリョの「日本イエズス会のカーザ・布教団・レンダ、及び経費の数字に関する短い叙述」と題する文書には次のように記述されている。

「或るナウ船が失われたり、或る年シナから日本への航海が行われなかったり、投資した商品や給付金が送られなかったりすると、日本イエズス会は必要経費に事欠いて非常な窮地に立たざるをえない。これは近年起った通りで、欠航したためにイエズス会は現在二万クルザド以上の負債を負っている。(39)」

ポルトガル船が欠航したためもあって、日本イエズス会の財務内容は更に悪化し、負債額が二万クルザド以上にふえたことが判る。

一六〇三年のマカオにおける事件につづいて、一六一〇年一月のノッサ・セニョーラ・ダ・グラッサ号焼討の事件は、日本イエズス会の財務内容を決定的に悪化させるものであった。イエズス会はこのナウ船を利用して一万二〇〇〇乃至一万三〇〇〇ドゥカドで仕入れた一〇〇ピコの生糸を日本にもたらしたが、これが船と共に失われてしまった。一六〇七年からポルトガル船による生糸取引が途絶えていたので、わが国において生糸相場が異常な程騰貴しており、もしもこの一〇〇ピコの生糸を売りに出していたら四万二〇〇〇乃至四万三〇〇〇ドゥカド以上の売上げになり、三万ドゥカド以上の利益が期待出来たにも拘らずこれを失ってしまった。(40)この事件直後の日本イエズス会の財務内容について、一六一〇年二月二十八日付日本発、ルセナの総会長補佐宛て書翰には次のように記されている。「われわれは想像も出来ない程みじめな状態に陥った。というのは、維持する財源をもたない許りか、既に二万二〇〇〇タエルの負債を負っており、しかも毎年さらに負債を重ねて行くことになろう。(41)」ノッサ・セニョーラ・ダ・グラッサ号事件直後のイエズス会は、二万二〇〇〇タエルもの負債を負っていたことが判る。

一方、司教セルケイラは一六一〇年三月五日付長崎発、教皇宛て書翰の中で、同事件について記述した後で、次のように述べている。「このナウ船の事件によって、イエズス会パードレ達と私が受けた物質的損失もある。〔中略〕われわれは〔日本教会を〕維持してゆくために、われわれにとって非常に遺憾なことであるが、日毎に今以上に負債に頼らねばならない。現在負債は、借金をするすべがないので、少なくはないが多額に上る程でもない。他方われわれは若干の喜捨に頼らねばならない。(42)」ここでは、その頃日本教会の負債はそれ程多額に上るものでなかったかのように記されている。セルケイラは司教ではあったが、経済的にはイエズス会と略〻一体であったと言ってよく、右の記述にしても、何も日本司教区の経済についてのみ記したものではなく、日本イエズス会全体のそれについての記事だと解すべきであろう。従って、セルケイラは、イエズス会が二万二〇〇〇タエルもの負債を負っていたことを知らなかったか、又はそれだけの負債を、多額に上る程でもない、とみたかのいずれかであろう。

一六一三年十月五日付長崎発、スピノラの総会長補佐宛て書翰に次のように記述されている。

「仮令来年ナウ船が渡来しても、われわれには、マカオでの負債の外に日本において九〇〇〇エスクード〔=クルザド=ドゥカド――引用者〕以上の負債があるから、ヨーロッパから多額のかねが届かない限り、われわれは窮地を脱することは出来ない。(43)」

マカオでどれ程の負債を負っていたものか金額の記載がないが、当時日本だけで九〇〇〇エスクード以上もの借金をしていたことが明らかになる。

「一六一五年、本国における負債(44)以外に、現在日本管区が負っていて必ず返済しなければならない負債」と題する記録に次のように見えている。

「今年日本からプロクラドールのパードレが送ってきた会計報告によると、日本において流通銀八〇八六タエル八コンドリンの負債がある。即ち、いろいろな人に三九一七タエル五マス一コンドリン、孤児達に二七四四タエル九マス三コンドリン、司教に一四二三タエル四マス四コンドリン。　八〇八六―〇―八―〇

さらに日本において、流通銀三六二四タエルの負債がある。これはプロクラドールのパードレが日本で利率四〇パ

ーセントのレスポンデンシアで借用し、そして当地に手形を送ってきて、今年それだけの金額を投資した商品を送ってもらって、それで以て元利共返済しようというものである。　三六二四—〇—〇—〇

マカオにおいてセダ銀六〇三四タエルの負債がある。即ち、司教に対しては、売り払ったいくらかの彼の財とヴィセンテ・ロドリーゲス(45)が渡した銀五九四タエル六コンドリンの負債がある。更にヴィセンテ・ロドリーゲスが渡し、イエズス会のかねとして日本に送られた財四三三九タエル四マス七コンドリンの負債を同司教に負っている。また孤児達に対し、大凡一一〇〇タエルの負債がある。　六〇三四—〇—〇—〇

更にゴアにおいて日本司教に一二一三パタカの負債がある。司教はその地に銀で以てそれを持っていた。このかねを、パードレ・マノエル・ガスパルが昨年イエズス会の危険負担でそこから送ってきた。タエルに換算すると、

〇八八《ママ》—一—三—〇

司教に対する負債は全部で次の額になる。　七〇六一—〇—六—　セダ銀
いろいろな人に対する負債は全部で次の額になる。　三四〇八—二—四—　セダ銀
孤児達に対する負債は全部で次の額になる。　三四八七—八—九—　セダ銀
二通の手形とそのレスポンデンシアは次の額になる。　四四一四—〇—四—　セダ銀

一八三七一—二—三

現在日本管区が負っている負債は、総額セダ銀一万八三七一タエル二マス三コンドリンになる。これはパルダオ、シェラフィンに換算して三万九六七九と二五レイス、パタカに換算して二万五〇六〇になる。

レアル貨二万五〇六〇パルダオ(46)」

この記録は、一六一五年における日本管区の負債額が、日本、マカオ、ゴアの地域別や債務の種別等により記され

ている。表題から、ポルトガル本国にも別途に負債があったことが判る。負債額は流通銀とセダ銀の両方の額を示している（これら各種の銀の換算については次章で触れる）。今文書に記されている換算によってセダ銀価で述べると、この年日本管区は、日本、マカオ、ゴアに一万八三七一タエル余の負債があった。この内日本とマカオにおける負債が大部分を占めた。日本司教からの借入れが最も大口で、七〇六一タエル余にも上った。司教とは、一六一四年二月に死亡したルイス・セルケイラのことである。この点について、一六二四年一月二十八日付マカオ発、ジョアン・ロドリーゲスの総会長宛て書翰に、「彼（巡察師フランシスコ・ヴィエイラのこと――引用者）の時代に、われわれが日本司教に負っていた負債の七〇〇〇クルザドが返済された。これは司教ドン・ルイスが死後に遺したものから、われわれが費した分であった。[47]」と見えている。即ち、司教からの借用は、彼の死後その遺産に対して行われたものであったこと、及びこの債務は巡察師ヴィエイラがその任期中（彼は一六一五年に巡察師に任命され、一六一六年六―七月にマカオに到着し、一六一九年十二月二十日か二十一日に死亡した[48]）に返済したことが判る。前引一六一五年の文書に見える司教からの負債額は七〇六一タエル余で、右のロドリーゲスの書翰に記されているヴィエイラの返済額は七〇〇〇クルザドである。後で述べるように、この頃は大凡一タエル＝一クルザドの換算率が使用されていたとみてよく、右の数字から判断して、ヴィエイラの巡察師任期中に、日本管区の日本司教に対する債務はすべて清算されたと解してよいであろう。孤児に対する債務とは、孤児救済のための基金の如きものがあって、そこからの借用を意味するものであろうか。特殊なものでは、利率四〇パーセントのレスポンデンシアで以て流通銀三六二四タエル借用し、元利共でセダ銀四四一四タエル余の負債と記されている点注目に価するが、このレスポンデンシアの問題については次章で取上げたい。

一六一六年三月十八日付長崎発、スピノラの総会長宛て書翰に次のように記されている。

「（マカオ駐在の）プロクラドールは昨年日本に僅かな生糸しか送ってこず、借金の利息を払うにも足りなかった。

このため負債がふえた。この負債は既に一万八九〇〇ドゥカドに達している。この数字には、日本司教のかね五〇〇〇が入っている。[49]」

また同じ日付でスピノラが総会長補佐に書送った書翰にも、「私がいくら勘定しても、われわれは日本国内だけで一万八九〇〇クルザドの負債を負っている。この勘定に司教のかね約五〇〇〇が入っている。[50]」と同じことが記されている。一六一五年には日本イエズス会の貿易収入は僅かであったので、従来の負債の返済はおろか更に借金がふえ、日本国内だけで一万八九〇〇クルザド(＝ドゥカド)もの負債をかかえることになった。そしてその内五〇〇〇は日本司教からの借入れであったという。右の司教に対する債務五〇〇〇クルザドも、日本国内での負債のみを問題にしているのであれば、前引「一六一五年、本国における負債以外に現在日本管区が負っていて、必ず返済しなければならない負債」と題する記録に見えているところにくらべ、国内での司教に対する債務がふえている点が注目される。

一六一六年十二月二十一日付マカオ発、ルセナの総会長補佐宛て書翰には次のように記述されている。

「われわれが置かれているこの艱難の嵐の時期——即ち、われわれの追放、全キリスト教界の破壊、われわれが失った凡ての教会とカーザ、われわれが最後には大勢の敵や托鉢修道士から借りた三万七〇〇〇クルザドの負債——われわれは毎日このかねを受取っている。〔中略〕この外にも新任の総会長補佐のパードレに申し上げたいことがあるが、それは、われわれが負っている多額の負債のことで、これは三万七〇〇〇クルザド以上に上る。[51]」

このようにルセナは、一六一六年十二月現在の負債額が三万七〇〇〇クルザド以上に上った、とくり返し書いている。

一六一七年一月五日付マカオ発、ジェロニモ・ロドリーゲスの総会長宛て書翰には次のように記述されている。

「管区長ヴァレンティン・カルヴァーリョは四万何千パタカもの負債をかかえたこの管区をあずかり、四年間維持して今日は三万ポルトガル・クルザド近くの負債がある。」[52] カルヴァーリョが日本管区長に就任したのは一六一一年七月であるが、[53] その当時管区は四万何千パタカの負債があり、一六一七年一月現在の負債は三万クルザド近くであったという。前引一六一六年十二月二十一日付ルセナの書翰に見える負債額よりいくらか少額であるが、この点一六一七年十月十二日付マカオ発、ピレスの総会長補佐宛て書翰には次のように記述されている。「巡察師はこの管区をあずかってみて、そこが三万クルザド以上の負債をかかえていること、経常費のための財源もないこと、そして多大な損失を蒙ったためにもう当地には借るべき銀がない、ということを知ったので、経費を合理的に緊縮することを始めた。」[54] ここで巡察師とあるのはフランシスコ・ヴィエイラのことである。彼は一六一五年に日本管区巡察師に任ぜられ、一六一六年六月―七月にマカオに到着した。右の書翰は、一六一六年頃の日本管区の負債額が三万クルザド以上であったことを明らかにしており、この点先のジェロニモ・ロドリーゲスの書翰に見えている金額に符合していると言えよう。また一六二四年一月二十八日付マカオ発、ジョアン・ロドリーゲスの総会長宛て書翰にも、「パードレ・フランシスコ・ヴィエイラは、巡察師としてこの管区に来て、三万タエル以上の負債があること、更にその外に管区長のパードレ・ヴァレンティン・カルヴァーリョが既に返済した負債があった、ということを知って驚いた。」[55] と見え、ヴィエイラがマカオに来た一六一六年当時の負債額として、前引ピレスの書翰に記されているところと同じ数字を挙げている。通貨単位は、ピレスの書翰はクルザド、ジョアン・ロドリーゲスの書翰はタエルを用いているが、ここでロドリーゲスはタエルをクルザドと同価値のものとして使用したのではないであろうか。この点一六二五年十一月十日付マカオ発、モレホンの総会長補佐宛て書翰には、「〔パードレ・フランシスコ・ヴィエイラは〕当地に到着し、日本が三万タエル即ちエスクードの負債があるのを知った。」[56] と明確に記している。

カルヴァーリョの「弁駁書」(一六一七年)には次のように記されている。

「……そうであればわれわれは非常に裕福になっている筈である。そしてわれわれが経常費に要するだけのものを持っていることを神はおよろこびになるであろう。というのは、そうであれば当管区は今年当地〔マカオのこと――引用者〕とポルトガルに三万五〇〇〇ペソ即ちパタカ・デ・オイトもの負債を負うようなこともなかったであろう。これについては、私が良い証人である。私がこの管区をあずかった一六一一年には、私に同管区を託した巡察師フランチェスコ・パシオと当時長崎の地区長であったパードレ・ディオゴ・デ・メスキータは、管区は日本とポルトガルに四万〇八〇〇パタカ以上の負債を負っている、と私に語った。[57]」

ここでは、一六一一年と一六一七年における負債額について、夫々四万〇八〇〇パタカ以上及び三万五〇〇〇パタカと記している。この間負債額が減少しているが、カルヴァーリョが管区長であった時に負債の一部を返済したことは、前引一六二四年一月二十八日付ジョアン・ロドリーゲスの書翰にも記述されていた。

一六一八年九月十三日付日本発、フランシスコ・ヴィエイラの総会長宛て書翰には次のように記述されている。

「私は今年、一六一六年四月三十日に作られ、パードレ・ジョルジェ・デ・ゴベイアがわれわれに送ってきた当管区の会計報告によって、当管区はリスボンに五万四七〇〇レイスの負債しかないのを知り、少なからず安堵した。これは凡て、猊下が上述のプロクラドールに対して、上述のリスボンでの負債を速かに返済するよう命令を与えたことによる。[58]」

同じくヴィエイラは、一六一八年九月二十七日付日本発、総会長補佐宛て書翰の中で、「更にわれわれは、教皇の喜捨の支払いが改善されたのを知った。即ち、パードレ・ジョルジェ・デ・ゴベイアは、今年私に対し、当管区はリスボンに五万何千レイスかの負債しか負っていない、ということを書送ってきた。これは私をこの上なく喜ばせた。[59]」と述べている。巡察師ヴィエイラは、このように総会長と総会長補佐に宛て同じ趣旨のことを書送っている。文中に見えているパードレ・ジョルジェ・デ・ゴベイアはリスボン駐在日本管区のプロクラドールであるが、このプロクラドールが、一六一六年四月三十日現在、日本管区はリスボンに五万四七〇〇レイスの負債しかない旨をヴィエイラの許に書送ってきた、という。レイスの単位については、当時は一クルザド＝四〇〇レイスの換算率に原則として定められていたという。[60] 事実、一五九三年一月十三日付マカオ発、ヴァリニャーノの総会長宛て書翰に、七万レイスは一七五ポルトガル・クルザドに当る。六万レイスは一五〇クルザドに当る、といった記事が見られ、[61] 一クルザド＝四〇〇レイスの換算率が当時実際に極東で行われていたことを裏付けている。[62] しかしこの率が常に固定したものではなく、例えば一五九八年七月一日付マカオ発、ヴァリニャーノの書翰には、一ドゥカド＝四三四レイスの換算率であることが記されている。[63] 今仮に一クルザド＝四〇〇レイスの率によると、一六一八年九月十三日付ヴィエイラの書翰に見える、一六一六年四月三十日現在日本管区がリスボンにおいて負っていた負債五万四七〇〇レイスの金額は、一三六・八クルザドに相当し、負債額として問題にする程の額でなかったことが判る。リスボンでの負債がこのように少額にすぎないという報告をうけて安堵した旨、ヴィエイラは前引の書翰で述べているが、このことは、それ以前にはリスボンに多額な負債があったことを推測させる。前引カルヴァーリョの「弁駁書」には、一六一一年当時日本管区は日本とポルトガルの両方に合せて四万〇八〇〇パタカ以上の負債を負っていた旨記されている。また一六一三年十月五日付長崎発、スピノラの総会長補佐宛て書翰に、現在日本において九〇〇〇エスクード以上の負債がある旨記述されていた。今仮に前引「一六一五年、本国における負債以外に、現在日本管区が負っていて、必ず返済しなければならない負債」と題する文書に見える一万八三七一タエル＝二万五〇六〇パタカ(即ち一タエル＝約一・三六パタカ)の換算率によると、四万〇八〇〇パタカは約三万タエルに相当する。一方、同じくカルヴァーリョの「弁駁書」に、一万乃至一万二〇〇〇ポルトガル・クルザドは一万乃至一万二〇〇〇タエルより僅かに価値が小さい、旨が記され、[64] 前引一六二五年十一月十日付マカオ発、モレホンの書翰には、タエルとエスクードは同価値と見えていた。これらの記録から、当時タエルとクルザド・エスクードは大差ないものとして用いられていたとみてよいであろう。即ち、「弁駁書」と一六一三年十月五日付スピノラの書翰から、一六一一―一三年頃イエズス会は日本とポルトガルに三万クルザド(＝エスクード)程の負債があり、この内日本国内には九〇〇〇エスクード、残る二万クルザド余はポルトガルにおける負債であった、と推定出来よう。当時これ程の負債がポルトガルにあったにも拘らず、前引一六一八年九月十三日付ヴィエイラの書翰に記されているように、一六一六年四月三十日現在のリスボンにおける負債は僅かに五万四七〇〇レイス(＝一三六クルザド余)に減少していた。

一六二四年一月二十八日付マカオ発、ジョアン・ロドリーゲスの総会長宛て書翰には次のように記されている。

「彼〔巡察師フランシスコ・ヴィエイラのこと――引用者〕の時代に、われわれが日本司教に負っていた負債の七〇〇〇クルザドが返済された。これは、司教ドン・ルイスが死後に遺したものから、われわれが費した分であった。さらにその後も、彼の生存中に他の負債も返済された(65)。それにも拘らず、尚彼の死により当地に二万二〇〇〇タエル以上の負債が残った。その他にも新たに借入れた負債があった。その一部は、日本のプロクラドールの会計報告によって明らかなように返済されていった。彼はそこで次のように述べている。一六二〇年九月一日までの一六一九年度に、私は負債の中から八〇三一タエルを返済した。また一六二一年九月一日までの一六二〇年度には、そして現在にいたるまで、われわれは日本においていろいろな人に一万〇二三五タエル余の負債がある。これらの負債は適時返済されてゆくので、今のところ差迫ったものではないのは事実である、と。これらの負債の外に、われわれは当マカオにおいていろいろな人に二二三一タエルの負債がある。これをわれわれは間もなく返済しなければならない。従って、一六二四年のこの一月にわれわれは当日本に全部で一万二五六六タエルの負債がある。これは会員の維持とこの管区の運営に費した。私がパードレ・セバスチアン・ヴィエイラからプロクラドールの職をうけついだ時、私が彼から受取った収入としては、私が徴収した貸家の家賃、われわれの債権の証文——その内のいくつかは回収不能の恐れがあるものである——及びゴアのプロクラドールが送ってきた銀と補給物資・衣服であって、この額は、当プロクラドール事務所において二万二九二一に達した。この内、一六二二年十二月一日から一六二三年の同日までの一年で一万〇三〇九タエル費した。これだけのかねを当管区は日本、マカオとコチンシナのコレジオ、シナ布教に費した。これは、収入の金額が減って一万二六一二タエルしか残っていないところからも明らかである。この内われわれは日本に一万〇二二八タエルを生糸と麝香に投資して送る。その利益は両方共六〇パーセントなので、六〇〇〇タエル以上になる。この利益は、さらに日本で危険にさらされる(というのは、〔原文欠〕……既に元手が戻った)。そしてその中から、日本における経費のために二五〇〇タエル以上を管区の会計に割かねばならない。また、キリスト教界の諸事や利益のために一五〇〇余が費されるであろう。従って、合計〔原文欠〕……。前述のように、われわれが現在所有している資金は、借入れている一万二五〇〇にすぎない[66]。」

この書翰を書いたジョアン・ロドリーゲスは、当時マカオ駐在の日本管区プロクラドールをつとめていた。一六二三年十二月十四日から二十三日にかけてマカオで日本管区会議が開かれ、そこにおいてそれまでマカオ駐在プロクラドールであったセバスチアン・ヴィエイラが管区代表に選ばれ、ローマに派遣されることになった[67]。そこで彼に代ってロドリーゲスが同職に任ぜられたものである。右の書翰は、従ってロドリーゲスがプロクラドールに就任した直後に認めたものである。この書翰によって次のことを知ることが出来る。

一、巡察師フランシスコ・ヴィエイラが死亡した時(一六一九年十二月二十日か二十一日)の負債額は二万二〇〇〇タエル以上に上った。

二、一六一九年度(一六二〇年九月一日までの一年)に負債の内八〇三一タエルを返済した。
三、一六二〇年度(一六二一年九月一日までの一年)日本における負債は一万〇二三五タエル余であった。
四、現在(一六二四年一月)マカオに二二三一タエルの負債がある。
五、従って、現在全部で一万二五六六タエルの負債がある(三と四の負債額の合計という意味なら、いずれかの数字に間違いがある)。
六、ロドリーゲスがセバスチアン・ヴィエイラからプロクラドール職をうけついだ時(一六二三年十二月下旬か)、同プロクラドール事務所の会計上、収入は二万二九二一タエルであった。一六二三年十二月一日までの一年間の支出として一万〇三〇九タエルがここから差引かれたので、正確には一六二四年一月現在、会計上一万二六一二タエルの資産がある。
七、この内、一万〇二二八タエルで生糸と麝香を仕入れ、日本に送る予定である。利益は共に六〇パーセント見込まれる。

以上のような事実を知ることが出来るが、ここで重要な点は、六の所で、一六二四年一月現在の資産として一万二六一二タエルの額が示されている点である。内訳は、家賃収入・債権(回収不能の恐れのあるものも含む)・ゴアのプロクラドールから送られてきたもの(即ちヨーロッパとインドにおける収入)となっている。即ち、一六二四年一月現在、日本管区は資産一万二六一二タエル、負債一万二五六六タエルと、資産と負債が略〻同額であったことが判る。一六〇七年頃から日本イエズス会の財務は常に相当な負債をかかえることになるが、史料に見える負債額とは別に、資産・収入を持っていたことは確かである。ただそれが明細に史料に記されていないことが殆どである。その意味で右のロドリーゲスの書翰は重要な史料であり、巡察師ヴィエイラの努力もあって負債の返済が相当に行われた後における、日本管区の財務内容の実態を知ることが出来る。

一六二四年一月に作成された日本管区のカタログに次のように記述されている。

「日本は当地〔前引一六二四年一月二十八日付ジョアン・ロドリーゲスの書翰の記事から、当地とは日本とマカオのことであろう——引用者〕に一万二五六六タエルの負債がある。これは一万三〇〇〇クルザド以上に相当する。ポルトガルからの最近の書翰により、一万三〇〇〇クルザド以上の負債が伝えられてきた(68)」。

即ち、当時日本イエズス会は、日本とマカオに一万二五六六タエル(=一万三〇〇〇クルザド以上)、ポルトガルに一万三〇〇〇クルザド以上の負債を負っていたことが明らかになる。

四

以上いろいろな史料に記されている、日本イエズス会の資産或いは負債の金額を次に表示してみる。

史料	時期	資産及び負債(▲印負債)
1571.11. 3 ヴィレラ	1560年代後半	18,000 クルザド
1572. 1.23 ヴィレラ	1560年代後半	20,000 クルザド
	1570年代初	6,000 クルザド
1595.11.23 ヴァリニャーノ	1570年代末	30,000 ドゥカド以上
1579.12. 5 ヴァリニャーノ	現在	20,000 タエル(=30,000 スクード)
1583 ヴァリニャーノ「日本のスマリオ」	1579年	30,000 ドゥカド

1580.10	豊後協議会記録	現　在	20,000 クルザド
1580–81	第一回全体協議会記録	〃	20,000 クルザド
1581. 9. 3	カブラル	〃	32,000 パルダオに達せず
1581. 9. 4	カブラル	〃	15,000 タエル
1583	ヴァリニャーノ「日本のスマリオ」	1582年2月	20,000 ドゥカド
1583. 1.29	コエリョ	現　在	10,000 クルザド
1588.10.18	ヴァリニャーノ	〃	20,000 クルザドに達せず
1590. 8	第二回全体協議会記録	〃	20,000 クルザドに達せず
1592. 3.13	ヴァリニャーノ	〃	20,000 ドゥカド
1592	ヴァリニャーノ「日本のスマリオの補遺」	〃	20,000 ドゥカド
1592	ヴァリニャーノ「服務規定」	1592年8月	23,000 タエルの見込
1594.11. 9	ヴァリニャーノ	現　在	17–18,000 ドゥカド
1596.12.17	カブラル	〃	30,000 タエル(=60,000 パルダオ)
1598. 7. 1	ヴァリニャーノ	〃	22,000 ドゥカドに達せず
1603.11.15	ヴァリニャーノ	{1603年1月 {1603年9月	36,000 タエル 8,000 タエル
1603.11.12	ヴァリニャーノ	1603年8月	7,500 ドゥカド
1604. 2.24	パシオ	現　在	▲ 2,000 タエル
1605. 3.10	メスキータ	〃	資　産　大
1608. 1.28	セバスチアン・ヴィエイラ	1607年頃	▲15,000 クルザド(日本とシナに)
1608.10.15	セルケイラ		1607年以降負債
1609.11.12	ジョアン・コエリョ	現　在	▲20,000 クルザド以上
1610. 2.28	ルセナ	〃	▲22,000 タエル

史料		時期	資産及び負債(▲印負債)
1617. 1. 5	ジェロニモ・ロドリーゲス	1611年7月	▲4万何千 パタカ
1617	カルヴァーリョ「弁駁書」	1611年	▲40,800 パタカ以上(日本とポルトガルに)
1613.10. 5	スピノラ	現在	▲ 9,000 エスクード以上(日本に. 他にマカオにも負債)
1615	日本管区の負債に関する文書	1615年	▲18,371 タエル(セダ銀. 他にポルトガルにも負債)
1616. 3.18	スピノラ	現在	▲18,900 ドゥカド
1616. 3.18	スピノラ	〃	▲18,900 クルザド(日本だけで)
1616.12.21	ルセナ	現在	▲37,000 クルザド以上
1617.10.12	ピレス	1616年	▲30,000 クルザド以上
1624. 1.28	ジョアン・ロドリーゲス	1616年	▲30,000 タエル以上
1625.11.10	モレホン	1616年	▲30,000 タエル(=エスクード)
1618. 9.13	フランシスコ・ヴィエイラ	1616年	▲54,700 レイス(リスボンに)
1618. 9.27	フランシスコ・ヴィエイラ	1616年か	▲5万何千 レイス(リスボンに)
1617. 1. 5	ジェロニモ・ロドリーゲス	現在	▲30,000 クルザド
1617	カルヴァーリョ「弁駁書」	1617年	▲35,000 ペソ(=パタカ. マカオとポルトガルに)
1624. 1.28	ジョアン・ロドリーゲス	1619年12月	▲22,000 タエル以上
		1621年9月	▲10,235 タエル(日本に)
		1624年1月	▲12,566 タエル 12,612 タエル
1624. 1	「カタログ」	1624年1月	▲12,566 タエル(=13,000 クルザド以上. 日本とマカオにか) ▲13,000 クルザド以上(ポルトガルに)

冒頭で述べたように、ここで資産というのはインド、マラッカ、マカオ、日本に所有した不動産は含まず、専ら現金・商品等のみを指している。不動産を金額で評価することなど到底不可能だからである。しかしそれでも、以上引用してきた史料の記載及び右の表から、日本イエズス会の財務状態の大凡の動向をつかむことは出来よう。即ち、

一、一五六〇年代後半から一六〇三年までは、資産は一時期減少することはあっても、大体二万乃至三万クルザドの額を保っていた。

二、これが一六〇三年七月マカオにおけるポルトガル船略奪事件を境に、その財務内容は悪化した。

三、一六〇四年には長崎貿易でイエズス会が莫大な利益を上げたので、一時的に財務状態は好転した。

四、しかしその直後、ポルトガル船の欠航が大きくひびき、一六〇七年からは完全に赤字に転落し、その後は最後まで負債を脱することが出来なかった。負債額は一万数千乃至三万クルザドに上った。

以上、日本イエズス会の資産と負債の金額をとり上げてきたが、キリシタン布教のあり方を解明するためには、この内の負債に着目し、これをいろいろな角度から考察することが重要であろう。これについては、次章でとり上げたい。

（1）　Archivum Romanum Societatis Iesu, Jap. Sin. 7–III, f. 78v.

（2）　Jap. Sin. 7–III, f. 88v.

（3）　高瀬弘一郎「キリシタン時代インドにおける日本イエズス会の資産について」上(『史学』四十六巻一号)四九・五〇頁。本書第二部第五章四五九・四六〇頁。

（4）　Jap. Sin. 12–II, f. 316v.

（5）　Jap. Sin. 8–I, f. 240.

（6）　A. Valignano & J. L. Alvarez-Taladriz, *Sumario de las cosas de Japón*, Tokyo, 1954, p. 335.（松田毅一他訳『日本巡察記』

平凡社、昭和四十八年、一四九頁)。

(7) Jap. Sin. 2, f. 23.

(8) Jap. Sin. 2, f. 61. (A. Valignano & J. L. Alvarez-Taladriz, *op. cit.*, p. 332.)

(9) Jap. Sin. 9–I, f. 20.

(10) Jap. Sin. 9–I, f. 23v.

(11) A. Valignano & J. L. Alvarez-Taladriz, *op. cit.*, p. 335. (松田毅一他訳、前掲書、一四九頁)。

(12) Jap. Sin. 9–I, f. 133v.

(13) Jap. Sin. 9–I, f. 95.

(14) Jap. Sin. 9–I, f. 133v.

(15) A. Valignano & J. L. Alvarez-Taladriz, *op. cit.*, pp. 336, 337. (松田毅一他訳、前掲書、一五〇頁)。一五八二年十二月二十日付マカオ発、メシアの総会長補佐宛て書翰(Jap. Sin. 9–I, f. 128.)、一五八三年二月十三日付マカオ発、メシアの総会長宛て書翰(Jap. Sin. 9–I, f. 147.)。

(16) C. R. Boxer, *The Great Ship from Amacon*, Lisboa, 1959, p. 45.

(17) Jap. Sin. 10–II, f. 336.

(18) A. Valignano & J. L. Alvarez-Taladriz, *Adiciones del Sumario de Japón*, Apéndice I, Segunda Consulta de Japón, p. 609.

(19) *Ibid.*, Apéndice III, Primera Congregación de Japón, p. 695. (家入敏光訳編『日本のカテキズモ』天理図書館、昭和四十四年、二七一頁)。

(20) A. Valignano & J. L. Alvarez-Taladriz, *Adiciones*, Apéndice III, p. 710. (家入敏光訳編、前掲書、二九三頁)。

(21) Jap. Sin. 11–II, f. 288v.

(22) A. Valignano & J. L. Alvarez-Taladriz, *Adiciones*, p. 460. (松田毅一他訳、前掲書、一八四頁)。

(23) 前引第二回日本イエズス会全体協議会記録(一五九〇年八月)には、日本イエズス会は毎年一万乃至一万二〇〇〇クルザドのかねをマカオに送る。この内三〇〇〇は在日イエズス会士のための補給物資の購入に、残りは商品の仕入れに充てられる、と記述されている(A. Valignano & J. L. Alvarez-Taladriz, *Adiciones*, Apéndice I, pp. 608, 609.)。マカオに送られるかねが毎年一定したものでなかったことは言うまでもないが，右の記録は当時における標準的な数字を示したものとみてよいであろう。

(24) Obedientias do p.^{e} Alexandro Valig.^{no} visitador tiradas das resoluções q p elle se derão assi sobre a pr.^{a} Consulta geral de Japão, q fez no anno de 80 como sobre a 2.ª q se fez no anno de 90 en Cazusa, e sobre a 3.ª q se fez en Nãgasaqui no anno de 92. Juntam.^{te} cõ a 1.ª Congregação q depois della se fez, das quaes cousas todas e das mais ordenações q pr.^{o} tinha deixado, depois de bem examinadas e revistas se tirarão as seguintes obediencias q todos os reitores hão de ter & fazer guardar exactam.^{te} en Japão. Jap. Sin. 2, f. 128.
(25) Jap. Sin. 12-II, f. 223.
(26) Archivum Romanum Societatis Iesu, Goa 32, f. 584.
(27) Jap. Sin. 13-I, f. 135, 135v.
(28) Jap. Sin. 36, f. 147.
(29) Jap. Sin. 14-I, f. 146v.
(30) 当時日本にこれ程多額な資産があったということは，一六〇二年の長崎貿易によって大きな利益を上げたことを推測させる。
(31) Jap. Sin. 14-I, f. 139.
(32) 一六〇三年十月六日付マカオ発，ヴァリニャーノの総会長宛て書翰(Jap. Sin. 14-I, f. 138. J. L. Alvarez-Taladriz, "Un documento de sobre el Contrato de Armação de la Nao de Trato entre Macao y Nagasaki",『天理大学学報』十一巻1号，一〇頁。野間一正訳「マカオ・長崎間貿易船のアルマサン契約に関する一六一〇年の資料」『キリシタン研究』十二輯所収，三七〇頁)。
(33) British Museum, Add. Mss. 9860, f. 88.（東大史料編纂所架蔵の複製写真による)。
(34) Jap. Sin. 36, f. 6, 6v.
(35) 高瀬弘一郎「キリシタン教会の貿易収入額について」(『社会経済史学』四十巻一号）一五頁。本書第二部第八章六〇〇・六〇一頁。

(36) Jap. Sin. 36, f. 242.
(37) Jap. Sin. 36, f. 242.
(38) Jap. Sin. 21-I, f. 170.
(39) Jap. Sin. 23, f. 38, 38v.
(40) 高瀬弘一郎「キリシタン教会の貿易収入額について」一六頁。本書第二部第八章六〇一頁。
(41) Jap. Sin. 21-II, f. 207v.
(42) Jap. Sin. 21-I, f. 215.
(43) Jap. Sin. 36, f. 161.
(44) 一五九一年十月二十七日付長崎発、ヴァリニャーノの総会長宛て書翰には次のように記されている。

「教皇の喜捨について猊下が私に書送ってきたこと、既にその年に四〇〇〇ドゥカドの支払いが許されたこと、そして猊下がプロクラドール〔リスボン駐在プロクラドールのことであろう――引用者〕に対し、その四〇〇〇ドゥカドを借入れて送るよう書送ったことについて、以下のことを申し述べる。第一に、今年はポルトガルから一レアルもわれわれの許に送られて来なかった。そしてプロクラドールは私に、困難ではあったが借入れた、ということを書送ってきた。」(Jap. Sin. 11-II, f. 255.)

この史料は、マドリードで支給される教皇給付のかねを日本に送るに当り、リスボン駐在プロクラドールが現地でかねを借入れて立替えて日本に向け送る、ということが早くから行われていたことを伝えるものである。このような理由からポルトガルにおける負債がふえてゆき、それがまた現地のイエズス会によって流用される、ということも行われるようになったものと思う。

(45) ヴィセンテ・ロドリーゲスはマカオのポルトガル商人であるが、特にイエズス会のマカオ駐在プロクラドール、ミゲル・ソアレスと緊密な関係を持ち、自分の一族と共にイエズス会の代理商の如き立場になり、その依頼を受けてイエズス会士に代って商いをしたり、必要に応じてこれに融資をしたりする一方で、イエズス会の資金と信用を利用して広域にわたり貿易活動をして、大いに富を築いた(一六一一年二月十日付マカオ発、マノエル・ガスパルの総会長補佐宛て書翰 Jap. Sin. 15-I, ff. 6v., 7. 一六一六年一月七日付マカオ発、フランシスコ・ピレスの総会長補佐宛て書翰 Jap. Sin. 16-II, f. 270, 270v.)。

(46) Biblioteca da Ajuda, 49–V–7, f. 95, 95v.（東大史料編纂所架蔵の複製写真による）。
(47) Biblioteca da Ajuda, 49–V–6, f. 154v.（東大史料編纂所架蔵の複製写真による）。
(48) Francisco Rodrigues, *A Companhia de Jesus em Portugal e nas Missões*, Pôrto, 1935, pp. 45, 46. J. F. Schütte, *Introductio ad Historiam Societatis Jesu in Japonia*, Romae, 1968, p. 1030.
(49) Jap. Sin. 36, f. 179v.
(50) Jap. Sin. 36, f. 181.
(51) Jap. Sin. 17, ff. 24, 24v., 29, 29v.
(52) Jap. Sin. 17, f. 56.
(53) J. F. Schütte, *Introductio*, p. 889.
(54) Jap. Sin. 17, f. 100.
(55) Biblioteca da Ajuda, 49–V–6, f. 154.（東大史料編纂所架蔵の複製写真による）。
(56) Jap. Sin. 18–I, f. 53v.
(57) Valentim Carvalho, Apologia e reposta a hum tratado feito pello P.e Frei Sebastião de S. Pedro da Ordem de S. Fr.co q. se intitula recopilação das causas por q. o Emperador de Japão desterrou de seus reynos todos os padres, núm. 30. Biblioteca Nazionale Centrale Vittorio Emanuele II, Fondo Gesuìtico 1469.
(58) Jap. Sin. 17, f. 145.
(59) Jap. Sin. 17, f. 163.
(60) C. R. Boxer, *op. cit.*, pp. 335, 337.
(61) Jap. Sin. 12–I, f. 77.
(62) 「イエズス会の管区がインドに有する凡てのコレジオ・カーザ・レジデンシア・人・レンダ及び経費の要録。一五八六年作成」と題する文書にも、三〇〇クルザド＝一二万レイス、一三〇クルザド＝五万二〇〇〇レイス、一〇〇〇クルザド＝四〇万レイス等々一クルザド＝四〇〇レイスの比率による換算が行われている（J. F. Schütte, *Monumenta Historica Japoniae* I, Romae, 1975, pp. 192–196.）。

(63) Jap. Sin. 13–I, f. 135v.

(64) V. Carvalho, *Apologia*, núm. 31.

(65) 一六一九年九月二十五日付長崎発、マテウス・デ・コーロスの総会長補佐宛て書翰には、巡察師ヴィエイラは積極的に商業活動をすすめたこと、それは管区の負債を返済するためであったが、しかしそれだけが目的でもなく、彼の個人的消費のためのかねも蓄積されていたことなどが記述されている(Jap. Sin. 35, f. 131.)。

(66) Biblioteca da Ajuda, 49–V–6, ff. 154v., 155.（東大史料編纂所架蔵の複製写真による)。

(67) J. F. Schütte, *Introductio*, p. 246.

(68) Jap. Sin. 25, ff. 139v., 140.（J. F. Schütte, *Monumenta*, I, p. 969.)

第三章　キリシタン教会の資金調達

一

前章「キリシタン教会の資産と負債」で明らかにした事実を基に、とくに負債に着目して、これをいろいろな角度から考察してみたい。解明すべき点は、何故に借金をしたのか、どこでいかなる人々から借りたか、借金の条件はどうであったか、或いはいかなる性格の借金であったか、等である。この教会の資金調達の問題を明らかにすることは、キリシタン布教のあり方を解明するための重要な手がかりの一つである許りか、キリシタンとわが国の海外貿易とのかかわりの深さを示すものでもある。

二　負債の理由

日本イエズス会が借金をしたのは、自己資金の不足が主な理由であることは言うまでもないが、しかし単にそれだけでもなかった。イエズス会の資金需要は、大きく分けて、宣教師達が日本で布教活動を行うのに必要なかねと、貿易資金としてマカオに送るかねであった。この毎年日本国内で要する経費と貿易に投ずる金額については、既に別の場所で取上げたところであるが(1)、いくつかの例だけを示すと、一五八〇年十月豊後協議会記録には、日本での年間経費は八〇〇〇クルザド以上、一方マカオに送金される額は二万クルザドの資産の半分以上である、と記されている[2]（マカオに送金される額の大部分が貿易資金であったことは確かである）。一五八三年「日本のスマリオ」には、経費は一万ドゥカド以上、貿易資金は一万乃至一万二〇〇〇ドゥカドであると記述されている[3]。一五九〇年八月第二回全体協議会記録には、経費として一万クルザド、貿易資金として七〇〇〇乃至九〇〇〇クルザドの額を挙げている[4]。一五九八年七月一日付マカオ発、ヴァリニャーノの書翰には、経費は一万二〇〇〇乃至一万四〇〇〇ドゥカド、マカオに送られる金額は一万二〇〇〇ドゥカドである、と記されている[5]（豊後協議会記録の場合と同様、マカオに送金されるかねは、一部はその地で在日宣教師のために必要な物資を調達するのにも充てられたが、しかしその大部分は貿易資金であったと言ってよい）。一六〇三年十一月十五日付マカオ発、ヴァリニャーノの書翰には、経費は一万二〇〇〇ドゥカド、貿易資金は九〇〇〇ドゥカドである、と記述されている[6]。以上五例だけを挙げてみたが、貿易資金は年間経費と大差ない程の金額に達しており、それだけのかねを原則として毎年マカオに送金しなければならなかったことが判る。このように略〻二分される資金需要の内、貿易資金の方が早くから借入金に頼ることが行われ、またその金額も大きかったと言ってよい。このことはその資金需要の性格からいって当然考えられるところである。

例えば、一五九八年七月一日付マカオ発、ヴァリニャーノの書翰には次のように記述されている。

「私が日本のために多額のかねを手に入れたとか、私が莫大な資産を持っている、と思っている人々は、一体どんな計算をしているのか私は知らない。私が一年に三万ドゥカドを一括して送ったなどと言うのは出まかせを言っているのであり、またそれは送られたかねが誰のものか知るためであった〔この所文意不明である――引用者〕。というのは、ポルトガルから届いたかねと投資して儲けたいくらかの利益を除くと、その他は凡て借りたかねであって、持主に返さねばならないものであった[7]。」

ここでヴァリニャーノは、マカオから日本に三万ドゥカドもの額が商品に投ぜられたり、或いは現金のままの形で日本に送られたといっても、その金額の内、ポルトガルから届いたかね、即ち教皇から給付されて送られてきたかねと、日本から送られてきたいくらかの利益金を除いた残りは凡て借入金であって、三万ドゥカドが凡て日本イエズス会の自己資金であるかのように言うのは、見当違いも甚だしい、と主張している。実際に商品に投ぜられたのは三万ドゥカドの内いくらであったのかは、右の記事では不明確であるが、兎に角この史料は、当時既に日本イエズス会が貿易資金を借入金に頼っていたことを明らかにしている。前章で述べたように、同じ一五九八年七月一日付ヴァリニャーノの書翰には、当時日本イエズス会には二万二〇〇〇ドゥカド程の資産をマカオと日本に所有していたことが記述されている。即ちイエズス会の財務状態として当時は通常通りの資産を持っており、特に経済的に逼迫していたわけではない、と言ってよい。右の書翰許りでなく、この頃迄のイエズス会文書についてみても、いろいろな思惑からその経済的窮状を強調していることはあっても、後の一六〇七年以降のように負債の額を訴えるといった内容のものは見られない、ということは既に述べた通りである。即ち、イエズス会は平常通りの資産を持ちながら、借入金を導入して貿易資金とした、と言える。この場合の借金は、資金不足を補うためにやむをえず負債をした、というものではなかった、と言わねばならない。その辺の事情を明らかにする手がかりとして、一五九二年十一月六日付マカオ発、ヴァリニャーノの総会長宛て書翰を挙げることが出来る。

「第一の救済として、私は日本に着いて、資産をこれ程使ってしまったのを知り、われわれの友であるポルトガル人と日本人の何人かに頼んで、いくらかのかねを彼等が危険を負ってシナに送り金に投資し、そこから得られる利益を貧者や教会に対する経費のために与えてほしい、と要請した。送金は、われわれの信徒であり友である一人のポルトガル人を介して行うことにした。彼等はこれを慈悲で行なった。そしてそのために三五〇〇ドゥカドを送った。このかねは、その年に金に投資された。そして同じポルトガル人によって売られた。主はこの取引をお助け下さり、これによって三一〇〇ドゥカド余の利益を上げることが出来た。彼等はこのかねを全額喜捨としてわれわれに与え、ただ貸した資金を回収したにすぎなかった。(8)」

この史料によって次のような事実を知ることが出来る。

一、ヴァリニャーノは何人かのイエズス会の友であるポルトガル人・日本人に要望して、三五〇〇ドゥカドをマカオに送ってもらい金に投資した。

二、送金は出資者であるポルトガル人・日本人が危険を負って行われた。これは海難事故に際しては出資者が損害を蒙るものとし、イエズス会はそれに対する補償は行わない、という意味であろう。

三、三五〇〇ドゥカド投じて仕入れた金を日本で売り、三一〇〇ドゥカド余の利益を上げた。

四、出資者は三五〇〇ドゥカドの元金のみを回収し、三一〇〇ドゥカドの利益金は全額イエズス会に喜捨した。

この三五〇〇ドゥカドについては、出資者は結局元金を回収しただけで利息を徴しない、という異例な形ではあるが、イエズス会への貸付金であることは明らかである。何故なら、送金は出資者の危険で行うものとする、という条件が付されていたこと自体、これがイエズス会への貸付金であって、イエズス会がこのかねを金に投資して利殖を図ったものであった、ということを示している。貸付金ではなしに、その出資者自身が自分の資金としてマカオに送って投資し、その利益を教会に喜捨した、というのであるなら、右の条件などは不要だからである。無利息という異例な形ではあるが、債権者が海損を負担するという点、後で述べるレスポンデンシアとの類似性を指摘することが出来よう。前引ヴァリニャーノの書翰からは、イエズス会の友という何人かのポルトガル人・日本人が、純粋に信徒としてイエズス会に喜捨しただけのことのように見えるが、イエズス会は極東においていろいろな形で貿易と緊密な結びつきを持っていたので、その商業活動を通じて一部の商人と友好的関係が生じており、イエズス会とこれら友好商人の間には、双方共に利害がからんだ関係が出来ていたと言える。今問題にしている何人かのポルトガル人・日本人の善行にしても、このようなイエズス会と友好商人の間の緊密な結びつきの中で行われたことだと言ってよいであろう。ヴァリニャーノは日本に行って日本イエズス会の経済状態を知り出資を求めた、とあるから一五九〇年のことであろうが、この時期に既に、いささか特異な形ではあるがイエズス会が借入金を導入して貿易資金の一部としていたことが明らかになる。そしてその借入れの条件は、海損の債権者負担と無利息というイエズス会にとって誠に有利なものであった。この場合の条件はイエズス会を一方的に利するものではあるが、これはむしろ極端な事例であって、実際にはいろいろ異なる条件で以てイエズス会が貿易資金を借入れることは、外にも頻繁に行われていたものではないかと思う。先のヴァリニャーノの書翰に記されているイエズス会への融資にしても、イエズス会の資産が尽き、借入金に依存せざるをえなかった、という事情ではなかったという点に着目しなければならない。即ち、この場合のような、イエズス会を一方的に利する融資条件のものは言うまでもないが、その他いろいろな条件の下であっても、イエズス会にとって著しく不利なものでない限り、イエズス会と関係深い内外の商人の資金を借入れて商業活動を行うということは、かなり早くから見られたことではないかと思う。

また、特にこれはマカオのポルトガル人・シナ人の商人から借入れをする場合について言えることであるが、イエズス会が貿易資金を借入れた理由として、これとは別に次のような事情を考慮に入れなければならないであろう。即ち、イエズス会が自己資金で以てマカオで商品を仕入れる場合、その資金は日本から送られるか――このケースが多かった筈であるが――又はヨーロッパ、インド、マラッカ等からマカオに送られて来るかねで以てまかなわれたことになる。そしてこの内日本から送金される場合については、ポルトガル船の欠航又は海難等によって送金が不能になれば、当然マカオにおいて貿易資金に事欠くことになるわけで、一時的に資金の不足を補うためにマカオで借金をすることは、恐らく早くから随時行われていたことであろう。例えば、一五八三年十二月十二日付ゴア発、ヴァリニャーノの総会長宛て書翰に次のように記述されている。

「受取った第二の書翰も一月四日付のもので、それによって教皇が日本に四〇〇〇ドゥカドの補助金を与えるつもりだということ、及び今年その四〇〇〇を送る、ということを特に知らせてもらった。私がこれをいかに喜んだか、また在日パードレ達がいかに喜ぶか、とても筆舌に尽しえない。というのは、日本に対する摂理がいかに大きいかが判るからである。なぜなら、日本に行く船が失われたのと同じ年に、教皇がこれ程多額な援助を日本に与えて下さったからである。もしもこれが届かなかったら、日本に対する補給のためにシナで借入れた現金の負債を、いかにして返済したらよいか判らない。(9)」

これは、一五八二年夏に日本に渡航するポルトガル船に搭載する商品を買付ける資金をイエズス会がマカオで借入れたが、この船が遭難してしまったのでその負債が残っていたところ、教皇が新たに四〇〇〇ドゥカドの年金を給付してくれることになったので、返済の見通しが立った、ということを述べているものであろう。一五八二年十一月五日付ロノ津発、フロイスの総会長宛て書翰に、「もしも主の御旨により当地に来る船が失われようものなら、われわれは、来年の維持費と一五〇〇クルザド程の負債が残るだけになってしまう。(10)」と記されているのは、右のヴァリニャーノの書翰を補足するもので、一五八二年の船に商品を搭載するに当りマカオで一五〇〇クルザド程を借入れたことを示すものではないであろうか。

またヨーロッパ、インド、マラッカ等からマカオに送られてくるかねについては、教皇の給付金・国王の給付金・インドにおける土地収入等がマカオに送られてくるのは、通常八月にマカオに着くポルトガル船によらねばならなかった筈である。そしてインドからポルトガル船がマカオに着いた時には、既に日本に行く船は二五日か三〇日前に出帆してしまっていた、というのが通例であった。(11) 即ち、インドから届いたかねを、同じ夏の内にマカオから日本に送る商品の仕入れに投ずることは時間的に不可能であった。僅かにインドから船が着くのが遅いためにマカオで資金に事欠き、これを一時借入金で補う必要も当然生じたと考えられる。例えば一六〇五年一月二十日付マカオ発、ヴァリニャーノの総会長補佐宛て書翰に次のように記述されている。

「現在われわれは、今年一六〇五年六月に当地を発つナウ船で日本のパードレ達に援助を送るために、神の御助けにより、シナ人達から更に別にかなりな額の借金が出来るものと期待している。〔中略〕神の御助けにより、八月に渡来するであろうナウ船団により、今われわれがシナ人達から掛けで買うものについて、返済するだけの財源がえられるものと期待している。(12)」

即ち、六月に日本に向うナウ船に積む商品をシナ人から掛けで買い、その借りを同年八月にインドからマカオに着く船団によってもたらされるかねで以て返済しようとしたことが判る。また前引一五八三年十二月十二日付ゴア発、ヴァリニャーノの書翰に記述されている、一五八二年夏日本に送る商品の仕入れに関して負った負債を教皇の給付金で返済するケースにしても、勿論この場合は給付金が送られて来るのを見込んで借金をしたわけではないが、マカオで一時的に借入れた貿易資金をヨーロッパから送られて来たかねで返済した、という点は共通していると言えよう。

このように不慮の事故或は航海時期のずれのために、一時的にマカオで貿易資金に事欠くことは、頻繁に生じたものと思われるが、このような事態に陥るのを避けるためにも、ヴァリニャーノは一五九〇年十一月五日付で記述した第二回全体協議会答申に対する裁決、及び一五九一年の「日本のプロクラドールの規則」の中で、日本の資産の内八〇〇〇乃至一万タエルをマカオに預けておいて、随時必要に応じて日本向け商品等の買付け資金として使うことが出来るようにしておくように、という指示を与えている。しかしこれも、同じ「日本のプロクラドールの規則」の中で彼が記述しているように、日本イエズス会は五万タエルまで資産の蓄積と保有に努め、それが達成出来たらその内の一万タエルをマカオに預けるように、というものであって[13]、日本イエズス会がこの五万タエルもの資産を所有したことはなかったと言ってよく、従って常時マカオに八〇〇〇乃至一万タエルのかねを預けておく、といったようなことが容易に行いうる状態ではなかった。このようなところから、マカオにおいて一時的に不足した貿易資金を借入金で補うことは避けられないところであったと言えよう。

要するに、日本イエズス会は、一六〇七年以降の常時相当な額の負債をかかえた財務状態に陥る以前から、既にマカオで一時的に貿易資金を必要とするなどの理由——前引一五九二年十一月六日付ヴァリニャーノの書翰には、日本人からも出資してもらったことが記述されており、これが唯一の理由ではなかったと言わねばならず、矢張りそこには、利害の思惑がからんだイエズス会と一部商人との間の緊密な結びつきを推測させるが——から、融資を受けることがあったと言える。

三　債権者の性格

次に問題になるのは、どこで如何なる人々から借入れたかという点である。前述の通り、負債といっても、一六〇七年頃を境にして財務内容が悪化する以前に、いろいろな理由から一時的に借入れた場合の負債と、それ以後の負債とがある。この内前者については、一時的に貿易資金を調達する目的であったところから、当然マカオ又は日本で借入れる場合が多かったと考えられる。前引一五九二年十一月六日付ヴァリニャーノの書翰に、「われわれの友であるポルトガル人と日本人の何人かに頼んで、いくらかのかねを彼等が危険を負ってシナに送り金に投資し、そこから得られる利益を貧者や教会に対する経費のために与えてほしい、と要請した。[14]」と記述されていたのは、当時イエズス会が必要に応じてポルトガル人と日本人の友好的な商人から資金の借入れを行なっていたことを示すものであろう。そしてこのようなポルトガル人や日本人のことをイエズス会の友とヴァリニャーノが呼んでいる点に注目すべきで、従来から商取引の面でイエズス会と深いつながりがあった商人が主であったと言えよう。即ち、このように日本イエズス会とその友好商人との間には、相互依存の関係がなり立っていたと言えよう。一五九四年十月十七日付長崎発、パシオの総会長宛て書翰には次のように記されている。

「今年ナウ船が渡来しなかったので、日本は、もしも来年も渡来しなかったら最早人の力では救済出来ないような状態に陥っている。というのは、当地には八〇〇〇スクードに上る年間必要経費を貸与出来るような裕福なキリスト教徒の商人はいないし、また異教徒は腹立たしい程の利息を徴さずにかねを貸すことはせず、儲けるための高利までも徴する。[15]」

日本には八〇〇〇スクードもイエズス会に貸与出来るような富裕な信徒の商人はいない、という記述は、逆に、従来からイエズス会＝ポルトガルと深い結びつきがあった友好的なキリシタン商人から資金援助をうけることがあった、ということを物語っていると言えないであろうか。パシオは、異教徒は利殖を目的とした高利でなければ融資しない、とも言っている。イエズス会の友とは異なり、従来からイエズス会＝ポルトガルとの関係が浅く、そこから利益に浴することの少なかったような異教徒の商人が教会に融資をする際には、それ相当の利息を徴したのは当然のことであろう。イエズス会は、やむをえずこの種のかねを借入れたこともあったかも知れないが、この当時はまだそれは稀で、友好商人だけではまかない切れない場合のみに限られていたのではないであろうか。尚、ヴァリニャーノが一五九一年に作った「日本のプロクラドールの規則」には、「プロクラドールは更に別の覚えの帳面を持っていて、そこの一方には日本において借金したために負っている債務を記すように。[16]」と規定されている。これだけの簡単な規定では詳細は判らないが、当時日本で負債を負うことがあったことは確かである。

このように日本で融資を受けることもあったであろうが、しかし当時はイエズス会はマカオで借入れることの方が多かったものと思う。その場合ポルトガル人とシナ人が出資者であったことは明らかである。それが如何なる人々であったのかその詳細は不明であるが、イエズス会はマカオで何人かの友好商人を持っており、彼等がイエズス会の商業活動に緊密なかかわりを持ち、重要な役割を演じていたことは確かである。例えば、一五九六年十二月十日付ゴア発、カブラルの総会長補佐宛て書翰に次のように記述されている。

「誠実で裕福な人物であって、パードレ・アレッサンドレが有する主な代理商人であり、永年の間これらの商業活動の管理を引受けてきたバルテザール・コエリョが、二、三日前に私に次のように語った。即ち、マカオにおいてはイエズス会に対して当地にくらべはるかに大きな不満が存在している。そこでは日本のプロクラドール、パードレ・ミゲル・ソアレスがコレジオの中に自分の取引のカーザを持ち、そこでは絶えず商品の出し入れが行われている。またシナ商人が頻繁に出入りしている。同パードレ自身他の人々に代って買えるなら、自ら店に行き商品を買求めている。そして日本に送られる商品に多額の投資をする外にも商品を買い、それを同地でもっと高く転売する。資金は非常に巨額なので、それで以て外から送られてくる商品を買占めてしまう。凡ての人々がこのことを訴え、不満を述べている、と。[17]」

この書翰は、ヴァリニャーノによって統率された日本イエズス会が商業活動を活潑に行なって、修道精神が弛緩していることをカブラルが批判しているものである。そのような角度から取上げるべき点は多いが、ここではそれについては触れず、バルテザール・コエリョなる人物について記述されている点に着目したい。彼はヴァリニャーノが代理商人にしている人物で、永年イエズス会の商業活動を引受けてきた富裕な商人だという。彼については、カブラルは一五九六年十二月十七日付でゴアから総会長に送った書翰の中でも、次のように記述している。「バルテザール・コエリョ――彼は当市の誠実で裕福な妻帯者であり、多年シナにいてわれわれの親しい友であり、この日本の商品について責任を負っている主な代理商人である。そして日本イエズス会が所有しているものをよく知っている――は私に次のように語った。即ち、当地で投資されるかねの外に、彼地に三万タエルの資産が残っている、と。[18]」このような記事から、マカオとゴアにおいてイエズス会の経済活動に深く結びついていたバルテザール・コエリョの人物像がさらに鮮明になる。彼はイエズス会の代理商人であった、とくり返し記されているが、恐らくイエズス会が商業活動をする際その売買の仲介や商行為の代行などをつとめていたものであろう。右の一五九六年十二月十七日付カブラルの書翰に、「上述のバルテザール・コエリョは私に次のように語った。同パードレ〔プロクラドールのミゲル・ソアレスのこと――引用者〕は自分自身で店を歩き不正取引を行なっている。自分はイエズス会に対して抱いている愛により、何度か彼に忠告し、自分の名前でそれを行うことを申し出た、と。[19]」と記述されているのはそれを裏付けるものであろう。このコエリョのような人物こそイエズス会の友好商人と呼ぶにふさわしく、イエズス会が融資を求める場合、まず第一に頼るのはこのような商人であったことが推測出来る。そして彼のように名前が明らかではなくても、これに類似したイエズス会の友の商人はかなりいたことが考えられる。そのことをほのめかしている史料として、前引一五九六年十二月十日付ゴア発、カブラルの総会長補佐宛て書翰に、「これ〔日本イエズス会の貿易活動のこと――引用者〕は、曾て行われていたように、何人かの友の手で、彼等自身の家において行うことが出来る筈である。[20]」と記述されている。イエズス会の商業活動は、曾ては何人かのイエズス会の友の手で行われており、会員が表立って事を行うことはなかったが、その後仕方がかわり、会員自らこれを行うようになり弊害が大きくなったので、以前のような姿に戻すべきである、と主張しているものである。この点については、同じカブラルが、一五八三年十月五日付マカオ発総会長宛て書翰の中で一層詳しく記している。

「猊下もご存知の通り、日本のパードレも改宗事業も、これまである程度商業活動による以外に維持し前進するすべがなかった。そしてこのような行為が何らかの弊害を招き、人々に悪くとられるのは確かであったので、当時管区長であったパードレ・アントニオ・デ・クワドロスは、この貿易を行うのは避けられないにしても、少なくとも弊害になるような機会をわれわれが与えるのは少なくすべきであると命じ、そしてそのために、私を日本に派遣するに当り、この資産がイエズス会士にとって取引に充てられてはならないし、会員は何人も取引に当ってもいけない。それをイエズス会の忠実な友二、三人の手に委ねるように。そして彼等が出来るだけ秘密裡に、自分自身のかねとしてこの港で生糸に投資するように、ということを命じた。彼等はその生糸を自分自身のものという名目で買入れ、自宅で荷造りをし、日本行きのナウ船に積込んだ。そして日本で、彼等自身がその生糸を売り、儲けの中からその年に日本で改宗事業やイエズス会士の維持に必要な額を残した。そしてその残額は、再び自分自身のかねとして投資するためにマカオにもたらした。このために日本にプロクラドールがいて、これについて責任を持ち、商品の仕入れや儲け、更には再び彼等の手に残ったかねのことなどについて、これらの人々に指図を与えた。後になって、その生糸が日本のパードレのものだということが知られるようにはなったが、イエズス会士は何人もそこに介入していなかったし、他方経費が多額に上るのを見て、非難する者がいなかったわけではないが、それは少数であったし、亦弊害も少なかった。現在インド管区長である巡察師が当地に来るまで、このようなやり方で進められていた。[21]」

即ち、カブラルが日本に渡来する以前は、イエズス会士が自ら商業活動に関係して兎角弊害が大きかったので、これを是正するためにインド管区長のクワドロスは、一五七〇年にカブラルを日本布教長として日本に派遣するに当り、日本イエズス会の貿易をイエズス会の友二、三人の手に委ね、彼等自身の商行為という名目で行うように、という指示を与え、カブラルはその通り実行した。そしてヴァリニャーノが巡察師としてマカオに渡来し、一五七九年にマカオ市当局と貿易のことで契約を結び、市の対日貿易に正式に参加するまで、このような仕法で商業活動が行われ、弊害も少なかったという。右のカブラルの書翰は、彼の日本布教長時代におけるイエズス会の貿易活動の実態を知る上で貴重な記録ではあるが、彼が自分の時代に商業活動をめぐる弊害がなかったことを強調しようとする余り、イエズス会の取引に会の友の商人が介在したのはその時期のみであったかの如く記述している点には疑問がある。確かにその後イエズス会の生糸貿易は、ヴァリニャーノがマカオと契約を結んでアルマサンを通しての対日貿易に参加することにはなったが、これ以外にも相当に商業活動を行なっており、その際友好商人が介在したことは当然考えられるからである。例えば、一六〇三年十月八日付マカオ発、ヴァリニャーノの総会長宛て書翰に、「日本イエズス会は、シナ＝日本間のナウ船で常に大凡一万二〇〇〇ドゥカド送ってきた。その内九〇〇〇は、既に別の機会に書送ったように、当市がわれわれに与える生糸の買付けに充てられる。この生糸は、われわれの友のポルトガル人達の手で売買される。[22]」と記述されている通りである。勿論、これら友好商人の介在の仕方も一様のものではなく、カブラルが記しているように、イエズス会の取引であることを隠蔽しようという意図によるものが凡てでなかったことは言うまでもない。極東におけるイエズス会の貿易には常にこのような友好商人が介在したり、緊密な取引関係を結んでいたものと思う。イエズス会が融資を求めた先としては、第一にこの種の商人を挙げねばならないであろう。

このような商人はポルトガル人許りではなかった。一五九九年十月二十六日付マカオ発、ミゲル・ソアレスの総会長宛て書翰に次のように記されている。「インドからのナウ船団の渡来によって、私はシナ人達に対する負債を返済することが出来るものと期待している。」[23]ミゲル・ソアレスはマカオ駐在の日本のプロクラドールであるが、右の記事は、当時日本イエズス会がマカオでシナ人に債務があったことを明らかにしている。また一六〇三年十月六日付マカオ発、ヴァリニャーノの総会長宛て書翰には、この年の七月に日本に向けまさに出帆しようとしていたポルトガル船がオランダ人に襲われて積荷を略奪され、このためイエズス会も甚大な被害をうけた事件に関連して、次のように記述されている。

「ごく僅かではあるが、インドからわれわれに届いたこのかねや、われわれが異教徒のシナ商人達から掛けで買うことが出来るものと期待しているいくらかの生糸によって、私は彼等に対し出来る限りの救済をしようと思っている。」[24]

日本に送るべき商品などが奪われて経済的に窮地に立った日本イエズス会を救うために、異教のシナ人から掛けで生糸を買い、これを次の船で日本に送ろうとヴァリニャーノは考えた。この思惑通り彼はシナ商人から多額な商品を借りることが出来た。一六〇五年一月二十日付マカオ発、ヴァリニャーノの総会長補佐宛て書翰に、「この外、ポルトガル人と取引のある異教徒のシナ人達が、われわれに同情して九〇〇〇タエル以上の財を掛けで売ってくれた。」[25]と記述されている。タエルの単位については、ヴァリニャーノは、一六〇三年十一月十五日付マカオ発総会長宛て書翰の中で、「当地では勘定はタエルを使用するが、一タエルは一ポルトガル・ドゥカドより価値がある。」[26]と記し、一六〇三年十月八日付マカオ発総会長宛て書翰では、一タエル＝一・二五ドゥカドの換算率を用いている。[27]また多少時期が溯るが、一五九八年七月一日付マカオ発の書翰では一タエル＝一・五ドゥカド余の率を示している。[28]このように同じ頃にヴァリニャーノが記している換算率も一定していないが、タエルの方がドゥカド、クルザドよりいくらか価値が高いとする点では一貫している。一方、一六〇三年十月八日付マカオ発、及び一六〇三年十一月十五日付マカオ発のヴァリニャーノの書翰に、日本イエズス会は毎年九〇〇〇ドゥカドを資金にして生糸を仕入れた旨が記述されているところから判断して、この時ヴァリニャーノがシナ商人から借りた九〇〇〇タエルの商品は、その頃日本イエズス会が毎年商っていた商品よりも多額なものであったと言ってよい。[29]

ところで、ここでヴァリニャーノが九〇〇〇タエルの商品をシナ人から借りた事実は、重要な意味を持っている。即ち、前述の通り日本イエズス会は従来から一時的に融資を受けることはあったが、その場合は、イエズス会の友が教会に対する恩恵として好意的な条件で貸与してくれた旨記述されているのが大方である。ところが、この場合のヴァリニャーノの記述にはそのような文言はなく、異教徒のシナ人といった表現すら用いている。また借入れた金額も、それまでの例とくらべはるかに多額であった点も注目すべきである。即ち、従前の負債は友好商人の恩恵を基盤にするものであったが、この時のシナ商人からの掛け買いは、商業ベースによる融資であったと言えるのではないであろうか。そしてこれは右の事例だけではなく、この頃から日本イエズス会の資金調達の性格が変化してきたと言えると思う。ヴァリニャーノは、一六〇三年十一月十五日付マカオ発総会長宛て書翰の中で、「第三の救済策は、異教徒のシナ人達からいくらかの生糸を掛けで買い、インド又は日本からナウ船が戻ったらその支払いをするものとする。そしてその生糸を日本に送ってパードレ達がそれで以て収入がえられるようにする、という方法である。」[30]と記しており、異教のシナ商人から商品を掛けで買うことを、有力な資金調達方法の一つとして挙げている。日本イエズス会は、その後一時的に財務内容が好転した後、一六〇七年頃から常時負債をかかえることになるが、このように財務状態が悪化していったのと略々時を同じくしてその負債の性格も変化し、基本的にはイエズス会の友による恩恵から、商業ベースによる掛け買いその他諸条件による借金へと推移していったと言えよう。[31]

ヴァリニャーノがシナ人から借りた九〇〇〇タエルの商品は、恐らく一六〇四年夏にわが国にもたらされた。幸いこの年の貿易はポルトガル側に非常に大きな利益をもたらし、それに伴いイエズス会も莫大な利益を収めることが出来た。[32] その結果シナ商人に対する支払いも滞りなく行われた。一六〇五年一月二十日付マカオ発、ヴァリニャーノの総会長補佐宛て書翰に次のように記されている。「主は、同ナウ船〔一六〇四年七月にマカオを発ち日本に向った船のこと――引用者〕が日本においてその財について非常に有利な取引をするよう命じ給うた。即ち、全商品を非常に高く売り、このマカオに通常より三カ月早く戻ってきた。〔中略〕このナウ船によってわれわれも大きな救済をえた。というのは、シナ人達がわれわれに掛けで売ったものについて彼等に返済をすることが出来た。[33]」この場合の貸借による売買がどのような条件で行われたものかを明らかにする史料は見出すことが出来ないが、兎に角ポルトガル船が日本からマカオに帰港したことにより、借りが全額返済されたことは明らかである。この時の貸借は双方にとって有利なものであったようである。そのためでもあろうが、イエズス会は翌一六〇五年夏マカオから日本に渡る船に搭載する商品についても、シナ人から借りることを考えた。即ち、一六〇五年一月二十日付ヴァリニャーノの書翰に次のように見えている。「現在われわれは、今年一六〇五年六月に当地を発つナウ船で日本のパードレ達に援助を送るために、神の御助により、シナ人達から更に別にかなりな額の借金が出来るものと期待している。〔中略〕神の御助により今後八月に渡来するであろうナウ船団により、今われわれがシナ人達から掛けで買うものについて返済するだけの財源がえられるものと期待している。[34]」一六〇四年以降、イエズス会が日本向けの商品を掛けで買うという商法が定着していったことを示していると言えよう。

貸借による売買が行われたとなると、保証人を立てるとか、担保を設定するなどのことが行われたであろうということが考えられる。この内保証人については、或る程度史料で裏付けることが出来る。一六〇六年十一月四日付マカオ発、カルヴァーリョの総会長補佐宛て書翰に次のように記されている。

「当地の市民達が修道士に多額の喜捨をしてくれて、当地にある修道士の四つのカーザを維持していることについて、われわれは神に感謝しなければならない。彼等は当地の商人達の喜捨以外に、何らのレンダも国王の給付金も持たない。当地全体に金持は二〇人以下しかいない。その内大部分の者は、四〇〇〇乃至五〇〇〇タエル以下の資産しか持っていない。これは四〇〇〇乃至五〇〇〇ポルトガル・クルザドより少し価値が高い。殆どこれら二〇人によってその他の人々が支えられている。それは、或いは喜捨により、或いは貸金により、或いはシナ人が当地の住民の多くに財を貸したり掛けで売ったりする際、これに対して保証人となることによってである。これは大きな危険を冒すものでこの財が失われることが屢〻ある。そうするとこの金持達は自分が保証人となっている人々に代って、自分の家からシナ人達に返済をする。[35]」

二〇人程のポルトガル人富豪が保証人になったのは、世俗のマカオ住民とシナ人との間の貸借に対してのみでなく、イエズス会士の同様な商行為についても保証したことは言うまでもないであろう。これらの富豪が日本とシナの教会に対して多額な喜捨を行なってきたことについては、同じカルヴァーリョの書翰に記述されている。

「日本からナウ船が渡来する時には、小教区・コンフラリア・病院・貧者等からの要望が余りに多く、私はこの人々がこれ程激しい嘆願に耐え、その窮状を救ってやる忍耐と寛大さを持っているのに驚く。中でもこれら二〇人までの人々が、上で触れた修道士達の修院の凡てに援助を与えている。そして特に、彼等はシナと日本のレジデンシアのパードレとコレジオのパードレのために多額の喜捨を与えている。私が日本から来て後――それはもう六年か五年半になるが――古い教会が私が来た時に焼けたので、われわれが作った新しい教会のために二年間に七〇〇〇タエル以上を私に与えてくれた。また私の役目、即ち当地の院長の役目である修道士達の維持のために、五年半の間に四〇〇〇タエル以上を私に与えた。しかもこの間オランダ人が積荷を満載した四艘のナウ船を拿捕したことと、パードレ・

ヒル・デ・ラ・マタが乗ったジャンク船が、日本からの帰航の途中で失われたことのために、当市が損害を蒙ったにも拘らず、これが行われた。[36]」

カルヴァーリョはこのように、二〇人のポルトガル人富豪が主になってマカオや日本の教会に対し多額な経済援助を行なったことを伝えている。前述のように、日本イエズス会がマカオで貿易資金の不足を補う場合、以前はこういった友好商人の好意的措置に依存することが殆どであったと思われるにも拘らず、一六〇四年頃からは直接異教徒のシナ人から掛けで買うようになった。このようにその資金調達の仕方が変化した原因は、何と言っても日本イエズス会の財務内容が悪化して自己資金が欠乏し、貿易を行う上で他人の資金に依存する比率が大きくなって、友好的なポルトガル商人だけではその資金を充分供給出来なくなったからではないであろうか。例えば一六〇四年夏日本に送るためイエズス会は九〇〇〇タエルの商品を掛けで買ったが、これを右のカルヴァーリョの書翰に見えている、二〇人のポルトガル人が過去数年にわたってシナと日本の教会に喜捨した金額とくらべてみて、日本イエズス会の貿易資金の需要がいかに大きかったかが判る。それ許りか、マカオの経済状態が悪化する一方で、マカオやシナの教会組織が拡充し、その方面からも喜捨を求められる、といった状況の変化のあったことも考慮に入れる必要があろう。[37]要するにイエズス会は、もうこの頃には限られた友好的なポルトガル商人のみに頼っていたのでは、必要な資金を調達することが出来なくなっていたと言えよう。そして直接シナ商人と貸借による取引関係を結び、有力ポルトガル人はそれに対する保証人となるという形で、間接的にイエズス会を支援する役割に変っていったのではないであろうか。[38]

日本イエズス会の貿易がシナ商人からの借入れに依存するところがいかに大きかったかは、次の一六一七年一月五日付マカオ発、ジェロニモ・ロドリーゲスの総会長宛て書翰からうかがうことが出来る。

「この貧困と、それに関して当管区の会員達が蒙っている不都合は、ヨーロッパのみでなくインドにおいても余り知られていない。その第一の理由は……〔中略〕第二の理由は、今のように何人かのパードレが説明なしに何かを書送るからである。われわれが多大な損失をした時に、何人かのパードレは、それがわれわれのものか又はシナ人から借りたものかを言わずに、われわれが莫大な損失を蒙ったことを書送る。それ故、日本航海のナウ船一艘だけでわれわれが二万クルザドもの商品を失ったということをインドで聞いた者は、管区はこれ程多額な資金を持っていたと思うだろう。しかし事実はまるで逆である。この点について一層よく猊下に知っていただくために申し上げるが、シナ商人達は、ナウ船が当地から日本に発つ六月に、ポルトガル人が信用出来る人物ならこれに多額な掛け売りをする。即ち、直に五〇〇クルザド支払う者に一〇〇〇クルザドの財を与え、残りの五〇〇はナウ船が戻った時に支払う、というものである。曾て彼等が裕福であった当時には、これを非常に大まかに行なった。しかし今日では、オランダ人のために多大な損失を蒙ったために、もうこれを簡単には行わない。そして即金で銀を受取って売る場合よりも高値で掛け売りをする。彼等はイエズス会には常に信頼をよせたので、われわれに対しては比較的簡単に掛け売りをする。これがわれわれを屢〻支えてきた。この外に、毎年われわれが必要とする一万クルザドを儲けるために、一万二〇〇〇乃至一万五〇〇〇、屢〻それ以上を危険にさらさねばならない。この航海は毎年は行われないからである。われわれが送る財の大部分は掛けで買ったものなので、一度ナウ船が失われると、一艘だけで航海をするためにそこに凡てを搭載しているので、われわれは多年にわたって負債を負うことになる。事実現在われわれはこれ程多額の負債を負っている。(39)」

即ち、ポルトガルの対日貿易の過程でシナ商人との間で貸借による取引が行われており、そのような事情を背景に、イエズス会が毎年日本に送る商品の大部分はシナ商人から掛けで買ったものだという。そしてシナ商人は、イエズス会に対しては世俗のポルトガル人以上に大きな信用をおき、簡単に掛け売りを認めたという。また貸借で売買が行われた以上、当然その売買価格が問題になるが、この点については、右の書翰は、即金の場合より高値で掛け売りをする、と当然のことが記述されているだけで、その価格差等詳しいことは判らない。尚この点に関連して、カルヴァーリョが一六一七年に記述した「弁駁書」には次のように見えている。

「〔一六一二年・一六一四年、及び一六一五年の〕三航海に、イエズス会は全部で九三ピコ六二カテの生糸を搭載したにすぎなかった。これ以上仕入れる資力がなかったからである。しかもその半分以上はシナ商人達から掛けで買ったものである。その仕入れ価格は全部で一万〇六六六タエル、そこからの利益は三六七四であった。[40]」

即ち、一六一二年・一六一四年・一六一五年の三年間にイエズス会が日本に送った生糸は全部で九三ピコ六二カテであり、その仕入れ価格一万〇六六六タエルの半分以上については、シナ商人からの掛け買いであったという。右の数値から、この時の一ピコ当りの掛けによる元値は約一一四タエルとなる。

四　資金調達法の種別――委託貿易とレスポンデンシア

一六〇四年頃から、日本イエズス会は商業ベースで融資をうけるのがその資金調達の基調となった、ということは以上述べてきた通りであるが、次にその資金調達法の種別について取上げてみたい。即ち、この頃になると、イエズス会の資金調達法として、掛け買いとは別に新たに二つの方法が認められるようになる。一つは委託貿易、今一つはレスポンデンシアである。この種の特殊な金銭貸借による貿易はわが国では「投銀」と呼ばれ、近世初頭の海外貿易史上重視されて、その性格や実態についていろいろ論議をよんできている。わが国の海外貿易において、国内商人が内外の商人に貿易資金を貸付けた特異な金銭貸借の方法である投銀の問題と、イエズス会の資金調達法としての委託貿易或いはレスポンデンシアとは勿論無関係ではない。そこで、以下先ずイエズス会の資金調達の方法について取上げ、ついで、そこで判明した事実に基づいて投銀の問題についていささか言及してみたい。

次に日本イエズス会関係の委託貿易及びレスポンデンシアに関する史料を挙げ、その内容を検討してゆきたい。

史料一　「巡察師パードレ・フランチェスコ・パシオの命令により、マカオにおいて何人かの学識深いパードレが一事件――この事件については一層長文の報告が日本から総会長の許に送られた――に関して作成した論述書」と題する文書の一節。この文書は日付・署名のない写しがローマ・イエズス会文書館に架蔵されている。但し、記述された時期については、大凡のところは判明するので後で述べる(尚、この文書は難解なので、理解を助けるための注記を〔　〕に入れて補った)。

「パードレ達が日本において、アンドレ・ペッソアのナウ船に搭載することになっていた相手側の金の銀〔訴訟の相手側がイエズス会士に託した金を日本で売った売上の銀〕を自分のものにすること、そしてマカオ駐在プロクラドールに対して、同ナウ船が安着したら相手側にそれだけの銀を渡すように、またもしもナウ船が失われたら、その所有者達が銀を失ったものとするように――実際にその銀を搭載していたら失われていたわけだからであるが――と命ずることが許されるのか否か諮問を受けている。

銀をナウ船で送る契約を結んだこと自体がよかったか否かについては、諮問は行われていない。何故なら、この点については日本から送られて来た論述書の中で、既に充分立証されているからである。それに反して、日本において相手側の銀を受取り、当地マカオでこれに同じ額の銀を渡す、という上述の銀の交換を行うことが許されるか否か、ということだけが疑問点である。

別の文書帖に挙げてある諸理由については、ここではくり返さない。というのは、それらは既に想定されうるからである。しかし他の諸理由を新たに指摘し、更に別の理由の内のいくつかに触れておく。更に一層この件を立証するためであり、またそれを根拠にして新たに別の理由の裏付けをするためである。

パードレ達が上述の交換を行うことは許された、ということは、次の理由から立証される。即ち、これは、そのための船があれば速かに銀を送る、また船がなければナウ船で送るように、という慣例の命ずるところに全く逸脱していない。パードレ達がこれを行なったのは次の理由による。即ち、早い船便がなかったのでナウ船で銀を送り、〔この、ナウ船で送った銀は、「金の銀」即ち在マカオの金の所有者達の銀である筈がない。そうではなくて、恐らくイエズス会士が日本人から委託された銀か、又はイエズス会自身の銀のことであろう。〕そしてプロクラドールに対して、ナウ船が安着したら、丁度同じ銀が箱詰で船積みされて来た如くに、それと同じ額の銀を渡すように、という命令を添えたからである。また ナウ船が着いたら、それだけの額の銀を渡すことになっていたからである。その支払いには不足がある筈がなかった。何故なら、もしも銀がないような場合は、ナウ船でもたらされたパードレ達の生糸で以て支払いが出来たからである。その場合、マカオの価格で以て債権者に生糸を与えることによって支払いをするか、又は生糸を売って銀を与えるかのいずれかの方法があった。というのは、パードレ達がナウ船に所有した生糸は、金の銀よりもはるかに価値が高かったからである。〔ここで言う支払いとは、マカオにおける金の所有者に対する売上銀の支払いのことであろう。そして、その支払いのための銀が不足すれば生糸で補う、というのは、同ナウ船即ちノッサ・セニョーラ・ダ・グラッサ号でマカオから日本にもたらされた生糸は、結局わが国で売れず、マカオに積みもどすことになり、従ってまたイエズス会の持ち分の生糸も同じく積返されることになったわけで、もしも同ナウ船がマカオに帰着することが出来たら、右のイエズス会の生糸もマカオ駐在プロクラドールの手に渡るわけであり、この生糸で以て、金の所有者に対して支払う銀の不足分の補いにすることが出来る、という意味であろう。〕即ち、上述の仕方で事実上銀を送るのは、実際に銀を送るのと同じ意味がある。〔金の所有者の銀は実際にはマカオに送らないが、このようにすれば事実上送ったのと同じことになる、という意味か。」彼等が提示した文書類から判るように、これは学校で講ぜられている博士達の見解である。これはインドで一般に行われていることで、同文書類から明らかなように、ゴアの高等裁判所によって承認されている。これは効力がない、という者がいるかも知れない。何故なら高等裁判所がこれを決定した時には、レスポンデンシアの契約についてであったが、それはパードレ達が行なった交換とは異なるものである。或る契約を基に別の契約について論証するのは効力がない、と。

　これに対しては次のように回答する。即ち、高等裁判所が決定した点は契約についてではなく、次のような件に関してであった。というのは、レスポンデンシアの契約が合法的且つ正当なものであることは明らかだからである。それは即ち、マラッカに渡るナウ船に危険を冒して積むためにレスポンデンシアで銀を借り、そして銀を送ることをしないでそれで以てゴアで椰子畑を買い、銀の所有者には、銀をナウ船で送らなかったことについて知らせなかった。双方が危険を冒していたナウ船が失われた。銀を借りた者は、ナウ船が失われたのであるから何ら債務はない、と言った。一方銀の所有者は、自分の銀がナウ船に積まれなかったということ、及びその銀で椰子畑を買ったということを知り、銀を要求して次のように言った。銀はナウ船に積まれず、また自分はそれについて知らなかったのであるから契約は無効となった、と。訴訟は高等裁判所に持込まれた。同裁判所は次のような判決を下した。即ち、その銀がナウ船に積まれても積まれなくても、契約を結んだ双方共そのナウ船で危険を冒したことになる。というのは、事実上送られたことになるからである。何故なら、もしもナウ船が無事に戻ったら、銀を借りた者は、恰も銀が船積みされていたかの如くに元銀とレスポンデンシアを支払わねばならなかったからである。従って、ナウ船が失われたのであるから、恰も銀が船積みされていたかの如くに銀はその所有者の損失となる、と。即ち、高等裁判所が決定した点は、銀を実際に船積みしても陸に残しておいても、その所有者は冒険を冒すことになる、というものであって、これはまさにわれわれのケースと同じである。また同裁判所は、契約については判断を示さなかった。というのは、レスポンデンシアの契約が正当であることは疑いないからである。

更にまた、上に述べたような受託者が委託者に対して義務を果し、危険を冒して委託者の命ずる場所で同じ額の銀をこれに与える、という事例は、インドで一般に行われていることだという点に、大いに注目しなければならない。これは是認されている慣行であって非難すべきことではない。金の所有者はこの点を問題にしていないようである。マカオの人々のかねをコチンから当地にもたらすに当って、それを宝石に投資し、マカオでは単に同じ額をその所有者に支払うのみ、という事例を見出すことが出来る。それは de receptis qui arbitrium で始まる法律の注解に基づいている。即ち、自分には損害が及ばず他人には利益になることは忍ばなければならない。このことは承認されている。即ち、パードレ・モリナ〔ルイス・デ・モリナ、一五三六—一六〇〇、スペインの神学者——引用者〕が第五二三論に例として挙げている砂糖のケースに見られる通りである。そこで彼は次のように述べている。一人の男が自分の砂糖と相手の砂糖を大量にナウ船に積んでリスボンに向った。自分の砂糖を下に、相手の砂糖を上に積んだ。そして或る島——テルセイラ島だと思う——に着いた。彼はそこで自分の砂糖をいくらか売り、そしてリスボンに手形で送金したいと考えた。海賊を恐れたためであった。そして底にある自分の砂糖をとり出すことが出来なかったので、相手の砂糖をとり出して売った。そして相手には、底にあった自分の砂糖——同じものであったが——を渡そうと考えた。

そのナウ船は海賊に拿捕された。委託者達は、受託者が自分の砂糖を売ったことを知り、銀を要求して、そして自分達のものであって受託者のものではない砂糖はどうしたのか、と主張した。しかし、モリナ博士は受託者に有利にこの事件を解決した。そして次のように言った。即ち、受託者は砂糖の交換を行い、自分の砂糖の所有権が委託者に移り、委託者の砂糖が彼のものとなった。このような交換は許されることであった。というのは、それによって委託者に何ら損害が及ばなかったからである。もしも彼等がそこに居合せ、尋ねられたとしたら、この交換に満足し承諾していたに違いなかった。何故なら何ら損害が及ばなかったからである。委託者達の砂糖が失われたという事実もまた、この結論を下す根拠になった。というのは、砂糖の所有者達は何ら損失を蒙らなかったからである。何故なら、仮令この交換が行われなかったとしても、海賊に略奪されていた筈だからである、と。われわれはこれと同じことを主張している。即ち、パードレ達が、金の銀をマカオに所有した銀と交換したことは許される。というのは、前述の通り、これによって相手側に損害が及んだわけではないどころか、むしろ利益になったからである。また仮令この交換が行われなかったとしても、銀は失われていたからである。というのは、同じ箱に入れて船積みされた筈だからである。

このことは、ガマ〔アントニオ・ダ・ガマ、一五二〇—九五、ポルトガルの法学者で *Decisiones Supremi Senatus Regny Lusitaniae*, Lisboa, 1578. を著した。——引用者〕の判決第二六七号によっても立証される。この判決は民事裁判所判事と宮廷の判事による二つの裁判を通過した。事件は次の通りであった。一人の男が友人から、マデイラ島に行って砂糖を買い、そしてロシェルに行ってそれを売り、そこで或る布地を買うようにと一〇〇クルザドを委託された。彼はロシェルに行って、獣皮と紙を買えば布地以上に儲けが大きいのを見て、それを実行し、そしてリスボンに戻って銀の所有者にロシェルで買って来る筈であった布地を渡した。しかし、それは彼が丁度自宅に持っていたものであった。そして獣皮と紙は自分のものにした。銀の所有者は事の経緯を知り、その布地を受取ろうとせず、紙と獣皮は自分の銀で買ったものであるから、自分のものである、と主張した。しかしこの二つの判決で反対の宣告が下され、受託者が行なった交換が良しとされた。何故なら、それによって委託者に何ら損害が及ばなかったからである。即ち、委託者に損害にならない場合は、受託者はこれに類する交換を行うことが出来る。しかし、ここで次のように主張する者がいるかも知れない。即ち、この交換は、銀の所有者が布地を求めたのに対して、受託者が彼にこれを与えたのであるから正当だと判断されたのだ、と。これに対してわれわれは次のように回答する。即ち、受託者は、委託者のかねで以てロシェルで買った布地を委託者に与えたのではなくて、既に前から自宅に持っていた他の類似の品をこれに与えた。それにも拘らず、この交換は正当であって、受託者は委託者に対して何ら債務がない、との判決が下った。何故なら、ロシェルにおいて委託者の為に布地を買うのも、既に以前から自宅に持っていたものを与えるのも同じことだからである。何故なら、パードレ達もまた銀を交換し、日本において金の所有者達の銀をとり、マカオにおいて同じ額である、と。従って、パードレ達もまた銀を交換し、日本において金の所有者達の銀をとり、マカオにおいて同じ額の銀を与える、ということは許される。何故なら、事実上銀の所有者達〔「金の所有者達」の誤か〕がパードレに依頼したことを行なったことになり、この交換によって彼等に何ら損害が及ばないからである。(41)」

この文書は、明らかに一六〇九年夏に渡来し翌一六一〇年一月に長崎で有馬軍の攻撃をうけて焼沈したポルトガルのナウ船ノッサ・セニョーラ・ダ・グラッサ号にかかわる訴訟事件に関するものである。イエズス会はこのナウ船焼沈の事件が発生したことによって、マカオの商人との間に厄介な紛争を起した。事件の内容は、関係文書によると大凡次のようなものであった。即ち、イエズス会士はマカオの商人の委託をうけてその金を日本にもたらして銀にかえたが、本来ならその銀をノッサ・セニョーラ・ダ・グラッサ号に積んでマカオに送り、委託者に届けるべきところ、その銀を日本イエズス会がとどめおいて、そしてマカオ駐在イエズス会プロクラドールに対し、船が安着したら委託者に相当する銀を渡すようにと指示した。その際の財源は、マカオ駐在プロクラドールの手持ちの銀、及びそれだけで不足ならば、同ナウ船が日本から積み帰ったイエズス会の生糸によってその不足を補うものとした。ところが同ナウ船は長崎で焼沈してしまったので、マカオの金の委託者に対しては、銀を搭載した(ことになっている)船が失われたので、委託貸借関係はなくなったとして、銀を渡さなかった。しかし委託者は、自分に渡されるべき銀は実際には船積みされることなく、日本イエズス会の許に保管されたことを知って、その返済をせまり、イエズス会に抗議した。訴えを起した一人がジョアン・バウティスタ・ナシという者であったこと、金を委託したのは彼一人ではなく、他にトメ・ブラス、クリストヴァン・ソアレス、アントニオ・フェレイラといった「最も富裕なマカオ市民達」も含まれていたことは、次に触れるコンファロニエリ外四人の文書に見えている。(42)訴えを受けたマカオのイエズス会では、院長マヌエル・ディアスは委託者に対して返済をすべきだという意見であったが、他の全員はその必要はないという見解をとった。問題はローマの総会長の許にまで持込まれ、総会長はイエズス会の名誉のために事を重大視し、マカオ及び日本のイエズス会士がこの件でとってきた措置に問題がなかったかどうか問い質す文書を送ってきたようである。そこで、これに対し、イエズス会士がとった措置は、現地における商業慣行とノッサ・セニョーラ・ダ・グラッサ号出港当時の日本の情勢からみて正当且つ妥当な行為であり、返済の義務はない、との趣旨の意見書がいくつか作られた。前引文書はその一つであるが、その外にも、一六一六年一月二十九日付マカオ発、コンファロニエリ外四人が署名した総会長宛て文書(13)や、「その所有主が危険を負担してアンドレ・ペッソアのナウ船に積んで行き、マカオでその所有主に支払いをするために受取り、われわれのカーザに保管してあった金貨をめぐる経緯についての報告書」(44)と題する、日付・署名のない記録が残されている。日付のない文書も、右のコンファロニエリ外四人の文書によって、その大凡の作成時期を知ることが出来る。いまこれら関係文書の内容を比較してみると、三文書は夫々異なる角度から自己の主張の正当性を論証しようとしている。即ち、史料一として引用した文書では、委託を受けて商いをすることと、海難の場合は委託貸借関係が消滅するということは、当時の商業慣行として一般に行われていることだという点を主張しているのに対し、他の二通の文書は、ノッサ・セニョーラ・ダ・グラッサ号が日本を出港する当時の日本国内の情勢から、委託者の銀を陸に保管しておくより同船に積む方がより安全であった、として、同ナウ船に搭載した――正確には「搭載することにした」と言わねばならないが――ことが、委託者の銀を守るための最善の措置であった、と強調している。

尚一六二〇年二月十日付マカオ発、ジェロニモ・ロドリーゲスの総会長補佐宛て書翰は、アンドレ・ペッソアのナウ船に搭載したルイス・ガルセスの金三〇〇〇タエルについて触れ、前総会長アクワヴィーヴァと現総会長ヴィテレスキはその返済を命じているが、われわれにはその返済義務はない旨主張している。(45) これも同じ訴訟事件に関するものであろうが、事件後一〇年を経て尚係争中であったことが判る。

ところで、日本イエズス会の資金調達法を考える上で、この史料一の文書は重要な意味を持っている。即ち、文書は、文意が必ずしも鮮明とは言えないが、その頃東インドで行われていた特殊な金銭貸借の方法として、明らかに二つの形態があったことを伝えている。この二つは互に類似の性格も持つが、主要な点で異なっている。その一つは、ここで問題になっている、イエズス会がノッサ・セニョーラ・ダ・グラッサ号を利用して、マカオの何人かの富豪から委託を受けた金を日本にもたらし、それを銀にかえてマカオに送り返して委託者に返済する。万一海難にあったら貸借関係は解消される、という契約のケースである。文書には、この、イエズス会が行なった商業契約のことをレスポンデンシアとは一言も記されていない。

これに対して、レスポンデンシアとして、ゴアにおいて甲が乙から特定のナウ船でマラッカに送って投資すべく銀を借り、後にそれに利息をつけて返済する。海難にあったら貸借関係は消滅する、という契約についても記述されている。このレスポンデンシアによる貸借の例を同文書が示しているのは、借入れた銀を契約通り船に積まないで他に流用したところ、その船が失われたというケースでも、海難に際しては貸借関係が消滅するという契約が効力を持つかどうかという訴訟の争点と、イエズス会士が前記委託取引において委託者の銀を日本にとどめ、マカオに所有した銀で以て支払いをしようとしたところ、その船が失われた、というケースで貸借関係が残っているかどうかという争点とが類似しているところから、イエズス会側の主張するところが正当だということを裏付けるための事例として挙げている。レスポンデンシアによる商業契約の例はこのゴアでのケースだけであり、イエズス会の場合も、そしてその他いくつか記述されているヨーロッパにおける訴訟事例も、レスポンデンシアとは記されておらず、契約の内容も異なっているのが認められる。即ち、それらはかねの貸主が委託者、借主が受託者となって営んだ委託貿易と呼ぶべきものである。委託者と受託者の間で結ばれた契約の詳しい内容は明らかではないが、レスポンデンシアが単なる冒険的な金銭貸借であって、貸主はかねの運用には関知しなかったのに対し、明らかに貸主が借主に資金や商品を託して商行為を指定した委託貿易であった。即ち、当時東インドにおいて、このように互に類似点もあるが重要な点で性格を異にする二つの資金調達法が行われていた、ということが明らかになる。そしてこの内委託取引の方は、前引文書により、ノッサ・セニョーラ・ダ・グラッサ号が一六〇九年に日本に渡来した折に、同船を利用してマカオの商人の委託を受けてイエズス会が行なったことがはっきりする。このような委託貿易がイエズス会にどれ程の利益をもたらしたか、またイエズス会はこのような商業行為にいつ頃から関係したか、といった点は不明である。ただ、在日イエズス会士は、キリシタン布教のかなり初期の頃から、領主等の委託を受けて銀を預り、マカオで注文の品を買付けて来る貿易の仲介斡旋を行なっていた。この問題については、既に私はキリシタン宣教師の重要な経済行為として別稿で取上げ、その実態とキリシタン史上における意義等について述べた(46)。この日本人のための貿易の仲介斡旋が、今ここで問題にしているイエズス会による委託貿易と、その形態が極めて類似していることに気付く。但し、委託貿易は委託者と受託者の双方の営利を目的とした商行為であったが、これに対して、在日イエズス会士が行なった仲介斡旋がイエズス会にいかなる利益をもたらしたものかは難しい問題である。このようにイエズス会士が仲介斡旋の労をとることによって、日本のキリシタン領主等に経済的援助を与えることが出来、それが喜捨などの形で教会に利益が還元されるとか、非信徒の大名に対しては、これによって迫害を手控えさせ、教会活動を黙認させるなどの効果があったことは当然考えられる。イエズス会士の記録にも、この業務はイエズス会士に直接の利益をもたらさない煩わしいものであるが、日本人の強い要望があるのでやむをえない、といった趣旨の記述が多く見られる。このように、イエズス会士は日本布教の初期の頃から、言わば間接的な利益を図ってこれを行なってきたのであって、この商行為から直接収入を得ることを目的としたわけではなかった、ということは一般的に言えると思う。尤も、日本イエズス会が仲介斡旋によって直接収入を得ることがあったということを裏付ける史料も、皆無ではない。例えば、一六一三年三月二十一日付日本発、カルロ・スピノラの総会長宛て書翰に次のように記述されている。

「現在われわれは、曾てのように上述の銀を代って投資することをせずに日本に滞在している。しかしながら、われわれが曾てその銀を運用したことは周知の事実である。尤もわれわれは、その銀を取立てたわけではなく、それはわれわれの使命ではないと言って弁解してきた。主は、われわれが国王や他の人々の銀によって儲けたものは凡て失われ、多額の負債の外は何の資産もわれわれの手許に残らなかった[47]。」

これは、一六一〇年代初めにイエズス会士の仲介斡旋業務を禁じた総会長の指令が送られてきたことにより、これが廃止に向ったことを伝えているものである。この廃止によって、国王即ち将軍その他の人々の銀によって儲けたものは凡て失われた、という記述は、それ迄はこれによって利益を上げていたことを明らかにしている。これは、仲介斡旋によって収益を上げることがあったということを伝える数少ない史料の一つである。さらに右の史料は、国王その他の人々の銀云々と記述されている点注目に価する。家康は海外貿易や海外からの技術の導入に熱心であったが、そのためにイエズス会士に接近を図り、彼等の仲介斡旋によって行なった家康の貿易は相当な額に上ったものと見られる。一方、イエズス会が家康からこの種の依頼を受けるようになったのは、丁度時期的に日本イエズス会の財務内容が悪化して、商業ベースによる資金調達を余儀なくされた頃と一致している、と言ってよい。また、その当時は日本イエズス会の財務は、準管区長パシオとプロクラドール、ロドリーゲスの二人が行なっていた時期であった。この二人は殊の外商業活動によって収益を図ることに熱心で、日本人のための貿易仲介を大規模に行なった。[48] 即ち、日本イエズス会が初期の頃から行なってきたこの貿易仲介は、形の上では委託貿易と同じものではあるが、少なく共十六世紀の間は、それによって直接収益を上げることはなかったか、又仮にあったとしても問題にする程の額ではなかったのではないか。イエズス会は自己資金によって独自の商業活動を進めればよく、このような手段で収入を図る必要はなかったと言えよう。これが、その後日本イエズス会の財務内容の悪化、日本イエズス会首脳の方針の転換、国内情勢の変化等の諸要因が重なり、十七世紀に入りこの委託貿易を収入源の一つとすることになったのではないであろうか。

委託貿易の性格として問題にすべき点に、海損を負担するのは委託者と受託者のいずれであるか、という事柄がある。前記マカオのポルトガル人との訴訟内容から、それが海損委託者負担の契約であったことは明らかであるが、しかし常にそうであったとは限らないようである。例えばヴァレンティン・カルヴァーリョの「弁駁書」(一六一七年)には、日本の国王や領主から貿易仲介の依頼を受けたことに関して次のように記されている。「日本イエズス会は、もしもこの注文品を失ってわれわれの資産から返済しなければならないような事態になるのを危惧して、天下《テンカ》の三人の統治者に働きかけて、このような依頼からわれわれを解放してもらおうとした。[49]」この記事は海損のことを言っているものかどうか必ずしも明確ではないが、もしもそうだとすれば、これは海損を受託者が負担していたことを示していると言わねばならない。恐らくこの海損の負担については、レスポンデンシアの場合程確定してはおらず、いろいろな内容の契約が行われていたものであろう。

史料一の文書に見える事例は、イエズス会がマカオの何人かの富豪(名前からポルトガル人と推定出来る)から金を委託されたものであるが、日本イエズス会にこの種の委託をしたのは日本人許りでなく、ポルトガル人もいたということは、別の史料からも明らかである。即ち、一六一一年一月二十五日付マカオ発、パシェコの総会長宛て書翰に次のように記されている。

「既に昨年私は猊下に書送り、仮令日本がレンダを持っても生糸貿易を放棄するのは適切でない理由をいくつか述べた。ゴアからもパードレ達がそれについて猊下に書送った。ただこの貿易においては、われわれの資金以外には、日本人であれ、ポルトガル人であれ、他の人々の財についてプロクラドールが委託をうけることは決して許さないよう、日本の上長達に対して厳重に指示する必要がある。(50)」

パシェコは、日本布教を経済的に維持するために生糸貿易が不可欠であることは認めながら、それはあく迄イエズス会の自己資金による商業行為に限るべきで、日本人・ポルトガル人を問わず、他人の資金や商品の委託をうけて取引を行うことは禁止しなければならない、と主張している。このことは、取りも直さず、その頃イエズス会士が日本人やマカオのポルトガル人の委託を受けて商行為を行なっていたことを物語っている。そして、パシェコがこのような商業行為の禁止を主張した直接の契機は、実は、先に述べたノッサ・セニョーラ・ダ・グラッサ号を利用して、マカオのポルトガル人の委託を受けて行なった商行為に伴って発生した訴訟事件であった。右のパシェコの書翰には、すぐつづいて次のように記述されている。

「われわれが世俗の人々の取引に関与することによって、大きな不満が生じた。即ち、プロクラドールが当地マカオと日本で委託を受けた金のことで、当市において日本のパードレ達に対して不満が抱かれた。というのは、準管区長は、〔教界〕維持のために日本においてその金の銀〔金を売ってえた銀のことであろう――引用者〕を手に入れ、そしてマカオにおいてそれを返済するよう命じなければならなかったからである。ところがナウ船が失われたので、彼等は、パードレ達が自分達の銀を奪ったと言って、根拠もなしに恨みを述べている。事の経緯は、猊下は本状と共に送られる報告でお判りになろう。それは、われわれが当地で銀の所有者達を得心させるために、準管区長が作成を命じたものである。(51)」

訴訟事件はイエズス会関係者を非常に煩わせ、対外的に教会の名誉を損うものであったことは明らかで、これを契機に、委託貿易に会員が関係するのを禁ずべきである、との声が内部で強まったのも当然の成り行きというべきであろう。

直接的には総会長から指令があったからであるが、その背景としては、厄介な訴訟問題をかかえ、マカオと日本のイエズス会関係者が困惑していたという事情も考えるべきであろうが、巡察師パシオは、一六一二年に日本で作成した在日イエズス会士のための「服務規定」の中で、次のように貿易仲介・委託貿易に関係するのを禁じた。

「スマリオの規則第四十五を厳守するように。特に、会員が日本内外の世俗の人々の委託を受けて他人の財を預ってはならない、という点については然りである。何故ならそれが規則であり、理性に基づいたものである、ということ以外に、非常に大きな不都合がそこからひき起される、ということが経験から判るからである。それ故、聖服従の戒めにより、管区の上長達・院長達、及びプロクラドールも含め、この管区の会員全員に対して次のことを命ずる。即ち、自分自身で売るのであれ、他の人々が売るのであれ、決して他人の財を売ったり代って投資したりするために委託されてはならない。また、投資するために銀を委託されてもいけない。仮令単にマカオで世俗の人々に渡すためだけであっても、日本人やヨーロッパ人の銀をマカオに送ってはならない。マニラに対しても同様のことを禁ずる。また、管区長の明確な許可なしに、当日本で何かを買入れたり、作らせたりすることを委託されてはならない。そして管区長は非常に緊急な事態以外にはその許可を与えてはならない(52)。」

日本人やヨーロッパ人の銀をマカオに送ってはならない、と態〻ことわっている点、イエズス会がわが国内外でこの種の委託貿易に関係することが多かったことを示している。兎に角ここにこのような商行為が全面的に禁止されたことによって、その後これが減少したことは確かであろうが、しかし一六一二年の禁令によって根絶したわけではなかった。

史料一の文書はまた、レスポンデンシアの性格を知る上でも重要な記録であるが、しかしそれは日本イエズス会がレスポンデンシアによって融資を受けていたことを明らかにするものではなかった。これに対して、以下挙げる史料はこの点を明確にする。

史料二　一六一三年三月二十一日付日本発、スピノラの総会長宛て書翰。

「マカオのプロクラドールが、ナウ船が渡来しなかった年にわれわれに対して何らかの救済をするために借入れた負債により、現在この管区の資産は底をついてしまっている。その上、シナ人達がパードレ達やイルマン達を殺した上、投資した商品や補給物資を搭載した小さな船を奪ったので、われわれにはもう資産がないどころか、借金を返済する義務が残っている。われわれは、このような窮状を救おうにも、巡察師の搭乗するジャンク船で送るべき銀が外になかったので、多額のかねをレスポンデンシアで借入れた。また二人の異教徒の殿《トノス》と今一人敬虔なポルトガル人がわれわれに五〇〇〇クルザドを貸してくれた。昨年ナウ船が渡来して貿易が再開したとはいえ、シナ人の船やルソンからの船が多数、生糸その他の商品を船載して来たので、ナウ船の生糸が非常に値下りしてしまい、レスポンデンシアを返済した後には、もう僅かなかねしか残らず、一年分の維持費に足りない。このため今年もまた、マカオに送って補給物資を求め、そしていつもの生糸を買入れるために、レスポンデンシアで銀を借りねばならなかった。[53]」

この史料は、日本イエズス会が、巡察師パシオが搭乗して一六一二年三月二十二日に日本を発ってマカオに向ったジャンク船で送るために、レスポンデンシアでかねを借りたこと、その年の夏渡来した船でもたらされた商品の売上げで以てレスポンデンシアによる負債を返済することは出来たが、生憎その年はわが国の生糸相場が下落し、後には一年分の維持費が残らなかったこと、及び一六一三年にもレスポンデンシアで銀を借りマカオに送ったこと、などを明らかにしている。即ち、一六一二年・一六一三年と二年つづけて日本イエズス会がレスポンデンシアによる資金調達をしたことが、ここにはっきりする。前述の通り、日本イエズス会の財務内容は、一六〇七年頃から常時負債をかかえることになるが、殊に一六〇九年から翌年にかけて勃発したノッサ・セニョーラ・ダ・グラッサ号事件によって、一層窮地に陥った。そして当座の資金に事欠いたために、遂にレスポンデンシアによって資金調達を行うことに踏切ったものと言えよう。一六一二年以前に、日本イエズス会がレスポンデンシアにより借入れをしたことを明らかにする史料は、私はまだ見ていない。恐らくこの年が初めてではないかと思う。ただ、イエズス会が右の両年にレスポンデンシアで借入れた額や、利息その他条件については一切不明である。

次にこの史料は、レスポンデンシアの性格を明らかにする上の一つの材料になる。というのは、右の引用文の末尾で、一六一三年にもレスポンデンシアで借入れた資金の利用目的が、日本イエズス会に対する補給物資の調達といつもの生糸の仕入れにあった、と記述されている。この内、生糸投資については問題ないが、今一つ日本向け補給物資の調達の方は、言うまでもなく利益を目的とした商行為ではない。このような用途に充てるためにレスポンデンシアによる借入れを行なったということは、**史料一**のところでも記述した通り、レスポンデンシアには貸主が借主に貿易業務を委託した委託貿易といった性格はなく、単なる高利による冒険的金銭貸借であった、ということを示している。

更にこの史料は、日本イエズス会は一六一二年・一六一三年にレスポンデンシアによる借入れを行なったが、それと同時に、レスポンデンシアによらない普通の負債も負っていたことを明らかにしている。即ち、イエズス会の資金調達法として、前述の委託貿易・レスポンデンシア、及び通常の負債——掛け買いも含めて——という三種類が行われていたことが明確になる。この内委託貿易は明らかに特殊な性格を持つものであるが、レスポンデンシアとそうでない借財の間にも、はっきり性格の差異があったことは言うまでもない。この点については、後でさらに別の史料を挙げて明らかにしてゆきたい。

史料三　一六一六年三月十八日付長崎発、スピノラの総会長補佐宛て書翰。

「昨年私は、管区の経費を調達し、三艘の船について契約を結び——その船で会員達が渡航した——そしてレスポンデンシアの返済をすることで、出来る限りのことをした。そのレスポンデンシアの銀は、マカオのプロクラドールが、航海が行われなかった二年間に、シナ教界を救済することや負債を返済することに費してしまったものである。そのために私は二〇〇〇クルザドを借り、それを手形でポルトガルに送らねばならなかった。それ以外にも借入れをしなければならなかった。それに加えて、私はマカオに一万一〇〇〇クルザド以上を投資のために送った。その内六〇〇〇を私はレスポンデンシアで以て借入れた。われわれの維持費としていくらかの資産を加えることが出来ると考えてのことであった。しかし、ナウ船がインドからマカオに渡来しなかったので、彼等は銀をカラベラ船で送る危険を冒すのを欲しなかった。このカラベラ船は、海賊船が横行する現在では、ナウ船より安全なのである。マカオには会員がイルマンや同宿と共に大勢いるので、私が送った銀も大部分消費し、残っていた多額の負債を返済した。そして日本には非常に僅かな商品しか送ってこず、私はその凡てを売って四四〇〇クルザドのかねをこしらえたにすぎなかった。しかも五五〇〇クルザド以上のレスポンデンシアを返済しなければならなかった。更に私は、この上負債を残すことになるが、三四〇〇を手形で送ったが、それは彼地で投資してその商品を次の航海で日本にもたらすためである。私は、少なくともレスポンデンシアで借入れた銀だけは全額投資して商品を送ってくることを、管区長が行わなかったのには驚いている。何故なら、私が利益で以てそれを返済しなければならないことを、彼は知っていたからである。要するに彼は全然努力しておらず、私は大変窮地に立たされている。(54)」

この史料は文意に不明瞭な所があるが、大凡次のように解することが出来よう。一六一五年にスピノラは、日本でレスポンデンシアで借入れていた負債の返済をしなければならなかった。このレスポンデンシアの銀は日本で借入れ、マカオに送られたものだが、マカオ駐在プロクラドールは、航海のなかった二年間にこの銀を他に流用してしまい、それで以て仕入れた商品が日本に送られて来ることはなかった。(55) ここで航海といっているのは、インドからマカオへの航海とマカオ＝長崎間の航海のことであろう。二年間にその銀を流用してしまったというのであるから、日本でレスポンデンシアでその銀を借りたのは、一六一五年からさらに二、三年溯った頃と見なければならないであろう。前引の史料二は、日本イエズス会が一六一三年にもレスポンデンシアで借銀したことを明らかにしているが、この時のことを言っている可能性が強い。そうだとすると、史料二に、一六一三年にレスポンデンシアで借入れた銀の用途として、日本への補給物資と商品の生糸の購入に充てるため、と記述されていたが、このような日本イエズス会関係者の思惑と違って、マカオにおいて、シナ教界救済と負債返済のために使われてしまったことが判る。兎に角、一六一三年に借入れたレスポンデンシアは、一六一五年に返済することが出来たようである。ただそのために、日本で別に二〇〇〇クルザド以上の借入れをしなければならなかった。そしてその内二〇〇〇については、手形でポルトガルに送ったという。この手形についてであるが、ヨーロッパ－インド－マカオ－日本と結ぶポルトガル＝イエズス会の経済圏の中で手形が使用されていたことについては、他にもかなり史料がある。ここでスピノラが日本からポルトガルに二〇〇〇クルザドを手形で送ったのは、何らかの物資購入のためとみるべきであろうが、その子細は不明である。その外、スピノラは一万一〇〇〇クルザド以上を投資のためマカオに送ったが、この内六〇〇〇はレスポンデンシアによって借入れたものであった。送銀は、恐らく一六一五年春に日本を発ったポルトガル定航船によったものであろう。しかしこの一六一五年に日本から送られた一万一〇〇〇クルザドは、その大部分をマカオで使ってしまい、その年の夏日本にわずかな商品しか送ってこず、四四〇〇クルザドのかねが得られたにすぎなかった。スピノラは、レスポンデンシアは本来その年の貿易収入で返済しなければならないものであることをマカオにいる管区長(ヴァレンティン・カルヴァーリョ)は知っている筈なのに、そのかねを他に流用してしまって、その内の一部しか投資に充てなかったのは不可解だと言って、強い不満をもらしている。兎に角スピノラはかねの工面をして、五五〇〇クルザド以上のレスポンデンシアを返済したという。借入れた額は六〇〇〇クルザドであったので、五五〇〇クルザド以上返済したというのでは数字が合わず、借財したレスポンデンシアの大部分を返済したということかも知れない。史料二と史料三により、日本イエズス会は一六一二年・一六一三年、及び一六一五年と三度レスポンデンシアで借入れをしたことが判る。そして一六一二年と一六一五年の場合は、その年の夏にマカオから送られてきた商品の売上げとその他の資金により、レスポンデンシアの大部分を返済することが出来た。しかし一六一三年に借入れた分については、マカオで流用してしまって日本のために投資されることがなかったので、その返済の完了も一六一五年までのびたことを知ることが出来る。尚、右の史料三の書翰でスピノラは、一六一五年にさらに三四〇〇クルザドを手形でマカオに送った、と記述している。これだけでは、これが如何なるかねか不明であるが、後出史料五により、この点が明確になる。

史料四　一六一六年三月十八日付長崎発、スピノラの総会長宛て書翰。

「二年前インドからマカオにかねが送られて来なかったし、一年はナウ船が日本に渡来しなかったため、われわれが所有していたものを凡て消費してしまった。われわれは、生糸を買う資金を得るために、何千ドゥカドもの利息付きのかねを借入れた。このかねは、一部は、現在マカオのコレジオにいる大勢の会員と同宿を維持するため、一部は、シナ布教のパードレ達に補給をするため、一部は、新しいコチンシナ布教を開始するため、そして一部は、マカオの前任のプロクラドールが残した負債を返済するために、消費してしまったので、プロクラドールは昨年日本に僅かな生糸しか送ってこず、利息を払うにも足りなかった。このため負債がふえた。この負債は既に一万八九〇〇ドゥカドに達している。この数字には日本司教のかね五〇〇〇が入っている。〔中略〕マカオのプロクラドールは、猊下が日本のかねで以てシナ布教に対する補給をするように命じている、と私に書送ってきた。私は、猊下の意図は、余分があればそうすべきだが、われわれがこれ程多額の負債をかかえているのであるから、そうすべきではない。況んや、利息付きで借入れたかねで以てシナを援助せよというものではない、と信ずる。というのは、利息は四〇パーセントで、五〇パーセントを徴する者もいる。そしてこのかねで以てシナのパードレ達に補給が行われた二年間は、二〇〇〇ドゥカドがそのために消費された。私は、そのかねに対して二八〇〇を返済しなければならなかった。利息付きで借りたかねは、猊下の命令を行うための日本のかねと呼ぶことは出来ない、と私は思う。シナ布教は、送られてきた元金だけでなく、その利息の分も負債になっている、と思う。(56)」

このスピノラの書翰は、前引史料三と同じ日付で宛先を異にするものである。内容は関連しているが、この書翰にのみ記述されている重要事項もある。右の書翰には、史料三と異なりレスポンデンシアという語は見えず、代りに「利息付きで借入れたかね」という表現でこれを表わしている。後出史料八にこれと類似の表現が見られる。この史料の前半の部分は、史料三の記述と照合すると、一六一五年にレスポンデンシアで借りたかねをマカオに送ったが、マカオでそれを他に流用してしまい、同年日本に僅かな生糸しか送られてこなかった、といった事情を伝えているものだということが判る。次に後半の部分では、レスポンデンシアの利率は一般に四〇パーセントで、五〇パーセントを徴する者もいた。従って、レスポンデンシアで借りたかね二〇〇〇ドゥカドが二年間にわたってシナ布教のために使われてしまったため、二年後の元利合計は二八〇〇ドゥカドに達し、日本イエズス会はこれだけを貸主に返済しなければならなかった、ということが記述されている。利率についてのこの記事は重視すべきである。一般に四〇パーセントで、五〇パーセントに上ることもある、というのは、日本イエズス会が借入れる場合の利率を言っているのであろう。このことは、以下挙げるいくつかの史料にも記述されている。この利率には期間が示されていないが、常識的に解して、船が日本を出港してから、再び帰港するまでの期間ととるべきであろう。ただ、右の四〇パーセントの利率で以て二〇〇〇ドゥカドを二年間借りた結果、元利が二八〇〇ドゥカドになった、という点は、年利即ち次の夏の来航シーズンまでの利率が四〇パーセントというのであれば、計算が合わないことは言うまでもない。延滞の場合の契約がどうなっていたものか不明であるが、右の記事から推測して、この期間の問題は左程厳密な扱いがなされていなかったものではないであろうか。

史料五　「一六一五年、本国における負債以外に、現在日本管区が負っていて、必ず返済しなければならない負債」と題する記録。

「さらに、日本において流通銀三六二四タエルの負債がある。これはプロクラドールのパードレが日本で利率四〇パーセントのレスポンデンシアで借用し、そして当地に手形を送ってきて、今年それだけの金額を投資した商品を送ってもらって、それで以て元利共返済しようというものである。[57]」

史料三の所で触れたが、一六一五年には日本において、史料三に見えている六〇〇〇クルザドについで、さらに三六二四タエルもレスポンデンシアで借入れたこと。利率は四〇パーセントであったこと。送銀は手形によったこと、等がこの記録によって判る。

史料六　マカオ駐在プロクラドール、パードレ・マノエル・ボルジェスが一六一七年に記述した「一六一七年におけるマカオより日本への積荷」と題する文書に、一六一七年にイエズス会がマカオから日本に送った生糸等の品物の搭載量とその価格を列挙した後で、次のように記されている。

「上述の細糸及びシペオ〔意味不明――引用者〕の生糸全体の収益から、日本において元手とレスポンデンシア四〇パーセント、即ち流通銀三五七九〔タエル〕五マス九コンドリンを支払わねばならない。というのは、何人かの人が上記の額の銀をマカオ向け投資のために、日本でパードレ・カルロ・スピノラにレスポンデンシアによって貸付け、彼等が危険を負担して、これらの生糸が上記のナウ船で、ここから日本に送られたからである。パードレ・スピノラは、この銀を日本で消費してしまい、マカオに手形を送ってきて、その額に相当する商品を、われわれがマカオから彼の許に送るよう求めてきたものである。即ち、日本で彼にレスポンデンシアによって貸付けた人々が責任を負い、危険を冒して日本に送られた。その内訳は次の通りである。ミナミナボの孫達の分二〇〇〇タエル、ルエン・ファコンジンの分一四〇〇タエル、有馬のジュスタと豊後のルイザ、及び平戸の貧者達の分一七九タエル五マス九コンドリン。」(58)

この史料により、次のような事実を知ることが出来る。即ち、恐らく一六一七年に、日本においてスピノラがミナミナボの孫達外数件から合計約二五五七タエルを利率四〇パーセントで、レスポンデンシアにより借入れた。スピノラはこの銀をマカオに送ることをせず、マカオには手形を送って、右の金額の分だけ生糸を仕入れ日本に送ってこさせた。返済すべき額は元利合せて三五七九タエル五マス九コンドリンで、これが夫々出資者に按分支払われた筈である。また、レスポンデンシアは貸主が海難の危険を負担するものであった、ということがここでも確認される。さらに、この記録には出資者の名前が記されている点興味深い。有馬のジュスタ、豊後のルイザはキリシタン信徒であろうが、大口の出資者であるミナミナボの孫達とルエン・ファコンジンとあるのは、恐らく信徒ではないであろう。貧者達というのは、文字通り貧者に対する救済のためにそのかねを運用してやった、ととれないこともないが、しかしレスポンデンシア投資の性格から考えて、小商人達による投資と考える方が妥当ではないであろうか。

史料七　マノエル・ボルジェスが一六一八年八月三十一日に記した「一六一七年九月一日から一六一八年八月末日までの、マカオにおける日本プロクラドール事務所の収入」と題する会計報告に、次のような記事が見られる。

「さらに、流通銀二九五〇タエル、灰吹《ファイブキ》一六一タエル七マスの収入があった。この銀は、一六一七年十月に日本から渡来した三艘のガレオタ船で、イエズス会の銀としてもたらされた。また、流通銀二〇一五タエル、灰吹銀三〇〇タエル、ソマ銀六三タエル五マスの収入があった。この銀も同じく上述の三艘のガレオタ船で以て、われわれが預かるレスポンデンシアでもたらされた。上述のソマ銀は、セダ銀よりも五パーセント増しで通った。灰吹銀は、イエズス会の分もレスポンデンシアの分も、凡てセダ銀と同じ価で通った。流通銀は、イエズス会の分もレスポンデンシアのものも様々な価で通った。即ち、四五四タエル七マス七コンドリン七カイシャは一二パーセント、一一六タエル二マス七コンドリン九カイシャは一三パーセント、二三五八タエル五マス四コンドリン九カイシャは一五パーセント、そして残額二一三五タエル三マス九コンドリン五カイシャは一〇パーセント、夫〻減価で通った。

従って、流通銀は凡て上述の減価を考え、そしてそれに上述のような増価を加算したソマ銀と、さらに灰吹銀も加え、上述の銀は、イエズス会の分とレスポンデンシアの分を全部合せて、セダ銀で五〇二九タエル五マス六カイシャになる。〔中略〕

さらに、レアル貨で一七〇タエル一マス三コンドリン、灰吹で一七〇一タエル七マス八コンドリン、流通銀で一三一三タエル三マス一コンドリンの収入があった。この銀は凡て、一六一八年四月にローポ・サルメントがカピタンのナウ船で以て、イエズス会の銀としてもたらされた。レスポンデンシアにより、灰吹で二五五〇タエル、流通銀で九三一タエル九マス九コンドリンがもたらされた。灰吹は、イエズス会の分もレスポンデンシアの分も、一〇〇〇タエルを除き、レアル貨と同価で通った。そしてこの一〇〇〇タエルは、レアル貨より一パーセント増で通った。流通銀については、一七七タエル四マス三コンドリンは一五パーセント、残りの二〇六七タエル八マス七コンドリンは一〇パーセント夫〻減価で通った。従って、流通銀は凡て上述の減価を考え、それにレアル貨の銀と、上述の通り増価を加算した灰吹銀とを加え、イエズス会の分とレスポンデンシアの分を合せ、全部でセダ銀七五三五タエル九マス五コンドリン七カイシャになる。(59)」

右の記録から、一六一七年十月日本からマカオのイエズス会プロクラドールの許に送られた銀は、セダ銀に換算して五〇二九タエル余、この内イエズス会の自己資金は大凡二七〇〇タエル、レスポンデンシアによるものは大凡二三〇〇タエルであった、ということが判る。さらに一六一八年四月に送られた銀については、セダ銀に換算して七五三五タエル余になる、と記されているが、文中に見えている増減率によって概算すると、セダ銀による総額が大凡一〇〇〇タエル多すぎることになり、この点どこかに誤記があるとみなければならない。いま仮りに、この内総額の数字が間違っているものとして計算すると、この時日本から送られた銀は、セダ銀に換算して、イエズス会の自己資金は大凡三〇五〇タエル、レスポンデンシアによるものは大凡三四〇〇タエルであった。

史料八　一六一八年十月八日付長崎発、スピノラの総会長宛て書翰。

「〔今年〕それでも私は、二〇〇〇ドゥカドの負債を返済した。巡察師は、今一つ非常に重要なことを行なった。即ち、マカオでいつもの生糸を買うための銀が他になかったので、私がレスポンデンシアで借入れた銀を、マカオのプロクラドールが消費したり、シナ布教のパードレ達に送ってしまったりしたために負債が増加したこと、そしてそのために、われわれを維持し、レスポンデンシアの返済が出来るだけの額が日本に送られて来なかったので、孤児のための銀を借用したり、再びより多くの銀を利息付きで借入れたりすることが必要となり、このため負債が一層ふえた、ということを私は巡察師に伝え、マカオのプロクラドールに対し、この種の銀は決して消費しないで、全額を投資してその商品を日本に送るよう命じてほしい旨、彼に要請した。彼はその通り実行し、事が極めて重要なので、服従の戒めをこれに課した。われわれが時折利息付きで銀を借入れなければならないこと、及びその銀による収益について猊下に理解していただくため、簡単に申し述べる。

日本に住むポルトガル人、及びマカオその他の地に渡航することを望まないか、又はそれが不可能な日本人は、利益を得るために利息付きで銀を貸付けるのを常としている。その利率は、渡航先により又は海上やオランダ人等々の危険の大小により、三〇、四〇、及び五〇パーセントとさまざまである。そして彼等がこの冒険を冒した場合、船が無事日本に戻ったら、銀を借りた者は、儲けの多少に拘らず、元手と利息を支払わねばならない。ポルトガルからかねが来なかったり、インドで給付金が支払われなかったりすることが時々あるので、われわれは、このような方法で利息付きで銀を借りること、即ちレスポンデンシアで銀を借りることを余儀なくされた。貸主はわれわれの信徒であり、また銀はわれわれに貸付ける方が安全なので、われわれは他人より低い利率で借入れている。それは、生糸を買うのに必要な銀をマカオに送るためである。このような方法で、われわれは冒険を冒すことなく、利息を支払った上に四〇乃至五〇パーセントの利益を得ることも時折ある。屢〻われわれは、これによって救われている。今年は一四〇パーセントの儲けがあり、元手と利息四〇パーセントを支払っても、尚われわれの手許に一〇〇パーセントの純益が残った。この方法は普通に銀を借りるよりもよい。何故なら、その場合は、船が失われた際でもわれわれは常に銀を返済しなければならないが、今一つの方法だと、船が失われた場合は貸主の損失になるからである。それ故今年は、われわれは、失われた船に積んできていたわれわれの所有の五〇〇ドゥカドを失ったにすぎず、その外は、その船に冒険を冒して積込んだ銀の所有者達の損失となった。(60)」

この史料は、レスポンデンシアの問題について重要な内容が記述されている。史料の前段では、生糸に投資するために日本でレスポンデンシアで借入れマカオに送った銀を、マカオ駐在プロクラドールが他に流用してしまって、日本にはそのレスポンデンシアを返済出来るだけの商品を送って来ないので、その不足を補うために、慈善事業の資金を流用したり、さらにレスポンデンシアによる借入れをしたりすることを余儀なくされる、という実情と、それに対する巡察師の対策などが記述されている。これは、**史料三・史料四**について述べたように、一六一三年にレスポンデンシアで借りてマカオに送った銀が、マカオのプロクラドールによって他に流用されてしまったことや、一六一五年に同じくレスポンデンシアで借入れた銀についても、その多くをマカオで使ってしまい、その年日本には僅かな商品しか送って来ず、レスポンデンシアの返済にも足りなかった、といった過去の実例について言っているものであろう。

次に後段においてレスポンデンシアの一般的性格を明らかにしている。即ち、一、レスポンデンシアの貸主は日本在住のポルトガル人と日本人であった。二、その利率は渡航先や航海の危険の度合等により、三〇乃至五〇パーセントとさまざまであった。イエズス会士に対しては、元利回収の安全性が大きかったために比較的低利であった。三、船が安着したら、儲けの如何に拘らず、元利を払わねばならないが、船が失われた場合は貸借関係は解消される。

右の記事から判るレスポンデンシアの特徴はこのようなものである。イエズス会が一六一八年にもレスポンデンシアによる借入れを行なったことは、既に**史料七**によって明らかであるが、右のスピノラの書翰もそのことに触れ、一六一八年にレスポンデンシアにより借用した銀の利率が四〇パーセントであったことを明らかにしている。

尚、一六一八年六月十日付でマカオにおいて巡察師フランシスコ・ヴィエイラが作ったマカオ駐在の日本のプロクラドールの規則に、次のような一項が見られる。

「第十九項、同プロクラドールは次のことを記憶すること。即ち、日本の厳しい迫害がつづいている間は、日本かられわれわれの許に送られて来た銀のレスポンデンシアが日本に送られる船に乗って、彼地に行く何人かのわれわれの友に対し、われわれが信仰のために捕えられるか、又は死罪に処せられるかして、返済が出来ないような場合には、この件を引受けて、われわれに代って債務のある人々に上述のレスポンデンシアを支払ってくれるよう、常に依頼しておくこと。そしてそのために、必要な文書と覚書を彼等に与えておくように(61)。」

当事者のイエズス会士が、日本で捕えられたり殺害されたりして、借入れたレスポンデンシアを直接返済することが出来ないような事態に陥った場合のための対策として、常に、マカオからその商品が運ばれるのと同じ船で日本に赴くイエズス会の友に対し、そのような場合には代って返済してもらうよう手筈をととのえておくことを指示しているものであるが、このことは、その頃日本においてレスポンデンシアによる借入れが頻繁に行われていたことを物語るものであると同時に、禁教時代に入って宣教師の行動の自由が制限されたために、債務の返済が滞るような事態も生じ、そのために借入れが困難になったり、借入れ条件が悪くなったりすることのないように、このような対策を講じたものと言えよう。

一六一九年以後のことについては関係史料が乏しく、明確なところは判らなくなるが、一六二五年十一月十日付マカオ発、モレホンの総会長補佐宛て書翰には次のような記事が見えている。

「当地は、御地とインドから送られてくるものの外は資産もレンダもなく、しかもこれは投資されて日本に送られるので、もしも一年航海が行われないと、収益はなく、元金も使ってしまうことになる。そして敵が船を拿捕すると、収益と元手とが失われてしまい、そのため、(もしも貸手があるなら)非常に多額なレスポンデンシア付きで借入れをするより外に策がない。(62)」

この史料は、一六一九年以降も尚日本或いはマカオにおいて、レスポンデンシアによる借入れが行われていたことを示していると言ってよいであろう。

更に、一六三五年のイエズス会文書で、日本管区が収入源としてマカオに貸家を持つことの是非を論じた記録の中では、既に管区は曾てのような長崎のプロクラドール事務所はなく、パンカダの外で生糸を売る特権もなく、長崎のプロクラドールの指示に基づくマカオでの商品の仕入れや日本での販売も行われていない、と永い間貿易に主力を置いてきた日本管区の経済基盤が、ここへきて著しく弱体になったことを論じてきて、次のような文章がつづいている。

「さらに、日本人からかねを借りることもなくなってしまった。曾ては、二五パーセントの利息でレスポンデンシアで借りた銀を生糸に投資し、これをパンカダの外で売って一三〇パーセントの収益を上げた。ここから元手とレスポンデンシアの利息を払って、尚われわれの手に一〇〇パーセントの儲けが残り、これを管区の経費に充て、負債があればその返済に使うことが出来た。これは、曾ては管区は、自己資金を危うくしないでも、他人の銀を利用し、そして仮令失われても負債を負う危険なしに維持出来たことを意味している。〔中略〕最後に、曾てはわれわれが日本でその恩恵に浴していたような、その他多くの便宜や救済が今はなくなってしまった。またそれはマカオにはないものである。というのは、投資のための銀をわれわれに貸してくれる者もいないし、レスポンデンシアは非常に高率で、利益と同じ程である。(63)」

即ち、イエズス会は曾ては日本人から二五パーセントの利息で以てレスポンデンシアで銀を借入れ、これで生糸を仕入れて、それを日本でパンカダの外で売って一三〇パーセントもの利益を上げ、元利を払っても尚一〇〇パーセントの利益が残り、これで日本管区の経費をまかなうことが出来た。即ち、その頃は、自己資金を危うくすることなくレスポンデンシアの借入れ銀だけで貿易を行ない、その収益で維持することが可能であった、ということが記されている。日本イエズス会がパンカダ外で生糸を売る特権を持っていたのは一六二五年頃迄であったこと。その後一六二六年からは幕府が教会を経済的に締めつけることを狙ってポルトガル貿易に対する規制を強化したために、このようなイエズス会の特権は奪われたこと。それと同時に、幕府は、長崎のキリシタン住民がポルトガル人に多額な資金を貸付けて収益を図っていたのを規制し、棄教しない者に対してはそれを禁ずる措置をとったこと、等については既に別稿で取上げた。(64) 非キリシタン信徒による海外貿易への投資はその後も行われているが、しかし教会と信徒を含め広くキリシタン教界を経済的に圧迫してゆくことを狙ったこの一六二六年の措置により、イエズス会が取引関係のある商人の融資をうけて貿易をする、という従来行なって来たような資金調達の方法が厳しい規制を受けることになったことは間違いない。従って、右の一六三五年の文書に見えている、イエズス会は曾ては二五パーセントの利率でレスポンデンシアにより借財をして、それを資金にして貿易で一三〇パーセントの巨利を得ることが出来た、という数字自体は、恰もそれが例年の実績であったかの如く記してある点は誇張だと言わねばならないが、イエズス会が取引仕法と貿易資金の面で有利な条件を失っていったことを述べているその論旨は、見落してはならない重要な点だと思う。そしてその転機は、一六二〇年代半ばだと言える。右の文書に、「日本人からかねを借りることもなくなってしまった。」とか「投資のための銀をわれわれに貸してくれる者もいない。」と記されているのは、幕府が一六二六年に打出した施策が効果を上げていたことを示すものであろう。

尚、これはイエズス会がレスポンデンシアで借入れをした件ではないが、右の一六三五年の文書に、マカオに貸家を持てば一定の安定した収入を持ちうる等々と述べた後で、次のように記述されている。

「同時に、さらに一万五〇〇〇パタカの資産を所有すれば——事実一部は日本に、一部はマニラに、そして一部はトゥンキン向けの商品の形で所有しているが——この銀を三五乃至四〇パーセントの利率でレスポンデンシアで貸付け、仮令儲けは僅かであっても、損失が大きくなく、この資産から経費のためにかねを割くことをしないなら、この資産を大きく殖してゆくことは容易であろう。(65)」

即ち、一定のまとまった額の資金があったら、それをレスポンデンシアにより海外貿易に投資して利息収入を得ることが出来る、という見通しを述べているものであって、当時の海上貿易においてレスポンデンシアによる融資が活潑に行われていたことを示すと同時に、イエズス会自身がその資金調達法に慣れ親しんでいたことを物語っていると言えよう。

また、誰が何時記述したものか不明であるが、ローマ・イエズス会文書館架蔵の、日本管区の経済に関する一文書に、次のような一節が見られる。

「われわれを救済する今一つの方法は、われわれが所持するかねを、信頼のおける確実な人物に貸付け、そしてこの者が毎年例えば三〇パーセント乃至四〇パーセントの利息をわれわれに支払う、但し海上の危険はわれわれが負うものとする、という方法である。これをレスポンデンシアによる貸付けという。しかしながら、これは金の交換よりも一層非難を招く恐れがあり、また多くの人の手を経るので、より一層あからさまになる。そして外観は一層商業行為に似た様相となる。この方法をわれわれにとって適切且つ好都合なものと考える者もいるが、私はそれを不適切と考えたので、決してそれに同意しなかった。そして無用のものとしてこれを排する。(66)」

これは、日本イエズス会がレスポンデンシアによって貸付けをして利息収入を図るのに反対する見解であり、前引一六三五年の文書の意見とは立場を逆にするものではあるが、賛否を問わずこのような利殖法がイエズス会内部で論議されたこと自体、当時イエズス会も含め極東の海上貿易において、レスポンデンシアによる資金調達が広く行われていたことを示していると言える。

さらに右の二点の史料から、レスポンデンシアの利率が通常三〇乃至四〇パーセントであったことと、海難に際しては貸借関係が解消されるというその性格を確認することが出来る。

当時教会でレスポンデンシアによる資金調達をしたのは、イエズス会だけではなかった。即ち、マカオの住民で日本に二度渡来したことがあるゴンサロ・モンテーロ・デ・カラヴァーロという者が、求められて、イエズス会以外の托鉢修道会も貿易を行なっていたことを証言した文書(一六三六年四月十五日、マカオ)が残存しているが、そこに次のように記されている。

「さらに私は次のことを知っている。当時日本にいたフランシスコ会とドミニコ会の何人かの修道士が、投資した商品を船に積んで当市に送って来た。また私は、アウグスチノ会原始会則派の修道士フライ・ビセンテ・カラバーリョに与えるために、五〇パーセントの利率で以てレスポンデンシアでかねを手に入れた。[67]」

これだけの証言なので詳細は不明であるが、アウグスチノ会も日本布教の過程でレスポンデンシアによって資金を調達していたことは確かである。

以上本節で述べてきたところをまとめると次のようになる。

一、日本イエズス会が商業ベースで資金調達をする時期に入ると、その調達法は掛け買いを含む通常の借入金・委託貿易・レスポンデンシアの三種に大別出来る。この内、特にこの時期に特徴的なものは後の二つである。

二、委託貿易は、キリシタン布教の初期の頃から行われてきた日本人の銀をイエズス会士が委託されて貿易の仲介を行なった行為と基本的には同一の形態をとるものであったが、そこからイエズス会が利潤を得るようになったものと思う。

三、一方レスポンデンシアについてであるが、本節で引用したいろいろな教会史料から判明するレスポンデンシアの性格は、次の通りである。

1　レスポンデンシアは、貸主がかねの運用にまで関与することはなく、あくまで単純な冒険的金銭貸借である。

2　レスポンデンシアは、海難の場合は貸借関係が解消される。そこに担保などの取極めが行われたことを示す史料は見当らない。

3　船が安着した場合は、取引の儲けの如何を問わず契約通り元利を支払う義務があった。

4　利率は二五パーセントから五〇パーセントまでのさまざまな数字が挙げられているが、四〇パーセントのことが多かったようである。これは渡航先や航海の危険の度合によるものであった。そしてイエズス会に対しては、貸主がこれと取引関係のある信徒であったり、元利回収の安全性が高いといった理由で、比較的低利で貸付けが行われた。

5　延滞の場合の利率については明確ではないが、余り厳密な規定はなかったようである。

6　貸主は日本人許りでなく、日本に居住するポルトガル人もいた。

四、日本イエズス会は、一六一二年・一六一三年・一六一五年（六〇〇〇クルザド及び三六二四タエル〔利率四〇パーセント〕）、一六一七年（史料六に記されている二五五七タエル〔利率四〇パーセント〕及び史料七に記されている約二三〇〇タエル）、一六一八年（約三四〇〇タエル〔利率四〇パーセント〕）にレスポンデンシアによって借入れをした。その後も一六二五年頃までこの方法で借財することが何度かあったものと思う。しかし一六二六年以後は、幕府の規制措置によりそれが不可能になった。

五　投銀について

以上、イエズス会の資金調達法について判明したところに基づいて、近世初頭わが国の海外貿易史上の重要課題の一つである投銀の問題について少し言及してみたい。

従来わが国で行われてきた多くの研究者による投銀研究は、岡本良知氏の「投銀に関する特殊の資料」を別にして、殆どが伝存している投銀証文を主な史料とし、その分析によって投銀の性格や実態を解明しようとしたものである。教会関係ではこの種の証文はこれまでのところ見出されておらず、これがまず基本的な相違点である。

投銀証文に記載されている投銀契約の内容は多岐にわたり、中には根本的な点で性格を異にする契約内容も見られる。従って当然そこからひき出される投銀の性格は幅広いものになってしまい、研究者の間で、そのいずれの契約事項に力点をおくかにより、投銀の理解についてさまざまな見解の相違が生れていると言える。しかも、それらは凡て、伝存している所謂投銀証文は皆投銀の証文である、ということと、投銀即レスポンデンシアということを、共通の前提としていると言ってよい。しかし、このような前提に立つと、投銀証文によってひき出された投銀の性格の中に、レスポンデンシアの性格と合致しないものが含まれている点が説明出来ない、と言わねばならない。勿論レスポンデンシアの性格を規定するには、教会関係史料のみによるのではなく、ポルトガル文の投銀証文の記載事項も照合して比較検討しなければならないことは言うまでもない。伝存している欧文投銀証文は六通あり、その凡てが柴謙太郎氏によって紹介され、考察が行われている(68)。欧文投銀証文には、前節で引用した多くのイエズス会文書と同様、

respondencia とか tomar a responder といった語が頻出し、これらの証文がレスポンデンシアの証文であることは疑いない。そこで、六通の証文に見られる共通の記載事項を挙げてみたい。

1　貸主と借主の名前。
2　銀額と利率（利率は最高三三パーセントから最低二五パーセントまでさまざま）。
3　出航地と渡航先。
4　航海の船名と艘数。
5　海難の場合の損失は貸主が負担すること。
6　帰航が一艘のみの場合の措置。
7　延滞の場合の割増。
8　日付（即ち契約年月日）。

以上の通りである。これは、そのまま欧文投銀証文にもとづくレスポンデンシア契約の性格を表わすものであるが、これと、前節で述べた教会史料から判明するレスポンデンシアの性格とを比較してみて、食違うところは全くない。前節で、レスポンデンシアには委託貿易的な性格はなかった、ということを教会史料に基づいて述べたが、欧文投銀証文にも、そのような内容の契約を含む貸借であったことを思わせるような記載は見られない。即ち、レスポンデンシアが、当時これとは別に行われていた委託貿易とははっきり性格を異にする単純な冒険的金銭貸借であったという点は、教会史料と欧文投銀証文の双方から明らかになる、と言わねばならない。

さらに、欧文投銀証文の中に記述されている respondencia や tomar a responder の語に当る当時の日本語は何であったかは興味深い点である。幸い証文の一通、一六三二年十一月十六日付アゴスチニョ・ロボの証文には、裏書に邦訳文が添えられている。逐語訳ではないので必ずしも明確ではないが、原文の“tomei.....a responder”の訳として「海上之儀」と記されている。またこの文書の「上ハ包」の書添には「右ハ天川《Cidade》したて《Feitor》へとるあぐすちいのろうぶ《Agostinho Lobo》へ海上かし銀子ノくにしめんと《Conhecimento》同やわらげ有之」とあり、[69]本契約のことを「海上かし」と称している点を重視しなければならない。即ち、当時わが国において、レスポンデンシアの性格を持つ金銭貸借のことを「海上」と呼んでいたということが判る。寛永十六年(一六三九)二月二十一日付で老中から長崎奉行に与えられた条目の中に、「一、天川船ニ海上銀并言伝銀停止事」[70]と規定されている。これは、その年の七月五日付でポルトガル船の渡来を禁止したのに先立って、その資金源を絶つことを狙ったものであるが、ここに、ポルトガル船に対する資金供給の方法として「海上銀」と「言伝銀」の二種が併記されている点注目に価する。ポルトガル人が日本人から資金を調達する方法が二種あったということは、ポルトガル側の記録にも見えている。即ち、同時代のポルトガル人年代記作者アントニオ・ボカーロは、『インド史』の中で、一六一七年当時のこととして次のように記述している。

「この当時日本航海の利益は大いに増大した。それに伴い、マカオの住民達もまた非常に富裕になった。それは、彼等が日本人から厖大な資金を導入したからである。委託を受けてそれの利殖を行う者もいれば、レスポンデンシアで以て借入れた者もいる。[71]」

当時マカオのポルトガル人が日本人の資金を導入して多額な利益を上げていたこと、その主な方法として、出資者から委託をうけてその資金を貿易に投じて利殖を図り、そこから利潤の配分をうける委託貿易と、レスポンデンシアによるものの二つがあった、ということが明確になる。幕府がポルトガル貿易の資金源を絶つために禁止した「海上銀」と「言伝銀」は、右のような二種の資金供給法の日本における名称であったことが推定出来る。即ち、「海上銀」がレスポンデンシアのことであるのに対し、今一つの「言伝銀」は委託貿易のことであったと考えられる。

以上、キリシタン教会とマカオのポルトガル人が、共にレスポンデンシアと委託貿易といった二種の方法で貿易資金を調達していたこと、そしてわが国では前者を「海上」「海上かし」「海上銀」、後者を「言伝銀」と呼んでいたということを述べてきた。

さて投銀とレスポンデンシアとの関連についてであるが、確かに伝存している和文及び漢文の投銀証文の中には、担保を設定しているものや、委託貿易的内容の契約を結ぶなど、レスポンデンシアの性格と矛盾するものもある。前者については、次の二例がそれに当ると言える。

一、與兵衛という者が島井権平から丁銀一貫五百目を借受け、暹羅に渡る小浜民部の朱印船に投資し、帰朝したら五割の利息を付け元利共二貫二百五十目を支払う、万一船が延滞した場合は一割増の利息を付ける旨を約束した寛永四年正月二日付の証文には、「若し此銀相違仕候は、與兵衛女房家屋敷御取可被成其時一口之儀申間敷候」(72)と見えており、明らかに借主は「女房家屋敷」を担保として提供している。

二、かねてからマカオのポルトガル人は日本人の資金を導入して貿易を行なってきたが、その返済が滞り債務が累積して両国間の重大な懸案となっていた寛永年間、一六三三年十月十六日付長崎、フランシスコ・カルヴァーリョの島井権平宛て証文(欧文)には、次のような内容が記されている。

私フランシスコ・カルヴァーリョは島井権平に対して七〇〇タエルの債務がある。これはレスポンデンシアで借用したものである。私は老衰し、しかも損失をしたので、この返済が出来ない。このため私の婿のセバスチアン・ダルメイダが二年前にルイス・タヴァレス、アントニオ・ネレッティ、及び島井権平に対し、私自身が三年以内に元金を返済するが、それが出来ない場合は婿が支払う旨、書送った。よって私は両人の名でこの証文を作り、次のような方法で三年以内にその返済をおえることを約束する。即ち、初年に三分の一、第二年に三分の一支払い、第三年に完済するものとする。この返済の保証として、私は自分の家・家具・不動産その他一切の財産を担保に供し、さらに婿の財産についても同じ措置をとる。このようにして、上述の島井権平のかねが危うくならないようにする、云々[73]。

即ち、これは三年程前にレスポンデンシアによって借入れた七〇〇タエルの返済が延滞していたのに対し、借主とその婿が共同で債務を負って向う三年間の年賦で元金を返済することとし、その保証のために両人の家財一切を担保に提供しているものである。

確かに右の二例は担保の設定を含む契約ではあるが、しかし、この二例を以て、レスポンデンシアは無担保の冒険的貸借ではない、と言うことが出来るであろうか。まず第一例であるが、これはなる程担保の設定をしてはいるが、しかしこれがレスポンデンシアによる貸借契約であったという証拠はどこにもない。また第二例は、これがレスポンデンシアであることは、その旨証文に明記されており明らかであるが、この場合設定された担保は、船が安着したにも拘らず支払い不能のため延滞となった債務の返済を保証するためのものであった。レスポンデンシアは、海難の場合は貸借関係が帳消しになるが、船が無事帰着したら、儲けの如何に拘らず元利返済の義務があった。従って右の例の場合、貸主の海損負担は、船が帰着したことによって解消し、債務のみ残ったと言わねばならない。そしてその負債の返済について担保を設定しても、それは最早レスポンデンシアとは別の契約と言うべきで、この第二例の証文で担保設定の契約が行われているからといって、これをレスポンデンシアに結びつけ、その性格を規定する材料にすることは出来ない。

次に、委託貿易的性格の契約が行われている投銀証文の例として、次の二つを挙げることが出来る。

一、中村質氏が紹介された堺市立図書館所蔵「堺市史史料」商業二に収録されている証文とその附帯契約書である。

立字人蔡敬陽、今領二得堺客人治左衛門殿処丁銀伍佰両正一、言議加二伍利一筭、訥（約カ）明年到二長崎一之日、本利一足送还、

不ニ敢少欠一、是實立レ字為レ照

寛永弐十年拾月十八日　　立字人　蔡敬陽〔花押〕

具足屋治左衛門殿

これは、蔡敬陽が具足屋治左衛門から銀五百両を利率五割で借り、明年長崎に到着次第元利を支払うことを約束した証文であるが、右の証文の附帯契約書と思われる証文が残存している。

議約人蔡敬陽、係レ約花様織緞来ヨ到長崎ニ賣レ比、別客貨加ニ賣出一加ニ二三銭一、内抽下出毎ニ百両一抽銀乙双上、倘如無ニ表利一、此別客年賣即無抽、所レ約是実照

寛永弐十年拾月十八日　　立（字脱カ）人　蔡敬陽〔花押〕(74)

具足屋治左衛門殿

これは、具足屋が蔡に対して花模様のある緞子を注文した。蔡は、具足屋以外の別客にそれを売る場合は、一両につき二、三銭――即ち二、三割――高く売り、しかも売上げ百両につき一両の抽銀を具足屋に支払う。万一蔡の利益が少ない場合は抽銀の支払いはしない、という約定である。右の二通の証文は、貸主・借主・契約年月日が同じであるところから、中村氏の言われる通り後者は前者の附帯契約書であったものと思われる。即ち、貸主が資金の運用にまで関与し、借主に対して商品を注文し、これを割安に買付ける許りか、場合によっては抽銀の取得まで見込んでいた、貸主と借主による一種の共同企業即ち委託貿易が行われていたことは確かである。

二、寛永十八年二月二十一日付、姚南甫、姚君甫の吉徳彦三郎宛て投銀証文の「上ハ包」に、次のような契約事項

が記されている(本文とは無関係の別の契約。年代不明)。

南京かし

丁銀壱貫四百五拾目ハ白糸あつらへ
百斤

内壱貫目ハ大九郎兵衛銀也

ふくろ町
一官かゝり
せんとうニかし
二官

丁銀壱貫目ハ利壱はい

内五百目ハ白石與右衛門銀

内五百目ハへにや彦兵衛銀也 (75)

即ち、全部で二貫四百五十目唐人に貸付けた内、白石と紅屋の出銀一貫については利一倍即ち十割の利率と定められているが、他の一貫四百五十目(内一貫は大賀九郎兵衛の出銀)については利率が示されず、代りに白糸百斤の誂えになっている。ここでも明らかに貸主が借主に商品の仕入れを委託している。

右の二例が、投銀証文に委託貿易的性格の契約が記載されているものである。しかし、これらはいずれも、それがレスポンデンシアの契約であったということを示す根拠は全くない。第一例の蔡の具足屋宛て証文は、海損貸主負担というレスポンデンシアの重要な条件が記されていないし、第二例の「上ハ包」の契約記載に至っては、渡航船名、海損の負担、延滞の条件、契約年月日等の事項が全く記されておらず、レスポンデンシアの契約と考えうるだけの根拠はない。

このように見てくると、投銀証文及びそれに附随する関係文書の中には、確かにレスポンデンシアの性格とは矛盾する内容の契約が行われている例があるが、しかしそれらはいずれも投銀かも知れないがレスポンデンシアではない、と言える。

一方、投銀証文の中には、明らかにレスポンデンシアによる貸借契約だと思われるものもいくつかある。先に、レスポンデンシアのことを当時わが国で「海上」「海上かし」「海上銀」と呼んでいた、ということを述べたが、和文の投銀証文の中にこういった語が記されている例がいくつかある。次にその一例を挙げる（傍点引用者）。

借用申銀子之事

一合丁銀六貫目者定也

但利分四わり半に申合候

右之銀西類子殿本船海上に申合候、本子合八貫七百目にて帰朝入船に相渡し可申候、若さき〱にていか躰の儀御座候共、右之船さへ帰朝仕候はゝ無相違相渡可申候、但海上之儀者我等不存候、為後日一筆如件

元和五年九月廿三日　西岡市右衛門（印）

類　子（花押）

中野彦兵衛様
参

(76)

これは、朱印船主西類子と西岡が中野から六貫目借用し、これを類子の朱印船に海上——即ちレスポンデンシア——の投資をする。船が無事帰朝したら元利共八貫七百目を中野に支払う。但し海難の損害は借主は負担しない、という内容であって、これはまさにレスポンデンシアの契約である。そしてこの例のように、証文中に「海上」（海損の意味ではなしに）という語が記されている投銀証文で、レスポンデンシアの性格に矛盾する契約事項が記載されている例は一つもない（逆に、「海上」の語がなくても、明らかにレスポンデンシアの契約だと言える例はあるが）。

要するに、投銀証文の中には、レスポンデンシアの契約を結んだものもあるが、それ以外のものも相当多数含まれている、と言わねばならない。このように、伝存している投銀証文は、いろいろ異なる性格の貸借契約証文の総称と言うべきものであるから、投銀証文の中から夫々異なる証文を特に取上げ、そこに記されている契約事項を基にして投銀の性格規定をめぐり論議すること自体に疑問があると言わねばならない。投銀とレスポンデンシアは決して同義語ではない。前述の通り、当時日本を含む東アジアで行われていた海上貿易への投資形態として、単純な冒険的高利金銭貸借と委託貿易の二種が特徴的なものであり、この内前者はレスポンデンシア＝海上(銀)、後者は言伝銀と呼ばれていた。それでは投銀とは一体何を指すのであろうか。確かに「なげ銀」の語は寛永年間の記録に見えているが、(77)その例は極めて少なく、元禄文学の中に頻出するようになる。(78)第一、肝心の投銀証文の中に「投銀」の語が全く見えないのはいかにも奇妙である。さらに、前に触れた通り、寛永十六年幕府はポルトガル人に対する海上銀と言伝銀の二つを禁止したが、投銀については言及していない。以上述べてきたところから、恐らく投銀というのは、何か特定の性格を持つ金銭貸借を指す名称ではなく、広く海外貿易に対する投資一般に対する総称と言えるのではないであろうか。即ち、投銀の中には、レスポンデンシアも委託貿易も、そして更にこのいずれでもない普通の金銭貸借——海上貿易を対象とした——をも含まれていたと言えよう。

六

伝存する投銀証文の内最も古い例は慶長十九年(一六一四)の文書であるが、岡本氏が紹介された、マカオのポルトガル人が日本人から導入した貿易資金を返却するように命じた一六一〇年四月二十七日付インド副王の布告(79)は、投銀が一六一〇年以前から行われていたことを明らかにするものである。また、島井宗室が慶長十五年（一六一〇）に書いた遺言状に、海外貿易に投資する場合には一件に集中させず、分散投資するよう戒めているのも[80]、これ以前から既に投資を行なってきたことを間接的に示すものである。しかし、投銀を右に述べたように広く海外貿易投資の総称とするならば、既にキリシタン布教の初期から、日本人がイエズス会士に銀を渡して商品の買付けを委託したことも、投銀と言わねばならない。教会だけではなく、マカオのポルトガル人についても、右の一六一〇年のインド副王布告よりはるか以前の、一五九〇年頃既に、マカオ、ポルトガル人の日本人に対する負債の返済が滞ったことが問題化している。即ち、一五九二年一月二十三日付マカオ発、フェルナン・マルティンスの総会長宛て書翰に次のように記述されている。

「その上、時折日本から当地のプロクラドールに対し、何人かのポルトガル人が日本人達に負っている負債を取立ててほしい、という注文が来る。この取立てには必ず訴訟が伴う。日本人の側に立ってポルトガル人に対して訴訟を起したり、何か他の問題について、日本人に頼まれて彼等のために執成をしたりして、正しいと思われることが判断されない、というのは、無分別なことだと思う。このようなことは、過去二年間にわたって見られたことである[81]。」

イエズス会士が日本人から、マカオのポルトガル人に対する債権の回収を依頼され、両者の間のもめごとにまき込まれていたことは、ローマのイエズス会本部でも問題になり、事態を憂慮した総会長は、一五九三年十月二十四日付で巡察師ヴァリニャーノに宛て次のような指令を与えている。

「また時折日本からマカオに対し、何人かのポルトガル人が日本人達に負っている負債を取立ててほしい、という注文が来る。この借金の取立ては必ずポルトガル人の反感を買い、訴訟を伴う。われわれは、平安と和によって取立てが行える場合を除き、会員はこのような委託を受けてはならない旨、尊師が命令を与えることを希望する。何故なら、そうするのが教化に適しているからである。[82]」

マルティンスは前引書翰の中で、このような債権の回収をめぐる訴訟は二年前から起っている、と記している。ということは、日本人によるポルトガル人への融資、即ち投銀はこれよりかなり以前から行われていた、ということを示している。日本人はイエズス会士に委託して貿易投資をすすめる一方で、直接ポルトガル人に対する融資も行なっていたと言える。但し、融資の対象としてのポルトガル商人は、彼等に対する債権の回収をイエズス会士に依頼しているところからも明らかなように、教会にくらべ信用度が低かったことは確かであろう。レスポンデンシアについての、前引一六一八年十月八日付スピノラの書翰に、イエズス会は信用度が高いから利率が他より低い、と記述されていたのは、[83]このことを裏付けている。そのためもあって日本人はイエズス会に委託することの方をより重視し、そこに投資が集中したことが推測出来る。上は秀吉・家康から、その幕閣・諸大名・武士・豪商に至る迄、このような思惑から教会に接近していったことであろう。一方、社会の上層部を掌握して漸次信仰を下に浸透させてゆくことを狙ったイエズス会にとって、このような日本人の要望に応えることが、その目的をとげるための最も有力な手段の一つであった。イエズス会がキリシタン布教の初期の頃からこの種の日本人の委託に応じてきたのは、このような日本側と教会側の思惑が合致したからに外ならない。しかしながら、いかにイエズス会が貿易を布教のための手段と考えようと、修道会である以上そこに一定の制約があったのは当然である。そしてもしも日本イエズス会がその制約をこえた時には、会の内部で批判意見が強まり、従来の路線に対し何らかの修正が行われ、そしてそれが対外的にも影響を及ぼしたであろう、ということが推測出来る。

イエズス会士による委託貿易は十七世紀に入り激化したようである。それは、幕府からの委託が多かったこともあろうが、より根本的には、日本イエズス会の財務内容が借金経営に陥ったことが主な原因であったと言うべきであろう。十七世紀に入り一六一二年までは、日本イエズス会の経済的運営は、準管区長パシオとプロクラドールの通事ロドリーゲスの二人の手で主として行われたが（ロドリーゲスは一六一〇年にマカオに転任）、そのために、貿易重視の従来の方針に批判的な会員は、特にこの二人に対して強い非難を浴びせている。しかしこれは、一つには教会内外の客観情勢がそのような政策をとらせたとも言える。しかしそれが、修道会としての制約を逸脱する程にまで拡大してしまった。一六一二年に巡察師の服務規定の中で委託貿易は禁止されたが、これは、ノッサ・セニョーラ・ダ・グラッサ号事件に伴い、出資者との間に厄介な訴訟問題が発生したことが直接の契機の一つとして挙げられようが、もっと根本的には、日本イエズス会がこの制約を越えてまで委託貿易を増大させたことが主な原因であった、と言わねばならないであろう。イエズス会はその後も幕府の委託に応じてはいるが、しかし大勢としては、日本人のための委託貿易は廃止の方向に向った。これはイエズス会の日本布教において、一つの方向転換といえよう。

しかし、日本イエズス会の財務内容が改善されたわけではないから、別の形での資金調達を強いられた。一六一二年からレスポンデンシアによる借入れを行なったのは、そのためである。レスポンデンシアによる借銀は、イエズス会自身の貿易の資金を調達するための、単純な金銭貸借であるから、委託貿易のような出資者との間の厄介な折衝を伴わない利点はある。しかしその反面、レスポンデンシアのような投機的融資に依存せざるをえなくなったこと自体、日本教会の経済基盤が一層不健全なものとなったことを意味しており、キリシタン布教が経済面からも破綻していったことを物語っていると言えよう。

（1）　高瀬弘一郎「キリシタン教会の貿易収入額について」（『社会経済史学』四十巻一号。本書第二部第八章）、同「キリシタン教会の経費」（本書第二部第一章）。
（2）　Archivum Romanum Societatis Iesu, Jap. Sin. 2, f. 23.

（3） A. Valignano & J. L. Alvarez-Taladriz, *Sumario de las cosas de Japón*, Tokyo, 1954, pp. 310, 311.（松田毅一他訳『日本巡察記』平凡社、昭和四十八年、一四一・一四二頁）。

（4） A. Valignano & J. L. Alvarez-Taladriz, *Adiciones del Sumario de Japón*, Apéndice I, Segunda Consulta de Japón, pp. 608, 609.

（5） Jap. Sin. 13–I, f. 135, 135v.

（6） Jap. Sin. 14–I, f. 146, 146v.

（7） Jap. Sin. 13–I, f. 135, 135v.

（8） Jap. Sin. 11–II, f. 332v.

（9） Jap. Sin. 9–II, f. 213.

（10） Jap. Sin. 9–I, f. 95.

（11） 一五九一年十月二十九日付長崎発、ヴァリニャーノの総会長宛て書翰(Jap. Sin. 11–II, f. 261. J. L. Alvarez-Taladriz, “El Padre Viceprovincial Gaspar Coelho ¿ “Capitán de Armas o Pastor de Almas” ?”, *Sapientia*, 6, 1972, p. 44.)。

（12） Jap. Sin. 14–II, f. 186v.

（13） 高瀬弘一郎「キリシタン教会の財務担当パードレについて」(『社会経済史学』四十一巻二号)九—十一頁。本書第二部第六章五二六—五二八頁。

（14） Jap. Sin. 11–II, f. 332v.

（15） Jap. Sin. 12–II, f. 197v.

（16） Jap. Sin. 2, f. 115v.

（17） Archivum Romanum Societatis Iesu, Goa 32, f. 587.

（18） Goa 32, f. 584.

（19） Goa 32, f. 584.

（20） Goa 32, f. 587v.

（21） Jap. Sin. 9–II, f. 167, 167v.

(22) Jap. Sin. 14–I, f. 131v.
(23) Jap. Sin. 13–II, f. 342.
(24) Jap. Sin. 14–I, f. 139.
(25) Jap. Sin. 14–II, f. 186. (J. L. Alvarez-Taladriz, "Un documento de sobre el Contrato de Armação de la Nao de Trato entre Macao y Nagasaki",『天理大学学報』十一巻一号、一一頁。野間一正訳「マカオ・長崎間貿易船のアルマサン契約に関する一六一〇年の資料」『キリシタン研究』十二輯所収、三七一頁にもこのことが記述されている)。
(26) Jap. Sin. 14–I, f. 146v.
(27) Jap. Sin. 14–I, f. 131.（高瀬弘一郎「キリシタン時代インドにおける日本イエズス会の資産について」下、『史学』四十六巻二号、二一頁。本書付録六六四・六六五頁）。
(28) Jap. Sin. 13–I, f. 135v.
(29) Jap. Sin. 14–I, ff. 131v., 146.
(30) Jap. Sin. 14–I, f. 146v.
(31) シナ布教のプロクラドール、ジョアン・ダ・コスタは、一六一五年十二月八日付マカオ発、総会長宛て書翰の中で、シナ布教について次のように記述している。「最も圧迫しているものは、パードレ達が食べるために六〇〇クルザド又はそれに近い額を異教徒のシナ人から借りた負債を負っていることである。彼等は、これを送られてくるもので以て返済している。このように彼等は常に負債を負い、高利を支払っている。」(Jap. Sin. 34, f. 247.)
即ち、シナ布教では、イエズス会士の食費にも事欠いて、シナ人から高利で借金をしていたという。
(32) 高瀬弘一郎「キリシタン教会の貿易収入額について」一五頁。本書第二部第八章六〇〇・六〇一頁。
(33) Jap. Sin. 14–II, f. 186v.
(34) Jap. Sin. 14–II, f. 186v.
(35) Jap. Sin. 14–II, f. 263.
(36) Jap. Sin. 14–II, f. 263.
(37) 例えば、一六一五年十二月八日付マカオ発、ジョアン・ダ・コスタの総会長宛て書翰に、シナ布教の経済状態について次のように記述されている。「最大の支障、そして最も遺憾なことは、この布教を維持するための人の力による救済策がないことである。というのは、もう多年の間戦争のためにインドでの給付金が支払われておらず、また当市は多大な損失を蒙ったために貧しく、曾て行なったように喜捨で以て救援をすることが出来ない。」(Jap. Sin. 34, f. 247.)

(38) 一六一六年一月七日付マカオ発、フランシスコ・ピレスの総会長補佐宛て書翰に、「ヴィセンテ・ロドリーゲスは、アンドレ・ペッソアのナウ船が焼沈した時、イエズス会に五〇〇〇タエルを三年間、全然利息をとらずに貸与した。」(Jap. Sin. 16–II, f. 270.)と記されている。このヴィセンテ・ロドリーゲスという人物は、その男ペドロ・マルティン・ガーヨと共にイエズス会の代理商の立場にあり、イエズス会の委託を受けて商取引を代行する一方、イエズス会の資金・信用・商業ルート等を利用して、広域にわたって貿易活動をして富を蓄積したマカオのポルトガル商人であった。(一六一一年二月十日付マカオ発、マノエル・ガスパルの総会長補佐宛て書翰。Jap. Sin. 15–I, ff. 6v., 7. 一六一六年一月七日付マカオ発、フランシスコ・ピレスの総会長補佐宛て書翰。Jap. Sin. 16–II, f. 270, 270v.) このように、彼はイエズス会のプロクラドールと結び、その経済活動と極めて密着した関係を持った商人であった。彼がノッサ・セニョーラ・ダ・グラッサ号事件後、イエズス会に五〇〇〇タエルを三年間無利息で貸与したことは、曾てのような、友好商人による好意的援助が、特殊な事例ではあろうが、一六一〇年頃にも行われていたことを示している。

(39) Jap. Sin. 17, f. 56.

(40) Valentim Carvalho, Apologia e reposta a hum tratado feito pello P.e Frei Sebastião de S. Pedro da Ordem de S. Fr.co q. se intitula recopilação das causas por q. o Emperador de Japão desterrou de seus reynos todos os padres, núm. 32, Biblioteca Nazionale Centrale Vittorio Emanuele II, Fondo Gesuìtico 1469.

(41) Jap. Sin. 2, ff. 150–151.

(42) Jap. Sin. 16–II, f. 293, 293v.

(43) Jap. Sin. 16–II, ff. 293–294v.

(44) Jap. Sin. 23, ff. 323–324.

(45) Jap. Sin. 17, f. 256v.

(46) 高瀬弘一郎「キリシタン宣教師の経済活動——とくに貿易の斡旋について」(『史学』四十五巻二号。本書第二部第七章)、同「キリシタンと統一権力」(『岩波講座日本歴史　近世1』一九七五年)。
(47) Jap. Sin. 36, f. 159.
(48) 高瀬弘一郎「キリシタン宣教師の経済活動——とくに貿易の斡旋について」、同「キリシタンと統一権力」。
(49) V. Carvalho, Apologia, núm. 80.
(50) Jap. Sin. 38, f. 22v.
(51) Jap. Sin. 38, f. 22v.
(52) Obediencias do P.e Alexandre Valignano Visitador da Provincia de Japão e China, revistas e concertadas pello P.e Francisco Passio Visitador da mesma Provincia para Instrucção dos Reytores, Anno de 1612, cap. 15, 15, Biblioteca da Ajuda, 49-IV-56.（岡本良知編写真製版Jesuitas na Asia, 3. A. Valignano & J. L. Alvarez-Taladriz, *Adiciones*, pp. 543, 544. にスペイン語訳が掲載）。
(53) Jap. Sin. 36, f. 159v.
(54) Jap. Sin. 36, f. 181.
(55) 一六一八年六月十日付でマカオにおいて巡察師フランシスコ・ヴィエイラが作った、マカオ駐在の日本のプロクラドールの規則に、次のような一項がある。
「第十七項、日本のプロクラドールに対し、次のように命ずる。即ち、いかに必要があっても、日本からレスポンデンシアにより送られてきたかねは、決して消費してはならない。それどころか、この銀は第一番に投資をして日本に送らなければならない。」(Biblioteca da Ajuda, 49-IV-66, f. 15v. 東大史料編纂所架蔵の複製写真による)。このような命令が下されているることは、日本からマカオに送られてきたレスポンデンシアのかねが、そこで流用されてしまうことが少なくなかったことを示していると言えよう。
(56) Jap. Sin. 36, f. 179v.
(57) Biblioteca da Ajuda, 49-V-7, f. 95.（東大史料編纂所架蔵の複製写真による）。
(58) Biblioteca da Ajuda, 49-V-7, f. 109.（東大史料編纂所架蔵の複製写真による。岡本良知「投銀に関する特殊の資料」『社会経済史学』五巻六号、八九・九〇頁）。

(59) Biblioteca da Ajuda, 49-V-7, ff. 127, 127v., 128v.（東大史料編纂所架蔵の複製写真による）。
(60) Jap. Sin. 36, ff. 191v., 193v.
(61) Biblioteca da Ajuda, 49-IV-66, f. 15v.（東大史料編纂所架蔵の複製写真による）。
(62) Jap. Sin. 18-I, f. 53v.
(63) Biblioteca da Ajuda, 49-V-11, f. 492, 492v.（東大史料編纂所架蔵の複製写真による）。
(64) 高瀬弘一郎「江戸幕府のキリシタン禁教政策と教会財政」(『史学』四十七巻一・二号。本書第二部第十章)。
(65) Biblioteca da Ajuda, 49-V-11, f. 493v.（東大史料編纂所架蔵の複製写真による）。
(66) Archivum Romanum Societatis Iesu, Fondo Gesuìtico 721-II-7.
(67) Jap. Sin. 18-I, f. 160.
(68) 柴謙太郎「日欧文投銀證文の考察」(『経済史研究』十七巻一・二号)八―二六頁。
(69) 末次文書(東大史料編纂所架蔵の影写本による。柴謙太郎、前掲論文、一二―一五頁)。
(70) 「長崎御役所留」上(内閣文庫架蔵。岩生成一「鎖国」『岩波講座日本歴史　近世2』一九六七年、九〇頁)。
(71) António Bocarro, *Década 13 da História da Índia*, parte II, Lisboa, 1876, p. 696. C. R. Boxer, *The Great Ship from Amacon,* Lisboa, 1959, p. 94.
(72) 江島茂逸『博多三傑伝』博文館、明治二十五年、五四頁。
(73) 島井文書(『福岡県史資料』第六輯、昭和十一年。柴謙太郎、前掲論文、三一頁)。
(74) 「堺市史史料」八十、商業二(堺市立図書館架蔵。中村質「投銀証文に関する一考察」『日本歴史』二一六号、六〇頁)。
(75) 末次文書(東大史料編纂所架蔵の影写本による。柴謙太郎「投銀とは何、海上貸附か、コンメンダ投資か」中『経済史研究』四六号、三五頁)。
(76) 末次文書(東大史料編纂所架蔵の影写本による。柴謙太郎「投銀とは何、海上貸附か、コンメンダ投資か」中、二八頁)。
(77) 『熊本県史料』中世篇第三、昭和三十八年、四三三頁(中村質、前掲論文、五九頁)。
(78) 柴謙太郎「投銀とは何、海上貸附か、コンメンダ投資か」上(『経済史研究』四五号)。
(79) Biblioteca da Ajuda, 49-V-3, f. 28.（東大史料編纂所架蔵の複製写真による。岡本良知「投銀に関する特殊の資料」八七頁)。

(80)『福岡県史資料』第六輯、一五三・一五四頁。

(81) Jap. Sin. 11-II, f. 268v.

(82) Jap. Sin. 3, f. 16.

(83) Jap. Sin. 36, ff. 191v., 193v.

第四章　キリシタン教会の経済基盤をめぐる内部の論議

はじめに

キリシタン教会は、一五五〇年代後半にマカオ＝日本間の貿易を開始して以後、貿易収入を主な財源として教会活動を行なったが、このような経済基盤のあり方は、当然イエズス会内外に大きな論議を呼んだ。日本イエズス会の貿易活動に対する非難は広範にわたって行われたが、今この批判者を分類すると、カトリック教会内部と外部の者にまず分けられ、次に教会内部でもイエズス会士と他修道会士及びローマ教皇庁関係者に分けることが出来る。更に教会外では、マカオのポルトガル人、インド政庁関係者、本国政府関係者、及びプロテスタント側の人々等を挙げることが出来よう。厳密に言うなら、イエズス会士でも日本イエズス会関係者と、ローマのイエズス会本部その他、他の地域のイエズス会関係者とは一応区別して考えねばならない。このように広範にわたる関係者から、日本イエズス会の経済基盤のあり方をめぐって投げられた批判意見は、キリシタン布教に直接間接に影響を及ぼすところ少なくないので、子細に検討しなければならないものではあるが、ここでは、イエズス会士によって行われたキリシタン布教の実態を解明するための一つの手がかりとして、イエズス会内部の論議を取上げたい。貿易活動を批判した会員はどのように自分の主張を展開し、貿易に代る収入源を何に求めようとしたか、という問題は、各会員が日本において修道士としていかなる姿勢をとり、どのような生活態度をみせたか、そして延いてはいかなる布教政策をとったか、ということと緊密な関連を持っていた。彼等が日本布教に対してどのような姿勢でのぞみ、いかなる考え方をしたのか、といった問題の解明を目指しつつ、経済基盤のあり方をめぐる会員の論議を取上げてみたい。

一　貿易批判論

ポルトガル商人ルイス・デ・アルメイダが入会したのに伴って一五五〇年代後半に貿易を開始したことは、その後の日本イエズス会に重大な影響を与えた。貿易開始後間もなく、修道士が商業活動に従事することの是非と、貿易収入によって日本イエズス会の経済状態が豊かになり、会員の修道精神の弛緩を招いた、ということに対して批判の声が上っている。カブラルは、一五七一年九月二日付長崎発、総会長宛て書翰の中で次のように記述している。アルメイダが入会して貿易を開始して後、ザビエル、トーレス、フェルナンデスといった日本布教の創始者達の時代の福音的清貧が破壊され、修道会の戒規が弛緩してしまった。即ち、貿易収入に伴って衣服やベッドに絹を使用し、豊かな食事をとり、従僕を所有し、労働と祈りに対する情熱を失い、まるで日本ではパードレが清貧の修道士というより領主のように見えるようになった。これに対し、インド管区長は一五七〇年にカブラルを日本に派遣するに当り、絹の使用を禁じ、あらゆる無駄を省き、そして貿易は必要最小限度に制限するように、という厳命を与えた[(1)]、と。日本はその当時インド管区に所属していたが、伝えられてくる日本イエズス会の実情が、ゴアのインド管区関係者の間で大きな問題になったことが判る。一五七〇年当時のインド管区長はアントニオ・デ・クワドロスであるが、彼は、右のカブラルの書翰に見えている通り、日本イエズス会の貿易を必要最小限度に抑えることは命じたが、それを禁じてはいない。これは、貿易に代る収入源を与えることなしに、ただそれを禁止するのは無理だとの判断によるものであろう。既に別稿で述べたように、管区長クワドロスは、カブラルと共に、日本イエズス会がインドに土地を取得してそこから定収入を得る道を開いた、その推進者であった(2)。これは、ローマのイエズス会本部の意向でもあったが、インド管区関係者の間で、他の収入の道を開く代りに、日本イエズス会が貿易収入に頼ることをやめさせたい、との意見が強かったことを示すものであろう。クワドロスの没後、一五七五年十二月にゴアで開かれたインド管区会議においても、この件について次のような議決がなされている。

「シナと日本の間の貿易は全面的に廃止すること。そして巡察師とその他すべての上長は、福音をその精神に則って、使徒的に宣布するよう最善の努力をしなければならない。従って、在日イエズス会士のためにバサインにおいて買入れたレンダは、将来日本に設けるコレジオのために保持し、そしてもし可能ならそれを増加させるようにしなければならない(3)。」

日本イエズス会が行う貿易とそれに伴う弊害を除去しなければならない、というインド管区関係者の意向は、このように管区会議の議決という形で表明され、日本イエズス会に対し軌道修正を迫ることになった。

しかし、インド管区会議の決定について報告をうけたローマのイエズス会総会長は、この議決を直に実施すべきだとの判断は下さなかった。まず日本イエズス会の経済の実情をはっきりつかんだ上で断を下そうという、慎重な態度をとった。即ち、総会長メルキュリアンが、一五七八年十二月四日付で巡察師ヴァリニャーノに宛てた指令に次のように記述されている。

「日本のイエズス会士の貿易については、私は尊師に次のように申し述べたい。即ち、仮令管区会議の答申で、全面的に廃止するよう決定されたとは言っても、パードレ・フランシスコ・カブラルが尊師に書翰で書送ったいくつかの理由をみて、私は、この件でいかにすべきか尊師の判断を報告してもらった上で、直ちに別の勧告を与えるから、それまではこの執行をとどめるべきだと考える。(4)」

即ち、原則は貿易に反対であっても、現実に貿易収入なしで日本イエズス会を維持出来るものかどうか、本部で決断がつきかね、巡察師として日本を視察するヴァリニャーノに、その判断を委ねようとしたわけである。尤もヴァリニャーノは、右の指令を受取る以前の一五七九年にマカオにおいて、日本イエズス会がマカオ＝長崎間のポルトガル貿易に正式に参加することで市と契約を結んだ。彼はマカオに来てみて、日本イエズス会の経済状態から貿易は不可避であると判断し、マカオ側の不満や、その他兎角この貿易について行われる批判の声を封ずるために、速かにマカオ市と契約を結び、従来は裏で隠れて行われてきたところがある取引を、はっきりした形ですすめるべきだと考えたものであろう。しかし、従来から内々に行われてきたことではあったが、ここで貿易活動をはっきり表面化することになったため、日本イエズス会として早急にこの問題について協議し、貿易収入を主な財源とする方針を是認する方向へ、在日パードレの意見をまとめて行かねばならなかった。ヴァリニャーノは、マカオで契約を結んだ直後の一五七九年七月に来日するが、彼は早速翌一五八〇年から一五八一年にかけて日本各地で第一回日本イエズス会全体協議会を開き、山積する諸問題について協議している。そしてその席で貿易の是非についても取上げられている。この協議会での意見については後で紹介するが、要するに、貿易は望ましいことではないが、現状では日本教会を維持してゆくためにやむをえない、という趣旨で全員が一致した、と記録されている。ヴァリニャーノの望む方向で合意がえられたことが判る。しかし、ヴァリニャーノの強力な主導権の下に運営された協議会での結論がどうであれ、日本イエズス会の中には、貿易に対して強い疑問を持つパードレも少なくなかった。一五八一年十月十三日付日本発、コエリョの総会長宛て書翰に次のように記述されている。

「このような貿易について猊下が抱いておられ、そしてわれわれ全員が抱いているに違いない疑念についてであるが、それは尤もなことである。何故なら、イエズス会の会憲に反する許りか、凡ての修道誓願の掟に反するものだからである。それで、われわれ在日会員と日本キリスト教界を維持する方法が別にあるなら、一切の貿易を廃止しなければならないであろう。多くの良心の不安と大勢の人々の非難を買う原因を、それによって除くことが出来るからである。彼等は、その貪欲な心から、イエズス会士が自分達の利益の一部を奪っている、と信じている。また必然的に別の方法をとらねばならないことになろう。何故なら、われわれの誓願にまるで反した乱暴な事柄が永続する筈がないからである。しかしながら、他の手段が与えられない間は、これをやめるわけにはゆかないであろう(5)。」

コエリョはこのように、即時廃止すべきだとは言っていないが、修道士が商業活動を行うのは誓願に反するという点と、マカオのポルトガル人を中心に強い不満があることを理由に、貿易によって収入を得ることを強く批判し、これに代る別の収入源を求めるべきことを主張している。

略〻同じ時期に、日本イエズス会の商業活動を最も鋭く非難した会員の一人がカブラルであった。そしてカブラルがイエズス会において重要な地位を占めていたために、彼の主張するところは大きな影響力があった。一五八三年十月五日付マカオ発、カブラルの総会長宛て書翰には次のように記されている。

「彼〔ヴァリニャーノのこと――引用者〕は当地で、この港の住民達と、日本のパードレ達が毎年七〇ピコに限って生糸を船積みすることが出来る、という契約を結んだ。その外、他の必需品も買入れて船積みされた。ここからの利益は、日本の経費をまかなうのに充分であった。更に彼は、当地でパードレ・アンドレ・ピントを日本のプロクラドールにした。そして今日尚、何人かの外部の者がこの生糸を買っているが、それは同パードレの命令によるものである。彼はかねを所有し、彼等にかねを与え、そして日本から彼の許にかねが戻される。彼はまた、シナ人の商人達と交渉して価格をきめる。彼は余りにもこれらの取引や商業活動に深入りしているので、異教徒のみか、キリスト教徒やポルトガル人までもが、彼のことをこのように理解してしまっている。同パードレ〔ヴァリニャーノのことか――引用者〕は彼に多くの特権を与え、このカーザの院長の命令に服する義務を免除した。私はそれがどの程度のものか、プロクラドールには固有のものなのか、それがイエズス会の名誉のために適切なものであったかどうか知らない。日本には、別にパードレ・ジョアン・デ・クラストをプロクラドールにした。彼は日本で同じように生糸の販売や取引の仕事に公然と従事している。この商業活動は、いかに慎重に行なっても、常に適度以上に行われているので、人々の反感を買うようなことが生じている。それは、たまたま今年日本で起った通りで、当地から日本に送ったわれわれの生糸からの利益が多額であったにも拘らず、それだけで満足せず、日本でプロクラドールのパードレが、後で他の生糸の売値と同じ価格で支払うという約束で、ナウ船の商人達から大凡二五〇乃至三〇〇ピコの生糸を掛けで買占め、それを船に積んで別の土地に持って行き、そこでナウ船における価格よりも高値で売った。その上に尚、ナウ船が碇泊していたその港で、売れ残った生糸を売り尽した。これによって同パードレは、三〇〇〇乃至四〇〇〇クルザドの利益を上げた。ナウ船の商人達はこのことを遺憾に思い、日本でもこの港でも醜聞沙汰となった。彼等は一致して、パードレは当地からもたらす生糸では不充分で、他の人々の生糸を買占め、それを別の土地で売る、と言った。ナウ船の商人達は誰もこのようなことは行なっていなかった。そして彼等は、ナウ船の代理商人に対し、同パードレに生糸を掛けで売ってやったために同パードレが儲けた四〇〇〇タエルを要求しようとした。自分達も同じだけ利益を上げることが出来た筈だ、と言って。その外にも、人々が常に言いがちな不満を述べたてた。私は猊下に断言するが、当地にいるわれわれ会員は、これらの非難の内の或るものについては根拠が有ることを知り、これらのことを少なからず悩んだ(6)。」

カブラルはこのように述べ、ヴァリニャーノが結んだ契約通りの貿易量で日本教会の必要経費をまかなうのに充分であるにも拘らず、それ以上に、主としてマカオと長崎のプロクラドールが中心となって契約の枠外の取引を行い、ポルトガル商人の反撥を買うところ少なくなく、このために布教事業に弊害が及ぶことを憂慮している。カブラルのような責任ある立場の有力な会員が、ヴァリニャーノのとった措置を暗に批判しつつ、日本イエズス会の商業活動の実態とその弊害を具さに認めた書翰は、ローマのイエズス会本部に対して大きな影響を与えたものと思う。イエズス会総会長アクワヴィーヴァは、一五八五年十二月にインド管区長のヴァリニャーノに送った指令の中で、次のように日本イエズス会の生糸貿易を禁止した。

「日本の働き手達を維持するための、シナにおける生糸貿易は、尊師も知っているように、やむをえぬ事情により許されたことであり、イエズス会も教皇も極めて不本意のものであった。しかし結局、多くの霊魂の精神的窮乏と救済のために、それは必要であった。もしも日本に福音の宣布者がいなければ死滅しているからである。これ以外の方法でこの宣布者達を維持するすべが判らなかったからである。このような窮状に対して、摂理は、教皇をして日本に毎年六〇〇〇ドゥカド与えさせることによって、充分に補給し給うた。このかねは、銀でインドにもたらされ、そこで金にかえられるが、これが日本では八〇〇〇以上の価になる、という報告をわれわれは受けている。そしてこのかねに、マラッカとインドで彼等が所有しているもの、及びカトリック国王が恐らく給付するであろうもの、更には、現在彼等が日本に所有する資金の内、一部はナウ船が欠航する年のため、又はその他生じうる不慮の事態のために現金で保管しておかねばならないが、その資金の一部で購入しうるもので以て、充分に彼等の維持は可能だと思われる。このため、われわれは、この種の貿易を禁止しなければならない。殊に、尊師がマカオに行って以後、同地において、この貿易が悪口と不評を買っている、ということがわれわれに判ったからである。これについては、マカオのカーザにおいてこれを正したいとの希望と意欲が余りに強いために、いろいろな人がわれわれに書送ってきた。従って、上述の貿易を不正なものとして禁止するのが適当である。何故なら、主はわれわれを別途に補給し給うたからである。(7)」

イエズス会総会長が日本イエズス会の生糸貿易を明確に禁止した文書としては、これが殆ど唯一のものである。禁止の理由として主に二つの点が述べられている。即ち、一五八五年天正少年使節の来訪を契機に、教皇シクストゥス五世が日本教会への年金を二〇〇〇ドゥカド追加して合計六〇〇〇としたことにより、これにその他の国王給付の年金等々を合せれば、充分日本イエズス会を維持することが出来る筈だ、という点と、今一つは、この貿易に伴う弊害が挙げられている。即ち、特にマカオのイエズス会関係者から、ヴァリニャーノの巡察後は、マカオにおいてイエズス会士の貿易活動に対する反感が強まったので、これを是正しなければならない、との要望がいろいろ総会長の許によせられたことが記されている。これら二つの内、第一の理由についてであるが、イエズス会総会長は、一五八三年教皇が新たに四〇〇〇ドゥカドの年金を支給することを決定した時には、その直後の同年十一月二十五日付でヴァリニャーノに宛てた書翰の中で、生糸貿易を廃止すべきではない、と指示している。(8)これがわずか二年後に、教皇給付の年金が四〇〇〇ドゥカドから六〇〇〇に増額したことを一つの理由に、貿易禁止にかわったわけである。確かに年金が二〇〇〇ドゥカド増額することは日本にとって朗報には違いないが、これだけの増額が行われたことが、総会長から貿易禁止令が出された主な要因であったかどうかは疑問である。これはむしろ、マカオの会員達から送られてきた多くの文書によって日本イエズス会の商業活動の実態を知り、その弊害を総会長が憂慮したことの方が主因で、年金増額を契機にこの禁令が出されたものと思う。そして、マカオからの訴えの中でも、総会長に対して最も影響力が大きかったのは、矢張りカブラルの書翰ではなかったかと思う。しかし、この禁令はわずか二年間有効であったにすぎず、一五八七年十二月二十八日付で同総会長が巡察師ヴァリニャーノに宛てた指令で以て、早くも貿易が再び許可されている。[9] これは、主としてカブラルからの情報によって禁令が発せられたことに対する反撥もあって、ヴァリニャーノが総会長に対して激しく働きかけた結果であったと言ってよい。そしてその後、歴代総会長は基本的には日本イエズス会の生糸貿易を承認する方針をとった。

しかし、総会長からの指令がどうであれ、現地には貿易を批判する会員が少なくなかった。一五九二年十月四日付長崎発、オルガンティーノの総会長宛て書翰には次のように記されている。

「猊下がよくご存知のように、われわれの維持は、毎年日本に渡来するナウ船の貿易と、教皇がわれわれに与える支給金に依存している。この貿易については、私は、われわれの上長と他の会員全員がこの世俗的なことに余りに近づき、適度をこえて物質的・肉体的な逸楽を求めるようになって、聖職者から領主になり、貧者から富者にかわることを非常に恐れている。私がこういうのは、現在行われている貿易が不要だということを判ってもらうためではなく、これが重視されるために、われわれの精神が必ずやこれに隷従し、われわれが可視の物の奴隷になるに違いないからである。[10]」

イエズス会士が貿易収入を主な財源として、商業活動に馴染むことがいかなる弊害を招くか、右のオルガンティーノの危惧は、在日イエズス会士の中の一方の意見を代表するものといえよう。ところで、貿易の弊害を訴える場合の論点は、このオルガンティーノのように、貿易を行うことが在日イエズス会士全体の堕落を招く恐れが大きいと主張するものと、今一つ、前引カブラルの書翰のように、マカオや長崎のプロクラドールを中心に、直接商業活動に関与するパードレの振舞が非難を買う点を強調するものの二つを挙げることが出来よう。そして、一五八五年十二月に総会長が貿易を禁じた主な動機は、前述の通りマカオからカブラルが送った書翰にあったと思われる。それにも拘らず、二年後の一五八七年十二月二十八日付総会長のヴァリニャーノ宛て指令でそれを再び許可したのは、ヴァリニャーノから、マカオで見られた商業行為の行きすぎを是正したのでこれを許可してもらいたい、との強い要望があったからであった。このことは、右の総会長のヴァリニャーノ宛て指令に記述されている通りである。(11) ところが、プロクラドールを中心として行われた取引の実態は、その後も一向に改められた様子はない。一五九二年一月二十三日付マカオ発、フェルナン・マルティンスの総会長宛て書翰には次のように記述されている。

「猊下にお知らせしたい二番目のことは、日本の貿易についてである。これについて私は、猊下がここで実地にそれをご覧になれば、人々がわれわれのことをこれ程批判すること――しかもその中には妥当な批判もある――もなくなると思う。何故なら、その貿易を全面的に廃止するか、又は日本のパードレ達を維持する他の、われわれにとって左程負担にならず、人々にこれ程憎悪されないような収入源を探すかするものと思われるからである。貿易はわれわれに負担になっている。というのは、これが原因でわれわれは商人の名を得る一方で、修道士の名を失いつつあるからである。このカーザのことを「修道士のカーザ」と呼ぶ者もいるが、一方われわれの面前で「取引のカーザ」と呼ぶ者もいるからである。というのは、日本に送るために当地で仕入れる凡ての商品や、カーザの仕事のために必要なものを調達したりすることは、凡てプロクラドールが行うことだからである。尤も、それだけでなく、ポルトガル人が自分のかねを投資しに行く広東でもこれが行われてはいるが、しかしそこでは、知己の一商人によって行われる。同パードレは広東には行かないからである。しかし、広東で行われていないようなことも、凡て当地で上述のパードレによって行われる。しかも、むしろその方が良いと思われることも時折ある。このため、シナ人達は同パードレと取引をしに来て、売りたい物の見本を彼の許に持って来る。ここで彼等に対する支払いが行われる。何かにつけて、常にこれらのシナ人が同じ門を通ってカーザに集って来る。彼等は、私と同じように同パードレの寝室まで知っており、場所柄にふさわしい慎しみもなしに、この取引のためにそこに出入りしている。プロクラドールの部屋が共通の廊下にあるからである。そしてカーザが小さいので、シナ人に支払いが行われる時には、かねを数える騒音が教会の中にまで聞えることが屢〻ある。このようなことは、喜捨で以てやっているこのカーザにとって害にならない筈がない。何故なら、われわれが売買をしたり、かねを詰めた箱をカーザに運んだりする一方で、われわれが生きるための施しを乞う、というようなことをしていては、われわれへの同情を呼ぶことは出来ない。このような理由に加えて、われわれがこの貿易にこのように深く関与しているのを見るのは、人々にとって余り教化的なことではないので、もしも猊下がこれを全面的に廃止しないのならば、世俗の人の手で行うべきだと思われる。仮令これによって現在のように資産がふえてゆくことがなくなっても、イエズス会の信用・名声は資産よりも価値がある。〔中略〕私は、貿易を廃止しても、日本にとって何ら打撃にはならないと思う。何故なら、パードレ・フランシスコ・カブラルが日本から来た時に、私はこのカーザで彼から聞いたが、日本はその所有する資産の外に、尚経費を上廻るレンダを持っているということであった。現在は人員やカーザの数がふえたので、経費が増大しているにしても、私は、必需品や日常の衣食に事欠くことはないと思う。尤もそれは、巡察師がする贈物を今ほど行わなければ、という話である。[12]」

ここでマルティンスが、日本イエズス会は貿易収入がなくても他のレンダで以て維持出来る、と記している点は、そのような判断が妥当か否かは兎に角として、日本教会の貿易に伴うマカオのカーザ内のプロクラドール事務所の憂慮すべき実態について、近くにあってこれを熟知している彼の報告は、ローマの本部にも影響を与えずにはおかなかったようである。ヴァリニャーノの書翰によると改善された筈の、マカオ、プロクラドール事務所の実態が、依然として「修道士のカーザ」ならぬ「取引のカーザ」即ち取引所と呼ばれている有様で、イエズス会の信用と名声をいかに失墜させるものであったかが具さに記述されている。このマルティンスの書翰を受取った直後に記したものと思われるが、総会長アクワヴィーヴァは一五九三年十月二十四日付でヴァリニャーノに宛てた指令の中で次のように述べている。

「貿易が行われ、シナで日本のレンタとなる投資が行われて、非教化と不満を招いている、ということ、及びわれわれのカーザの中で絶えず取引が行われているところから「取引のカーザ」と呼ばれている、という知らせを受けている。尊師は愛を以てそれに注目し、行き過ぎが行われるようならそれを廃し、そして特にその地でイエズス会士に大いに期待されている教化的且つ模範的な仕方でそれを行うことを命ずるように。このことについて、われわれは既に尊師に書送り、そして尊師から既にそれを解決したとの返事を受取ったことを覚えているが、しかし尊師の命令が守られていないように思われる。[13]」

このように総会長は、ヴァリニャーノに対し、マカオのプロクラドール事務所の実態を是正したというが、その命令が守られていないようなので、教化的に取引業務を行うことを命ずるように、と指示している。マカオのプロクラドール事務所の有様がいかに一部イエズス会士の顰蹙を買っていたかは、一五九三年十一月十五日付マカオ発、ドゥアルテ・デ・サンデの総会長宛て書翰からもうかがうことが出来る。即ち、折からマカオに日本向けのパードレの養成を目指すコレジオを作る計画が、ヴァリニャーノを中心にすすめられていたのに対し、サンデはいろいろな理由を挙げてこれに反対しているが、そのことに関して次のように記述している。

「〔マカオにおける〕これら二つのカーザの上長達の間に生ずるであろう他の不都合については、取上げないことにする。というのは、コレジオのカーザでは、常に商人達との売買や商談が行われることになるであろう。このために、喜捨によって生きている人々にとって少なからざる迷惑が生ずるであろう。[14]」

日本のためのコレジオを作ると、そこに日本イエズス会のプロクラドールが駐在することになり、コレジオの一部がプロクラドール事務所になる。そしてそこは商人達との取引の場になって、常にそこで商いが行われるようになり、イエズス会全体に大層迷惑を及ぼす、ということを一つの理由に、この計画に反対している。

先に、カブラルがマカオや長崎におけるイエズス会の商業活動の実態について本部に送った報告が、一五八五年十二月に総会長が日本イエズス会の生糸貿易を禁止した重要な動機となったと思われる、ということを記したが、カブラルはその後も一貫して、日本イエズス会の貿易活動に対し強い批判を行なっている。このようなカブラルの批判については、彼自身日本布教長であった時期(一五七〇—八一年)に相当に貿易を行なって資産の蓄積をしており、[15]日本を去るや急に日本イエズス会の貿易を非難し始めたような感を抱かせる。後で引用するように、ヴァリニャーノもこの点を指摘してカブラルに対して論駁している。この点については、一面では、カブラル時代にくらべその後日本教会の進展に伴い経費の増大があったが、他方、カブラルの頃にはローマ教皇からの給付金はなかったが、一五八三年から四〇〇〇ドゥカドの年金が支給され、一五八五年には一回だけではあるが六〇〇〇ドゥカドも給付されたこと、本国国王からの支給金も、一五八一年以後、それまで一〇〇〇ドゥカドの年金であったものが、二〇〇〇に倍増されたこと、インドの土地収入にしても一五八四年に土地の買増しが行われ、収入が相当にふえたこと、[16]等を考慮に入れて論じなければならないであろう。カブラルは、自分が日本を去った後にこのように定収入が著しく増加したことを理由にして、貿易を批判しているからである。商業活動に対するカブラルの批判は、事毎に対立し合った彼とヴァリニャーノの間の争論を一層激化させるものであった。カブラルの主張を鮮明にするために、一五九六年十二月十日付ゴア発、総会長補佐宛てのカブラルの書翰を挙げておく。彼はその中で、ヴァリニャーノが主になって行なったゴアにおける商業行為について明らかにした後、マカオについて次のように記述している。

「当地でこのような有様なら、マカオから来た人々が吹聴するところによると、そこでは当地よりはるかに悪い。当地ではまだ多少は慎重さがあるが、マカオでは凡てが露わで覆われていないので、そうなるのも当然だと思う。というのは、名誉ある富裕な人物で、パードレ・アレッサンドレが有する主要な代理商人であり、永年の間これらの商業活動の管理を引き受けてきたバルテザール・コエリョが、二、三日前に私に次のように語った。即ち、マカオにおいてはイエズス会に対してはるかに大きな不満が存在している。そこでは、日本のプロクラドール、パードレ・ミゲル・ソアレスがコレジオの中に自分の取引所を持ち、そこではたえず商品の出し入れが行われており、シナ商人が頻繁に出入りしている。同パードレは、他の人々を介して買えるにも拘らず、自分で店に行き、商品を買求めている。そして日本に送られる商品に多額の投資をする外にも、商品を買い、それを同地でもっと高値で転売する。資金は非常に巨額なので、外から送られてくる商品をそのかねで買占めてしまう。凡ての人々がこのことを訴え、不満を述べている、と。この者は更に私に語った。マカオにいる友もそうでない者も、各修道会も、このことに対して非常に不満を述べている。このため、われわれのパードレ達は大層恥ずかしい思いをしている。何人かのパードレは泣きながら、自分達がいかに恥ずかしい思いをしてもどうすることも出来ない、と彼に訴えた。というのは、パードレ・アレッサンドレがパードレ・ミゲル・ソアレスに対し、売買のことに関しては院長の命に服する義務を免除したからである。当地で、われわれの目の前で、パードレ・マノエル・ディアスがパードレ・アレッサンドレと共に商業活動に関して行なっているところからみて、私はパードレ・ミゲル・ソアレスがマカオでどのような振舞をしているか推測出来る。この余りに放埒な商業行為に対して、そしてそのために単に当地許りでなく、御地も含め全イエズス会が蒙る不名誉に対し、強い決意で以て有効にこれを絶つことをしないと、総会長に対して非難が向けられる、ということを尊師は判っていただきたい。というのは、国王の許にまでそれに対する不満が達しているからである。コレジオ、セミナリオを作るとか、その他自分の権勢を表わすことに対する情熱をパードレ・アレッサンドレが自制してくれると、いかに良くなることか。仮令彼が善意で以てそのようなことを行うのだとしても、イエズス会会憲、及びイエズス会の名声と清潔さから遠く逸脱した、露わな商業活動の如き脆弱で悪評高い基盤の上に、それらの施設を作っている。日本には次のような収入があるのだから尚更である。教皇は日本にレアル貨六〇〇〇クルザドを与える。これはシナでは六〇〇〇タエルに当る。さらに国王が毎年当サルセッテとマラッカの税関において日本に支給させている二〇〇〇クルザドがある。またバサインに有するいくつかの村から日本に入る収入は、二〇〇〇パルダオになる。マラッカの家と店舗からの収入六〇〇タエルもある。この外にも、日本国内で有馬・大村・天草といったキリスト教徒の領主の土地に有する他のレンダがあるが、これは、これらの領主の領内にあるので、失われたことはなかった。以上全部で八〇〇〇タエル以上に上るが、これはパードレ・アレッサンドレが言う、日本の必要経費額に当る。この外に尚、現在日本は多額の資産を持っている。更にその上、毎年マカオから五〇ピコの生糸がもたらされている。市がこれだけの生糸を、われわれのためにアルマサンの中に入れることを義務づけられている。金は、われわれが望むだけ商うことが出来る。これは嵩張らず、比較的内密にもたらすことが出来る。その利益は少なくとも三〇乃至四〇パーセントである。これは、曾て行われていたように、何人かの友の手で、彼等自身の家において行うことが出来る筈である。われわれの門の中に取引所が存在する、というようなことのないように出来る筈である。イエズス会パードレが公然たる商人となって非常に悪い手本を示し、そしてわれわれが汚名を蒙っている。というのは、それを行わないでも、日本にとって必要な維持費に不足をきたすことはないからである。これ程邪悪な手段によったのでは、神が協力して下さらないのではないか、と私は恐れる。最後には、私はこの問題で自分がカサンドラ〔ギリシャ神話中の人物。トロイ王の娘で、未来を見通す力をアポロから授けられた予言者――引用者〕になるに相違ないと思っている。というのは、総会長に対しては、当地の全キリスト教界よりもパードレ・アレッサンドレの半語の方が重きをなすからである（彼が自慢している通り）。しかし私は、これによって、イエズス会とイエズス会の信用、更には日本の利益に対して忠誠を尽さねばならない自分の義務を果す。私は自分の生命・健康、及び生涯をも犠牲にしているからである。」[17]

カブラルがここで主張しているところは、次のようにまとめることが出来る。一、マカオのプロクラドール事務所の実態は、イエズス会にとって大きな弊害になっている。しかもプロクラドールは、巡察師ヴァリニャーノによって特権を付与されているので、院長といえどもこれを制することが出来ない。二、ヴァリニャーノは商業活動による利益を基盤にコレジオ・セミナリオを作っている。しかもそこには彼の個人的な野心がからんでいる。三、現在日本イエズス会は、貿易によらずとも、充分必要経費をまかなうだけの定収入が別にある。四、貿易を行うにしても、曾てのように外部の人の手を介し、その家において行える筈である。コレジオの中に取引所を持たずとも済む筈である。

この内、第一点の、マカオ、プロクラドール事務所の実態を憂慮した点は、前引フェルナン・マルティンスの書翰にも同じ趣旨のことが述べられており、イエズス会内外で大きな問題になっていたことは確かである。カブラルは、ヴァリニャーノが同プロクラドールに対し、商業面では院長の命に服する義務を免除したために、彼がその商業活動でいかなる振舞をしようと何人も制することが出来ない、とのべてヴァリニャーノのとった措置を非難している。この点については、ヴァリニャーノが一五九一年に作った長崎駐在プロクラドールの規則の中でも、プロクラドールは自分の職務以外のことについては、自分が居住するカーザの上長に服従しなければならないが、職務関係では一切カーザの上長を関与させてはならず、直接日本準管区長に服さなければならない、と規定されている。[18] マカオ駐在の日本のプロクラドールに対する規則は、ヴァリニャーノ、パシオ、ヴィエイラといった歴代巡察師によって順次作成・補正されていったが、ヴァリニャーノが作ったものにパシオが補足し、それを一六一七年五月五日ヴィエイラが確認したものが伝存しているが、そこにも次のような規定が見られる。

「十三、上述のプロクラドールは、凡てにおいて、規則に基づいて居住するこのカーザの上長の服務規定に服さなければならないが、ただ日本に属する諸事については別で、それは凡て、規則に基づいて行わなければならない。そして、これについては、カーザの上長はこれを助けて恩恵を施し、何ら妨げにならないようにする外、一切そこに介入してはならない。これは、上述のカーザの上長の規則の中で言明されている通りである。[19]」

マカオのプロクラドールの規則の中で、このように定められているが、しかし、一六一〇年代になって初めてこのような措置がとられたわけでなかったことは勿論で、既にヴァリニャーノが第一回目のマカオ渡来に際してこの点を規定したようである。即ち、一五八三年十月五日付マカオ発、カブラルの総会長宛て書翰の中で、「〔ヴァリニャーノはマカオ駐在日本のプロクラドールに対し〕多くの特権を与え、このカーザの院長の命令に服する義務を免除した。[20]」と記されている。このようにヴァリニャーノは、各地に配置した日本イエズス会のプロクラドールがその職務を行う限りでは、居住するカーザの長には服従せず、日本イエズス会の長に直属するものと定めている。これは、財務を扱うその職務内容の重要性と仕事の性質を考慮して、これを最高責任者の直属としたものであろうが、その反面このような措置によって、マカオにおいてプロクラドールの商業活動に行きすぎがあっても、現地の関係者にはこれを制するすべがない、といった弊害も伴ったわけである。

第三の、日本には貿易収入によらないでも、必要経費をまかなう収入が充分にある、という点については、確かに各種の年収を合計すれば年間経費をまかなえる筈ではあるが、但しそれは、いろいろな給付金やレンダが確実に支払われ、日本に送金されることを前提にしての話である。ところが、実際にはその支払いが滞ったり、支払われても日本に送られる途中で他の地域のイエズス会に流用されてしまうことが、かなり頻繁に生じたことは確かで、各種年収の名目額を合計して、日本イエズス会の維持に貿易収入は不要だとするカブラルの主張は、日本教会の商業活動の実態に対する批判から更にすすんで、貿易収入そのものが不要だということを主張する論拠としては、いささか根拠薄弱だと言わなければならない。

尤もカブラルは、日本は貿易収入なしでもやってゆけるだけの収入がある、と主張してはいるが、いかなる仕法であれ一切の貿易活動を廃すべきだとは言っていない。即ち、第四に、彼は貿易をするにしても、曾て行なっていたように、外部のイエズス会の友を介し、その家で行うことが出来る筈で、カーザやコレジオの中の一部が取引所と化するようなことにならずとも済む筈である、と主張している。ここでカブラルが言おうとしていることは、明らかに、自分が日本布教長であった当時に行なってきたような貿易仕法をとるべきであって、その後ヴァリニャーノによってこれが改められ、マカオと契約を結び、イエズス会士のプロクラドールが商業活動に直接たずさわるようになったために、弊害が生じたのだ、という点である。そして、カブラルが布教長であった時期の貿易の仕法については、彼自身一五八三年十月五日付マカオ発、総会長宛て書翰の中で次のように記述している。

「猊下もご存知のように、日本のパードレを維持し改宗事業を前進させるには、これまである程度商業活動による以外にすべがなかった。そしてこのような行為が何らかの弊害を招き、人々に悪くとられるのは確かであったので、当時管区長であったパードレ・アントニオ・デ・クワドロスは、この貿易を行うのは避けられないにしても、少なくとも、弊害になるような機会をわれわれが与えるのは少なくすべきである、と命じ、そしてそのために、私を日本に派遣するに当り、この資産がイエズス会士によって取引に充てられてはならないし、会員は何人も取引に当ってもいけない。それをイエズス会の忠実な友二、三人の手に委ねるように、そして彼等が出来るだけ秘密裡に、自分自身のかねとしてこの港で生糸に投資するように、ということを命じた。彼等はその生糸を自分自身のものという名目で買入れ、自宅で荷造りをし、日本行きのナウ船に積込んだ。そして日本で、彼等自身がその生糸を売り、儲けの中から、その年に日本で改宗事業やイエズス会士の維持に必要な額を残した。そしてその残額は、再び自分自身のかねとして投資するためにマカオにもたらした。このために日本にプロクラドールがいて、これについて責任を持ち、商品の仕入れや儲け、更には再び彼等の手に残ったかねのことなどについて、これらの人々に指図を与えた。後になって、その生糸が日本のパードレのものだということが知られるようにはなったが、イエズス会士は何人もそれに介入していなかったし、他方経費が多額に上るのを見て、非難する者がいなかったわけではないが、それは少数であったし、また反感も少なかった。現在インド管区長である巡察師がこの地に来るまで、このようなやり方で進められていた。」(21)

この史料から、カブラルを日本に送ったインド管区長クワドロスの指示もあり、その布教長時代には、イエズス会士が表面に立って自ら貿易を行うことなく、それを世俗のイエズス会の友の手に委ね、これに資金を託して商業活動を代行させていたことが判る。カブラルは前引一五九六年十二月十日付ゴア発の書翰の中で、右に記述されているような曾ての貿易の仕法に戻すべきだと主張しているのである。但し、結果的にその後日本イエズス会の貿易に伴いいろいろな弊害が生じたことは事実だとしても、カブラル時代の仕法をつづけていれば、果してそのような弊害が伴わずに済んだかどうかは疑問であろう。ヴァリニャーノがそれ迄の仕法を改めてマカオ市と契約を結んだのも、従来行われてきたところに問題が生じていたか、又は将来生じうることを懸念してとった措置だとみてよいであろう。ただ結果的に、その後特にマカオのプロクラドール事務所の中心に憂慮すべきことが顕著に行われるようになったので、カブラルが右に引用した書翰でその点を非難しているものであるが、そこには、ヴァリニャーノに対する個人的感情もからんでいたことも認めなければならないであろう。

日本イエズス会の貿易についていかに考えるか、ということは、単に貿易に対する賛否の問題にとどまらず、布教政策のあり方についての見解につながることであった。カブラルは、一五九六年十二月十七日付で総会長に宛てた書翰の中で、前引同年十二月十日付総会長補佐宛て書翰と同じく、日本イエズス会は必要経費をまかなうだけの収入が他に充分あり、貿易は不要であること。その商業活動に対してはゴアでは皆が不満を抱いていること。マカオではこれが更にひどく、広く人々の非難の的になっており、特にマカオ駐在日本のプロクラドールの事務所の実態は目に余るが、院長はこれを制することが出来ないこと。このような商業行為の如き、脆弱で不名誉な土台の上にコレジオやセミナリオを作るのは全く理解出来ない、等を記述してきた後に[22]、次のように述べている。

「われわれの会憲から外れ、そして神が改宗事業のために使徒達に与え、更に彼等がその後継者達に与えた謙遜に基づく布教法と異なる、その十字架を辱しめるような策略と手段で以てこの事業に協力するのを神がお望みだとは、私にはどうしても思えない。次の事実がその明白な証拠である。即ち、日本においてこの進路をとり謙遜が行われていた間は、キリスト教界や改宗事業が進展し、神の法に対する信用が高まり、聖職者が増加した。そして四人の王が信仰を受入れた。彼等は私が日本を去った時にキリスト教徒であった。即ち豊後・尾張・土佐・有馬の王である。そしてさらに、その他の領主・王侯、及び一二万人のキリスト教徒がいた。ところが、名誉と権威が確立し、従僕が大勢になり、威厳が導入されるや、一体どうなったか、関白が行なった破壊がどうであったか、猊下に見てもらいたい。私はかの地とその国民について持つ経験から、次のことを断言する。われわれが会憲と規則を守れば守る程、神は益〻改宗の事業とわれわれに協力して下さるし、日本人はわれわれに対してより大きな敬意を抱くに違いない[23]。」

この記述から、カブラルが貿易活動を批判するその真意をうかがうことが出来る。即ち、日本イエズス会の中には、大別して、会創立の精神を堅持して修道士としての自覚を失わず、清貧を貫く行き方をした会員と、この点出来るだけ弾力的に考え、それよりも日本の諸事情に即応した方針でのぞんだ会員の二派が存在したといってよい。後者の代表的人物は言うまでもなくヴァリニャーノであるが、しかし彼が一五七九年から一五八二年にかけて第一回目の日本巡察を行なって、その布教方針を確立したとはいっても、それによってその後、在日イエズス会士の布教政策についての考え方が、統一的に確定したわけでは決してなかった。そして、布教方針といっても、そこに経済的な問題がからむことが多かったためもあり、それは直ちに経済基盤のあり方をめぐる論議に結びつくのが例であった。右のカブラルの書翰はその一例であるが、これはその後も他の会員によって継承されている。

十七世紀に入って、日本イエズス会の商業活動をくり返し強く批判した会員に、メスキータがいる。彼は一六〇二年三月七日付長崎発、総会長宛て書翰の中で、次のように記述している。

「シナとの商業取引については、隣人の教化のために抑制するのがよいであろう。というのは、われわれが、われわれの修道会にとって通常の方法を用いれば、神はわれわれを救済し給うであろう。今私はこのことを痛感している。というのは、経験を重ね、時が経つにつれて、私がこのように主張する論拠が確証されるからである。[24]」

同じくメスキータは、一六〇五年三月九日付長崎発の総会長宛て書翰では、次のように述べている。

「猊下に申し述べたい第一のことは、われわれがシナから日本に向け、また日本からシナに向け行なっている商業取引についてである。というのは、一面それは非常に弊害が大きく、われわれの会憲に反するものであるから、或年われわれは、主を信頼してそれをやめ、ただ教皇と国王から毎年われわれに給付されるレンタや、日本人キリスト教徒許りか異教徒までもが、当地でわれわれに行う援助と喜捨のみに頼ってやってみるとよい。日本人は、われわれが収入源である貿易をやめたのを見て、一層多額の援助をしてくれるであろう。というのは、われわれの許に商品が送られてくるナウ船が失われたり、何か予期しない事情のために渡来をとりやめたりした時には、われわれは曾て行なっていたのと同じようにせざるをえないからである。即ち、われわれは負債を負うことなく、日本人とポルトガル人が同じように喜捨によってわれわれを救ってくれるであろう。否大いに力になりうるのを知れば、一層自発的に、そして教化的にそれを行うであろう。修道会及び福音の宣布者に義務付けられている徳性と謙遜を守るために、われわれわれはこれ程公然と商業取引を行うことを望まない。そのやり方は世俗の人々のそれと余り変るところがない。私は、仮令一、二年の間でもそれをやめるのは非常に難しいことだということは、よく判っている。しかしそれは、前述の通り、欠航した時の経験が示すように、そうしないとやってゆけないからという理由ではなしに、これが非常に好んで行われてきたからである。[25]」

十六世紀に、カブラルやマルティンスを中心に行われた、日本イエズス会の貿易に対する批判は、主としてマカオにおけるプロクラドール事務所の実態に目を向けたものが多かったが、これが十七世紀に入ると、貿易活動そのものに対して批判が向けられるようになる。メスキータはその一人であるが、右の書翰の中で、彼は、一、貿易は会憲に反し、修道士に要求される徳性と謙遜に悖り、弊害が大きい。二、貿易をやめれば、これまで以上に日本人からの喜捨を期待することが出来る。以上の二点を特に強調している。この内第一点は、貿易に対して批判が行われる場合に一貫して見られる主張であるが、次の第二点は、メスキータ独特の見解だと言えよう。前に述べたように、カブラルは、日本イエズス会は貿易収入に頼らないでも、既に所有している他の定収入で以て充分に経費をまかなうことが出来る筈だ、という主張を行い、その点に疑問があったわけであるが、メスキータは、貿易を廃すべきだとする点は同じでも、それに代る収入源を日本人信徒や非信徒の喜捨に求めるべきだとしている。この点、彼は、前引一六〇五年三月九日付書翰の中で次のように付言している。

「二、三カ月前に、われわれは日本全土の支配者内府様《ダイフサマ》から五〇〇〇タエルを借りた。これは、われわれがかねに不足しているかのように思わせるためであり、また彼はひとにかねを貸すのが好きで、すすんでそれを行うので、彼をよろこばすためでもあった。尤も彼は必ず返済することが判っている相手に対してかねを貸す。この支配者とその他の人々が、われわれに充分財源があるのを知りながら、これ程気前よくわれわれを援助してくれるのであるから、もしもわれわれが欠乏していること、われわれが貿易をしていないことを見れば、どれ程のことをしてくれるであろうか。私は次のように考える。即ち、彼等はわれわれのことを助けてくれるであろう。そして彼等がわれわれに求め、われわれが彼等に与える、ということはなくなるであろう。とりわけ、われわれが悪口を言われたり、裕福だと思われたりするようなことは、なくなるであろう、と。[26]」

このように彼は、イエズス会が経済的に困窮していないことを知りながら、家康がこれに五〇〇〇タエルものかねを貸与したことを特に例にあげ、教会が貿易をやめ経費に事欠いていることを知れば、必ず日本人が援助してくれよう、と主張している。当然このような考えに対しては、家康が教会に経済援助をしたその真の狙いを忖度せず、ただその好意のみを期待しうるものと考えている点、余りに楽観的な見方であったとの批判が出るであろう。しかしながら、メスキータが、当時日本イエズス会において、日本人会員のことを排斥する傾向が強かったのに対して、これをあくまで弁護し、日本人を司祭に登用して教会活動を担わせるべきだということを熱心に訴えつづけたパードレであった、[27]ということを考え併せると、イエズス会は経済的に日本人の喜捨に頼るべきだという彼の考え方は、日本人の善意による施与に基盤をおいた、真に日本に定着したキリスト教会を確立することを目指したと言えるのではないであろうか。彼はまた、貿易をやめれば、日本人がわれわれに求め、われわれがこれに与える、というようなことはなくなるであろう、とも述べている。イエズス会が貿易に関係していたのは、純粋に布教活動の経費をまかなうため許りではなかった。幕府・諸大名等は貿易の利益を求めてイエズス会士にその斡旋を要望し、一方宣教師の方は、布教のための有力な方便としてこれに応じてきた。貿易の利益を得る上でイエズス会士が力になりえたことは、彼等の重要性を日本人に印象付けるものであり、確かに布教のための有効な手段であったといえよう。しかしその反面、このことが日本人の間に、物質的利益を求める思惑から教会に接近する傾向を生み出したことも認めねばならず、このような布教のあり方には、イエズス会士の間にも批判的な意見が存在した。[28] 右のメスキータの書翰もその一例である。メスキータは、さらに一六〇五年三月十日付長崎発の総会長宛て書翰、[29] 及び同年三月二十一日付長崎発の総会長宛て書翰[30]の中でも、同じ趣旨のことをくり返し主張している。

フランシスコ・カルデロンは、一六一二年三月四日付日本発、総会長宛て書翰の中で、「われわれは今のところこの貿易なしではやってゆけないが、巡察師に対して、出来るだけ自制し、俗事を避けるよう勧告する必要がある。というのは、この取引業務は、それ自体われわれの会憲から大変外れたことである許りか、世俗の人々や修道士の間で大いに評判になっているからである。[31]」と述べ、特に巡察師が貿易業務に介入することと、浪費が行われていることの二点について彼に忠告を与えるよう求めている。[32] 先に述べたように、十七世紀に入ると、マカオにおけるプロクラドールの振舞よりも、日本での商業活動そのものが批判の対象になってくる。それは長崎を中心にパシオ（一六〇〇―一一年準管区長、一六一一―一二年巡察師）とロドリーゲス（一五九八？―一六一〇年プロクラドール）の二人によって商業活動が余りにも行われたことに対する反撥とも言える。勿論、既に述べてきたように、その時期は日本イエズス会の財務内容が悪化し、貿易資金の調達方法の面で変化が見られた許りか、江戸幕府に対する対策の上からも教会が貿易に関与することが大きくならざるをえなかった、といった事情も認めねばならないが、しかしそれは、日本イエズス会の必要経費調達のための貿易活動から、長崎統治への関与、ポルトガル船舶来生糸のパンカダ価格決定への介入、日本人のマカオ貿易に対する仲介斡旋へと、極めて世俗的な対外活動に教会上層部のエネルギーを向けさせることになった。このことは、長崎のプロクラドール事務所が、強い批判を買っていたマカオのそれと同じような様相を呈する結果を招いた。日本イエズス会の経済活動がこのようなすがたになると、貿易に対する批判は、主として、日本イエズス会に公認されている一定額の貿易以上の商業活動に対して向けられるようになる。即ち、一定の限度内の貿易は必要やむをえないものとして認める反面、それ以外の一切の経済活動を排除すべきである、との主張が強く行われるようになる。右に引用したカルデロンの書翰などもその一例であるが、十七世紀に入り総会長からこのような趣旨の指令が矢継早に発せられたことは、日本からこの問題についての批判的な意見が相当にローマに送られていたことをうかがわせる。即ち、総会長アクワヴィーヴァは、一六〇四年十二月十三日付の日本準管区長パシオ宛て指令で、イエズス会士が日本で生糸のパンカダ価格の決定に介入したり、カーザでその配分を行なったりするのを許さないように、と命じた。(33) 同総会長は、一六〇八年十二月九日付のパシオ宛て指令の中で、イエズス会士が生糸の配分に介入するのを許さないように命じた。(34) 同総会長は、一六一二年三月二十八日付パシオ宛て指令の中で、イエズス会士が他人のために貿易を代行することを禁止している。(35) 同総会長は、一六一四年三月二十五日付でパシオに宛てた指令で、国王から許された一定ピコ数の生糸貿易に限ることを命じた。(36) 総会長ヴィテレスキは、一六一六年一月五日付で日本管区長カルヴァーリョに宛てた指令で、許可されている一定ピコ数の生糸以外の取引を禁じ、ただ日本国王から要求されて断われない場合に限って例外を認めた。(37)

このように次々と発せられた総会長の指令は、何よりもそこで禁ぜられているような行為が日本でさかんに行われていたことを物語っていると同時に、一方で、それを批判し、イエズス会の経済活動を公認された生糸貿易に限るべきだとする主張が、少なからずローマに寄せられていたことを示していると言えよう。このような中にあって、以前から貿易収入の全廃を訴えつづけてきたメスキータは、一六一三年三月十日付長崎発、総会長宛ての書翰の中でも、持論をくり返している。

「当地における難儀と変転は、一面われわれを悲しませはするが、その反面、神への奉仕に対するわれわれの心を一層固めさせる。即ち、当地における経験からわれわれに判る通り、浪費と繁栄は通常心に弛みを与える。このため、既に私が猊下に何度か書送ったように、猊下は当地における精神面の嵐、特に物質的窮乏のことを聞いて、余り悲しんだり心配したりしないでいただきたい。というのは、これがために精神面にまで影響が及んだことは決してなかったし、キリスト教界が前進を止めたこともなかったどころか、むしろ(生活における弛緩を煽り、戒律をゆるめるような)潤沢と豊かさが、キリスト教界を後退させたのかも知れないからである。しかしながら、私がこう言うのは、猊下が教皇と国王から何の苦悩もなしに資金を受けて、それで以て援助して下さるのをやめてもらいたいからではなく、今日まで当地でわれわれが行なってきた、余り教化的でない、そして神が余り恵みをお与えにならない方法、即ち商業活動をやめるためである。というのは、たった一年の損失により永年かかって獲得したものを失ってしまうからである。定航のナウ船が凡ての商品とともに焼失して以来行なってきたように、キリスト教徒の援助と喜捨に期待することの方が確実で教化的である。尤も、これは余り快いものではない。というのは、人々に喜捨を乞い、彼等に依存するのはつらいことである。しかし、神に頼りその愛によって行えば、容易に行うことが出来、非難を受けることはない。この点、日本の異教寺院の大勢の僧侶について、良い実例がある。豪奢な寺院に住む彼等のことを、日本の領主はレンダで以て、また民衆は喜捨で以て維持している。この、宗教とその聖職者を援助し、恵みを与え、尊敬する点で、私はこれまでに、ヨーロッパでもインドでも日本人にまさる国民を見たことがない。[38]」

このように、彼はここでも、貿易を廃すべきであるという点と、それに代って日本人からの喜捨を確実に期待出来るという従来の主張をくり返し述べ、日本で仏僧が喜捨によって生活している例を引合に出している。日本人の善意に基づく喜捨に経済基盤をおくことによって、真にキリシタン教会が日本人の間に定着しうるというメスキータの一貫した考えが述べられている。貿易収入がいかに不確実なものかも強調している。

また、メスキータとは日本布教に取組む姿勢を根本的に異にしているが、ヴァレンティン・カルヴァーリョ(一六一一一一七年日本管区長)も、条件付きで生糸貿易をやめる用意がある旨本部に書送ったようである。即ち、一六一七年九月十八日付長崎発、コーロスの総会長宛ての書翰に次のように見えている。

「パードレ・ヴァレンティン・カルヴァーリョは、もしも国王がその代りにパードレ・ブランダンとドナ・マリア・デ・カストロの寄進を承認してくれるなら、われわれがマカオからのナウ船に積込むことが出来る五〇ピコの生糸を放棄する、との意見であり、その旨を書送ったものと思う。しかしわれわれは、われわれの現状、ポルトガルからインドまで、及びインドから日本まで送られて来る間に大きな危険が存在することを考え、今のところ、これだけのピコ数の生糸を放棄することは、当管区にとって決してよい結果をもたらさないものと思う。管区のプロクラドール、パードレ・カルロ・スピノラが、この件について猊下に詳しく報ずる。[39]」

さらに一六一八年四月八日付マカオ発、ルセナの総会長補佐宛て書翰にも次のように記されている。

「私は、パードレ・ヴァレンティン・カルヴァーリョが、巡察師より以前に、このパードレ・ディオゴ・ブランダンの基金を承認してもらうのを条件に、われわれを維持する財源である当地と日本の間の貿易にわれわれが参加している五〇ピコの生糸を国王の手に渡す旨、パードレ・ガブリエル・デ・マトスを介して、総会長に言わせたのには一層驚いた。しかし、私は考え直した。そしてもう驚いたりはしない。というのは、パードレ・ヴァレンティン・カルヴァーリョは、日本にもその諸事にも愛を抱いたことなどないどころか、イエズス会が日本から引上げることを望んでいたからである。[40]」

また一六一八年九月三十日付日本発、巡察師フランシスコ・ヴィエイラの総会長補佐宛ての書翰にも、次のように記されている。

「〔日本向け生糸共同投資への参加は〕日本イエズス会を維持する主要な財源である。そしてもしもパードレ・ヴァレンティン・カルヴァーリョが、これ迄も放棄することが出来るなどと書送ったのなら、それは彼が、この管区の物質面について何ら関心を払わなかったし、また何も知らなかったためであろう。[41]」

前引のコーロスとルセナの書翰には、カルヴァーリョがブランダンとカストロの日本に対する喜捨を国王に承認してもらうことが出来たら、生糸貿易を放棄してもよい、と考え、その旨総会長に書送った由が記されている。ブランダンはポルトガルで、カストロはインドで、夫々不動産を日本イエズス会に喜捨したものだが、これがまだ国王の承認をうけていなかったので、その承認と引換えに生糸貿易をやめる、というものである。この不動産がどれ程の年収を伴うものであったかというと、ブランダンが喜捨したものについては、「一六二〇年九月に作成された日本管区のカタログ、日本が所有するレンダ」と題する記録の中に、「ポルトガルに、パードレ・ディオゴ・ブランダンが寄進した資産を所有する。これは、今後一〇〇〇クルザド余の収入になるであろう、と言われているが、われわれは、今のところまだそれを受けとっていないし、国王の承認もえていない。[42]」と記述されている。またカストロが寄進したものは、史料によって通貨単位を異にするが、一五四七パルダオ、一五四七パタカ、九〇〇クルザドの収入額がいろいろな記録に見えている。[43]即ち、これら二つを合せても、そこからの収入額は、とても生糸貿易の収益には及ばない。その上、コーロスが記述しているように、ポルトガルやインドから日本に送金する上での危険性もあり、これら両寄進地の承認を条件に生糸貿易を放棄してもよいというカルヴァーリョに対し、ルセナのようにその日本布教への情熱を疑う声が起ったのは当然のことであろう。このようにメスキータとカルヴァーリョは、全く異なる発想から生糸貿易に反対している点は興味深いが、このような考えは共に日本イエズス会の中で優位に立つに至らず、とくにカルヴァーリョの方は、兎角その人格が批判されたこともあって、貿易についてのその見解は激しい反撥を買っただけであった。

以上、貿易活動を批判する立場のイエズス会士の意見を紹介してきた。そこにはさまざまな思惑や利害がからんでいたことも考慮に入れねばならない。しかし、以上述べてきたところから指摘出来ることは、批判論といっても、貿易収入を一切排除して、日本人の喜捨によって教会活動をすべきことを熱心に主張したメスキータのような見解は、恐らくごく少数にすぎなかったものと思われ、大部分の反対意見は、貿易の行きすぎを批判し、それに伴う弊害を除去すべきことを主張したものであった、という点である。このような、いわば条件付き賛成論とも言える見解も含めると、日本教会を貿易収入で維持してゆくこと自体には賛成する者は、恐らく日本イエズス会関係者の大多数を占めたのではないであろうか。余りに商業活動を活潑に行なって修道会内部の清貧の風が弛緩したり、宣教師が貿易を布教のための重要な手段としたことに対しては、批判が少なくなかったにも拘らず、より根本的に、日本イエズス会の経済基盤について、ポルトガル貿易圏から脱して日本国内に財源を求めるべきだという声がまことに少ないことは、キリシタン布教事業を性格付ける上で重要な点であり、キリシタンがわが国に定着しえなかった所以を端的に物語っているといえよう。

二　貿易以外に財源を求める意見

右に述べたように、日本イエズス会内部では、条件付きの消極的な賛成意見を含めると、貿易収入を得ることを是認する見解が大部分を占めたものと考えられるが、しかしその多くの会員が、貿易を望ましい最善の収入源と考えていたわけではなかった。それは、必ずしも貿易でえたかねを不純なものとみるような倫理感に基づくもの許りではなく、遭難や欠航による被害を直接蒙る不安定な貿易収入に対し、これを補足するものが必要だという考え方も強かった。このようなところから、貿易に対する賛否を問わず、それ以外に収入源を求めるべきだとする意見が広く行われていた。勿論、日本イエズス会は現に貿易のみでなく、それ以外にもいくつかの方法で収入を得ていたが、その内の或る収入源を特に増強することを主張するものや、新しく別の財源を求めるものなど、いろいろな考え方が見られた。

Ⅰ 本国国王の援助を求める意見

布教保護権の制度に基づき、ポルトガル国王は日本教会の保護者として、経済的にこれを維持する義務を負っていた。そこで、国王がこの義務をどのように果していたかと言うと、同国王は、一五七四年まではマラッカにおいて毎年六〇〇パルダオ(約五〇〇ドゥカド)給付してきたが、この年に一〇〇〇ドゥカドに増額した。(44) スペイン国王フェリペ二世は、ポルトガルを併合した際に、ゴアにおいて同じく一〇〇〇ドゥカドの年金を追加支給することにした。さらに一六〇七年八月二日付の勅令で、インドで二〇〇〇クルザド(＝ドゥカド)の年金を新たに給付することを定めた。ここに至り、国王が日本教会に給付した年金は、名目は四〇〇〇ドゥカドに上ったが、その支給状態は極めて悪かった。(45) ポルトガル国王は日本教会の保護者としての義務を満足に果していなかった、と言わなければならない。日本イエズス会士が同国王に経済援助を求めたのは当然のことである。

尤もヴァリニャーノは、この点ポルトガル国王には余り期待をよせていなかった。彼は一五七九年十二月五日付ロノ津発、総会長宛て書翰の中で、貿易収入は現在のところ充分であるが、将来は教界の進展に伴い不充分になる。しかしそうだからといって、今後貿易を拡大させてゆくのは適切でない、と記した後で、次のように述べている。

「このため、この地のために何か一層安定した基金を求める必要がある。しかし国王は(別の書翰に記述するように)当地で必要とするものを与える筈がないし、またそれは不可能である。仮に無数の勅令を以てそれを与えても、それがインドで支払われることはないであろう。何故なら、国王はもう六年も前に、毎年マラッカで日本のために一〇〇〇スクード(＝ドゥカド——引用者)支給する旨割当てたが、今までに一文も徴収出来ずにいる許りか、今後それを受取れる可能性は一層少ないからである。[46]」

ヴァリニャーノがこの書翰を認めたのは、日本イエズス会の生糸貿易についてマカオ市と契約を結んだ直後であった。イエズス会の貿易活動に対するマカオ側の不満を抑える目的で以て、一定限度内で貿易に参加する契約を締結したばかりのヴァリニャーノが、将来日本教界の発展に伴う経費の増大を、貿易の拡大によって補うのはよくない、との判断をしたのは当然であって、このため彼は、早急にこの対策に取組まねばならなかったわけであるが、しかしそれでも彼は、ポルトガル国王からの給付金には期待をよせていなかったことが判る。その理由は、マラッカにおいて給付される筈の一〇〇〇ドゥカドの年金が、結局一五七四年にきめられて以来一度も日本に届かなかったことにあった。

しかし、日本イエズス会の中には、日本教界の保護者たる同国王に援助を求めようという声は根強かった。一五八〇年から一五八一年にかけてヴァリニャーノによって開催された第一回日本イエズス会全体協議会において、ヴァリニャーノが行なった十三番目の諮問事項が、日本教会の物質的維持についての対策の件であったが、協議会に参加した二六人のパードレ――ヴァリニャーノは除く――全員の総意として、次のような意見が出されたことが記録に見えている。

「第三点は、これも亦全員が一致したことであるが、日本イエズス会と日本キリスト教界全体は、物質的支えの不足が原因で失われる危険が非常に大きいということもまた、同じように、教皇・総会長・国王に知らせなければならない、ということである。というのは、シナから日本にもたらされる生糸に、僅かな資産を投資して利益を得る以外には、イエズス会は日本に何らレンタを所有しないからである。そしてその資産の額は、辛うじて二万クルザドに達するにすぎず、しかもその大部分は、その海域の浅瀬やものすごい嵐と台風のため、往復の航海で常に大きな危険が伴う。そしてそれを失ってしまうと、もう日本は人の力では救済するすべがなくなってしまう。というのは、日本は非常に多額の経費を必要とするが、それは、貿易に多額の投資をする以外に得られないからである。そしてその資金を一度失ってしまったら、もはや回復は不可能である。時とともに、大勢の大領主や王国全体が改宗するようになれば、日本からの援助も期待しうるが、しかし現在のところは、期待しうることはといえば、経費が一段とふえることだけである。そのためには、日本への援助を国外から行う必要がある。従って、もしも教皇や国王が、日本の新しい教会とキリスト教界を抱えたイエズス会を確保し、維持することを望むならば、これらの経費をまかなうのに充分で確実なレンタを、イエズス会に与えることが必要である。またもしも今のところそれだけのレンタを与えることが出来ないのならば、日本イエズス会の資産を増大させるために、さらに二万五〇〇〇乃至三万クルザドをこれに与えなければならない。それは、ナウ船が失われても、パードレ達に経費調達の道があるようにするためであり、また毎年全キリスト教界と共に自滅する危険と恐怖にさらされることのないようにするためでもある。[47]」

貿易収入が不確実で危険が大きいことと、日本国内で資金を調達することが今のところ望めないことを述べて、教皇と国王に対して、日本イエズス会を支えるために充分でしかも確実なレンタを求め、またもしそれが出来ないのなら、二万五〇〇〇乃至三万クルザドを与え、その資産を増大させてほしい、と要望している。確実なレンタを与えてもらうか、さもなければ、現在二万クルザドある資産を四万五〇〇〇乃至五万クルザド迄にしてもらいたい。それだけの資産があれば、船の遭難などのことがあっても、日本教会が危機に陥ることなしに、貿易収入で当分はやっていかれる、という意味であろう。このように、第一回全体協議会では、協議会の総意として、教皇と国王に経済援助を求めるべきだという意見が出された。

ところで、この第一回全体協議会は一五八〇年十月に豊後で、一五八一年七月に安土で、一五八一年十二月に長崎でと都合三回に分れて開催されたものであるが、この内、最初の一五八〇年十月に豊後で開かれた協議会については、別にこの分だけの記録が残存している。これの内容は、三回の協議会を通しての全体の協議記録と類似しており、十三番目の諮問にしても、この方は、日本は生糸貿易なしに維持しうるか、という諮問事項になっているが、答申内容の趣旨は同じである。しかし趣旨は同じであっても、双方の記録を比較すると重要な相違点があるので、次に豊後協議会記録の同じ所を挙げてみる。

「第五点は、これもまた全員が一致したことであるが、イエズス会、全キリスト教界、及びこれまでに日本で達成し、将来達成しうる成果が、維持費の不足が原因で失われる極度の危険にわれわれがさらされている、ということもまた、総会長と教皇に同じように知らせねばならない、ということである。というのは、日本イエズス会は、全部で辛うじて二万クルザドに達する資産の外何も持たないからである。しかしその半分以上は、常に危険を冒してナウ船で送られる。そしてナウ船が失われると、パードレ達はもう日本には一年間自活してゆくすべが殆どなくなってしまうし、人の力による救済も期待しえない。日本は非常に貧困なので、この経費をまかなうための手段は常に国外から導入する必要があろう。従って、もしも教皇が日本キリスト教界を確保したいと思うならば、経費をまかなうに充分で確実なレンダをイエズス会に与えるか、又はさらに一万五〇〇〇乃至二万クルザドの資産を与えるかすることが必要である。一部はシナに、一部は日本に保管しておくためである。それは、日本の国が改宗することによって原住民自身から何らかの援助が期待出来るようになるまでは、現在われわれが所有するこの僅かな資産が失われても、パードレ達がこの貿易をつづけてゆくだけの手段を持つためである。(48)」

右の豊後協議会のみの記録(一五八〇年十月)と、先に引用した三回の協議会が凡て終った上での全体協議会記録(一五八一年十二月)をくらべると、相違点が二つあることに気付く。一つは、資産の増額を求めるその金額が、豊後協議会記録には一万五〇〇〇乃至二万クルザドとあるが、最終的な全体協議会記録では二万五〇〇〇乃至三万クルザドに改められていることであり、今一つは、豊後協議会記録には、もしも教皇が日本教界を守りたいと思うなら、充分で確実なレンダか又は右の金額の資産を与えてもらいたい、とあるのに対し、全体協議会記録の方は、もしも教皇と国王が日本教界を守りたいのなら……と記されている点である。これは、豊後協議会では教皇に対してのみ経済援助を求める要望が行われたのに対し、つづく安土協議会及び長崎協議会において、又は最後の長崎協議会のみにおいて、教皇だけでなく国王に対しても援助を要請すべきだという意見が強く出された結果、それが二つの記録に反映したものであることは明らかである。このように安土・長崎の二回の協議会、又は長崎協議会において、見解の修正が行われた理由としては、各協議会の参加者が違うところから異なった見解が出されたのではないか、という点と、今一つは豊後協議会が開かれた一五八〇年十月以後、長崎協議会が終る一五八一年十二月までの間に、何か在日イエズス会士の意見をかえさせるような情況の変化があったのではないか、という点の二つの理由が考えられるであろう。私は、この内後者により大きな比重をおいて考えたい。一五八一年十月十三日付日本発、コエリョの総会長宛て書翰に次のように記されている。「ポルトガル国王は、マラッカにおいて毎年一〇〇〇クルザドを与えるが、これはもう七、八年支払われていない。今度パードレ・ペドロ・ゴメスが、五年間にわたりゴア税関において支給される別の一〇〇〇クルザドをもたらす[49]」。ポルトガル国王から日本教会への給付金は、前述のように一五七四年以来一〇〇〇クルザドの年金であったものが、スペイン国王フェリペ二世がドン・エンリーケ国王死後のポルトガル王位を継承した際に、さらに一〇〇〇クルザドの年金を追加した。右に引用したコエリョの書翰に見えているゴメスが日本に渡来するのは一五八三年のことであり[50]、この追加された年金が実際に日本にもたらされたのが何時のことかは明らかではないが、しかしコエリョの書翰から、一五八一年十月には、新たにフェリペ二世から年金がゴアで追加支給されることになったという情報が日本に伝えられていたことは確かである。この情報は、豊後協議会が開かれた一五八〇年十月には、まだ伝えられている筈がなく(ポルトガル国王ドン・エンリーケの死は一五八〇年一月)、一方一五八一年十二月の長崎協議会は、この情報が届いた後に開かれたことになる。そしてこの情報こそが、豊後協議会記録に対して前述のような修正が行われる要因になったと言えると思う。即ち、新たにポルトガル国王になったフェリペ二世が日本教会に対して一〇〇〇クルザドの年金を追加したことは、同国王の日本布教に対する関心の深さを示すものであった。従来はマラッカで給付される筈の一〇〇〇クルザドも殆ど支払われず、ポルトガル国王からの援助には期待をよせていなかった在日イエズス会士も、新国王に対しては、この点いくらか希望を抱いたのではないであろうか。全体協議会記録において豊後協議会記録を修正し、教皇のみでなく国王に対しても経済援助を求めているのは、このような事情によるものと思う。

ヴァリニャーノは、協議会で出された意見に対して、一五八二年一月六日付で裁決文を記述しているが、この件について次のように記している。

「第三の点に関しては、単にイエズス会許りでなく、日本の新しい教会とキリスト教界全体が、物質面での不足が原因で失われる危険が大きいので、教皇と国王が実情を知れば、少なくとも教皇は、本心からこの新教会を救済しなければならない、殊にごく僅かな額で以て救済出来るのであるから、そうしなければならない、と考えるに相違ないと思われる。誰か権威あり、そしてそれが出来る人を介して、出来るだけ早く国王と教皇にこのことを凡て詳しく報じなければならない(51)。」

ヴァリニャーノはこのように述べて、教皇と国王に経済援助を求める問題について裁断を下しているが、矢張りここでも、彼は国王よりも教皇からの援助の方に重点をおいていたことがうかがえる。ヴァリニャーノが教皇に要請することの方を重視した理由としては、第一に、この当時日本イエズス会は、国王からは二〇〇〇クルザドの年金をえていたのに、教皇からは全く援助をうけていなかったので、教皇に要請する方がより効果的であるとの判断が行われたものと思われる。第二に、マラッカでの一〇〇〇クルザドすらこれまでに殆ど受取っていないのであるから、現在の二〇〇〇クルザド以上のレンダを給付してもらうことは難しい上に、仮にそれが叶えられても、実際にそれが日本イエズス会の収入になりうるかどうか、疑問を持っていたのではないであろうか。特にこの第二の理由として挙げた点は、本国政府のみでなく、インドやマラッカの現地の関係者の間に、日本イエズス会の収入が増大することへの反感が強まることを懸念した面もあったようである。それは、一五七九年十二月五日付ロノ津発、ヴァリニャーノの総会長宛て書翰の中に、次のように記述されているところからうかがうことが出来る。

「バサインにわれわれが所有している僅かなものを買うために、多大な不満と反感を招いた。そしてわれわれが同地を全部占有したのを大勢の人が非常に嘆いた。同地は狭く、そこにいるポルトガル人は大勢で、彼等は自分の妻や家を維持する収入源を外に持っていない。一方われわれには、ゴア、バサイン、コチン、及び日本の村々に多くの収入があるので、彼等はこれが原因で不満を抱いている。[52]」

これは主に土地収入について言っているのであるが、イエズス会が各地に資産を持ち、そこから多くの収入を得ていることに対して、現地のポルトガル人が反感を抱いていた様子が判る。ヴァリニャーノは同じ書翰の中で、そのため、もうインドでは土地収入をふやすことは出来ない、と言っているが、国王から年金の給付を受けることも、これと関連するものであり、同様な配慮がなされたものと推測出来る。

その後一五八三年には教皇から年金の給付をうけ、一五八五年にはこれが増額されるなど、教皇からの経済援助は、少なくとも名目は相当な額に上ることになる。これに対し、国王からの援助については、インドやマラッカにおいて給付をうけることは、右にのべたような事情もあって困難であるため、日本イエズス会は、国王から一回の日本航海を行う権利を授与してもらう、という形で経済援助をうけようと尽力した。一五八八年十月十八日付マカオ発、ヴァリニャーノの総会長宛て書翰に次のように記されている。

「日本で蒙った大きな破壊と損失に着目して、教皇と国王にその窮状を述べ、考えうる最善の方法での救済を要望してもらいたい旨、日本管区全体の名で猊下にお願いする。〔中略〕国王に関しては、この窮状のために私に考えられることは、一回の日本航海を国王に乞うことである。この航海〔の権利〕を売れば、そこから一万五〇〇〇クルザドを得ることが出来よう。丁度国王がゴア大司教に対して教会建設のために、またいろいろな都市に対してその防備のために、それを与えたのと同じように。というのは、当地にいる私は、この外に国王がわれわれに与えうるものがあるとは思えないからである。(53)」

ヴァリニャーノがこの書翰を認めた時は、日本教会は伴天連追放令発布につづく秀吉の迫害のために被害をうけた直後のことであったが、彼はその対策として教皇と国王に援助を求めている内、国王に対して、このように一回の日本航海を行う権利を与えてもらいたい旨要請している。右の書翰にも記されているように、国王がこのような形で教・俗各方面に経済援助をすることは、屢〻見られたことであり、これが一度にまとまった収入が得られる魅力的な収入源であったところから、ヴァリニャーノもこのような要望を行なったものであろう。彼は、一回の日本航海の権利を売ると一万五〇〇〇クルザドの収入になる旨記述している。日本航海の売値の例を挙げてみると、一六一〇年三月コチン市防備の費用にするため、一回の日本航海が二万七〇〇〇シェラフィンで売られた。(54)一六二九年十一月メリアポール市のために三回の日本航海が三〇万六〇〇〇シェラフィンで売られた。即ち、一回の日本航海は一〇万二〇〇〇シェラフィンであった。(55)また、一六三七年一月の記録には、一回の日本航海の売値の例として、一〇万二〇〇〇シェラフィン、三万八〇〇〇シェラフィン、三万六五〇〇シェラフィン、二万二六六六シェラフィン、一万六〇〇〇シェラフィンで売買された実例を示し、さらに一六二九年にインド副王が一回の日本航海の価値を七万二〇〇〇シェラフィンと評価したことが記述されている。(56) ボクサー教授は、十七世紀において、一回の日本航海の売値は一万六〇〇〇乃至四万シェラフィンであったが、大部分の買主は二万乃至三万シェラフィンを支払った、と述べている。(57) 右の売値の例は、殆ど凡て十七世紀のもの許りと思われるが、いまシェラフィンとクルザドの間の換算を試みたい。シェラフィンについてはS. R. Dalgado, *Glossário Luso-Asiático*. に、一シェラフィンは三〇〇レイスに相当する旨記されている。(58) 一五八七年十一月二十七日付ゴア発、ヴァリニャーノの総会長補佐宛て書翰に、「昨年私の許に送られてきた会計報告によると、一五八六年には日本で一万七六〇〇シェラフィン余消費した。これは五コント二八万レイス余に当る。(59)」と記されている。ここに見えているシェラフィンとレイスの間の換算は、一シェラフィン＝三〇〇レイスとして計算されており、ダルガードの記述を裏付けている。一方クルザドについては、一五九三年一月十三日付マカオ発、ヴァリニャーノの総会長宛ての書翰に、「彼等は両方の指輪を七万レイスで売った。これは一七五ポルトガル・クルザドに当る。当地で四〇〇以上に価していたものである。また金の鎖は六万レイスで売ったという。これは一五〇クルザドに当る。(60)」と記されており、ここに見えている二例共、一クルザド＝四〇〇レイスの換算率で算出されている。即ち、一シェラフィン＝三〇〇レイス、一クルザド＝四〇〇レイス、即ち四シェラフィン＝三クルザドの換算率が当時用いられていたことが明らかになる。一五八六年十二月二十日付コチン発、ヴァリニャーノの総会長宛て書翰に、「ゴアのコレジオは二万七〇〇〇シェラフィンの負債がある。これは二万クルザド余に当る。(61)」と記されており、ここに見えている換算は、右の四シェラフィン＝三クルザドの換算率に合致する。さらに少し年代が溯るが、一五七五年十月に作成された「イエズス会が当インド管区内に所有する凡てのコレジオとレジデンシアのレンタ」と題する文書には、「ゴアのコレジオは、あらゆる不足と損失を考慮に入れて、九〇〇〇シェラフィンを所有する。これは六七五〇クルザドに当る。〔中略〕マルガンのコレジオは一八〇〇シェラフィンを所有する。これは一三五〇クルザドに当る。」(62)と記されている。この二例の換算も、四シェラフィン＝三クルザドに一致する。そこで、前引一五八八年十月十八日付マカオ発、ヴァリニャーノの書翰に記されている、一回の日本航海を売って得られる収入として彼が見込んだ一万五〇〇〇クルザドの額を、右の換算率によってシェラフィンで表わすと、二万シェラフィンに相当し、これは、十七世紀における売値の例から判断して、略〻妥当な価格だと言えよう。(63)

ヴァリニャーノから総会長に対して、日本航海を授与されるよう国王に要望してもらいたいとの書翰が送られたのに対し、総会長は、困難ではあるがその要望に添って尽力する旨、ヴァリニャーノに返信を送ったようである。一五九二年十一月六日付マカオ発、ヴァリニャーノの総会長宛て書翰に次のように記述されている。

「さらに猊下は、別の書翰の中で、よい折をみて国王に対し、一回の日本航海を求め、また教皇に対しても援助を要望するつもりだと言明している。私は、パードレ・ヒル・デ・ラ・マタの渡航と彼がもたらす文書によって、両者に対するこの交渉が一層容易に行われることを期待している。(64)」

日本イエズス会のために、一回の日本航海の権利を国王に要請する件で尽力する旨の、総会長の返書を受取ったヴァリニャーノは、ヒル・デ・ラ・マタの渡欧により、事が一層容易に運ぶことを期待した。マタは、一五九二年二月長崎で開かれた日本管区会議によって管区代表に選ばれ、ローマのイエズス会本部に派遣されることになった。彼は同年十月ヴァリニャーノと一緒に日本を発ってマカオに来ており、翌一五九三年一月マカオを発ち、ヨーロッパに向った。彼がヨーロッパの関係者に折衝する使命をおびた重要案件の一つに、経済援助を求める件があった。

ヴァリニャーノは、前引一五八八年十月十八日付書翰では、国王が日本イエズス会に与えうる唯一の救済策だとして一回の日本航海を要望し、一五九二年十一月六日付の書翰でもこの点を再確認しているにも拘らず、その二カ月後の一五九三年一月一日付マカオ発、総会長宛て書翰では、この点かなり考えを改めている。即ち、次のように記述している。

「国王に関しては、この日本の資産を増大させるために一回の日本航海を要望することが、既に別の機会に取上げられたし、また今度も管区会議において指摘されたが、しかしよく考えてみると、猊下が書翰の一つで指摘しているように、国王からこれを得るのは困難であるし、さらに、この救済策では、仮令得られても余りに弱すぎるし、またこれでは遅れてしまうであろう。というのは、一回の日本航海は、インドにおいて二万三〇〇〇乃至二万四〇〇〇パルダオまでにしか売れない。これは一万二〇〇〇ドゥカド余にすぎない。これは非常に僅かな額で、日本では一年で消費してしまう。またこれが遅れるというのは、この航海は既に認可されている他の凡ての航海の後でなければ行うことが出来ないと思われるからで、このため、そこから収入を得るまでに、少なく共さらに一〇年経なければならないからである。このため、国王が一層容易に与えることが出来て、われわれにとってよりよい収入源になりうると思われるものは、どこかの司教に対する毎年三〇〇〇ドゥカドの年金を、一五乃至二〇年間にわたって受けることである。これと、シナのコレジオに何らかの給付金が与えられれば、われわれは、国王から援助を得るまでの措置として満足出来るであろう。国王に求めるこの年金は一時的なもので、永久的なものではないので、特に教皇がそれを行なってくれるよう要望すれば、容易に与えてもらえるであろう。[65]」

ここでヴァリニャーノは、日本航海の授与がかなえられたとしても、それは余り好条件の収入源とはいえない、と述べ、その理由として、これによる所得が少ないことと、実際に収入になるのがかなり先になる、という二点を挙げている。収入額については、ヴァリニャーノは、ここでは一回の日本航海の売買価格を一万二〇〇〇ドゥカド(＝クルザド）余と評価しており、一五八八年十月十八日付書翰に一万五〇〇〇クルザドと記したところを改めている。日本航海の売買価格は、先に述べた十七世紀のいくつかの例から明らかなように、年によって変動が大きく、右のいずれの評価がより妥当なものかは、一概にはいえない。ただ、ヴァリニャーノが何ら作為を加えずに、一五八八年十月と一五九三年一月当時における日本航海の時価が夫〻一万五〇〇〇クルザドと一万二〇〇〇ドゥカドであったのを、そのまま記したのであるならば、この間にその価値が下落したとみなければならない。そこで、その当時のマカオ＝長崎間ポルトガル貿易に関する出来事をみてみると、一五八七年における秀吉の伴天連追放令発布と教会領長崎の収公につづき、一五八八年夏に渡来したポルトガル船に対して、秀吉が権力にものを言わせて舶載してきた生糸の大半を、不当な安値で優先的に買占めてしまったために、ポルトガル船の利益は非常に少なかった。このため翌一五八九年は、日本航海のカピタンやマカオ市民が日本に船を送ることを望まず、日本に渡航する筈であった船がメキシコに向け出帆してしまう、という事件が生じている。(66) このような一連の出来事も、日本航海の時価を下落させた原因の一つとして指摘することが出来よう。

ヴァリニャーノは、日本航海の権利が好条件でない理由として、今一点、これによって実際に所得が入るのは相当先になる、ということを挙げている。即ち、仮に日本イエズス会に航海が与えられても、実際にその航海が行われるのは、順番で既に与えられている他の航海の後になり、少なくとも一〇年先のことである。このことは、イエズス会がその航海を売却出来るのも同じように先になるということを意味し、また仮にそれ以前に売却出来たとしても、価格の半分は航海終了後支払うという売買契約の例も少なくなかったので、その場合も収入になるのはかなり先にのびることになる。もしもここに記されている通り、日本航海を与えられても所得は一〇年先だというのであれば、確かにこれはイエズス会にとって余り有利な財源とは言えない。しかし、ヴァリニャーノが特にこの日本航海を要望した一五八八年十月当時は、この航海の延滞の状態はどうであったか。一五九三年一月当時程には延滞がひどくなかったものか、又はこれと同様であったがその辺の事情をヴァリニャーノがよく知らなかったものか、或いはこれを凡て承知の上で、尚且つ国王に期待しうる救済措置としてはこれが最善のものと判断したのか、不明である。兎に角、前引一五九三年一月一日付の書翰を認めた当時のヴァリニャーノは、日本布教の収入源として国王に一回の日本航海の権利を求めるという気持は後退してしまっており、これに代って、どこかの司教に対する年金、年額三〇〇〇ドゥカドを一五乃至二〇年間受けたい、という希望を述べている。この点については、同じ書翰の中の別の所で再び記述している。

「また、修院長や司教に対して設定される二〇〇〇乃至三〇〇〇ドゥカドの年金——これは毎日のように空位になってゆく——を、一五年か二〇年にわたって、教会やカーザの再建、及び病院・公益質屋・捨子や孤児の収容所の建設のために、与えてくれるなら、われわれにとってかなりな援助となりえよう。(67)」

ヨーロッパなどの司教区で、スペイン＝ポルトガル王室が保護者となっている所の司教が空位になったものについて、その司教に与えられるべき教会禄を日本に与えてもらいたい、との要望である。ヴァリニャーノが一五九三年一月の書翰でこのような形での経済援助を国王に求めたのは、一五八八年二月十九日、日本教会がマカオ司教区から独立して、新たに府内司教区がポルトガル布教保護権の下に創設されたことと無関係ではないであろう。新たに日本単独の司教となった府内司教に対し、他の地域の司教の教会禄を与える形で、日本教会に対して経済援助が行われることを要請したものであろう。

ヴァリニャーノは、一六〇三年十一月十五日付でマカオから総会長に送った書翰の中で、一六〇〇年十二月二日付の総会長補佐の書翰を受取ったことに触れ、次のように記述している。

「この一節から二つのことが判る。第一に、猊下が、この貿易をやめるという条件で、教皇を通して国王から四〇〇〇乃至五〇〇〇ドゥカドの年金を得る尽力をした、ということである。これについて私は次のように申し述べる。即ち、現在日本が有する年金の外に、四〇〇〇乃至五〇〇〇ドゥカドの年金を得る尽力をするのは、非常に的確な良いことであろう。しかしながら、もしもそれが、この貿易をやめるという条件付きであるなら、猊下は決してその年金を得る尽力をしてはならないし、それを受入れてもいけない。何故なら、それは疑いなく日本の破滅をきたすからである。というのは、現在のところ、日本はこの貿易以上に確実な援助は持っていないし、また持ちえないであろう。そして一度それが放棄され、現在われわれに与えられている五〇ピコをマカオ市民が所有してしまうと、もうわれわれがいくらそれを必要としても、再びそれだけの生糸を所有することは不可能であろう。そして日本の維持は、教皇給付の年金や国王がどこかの司教職あてに与えるであろう年金の如き、非常に遠方の不確実なものに常に依存することになる。(68)」

即ち、空位司教に対する年金を国王から得るよう尽力してもらいたい旨の要望が、ヴァリニャーノから行われたことが主な動機であったものと思うが、総会長が教皇を介して国王に対してこの件を要請した。その場合、日本イエズス会が行なっている貿易を廃止するから、四〇〇〇乃至五〇〇〇ドゥカドの年金を与えてもらいたい、といった条件付きでこの要望を行なったようで、ヴァリニャーノはその旨知らせを受けて、急ぎ、このような条件付きでは決して年金を受入れてはいけない、と強く戒めている。ヴァリニャーノは確かに国王から年金を受けるのを強く望みはしたが、しかしそれは現行の貿易を持続した上でのことであって、年金と引換えに、主要な収入源である貿易を放棄することなどは全く考えていなかった。

このようにヴァリニャーノは、貿易放棄という条件付きで国王に対して要請が行われていた年金のことは、むしろこれを打消し、そしてその後で、再び日本航海を求める訴えを行なっている。同じ一六〇三年十一月十五日付書翰に次のように記されている。

「教皇から得られるものの外に、国王に対し、シナから日本への一回の航海を、日本のキリスト教界とイエズス会に与えてもらいたい旨、働きかけることが必要だと思われる。国王は、インドにおいて国王に奉仕している騎士達に対し、その奉仕に対する報酬として、恩恵としてこの航海を与えるのを常としているが、その外にも、他の必要が生じた場合にこれに与えるのも例になっている。例えば、先年ゴアの大司教座聖堂に対する援助のためにこれを与え、さらにゴアの病院を建設するためや、また今度はコチン市の防備のためにも与えた。それ故、日本を救済するためにそれを与えてくれることも出来よう。この航海は二万五〇〇〇乃至二万六〇〇〇シェラフィンで売れる。これは一パルダオが八レアルとして、大凡レアル貨一万八〇〇〇パルダオに当る(69)。」

ここでヴァリニャーノは、一時に相当な収入をもたらす日本航海のことを再認識している。この書翰では、彼は一回の日本航海の売買価格を二万五〇〇〇乃至二万六〇〇〇シェラフィンと述べており、クルザドに換算すると一万八七五〇〇乃至一万九五〇〇クルザドに当る。この価は、彼が一五八八年十月と一五九三年一月の書翰に記した一万五〇〇〇クルザドと一万二〇〇〇ドゥカド余をいずれも上廻るものである。その上、一五九三年一月の書翰には一〇年以上も先になると記述した日本航海の延滞のことについては、全く触れていない。これは、一六〇三年当時は、日本航海の時価の上昇と航海事情の好転を意味するものかも知れない。

一六〇四年二月又は三月初めに、フランシスコ・ロドリーゲスがシナ及び日本準管区の代表としてローマの本部に赴くため、マカオを発つ(70)が、ヴァリニャーノはロドリーゲスが総会長に交渉すべき案件を記して彼に渡した。これは、「シナと日本の準管区のプロクラドール、パードレ・フランシスコ・ロドリーゲスがローマで総会長と交渉すべき事柄の覚書」と題する文書である。日付はないが、ロドリーゲスがマカオを発つ直前に記述して、彼に渡したものであろう。その中に次のように見えている。

「第十五番目の案件は、尊師が当地に帰る途中、国王がサルセッテで日本のために五年毎に支払わせている五〇〇〇クルザドの喜捨を国王から確認してもらうよう尽力することである。そして、われわれがそれを度々更新してもらう必要のないように、これを永久的なものにしてもらうか、又は出来るだけ長期のものにしてもらうことが出来るかどうか探ってみること。また、もしも教皇が未払い分の年金を支払わせる気持がないような場合は、日本が何らかの資産をこしらえることが出来るよう、これを補給する方法について総会長と相談するように。そして、丁度ゴアの司教座・病院、及びコチン市の防備のために日本航海が与えられたように、売却してもよいという権限付きで、一回の日本航海をそのために国王に要請するのがよいかどうか、相談すること。(71)」

ヴァリニャーノはロドリーゲスに対し、プロクラドールとしてローマに赴く機会を利用して、国王に対して要望すべき事柄として、右のような指示を与えている。即ち、フェリペ二世がポルトガル王位を継承した際に日本イエズス会に与えた一〇〇〇クルザドの年金は、五年単位で更新されるものであったが、これを出来れば永久的なものにしてもらう、ということと、日本に資産をこしらえるための一つの方法として、一回の日本航海を与えてもらう件について、総会長とよく相談するように、ということの二点である。この内、新規の援助要請は、後者の、日本航海の要望だけである。尤もロドリーゲスはローマに赴く途中遭難事故で死亡し、(72)ヴァリニャーノが彼に与えた指図は生かされずに終ってしまった。しかし、ロドリーゲスはイエズス会本部に至らずに死亡したとはいえ、右に引用してきた何通かの書翰からも明らかなように、日本航海を与えてもらうことに対するヴァリニャーノの関心の程は、既に充分本部に伝えられていた。本部ではその意向を受けて、国王に対してこの件の要望を行なっていたようであるが、これに対して国王がとった措置をみると、ヴァリニャーノが希望した方向には進んでいない。即ち、国王は、一六〇七年八月二日付勅令で次の点を定めた。一、先代国王フェリペ二世が在日イエズス会士に支給し、五年目毎に更新されてきた一〇〇〇クルザドの年金を永久的なものにする。二、新たに二〇〇〇クルザドの年金を給付する。これはインド副王の判断により、インドにおいて支払いがよく行われる所に設定すること。三、既にポルトガル国王ドン・セバスチアンが給付を定めた一〇〇〇クルザドの年金と合せ、これで総額四〇〇〇クルザドの年金になる。四、この四〇〇〇クルザドの年金は、イエズス会士が日本国内にこれだけのレンダを持たない間確保出来るが、もしも日本においてそれを所有したら、四〇〇〇クルザドからその額だけを差引く。五、在日イエズス会士の生糸貿易その他一切の商業活動を禁ずる。(73)

この内容を、ヴァリニャーノがこれ迄に本部に要望し、訴えてきたところと対比させてみると、フェリペ二世が給付した五年単位の年金一〇〇〇クルザドを永久的なものにする、という点は、ヴァリニャーノがロドリーゲスに指示したところに含まれており、また新たにインドで二〇〇〇クルザドの年金を支給するという点も、既に以前から彼が行なってきた、空位司教への年金を日本に充ててほしい、という要請が、このような形でかなえられたとも言える。但し、この追加された二〇〇〇クルザドの年金が、インドで支給される、という点は、日本イエズス会関係者にとって看過出来ないことであった。日本準管区長パシオは、一六一〇年三月十四日付長崎発、総会長補佐宛て書翰で次のように述べている。

「国王に対して新たな恩恵を求めうることといえば、尊師とパードレ・ヌーノ・マスカレーニャスが獲得したこと——即ち、マカオのコレジオの基金、国王が日本に対して追加した二〇〇〇クルザドの永久の年金、及びシナのパードレ達の維持費——を実行してもらうことだけである。これを実行するには、総会長に書送った方法以外にはない。それは即ち、国王がポルトガル国内のいくつかの聖職禄又は年金で以て、このレンダを与えるように、というものである。これは、国王にとって何ら負担になることではない。というのは、国王が設定したようにインドのレンダの中からそれを割くと、実際に徴収される額は少ないか、又は全然ないであろう。何故なら、これは副王次第だからであって、副王は非常によい慣行が出来ていない限り、艦隊を作らねばならない、という口実で、何も支払わない。インドは常に非常に貧しく負債をかかえているからである。殊に今は、オランダ人による災難が原因で、それが甚だしい。それ許りか、インドにおけるイエズス会パードレ達もこの徴収に好意を持たないだけでなく、これを妨害する。そしてわれわれのプロクラドールに対し、これについて語らないように圧力をかける。彼等は、これによって自分達の分の徴収が妨げられると思っている。」[74]

即ち、パシオは、追加された二〇〇〇クルザドの年金は、インドで支給されるのではなしに、ポルトガル国内の聖職禄を充てるようにしてもらいたい、ということを強く希望している。インドにおいてそれを設定しても、副王がその支給に熱意を持たない許りか、インドにおけるイエズス会の同僚もこれを妨害しようとする、と訴えている。既に以前からインドに設定されていた年金も支給状態が極めて悪かったこと[75]や、経済問題をめぐって日本イエズス会とインドのイエズス会との間に紛糾が絶えなかったこと等を考えあわせれば、このような要望が日本から出されたのは当然であろう。ヴァリニャーノが空位司教の聖職禄を与えてもらいたい旨くり返し要請したのも、同じことを配慮したからに外ならないと思う。

それは兎に角として、これで日本イエズス会は、国王から名目は四〇〇〇クルザドの年金を受けることになったわけであるが、その反面この一六〇七年八月二日付勅令は、日本イエズス会の貿易を禁止するという重大な制約を一方で加えている。この貿易禁止の問題は、曾てヴァリニャーノが、イエズス会総会長から国王に対して、貿易を廃止することと引換えに年金の増額を求める要望が行われているのを知って、急いでそれを抑え、比較的安定した収入源の貿易をやめて、支払いも送金も不安定な年金を以てこれに代えることは出来ない旨力説したところであった。[76] 仮令四〇〇〇クルザドの年金が国王から支給されることになるとはいえ、肝心の貿易が禁止されたのでは、この勅令はヴァリニャーノ——彼は既に一六〇六年に死亡していたが——の希望するところとは、まるで違うものであったことは確かである。

国王は、一六一〇年二月二十日付、インド副王宛て書翰の中で、日本イエズス会への援助をさらに追加している。即ち、書翰には次のような内容が記述されている。一、一六〇八年と一六〇九年のナウ船で送った朕の書翰(前引一六〇七年八月二日付勅令と、ここでは引用しないが一六〇八年一月二十三日付インド副王宛て書翰[77]が判明するが、これ以外にも同じ趣旨の書翰が送られたかも知れない。)で以て、在日修道士がいかなる商業活動に従事することも禁止した。二、在日イエズス会士は、マカオ=日本間の貿易なしでは維持出来ないと考えている、ということをゴアの大司教兼総督が朕に書送ってきたので、上述の修道士に対し、従来の二〇〇〇クルザドの外に、さらに二〇〇〇クルザドを与え、毎年四〇〇〇クルザドとする旨貴下に通告した。三、これにともない、生糸貿易その他いかなる商業活動もやめるよう命じたところ、政庁でこの件の要請をしていたイエズス会士ヌーノ・マスカレーニャスは、イエズス会はこの措置を恩恵ととる。生糸貿易のためにイエズス会が何か商業活動をしているように思われているが、そう思われる原因がこれで除かれる。その実、この生糸貿易は決してイエズス会士によって行われたわけではなく、マカオの商人達がこのような形で喜捨をするために、これを行なってきたものである。しかし、直ちにこれをやめる、と答えた。四、そしてマスカレーニャスは、上述の四〇〇〇クルザドは、この王国又はインド領国内サルセッテで支給するよう定め、しかも永久的なものにしてもらいたい、ということと、在日イエズス会士が借金を余儀なくされたために負っている負債を返済するために、一回のシナ航海を彼等に与えることによって、二万クルザドの援助をしてもらいたい、ということを要望した。五、朕は、新たに与えた二〇〇〇クルザドは、インド領国内の、支払いうる所で支給することと、既に以前から給付されている二〇〇〇クルザドについては、従来通りのところで支払いを継続することを決定した。六、この四〇〇〇クルザドは、日本に他のレンダを所有しない間、毎年全額を全う出来るものとするが、もしも日本にレンダを所有したら、四〇〇〇クルザドからその分だけ差引くように。七、在日イエズス会士の負債を返済するために、一回のシナ航海（日本航海というのと同じで、マカオ＝日本間の定期航海を指す）の収益の半分をこれに与えた。そして彼等に対し、この航海を適当な人物に譲ることを許した。上述の航海は三万クルザドの価値があると思われる。残りの半分は、マラッカ防備のために充てることにした[78]。

一六一〇年二月二十日付国王の書翰は、このような内容のものであるが、この内、一・二・五・六の事項は、既に前引一六〇七年八月二日付勅令において定められたところを再確認したものにすぎない。それは要するに、在日イエズス会士に四〇〇〇クルザドの年金を保障する一方、その商業活動を禁じたものである。これに対し、三・四・七の事項は、一六〇七年の勅令に見られない内容である。三・四では、イエズス会士ヌーノ・マスカレーニャスが、一六〇七年八月二日付勅令の規定内容をすすんで受入れ、特に生糸貿易禁止の決定を歓迎する態度をとったこと、在日イエズス会士の負債返済のために、これに一回のシナ航海を与えることによって二万クルザドの援助をしてほしい、という要望を行なったことが明らかになる。さらに七では、右の要望に応じて三万クルザドの価格で売却出来る見込みの一回のシナ航海の所得の半分を、在日イエズス会士に与えたことが記されている。即ち、一六〇七年八月二日の勅令により、従来の年金が二〇〇〇クルザド（内一〇〇〇は五年単位）にすぎなかったものを、四〇〇〇に増額して永久的にこれを支給することにしたのに対し、一六一〇年二月二十日の書翰では、これに加えて一時的な救済措置として、一回のシナ航海を売却した所得の半分をこれに与えた[79]。因に、ヴァリニャーノは一回の日本航海からの所得の見込みとして、一五八八年十月の書翰には一万五〇〇〇クルザド、一五九三年一月の書翰には一万二〇〇〇ドゥカド余、一六〇三年十一月の書翰には一万八七五〇乃至一万九五〇〇クルザド相当の額を記していた。またパシオは一六一〇年三月十四日付の書翰で一万乃至一万二〇〇〇クルザドの金額を挙げている。これに対し、右の国王書翰に記されている売値の見込みは三万クルザドであり、これは実際の時価以上の評価だと言わねばならないであろう。

兎に角、一回の航海の売値の半額を与えることと、年金の増額を認める代りに、一切の商業活動を禁止する措置をとったわけである。この商業活動の禁止規定については、右に述べたように、イエズス会士ヌーノ・マスカレーニャスはこれを抵抗なしに受入れたようである。ヌーノ・マスカレーニャスは、後に兄のアントニオ・マスカレーニャスの後をうけて、兄弟でつづけて総会長補佐になる。(80) 一六一〇年三月十四日長崎発、パシオの総会長補佐宛て書翰には、総会長補佐のジョアン・アルヴァレスが死亡して、アントニオ・マスカレーニャスが就任したこと。就任するや彼は直ちに弟のヌーノ・マスカレーニャスを政庁に派遣して折衝に当らせた、という知らせを受けた旨が記述されている。(81) ヌーノ・マスカレーニャスが、イエズス会側を代表して日本教会の経済問題を含む諸案件について、国王政庁との交渉に当ったことは確かである。(82) そのマスカレーニャスの貿易禁令に対する反応からも、在日イエズス会士の商業活動に対するイエズス会本部の考えの一端をうかがい知ることが出来よう。それは、ヴァリニャーノに代表される日本イエズス会士の多数の意見とは異なるものであった。総会長としては、一五八五年に日本イエズス会の貿易を禁止したことはあったが、これはごく短期間行われたのみで、それ以外は、一定限度内の貿易は認める態度をとっている。しかし、それは決して積極的に是認したものではなく、必要やむをえない措置として一定限度以内の貿易を認めたにすぎず、もしも国王や教皇から充分なレンダが与えられれば、当然商業活動は禁止すべきだという前提の上に立ったものであった。しかし、問題は、国王なり教皇なりから給付される年金の名目の金額は、確かに日本教会を維持出来る程の額であっても、実際にそれが毎年確実に支払われ、日本まで届けられるかどうか、という点であった。この点、ヴァリニャーノ等は、国王から援助を得ることは望ましいことではあるが、貿易を廃止して、ヨーロッパやインドで支給されるものだけに依存することになると、日本教会の経済基盤が不安定なものになる旨訴えて、貿易はあくまでつづけなければならないことを強調したのに対し、ヨーロッパのイエズス会関係者は、この点いささか認識を異にしたのではないであろうか。またそれだからこそ、ヴァリニャーノ等は、一定の商業活動がどうしても必要欠くべからざることを、本部にくり返し訴えたのであろう。

一六〇七年八月二日の勅令と一六一〇年二月二十日の国王書翰に記されている規定事項に、本部関係者はある程度満足し、貿易の禁止にも抵抗を感じなかったのに対し、一方現地の日本イエズス会関係者の方は、これは到底承服出来るものではなかった。一六一一年十一月九日付長崎発、パシオの総会長補佐宛て書翰に次のように記されている。

「われわれが生糸貿易をやめ、その代りにインドでわれわれに支給される四〇〇〇クルザドを受ける、という内容の、政庁のプロクラドールと国王が結んだ協定を、われわれは大変遺憾に思う。というのは、これは日本の全面的破滅を意味するからである。これについては、別にこの問題だけを取上げた書翰で以て総会長に申し述べる。総会長はそれを尊師に伝えるであろう。私は、その写しをパードレ・アントニオ・コラソに送った。そこで挙げられている論拠を彼が役立てることが出来るようにするためである(83)。」

前引一六一〇年二月二十日付国王のインド副王宛て書翰や一六一〇年四月十一日付国王のイエズス会総会長宛て書翰には、この件でイエズス会を代表して国王と交渉した人物として、ヌーノ・マスカレーニャスの名前だけ見えており、また前引一六一〇年三月十四日付長崎発、パシオの総会長補佐宛て書翰からも、ヌーノ・マスカレーニャスが政庁で折衝に当ったことは確かである。しかし、右の一六一一年十一月九日付のパシオの書翰には、政庁駐在のイエズス会プロクラドールが国王と協定を結んだ、と記されている。勿論政庁での交渉にプロクラドールが無関係であった筈はないが、マスカレーニャスの方がより重要な立場にあったことは明らかである。それにも拘らず、パシオがこのように記したのは、ヌーノ・マスカレーニャスがこの書翰の宛先である総会長補佐アントニオ・マスカレーニャスの弟であるところから、彼を直接非難する形になるのを避けたのではないであろうか。パシオ(当時巡察師)はこのように、今度の国王の決定に強く反対し、ヨーロッパのイエズス会関係者がそれを認めたことに対して不満を表明している。そして直ちに総会長に書翰を送って、年金が四〇〇〇クルザドに増額されようとも決して貿易をやめるわけにはゆかない所以を述べ、更にその写しをコラソ(84)にも送ったと言う。

ところで国王は、一六一一年七月一日付の勅令で、前年までに行なってきた一連の決定を取消している。即ち、前引一六一〇年二月二十日付国王のインド副王宛て書翰の裏に、一六一二年五月二十三日付ゴア発、フランシスコ・デ・ソーザ・ファルカンの裏書が記されているが、それによると、国王は一六一一年七月一日付勅令で以て、一六〇七年八月二日付勅令、一六〇八年一月二十三日付インド副王宛て書翰(85)、一六一〇年二月二十日付インド副王宛て書翰を取消して、在日パードレに対し、以前行なっていたように貿易を継続するのを許可した、という(86)。この一六一一年七月一日付の勅令は、その本文を見ていないので、右のファルカンの裏書以外に勅令の内容をうかがい知る手がかりはないが、この裏書からは、果してこの勅令は、従前の文書の中の在日イエズス会士の貿易を禁じた規定のみを取消したのか、それとも、貿易禁止と同時に認めた二〇〇〇クルザドの年金の追加や、一回のシナ航海の売値の半額を与える件等も一切取消して、要するに、一六〇七年八月二日付勅令が発布される以前の状態に戻す、というものであったのか必ずしもはっきりしない。しかし、一六〇七年八月二日の勅令で年金が二〇〇〇クルザドから四〇〇〇クルザドに増額されたのは、貿易収入の代替といった意味合が強いので、貿易が許されれば年金の増額についても白紙に還されるのは当然と思われる。一六二〇年九月に作られた日本管区のカタログの一部「日本が所有するレンダ」に、国王から給付される年金として記されているのは、マラッカ税関で支給される一〇〇〇クルザドとゴアのサルセッテで支払われる一〇〇〇クルザドについてだけであって、他の二〇〇〇クルザドについては全く言及されていないこと(87)も、これを裏付けている。また、そうだとすると、シナ航海の所得の半分を与える件も同様に取消されたものと考えねばならない。

この一六一一年七月一日付勅令が発布された理由であるが、先の一六一〇年二月二十日付国王文書に記されているように、年金増額と貿易禁止の措置が、イエズス会を代表するマスカレーニャスの同意の下に決められたものである以上、その直後にイエズス会本部から、その取消しの要請が行われた筈がない。そこで、一六一〇年二月二十日付国王文書が発せられた後に、日本イエズス会側からの働きかけが行われた結果だということも考えられないではないが、それよりも政庁独自の意向で発布されたと言う面の方が強いのではないであろうか。日本イエズス会に対して貿易を禁止すれば、当然これに代るレンダが要求されるわけで、二〇〇〇クルザドの年金の増額だけでも相当な金額であるのに、将来さらにその追加要求が行われることも考えられ、そしてそのような要求に応えてゆくことは、財政的理由許りでなく、現地の植民政庁関係者や教会関係者に対する配慮からも難しいであろう、といった事情があったことが推測出来よう。国王としては、弊害を伴うとはいえ、結局従来通り貿易を認めて、そこからの収益で以て布教経費の大半をまかなわせる方がよりよいと判断したものであろう。

一六一一年七月の勅令によって一六〇七年から一六一〇年にかけて発せられた一連の国王文書が取消され、それ以前の状態に復してからというものは、日本イエズス会の中で、国王に対して経済援助を求める動きが少なくなり、それに対する意欲の減退が認められる。キリシタン教会の保護者たるポルトガル国王は、年金の形では必要経費のごく一部しか支給出来なかった。即ち、国王が日本教会の保護者としての義務を果すには、年金支給能力の限界を一定限度内の貿易を認めることで補わねばならなかった。このように日本におけるイエズス会の布教が、ポルトガル国王の布教保護権の下にすすめられた、ということに加え、資金的には貿易に依存することを余儀なくされた、という点が、キリシタン布教を根本的に性格付けるものであり、キリシタン布教史上の重要問題もここから派生している面が大きいと言える。

II 教皇の援助を求める意見

大航海時代におけるカトリック布教は、布教保護権の制度に基づき、国家事業の一環として行われた。その布教活動の主な担い手は修道会であって、各修道会に所属する宣教師が、夫々教会の保護者であるポルトガル或はスペイン国王の支援をえて、その国家事業の一翼を担う形で布教を行なった。そしてローマ教皇は、十七世紀初までは、布教事業を専らイベリア諸侯に委ね、自らはこれに直接かかわりを持つことはなく、ただこれに対する精神面からの支援と、喜捨の形で経済援助をするにとどまっていた。キリシタン教会についても同様で、日本イエズス会は教皇に対してさかんに経済援助を求めるが、それは日本教会に対する教皇の喜捨を乞うたものであって、国王に対して援助を求める場合とは趣きを異にした。

ヴァリニャーノは、初めてわが国に渡来した直後の一五七九年十二月五日付でロノ津から総会長に宛てた書翰の中で、次のように教皇から援助を得るよう斡旋を要望している。

「今私は猊下に対し、次のことを書送って要望する。即ち、教皇に対しても同じことを要請して、日本のセミナリオのために毎年二〇〇〇乃至三〇〇〇スクードの喜捨を与えてもらってほしい、と。この教皇給付のかねは、ポルトガルへは手形で、そしてポルトガルからインドへは(上述のように)レアル貨で以て容易に送ることが出来よう。猊下は、このかねを日本以外のことに使ってはならない旨命じてほしい。もしも教皇がこの喜捨を与えてくれるなら、いろいろな地域に多くのセミナリオを作ることが出来よう。そして主に対する多大な奉仕となるであろう。このような要求は無遠慮だと思う者がいるかも知れないが、しかし、もしも猊下が日本の実情を知り、そして日本について何をなしうるか、またそれを維持するすべがないために失われるかも知れないということを知れば、必ずやこの教皇の喜捨を得るよう、あらゆる尽力をして下さるものと思う。また教皇も、当地の事情を知れば、同じように必ずやこの喜捨によって日本を助けて下さるに違いないと信ずる。[88]」

このようにヴァリニャーノは、総会長に対し、教皇から毎年二〇〇〇乃至三〇〇〇スクードの喜捨を受けるよう尽力してもらいたいと要請している。国王からの援助とは異なり、教皇からそれを得るのは、日本教会にとって当然の権利というわけではなかった。それはあくまで教皇の恩恵によるものであった。このために、ヴァリニャーノも、教皇の日本布教に対する理解と関心を高める必要を痛感したに相違ない。このような彼の気持は、右の書翰にも表われているが、後に天正少年使節を教皇の許に派遣する動機も、一つにはこのようなところにあったと言えよう。一五八〇年から一五八一年にかけて開かれた第一回日本イエズス会全体協議会において、教皇に経済援助を求めるべきであるとの意見が、一貫して強く出されたことは、先に述べた通りである。このような日本イエズス会関係者からの働きかけが奏効したものであろうが、教皇グレゴリウス十三世は、一五八三年六月十三日付大勅書 Mirabilia Dei. によって金四〇〇〇スクードの年金を、マドリードの徴収事務所で日本イエズス会に給付することにした。[89]この知らせを受けたヴァリニャーノは、一五八三年十二月十二日付ゴア発、総会長宛ての書翰で次のように自分のよろこびを伝えている。

「受取った第二の書翰も一月四日付のもので、それによって、教皇が日本に毎年四〇〇〇ドゥカドの補助金を与えるつもりだということ、及び今年その四〇〇〇を送る、ということを特に知らせてもらった。私がこれをいかによろこぶか、また在日パードレ達がいかによろこぶか、とても筆舌に尽すことは出来ない。(90)」

さらに一五八四年十二月十二日付コチン発、ヴァリニャーノの総会長宛て書翰に次のように記されている。「物質的補給に関しては、教皇が行なったことは天の配剤だということがよく判る。そして今度教皇が情報を得、少年達を迎えることにより、教皇がこの喜捨を永久的なものとし、さらにそれを増加させるものと私は期待している。(91)」このようにヴァリニャーノは、教皇が日本に四〇〇〇ドゥカドの年金を給付することを歓迎するとともに、今度ローマに届く情報や天正少年使節の来訪をうけて教皇の日本に対する関心がさらに高まり、年金が増額されることを期待した。

日本教会の経済事情について、ヨーロッパの関係者に知らせなければならない、ということは、第一回全体協議会において、全員の総意として表明されている。即ち、その協議会記録には次のように記されている。

「第二点は、これも全員が一致したことであるが、次のことを総会長・教皇、及びポルトガル国王にはっきり知らせねばならない。即ち、今までに日本においてなしえた成果の凡て、及びそれを維持するためには、毎年少なくとも八〇〇〇クルザドはどうしても必要である。〔中略〕第三点は、これもまた全員が一致したことであるが、日本イエズス会と日本キリスト教界全体は、物質的支えの不足が原因で失われる危険が非常に大きい、ということもまた、同じように教皇・総会長・国王に知らせなければならない、という事である。(92)」

このように協議会において、日本布教に要する経費の高と、それをまかなう財源が不安定で乏しいということを、教皇を含めヨーロッパの関係者によく知ってもらわねばならない、という意見が全員から強く出されたことが判る。ヴァリニャーノは自分自身がローマに戻ってよく事情を説明することを望み、一五八二年少年使節と一緒にマカオまで行って、そこで協議会を開いてこの件を諮った。そこに参加したパードレは全員、ヴァリニャーノがローマに赴くことは日本救済のために必要だという意見を述べた。特に少年使節を連れて行くのは有効である、という見解であった。[93] ヴァリニャーノ自身、一五八三年十月二十八日付コチン発、総会長宛ての書翰の中で、自分がヨーロッパに赴きたいと考えた理由の一つとして、日本の事情をよく説明して経済援助を得ることを挙げている。[94] しかし、結局彼はゴア管区長に任ぜられてインドにとどまることになったために、代りのパードレに「日本のスマリオ」その他の文書類を持たせて、少年使節と共にローマに派遣することになる。ヴァリニャーノは、自らローマに行くことは叶わなかったが、今回の少年使節一行とこれに同行するパードレが、いろいろな関係記録をたずさえてローマに赴く機会に、教皇がさらに日本への喜捨を増額する措置をとってくれることを期待した。ヴァリニャーノは一五八五年十二月十七日付ゴア発、総会長宛て書翰でも、教皇の四〇〇〇ドゥカドの喜捨がさらに増額されることを期待しているが、[95] 新教皇シクストゥス五世(一五八五年四月から一五九〇年八月まで在位)は、一五八五年五月二十三日付大勅書 Divina bonitas によって、日本イエズス会に対する年金を二〇〇〇スクード増額し、合計六〇〇〇スクードの年金を給付することにした。[96]

このように教皇から喜捨として六〇〇〇ドゥカドもの年金を受けることは、日本イエズス会にとって非常に満足すべきものであった。一五八八年十月十八日付マカオ発、ヴァリニャーノの総会長宛て書翰に次のように記されている。

「教皇に関しては、既にわれわれが期待しうる以上のことをなしてくれたことは良く判っているが、しかし教皇は、フランスその他のキリスト教界を助けるために、一度に二〇万ドゥカドや五〇万ドゥカドを費すことが屢〻あるのだから、教皇から遠く離れ、敵の地に存在しているだけ余計に迫害をうけ窮乏しているこの日本キリスト教界に対して、慈悲の目を向けることが出来る筈である。[97]」

六〇〇〇ドゥカドの年金は期待以上の喜捨であったが、さらにその上教皇から援助を得るための斡旋方を総会長に要望している。

しかし一方で、この年金は金額は確かに大きかったが、その支給状態は余り確実ではなかったようである。そして教皇に対する経済援助の要請が、年金の増額や新規の援助を求めることと共に、支払いが滞っている分の支給を要求することにも重点が置かれるようになる。まずこの支払い状態についてであるが、一五八七年十一月二十日付ゴア発、ヴァリニャーノの総会長宛て書翰に、「教皇が与えてくれる六〇〇〇クルザドの内、今までに四〇〇〇クルザドが一度にインドに届いたことはなかった。[98]」と見えている。一五九五年十一月二十三日付ゴア発、ヴァリニャーノの総会長宛て書翰には、「教皇が与える年金について言えば、猊下もご存知のように、シクストゥス五世はただ一年それを与えたにすぎない。そしてその後三、四年はわれわれに対する支払いは全くなかった。[99]」と記されている。シクストゥス五世時代の年金の給付状態が悪かったことを伝えている。また一五八九年七月二十三日付マカオ発、ヴァリニャーノの総会長宛て書翰に次のように記述されている。

「ポルトガルのプロクラドールは、私に書送ってきた書翰の中で、他の事柄と共に次のように述べている。教皇シクストゥス五世が日本に対して与えた六〇〇〇ドゥカドの年金及び喜捨――即ちこれは故グレゴリウス十三世が与えたものを確認し、そこに二〇〇〇を増額したものである――の内、一五八六年には三五〇〇しか徴収されず、これらのナウ船がインドに向け出発した一五八七年から今までは全く徴収されず、また徴収出来たかどうかも判らなかった、と。というのは、スペインの徴収吏（教皇大使と同一人物か――引用者）がプロクラドールに対し、この年金を支払ってはならないという教皇の命令を受けている、と語ったということである。何故なら、教皇はこの支払いをするための別の命令を与える決定をしたからである。それ故、今年われわれは当地で、前述の一五八六年の分でポルトガルに残っていた二〇〇〇ドゥカドを受取ったにすぎない。[100]」

この書翰に見えているポルトガルのプロクラドールとは、パードレ・アマドール・レベロのことであろう。彼は一五八六年春から翌一五八七年までマドリード政庁駐在プロクラドールをつとめ、その後リスボン駐在プロクラドールに転じた。ローマ教皇庁の役人ロムメリーノは、一五八七年一月十三日付ローマ発、マドリード駐在教皇大使宛て書翰で、新しい命令を送るまで日本に年金を給付するのが停止された、ということを伝えた。教皇大使がこのことをプロクラドールのレベロに通告したのは勿論で、レベロは一五八七年三月五日付の書翰と共に、このロムメリーノの書翰の写しを総会長に送った。このレベロの総会長宛て書翰から、彼が日本イエズス会の年金三五〇〇ドゥカドを受取ったこと、徴収吏に会って残額の給付を求めたところ、教皇からその支給を差止められた旨の回答があったこと等が判る。(101) レベロがこの経緯をそのままヴァリニャーノにも報じたことは、前引一五八九年七月二十三日付ヴァリニャーノの書翰から明らかである。

一五八五年にシクストゥス五世によって六〇〇〇ドゥカドに増額された年金も、翌一五八六年には、マドリードで三五〇〇徴収されたにすぎず、しかも一五八九年にマカオで受取ったのは、一五八六年の分の内二〇〇〇ドゥカドにすぎなかったようである。一五八七年以降は全く徴収されていなかった。この年金不払いの理由については、後で取上げたい。喜捨の支払い状況については、一五八九年七月二十四日付マカオ発、ヴァリニャーノの総会長宛て書翰にも記されている。

「凡てのコレジオとカーザは、管区の経費を補うために四パーセントの割合で毎年納入をすることに決まった。そこで私は、日本が一万パルダオのレンタを所有するものと計算して、毎年の納入額を四〇〇パルダオに決めた。しかし実際には、バサインのいくつかの村からの収入一八五〇パルダオと毎年マラッカで支給される筈の一〇〇〇——これは殆ど支払われていない——及び教皇が与えた喜捨の外には確実なレンタはない。この教皇の喜捨についていえば、四〇〇〇クルザドが全額届いたことは一度もない。この喜捨は、送られてくる間の航海の危険の外、猊下がご存知のように、そして今われわれが経験しているように、非常に不確実なものである。また仮に非常に確実なものだとしても、それは四〇〇〇クルザドにすぎず、これは五三〇〇パルダオに当り、これを他の三〇〇〇に加えても、全部で八〇〇〇にしかならない。そして教皇シクストゥス五世が増額した二〇〇〇クルザドも計算に入れて、一万を基にして、私は前述の通りインド管区への支払い額を定めた。この二〇〇〇クルザドは一度も受取ったことはなかったし、他の四〇〇〇も、猊下がご存知のように、海上で失われるところが大きかったにも拘らず、常に日本は四〇〇〇パルダオを毎年完納している。それにも拘らず、この評価額に関して、私が日本のことを余りに優遇したと考える者がいる。というのは、彼等は、教皇が与えた六〇〇〇ドゥカドがそのまま日本の収入になるかのような勘定をしている。[102]」

これは、インド管区の共通の経費を、各地のイエズス会機関が夫々収入の四パーセントの割で分担することになったのに対して、ヴァリニャーノは日本の収入を一万パルダオと査定して、その四パーセントの四〇〇パルダオを納入額としたが、これに対しインド管区関係者から、これは日本の収入を不当に少なく査定したものだという非難が行われたので、それに反駁したものである。そしてここにも、教皇の喜捨の六〇〇〇クルザド(ドゥカド)は支払いが不確実であったことが記述されている。殊にシクストゥス五世が増額した二〇〇〇クルザドに至っては、一度も受取ったことがなかったという。

一五九〇年八月に加津佐で開かれた第二回日本イエズス会全体協議会でも、この点が取上げられている。この協議会記録に次のように見えている。

「日本は、教皇が与える喜捨とインドのバサインの地に持つ他の僅かな収入の外に、維持のためのレンタは所有していない。これは多額の経費に対して僅かな額にすぎないということに加えて、常に不確実で、全額が一括して届いたことはない。というのは、支払われないこともあれば、海上で失われることもある。〔中略〕全員が巡察師に対し、日本が危険にさらされているということを総会長に正確に知らせてほしい、と要望した。総会長から教皇にこれを知らせてもらって、六〇〇〇クルザドの年金の喜捨を必ず支払って、毎年確実に日本に送るようにしてもらうためである。[103]」

支払いが滞っている教皇の喜捨が確実に給付されるよう尽力してもらいたい、という要望が協議会の総意として出されている。一五九二年十一月六日付マカオ発、ヴァリニャーノの総会長宛て書翰には、この喜捨のかねについて、「結局われわれの許には、この三年間このかねは全然届いていない。[104]」と記されている。前引一五八九年七月二十三日付ヴァリニャーノの書翰には、喜捨六〇〇〇ドゥカドの内、一五八六年にマドリードで三五〇〇徴収されたのみで、一五八七年以後は全く徴収されなかったこと、一五八九年にマカオで受取ったのは、一五八六年の分二〇〇〇だけであったことが記されていたが、右の一五九二年十一月六日付書翰により、一五九〇年以後一五九二年までの三年間は、この喜捨のかねを全然受取ることが出来なかった、ということが判る。

このような状況の中で、ヴァリニャーノは一五九〇年十月八日付長崎発総会長宛て書翰、[105]一五九一年十月二十七日付長崎発総会長宛て書翰、[106]及び同じくヴァリニャーノが一五九二年管区代表としてローマのイエズス会本部に赴くヒル・デ・ラ・マタを介して総会長に要望する事柄を列挙した文書[107]と、いろいろな機会を利用してくり返し、教皇の喜捨がいかに日本にとって重要であるかを訴えている。一五九二年二月長崎で開かれた日本管区会議でも、次のように決議された。

「管区会議はわれわれの総会長に次のように要請する。即ち、もし機会があったら、日本管区のために、大修道院を造ってもらうか、または六〇〇〇金以上にもう何千金か、出来ればもう二〇〇〇金増額された給付金を下されるよう、われわれの総会長はあらゆる熱意を示して教皇に懇願してもらいたい。[108]」

文中の六〇〇〇金は六〇〇〇ドゥカド(クルザド)のことであるが、このように管区会議では六〇〇〇ドゥカドの復活のみか、さらに二〇〇〇の増額を要望することにして、総会長に対しそのための尽力を求めている。

このようなイエズス会からの強い要請が奏効したと言うべきであろうが、しばらく支払いが跡絶えていたこの喜捨は、教皇グレゴリウス十四世(一五九〇年十二月から一五九一年十月まで在位)が即位とともに復活させた。一五九二年十一月六日付マカオ発、ヴァリニャーノの総会長宛て書翰に次のように記述されている。「猊下は一五九一年一月二十二日付の別の書翰の中で、教皇グレゴリウス十四世が既に四〇〇〇クルザドを復活させたこと、云々を述べている。[109]」同じ書翰にはさらに次のような記載も見られる。「私はパードレ・ヒメネスの書翰から、同教皇は即位するや直ちに、当初グレゴリウス十三世が与えた四〇〇〇ドゥカドの年金を復活させることによって、日本に対し経済援助を与えた、ということを知った。私は、パードレ・ヒル・デ・ラ・マタが赴くことによって、同教皇がこの六〇〇〇ドゥカドの年金を完全に確認するだけでなしに、更にそれを増額し、そしてそれが支払われなかった年の分も支払うよう命ずることを期待する。[110]」

ヴァリニャーノの書翰から二カ所引用したが、彼は総会長とパードレ・ヒメネスの両者から、グレゴリウス十四世が同十三世の喜捨四〇〇〇ドゥカドの年金を復活させたという知らせを受けたことが判る。復活したのはグレゴリウス十三世の喜捨四〇〇〇ドゥカドだけであって、シクストゥス五世が与えた二〇〇〇ドゥカドについては跡絶えたままになっているのを、ヴァリニャーノは、ヒル・デ・ラ・マタが管区代表としてローマに赴くのを機会に、六〇〇〇ドゥカド全額の復活・確認が叶えられることを期待し、さらに過去の未払い分の支給と、喜捨の増額をも要望している。ヴァリニャーノは、一五九三年一月一日付マカオ発の総会長宛て書翰でも、「教皇グレゴリウス十四世は、教皇に選出された当初から、要望に応じて、先任者のグレゴリウス十三世が与えた四〇〇〇ドゥカドを確認したのであるから、同じように容易に、シクストゥス五世が与えた二〇〇〇も支給するものと思われる。[111]」と記すとともに、教皇の気持一つでいつ廃止されるか判らず、しかもマドリードで実際に徴収に当る者によってもその支払いが左右される、というこの喜捨の不確実な点を改めて、これを永久的且つ確実なものにしてもらいたいと要請している。そしてさらに、過去に六〇〇〇ドゥカドの年金が未払いで滞っている分を、全額支給してもらいたい旨、求めている。[112]

総会長も、日本からの要請に応じて、シクストゥス五世が与えた二〇〇〇ドゥカドを復活してもらう件で、教皇に働きかけを行なったようである。一五九四年十一月九日付マカオ発、ヴァリニャーノの総会長宛て書翰に次のように見えている。「今年受取った一五九三年一月二日付の猊下の書翰により、六〇〇〇ドゥカドの年金の確認を教皇から得るために、猊下が慈愛深い尽力と配慮を以て教皇と交渉してきたということが判った。[113]」

このようにイエズス会から強い働きかけが行われたのに対して、教皇もこれに応諾している。即ち、一五九六年十二月十六日付ゴア発、ヴァリニャーノの総会長宛ての書翰に次のように記述されている。

「パードレ・ヒル・デ・ラ・マタは私に次のように語った。即ち、教皇は、グレゴリウス十三世が日本に与えた四〇〇〇ドゥカドの年金に対してシクストゥス五世が付加えた二〇〇〇を、今後も支払うよう命じた。そして既に今年その徴収が始められた、と。尤も彼は会計報告書を持って来なかったし、ポルトガルからそれが送られてくることもなかったので、私は今までに徴収された額を知らないし、教皇が一体この二〇〇〇ドゥカドの支払いをどのように命じたものなのかも知らない。今年当地には三〇〇〇ドゥカド届いたにすぎない。他の五〇〇は、パードレ達が搭乗して来た別の船――この船は当地に着いていない――で送られてきたものと思う。パードレ・ヒル・デ・ラ・マタは、これを獲得するのに猊下がいかに尽力したか、そしてトレード枢機卿がいかに支援してくれたか、ということを私に語った。このため彼は私に、とにかく同枢機卿に書翰を送って礼をのべ、山荒 puerco espín の結石を彼に送るように求めた。というのは、同枢機卿がそれをヒル・デ・ラ・マタに懇望していたからである。このため私は、彼に書翰と上述の山荒の結石を送ろうと考えた。私はこれを、マラッカのカピタンで、去年私と一緒に当地に来た友人の騎士から手に入れた。私はそれを日本に持って行こうと考えていた。非常に珍重される物だからである。それはごく稀なもので、当地で現在一〇〇ドゥカドかそれ以上に価するであろう。尤もこれは既に少し消費してあり、完全なものではない。私は当地に来て以来、枢機卿達に書翰を送ったことは一度もなく、まして贈物などしたことはなかったが、パードレ・ヒル・デ・ラ・マタが私に懇請し、猊下もこれを喜ぶことであろうということでもあるので、私は今回はこれを行おうと考えた。この結石は稀にしかないので、非常に珍重され、いろいろな病気、特に憂鬱病の発作や胃の苦痛――通常有毒で激情的な気質が原因の熱病に伴って生じるものであるが――に効く。その飲み方は、一口分の水を染める程度にこれを削り、そのまま飲むのであるが、水は非常に苦くなる。その外、これを削らずに結石を少量の水に苦くなるまでつけておいて、これを飲むこともよくする。しかし最初の飲み方の方が優り、よく効く。というのは、その方が成分をより多く保つことが出来るからである。[114]」

ヒル・デ・ラ・マタは管区代表としてローマに赴き、一五九六年九月ゴアに戻ってきた。[115] ヴァリニャーノは、ローマから帰ったマタから聞いたところを基に、右の書翰を記述したわけである。それによると、教皇はシクストゥス五世が与えた二〇〇〇ドゥカドをも復活し、一五九六年からその徴収が始められたという。尤もヴァリニャーノは、このマタの報告をうけても、今一つ確証がえられない限り疑いを残していたようである。それは、これまでの教皇喜捨の給付状態からみて、当然のことであろう。彼はマタの勧めに従って一人の枢機卿に贈物をするが、これは同枢機卿がこの件で日本イエズス会のために尽力してくれたことに対する謝礼であるとともに、喜捨の復活について確証がえられないところから、さらにその支援を乞う意図があったものと思う。[116]

一六〇一年十月十六日付長崎発、ヴァリニャーノのベラルミノ枢機卿宛て書翰には、ヒル・デ・ラ・マタ渡欧の機会に教皇クレメンス八世から復活してもらった六〇〇〇ドゥカドの支給状態について、次のように記述されている。

「結局、四、五年前にパードレ・ヒル・デ・ラ・マタがプロクラドールとしてローマに行き、教皇から六〇〇〇〔単位はドゥカド――引用者〕全額支給してもらうことに成功した。しかしわれわれは、それが支払われているのかどうか知らない。というのは、一五九七年から現在まで、われわれはローマからもスペインからも書翰を受取っていないからである。[117]」

即ち、一五九六年に給付が復活したにも拘らず、その後はヨーロッパからの通信が届かず、一五九七年から一六〇一年までは給付されているのかどうか日本では判らなかった。その後ヴァリニャーノは、一六〇四年四月九日付マカオ発、総会長補佐宛て書翰の中で次のように記述している。

「パードレ・ヒル・デ・ラ・マタが御地に行った時、既に六、七年以上四〇〇〇〔単位はドゥカド――引用者〕しか支給されていなかったにも拘らず、容易に教皇クレメンス八世から、今後六〇〇〇支払ってもらうことに成功した。そして彼はそれを徴収したが、しかしその後再び給付の延滞が始まり、四〇〇〇のみ支払われている。[118]」

クレメンス八世が六〇〇〇ドゥカドの復活を決めた喜捨も、その後の給付はまた四〇〇〇に戻ってしまったようである。

教皇の喜捨の給付、支給の延滞、及びその復活等については以上のような経過をとったが、その後の、この喜捨の給付或いは送金の状態はどうであったか、次にその関係の史料をいくつか挙げてみたい。

一五九四年十月十七日付長崎発、パシオの総会長宛て書翰に、「教皇がスペインにおいてわれわれに与える喜捨は、もう四年間当地に届いていないと思う。[119]」と記されている。

一五九四年十一月九日付マカオ発、ヴァリニャーノの総会長宛て書翰に、「教皇は、過去何年間かわれわれに年金を支払っていない。[120]」と記述されている。

一六〇二年十二月二十四日付有馬発、ヴァリニャーノの総会長宛て書翰には、「〔教皇の年金は〕四年間われわれの許に送られて来なかったので、われわれは別の書翰に記すように、非常に窮乏している。〔中略〕先任の教皇達がスペインの徴収事務所においてわれわれに与えた年金は、もう四年以上支払われていない。[121]」と見えている。

一六〇三年一月十一日付長崎発、ヴァリニャーノの総会長宛て書翰に、「上述の年金と、過去何年かにわたってわれわれに対し延滞している分を支払ってもらうよう、猊下から教皇に要請してほしい。[122]」と記されている。

一六〇三年十月六日付マカオ発、ヴァリニャーノの総会長宛て書翰には次のように記述されている。「その上、教皇がわれわれに与えた年金の給付が殆ど四年間なかったこともあり、日本イエズス会は極度の貧困と窮乏に陥った。〔中略〕教皇は、先任の教皇達がわれわれに与えた年金を、殆ど四年間われわれから奪った。〔中略〕われわれは、今年インドからの船とともにかなりなかねが届くものと期待していた。しかし、船はごく僅かな物質的な援助を積んで八月末に当地に着いた。というのは、ポルトガルのプロクラドール、パードレ・ジョアン・ソエイロは、一六〇二年にはスペインの徴収事務所において、一〇レアル一ドゥカドの率で、四〇〇〇ドゥカド徴収されたということ、その内三五〇〇を三艘の船で送ったことを、手短かに私に書送ってきたからである。しかしインドのプロクラドールは、三〇〇〇しか届かず、しかもその内の五〇〇は、ゴア港で陸揚げする時にそれを入れて来た袋が不幸にも海に落ち、失ってしまった、と私に書送ってきた。従って当地には二五〇〇とバサインのレンタの一〇〇〇弱が届いたにすぎない。これでは、われわれにとってまことにささやかな救援にしかならない。[123]」

右の書翰の日付の二日後、一六〇三年十月八日付でマカオからヴァリニャーノが総会長に送った書翰には次のように記述されている。「教皇がスペインの徴収事務所においてわれわれに与えた年金は、六〇〇〇ドゥカド・デ・カマラであった。というのは、グレゴリウス十三世は四〇〇〇を与え、シクストゥス五世がこれに二〇〇〇を増額した。これは枢機卿達の勧告と意見に基づいて、枢機卿会議により永久に給付されたものである。このことは、後にグレゴリウス十四世とクレメンス八世の時にこれについて発布された大勅書の原文に記述されている通りである。しかし、これは毎年四〇〇〇ドゥカド・デ・カマラしか支払われなかった。そしてこの四年間は、この四〇〇〇も、教皇の役人達がいろいろと言訳を言って支払われなかった。(124)」

一六〇三年十一月五日付マカオ発、ヴァリニャーノの総会長宛て書翰には、「グレゴリウス十三世とシクストゥス五世がわれわれに与えた年金は、多年支払われなかった。(125)」と記されている。

年金の給付とその送金状態を伝える史料を挙げてみたが、これによって、実際に日本でこの年金を受取ることがいかに不確実であったかが判る。以上引用してきた記録から、この点次のような事実を知ることが出来る。

一五八五年は六〇〇〇ドゥカド給付されたが、一五八六年はマドリードで三五〇〇ドゥカド徴収され、この内二〇〇〇が一五八九年にマカオに届いた。一五八七年と一五八八年は給付がなかった。一五九〇年から一五九二年まではマカオに全然届かなかった。一五九一年から一五九四年までは日本に全く届かなかった。この間給付されなかった。一五九九年から一六〇二年までは日本に届かなかった。この間給付されなかったからである。但し、一六〇二年はマドリードで四〇〇〇ドゥカド徴収された。この内二五〇〇が一六〇三年にマカオに届いた。

即ち、一五八五年以降一八年程の間に、給付がなかったり、日本に届かなかったりしたと思われる年は、実に一二年程にも上る。支給が延滞した額を累計すると、十七世紀初には五万ドゥカドにも達したようである。一六〇二年十二月五日付長崎発、パシオの総会長補佐宛て書翰には、「〔教皇の喜捨は〕われわれに対し五万クルザド近く滞っている。」[126]と見えており、一六〇三年十月八日付マカオ発、ヴァリニャーノの総会長宛て書翰にも、これが五万ドゥカド以上滞っている、と記されており[127]、さらに一六〇四年四月九日付マカオ発、ヴァリニャーノの総会長補佐宛て書翰にも、「これによりわれわれは、この間にわれわれに支払われるべきかね五万クルザド以上を失った。」[128]と記述されている。

教皇からの喜捨は、名目は相当な金額であったが、実際は日本イエズス会の財源としては、決して大きな比重を占めるものではなかった、と言わねばならない。もしも六〇〇〇ドゥカドの年金が毎年確実に届けられたなら、それだけで日本イエズス会の年間経費のかなりな部分をまかなうことの出来る額であったと言えよう。それだけに、日本イエズス会関係者は、これの完全給付を熱心に要求した。先に引用してきた、支給状態の悪さをくり返し強調しているヴァリニャーノ等の書翰は、そのまま、喜捨の完全支給と延滞分の給付を要望する訴えに外ならなかった。

イエズス会側は、このように延滞分の給付を求める一方で、全く別の収入源で以って教皇の年金の不足を埋めることも図った。即ち、イエズス会本部から教皇に宛て、次のような文書が送られた。日付はないが、一五九〇年代のものであろう。

「イエズス会総会長は、聖下に対し、教皇庁会計院の負担を軽減するために、教皇大使からカトリック国王に次のような提案をするよう申し上げる。即ち、上述の教皇庁会計院の収入のかなりな部分が、シクストゥス五世によって譲渡されたものであることを聖下は知り、六〇〇〇スクードの二つの年金——即ち一つは故グレゴリウス十三世が、今一つはシクストゥス五世が、日本のコレジオとセミナリオのために、上述の教皇庁会計院の収入から給付する旨定めた、夫〻四〇〇〇と二〇〇〇の年金であるが——の負担を軽減することを望んでおられようが、しかし、他の方法では異教徒改宗の事業を前進させることも、また既にキリスト教徒になった信徒を守ることすらも不可能である。このため聖下から国王に対し、ポルトガルとスペインの最も資力あるいくつかの司教職から別の同額の年金を給付する措置をとらせていただきたい。国王が希望するところを成就しうるためである。また司教職に永久の年金の給付を義務づけるのは困難だと国王が考えるのなら、二倍の額、即ち、年に一万二〇〇〇スクードが確保されるのであれば、少なくとも一五年間で以て満足する旨、彼に提案するように。その内六〇〇〇は毎年収入源に投資し、残りの六〇〇〇は、カトリック国王に限らずあらゆるキリスト教徒諸侯により速かに創設されるに価する事業の維持のために役立たせるものとする。(129)」

日本教会にとって教皇の喜捨六〇〇〇スクードは不可欠のものであるが、教皇庁の負担を軽減させるために、これをポルトガル、スペイン国内のいくつかの司教職に肩代りさせるべく、その旨教皇大使を介して教皇から国王に要請してもらいたい、というものである。これは、既に国王に対する援助要請のところで述べた、空位司教の教会禄を求める訴えが、日本イエズス会関係者から国王に対して行われたのと、類似の性格の経済援助だと言える。しかし、右の文書に記されているような、ポルトガル、スペインのいくつかの司教職が教皇庁に代って日本に六〇〇〇スクードの年金を永久に、又は一万二〇〇〇スクードの年金を一五年間給付する、というようなことが行われた事実はない。教皇から国王にこの要望が行われたかどうかも不明である。

また、このような動きとは別に、教皇の喜捨の延滞分を補うために、一五九〇年前後に総会長はポルトガルで借金をしたり、エヴォラ大司教から喜捨をうけるなどの尽力をしている。(130)

ところで、このように年金の給付が不確かであった裏には、一体どのような事情があったのであろうか。この点について、次に二通の史料を挙げたい。一つは、一六〇四年四月九日付マカオ発、ヴァリニャーノの総会長補佐宛て書翰である。

「パードレ・バルタザール・バレイラは、一六〇〇年に私に次のように書送ってきた。即ち、これらの延滞と損失は、凡て、大勅書がマドリードの文書保管所の櫃の中に忘れられてしまって、徴収吏に示されることなく、その大勅書に基づいて年金の徴収が行われていないところから生じたものである。また教皇やローマにおける教皇の役人達が表に立つこともなく、常にこの支払いや徴収が、教皇の出納係からこの徴収吏に宛て書送られる書翰に基づいて行われていることが原因である。そして徴収吏が替ると、すぐに給付が停止されてしまう。これを補うために別の書翰を求める必要があった。教皇の出納係は、この喜捨はこれらの書翰によって教皇から許可されて行われる喜捨であって、枢機卿会議により決定された正式の大勅書に基づく、永久的な、理由なしに廃止することの出来ないレンダではない、と信じている。それ故、パードレ・バレイラは、私に次のように書送って来た。もしもこの年金が大勅書によって徴収され、そしてその大勅書が徴収吏に示されるなら、毎年何ら抵抗なしに給付されるであろう、と。というのは、大勅書は凡ての徴収吏に対してその支給を命ずるが、書翰はただその書翰の宛名の徴収吏にこれを命ずるにすぎないからである。もしもこのような誤りと不注意がヨーロッパのどこかのコレジオに対して行われたらどうか、尊師はお判りになろう。これにより、われわれは、この間われわれに支払われるべきかね五万クルザド以上を失った。そして年金は減少してしまい、当初は金六〇〇〇ドゥカド・デ・カマラであったものが、その後、何年も徴収されない年がつづいた後、今は四〇〇〇ポルトガル・クルザドの給付が命ぜられているにすぎない。枢機卿会議の大勅書によって決定されたこれらの永久的な年金は、極めて正当な理由なしには廃止出来ない。もしも教皇の出納係やその他の役人達に大勅書を提示し、そして特に教皇自身に日本の窮状を報ずれば、必ず彼等はわれわれに対して正当な裁きをしてくれるであろう。しかし、大勅書が忘れられてしまっており、この年金が喜捨として要請され、出納係の書翰に基づいて喜捨として徴収されて来たので、われわれはこのような大きな損失を蒙った。しかし、そのためにわれわれがその簡単にわれわれの正義が失われることのないようにしてもらいたい旨、要望する。[131]」

今一点は、一六〇五年一月二十日付マカオ発、ヴァリニャーノの総会長補佐宛て書翰である。

「ヨーロッパのコレジオが蒙っている窮乏は、別の方法で救済することが出来よう。しかし、凡て異教徒に囲まれ、人の助力に頼ることが全然出来ず、しかも僅かな経費で救いうる当地では、主は彼等〔教皇と国王――引用者〕に対して、その要望に耳を傾けさせるであろう。そして努力と忍耐を以てそれを提案し、懇望する者がいるなら、それに応じたいという気持を彼等に抱かせるであろう。教皇が容易に日本に年金を与えたのを、われわれは知っている。そしてこの年金の大勅書を櫃の中にしまいこんで見せず、その大勅書に基づいてこの年金を徴収することをせず、それを徴収するために毎年ローマからの書翰を求める、というような不注意がなければ、多年この年金は必ず徴収されたであろう。そして減額して現在のような難儀にわれわれが陥ることもなかったであろう。しかし、教皇達が枢機卿会議の決定により、われわれにこの六〇〇〇ドゥカド・デ・カマラの年金――正当な理由なしに廃止出来ない贈与であったが――を永久に与えた大勅書が忘れられてしまったので、そしてこの年金を毎年任意の喜捨として給付する旨の書翰が添えられていたので、そのために現在のような事態になってしまった。これはパードレ・バルタザール・バレイラが職を他人に譲る[132]際に、マドリードのプロクラドール事務所の櫃の中でこの大勅書を発見して驚いた、と私に書送ってきた通りである。この大勅書については、その時まで彼は全く知らなかった。それ故、彼は私に、これらの大勅書

に行なっていることが自分の責任に帰せられないようにという懸念に基づいて、現在のように
われわれが徴収に難儀をすることもなかったであろう、と書送って来た。パードレ・ヒル・デ・ラ・マタがローマに
行った時、彼は教皇クレメンスから、シクストゥス五世が与えた六〇〇〇ドゥカド・デ・カマラを完全に支払っても
らうことに成功した。そして彼はそれを徴収した。それ故、もしも主が彼をローマに行かせて下さるなら、再びそれ
を徴収出来るものと思う。またもしもわれわれが、今上述の大勅書及びそれに基づいてわれわれが有する正当性を役
立てるなら、パードレ・フランシスコ・ロドリーゲスもそれを徴収出来ると思う。というのは、国王と教皇庁の資産
に対しても要求が行われ、その正当性を認めさせることが出来るからであって、われわれが、先任の教皇達の枢機卿
会議に基づく大勅書によって、永久の贈与として所有しているものを、教皇が理由なしにわれわれから奪うことを望
む筈がないからである。そのようなことが行われては、日本イエズス会もキリスト教界も失われてしまう。私は、ロ
ーマ教皇庁について私の持つ経験により、この件の裁断において、われわれに有利な裁決が行われることを疑わない。
というのは、ヨーロッパのイエズス会が左程好意的でなくても、日本のイエズス会とキリスト教界に対する重大な不
正を行なって、この新しい教会に対し大きな損害を加えるのは欲しないであろう。[133]」

右に引用した二点のヴァリニャーノの書翰は、グレゴリウス十三世とシクストゥス五世によって給付されることに
なった年金が、夫々大勅書によって規定されたものであるにも拘らず、その肝心の大勅書が忘れられ、毎年教皇庁の
出納係からマドリードの徴収吏に送られる書翰に基づいて、喜捨として給付されてきた。これでは、この書翰の宛名
の徴収吏に対して有効なだけで、これが代ると直ちに給付が停止されてしまう。大勅書により永久的に与えられた年
金だということが出納係にも判っていなかった、といった事情を明らかにしている。そしてヴァリニャーノは総会長
補佐に対し、右のような誤った措置を是正させ、日本イエズス会が毎年六〇〇〇ドゥカドの年金を受ける正当な根拠

があることを確認させるよう、教皇庁に働きかけることを要望している。尤もこの日本への年金給付の延滞を招いた原因を、単に手続き上の不注意な過失にあったとのみみることは妥当ではなく、結局これは、教皇庁の日本布教に対する熱意の乏しさを示すものと言わねばならないであろう。前引一五八九年七月二十三日付マカオ発、ヴァリニャーノの総会長宛て書翰に、年金の給付が完全に行われない理由として、マドリードの徴収吏がポルトガル駐在プロクラドールに対し、この年金を支払ってはならないとの教皇の命令を受けているからだと語った旨が記述されていた。[134] シクストゥス五世が日本への年金支給に熱心でなかった理由として、一五九二年十一月六日付マカオ発、ヴァリニャーノの総会長宛て書翰に、「一五九〇年一月二十二日付の書翰で、猊下は私に、故シクストゥス五世は他の経費に負担がかかり、日本の通常の年金を支払うことが出来なかった、云々と書送ってきた。[135]」と記されている。詳しい事情は明らかでないが、日本布教への経済援助の問題で、シクストゥス五世がかなり冷淡であったことは察知出来る。支給延滞の理由は、ヴァリニャーノが前引一六〇四年四月九日付と一六〇五年一月二十日付の二通の書翰で述べているような、単に事務的な手違いのみによるものとは考えにくく、この問題に対する教皇の取組方に根本的な原因があったと言うべきであろう。シクストゥス五世も、天正少年使節を迎え、即位初年だけ六〇〇〇ドゥカドを給付したが、永くこれをつづけて行くだけの熱意を日本布教に対して抱いていたか、極めて疑わしい。

前述の通り、教皇から給付された年金はあくまで喜捨であって、国王が支給した年金とは異なった意味を持っていた。内外の各方面から喜捨をうけた日本イエズス会であるが、中でもこの教皇からの喜捨が、その金額——名目上の——の点で断然他の諸〻の喜捨を上廻っていたことは確かである。もしも六〇〇〇ドゥカドの年金が毎年確実に日本に届いていたら、日本教会の経済基盤のあり方は、かなり違ったものとなっていたと思う。喜捨を求めることに積極的な姿勢を見せた日本イエズス会も、教皇に対しては殊の外熱心な働きかけを行なって、年金の完全給付、延滞分の支払い、その増額等を要望している。これも、それが金額の面で重要であったからに外ならない。しかしながら、結局はこの金額も名目にすぎず、実際に教皇の喜捨が日本教会の財源として、全収入の中で占めた割合は、その名目上の金額にくらべ、はるかに小さいものであったと言える。

尚、マドリードの王立史学士院図書館に、グレゴリウス十三世が日本イエズス会への給付をきめた四〇〇〇エスクードの年金を実施すべく、マドリード駐在教皇大使が四〇〇〇エスクードを一括して、又はそれを分割して、マドリード駐在イエズス会プロクラドールに支払うように命じた、略〻同じ様式の支払い命令書が、一六〇三年から一六四一年にわたって多数保存されている。(136) これらの支払い命令書がその通り実行されたかどうか速断は出来ないが、マドリードでの支払いに関する限り、十七世紀初以降は、それ以前にくらべて改善されたと言ってよいのではないであろうか。一六一八年九月二十七日付日本発、フランシスコ・ヴィエイラの総会長補佐宛て書翰にも、「われわれは、教皇の喜捨の支払いが改善されたのを知った。即ち、パードレ・ジョルジェ・デ・ゴベイアは、今年私に対し、当管区はリスボンに五万数千レイス（四〇〇レイス＝一クルザド――引用者）の負債しか負っていない、ということを書送ってきた。(137)」と見え、さらに一六二〇年九月に作成された日本管区のカタログには、「日本は、教皇が給付する定期的な喜捨の四〇〇〇ドゥカドを有する。これは支払いが少なかったり多かったりする。ポルトガルのプロクラドールがマドリードから書送ってきたところによると、現教皇パウルス五世の支払い延滞額だけで六〇〇〇クルザド又はそれ以上に上っている、ということである。(138)」と記述されている。パウルス五世が即位したのは一六〇五年であるが、その後一五年間の給付延滞額が六〇〇〇クルザド程であった、ということは、前引の一六〇二年及び一六〇四年の史料に、それまでの延滞額として五万クルザドもの金額が記されていたのにくらべ、著しく改善されたと言えよう。尤も、マドリードで支給されたかねが日本に安着したか否かは別問題であって、その後もこの教皇の喜捨は、日本イエズス会の収入源として決して大きな比重を占めたとは言えない。

Ⅲ　土地収入の増加を図る意見

この時代におけるカトリック海外布教の経済基盤のあり方は、通常の場合、安定した収入がえられるという意味で、矢張り土地収入に主として依存するのが最も望ましいすがたであったと言える。日本キリシタン教会においても、土地収入を財源の一部としていたし、さらにその増大を図るべきだという意見が少なくなかった。但し、日本イエズス会は、元来ポルトガル領インドを中心とした管区から派生して布教区をなし、これが後に準管区に昇格し、そして一六〇八年に管区に昇格してインドから独立し、マカオが日本に従属することになる。このように、日本イエズス会はインド及びマカオと深いつながりを持っている。従って、土地収入を図る点でも、インド、マカオ、及び日本国内で不動産を取得することが問題になるが、この内インドとマカオはポルトガル植民地であるのに対し、日本は勿論そうでなく、このような点も夫々の地で収入を図る場合に大きな影響を及ぼすことになる。

(1)　インドにおける土地収入

日本イエズス会は、ローマの本部・インド管区長・日本布教長カブラル、更には巡察師ヴァリニャーノの意向によって、一五七〇年代初からインドに資産を取得することを始めた。いかなる資産をいつどのような経緯で取得したか等の問題については、既に別稿で取上げたところなので[139]、反復を避け、いささか別の角度から、このインドにおける土地収入の問題にふれてみたい。

一五七〇年代を通してインドで三カ所に資産を取得した後、ヴァリニャーノは一五七九年十二月五日付ロノ津発、総会長宛て書翰の中で次のように記述している。

「この経済的危機は、現在のところ救うことが出来ない。というのは、当地で費される経費は非常に多額なのに対し、ナウ船の生糸から上る利益の外には収入がなく、このかねで以て当地やシナで資産を買入れることは出来ないからである。というのは、買入れることが出来るような安定した資産がないからである。況やインドで買うことは出来ない。何故なら、インドにも、バサインのいくつかの村の外には、国王の支配下で安定した収入源はないからである。このバサインの村は、そこにいる多数のポルトガル人にとっては僅かなものにすぎず、その地にわれわれが所有している僅かな資産を買うことで多大の不満と反感を招いた。そしてわれわれが同地を全部占有したのを大勢の人が非常に嘆いた。同地は僅かであり、そこにいるポルトガル人は大勢で、彼等は自分の妻や家を維持する資産を外に持っていない。一方われわれは、ゴア、バサイン、コチン、日本の村々に多くの資産を所有しているので、彼等はこれが原因で不満を抱いている。その上、仮令そこに買入れるべき資産があり、また反感を買うことなしに行うことが出来ても、そこでは、現在日本が所有しているものも含めて二〇〇〇スクードの収入になる資産しか買えないであろう。[140]」

日本布教の資金を主として日本国内でまかなうのは、本来望ましいすがたであろうが、ヴァリニャーノは日本やシナで資産を得ること――これは恐らく土地を取得してそこから収入を得ることを言っているものであろうが――は、国情から不可能だという判断をしている。この点については、後で触れるように、一五八〇年から一五八一年にかけて日本で開かれた第一回全体協議会において取上げられ、論議が行われる。日本での土地所有が不可能となれば、ポルトガル領インドに所有する日本イエズス会の土地をふやして行くことが当然考慮の対象となるわけである。これは、貿易収入に代るものとして、インド管区関係者がむしろ推進してきたところであったが、この点ヴァリニャーノは、日本イエズス会が余りに多くの土地をインドに取得すると、現地のポルトガル人の反感を買い、一定限度以上は不可能である、と述べている。その上限として、彼は二〇〇〇スクードの額を示している。この当時、日本はインドの土地から大凡一〇〇〇スクードの収入をえていた[141]ので、今後取得しうるのは、一〇〇〇スクードの収入をもたらす資産が限度だということになる。ヴァリニャーノがこのように上限を示したのは、現地のポルトガル人の反感を懸念した外、ポルトガル国王の意向を考慮してのことであったと思う。この点ポルトガル国王は一五七一年に、在日イエズス会士が六〇万レイス以内の収入になる不動産をインドで買入れるのを許可しており[142]、この限度を越えることには当然問題があったわけである。六〇万レイスは一五〇〇クルザドに相当する。従って、ヴァリニャーノが前引の書翰で示した二〇〇〇スクードの額は、既にこれを上廻ることになる。国王の許可した六〇万レイス以内という枠は左程厳密なものではなかったとも言えようが、しかしこれを余り大きく上廻ることに問題があったのは当然で、ヴァリニャーノもこの点を考慮したものであろう。即ち、彼は、国王の許可した限度を大きく逸脱して土地を取得し、このため一層現地関係者の非難を呼ぶことを懸念したものであろう。それを裏付けるものとして、一五八四年十二月十二日付コチン発、ヴァリニャーノの総会長宛て書翰を引用したい。

「今度少年達が行き、日本の諸事情についての情報がもたらされたことにより、われわれが国王に期待する別の恩恵以外にも、国王が、日本で資産を買う必要があるがそれには危険があるということを知って、バサインとゴアのサルセッテの地において二〇〇〇ドゥカドまでのレンタを買入れる許可をも、われわれに与えてくれるなら、それは非常によいことであろう。プロクラドールは、その可能性があるかどうか、マドリードで探りを入れてみるとよい[143]。」

一五八四年には、日本イエズス会はインドの資産をさらに買増しており、既に国王の許可した六〇万レイスの限度近くまで土地収入を取得していたと言える。これをヴァリニャーノは、天正少年使節の派遣を機会に日本の実情を国王に訴えて、日本で土地を入手することの出来ない旨を了解してもらい、そしてインドにおいて二〇〇〇ドゥカドまでの土地収入を取得する許可を与えてもらうよう働きかけるべきだとしている。即ち、国王の許可の枠をさらに広げてもらって、インドでの土地収入の増加を図ろうとしたわけである。天正少年使節派遣の思惑の一つがこのようなところにあったことを知ることが出来る。

このようにヴァリニャーノは、日本国内で土地を取得することには反対し、インドにおいてそれを増大させることを望んだが、その点基本的に総会長の考えと同じであったと言える。即ち、総会長は、第一回日本イエズス会全体協議会の答申に対する巡察師ヴァリニャーノの裁決で、日本国内で領地を買入れることを非とする決定を下したのをよしとしながらも、「しかし、確実なところにおいて、それで以て維持出来るようないくらかの領地《リオチス》を買入れるのが良い。」(144)ということをヴァリニャーノに書送っている。確実なところ、とは国内についてのみでなく、インドも含んだ表現であろう。このように、インドで土地収入を増加させることについては、総会長とヴァリニャーノの考えが一致していたものと思われるにも拘らず、その後、この思惑通り事が運んでいない。即ち、日本イエズス会がインドで土地を取得出来る枠の拡大が国王から認められた事実はないようであるし、(145)インドにおける所有地をその後買増した事実もない。しかしその後インドにおいて土地の買増しが行われなかった理由が、国王の許可が下りなかったことだけであったとは考えられない。即ち、そこには、ヴァリニャーノ等日本イエズス会首脳の間で、日本教会が経済的にインドに依存することに対する考え方が、その後変化していった事情があったことを指摘出来ると思う。

即ち、一五八〇年代後半から一五九〇年代に入ると、教会行政に関してインド管区と日本準管区の間で兎角対立が生ずるようになる。争点となった主な事柄を二、三挙げてみると、インド管区の共通の経費を各地のイエズス会機関が分担することになっていたのに対し、日本イエズス会の負担額の査定が両者の間で食違ったこと。このことに関連するが、日本準管区が経済的に富裕であると考えたインド管区関係者は、インドにおける日本の収入やヨーロッパからインド経由で日本に送るべきかね等を、インドで流用してしまって日本に送らないことが少なくなかったこと。人事面では、優秀な人材はインド管区で独占してしまって、日本まで派遣されて来なかったこと、等を指摘することがインド管区関係者は、右のような日本に対する弊害を防ぐ対策として、インド管区関係者が日本準管区のかねの取扱いに関与するのを阻止しなければならない、と考えた。例えば、一五九三年十二月十五日付マカオ発、ヴァリニャーノの総会長宛て書翰に次のように記述されている。

「日本のかねや資産について、これを処理したり命令したりする権限を一切インド管区長から除かねばならないと思う。また彼はインドにおいて、日本のかねをいささかでも入手したり、借用したりしてはならない。況や、日本の資産の一部を日本からインドに送るよう命じてはならない。日本において全資産を危険にさらさないためとか、インドで何らかのレンタを買入れるためとかいった口実の下でもそれは不可である。[146]」

経済面でインド管区長に対し、ヴァリニャーノがいかに不信を抱いていたかが判る。曾ては、日本のためにインドで土地の取得を推進したヴァリニャーノであるが、インド管区の関係者がそのための資金を流用してしまって、土地取得が思い通りにすすまなかったこともあって、[147]彼のインド管区関係者への不信は、一五八〇年代後半頃から急速に強まったようである。右の書翰の中で、彼は、日本のかねに同管区長が関与するのを一切排除して、仮令インドでレンタ――この場合土地収入のことと考えてよいが――を購入するためであっても、日本からインドにかねを送ってはならない、と主張しているのであるから、このような考えのヴァリニャーノがその後インドにおける土地収入の増加を図る筈がない。右に述べたような行政面でのインド管区と日本準管区の間の対立は、その後一六〇八年に日本が管区に昇格してインドから独立する素地となるが、このように一五八〇年代後半から日本とインドの関係が離反に向っていった以上、日本がインドにさらに土地を取得して、経済面でこれと結びつきを深めてゆくことはありえなかった、と言わねばならない。

(2)　日本国内での土地収入

日本国内に土地を取得することの是非については、当然日本イエズス会内部で大きな論議が行われた。日本がインドと違ってポルトガル植民地ではなく、宣教師が異教社会の中に置かれていたところから、そこで土地収入を図ることは、インドにおける場合とはまた異なった問題が伴った。この件が日本で最初に大きく取上げられたのは、一五八〇年から一五八一年にかけて開かれた第一回全体協議会においてであった。即ち、そこでの十三番目の諮問事項が「日本〔布教〕を物質的に維持するために求めるべき対策について」であったが、その中の第四点で、日本において土地取得をすすめることの是非について論議が行われている。次の通りである。

「第四は、少なくとも、日本でパンとして食する米を一定量当地で確保するため、領地《リオチス》と呼ばれる耕地をいくらか買入れるのに資産の一部を費すのがよいかどうか、という点であった。この点について両論が出された。第一の見解は、もしも可能なら、レジデンシアやカーザが夫〻パン——否むしろ米と言った方がよいが——を産するのに充分なだけの領地を所有するよう、これらの領地のいくらかを買入れるのを是とするものであって、その理由は次の通りである。第一の理由は、もしもカーザとレジデンシアがこのような米のレンタを常時所有するなら、その他の面ではるかに少ない経費で維持することが出来るであろう。また、これによって経費を抑えることが出来る、ということ以外に、毎年これ程多額な資産を危険にさらして運用するということもなくなるであろう。第二の理由は、日本のイエズス会とキリスト教界の全体が、僅かな資産を積んだナウ船が失われると、もうその後は救いようのない状態に陥るような、大きな危険にさらされて、綱渡りをしているのは、非常に恐ろしく、危険で堪えがたいことだと思われるからである。従って、レジデンシアとカーザが固有の領地を所有するのがよいと思われる。なぜなら、仮令資産を失っても、尚、支援を受けるまで何らかの救済手段を持ちうるからである。第三の理由は、日本の国情と生活事情は、われわれ会員のカーザが何らかの領地なしでは自活しえないものである。さもないと、難儀と多大の不都合が生じ、そして多額の経費がかさむ。それは、日本の慣例により、各領地《リオチ》は領主に人夫《ニムポス》と百姓《フイヤクショス》の夫役を提供することになっているし、また、これらの領地から食糧その他カーザ内で用いる必需品の大部分を得ることが出来るからで、もしもそれらを、現在行なっているように凡て銀で買っていたら、それは夥しい出費になる。

第二の見解は、カーザやレジデンシアが夫々領地を所有することは、非常に利点が多く望ましいことではあっても、次に挙げるような理由から、決してそれを買入れてはならない、というものであった。第一の理由は、通常日本人は、われわれが各地で費す経費から、われわれのことを非常に裕福な人間だと考えており、この上尚われわれが領地を買うのを彼等が見たら、われわれのことを一層金持だと思い込み、そのため、もうわれわれが彼等から何らかの物質的援助を得る道が全く鎖されてしまうことになると思われるからである。イエズス会やキリスト教界は日々進展しているので、領主や原住民キリスト教徒の援助なしに自分達を常に維持してゆくことは不可能である。そして彼等の援助は時と共に期待しうる。それは仏僧に対して行われた通りで、彼等は今まで日本のあらゆる地域で非常に多大なレンタと豊かな領地を所有している。第二の理由は、現在日本〔イエズス会〕は、領地購入に支出することが出来る程の資産を持っていない。そして資産が減少してしまっては、貿易の資金に事欠くことになってしまい、そうなっては、現在これ程多額な経費を維持している貿易の儲けがなくなってしまうからである。第三の理由は、日本は全域非常に不安定で動揺が激しく、毎日反乱や戦争が絶えず、領主が新しくかわる。そしてその領主が先ず最初に行うことは、自分自身のため、及び自分の従者や将のために、領地を占領することである。従って、領地を買入れると、われわれは現在ナウ船について蒙っているのと同じ危険に一層さらされることになり、領地を失って、それとともに資産をも失う破目になるかも知れない。第四の理由は、これらの領地から日本人がえているような利益を得るには、永い期間を要するし、またそれを委ねた人によって充分監視がなされる必要がある。さもないと、百姓は盗んだり全部食べてしまったりするからである。このため、各領地《リオチ》にイルマンを一人ずつ配置することが必要になるが、これをイエズス会が日本で実行することは不可能である。[148]」

以上のように、協議会記録には、領地購入に対する賛否両論を掲げている。この内賛成論者はガスパル・コエリョ、メルショール・デ・フィゲイレード、アントニオ・ロペス、ルイス・デ・アルメイダ、アルフォンソ・ゴンサレス、ゴンサロ・レベロ、アントニーノ、ジョバンニ・バッティスタの八人のパードレであり、反対論者はその他の一八人のパードレであった旨が右の記録の欄外に註記されている。因にこの協議会に参加してヴァリニャーノの諮問を受けたのは、布教長カブラル以下、全部で二六人であった。[149] 尚右に引用したのは豊後・安土・長崎の三カ所で開かれた全体協議会の総括的な記録であるが、これとは別に一五八〇年十月に豊後で開かれた協議会の部会のみについての記録も残存しており、ここにも領地購入の是非について右と同じ趣旨のことが記述されている。[150] 領地購入に対する賛否両論を検討してみると、賛成論は、各カーザ・レジデンシアが田地を有し、常時米を確保することが出来れば、その分だけ経費が減少する許りか、海外で取得するかねの日本への送金といい、全面的に貿易船に依存している不安定な現状を改善することが出来る、という点につきる。貿易収入といい、海外で取得するかねの日本への送金といい、従来は殆ど全面的にポルトガル船に依存してきたが、遭難の危険にさらされるナウ船に依存することの不安定な点を改善したいという希望から、国内において土地を取得しようという意見が出されたのは当然のことであろう。

一方反対論は、国内で土地収入を得るのは、ナウ船に依存する不安定な経済基盤を安定させることにはならないどころか、それに伴う弊害も大きい、というものであった。反対の理由の第一に、イエズス会が日本で土地を買入れると、既にこれまでにもイエズス会士は裕福だとの評判をとっているのを一層煽ることになり、日本人から経済援助を得る道を鎖すことになる、という点が指摘されている。イエズス会はわが国で領主層に対して経済援助をしたり、進物を贈ったり、貿易の仲介をしたりして便宜を図りつつこれに接近し、彼等をまず信仰に引入れて、上から下へ布教を及ぼしてゆく政策をとった。このような布教方針は、日本の国情に即応した面も確かにあるが、その反面日本人の間に、物質的利益を求める動機から教会に接近する者が少なからずいたことも事実で、このような風潮を生んだことは、イエズス会が日本でとった進路の重大な弊害と言うべきであろう。そこで、この上イエズス会が領地を買入れたりすると、日本人がイエズス会の経済力を一層過大評価し、これがために日本人による教会への喜捨がさらに少なくなるものと懸念したわけである。キリシタン教会の収入の中で、日本人からの喜捨は決して大きな比重を占めるものではなかった。キリシタン教会が日本人の喜捨に依存する面が終始非常に少なかったことは、結局教会が日本に定着しえずに終ったことを示すものと言えようが、しかし右の協議会において、日本人の喜捨に依存しつつ教勢を発展させてゆくことを志し、それに対して支障になることを避けようという意見が多数を占めたことは注目すべきで、この当時においては、在日イエズス会士の間で、将来の展望として、日本人からの施しを主な財源とする教会経済のあり方に持って行こうという考え方が少なくなかったことを明らかにしている。

ところで、教会が余りに富裕であるかのような印象を与えることは確かに弊害が大きいと言うべきではあるが、教会が日本人の喜捨に経済基盤をおくことと、教会が日本に土地を取得すること自体とは、本来矛盾するものではなかった筈である。この点は、右の協議会答申に対する巡察師ヴァリニャーノの裁決——後で引用する——を読むとさらにはっきりする。領地購入に反対する今一つの有力な論拠は、国内の政情から、土地を所有することは決して安定した財源確保にはならない、という点である。土地を領有する場合、安定したキリシタン大名領内又は教会に好意的な大名領内であることが条件であったと言える。この点は領地購入賛成論も同じであった。しかしその当時にあって、キリシタン大名領内といえども教会にとって決して安全な場所ではないということは、九州に本拠をおくキリシタン教会が屢〻体験してきたところであった。賛成論は、安定した収入を確保するために土地を得るべきだと主張しており、この同じ論点で双方が逆の認識を持ったようであるが、これも貿易船に依存することと比較しての話であり、根本的に意見が対立したとは言えない。反対論は領地購入に対しては積極的に反対するものではあっても、領地保有に対しては余り積極的な反対意見にはなっていない、と言わねばならない。これは、日本人の喜捨も含めて、広く日本国内に経済基盤をおいた教会のあり方を志す以上、当然肯定的に取上げねばならないことであった。

キリシタン教会が経済的に国内での収入に依存する度合を高めてゆくことは、日本教会が経済的に独立の方向に向うことを意味する。但し、この場合の独立は、あくまで経済的・行政的独立のことであって、精神的独立に発展するものではなかった、ということに留意しなければならない。先に、インドにおける土地収入に関して、日本イエズス会が行政的にインドから離反する方向に向い、このために日本イエズス会関係者の間で、インドにおける土地収入の増加を図る意欲が途中から減退したことを指摘したが、日本教会が経済的・行政的に独立を志すことは、これと同一基調に立つものと言える。このような動向を過大視して、精神的に日本教会の独立を目指したという評価を下すのは妥当でない。海外版図の拡大を図るイベリア両国の国家事業の一翼を担う当時のカトリック布教のあり方は、日本においても例外ではありえなかった。キリシタン宣教師は、本国の国益尊重ということを超越した、日本人のための純粋な精神的教師になりきっていない。宣教師が日本のキリスト教国化を目指したのも、イベリア両国の版図に入るキリスト教世界の維持・拡大が主な狙いであったと言ってよい。彼等は、日本のキリスト教国化という目的にとって有効だという判断を下しさえすれば、本国の軍隊を導入して武力制圧することにも抵抗を感じなかったのである。

領地購入に関して先のような賛否両論を併記した答申をえたヴァリニャーノは、その裁決(一五八二年一月六日付)の中で次のように記している。

に思われる。しかしながら、安定しているように思われるどこかキリスト教徒の土地において、イエズス会が領主にいくらかのかねを貸さざるをえないとか、領主が負債を返済するために領地を提供する、といったような、領主とイエズス会との間に何らかの債務関係が存在するような場合には、購入することが出来ると思われる。しかしこれは、稀にどうしても避けられないと思われる場合以外行なってはならない。また、日本の諸事情は非常に不安定で、屢〻神への奉仕のため又はキリスト教界のために、われわれが贈与を受けたもの許りか、買入れたものまでも、売戻すか又は放棄するのが適切な場合が生ずるので、心配を取除くため、教皇と総会長が日本を統轄する者に、このような譲渡・交換、及び贈与について、他の管区長達以上の権能を与える必要があると思う。何故なら、仮令「明らかに有益な場合」でなくても、それを行う必要が時折生ずるからである。というのは、そうせざるをえないからで、さもないと教会が損害を蒙る危険に陥るからである。(151)」

ここでヴァリニャーノは、答申の賛否両論の内反対論を採用してはいるが、わが国で土地を保有することにあくまで反対しているわけでは決してなく、土地を保有――購入によるものも含めて――する場合がありうるという留保を付している点に着目しなければならない。原則は反対であるが、現実に問題を処理する段階では、柔軟に諸事情に対応してゆくことが出来る余地を残しておこうというものである。即ち、彼は右の裁決の中で、領地購入に反対する見解を支持するという原則以外に、次のようなことを主張している。一、安定したキリスト教徒の土地において、教会が領主に貸したかねの返済のために、土地の寄進をうけることがありうる。二、日本の諸事情は変動が激しいので、土地の授受全般について裁量する権限を日本イエズス会の長に与える必要がある。――この点、裁決文には一見保有している土地を手離す場合の決定権のことのみを問題にしているかのように読めるが、これはヴァリニャーノの巧妙な表現であって、その真意は、あくまで土地の授受について決定する権限を日本の長に与えるべきだというものであろう。右の二点は、日本において、いろいろな事情から有利に土地を入手出来るような場合があれば、独自の判断でこれをすすめられるようにしたい、という狙いから記されたものであることは言うまでもない。そして、ここでヴァリニャーノが、土地を入手するに至る経緯として、イエズス会が領主に貸したかねの返済のために、領主から土地の譲渡をうけることがある、ということを特に述べて、それを認めるべきことを主張したのは、この裁決文を記述する直前に教会領となった長崎の問題が念頭にあってのことと思う。即ち、長崎が教会領になったようなケースがありうることを考えて、特に付記したものと言えよう。

教会領長崎については、天正八年四月二十七日(一五八〇年六月九日)付、大村純忠・喜前父子の寄進状が残存しており、この時点で大村氏からイエズス会に譲渡されたことは確かであるが、譲与されるに至った経緯については、いまだ確定的なところは判っていない。その理由は、この点について日本側の史料と、当事者であるヨーロッパ人イエズス会士の記録に記述されていることが大きく異なり、日欧いずれの史料をとるかによって、まるで異なった結論が出されるからである。次に、夫々代表的な史料を挙げてみると、まずイエズス会側の記録として、大村氏との折衝に直接関係したヴァリニャーノの、一五八〇年八月十五日付長崎発、総会長宛て書翰には次のように記されている。

「私が当地に来て、大村の領主ドン・バルトロメに会った時から、彼は私に対して、教会のために当港を受納することを切に要望した。彼は三つの主な理由からそれを与え、そしてわれわれがそれを受取ることを望んだ。第一の理由は、彼は竜造寺(異教徒で、現在肥前国全体の領主である)がこの港を要求してくることを非常に恐れていたからである。というのは、これを非常に欲しているからである。そしてこれを与えてしまっては、彼が維持費としている貿易船による利益を失ってしまうし、一方これを拒絶すれば直ちにこれと戦いになるが、彼はこれを何よりも恐れた。

この窮地を脱するために、これを教会に与えるのが良策だと彼は考えた。というのは、彼は税金を確保することが出来るであろうし、教会の所有になれば、竜造寺はもはやそれを要求しないであろう。

第二の理由は、このようにすれば、上述の貿易船による利益を永久に確保しうる、と彼が考えたからである。というのは、同港がパードレ達の所有になれば、ポルトガル人は決してここへの渡来をやめないであろうから。第三の理由は、同時にこのようにすれば、自分の一身とその領土とを確保することが出来る、と彼が考えたからである。というのは、教会の所有になれば、何が起っても、そこに逃れ身の安全を守ることが確実に出来るからであり、またこのようにすれば自分の領土を失うことは決してないからである。

この下《シモ》の地にいる者ばかりでなく、京都《ミヤコ》と豊後にいる者も含め、われわれはこの問題を長い間、何度も協議した。一、二名を除いて全員が、次のような理由からそれを受入れるのが適当なだけでなく、そうしなければならない、という考えであった。[152]〔下略〕」

このようにヴァリニャーノは、長崎は、大村氏が竜造寺氏からの圧迫を避けてポルトガル貿易の利益と身の安全を確保したいという思惑から、イエズス会に譲与したい旨強く希望してきたのを、協議の末受入れたものである、という点を強調している。

右のヴァリニャーノの書翰に代表されるようなイエズス会側の記録に対し、日本側の史料の一つ『長崎実録大成』第七巻には次のように記述されている。

「又説ニ蛮人共邪教ヲ説テ長崎ヲ切支丹寺領ト成セシ事、甚左衛門竜造寺家ト大村家ト合戦有シ時助力セントテ、元亀元年軍器ヲ拵フヘキ為、長崎ノ地ヲ蛮人方質物ニ出シ銀ヲ借用シタル故、甚左衛門退去以後大村家有馬家ト相談シテ、借銀ノ代リニ長崎ノ地ヲ南蛮寺領ニ渡セリト云々。[153]」

大村氏と竜造寺氏の戦いに当り、大村氏の配下長崎甚左衛門が教会から借銀をして武器を用意したが、結局この負債の返済として、長崎の地が教会の手に渡ったことが記されている。外にも『長崎縁起略記』『大村家秘録』等には、いずれも教会から借銀をして、その返済のために長崎が教会領になった、という趣旨のことが記述されている。このように日欧の史料の記載が全く異なっているのに対して、従来この問題を取上げた先学の見解をみてみると、日欧交渉史・キリシタン史を専門とする主な研究者は、殆どすべて教会史料に記されているところに信憑性を認め、日本側の記録は、後世になって語り伝えられていたところを基に、揣摩臆測して作り上げた伝説にすぎず、そこには全く史実の反映はないとして、これを斥けてしまっている。[154] 確かに、長崎譲渡の問題について大村氏との折衝に当った当のヴァリニャーノが、その直後に記述した書翰と、後世になって編纂された地誌類とでは、一般的な意味で史料的価値を比較した場合、前者の方が信憑性が高いと言わなければならない。そして大部分の研究者が教会史料の方に信頼をよせるのも、この一般的な意味で史料的価値の高さを判断する際の条件を、ヴァリニャーノの記録の方が日本側の地誌よりもより多く充している、と認めた結果か、又は、これとは全く次元を異にするが、カトリック教会の布教・宣伝活動の一環としてキリシタン史研究を行い、事実の解明よりも教会の利害を優先させた結果と言ってよい。ヴァリニャーノの記録の信憑性についてであるが、われわれは、彼が日本イエズス会の利害を慮って、又はその個人的な思惑等によって記述に作為をくわえた事例を数多く知っている。確かにヴァリニャーノの書翰の方が信憑性を高める条件を比較的多く備えているとはいえ、長崎寄進の問題のような重要で微妙な事柄について、彼の記録のみに一方的に信頼をおくことには疑問がある。

日欧の史料は重要な点で内容が全く食違っているが、しかしそこに共通点もある。それは、大村氏が隣接した竜造寺氏の侵攻に悩まされ、その対策に苦慮していた最中にこの長崎問題が生じたという点、即ち、対竜造寺氏対策と長崎問題が緊密な関係があった、という点では双方の記録が一致している。問題は、大村氏側が対竜造寺戦の軍資金調達のために教会から借財をして、それが原因で長崎が教会領になった、という日本側史料の記事内容の真偽についてであるが、これを全く根も葉もない伝説と言うことが果して出来るであろうか。ヴァリニャーノ自身が「日本のスマリオ」の中で、「時折、戦の時に、キリスト教徒の領主に対して莫大な費用をかけて援助をしなければならない。彼等に対しては、丁度大村の領主ドン・バルトロメや有馬の領主に対して屢〻行われてきたように、かねの援助をしなければならない。さもないと、その領主とともに滅亡してしまう危険が生ずるからである。[155]」と記述している通り、教会が大村氏に軍資金の提供をしたことははっきりしている。しかもそれは相当な額に上ったようである。また、ヴァリニャーノは「インドのスマリオ」(一五八〇年八月)や一五八〇年八月十五日付長崎発総会長宛て書翰の中で、大村氏から切なる要望があったので、状況次第でこれを手離したい時には総会長の返事を受取る前でもインドの上長や日本の上長の判断によって放棄することが出来る、という条件で受入れた、[156]と記しているが、それにしては彼は長崎統治に対して熱心であった。彼は、一五八〇年六月に作った日本の上長のための規則の中で、次のような指示を与えている。

「キリスト教界とパードレ達の利益と維持のために、通常ポルトガル船が入港する長崎港を充分堅固にし、弾薬・武器・大砲その他の必要なものを配備することが非常に重要である。同じように、茂木の要塞を整備して確かなものにすることが必要である。というのは、そこは、その地域のキリスト教界の主勢力がある大村と高来の地を結ぶ通り道だからである。このため上長達は、これら両地に充分な備えをするように大いに配慮し、尽力するのがよい。というのは、これら両所はわれわれが引受けている所であって、非常に重要だからである。それ故、初年の今年は、両所を奪取したいと考える敵のいかなる攻撃に対しても強固であるように、そこを堅固に武装するのに必要な経費を凡て費すように。そしてその後は、両所の武装を一層強化し、大砲その他必要な物を一層配備するため、毎年ポルトガル

船が支払う中から一〇〇タエル[157]を費すこと。〔中略〕

さらに、長崎を一層安全且つ強固にするために、その地で自活しうる妻帯したポルトガル人が一層大勢そこに居住するよう尽力すること。そして城壁が出来たら、その中の要塞に彼等をおくのが良いであろう。このようにして、あらゆる叛逆[158]に対してより一層堅固且つ安全にするためである。そして住民と兵士の数をふやして、その町《マチ》[159]を大きくする尽力をするように。また全員に、各自の身分と能力に応じて武器を持たせるように。生じうるあらゆる事態に備えるためである。[160]」

即ち、長崎と、同じく大村氏から譲渡された茂木に対して、ヴァリニャーノは極めて強い関心を持ち、長崎は勿論、キリシタンの中心地大村と高来を結ぶ要地の茂木についても、費用を惜しまず外からの攻撃に備えて武装を強化するようにと上長に指令を与えており、殊に長崎については、ポルトガル住民の人数をふやして要塞内に住まわせ、これを防備の中核とするように指示した。ヴァリニャーノの日本布教に対する展望の中で、長崎がいかに大きな位置を占めていたかが判る。

ここで、領地購入についての全体協議会答申に対するヴァリニャーノの裁決をふり返ってみたい。先に述べたように、そこで彼は、領地購入を不可とした答申の多数意見を採用しはしたが、同時に、安定したキリスト教徒の土地において、教会が領主に貸したかねの返済のために領土が教会に譲渡されることがありうる、という留保事項を付記している。彼がこのようなことを付記したことと、長崎の問題を切離して考えることは出来ないであろう。このように考えてくると、ローマ・イエズス会文書館にスペイン語訳文のみ伝存している、天正八年四月二十七日（一五八〇年六月九日）付、大村純忠・喜前父子の長崎寄進状にも、この問題を解明する上で重要な文言が記述されていることに気付く。即ち、その冒頭に、「大村領主ドン・バルトロメウとその子サンチョは、イエズス会パードレ達に多大な負債があることを考慮して、……〔イエズス会側に長崎を贈与する〕」[161]といった文章がある。この文書は既に数例邦訳が行われているが、そこではいずれも、これが「〔大村方が〕イエズス会に負う所の多いことを考え……」といったように訳され、恰も儀礼的な表現であるかのように見なされてしまって、何らこれに注意が払われていない。私は、これは決して儀礼的な表現ではなく、その真意はあくまで前記のようなものであったと考える。即ち、長崎寄進は、一方的に大村側の思惑からイエズス会に対して受納を求める強い要望が行われた、というものではなく、大村氏が教会に負債を負っている状態の中で寄進が行われたこと、即ち、恐らく借金の返済という意味を含んだものであったろう、ということは、寄進状の記載そのものからも推定出来ると言える。

イエズス会が竜造寺氏と戦う大村氏に多額の資金を融通したことと、その後ヴァリニャーノが長崎の防備と経営に最大の努力を傾けた事実に、前引の協議会記録裁決に見られる留保事項と寄進状の記述を結びつけて考えると、長崎が教会領になった経緯の骨子は、むしろ日本側史料の方に真実が語られていると言ってよいと思う。

ところで、ヴァリニャーノは右に引用した日本の上長に対する規則の中で、一五八一年以後は、長崎・茂木両所の防備のために、毎年ポルトガル船が支払うかねから一〇〇タエル――又は一五〇ドゥカド――を充てるようにと指示している。後に秀吉によって収公されるまで、長崎は日本におけるイエズス会の最も重要な領地であったが、この間教会はここからどれ程の収入を得たのであろうか。一五八〇年八月十五日付長崎発、ヴァリニャーノの総会長宛て書翰に次のように記述されている。「これによって、毎年われわれは、ドン・バルトロメの領内にあるレジデンシアを維持出来るだけのレンタを持つことになろう。というのは、ナウ船が当港に六カ月停泊するためにポルトガル人が支払う一〇〇〇ドゥカドが毎年われわれに与えられることになった。」[162]即ちイエズス会が取得することになった毎年の停泊料を一〇〇〇ドゥカドと記している。同じヴァリニャーノは、「インドのスマリオ」の中でも、「〔ドン・バルトロメは〕ナウ船が当港に停泊するために毎年支払うのを常としている若干のものをわれわれに与えた。これは一〇〇〇クルザドの額に達する。[163]」と同じ金額を記している。一五八三年十月五日付マカオ発、カブラルの総会長宛て書翰には次のように記されている。

「〔日本イエズス会はレンダとして〕ドン・ベルトラメウが長崎の地とともにイエズス会に贈与したナウ船の寄付金を有する。このナウ船の寄付金は七〇〇タエルにすぎない。その他商店の地で徴収される税・停泊料等について、それを徴収したプロクラドール自身が私に語ったところによると、寄付金の七〇〇タエルを含め、全部で今年一〇〇〇タエルに上ったということである。[164]」

長崎を領有したことによってイエズス会がえた年収は、一〇〇〇タエルであったという。ヴァリニャーノは「日本のスマリオ」(一五八三年)の中で、「ドン・バルトロメは、土地とともにナウ船の停泊料をわれわれに与えた。これは一〇〇〇クルザドになる。[165]」と記述している。ここでヴァリニャーノは、長崎からの収入としてはこの停泊料を挙げているのみであるが、その金額を一〇〇〇クルザドと記している。一五八七年三月十九日付日本発、ジョアン・デ・クラストのインド管区長ヴァリニャーノ宛て書翰には、「〔ナウ船が越冬すると、貿易上の損害の外〕ナウ船がシナに渡航していたら、長崎でわれわれの収入となっていた筈の二〇〇〇タエルを凡て失うことになる。[166]」と記述されている。停泊料のことを言っているものと思うが、表現が曖昧であるのに加え、金額が停泊料だけにしては多すぎるので、この記事には疑問が残る。ヴァリニャーノは「弁駁書」(一五九八年一月)では次のように記している。

「一五八〇年から一五八七年まで次のように推移した。即ち、パードレ達は、ナウ船の凡ての商品を責任をもってもたらすポルトガル人達の代理商人から、七〇〇ドゥカドを受取った。これは全額一括して一日に支払われた。一方当地の領主は、日本人が購入した商品に対する税を、その役人の手で徴収させた。われわれ会員はそこには全く介入しなかった。[167]」

ヴァリニャーノは、前引一五八〇年八月十五日付書翰、「インドのスマリオ」「日本のスマリオ」では、イエズス会の収入になったナウ船の停泊料を一〇〇〇クルザド(ドゥカド)と記していたが、右の弁駁書ではこれが七〇〇ドゥカドになっている。次に、「日本管区のレンタ」と題する記録(年代不明)には、「日本は、さらに、シナからのナウ船が長崎港の停泊料として支払った一〇〇〇ドゥカドを有していた。この一〇〇〇ドゥカドは、ドン・ベルトラメオがイエズス会に与えたものであった。しかし、太閤様《タイコサマ》が長崎市とともにこの港の料金をも奪った。[168]」と見え、ここには停泊料として一〇〇〇ドゥカドの額が示されている。一六七七年十一月十七日に、マカオにおいて巡察師セバスチアン・デ・アルメイダが作成した「日本管区のコレジオとレジデンシアの設立者と同管区の慈善家のカタログ」には次のように記されている。「ドン・ベルトラメウ大村殿とその息子ドン・サンチョがイエズス会に与えたものも、これに劣らず重要であった。というのは、ドン・ベルトラメウは長崎でのナウ船の停泊料を与えたからである。これは七〇〇タエルの収入になった。[169]」また、これは原文書は見ていないが、シリング神父とアルバレス博士の引く「日本イエズス会について、一六〇七年一月十四日付で日本から書送られてきた一書翰に対し、一六〇九年十一月に当政庁において与えられた返書」と題する文書には、長崎の停泊料を七〇〇ドゥカドと記している。[170]

このように、長崎の譲与を受けたことに伴うイエズス会の収入としては、カブラルの書翰を除き、殆どの史料がポルトガル船の停泊料のみを挙げているが、その金額については七〇〇ドゥカドとも一〇〇〇ドゥカドとも記述されており、夫々の記録の史料的価値を考慮に入れても、尚そのいずれが正しいとも決めかねる、と言わねばならない。ポルトガル船の大きさや数、或いは停泊期間等によって年々の停泊料収入に相違が出たことも、考慮せねばならないであろう。尚、ヴァリニャーノは前引「弁駁書」の中で、イエズス会は七〇〇ドゥカドの停泊料を四年間しか受取らなかった、と記している。「パードレ達の所領であったこの時期、一年〔一五八六年のこと――引用者〕はナウ船が長崎に行かずに、嵐のために平戸の近くの港に入ったし、また別の年〔一五八七年のこと――引用者〕は同ナウ船が其地で越冬したので航海が行われなかったため、パードレ達は上述の停泊料を四年間徴収したにすぎなかった。[171]」

長崎とともに茂木が大村氏からイエズス会に譲与された。尚、これら両所とともにイエズス会領として知られる浦上が、有馬氏からイエズス会に譲渡されたのは、一五八四年のことであった。[172]

また、一五八〇年八月十五日付長崎発、ヴァリニャーノの総会長宛て書翰に、「〔長崎の〕寄進地のみでなく、われわれが日本に所有するその他の凡ての土地(これは非常に僅かであって、パードレ達が購入したものか、又は何人かの領主が、いくつかのレジデンシアに対して贈与したものであった。)は、日本の上長の権限の下にあるようにしなければならない。[173]」と記されており、長崎・茂木を入手した当時、イエズス会は僅かながら他の土地も所有していたことが判る。即ち、全体協議会での多数意見と、ヴァリニャーノの裁決とは一見裏腹に、イエズス会は土地を保有し、さらに一五八四年には浦上をも入手している。しかもヴァリニャーノ自身、一五八三年十月二十八日付コチン発、総会長宛て書翰の中で、日本のかねがいかにインド各地で流用されてしまっているか、そして船の遭難による被害がいかに大きいか等を強調した後で、次のように述べている。

「以上述べてきたところにより、猊下と教皇は、パードレ達が日本で多額な資産を現金で所有することがいかに必要か、了解されよう。ナウ船で送られた物が届かなくても、彼等が必要経費に事欠かないためである。その上、日本の協議会の諮問第十三の第四点と、それに対する裁決の中で述べられているところに拘らず、この資産があれば、必要な米を産する耕地を買入れることが出来よう。というのは、そこであのような結論が出されたのは、現在はそれを買うための資金がないからである。レンタが与えられ、資産がふえれば、その一部をこのような土地を買うのに使うことは充分可能であろう。[174]」

先に、この領地購入に関する協議会記録と巡察師裁決を取上げた所で、協議会での多数意見——即ち土地購入反対論——も、土地保有については反対するものではないし、裁決に至っては、一見右の反対意見を採用しているようであるが、そこに留保条件を付して、土地を購入する道を残している、という点を指摘したが、右のヴァリニャーノの書翰を読むと、その真意が一層はっきりする。協議会において土地買入れに反対した多数意見や、それを支持した自分の裁決は、現在はそれを買うかねがないからであって、資金さえあれば見解は変っていたであろう、ということを述べている右の書翰は、ヴァリニャーノの巡察師としての見識を疑わせるが、それは兎に角として、彼の真意は、わが国におけるイエズス会所有地の拡大を図ることにあったと言ってよい。在日イエズス会士の多数も、この点略〻同じ考えであったとみてよいのではないであろうか。

日本イエズス会関係者許りでなく、総会長も一五八三年十一月二十五日付で、インド管区長ヴァリニャーノに宛て、次のような指令を送っている。

「パードレ・ロレンソ・メシアは、欠航のありうるナウ船に依存しないでもよいように、会員の維持のために日本に土地を購入する必要があると思われる旨を記述している。当地でも、事の本質を考えて、それが望ましいとわれわれは思うが、土地の安全性が乏しいので、尊師は、主において最も適切なところを見極めるように。[175]」

ロレンソ・メシアが日本に土地を買入れるべき旨を総会長に訴えたこと、これに対して総会長も原則として賛成し、ただその安全性に問題があるので、適切な判断を下すようヴァリニャーノに指示したことが判る。ここで興味深いのはメシアのことである。彼は日本イエズス会の第一回全体協議会に参加しており、[176]そして領地購入に関する賛否両論の内、賛成者として欄外に記してある八人の中には入っていない(この八人の名前は先に記した)。ということは、メシアはこの協議会の席では反対論者とみなされたことになる。協議会記録の欄外に、「〔賛成者八人以外の〕その他一八人全員がこの反対意見であった。[177]」と記されているからである。そのメシアが、時期的にも略〻同じ頃と思われるが、個人的に総会長に対して土地購入を主張するという、まことに不可解な態度を見せている。彼のこの振舞の真意は知るべくもないが、ただ、全体協議会での多数の反対意見も、その実態は極めて疑わしい、という点だけは指摘出来る。ところで、総会長が右の指令を送った時は、まだ全体協議会記録はローマに届いていなかったが、その後、この記録を見た後の総会長の見解は、次のように記録されている。

「総会長は、日本の協議会の諮問第十三の第四点に対する裁決の中で示されている理由によって、領地《リオチス》の買入れを抑制するのはよいと思うが、しかし確実な所において、それで以て自活出来るような領地を買入れるのがよいと総会長は考えている。[178]」

総会長は、ヴァリニャーノの裁決を一応評価しながら、日本国内の安定した所で土地の増加を図るべきだという見解を表明したことが判る。前引一五八三年十一月二十五日付ヴァリニャーノ宛て指令と、その趣旨は一貫していると言える。

日本イエズス会関係者の方も、第一回全体協議会での多数の反対意見(ヴァリニャーノも含め)も、その真意は疑わしい、ということは先に記したが、ヴァリニャーノは、一五八九年七月二十八日付マカオ発、総会長宛て書翰では、この件についての自分の見解を一層鮮明にしている。即ち、一五八八年に秀吉がポルトガル船から一方的に安値で生糸を買占めたことが原因で、一五八九年にはマカオから日本への定期船が欠航したことを記した後で、「以上述べてきたところから、日本イエズス会が維持しうるレンタを日本に持たないのが、いかに危険なことか、猊下は了解出来よう。というのは、毎年日本に送られるものは、凡て多くの危険を伴い、不確かなものだからである。[179]」と述べている。ここで「レンタ」とあるのは土地収入の意味に解してよいであろうが、ヴァリニャーノは積極的に日本で土地の入手を図るべきだとの考えを持っていたことが判る。さらに、曾て協議会において土地購入に賛成したコエリョは、一五八九年九月十三日付日本発、総会長宛て書翰の中で次のように述べている。

「日本におけるわれわれ会員の数は、現在よりもずっとふえて行くに相違ない。同じように、これらの会員を維持するために収入をふやす必要があると思われる。そして、もしも教皇がそれをわれわれに与えてくれず、また日本ではそれが主要なものである筈にも拘らず、国王も与えてくれないのなら、セミナリオとコレジオのために、少しずつ米の収入〔田地のことであろう——引用者〕を購入してゆくことが出来る(米は当地の主な食糧である)[180]。」

先に述べたように、一五八〇年代後半になると、日本イエズス会関係者の間で、主として経済的理由から、インド管区から離反する傾向が強まり、インドにおいて所有地を拡大させる意欲が減退したが、このようなことも、日本国内で土地を入手することに対して一層積極性を見せてきた一つの要因といえよう。前述の如き総会長の意向も、このような動向に拍車をかけたといえよう。一五九二年二月長崎で開かれた日本管区会議では、この問題について次のような決定をしている。

「田地の購入について

第一回日本協議会の諮問第十三の第四点において、二番目の意見で示された諸理由により、投票の大多数は、そこから米が収穫される田地は、購入すべきではないと決議し、また巡察師も裁決において同様の決定をした。しかし総会長の回答により、このような田地の購入は抑制するが、安全な所でいくらかの田地を購入するのはよい、という根拠がえられた。生じうる事態を考慮して、もしもどこか主なカーザが六町《イチヨス》又は最大限一〇町——町は田地の単位である——を買入れるなら、それは確かに有益であろう、と管区会議では思われた。このことは、先の裁決から明らかなように、或る場合には巡察師の意向に反するものではなかった。しかしながら、このような田地購入により、日本の事情が不安定なところから、カーザが領地の問題で危険に陥り、凡ての資産を失うことになるかも知れない。さらに、このことから、キリスト教徒の間に大きな躓きと不満が生ずることになるかも知れない。そして大抵、多くの機会をうかがっている領主達は、その領地を売ろうという熱意にかられて自分の部下達から領地を取上げ、またわれわれにとっては、このような領地は日本人自身に対するよりは僅かな収入しかもたらさない。そこで同管区会議は、日本においては、殆ど院長の本部である主要なカーザに対して、六町又は最大限一〇町を限度にしなければ、このような購入は行わせてはならない、と決議した。これ以上の田地を購入する場合は、日本の準管区長が協議会を開いてその多数の賛成投票がない限り、購入の権限を彼に与えないよう、総会長が決定してもらいたい、と当管区会議は願っている。[181]」

このように管区会議では、一五八〇―八一年の協議会における答申の多数意見をくつがえして、条件つきながら土地の買入れを認めた。その条件とは、主要なカーザが所有するものとして六町乃至一〇町を限度として購入出来る。それ以上の場合は、準管区長が協議会の多数の賛成をえて行うことを義務付ける、というものであった。このように購入を許す土地の面積を制限した理由として、日本の国内事情が不安定なので、土地の問題から教会が危険に陥り、資産を失う破目になるかも知れないこと。このことから信徒の間に反感と悲しみを招くこと。土地は教会に対しては、日本人に対する程の収入をもたらさないこと等が指摘されている。これらの点は、第一回全体協議会における土地購入反対論の論拠とは異なっている点、注目に価する。一五九二年の管区会議で右のような点が特に考慮されたのは、先に触れた長崎の問題が矢張り大きく影響していると言ってよいと思う。一五八〇年に長崎と茂木が教会領となり、さらに一五八四年には浦上が教会の所有になったが、三カ所共秀吉の伴天連追放令発布にともない没収された。この間長崎の停泊料が教会の収入になったことは前述の通りであるが、年貢収入としては、一五八九年二月二十四日付加津佐発、コエリョの一五八八年年報に次のように記されている。「ドン・ベルトラメウは、今から一〇年前に長崎の港に茂木と称する隣地を付して、イエズス会に永久に与えた。それらの地より毎年通常略〻三〇〇クルザドになったレンダの外に、通常ポルトガル人のナウ船が当港に渡来するので、非常に大きな利益を伴った。[182]」停泊料の外に、長崎・茂木の両地から毎年三〇〇クルザドの年貢収入があったことを明らかにしている。[183]

一方この年貢収入について、ヴァリニャーノは「日本のスマリオ」の中で次のように記述している。

「〔長崎と茂木については〕もしもわれわれが日本人と同じく苛酷に統治することが出来、必要な場合には死刑を行使するならば、現在よりもはるかに大きな利を上げるであろう。しかし、われわれは死刑を命ずることが出来ず、日本人は剣の恐怖がないと勝手気儘に振舞うので、われわれは、以前領主が得ていたような収入を彼等から得ることが出来ない。[184]」

教会の統治には厳格さの点で制約があり、日本人領主の時代のようには収入を得ることが出来ない、ということを述べている。前記管区会議で、購入する土地の面積に制限をつけるべきことを主張した論拠には、こういった事情が反映していたと言えよう。

しかし兎に角イエズス会内部で、日本における土地収入の増加を図ってゆくという基本点については合意が出来た、と言ってよい。問題は、むしろ当時の国内事情から、それをすすめてゆくことが可能であったかどうかであった。ヴァリニャーノは「日本のスマリオの補遺」(一五九二年)の中で、「日本では、戦・変動・転封が絶えないので、日本の大部分がキリスト教になるまでは、国内に安定したレンタを購入してそれに基盤をおくことは出来ない。[185]」と記している。第一回協議会において、反対理由の一つとして、土地を購入しても失われる危険が大きい、といった点が挙げられていたが、その事情がその後好転しないどころか、秀吉の伴天連追放令発布後は、教会はそれまで以上に大きな脅威にさらされることになった、と言わねばならない。

先に引用したように、管区会議において購入する土地面積に制限を付けるべきことが議決されたが、その後の推移をみると、イエズス会の日本における土地収入は増加しておらず、結果的にはこのような規制などは不要であったと言えよう。国内におけるイエズス会の所有地が増大せず、土地からの収入がキリシタン教会の有力な財源になりえなかった主な理由としては、次のような点を指摘することが出来よう。第一に、右に引用した「日本のスマリオの補遺」でヴァリニャーノが記しているように、国内事情の不安定、殊に伴天連追放令発布後の長崎・茂木・浦上の没収、キリシタン教会の大檀那高山右近の改易等一連の教界弾圧により、実際に土地を購入することには宣教師も慎重にならざるをえなかったものであろう。第二に、十七世紀に入ると、日本イエズス会の財務状態が悪化し、最も重要な収入源である貿易も借入金によって行わねばならない状態に陥るので、その頃になると、もはや土地購入に充てるだけの資金的余裕はなかったものと思われる。第三には、より一層根本的な問題として、確かに日本イエズス会において、国内での土地収入に対して根強い要求があったのは事実であるが、これを貿易と比較した場合、異教国日本で土地を入手することは、教会にとって魅力の乏しいものであったに相違ない。わが国の大部分がキリスト教化した上での土地取得は極めて望ましいことではあっても、異教下の日本で土地を購入することは、戦国の動乱時であれ、統一政権下であれ、貿易船に依存すること以上に不安定な収入源であったと言えるし、また有効な財源になりうる程の収入を得るには相当に広大な土地を入手しなければならないが、それは、キリシタン布教に対する日本人の疑惑を余計に煽ることになるのは確かであった。このような観点から言えば、長崎が教会領となったことが、その後のキリシタン布教に及ぼした弊害は計り知れない。このようにいろいろと問題をはらむ土地収入よりも、日本の国内事情に余り影響されない貿易に、主として布教の経済基盤をおく方が、日本イエズス会にとってははるかに望ましいことであり、それはまたポルトガルの国策とも合致するものであった。在日イエズス会士が国内で土地を入手することより、貿易・商業活動にはるかに熱心であったのは、やむをえないことであったとも言えようが、半面そのことは、キリシタン教会がまだ日本に定着していなかったことを示していると思う。

日本イエズス会は国内でどれ程の土地収入をえていたか、その詳細は判らないが、判明する限りを記述してみたい。長崎・茂木については既に触れたが、この両所と並ぶ主要な教会領の浦上からは、秀吉に没収されるまで毎年五〇クルザド(ドゥカド)以上の収入があった(186)。

その他諸〻の土地収入について、一五八三年十月五日付マカオ発、カブラルの総会長宛て書翰に次のように見えている。

「猊下がこのことに一層精通するよう、私は日本で要する通常の経費をここに記そうと思う。最初に下《シモ》(船が渡航するところである)のカーザについて、次に豊後のカーザについて、そして京都《メアコ》について記す。第一に、二人か三人のパードレと同じ人数のイルマン、又は現在そこにいる人々を擁する有馬のセミナリオには、通常の経費のために毎年銀三五〇タエルが与えられていた。今年当地に来たプロクラドールが私に語ったところによると、米を産する土地のレンダを購入したので、三〇〇しか与えられなかったとのことである。それにこの三〇〇タエルを加えれば充分であった。イルマン一人とパードレ一人がいる口ノ津のカーザは、充分なだけのレンダを所有している。同プロクラドールは、ここには、この上何も与えられなかった、と語っているが、私は、何か臨時の出費のためにこれに二〇乃至三〇タエルを与えることを望む。長崎については、私がそこから来た今年は、同地にいるパードレ二人とイルマン二人に対し、八〇タエルが与えられた。しかしナウ船が渡来する度毎に同地でパードレやイルマンが取引交渉を助けるので、私はこれに二〇〇乃至二五〇タエルを与えることを望む。大村と郡には、五〇タエルが与えられる。というのは、その外にドン・ベルトラメウが与えたレンダを所有しているからである。パードレ二人がいる平戸には八〇タエルが与えられた。しかし今年同プロクラドールが私に語ったところによると、さらに二〇を増額し、一〇〇になったとのことである。パードレ二人とイルマン二人がいる天草は、殿《トノ》が一〇町《イチヨス》程のレンダを与えた。これは米と野菜を産する土地である。それは、これ以上を維持するのにも充分なレンダである。このため、故パードレ・ルイス・デ・アルメイダは、このレンダから奪うことも、これ以上与えることもしてはならない、と私に語った。しかし私は、このレンダの外に、何か臨時の出費のために三〇タエルをこれに与えることを望む。以上が、イエズス会士が駐在し、その経費のためにかねが与えられる下のカーザである。さらに、キリスト教徒や異教徒の何人かの殿によって、ナウ船が着く年毎に一〇〇タエルが配分される。従って、上述の下のカーザの通常の経費を合計すると九一〇タエルになる。

豊後には府内のコレジオがあり、これに毎年四五〇タエルが与えられる。現在政庁がある臼杵のカーザと修練院には五〇〇タエルが与えられる。由布のレジデンシアには七〇。現在パードレ・ジョバンニ・バッティスタがいる津久見においては、王が仏僧達の所有していた三聚落のレンダを与えた。これで充分だと同パードレは書送ってきたが、私は、何か臨時の出費のためにこれに二五タエルを与えることを望む。豊後の上長に対しては、カーザを巡察する旅費その他臨時の経費のために一〇〇タエルが与えられる。野津のレジデンシアには誰もいないので、何も与えられていない。以上が豊後の現状である。

京都に対しては、同地でキリスト教徒達が与えた大量の米俵のレンダの外に、現在四〇〇タエルが与えられている。尤も、巡察師は六〇〇又は必要なら八〇〇までも与える旨額を定めたが、しかし信長の死によって、最も経費のかかるカーザであった安土山のカーザが破壊されたので、準管区長は四〇〇で充分であると考えた。そしてこれが与えられている。また建築を行うにすぎないと私に書送ってきたにも拘らず、準管区長は、進物その他その臨時の経費を定めたが、これは毎年一〇〇〇タエルにも上ることがある。従って、豊後・京都、及び準管区長の経費を凡て合計すると二五四五タエルに上り、これに九一〇タエルに上った上述の下のカーザの経費を加えると、全体で三四五五タエルになる。この三四五五タエルに、さらに臨時の経費として一〇〇〇タエル増額するか、又は別の出費に要することがありうるので、これを加算すると合計四四五五となる。これが消費しうる最大限である。[187]」

関係記事の全文を掲げたが、当時の日本イエズス会の経費の中で、国内の土地収入の占める割合がどれ程であったものか、その大凡を知ることが出来る。カブラルは、イエズス会が国内に所有する田畑は右に記したところに尽きる、と同じ書翰で述べている。[188] この記事から次のことが判る。有馬のセミナリオは、年に五〇タエル程の収入になる田地を購入していた。ロノ津のカーザは、充分これを維持出来るだけの土地収入を所有していた。額は不明であるが、パードレとイルマン一人ずつ駐在しており、彼等が充分自活出来るだけの収入があったという。[189] 大村と郡には、大村純忠が与えた土地収入があった。額は不明である。天草には、領主から与えられた一〇町の田畑があった。パードレ二人とイルマン二人を維持して余るだけの収入があったという。京都では、信徒が大量の米を喜捨していたとあるが、これは土地を所有していたことではないであろう。このように、特に下地区を中心に、土地収入は全収入の中でかなりな比重を占めていたが、日本イエズス会全体としては、左程重きをなすものではなかった、と言えよう。

一五九三年十二月十五日付コチン発、カブラルの総会長宛て書翰には、次のように記されている。

「さらに、現在日本は、曾て失うことのなかったレンダとして次のものを持っている。即ち、有馬の地ロノ津に一村を所有するが、これは労役奉仕——というのは日に三、四人カーザにおいて希望することに奉仕させることが出来る——の外にも、少し加えれば二、三人のイエズス会士を維持するのに充分なだけの収入がある。同じく天草にも別の村を同じように所有している。これは、そこにいたパードレ二人とイルマン二人を維持していた。大村に別のレンダを有する。これがどれ程のものであったか私は覚えていない。また今年パードレ・ヒル・デ・ラ・マタと一緒に来たイルマン・アンドレ・ドリアは、私に次のように語った。有馬において、新たにドン・プロタジオから九〇町《イチヨス》のレンダを買って所有している。一町とは、日本において米を産する土地の一定面積である。これに一人又は二人又は三人の百姓がついており、彼等はその土地を耕作する義務がある。さらに、同地で彼等に与えられる割当てに基づいて、月の内の一定の日数奉仕をする義務がある、と。日本で九〇町を所有する領主は、非常に大きな家を持ち、五〇人以上の兵士を持つ。彼等は、戦に際し領主に従わねばならないし、また奉仕をしなければならない。そして一人一人の兵士に与えられる一町で以って、彼を充分維持することが出来る。これによって猊下は、われわれが有馬に所有する九〇町のレンダがどれ程の額に上るか判ろう(190)。」

ロノ津に、少し補えば二、三人の会員を維持出来るだけの土地収入があり、天草にはパードレ二人とイルマン二人を維持出来る土地収入があり、大村にも、額は不明だが土地を所有していた。さらに有馬において有馬晴信から九〇町の土地を買った。この九〇町を購入したという記事に関連して、一五九二年二月長崎で開かれた管区会議において、購入しうる土地は最大限一〇町を限度とする旨議決がなされたことが想起される。有馬で九〇町もの土地を買ったのは、右の管区会議以前の出来事であったことは確かである。また同時に、これが管区会議の決定に影響を与えたことも考えられるであろう。

最後に、一六七七年十一月七日付、マカオで巡察師セバスチアン・デ・アルメイダが作成した「日本管区のコレジオとレジデンシアの設立者、及び同管区の慈善家のカタログ」と題する記録がある。これは表題の通り、日本管区に対する喜捨のみを挙げているものであって、イエズス会が購入した土地については記されていないが、この記録には次のような土地収入があったことが記されている。

大友義鎮は、キリシタン改宗以前に、博多において毎年大凡四〇〇タエルになるレンダをイエズス会に与えた。会はこれを一〇年間所有した。同じく改宗以前に、臼杵において岬の地と田地を寄進した。イエズス会はここを大凡一〇年間所有した。収入については、収入額は余り多くなかったが、そこにコレジオを作り、民衆や漁夫の奉仕を得ることが出来た、とのみ記されている。さらに津久見において三つの仏寺をそのレンダと共に与えた。それで以て同地のレジデンシアを維持することが出来た。イエズス会はこのレンダを六、七年所有した。収入額は記されていない。改宗以前に、府内において、教会とカーザを作るための広大な土地と畑を与えた。収入額は記されていない。臼杵その他イエズス会士が駐在していた所において、教会とカーザを作るための広大な土地を与えた。

大村純忠は、大村において合計銀二二〇タエルの収入になる土地を与えた。その息子喜前は、合計銀二五〇タエルの収入になる土地を与えた。これら大村父子が寄進した土地には、収入の外に多大な労役奉仕があり、建築、木材や薪の伐採等の奉仕が行われた。この奉仕は収入に劣らず重要であった。

有馬晴信は、加津佐その他有馬の地で、年に一一〇〇石《ゴクス》の米を産する土地を与えた。これは大凡銀一一〇〇タエルに相当する。さらに、年に大凡二〇〇タエルの収入になる小麦と大麦を産する土地を与えた。イエズス会は、これら凡ての加津佐のレンダを二〇余年所有した。(浦上と茂木については既に引用したので省略する)。これら有馬晴信が与えた土地(浦上・茂木を含む《(マ　マ)》)では、この外に塩・魚・果物・野菜・材木が提供され、毎年大凡一五〇タエルの収入になった。さらにそこには四〇〇〇乃至五〇〇〇の住民がいて、全員が召使のようにイエズス会に服していた。彼等は契約によって週の内一定日数イエズス会に奉仕しなければならなかった。これはイエズス会にとって非常に重要で役に立った。

天草久種は、田地・土地・森林・材木・労役を提供した。これらは全部で毎年大凡銀二五〇タエルに価したものと思う。イエズス会はこのレンダを三〇年近く所有した[191]。

以上、セバスチアン・デ・アルメイダ作成の一六七七年の記録から、土地収入に関する記事を抜萃したが、全般にこの史料は余り信憑性の高いものとは言えず、右の記載もどれ程真実を伝えているか疑わしいと言わねばならない。国内におけるイエズス会の所有地については良質の史料が乏しく、その詳細な実態をつかむことは不可能に近い。従ってその収入額を正確に知ることは出来ない。しかし、日本イエズス会全体の収支からみて、この種の収入が左程大きな比重を占めるものでなかったことは確かであろう。

(1) A. Valignano & J. L. Alvarez-Taladriz, *Sumario de las cosas de Japón*, Tokyo, 1954, introducción, pp. 42, 43.

(2) 高瀬弘一郎「キリシタン時代インドにおける日本イエズス会の資産について」上(『史学』四十六巻一号)。本書第二部第五章。

(3) Archivum Romanum Societatis Iesu, Jap. Sin. 3, f. 2v.

(4) Jap. Sin. 3, f. 2v.

(5) Jap. Sin. 9-I, f. 41v.

(6) Jap. Sin. 9-II, f. 167v. 一五八四年十月六日付マカオ発、カブラルの総会長宛て書翰も同文(Jap. Sin. 9-II, f. 302v.)。

(7) Jap. Sin. 3, f. 12, 12v.

(8) 一六六四年十二月十五日付マカオ発、日本の巡察師ルイス・ダ・ガマの総会長宛て書翰(Biblioteca da Ajuda, 49-IV-56, 岡本良知編写真製版 Jesuítas na Ásia, 第三冊、Archivum Romanum Societatis Iesu, Fondo Gesuitico 721.)。Sumario de algũas cousas que pertencẽ ao governo da Prov.ª da India pera instrução do P. Prov.^{l} feito p.^{lo} p.^{e} Alex.^{o} Valignano Visitador, per ordem do N. Padre Geral em Abril do ano de 88 e tirado das cartas, e ordens que mãdarão os mesmos Geraes. (Archivum Romanum Societatis Iesu, Goa 6, ff. 87v., 88.)

(9) Jap. Sin. 3, f. 13, 13v.

(10) Jap. Sin. 11–II, f. 317, 317v.
(11) Jap. Sin. 3, f. 13, 13v.
(12) Jap. Sin. 11–II, ff. 267v., 268.
(13) Jap. Sin. 3, f. 16.
(14) Jap. Sin. 12–I, f. 124v.
(15) 高瀬弘一郎「キリシタン教会の貿易収入額について」(『社会経済史学』四十巻一号)一〇・一一頁。本書第二部第八章五九三・五九四頁。
(16) 高瀬弘一郎「キリシタン時代インドにおける日本イエズス会の資産について」下(『史学』四十六巻二号)。本書第二部第五章。
(17) Goa 32, f. 587, 587v.
(18) 高瀬弘一郎「キリシタン教会の財務担当パードレについて」(『社会経済史学』四十一巻二号)一七頁。本書第二部第六章五三六・五三七頁。
(19) Biblioteca da Ajuda, 49–IV–66, f. 11v.（東大史料編纂所架蔵の複製写真による)。
(20) Jap. Sin. 9–II, f. 167v.
(21) Jap. Sin. 9–II, f. 167, 167v. 一五八四年十月六日付マカオ発、カブラルの総会長宛て書翰も同文(Jap. Sin. 9–II, f. 302v.)。
(22) Goa 32, ff. 583v., 584.
(23) Goa 32, f. 584.
(24) Jap. Sin. 36, f. 1v.
(25) Jap. Sin. 36, f. 3.
(26) Jap. Sin. 36, f. 3v.
(27) 高瀬弘一郎「キリシタンと統一権力」(『岩波講座日本歴史　近世1』一九七五年)二一二・二一三頁。
(28) 高瀬弘一郎「キリシタン宣教師の経済活動——とくに貿易の斡旋について」(『史学』四十五巻二号)。本書第二部第七章、同「キリシタンと統一権力」二一〇・二一一頁。
(29) Jap. Sin. 36, f. 6, 6v.

(30) Jap. Sin. 36, f. 8.
(31) Jap. Sin. 15–I, f. 132.
(32) Jap. Sin. 15–I, f. 132v.
(33) Jap. Sin. 3, f. 32v.
(34) Jap. Sin. 3, f. 35v.
(35) Jap. Sin. 3, f. 41.
(36) Jap. Sin. 3, f. 47.
(37) Jap. Sin. 3, f. 53v.
(38) Jap. Sin. 36, f. 21.
(39) Jap. Sin. 35, f. 63. 尚コーロスは、プロクラドールのスピノラがこの件について詳しく報ずる、と述べているが、スピノラは一六一八年十月八日付長崎発、総会長宛ての書翰の中で、貿易収入がいかに大きいかを述べて、これに代る安定した収入源などありえないことを強調している(Jap. Sin. 36, ff. 191v., 192 ; 193v., 194.)。
(40) Jap. Sin. 17, f. 140.
(41) Jap. Sin. 17, f. 169.
(42) Jap. Sin. 25, f. 125v.
(43) 高瀬弘一郎「キリシタン時代インドにおける日本イエズス会の資産について」下、一〇一一三頁。本書第二部第五章四九五—四九七頁。
(44) 一五七四年二月二十六日付文書により、これが定められた(J. F. Schütte, *El "Archivo del Japón"*, Madrid, 1964, p. 266. J. F. Schütte, *Monumenta Historica Japoniae* I, Romae, 1975, pp. 187, 188.)。
(45) 高瀬弘一郎「キリシタンと統一権力」二〇〇頁。
(46) Jap. Sin. 8–I, f. 241.
(47) Jap. Sin. 2, ff. 60v., 61. (A. Valignano & J. L. Alvarez-Taladriz, *Sumario de las cosas de Japón*, p. 332.)
(48) Jap. Sin. 2, f. 23, 23v.

(49) Jap. Sin. 9-I, ff. 40, 41v.

(50) *Segunda parte das cartas de Japão que escreverão os padres, & irmãos da Companhia de Jesus*, Évora, 1598, f. 79v.（村上直次郎訳註『耶蘇会の日本年報』第一輯、拓文堂、昭和十八年、二八四頁）。

(51) Jap. Sin. 2, ff. 79v., 80. Jap. Sin. 49, f. 231v. (A. Valignano & J. L. Alvarez-Taladriz, *Sumario de las cosas de Japón*, p. 333.)

(52) Jap. Sin. 8-I, ff. 240v., 241.

(53) Jap. Sin. 10-II, f. 336v.

(54) C. R. Boxer, *The Great Ship from Amacon*, Lisboa, 1959, p. 209.

(55) *Ibid.*, p. 246.

(56) *Ibid.*, p. 279.

(57) *Ibid.*, p. 8.

(58) S. R. Dalgado, *Glossário Luso-Asiático*, II, Coimbra, 1921, p. 424.

(59) Jap. Sin. 10-II, f. 289v.

(60) Jap. Sin. 12-I, f. 77.

(61) Jap. Sin. 10-II, f. 212v.

(62) Goa 22-I, f. 57. (J. Wicki, *Documenta Indica*, X, Romae, 1968, p. 60.)

(63) 因に、一万五〇〇〇クルザドで日本航海を買入れた者の収益について考えてみたい。日本航海を購入した者は、カピタンとしてマカオから日本へ貿易船を出すことが出来たが、主要商品の生糸については、マカオにアルマサンと称する一種の会社組織が作られていて、これが一手に取扱い、カピタンといえども勝手に生糸を搭載して商いをすることは出来なかった。マカオの対日貿易は、このアルマサンとカピタンの間の契約を土台に行われたものであるが、その中でカピタンの収入としては、日本における生糸の売上高の一〇パーセントを運賃としてこれに支払う、というものである。日本にもたらす生糸量は、原則として二〇〇〇ピコが上限で、これ以上の生糸を船に搭載することが出来ない反面、年によって二〇〇〇ピコを下廻った時でも、アルマサンはカピタンに二〇〇〇ピコ分の運賃を支払わねばならなかった。日本における生糸の売値は年により変動が大きいが、一ピコ百数十乃至三〇〇クルザドといった例が多かったようである。今これを一ピコ二〇〇クルザドで売れたとして計算すると、二〇〇〇ピコの総売上高は四〇万クルザドになり、その一〇パーセントの四万クルザドがカピタンに支払われたことになる。またカピタン自身生糸以外の商品を商うことによって得た収益もあったであろう。勿論船の艤装等の経費がかかるが、それでもカピタンに相当の収入が残ったことは確かである(J. L. Alvarez-Taladriz, "Un Documento de sobre el Contrato de Armação de la Nao de Trato entre Macao y Nagasaki",『天理大学学報』十一巻一号。野間一正訳「マカオ・長崎間貿易船のアルマサン契約に関する一六一〇年の資料」『キリシタン研究』十二輯所収。高瀬弘一郎「キリシタン教会の貿易収入額について」)。尚一六二〇年二月十日付マカオ発、ジェロニモ・ロドリーゲス外七人のパードレの総会長宛て文書には、「〔アルマサンの三人の代表は〕航海を行うカピタンと契約を結び、カピタンのものである一〇パーセントの運賃の外に、謝礼 alças と称する三〜四〇〇〇クルザドのかねを彼に与える。」(Jap. Sin. 45-I, f. 234v.)と記されている。一六〇〇年頃のものとされている無名の一文書にも、カピタンに対する給与について記されているが、この記述には疑義があるので、ここでは取り上げなかった(F. Colín & P. Postells, *Labor Evangélica*, III, Barcelona, 1904, p. 219. C. R. Boxer, *op. cit.*, p. 181.)。

(64) Jap. Sin. 11-II, f. 332v.

(65) Jap. Sin. 12-I, f. 6v.

(66) 高瀬弘一郎「キリシタンと統一権力」二〇五頁。

(67) Jap. Sin. 12-I, f. 7.

(68) Jap. Sin. 14-I, f. 145v.

(69) Jap. Sin. 14-I, ff. 146v., 147.

(70) J. F. Schütte, *Introductio ad Historiam Societatis Jesu in Japonia*, Romae, 1968, p. 997.

(71) Jap. Sin. 14-II, f. 273v.

(72) J. F. Schütte, *Introductio ad Historiam Societatis Jesu in Japonia*, p. 997.

(73) Archivo Portuguêz-Oriental, fascículo 6.º, Nova Goa, 1875, pp. 795, 796.

(74) Jap. Sin. 14-II, f. 333v.

(75) 一六〇四年四月七日付マカオ発、ヴァリニャーノの総会長宛て書翰に、「サルセッテで国王が五年単位で支給するよう命じている喜捨と、マラッカ税関で支払われる一〇〇〇〔単位はドゥカド――引用者〕は、支給状態が悪い。」(Jap. Sin. 14-I, f. 160v.)と記されている。

(76) 前引一六〇三年十一月十五日付マカオ発、ヴァリニャーノの総会長宛て書翰(Jap. Sin. 14-I, f. 145v.)。

(77) *Documentos remettidos da India*, t. I, Lisboa, 1880, p. 185.

(78) *Ibid.*, pp. 343-345. (C. R. Boxer, *The Affair of the "Madre de Deus"*, London, 1929, pp. 80-82. に英訳が掲載されている)。

(79) 尤も、一回のシナ航海の売値の半分を日本イエズス会に与えることは、この一六一〇年二月二十日付国王書翰で初めて通告されたわけではなかった。というのは、一六一〇年三月十四日付長崎発、パシオの総会長補佐宛て書翰に、既にこれについて言及されているからである。

「ポルトガル及び政庁において、一回の日本航海は何か大きなことのように考えたようだ。というのは、国王はその半分しか与えようとせず、残りの半分は防備のためにマラッカに与えたからである。しかしこれはごく僅かなものにすぎない。何故なら、一回の航海は一万乃至一万二〇〇〇クルザドにしか売れず、しかもその半分しかわれわれに与えられないのであるから、まことに僅かな額でしかない。この貿易は、上に述べたように、現在はナウ船の捕獲が原因で半ば断絶しているので、私はこの恩恵が何時実現するか判らない。」(Jap. Sin. 14-II, f. 334.)

一六一〇年三月のパシオの書翰にこれが記述されているということは、一六〇九年夏にはこの情報が日本に届いていた筈である。即ち、かなりそれを溯る時期に、既に政庁において一回の航海の売値の半分を与えることが決められ、それがイエズス会側に通告されたことになる。しかし、この件が明記されている国王文書として確認出来るのは一六一〇年二月二十日付書翰なので、ここではこの文書の記載を中心に述べてゆくことにする。尚パシオは、右の書翰の中で、一回の航海の売値を一万乃至一万二〇〇〇クルザドと比較的安価に見込んでいる。これは、彼自身が記しているように、ノッサ・セニョーラ・ダ・グラッサ号事件が生じた直後で、マカオ＝長崎間の貿易が跡絶えていた状況が反映していたものかも知れない。

(80) Francisco Rodrigues, *História da Companhia de Jesus na assistência de Portugal*, t. II, v. I, Pôrto, 1938, pp. 129, 130.

(81) Jap. Sin. 14-II, f. 333.

(82) 一六一〇年四月十一日付国王のイエズス会総会長宛て書翰に次のように記されている。「先年イエズス会側からパードレ・ヌーノ・マスカレーニャスが当政庁に来て、シナと日本の間の生糸貿易を継続したい旨の要請があったが、この貿易が

(どのような仕方で行うにせよ)その修道誓願、及び彼の地で改宗に従事している修道士がそこの原住民に対し、その凡ての行動において常に正しい模範的な振舞をしなければならない、という責務からいかに逸脱しているか判ったし、さらにその他正しい考慮をした結果、朕は次のように決定した。……」(Jap. Sin. 24, f. 25.) 尚この一六一〇年四月十一日付国王の総会長宛て書翰は、本文で取上げた一六一〇年二月二十日付国王の副王宛て書翰に記されているところの要点が記述されているものであって、内容的に特に新しいところはない。

(83) Jap. Sin. 15–I, f. 89v.

(84) アントニオ・コラソは一六〇一年以来政庁駐在プロクラドールであったが、パシオがこの書翰を認めたのと同じ一六一一年から、シマン・デ・ソーザがコラソに替ってプロクラドールをつとめていた(J. F. Schütte, *Documentos sobre el Japón conservados en la colección《Cortes》de la Real Academia de la Historia*, Madrid, 1961, pp. 8, 12.)。パシオはこれを知らずに、コラソが依然としてプロクラドール職にあるものと思って、彼に総会長宛て書翰の写しを送ったものであろう。

(85) これは専ら、日本布教にたずさわる者が商業活動を行うのを、一切禁止したものである(*Documentos remettidos da Índia*, t. I, p. 185.)。

(86) *Ibid.*, pp. 185, 345.

(87) Jap. Sin. 25, ff. 125v., 126. (Léon Pagés, *Histoire de la Religion Chrétienne au Japon*, première partie, Paris, 1869, pp. 460, 461. にフランス語訳が掲載されている。吉田小五郎訳『日本切支丹宗門史』中、一六五・一六六頁)。

(88) Jap. Sin. 8–I, f. 241.

(89) Leo Magnino, *Pontificia Nipponica*, parte I, Romae, 1947, p. 24. J. F. Schütte, *Monumenta Historica Japoniae* I, p. 189.

(90) Jap. Sin. 9–II, f. 213.

(91) Goa 13–I, f. 210.

(92) Jap. Sin. 2, ff. 60v., 61. (A. Valignano & J. L. Alvarez-Taladriz, *Sumario de las cosas de Japón*, pp. 331, 332.)

(93) 一五八二年十二月二十日付マカオ発、メシアの総会長宛て書翰(Jap. Sin. 9–I, f. 127.)、同日付のメシアの総会長補佐宛て書翰(Jap. Sin. 9–I, f. 128.)、一五八三年二月十三日付マカオ発、メシアの総会長宛て書翰(Jap. Sin. 9–I, f. 147.)。尚日本で開かれた第一回全体協議会においても、ヴァリニャーノ自身がこの件でヨーロッパに赴くべきである、という結論に達した

(Jap. Sin. 2, f. 62. A. Valignano & J. L. Alvarez-Taladriz, *Sumario de las cosas de Japón*, p. 333.)。

(94) Jap. Sin. 9–II, f. 173v.

(95) Jap. Sin. 10–I, f. 94.

(96) J. F. Schütte, *Monumenta Historica Japoniae* I, p. 189.

(97) Jap. Sin. 10–II, f. 336v.

(98) Jap. Sin. 10–II, f. 293v.

(99) Jap. Sin. 12–II, f. 317.

(100) Jap. Sin. 11–I, f. 84.

(101) J. F. Schütte, *Documentos sobre el Japón conservados en la colección《Cortes》de la Real Academia de la Historia*, p. 14.

(102) Jap. Sin. 11–I, f. 107v.

(103) A. Valignano & J. L. Alvarez-Taladriz, *Adiciones del Sumario de Japón*, Apéndice I, Segunda Consulta de Japón, pp. 608–609.

(104) Jap. Sin. 11–II, f. 332v.

(105) Jap. Sin. 11–II, f. 227, 227v.

(106) Jap. Sin. 11–II, f. 255v.

(107) Jap. Sin. 11–II, f. 286. Jap. Sin. 11–I, f. 173.

(108) A. Valignano & J. L. Alvarez-Taladriz, *Adiciones del Sumario de Japón*, Apéndice III, Primera Congregación de Japón, p. 711.（家入敏光訳編『日本のカテキズモ』天理図書館、昭和四十四年、二九三頁）。

(109) Jap. Sin. 11–II, f. 332v.

(110) Jap. Sin. 11–II, f. 332v.

(111) Jap. Sin. 12–I, f. 6v.

(112) Jap. Sin. 12–I, ff. 6v., 7.

(113) Jap. Sin. 12–II, f. 224v.

(114) Jap. Sin. 13-I, f. 46.

(115) J. F. Schütte, *Introductio ad Historiam Societatis Jesu in Japonia*, p. 960.

(116) 一六〇一年十月十六日付長崎発、ヴァリニャーノのベラルミノ枢機卿宛て書翰でも、日本イエズス会に対する教皇の援助を得る件での尽力を、強く要請している(Jap. Sin. 14-I, f. 81v.)。

(117) Jap. Sin. 14-I, f. 81v.

(118) Jap. Sin. 14-I, f. 166v.

(119) Jap. Sin. 12-II, f. 197v.

(120) Jap. Sin. 12-II, f. 223.

(121) Jap. Sin. 14-I, ff. 109, 110v.

(122) Jap. Sin. 14-I, f. 116v.

(123) Jap. Sin. 14-I, f. 138, 138v.

(124) Jap. Sin. 14-I, f. 131v.

(125) Jap. Sin. 14-I, f. 145v.

(126) Jap. Sin. 14-I, f. 107v.

(127) Jap. Sin. 14-I, f. 131v.

(128) Jap. Sin. 14-I, f. 166v.

(129) Jap. Sin. 24, f. 16.

(130) Jap. Sin. 24, ff. 17, 20.

(131) Jap. Sin. 14-I, f. 166v.

(132) バルタザール・バレイラは一五九五年から一六〇一年までマドリード政庁駐在プロクラドールであったが、一六〇一年にアントニオ・コラソがこれに替った(J. F. Schütte, *Documentos sobre el Japón conservados en la colección《Cortes》de la Real Academia de la Historia*, p. 12.)。

(133) Jap. Sin. 14-II, f. 185v.

(134) Jap. Sin. 11–I, f. 84.

(135) Jap. Sin. 11–II, f. 332v.

(136) Real Academia de la Historia, Cortes 565, ff. 116–166. (J. F. Schütte, *Documentos sobre el Japón conservados en la colección 《Cortes》 de la Real Academia de la Historia*, pp. 57–70.)

(137) Jap. Sin. 17, f. 163.

(138) Jap. Sin. 25, f. 125v.

(139) 高瀬弘一郎「キリシタン時代インドにおける日本イエズス会の資産について」上・下。本書第二部第五章。

(140) Jap. Sin. 8–I, ff. 240v., 241.

(141) 高瀬弘一郎「キリシタン時代インドにおける日本イエズス会の資産について」下、五頁。本書第二部第五章四八八・四八九頁。

(142) 同右、上、五一・五二頁。本書第二部第五章四六一・四六二頁。

(143) Goa 13–I, f. 213.

(144) Sumario de alguas cousas que pertencẽ ao governo da Prov.ª da India pera instrução do P. Prov.l feito p.lo P.e Alex.o Valignano Visitador, per ordem do N. Padre Geral em Abril do ano de 88 e tirado das cartas, e ordens que mãdarão os mesmos Geraes. (Goa 6, f. 89.)

(145) 一五八六年十二月二十日付コチン発、ヴァリニャーノの総会長宛て書翰に、「現在日本が有する資産で以て、別のレンタを買入れることは出来ない。何故なら、われわれは当地でそれを買入れる許可をえていないし、また日本の資産は決して奪ってはならないからである。」(Jap. Sin. 10–II, f. 210.) と記述されている。

(146) Jap. Sin. 12–I, f. 141.

(147) 高瀬弘一郎「キリシタン時代インドにおける日本イエズス会の資産について」上、五〇頁。本書第二部第五章四五八―四六〇頁。

(148) Jap. Sin. 2, ff. 61–62. (A. Valignano & J. L. Alvarez-Taladriz, *Sumario de las cosas de Japón*, pp. 332, 333.)

(149) Jap. Sin. 2, f. 42, 42v.

(150) Jap. Sin. 2, ff. 23v.–24v.

(151) Jap. Sin. 49, ff. 231v., 232. Jap. Sin. 2, f. 80. (A. Valignano & J. L. Alvarez-Taladriz, *Sumario de las cosas de Japón*, pp. 333, 334.) 尚このヴァリニャーノの裁決文は、ヴァリニャーノの署名入りのもの(Jap. Sin. 49, ff. 223–238v. ポルトガル文)と署名のない写し(Jap. Sin. 2, ff. 70–86v. スペイン文)が残存している。今問題にしている第十三番目の諮問事項に関する裁決についていえば、前者のポルトガル文の方は、豊後協議会の答申記録に対する裁決という形をとっているが、内容は両者共同じである。

(152) Jap. Sin. 8–I, f. 277.

(153) 『長崎実録大成正編』長崎文献社、昭和四十八年、一六九頁。

(154) わずかに松田毅一氏は『大村純忠公と長崎甚左衛門』(昭和四十五年)八六―一〇八頁で、日欧いずれの史料の記述が正しいか断定出来ない、ということを述べておられる。

(155) A. Valignano & J. L. Alvarez-Taladriz, *Sumario de las cosas de Japón*, p. 310. (松田毅一他訳『日本巡察記』平凡社、昭和四十八年、一四一頁)。

(156) Alexandro Valignano, Sumario de las cosas que perteneçen a la Provincia de la Yndia Oriental y al govierno della. (António da Silva Rego, *Documentação para a História das Missões do Padroado Português do Oriente*, Índia, 12.º vol., Lisboa, 1958, p. 542. C. R. Boxer, *The Christian Century in Japan*, University of California Press, 1951, p. 101.) Jap. Sin. 8–I, f. 278. (J. L. Alvarez-Taladriz, "La Confirmación (1580) de la Donación de Nagasaki (1570)",『天理大学学報』九八輯、八八頁)。

(157) Jap. Sin. 49, ff. 252–257v. のヴァリニャーノの署名がある原文(ポルトガル文)には「一〇〇タエル」と記してあるのに対し、Jap. Sin. 8–I, ff. 259–262v. の同規則の写し(スペイン文)には「一五〇ドゥカド」となっている。

(158) 原文には「叛逆」(Jap. Sin. 49, f. 256v.)とあるが、写しには「危険」(Jap. Sin. 8–I, f. 262v.)と記してある。

(159) 原文には「町《マチ》」(Jap. Sin. 49, f. 256v.)とあるが、写しには「土地」(Jap. Sin. 8–I, f. 262v.)となっている。

(160) Jap. Sin. 49, f. 256, 256v. Jap. Sin. 8–I, f. 262, 262v.

(161) 原文は "Dõ Bartholomeu Señor de Omura y su hijo Sancho tenẽdo respecto a lo mucho q̃ devemos a los p.[es] de la Cõp.[a]……" Jap. Sin. 23, f. 11. (J. F. Schütte, *Valignanos Missionsgrundsätze für Japan*, I, I, Roma, 1951, pp. 416–417.)

(162) Jap. Sin. 8–I, f. 277v. (J. L. Alvarez-Taladriz, "La Confirmación (1580) de la Donación de Nagasaki (1570)", p. 87.

(163) A. Valignano, Sumario. (A. da Silva Rego, Documentação, 12.º vol. p. 542.)

(164) Jap. Sin. 9–II, f. 168v. 一五八四年十月四日付マカオ発、カブラルの総会長宛て書翰も同文(Jap. Sin. 9–II, f. 303v.)。

(165) A. Valignano & J. L. Alvarez-Taladriz, *Sumario de las cosas de Japón*, p. 79. (松田毅一他訳、前掲書、三五頁)。

(166) Jap. Sin. 10–II, ff. 248v., 249.

(167) Jap. Sin. 41, f. 69. (A. Valignano & J. L. Alvarez-Taladriz, *Sumario de las cosas de Japón*, introducción, p. 81.)

(168) Jap. Sin. 23, f. 19.

(169) Jap. Sin. 23, f. 1v.

(170) Dorotheus Schilling, *Das Schulwesen der Jesuiten in Japan*, Münster, 1931, p. 23, n. 3. A. Valignano & J. L. Alvarez-Taladriz, *Sumario de las cosas de Japón*, p. 79, n. 49.

(171) A. Valignano, Apología, Jap. Sin. 41, f. 69, 69v. (J. L. Alvarez-Taladriz, *Sumario*, introducción, p. 81.) 因に、一六〇〇年頃のものとされている無名の文書には、ポルトガル船がマカオに停泊する場合の停泊料について、三〇〇トンのナウ船で銀三〇〇〇乃至四〇〇〇タエルを商品や銀で納めた由が記されている(F. Colín & P. Pastells, *op. cit.*, III, p. 220. C. R. Boxer, *The Great Ship*, pp. 183, 184)。

(172) J. F. Schütte, *Introductio ad Historiam Societatis Jesu in Japonia*, pp. 491, 725.

(173) Jap. Sin. 8–I, f. 278v. (J. L. Alvarez-Taladriz, "La Confirmación (1580) de la Donación de Nagasaki (1570)", p. 89.)

(174) Jap. Sin. 9–II, f. 172. (*Documenta Indica*, XII, p. 856.)

(175) Jap. Sin. 3, f. 6v.

(176) Jap. Sin. 2, f. 42.

(177) Jap. Sin. 2, f. 61v.

(178) Sumario de alguas cousas que pertencẽ ao governo da Prov.ª da India pera instrução do P. Prov.l feito p.lo P.e Alex.o Valignano Visitador, per ordem do N. Padre Geral em Abril do ano de 88 e tirado das cartas, e ordens que mãdarão os mesmos Geraes. (Goa 6, f. 89. A. Valignano & J. L. Alvarez-Taladriz, *Adiciones del Sumario de Japón*, p. 712, n. 59.)

(179) Jap. Sin. 11–I, f. 126.

(180) Jap. Sin. 11–I, ff. 136v., 137.

(181) A. Valignano & J. L. Alvarez-Taladriz, *Adiciones del Sumario de Japón*, Apéndice III, Primera Congregación de Japón, pp. 712, 713.（家入敏光訳編、前掲書、二九五・二九六頁）。

(182) *Segunda parte das cartas de Japão que escreverão os padres, & irmãos da Companhia de Jesus*, f. 243, 243v.（岡本良知『十六世紀日欧交通史の研究』六甲書房、昭和十七年、六三二頁）。

(183) 一六七七年十一月十七日付マカオにて巡察師セバスチアン・デ・アルメイダが作成した「日本管区のコレジオとレジデンシアの設立者、及び同管区の慈善家のカタログ」と題する記録には、大村純忠の喜捨として、長崎関係では停泊料七〇〇タエルを与えたこと、及び長崎市をその凡ての利益と支配権を付けて与えたことが記されているのみで、その停泊料以外の収入については、明確に記していない。一方茂木については、有馬晴信が寄進したことになっており、次のように記されている。「〔有馬晴信は〕茂木において、年に大凡五〇〇石《ゴクス》の米を産する土地を与えた。これは銀五〇〇タエルに相当する。同じ茂木において、小麦と大麦を産する土地・竹林・森林を与えた。ここからも大凡五〇〇タエルの収入になったことであろう。イエズス会はこのレンダを三、四年所有した。」（Jap. Sin. 23, f. 2. Biblioteca da Ajuda, 49–IV–66, f. 99.——東大史料編纂所架蔵の複製写真による）。この記事は、同時代のコエリョの年報に記されているところにくらべ、余りに多額である許りか、茂木の寄進者を有馬晴信としており、信憑性は乏しいと言わねばならない。

(184) A. Valignano & J. L. Alvarez-Taladriz, *Sumario de las cosas de Japón*, pp. 78, 79.（岡本良知、前掲書、五六七頁）。

(185) A. Valignano & J. L. Alvarez-Taladriz, *Adiciones del Sumario de Japón*, p. 460.（松田毅一他訳、前掲書、一八四頁）。

(186) 一五八九年二月二十四日付加津佐発、コエリョの一五八八年年報（*Segunda parte das cartas de Japão que escreverão os padres, & irmãos da Companhia de Jesus*, f. 243v. 岡本良知、前掲書、六三二頁）。A. Valignano, Apología en la qual se responde a diversas calumnias que se escrivieron contra los Padres de la Comp.ª de Jesús de Jappón y de la China, 1598, cap. 17, Jap. Sin. 41, f. 86.

尚一六七七年十一月十七日付マカオにて巡察師セバスチアン・デ・アルメイダが作成した「日本管区のコレジオとレジデンシアの設立者、及び同管区の慈善家のカタログ」に、「〔有馬晴信は〕われわれに長崎の近くの浦上を与えた、ここには、毎年一五〇〇石《ゴクス》の米を産する土地があった。これは大凡銀一五〇〇タエルに相当する。さらにここには毎年大凡二〇〇タエルの収入になったと思われる小麦と大麦を産する土地があった。イエズス会はこのレンダを七、八年所有した。」(Jap. Sin. 23, f. 2. Biblioteca da Ajuda, 49–IV–66, f. 99.——東大史料編纂所架蔵の複製写真による)と記されている。この記事は、浦上からの収入額が右の二点の史料と大きく食違っており、またその保有期間も史実に反する。同時代の右のコエリョの年報及びヴァリニャーノの「弁駁書」の記載の方が信憑性が高いことは言うまでもない。

(187) Jap. Sin. 9–II, f. 168, 168v. 一五八四年十月六日付マカオ発、カブラルの総会長宛て書翰も同文(Jap. Sin. 9–II, f. 303, 303v.)。

(188) Jap. Sin. 9–II, ff. 168v., 303v.

(189) 日本においてイエズス会士一人に対し、一年にどれ程の経費を要したか、関係史料を挙げてみたい。

一五八六年十二月二十日付コチン発、ヴァリニャーノの総会長宛て書翰に、「これらのパードレ一人宛に毎年一二タエル即ち一六クルザドを与えるよう命ぜられた。」(Jap. Sin. 10–II, f. 207v.) と記述されている。一五九一年十月二十八日付長崎発、ゴメスの総会長宛て書翰に、「日本では、パードレ一人の維持を助けるために、毎年二〇ドゥカドの支給をうける。」(Jap. Sin. 11–II, f. 258.)と記されている。ヴァリニャーノの「弁駁書」(一五九八年一月)には、「パードレとイルマンには、その衣食のために一人当り毎年二〇ドゥカド、同宿には八、従僕には四・五与えられるにすぎない。ポルトガルのナウ船が欠航した年には、パードレとイルマンに支給されていた二〇ドゥカドの内四、同宿からは二削減される。」(A. Valignano, Apología, cap. 17, Jap. Sin. 41, f. 84v.)と記述されている。

一六一五年三月二十五日付長崎発、スピノラの総会長宛て書翰には、「パードレ一人は、衣食に毎年一八ドゥカド消費するにすぎず、泊り客・家具・カーザの修繕等の臨時の出費を合せても、二五ドゥカドの経費がかかるにすぎないのに、これに一四ドゥカド割当てられる同宿と、九ドゥカド消費する従僕の分を加えると、毎年四八ドゥカドにも上る。」(Jap. Sin. 36, f. 168, 168v.)と記されている。さらに「日本における主な慈善家のカタログ」と題する文書につづく記録に、「パードレとイルマンには、衣食のために一人当り二〇タエル、同宿一人には毎年四・五ドゥカド、従僕にも同額与えられるにすぎない。マカオからのナウ船が欠航すると、パードレとイルマンは、一人当り年間四タエル削減される。」(Biblioteca da Ajuda, 49–IV–66, f. 100. 東大史料編纂所架蔵の複製写真による)と記述されている。

また「日本管区のレンタ」(年代不明)と題する記録に、「この凡てのレンタが一万二〇〇〇ドゥカドに達したとして、これを六六〇人に配分すると、一人当りその衣食の費用として大凡一八ドゥカドの割当てになる。」(Jap. Sin. 23, f. 19v.) と見えている。

以上いろいろな史料に記録されているところから判断して、イエズス会士一人に対する衣食の経費は年間二〇ドゥカド前後であったとみてよいであろう。

(190) Goa 14, f. 150, 150v. 一五九三年十二月二十五日付コチン発、カブラルの総会長宛て書翰も同文(Goa 14, f. 182.)。一五九六年十二月十日付ゴア発、カブラルの総会長補佐宛て書翰に、「この外にも、日本国内の有馬・大村・天草といったキリスト教徒の領主の領内に所有する他のレンダがあるが、これは、これらの領主の領内にあるので、いまだかつて失われたことはなかった。」(Goa 32, f. 587v.) と記されている。一五九六年十二月十七日付ゴア発、カブラルの総会長宛て書翰にも、これと略〻同じことが記述されている(Goa 32, f. 583v.)。これら二通のカブラルの書翰には、国内の土地収入についてこのように簡単に記されているにすぎない。

(191) Jap. Sin. 23, ff. 1v.–2v. Biblioteca da Ajuda, 49–IV–66, ff. 98–99v. (東大史料編纂所架蔵の複製写真による)。

第五章　キリシタン時代インドにおける日本イエズス会の資産

一

イエズス会は、わが国でキリシタン布教を進めるのに要する経費をいろいろな形で調達したが、その内の一つに、ポルトガル植民地のインドにおいて取得した資産——主として土地であるが——からの収入があった。この収入は、金額はそれ程多くなかったが、日本イエズス会にとってかなり安定した収入の内の一つであった。このインドにおける日本イエズス会の資産については、それが一体どのようなものであったのか、従来殆ど明らかにされていないので、関係史料を紹介してその解明をこころみたい。

二

日本イエズス会はいろいろな種類の収入をえていたが、当時の布教地における布教資金の調達方法のあるべきすがたは、矢張りどこかに所領を持って、そこから定収入を得ることであった。ローマのイエズス会本部でもこのことは既に早くから問題になっていた。総会長フランシスコ・ボルハは、巡察師としてインドに派遣されているゴンサロ・

アルヴァレスに宛てた一五七〇年一月十日付の書翰で次のような指令を与えている。

「イエズス会士が日本に持っているかねで以て、何らかの資産を彼等の維持のために買入れるのがよいと私は考えるが、尊師が幸いにして日本を巡察することが出来たら、この点いかにすべきか一層よく調べてもらいたい。(1)」

この書翰がいつどこでアルヴァレスの手に届いたかは判らないが、その年の十一月には日本イエズス会はインドで最初の資産を取得している。

イエズス会が日本布教のための収入をうるためにインドで最初に買入れた資産は、ボンベイの近くの小島、カランジャ島における年金五〇〇パルダオであったようである。日本イエズス会がインドで取得した資産の多くは土地であったが、このカランジャの場合は、年金を受ける権利のようなものを買入れたと考えてよい。これに関しては次のような記録がある。

「カランジャの年金五〇〇パルダオは、一五七〇年十一月十六日に、当時ゴアの管区長であったパードレ・アントニオ・デ・クワドロスが、ドン・ジョアン・デ・カステロ・ブランコとその妻ドナ・マリア・ピニェイラから、金三三〇〇パルダオで買入れたものである。副王ドン・ルイス・デ・アタイデ〔在任期間一五六八—七一(2)——引用者〕が国王陛下の名で発した勅許状によって許可したので、この売買が行われた。(3)」

即ち、この年金は五〇〇パルダオの金額のもので、これを一五七〇年十一月十六日に当時日本が所属していたゴア管区の管区長クワドロスが金三三〇〇パルダオで買入れたということが判る。問題はこの資金であるが、一五七二年一月二十三日付インド発、ヴィレラの総会長宛ての書翰に次のように記述されている。

「〔生糸貿易によって儲けた〕この資金がふえて行き、二万クルザドの貯えが出来たので、インドの上長〔管区長クワドロスのこと——引用者〕は、その大部分をインドに送って何らかのレンダを買い、そしてもうシナには送金しないのがよい、と考えた。そして大凡一万二〇〇〇クルザドがインドに送られて来た。[4]」

レンダ renda とは、定期的に入る各種の収入を意味するポルトガル語で、スペイン語ではレンタ renta になる。キリシタン時代、本国国王から支給されたかねや生糸貿易の収益その他、諸〻の教会財源にこの語を当てている。レンダを買入れる、という表現は、定収入が入る資産を買入れる、という意味に解してよい。カランジャの年金を買った資金は、恐らくは、このヴィレラの書翰に見えている、日本から送られた一万二〇〇〇クルザドの中から調達されたものと思う。

ゴア管区長クワドロスの尽力によって、日本イエズス会はインドに最初の資産を取得することが出来たが、イエズス会関係者は、更にその後も日本のために資産を買増して行った。

一五七五年(一五七四年の誤)十二月二十五日付ゴア発、ヴァリニャーノの総会長宛て書翰には次のように記述されている。

「〔在日イエズス会士は〕今日まで、ポルトガル国王がマラッカで施しをしている六〇〇パルダオと、当地インドのバサインの近くに所有しているレンディタ rendita〔レンダのイタリア語――引用者〕の六〇〇パルダオ、及び多くの商品を取引して上る利益――そこから毎年多額の利益がえられるが――で以て常に生活して来た。今度、主のご意志により、巡察師パードレ・アルヴァレスが乗っていて死亡した船と共に、現金で所有していた彼等の財産の大部分を失ってしまった[5]ので、消費を節約し、毎年二〇〇〇スクードだけで満足している。国王が日本イエズス会に支給する喜捨及び既に述べたような収入の外に、彼等がこのコレジオに保管している五〇〇〇スクードで以てその経費を補って来た。私は目下、このかねを安全に確保しようと努めている。それで、このかねと、私がポルトガルから着いた今年国王が増額してくれた四〇〇パルダオで以て、一四人のみでなく、三〇人を安楽に維持出来るだけの収入源を買入れよう思っている。[6]」

右の内容から、一五七四年十二月現在、日本イエズス会はカランジャの年金に加えてバサイン[7]にも資産を取得し、両方から六〇〇パルダオの年収があった、ということ、及びヴァリニャーノはゴアのコレジオに保管してある日本イエズス会の財産五〇〇〇スクードを主な資金にして、さらにレンダを買増す考えであった、ということが判る。

次に、「この東インド管区のすべてのコレジオとレジデンシア、会員、学習、会員以外の学生、レンタ、布教の中心に関する要録。一五七五年十月に作成」と題する文書には次のように記述されている。

「〔在日イエズス会士は〕国王がマラッカで支給する九〇〇クルザドと、彼等のかねでバサインの地で買入れたいくつかの村から入る九〇〇クルザドで以て生活している。[8]」

この史料により、日本イエズス会は当時既にバサインにおいて、複数の村を資産として取得していたことが判る。即ち、前引一五七四年十二月二十五日付のヴァリニャーノの書翰に記述されているバサインのレンダに加えて、この文書が作成された一五七五年十月には、同じバサインに更に別のレンダを取得していた、ということが明らかになる。

この間の事情については、ヴァリニャーノが一五七五年十二月四日付で、コチンよりゴアに向う船中から総会長に宛てた書翰によって、一層はっきりする。

「更に日本は、国王がこのような方法で与える一〇〇〇の外に、バサインの近くにいろいろな資産を買入れて、そこから上る大凡一〇〇〇[9]の収入を有している。この内、私の渡来後〔ヴァリニャーノのインド到着は一五七四年九月六日[10]──引用者〕に、両方で五〇〇スクードの収入が入る二つの資産を買入れた。一つは一二〇〇で、他は四〇〇〇パルダオで買入れた。[11]」

即ち、一五七五年十二月当時、日本イエズス会はバサイン近辺に全部で一〇〇〇スクードのレンダを所有していたこと、この内五〇〇スクードはヴァリニャーノのインド到着後、即ち一五七四年九月六日以後に取得した二カ所の資産からの収入であったことが判る。ということは、前引のいくつかの史料の記事を綜合して、ヴァリニャーノのインド渡来以前に既に取得していた五〇〇スクードというのは、一五七〇年十一月十六日に買入れたカランジャの年金のことであり、その後ヴァリニャーノがインドに着いた一五七四年九月六日から同年十二月までの間に、バサインに一村取得し、更に翌一五七五年の十月以前にも、同じバサインにもう一村買入れた、ということが明らかになる。

一五七六年のカブラルの書翰(月日、及び宛名は不明である)には、「尊師が、日本のためにバサインに更に二つの村を買うよう熱心に命じたことは、大変結構なことである。[12]」と見え、さらにバサインにレンダを買増す件がイエズス会の中で問題になっていたことが判る。

インドにおける日本イエズス会の土地収入を増加させる問題は、一五七五年十二月にゴアで開かれたインド管区会議でもとり上げられ、次のように議決された。

「シナと日本の間の貿易は全面的に廃止すること。そして巡察師とその他すべての上長は、福音を福音の精神に則って、使徒的に宣布するよう最善の努力をしなければならない。従って、在日イエズス会士のためにバサインにおいて買入れたレンダは、将来日本に設けるコレジオのために保持し、そしてもし可能ならそれを増加させるようにしなければならない。しかもそれ許りでなく、このようにして、在日イエズス会士の窮乏をこのレンダによって救済しうるようにしなければならない。[13]」

これによると、インド管区会議では、日本イエズス会が行なっていた生糸貿易を止めさせる代りに、インドにおける土地収入の増加を図ることを議決したことが判る。

ところで、インドにおいて資産を取得することを中心になって進めた人物は誰であったか、という問題であるが、一五七七年九月一日付ロノ津発、カブラルの総会長宛ての書翰に「私はインドに毎年若干のかねを送り、日本から送ったかねで一〇〇〇クルザドのレンダを買入れた。(14)」と記述されている。一五七〇年代のイエズス会日本布教長はカブラルであったので、彼がローマのイエズス会本部やゴア管区長クワドロスの意をうけて、この件を推進した主要な人物の一人であったということが推測出来るが、このことは、カブラルが一五八一年九月四日付で臼杵から総会長補佐ペドロ・ダ・フォンセーカに宛てた書翰によって更にはっきりする。

「日本にコレジオがつくられる予定だということ、そのための財源、維持費が乏しいということ、しかもそれが毎年大きな危険にさらされており、年によっては、それをもたらすナウ船の遭難によりすべて失われてしまうということを見て、当時管区長であったパードレ・アントニオ・デ・クワドロスに毎年儲けの中から一定額のかねを送り、われわれのために何らかのレンダを買入れさせてほしい旨依頼することにした。これは、日本教会が常に季節風とナウ船の貿易に左右され、しかもそれのために上長が大層煩わされる、という現状を改善するためである。そして私がゴアに送ったかねでもって、いくつかの村で一〇〇〇クルザドのレンダを買入れた。その余りが尚五〇〇〇―六〇〇〇クルザドあってゴアのコレジオに預けておいた。機会があったら更にレンダを買増すためであった。しかしその預けたかねも、資産からの収入も、ゴアのコレジオが必要としたようだ。というのは、そのレンダの内、われわれの許には四〇〇クルザドしか届かないからである。そして預けたかねについては、今年ゴアのプロクラドールが私に書送って来たところによると、同コレジオはそれをわれわれに返さないために、総会長から助けをえたとのことである。(15)」

この書翰には、インドにおける日本イエズス会の資産は、カブラルが日本布教長であった時代にクワドロスの許に送金したかねでもって、同管区長の尽力で買入れたものだということが記述されている。このことは、一五八一年十月十三日付、コエリョの総会長宛ての書翰にも、「日本はインドに一〇〇〇クルザド程のレンダを持っている。これはパードレ・アントニオ・デ・クワドロスの時代に、そのために日本から送ったかねで買入れたものである。[16]」と記述されている。また、カブラルが一五八三年十月五日付でマカオから総会長に書送った書翰にも、「更に日本は、私がそのために日本から送金したかねでもってゴアで買入れたいくつかの村から入る一〇〇〇クルザドのレンダを有する。[17]」と見えている。このことは、後で引用する一五八三年十月二十八日付コチン発、ヴァリニャーノの総会長宛て書翰の文面からも、一層はっきりする。

カブラルは一五七〇年六月十八日に布教長として来日し、[18]一方クワドロスはゴア管区長在任中の一五七二年九月二十一日に死亡している。[19]いくつかの史料に、クワドロスが管区長であった時に、カブラルによって日本から送金が行われた、と記述されており、従って送金は一五七〇年代の冒頭に行われたことになるが、しかし前に引用した一五七七年九月一日付ロノ津発のカブラルの書翰には、毎年インドに若干のかねを送った、とあり、食違いを見せている。更に前に述べたように、一五七〇年十一月十六日にカランジャの年金を買入れた資金も日本から送金された筈であるから、そうなると、カブラルの日本赴任以前から、既に日本からインドにかねが送られていた、と考えなければならない。前引一五七二年一月二十三日付インド発のヴィレラの書翰には、一万二〇〇〇クルザドがインドに送金された、とあったが、これはカブラルの来日以前に行われた送金を含んでいると考えなければならない。ここで一五八三年十月二十八日付コチン発、ヴァリニャーノの総会長宛ての書翰の次の記事が重要な意味を持って来る。

「バサインの地において日本のために確実なレンタを買入れるべきだという結論が、カブラルと管区長の間で出されたので、カブラルは一万八〇〇〇ドゥカドものかねを管区長に送り、日本に対して年貢の形で五〇〇クルザドの収入になるレンタを買入れるのに五〇〇〇を費し、そして約一万三〇〇〇はゴアのコレジオの窮乏を救うために使われてしまった。[20]」

これらの史料により、一五六〇年代後半から一五七〇年代の冒頭にかけて一万二〇〇〇クルザドが送金され、そしてその後もカブラルによって一五七〇年代前半に何回かにわたって六〇〇〇クルザドが送金されたのではないか。ヴァリニャーノが一万八〇〇〇ドゥカドと記しているのは、それをすべて合計した数字ではないか、という推測が一応出来ると思う。いずれにしてもかなりな額の現金が前以て送られ、そして資産買入れ後の残金をゴアのコレジオに預けておいたところ、そこの経費に充てるために使いこまれてしまうという事態になったわけである。(21)

以上は一五七〇年代における資産の取得について記述したが、日本イエズス会は引つづき一五八〇年代にもインドで土地を買入れている。即ち、一五八七年十一月二十七日付ゴア発、ヴァリニャーノの総会長補佐マヌエル・ロドリーゲス宛て書翰には次のように記述されている。

「同総会長は、臼杵の修練院には、日本に行く前に私が北部地方で買入れたいくつかの村からの収入を充てた。そこからは五〇〇クルザドの収入があった。また、今から二年前に、私は同じ北部地方に別の村を一つ買った。そこからも同じ額の収入があるであろう。これもまた、それに充てなければならないと思う。(22)」

この書翰によると、一五八五年にも日本イエズス会は、当時ゴア管区長であったヴァリニャーノを通して、同じ地方に一村を買入れたことになるが、二年前、即ち一五八五年というのは誤記であって、これは一五八四年のことである。一五八四年十二月十二日付コチン発、ヴァリニャーノの総会長宛て書翰に、「私は同じ日本のために、バサインの地において日本が有する他の村々の近くに別の村を五〇〇〇パルダオの価で買った。これは毎年五〇〇の収入になる。これは主の恩寵により既に全額支払い済みである。(23)」と記述されている。一五八四年に五〇〇パルダオの年収になる村を、五〇〇〇パルダオで買入れたことが明らかになる。その購入資金については、一五七〇年代に日本から送金したかねの残りは、既に述べたようにもうゴアで流用されてしまっていた筈なので、これとは別の資金であったことは明らかであるが、この点、右のヴァリニャーノの書翰によると、ローマ教皇給付の年金をその資金としたようである。[24]

三

当時のカトリック布教事業のあり方から言って、布教団が、喜捨によるものであれ買入れたものであれ、何らかの資産を取得する場合には、教会の保護者である国王の許可を得る必要があった。日本イエズス会がインドに土地等の資産を買入れる場合も例外ではない。カランジャの年金については、それをイエズス会が買入れる件について、インド副王が国王の名でもってそれを許可する勅許状を発したことは、冒頭に引用した史料から明らかになるが、その後一五七一年には、一定の制限内ではあるが、日本イエズス会がインドで資産を買入れることをポルトガル国王は許可している。即ち、「今年一五七一年に、ポルトガル国王がインドにいるイエズス会パードレ達及びキリスト教界のために、勅令及び書翰を認めて与えたいろいろな事柄のリスト」と題する文書に、次のように見えている。

「国王陛下は、日本にいるイエズス会士の維持のために、六〇万レイス以内のレンダが入る不動産を買入れることを許可し、国王領以外に買入れるべき資産があればそれを買入れるように、また国王領以外になければ国王領を買入れてもよい旨認め、その場合そこからの年貢の額を、王室の財産の中から毎年上述の日本のパードレに与えている六〇〇パルダオの中から差引くことにする、と定めた。[25]」

同じことが、日本イエズス会士がインドで所有するレンダに関してパードレ・ニコラオ・ダ・コスタが一六三四年十二月十三日付でゴアで作成した報告書にも、記述されている。

「国王ドン・セバスチアンは、一五七一年日本王国にあってそこの全異教徒に聖福音を宣布しているイエズス会パードレに施しをするために、彼等に勅許状を発布し、彼等の維持費のために、六〇万レイスのレンダをインドの地で買入れることを許可し、国王領は不可であるが、しかし他にレンダがなければ国王領において買入れてもよい、と認めた。[26]」

六〇万レイスの換算についてであるが、一五九三年一月十三日付マカオ発、ヴァリニャーノの総会長宛て書翰に、六万レイス＝一五〇ポルトガル・クルザドの比率が、[27]また一五九八年七月一日付マカオ発、ヴァリニャーノの書翰には四三四レイス＝一ドゥカドの比率[28]が夫々示されている。年代は多少ずれるが、この二例から六〇万レイスは一四〇〇―一五〇〇クルザド（＝ドゥカド）に相当するとみてよいであろう。

四

次に、日本イエズス会はこのインドにおける土地収入を、何の経費に充てたのかについて述べてみたい。勿論イエズス会はさまざまな方法で収入をはかって日本布教の経費をまかなったのであって、インドのレンダもその内の一つにすぎず、他の収入と共にキリシタン布教のための経費に充てられるものであったことは言うまでもないが、それでも、収入の内の特定のものについては、どの収入はキリシタン教会の内のどの経費に充てる、というように、定められている場合があった。そこで、このインドの資産からの収入についてであるが、一五八〇年十一月十三日付府内発、ヴァリニャーノの総会長宛て書翰には次のように記述されている。

「臼杵の修練院も同様、猊下が承認されるのがよいと思われる。私は、これには、四年前に日本のかねでわれわれがバサインの地で買ったいくつかの村からの収入を充てた。[29]」

同じくヴァリニャーノは、「日本のスマリオ」(一五八三年)の中でも次のように記している。

「インドのバサインの地方に日本のために買入れたいくつかの村が、このカーザ(臼杵の修練院のこと——引用者)の収入に充てられた。[30]」

即ち、ヴァリニャーノは、バサインの土地収入を、彼が第一回日本巡察中に立案、着手した日本イエズス会の組織拡充計画の一環として、豊後の臼杵につくった修練院の経費に充てることにした。[31]

一方総会長はこの点についてヴァリニャーノにどのような指示を与えたかと言うと、一五八五年一月十八日付で総会長アクワヴィーヴァが、当時ゴア管区長であったヴァリニャーノに送った指令には、次のように記述されている。

「私は今一五八〇年十一月十三日付の尊師の書翰を受取ったが、その中で尊師は、日本に設立されるコレジオのために国王ドン・セバスチアンがマラッカで支給することにした一〇〇〇ドゥカドを、府内に開設されたコレジオの資金に充てることによって同コレジオを承認してほしい、と要請している。この点については、既に昨年、この点の充当と、バサインのいくつかの村から入る五〇〇タエルを臼杵の修練院に充てる件についての許可書を送って回答した。しかし、教皇が与えた援助が、一部をこれら両所の費用に役立てるようにとの意味を持っているので、教皇から与えられた四〇〇〇クルザドの中から、尊師が適当と判断する額をこれら両所に充て、そしてマラッカの一〇〇〇とバサインの五〇〇、及び四〇〇〇の内の残りの額を、尊師の裁量によって配分するのがよいとわれわれは考えた。というのは、これらの充当はすべて最初は不完全なものだということ、及び日本の諸事情の特徴及びその不安定さを考えて、将来を予測して、いつでも総会長や日本の上長がそれを日本国内の他の布教地に自由に移すことが出来るようにするのが適切だからである。[32]」

この文書から次のことが判る。即ち、総会長は、ヴァリニャーノが一五八〇年十一月十三日付の書翰で承認を求めて来たのに応じて、一五八四年に、マラッカで国王ドン・セバスチアンが日本イエズス会に支給した一〇〇〇ドゥカドの年金を府内コレジオに充てることと、バサインの土地収入五〇〇タエルを臼杵の修練院に充てることを許可する旨の回答をこれに与えた。しかし教皇グレゴリウス十三世が一五八三年に、日本イエズス会士のために四〇〇〇ドゥカドの年金を二〇年間にわたって支給することを決めたので、府内コレジオと臼杵修練院の維持費はこの四〇〇〇ドゥカドの中から割くことにして、マラッカで国王から支給される一〇〇〇ドゥカドとバサインの土地収入五〇〇タエル、及び教皇支給の四〇〇〇ドゥカドの内の残りの金額の使用は、ヴァリニャーノの裁量にまかせる旨を、一五八五年一月十八日付のこの文書で総会長はヴァリニャーノに通告した。

ところが、ヴァリニャーノが一五八七年十一月二十七日付でゴアから総会長補佐マヌエル・ロドリーゲスに宛てた書翰には、次のように記述されている。

「日本のコレジオとカーザに関して言えば、現在のところ国王ドン・セバスチアンがマラッカ税関で永久に与えてくれた一〇〇〇クルザド以外に基金はない。私は、これを豊後の都市、府内のサン・パウロ・コレジオに充てた。この充当を総会長は承認した。そして臼杵の修練院には、同総会長は、日本に行く前に私が北部地方で買入れたいくつかの村からの収入を充てた。そこから五〇〇クルザドの収入があった。また今から二《(マヽ)》年前に、私は同じ北部地方に別の村を一つ買った。そこからも同じ額の収入があるであろう。これもまた、それに充てなければならないと思う。[33]」

この文面による限り、少く共この書翰を認めた時には、ヴァリニャーノは、前引一五八五年一月十八日付総会長の指令はまだ受取っておらず、その中で言及されている一五八四年の総会長の文書のみを見ていたことになる。とにかくヴァリニャーノは、この時は尚、バサインの土地収入を臼杵修練院の経費に充てる方針を堅持していたようである。[34]

しかし彼がこの書翰を認めた時には、既に日本では秀吉によって伴天連追放令が発布されており、その後修練院など各種の教育機関は各地を転々と移転し、その間併合や分離をくりかえすといった苦難の時期に入った。従って、もうその頃になるとバサインのレンダを臼杵修練院の維持費に充てる、といった当初のヴァリニャーノの方針は、意味を持たなくなったと言わなければならない。即ち、それ以後、バサインの土地収入は、特定の機関の経費のみに充てるといった限定はなくなり、広く日本イエズス会全体の布教費用をまかなう収入の一部として活用されたものと思う。

尚、ヴァリニャーノは一五八九年七月二十八日付でマカオから総会長に書送った書翰の中で、インド管区長やインド管区のプロクラドールが日本イエズス会の財源調達の問題に非協力的である許りか、日本のかねを流用してしまっていると強く非難しているが、そこで日本イエズス会が北部地方に持っていたレンダのことにもふれ、「このかねは、この冬徴収される筈であった額が三〇〇〇ドゥカドを越えた。ところが司教がもたらしたそのかねを彼〔インド管区長のこと――引用者〕は奪ってしまって教会の中で消費してしまった。そのかねが満足に保管されないのなら、これ程窮乏している時なのだから、日本に送った方がよかった。[35]」と記述している。このように、インドでの土地収入が、インド・イエズス会によって流用されてしまったことも少なくなかったであろうが、それよりも、日本教会のためにインドで要する諸経費をこれでまかなうことが多かったようである。ヴァリニャーノは、「弁駁書」（一五九八年）の中でも、インドの土地収入一二〇〇ドゥカドのことに言及して、「これはインドにおいて消費されてしまう。[36]」と記述しているが、インドで消費されるその支出の内訳は、次のヴァリニャーノの二通の書翰によって明らかになる。

一六〇三年十一月十五日付マカオ発、ヴァリニャーノの総会長宛て書翰に次のように記されている。

「われわれがインドにおいて有するものは、国王から給付を受けるかねも、バサインの地に所有する収入も、ヨーロッパからわれわれの許に来る会員、われわれに送る葡萄酒・オリーブ油その他の品の補給、インド、ポルトガル、マドリード、ローマに駐在するプロクラドール、及び日本から管区代表としてローマに派遣される者に対して、インドで要する経費に足りるにすぎない。[37]」

また一六〇四年三月六日付マカオ発、ヴァリニャーノの総会長宛て書翰にも次のように記されている。

「日本がバサインの地に所有している僅かなレンタと、国王がインドで支給するものは、ヨーロッパからわれわれの許に来る会員、インド、ポルトガル、マドリードにわれわれが配置しているパードレ達、及び日本からローマに派遣されるパードレ達について、インドで要する経費、及び管区負担金やオリーブ油・葡萄酒その他そこからわれわれの許に送る品を買うのに要する経費をまかなうのに足りるにすぎない。[38]」

このように、ヴァリニャーノは右の二通の書翰で略〻同じことを記述しているが、これによって、インドの土地収入が現地でどのようなことに支出されていたかを知ることが出来る。

尚、カランジャの年金収入が何に充てられたものか、これらの史料に全然記述されていないのは不可解である。バサインの土地収入にくらべてカランジャについては関係史料も乏しく、一五七〇年十一月に取得してから本当に毎年五〇〇パルダオの収入を日本イエズス会が得ていたのかどうか、若干疑問がないでもないが、しかしこれを否定するだけの根拠もない以上、矢張りここからも収入があったものと考えなければならないであろう。

また、ここで付記しておかなければならないことであるが、イエズス会の場合、会憲により、修道施設の種類によって守るべき清貧の程度に差異が定められていた。最も厳しい清貧が要求されたのは四盛式立誓司祭だけが居住するcasa profesaであるが、これは、キリシタン時代日本には存在しなかった。これに対し、コレジオや修練院はそこに学ぶ学生を養うためにレンダを持つことが許されていた。[39]

五

次に、日本イエズス会はインドの資産をいかに管理したかという問題であるが、レンダの徴収等は、ボンベイの近郊バンドラに駐在するイエズス会士が行なってきた。即ち、一五九三年十二月十五日付マカオ発、ヴァリニャーノの総会長宛て書翰に次のように記されている。

「バンドラに駐在する会員の一人が、これ迄常にその任を果してきたように、われわれが北部地方に所有する村々のレンタを徴収する役目を果すよう、猊下から命令してもらいたい。そして将来日本のためにインドに駐在するプロクラドールと共に、この関係のことすべてを充分配慮して行うように命じてもらいたい(40)。」

ここでヴァリニャーノが述べているように、彼は、バンドラ駐在の会員に資産の管理を行わせる一方、ゴアに日本のプロクラドールを配置して、資産の維持、レンダの徴収とその送金等、管理一切の責任を彼に負わせることを考えた。ヴァリニャーノは、一五九三年一月十二日付でマカオから総会長に宛てた書翰の中で、この件について次のように記述している。

「第三点に対する対策であるが、第一に日本のプロクラドールが一人インドに駐在することが必要だと思われる。これは、日本準管区長の満足のゆく人物でなければならない。一層よく諸事情に精通するために、そのためにわざわざ日本から派遣しなければならない。或いは、猊下によって派遣されるか、又はインド管区長によって指名されるかしなければならない。彼は、日本の布教資金に関しては全面的に日本準管区長に服し、自分の許に送られて来る指令、規則に従わなければならない。そしてインド管区長はそこに介入したりそれを妨げたりすることがあってはならない所か、丁度ポルトガルに駐在するインドのプロクラドールに対してポルトガル管区長が為すように、これを助け、指導しなければならない。彼はイルマンを一人伴侶に持ち、そして彼等は全部又は一部は日本の経費で生活しなければならない。その職掌は、ポルトガルに駐在するインドのプロクラドールと殆ど同じで、主として次の三つに分けられる。第一は、日本に属するかねやその他の物がヨーロッパから送られて来たら、それを非常に安全に確保する事、バサインの地に日本が所有するいくつかの村のレンタや、国王がサルセッテで支給するかね、(41)更には、インドから日本に行く人々の食糧のために支払われるかねを徴収する事、マラッカでわれわれに支給されるかねが間違いなく支払われるように尽力する事、そして最後には、日本の立場に立って副王に対して援助を求めたり、交渉をしたりすることである。(42)」

この書翰から、ヴァリニャーノがゴアに配置すべきプロクラドールの最も重要な任務の一つにインドの資産の管理を考えていたこと、及びこのプロクラドールをはっきり日本準管区長の統制下におかなければならない、との考えを持っていたことが判る。特にこの二番目の点は、前引一五八九年七月二十八日付マカオ発、ヴァリニャーノの総会長宛ての書翰に詳しく記述されているように、兎角インド管区長や同管区のプロクラドールによって、バサインのレンダその他の日本の資金が流用されてしまうということが多く生じていたので、それの対策の意味であったことは言うまでもない。

ヴァリニャーノはこの書翰を、一五九二年十月に一緒に日本を発ってマカオまで来ていたヒル・デ・ラ・マタに托したものと思う。マタは一五九二年に長崎で開かれた日本管区会議によって管区代表に選ばれ、ローマのイエズス会本部に赴く途中であった。マタは、恐らくこのヴァリニャーノの書翰を持って、一五九三年一月にはマカオを発ち、翌年ヨーロッパに着いた。彼は総会長に対していろいろな問題を諮り、要請しているが、その内の一つに、ゴアに日本イエズス会のプロクラドールを配置する件が含まれていた。この問題で総会長が裁断を下す上で、前引ヴァリニャーノの書翰が重要な資料になったことは間違いない。マタが総会長に諮った事柄に対する総会長の裁決等を記録した文書には、「ゴアに日本のプロクラドールを一人配置するのがよいと総会長は判断した。」(43)と見えており、この点ヴァリニャーノの要求が認められたことが判る。しかしこのようなローマでの推移を知らないヴァリニャーノは、このプロクラドールを速かに配置することを強く希望する余り、追いかけて一五九五年十二月九日付でゴアから総会長に宛て、先の書翰と略〻同じ趣旨のことを書送っている。参考までに挙げておく。

「日本のイエズス会とキリスト教界の統治業務は多く、且つ重大で、しかもその大部分は当地ゴアで処理しなければならないので、このため日本は当地に、業務を巧みに処理し、しかも日本の上長に完全に服従するプロクラドールを一人配置する必要がある。私は当地に日本のことだけを担当するパードレを誰か一人配置したい。彼は日本準管区に属し、そしてインド駐在の日本のプロクラドールとなり、そして手助けになるイルマンを一人伴侶として所有する。尤も二人共日本の経費で生活をするものとする。何故なら、確かに私はインドの上長でもあるので、インド管区のプロクラドールが日本のプロクラドールも兼ねるというのでも充分ではあるが、現在のところ、私も日本の上長も、インド管区のプロクラドールには何ら命令権を持っていないので、いずれにしても、インドに日本担当のプロクラドールを配置するより外に適当な措置がない。そしてこのプロクラドールは全面的に日本の上長に服従しなければならない。彼は、日本がバサインの地に所有するレンタに関して、そこからかねを徴収したり、そこの収入と経費の会計をしらべたりするために、必要な際にはその地にまで行かなければならない。またサルセッテにおいて支払われるかねを受取り、更にポルトガルから日本のための年金として彼の許に送られて来るかねを安全に確保して、それをその他日本に属するすべての物と共に日本に送り、往復する書翰をその他すべての物と一緒に忠実に送り、また毎年日本に行く人々の食糧や、葡萄酒・オリーブ油、その他毎年シナや日本のために必要な品々の如き必需品を適時用意するようにしなければならない。そしてこれらすべてのことを適切に行うために、日本担当のプロクラドールは別途のかねを所持し、これらのことを適時行い、そしてその他すべてのことにおいて、日本の上長が彼に与える命令を守らなければならない。というのは、インド管区のプロクラドールは為すべきことが沢山有り、しかも通常日本の便宜をはかるということより、むしろ管区長の指令に従って当管区のためにプロクラドールの務めをしなければならないからである。即ち、第一に、日本に属するものよりも、むしろ当管区のカーザに属するものを、副王から受取る努力をしなければならない。当管区のかねと日本のかねとを混同することがあってはならないし、当管区のものを売ったり交換したりしてもいけない。このようなことはこれまで常に日本が損失を蒙る形で行われて来た。それをこのようにすれば、日本は命令を与える者、何か悪いことをした際に咎める者をインド内に持つことが出来る。そして常に当管区のプロクラドールに要請しなければならなかったり、彼の為すがままに任せて満足せねばならなかったり、といったようなことはなくなる。というのは、もう彼の統治に服することはなくなるからである。このため、インド管区と管区長が、日本準管区と準管区長と共に歩んでゆくようにする方法について、私が巡察師として今決意したことの一つは、出来るなら日本準管区が当地に独自のプロクラドールを一人配置したい、ということであった。この決定事項を私が猊下に書送るのは、猊下にそれを承認してもらって、インド管区長と日本準管区長に伝えてもらいたいためである。そしてこれら二つの管区の間に適切な然るべき一致と良い秩序が存在するよう厳命を与えてもらいたいためである。(44)」

その後ヴァリニャーノの計画通り、日本担当のプロクラドールがゴアに配置されている。

六

これまでは、バサインの土地を中心とした日本イエズス会のインドの資産がどのような内容のものであったのか、ということについてはふれなかったが、次に、多少別の種類の史料も引用して、その点を記述してみたい。

まず、アジュダ図書館架蔵の「日本の不動産のカタログ」(以下これを**史料一**と呼ぶ)と題する文書には、次のように記述されている。

「日本が所有する最も安定したレンダは、北部地方のサルセッテ(45)における三つの小村である。これは国王の許可をえて買入れたもので、国王領から分割されている。北部地方の資産のことに精通し、そして永年これらわれわれの村を管理して来たイルマン・ブラズ・ピニェイロから巡察師フランシスコ・ヴィエイラが一六一五年十一月にえた明確な情報によると、現在これらの村から、四ラリンを一パルダオと計算して、一三〇〇パルダオの収入がある。内訳は次の通りである。

ポンヴェン村からは五六四パルダオ一ラリンの収入がある。この村は年貢を納めない。

ムルガン村からは五四一パルダオ二ラリン二〇バザルコの収入がある。ここから年貢として納める一六八パルダオ三ラリンを差引いた実収入として、三七二パルダオ一ラリンが残る。

コンドウティン村から三九九パルダオ二ラリンの収入がある。この村も年貢を納めない(46)。〔中略〕

同じ北部地方のカランジャ島からは、五〇〇パルダオの年金が入る。これは国王の許可をえて買入れたものである。〔中略〕

更に北部地方のボンベイ島に、ドナ・マリア・デ・カストロとその夫ドン・ジェロニモ・デ・メネゼスが日本にコレジオを創設するために寄進した資産を有する。(47) ここからは一五四七パタカの収入がある。(48) これは年貢と耕作の経費を差引いた実収入である。この資産については、まだ国王の承認を受けていない。(49)」

次に日本管区のプロクラドール・ジェラル、パードレ・ニコラオ・ダ・コスタが本国政府の要請に応じて、本国に送るために一六三四年十二月十三日付でゴアで作成した、日本のパードレ達がインドにおいて買入れて所有しているレンダに関する報告書(以下これを史料二と呼ぶ)には、次のように記述されている。

「国王ドン・セバスチアンは一五七一年、日本王国にあってそこの全異教徒に聖福音を宣布しているイエズス会パードレに施しをするために彼等に勅許状を発布し、彼等の維持費のために六〇万レイスのレンダをインドの地で買入れることを許可し、国王領は不可であるが、しかし他にレンダがなければ国王領において買入れてもよい、と認めた。この勅許状(その中で国王陛下は、これ以外の承認を国王から得る必要はない旨言明している。)に基づいて、日本のパードレ達はポンヴェン、コンドウティン、ムルガンの三村を買入れた。これらの村は国王が年貢を徴収していたので、その関係の政庁の記録によると、経費を差引き、国王に年貢を納めた上、パードレ達にとって次のような収入になる。

ポンヴェン村は、日本のパードレ達が一五七四年にマティアス・ゴンサルヴェスから買った。ここは、彼の父であり、彼がその相続人である所の、アントニオ・ゴンサルヴェスに対して国王ドン・ジョアンが勅令を与え、インドにおいて国王に行なった奉仕に対する報酬として、アントニオ・ゴンサルヴェス自身及び先祖、子孫を問わずその相続人に賜わった土地であって、マティアス・ゴンサルヴェスはこの勅令に基づいてそこを所有していた。但し、国王に六〇パルダオの年貢を納める義務が伴っていた。四ラリンを一パルダオと勘定して、この村から二二五パルダオ六〇バザルコの収入がある。

コンドウティン村は、一五七五年にアルヴァロ・ピントとその妻カタリーナ・ファクンダから買入れた。彼等は、八〇パルダオの年貢を納める条件でもって国王ドン・ジョアンからここを贈与され、それに基づいて永久に領有していたものであった。この村から三〇九パルダオ一ラリンの収入がある。

ムルガン村は、一五八四年にジョルジェ・デ・フォンセーカとその妻ブレアンダ・ゴンサルヴェスから買入れたものである。彼等はこれをアイレス・ディアスとその妻ジョアンナ・テイシェイラから買って所有していた。そしてこの二人に対しては、副王ドン・アフォンソ・デ・ノローニャ〔在任期間一五五〇―五四[50]――引用者〕が、一五〇パルダオの年貢を毎年納める条件で贈与したものである。そして副王フランシスコ・バレート〔在任期間一五五五―五八[51]――引用者〕が彼等に対し、上述のジョルジェ・デ・フォンセーカに譲渡しても売ってもよい旨、勅許状で以って許可した。そしてこのフォンセーカから日本のパードレ達が上記の年に買入れたものである。この村からは二五一パルダオ九六バザルコの収入がある。

この外に日本のパードレは、カランジャのカサベに金五〇〇パルダオの年金を持っている。これは彼等が上述の勅許状[52]に基づいて、自分達のかねで、ドン・ジョアン・デ・カステロ・ブランコとその妻ドナ・マリア・ピニェイラから買入れたものである。このドナ・マリア・ピニェイラは、アントニオ・コレアとその妻ドナ・アンナ・ピニェイラの相続人であり、国王はこの二人に対し、貴族アントニオ・コレアがインドで多大な奉仕をしたことに対する報酬として、上述の年金を永久に与えたものである。そして上述のドン・ジョアン・デ・カステロ・ブランコが妻と共にポルトガルに行くに当り、副王ドン・ルイス・デ・アタイデから、誰にでもその年金を売ってもよいとの勅令をえた。その後で同副王から、イエズス会パードレ達に売ってもよいとの許しをえ、そしてその直後に同パードレ達がそれを買入れた。彼等はこの購入を確かなものにするために、同副王からそれを確認してもらった。副王は国王の名で以て、上述のパードレ達による年金の買入れを確認する勅許状を発した。

以上、三村からの収入とこの五〇〇パルダオの年金を合計して、一二八五パルダオになるが、これが上述の勅許状に基づいて日本のパードレが所有するレンダの金額である。

上述の三村は高地にあり、このため年によって冬の初めに大雨によって溝がこわれ、大きな被害を蒙る。又年によっては、水が必要な時に旱で損害をうけることもある。丁度今年一六三四年がそうである。

日本のパードレ達は、更に北部地方のボンベイにあるいくつかの菜園からレンダをえている。これはドン・ジェロニモ・デ・メネゼスの妻ドナ・マリア・デ・カストロが、夫の死により、コレジオ創設のために、年貢を納めた上で一五四七パルダオの収入になるこの菜園をパードレ達に寄進したものである。[53]」

これと同じモンスーン文書集の中に、セバスチアン・ソアレス・パイスという者が一六三五年二月五日付でゴアで作成した「日本管区所有の不動産」(以下これを史料三と呼ぶ)と題する記録がある。表題の通り、日本イエズス会がインドに所有する不動産収入について記録したものであるが、このような報告書が作られた経緯については、一六三四年三月九日付リスボン発、国王のインド副王宛て勅令によって知ることが出来る。

即ち、インド副王は一六三〇年一月十六日付の書翰で以て国王に対し、イエズス会ゴア管区長から、年貢を納める条件で不動産を買入れたり寄進を受けたりする許可を求めて来たが、それを許さない方がよいと考える旨、書送った。

これに対して国王は、一六三一年三月三十一日付で副王に送った書翰で、その旨を通達するように命じた。

これに対して副王は、一六三二年十月五日付の返書を国王に送り、この勅命では、イエズス会士が土地を買ったり寄進を受けたりするのを止めさせるのに不充分である、と伝えた。

そこで国王は、イエズス会士が取得したすべての不動産について詳細な報告を送るように副王に指令した。(54)

この結果、インド各地のイエズス会所領についての報告書が作られることになり、そしてその一環として、日本に関しても、前記のように一六三五年二月五日付ゴア発、セバスチアン・ソアレス・パイスの報告書が作成された。これは、他の土地のイエズス会領有地についての記録と共に本国政府に送られたものと思う。この文書には次のように記述されている。

「〔冒頭に、国王ドン・セバスチアンが一五七一年に六〇万レイスのレンダを日本イエズス会が買入れるのを許可した旨の記述があるが、これは他の史料に記されているところと同一なので省略する――引用者〕。

同管区は、北部地方において、ポンヴェン、コンドウティン、ムルガンの三村を所有している。私はこの三村からの確実な収入額を知ることが出来なかったが、同パードレ達は、この三村から毎年七八五パタカ一ラリン九六バザルコの収入があると述べている。これはシェラフィンに換算して九四二シェラフィンに当る。このレンダの額の真実性については、北部地方において高等法院判事ルイス・メルグーリャン・ボルジェスに依頼した調査で明らかにされるであろう。

さらに同日本管区はカランジャのカサベの地において金五〇〇パルダオの年金を所有している。これは六〇〇シェラフィンに相当する〔以下、この年金をイエズス会が手に入れるまでの経緯について記述しているが、前引の史料二に記されているところと同じなので省略する――引用者〕。

更に上述の日本のパードレ達は、同じ北部地方、バサインの管轄内のボンベイ村にいくつかの菜園を所有している。

これは、ドン・ジェロニモ・デ・メネゼスの妻ドナ・マリア・デ・カストロが、コレジオ創設のために彼等に寄進したものである。私はここでは、これらの菜園から入る収入について明らかにすることが出来なかったが、これについても、高等法院判事ルイス・メルグーリャン・ボルジェスが北部地方からもたらすか又は送って来る調査の結果によって、はっきりすることは確かである。[55]」

右に引用した内容が類似している二点の文書に加えて、リスボン市内の海外領土史文書館には、日本イエズス会がインドに所有していた資産について、さらにその詳細な実態を伝える一文書が架蔵されている。それは、「故ドン・セバスチアン国王が一五七一年に発布した勅許状に基づいて、日本管区のパードレ達がこの北部地方で買入れて所有している四つの村から入る収入のリスト」(以下これを**史料四**と呼ぶ)と題するもので、内容は次の通りである。

「国王ドン・セバスチアンは、日本王国にあって全異教徒に対する福音の宣布に携わっているイエズス会パードレに対する慈善及び喜捨として、上記の年に勅許状を発布して、彼等が東インドの当地方において、国王領以外のところで、六〇万レイスのレンダを維持費調達のために買入れるのを許可した。そしてもし国王領以外にレンダがないような場合には、国王領内で買入れることも許可した。このようなわけで、この勅許状(その中で国王陛下は、これ以外の承認を国王から得る必要はない旨言明している。)に基づいて、上述の日本のパードレは次の四つの村を買入れた。即ち、ポンヴェン、コンドウティン、ムルガン、及びマロルである。国王はこの北部地方の村々から籾米一ムーラ[56]につき五パルダオの年貢を徴していたので、政庁の記録により、国王に年貢を納め、そして各村の耕作の経費を差引いた後、パードレ達が買入れた当時各村からどれだけの収入があったかを知ることが出来る。

ポンヴェン村は、日本のパードレ達が一五七四年にマティアス・ゴンサルヴェスから買入れた。彼はこれを故ドン・ジョアン国王の勅令に基づいて所有していたが、この勅令は彼の父であり、彼がその相続人であった所のアントニオ・ゴンサルヴェスが、インドにおいて国王に対して行なった奉仕への報酬として、アントニオ・ゴンサルヴェス自身とその先祖と子孫の相続人達に発布されたものである。イエズス会士はこれを一四〇〇パルダオで買ったが、この価格は、開拓がよく行われていないためと、牧者がついていなかったからである。パードレ達が買入れた当時（一五七五年）この村から籾米六〇ムーラの収穫があった。尤もこれには、毎年国王に六〇パルダオの年貢を納めなければならない義務が伴った。これは周知の通貨に換算して、籾米一ムーラ五パルダオに当るものとして計算して、三三〇パルダオに上る。

さらにこの村には当時五〇〇本の椰子があった。これが一本当り四フェディアの収入になったので、全部で二〇〇〇フェディアに上り、二一フェディアが一パルダオに相当するものとして計算すると、九五パルダオ四分の三ラリン一六バザルコになる。

更にこの村には店舗が一軒あり、当時九パルダオの収入があった。

この村の収入の合計、四三四パルダオ四分の三ラリン一六バザルコ。

上記の金額から差引かれる経費

この村が毎年国王に年貢として納める六〇パルダオが、この金額から差引かれる。

更に馬丁(57)に支払う現金一二パルダオ二と四分の一ラリン二バザルコが毎年差引かれる。

更にこの村の原住民の書記に毎年現金一五パルダオが支払われる。

更にこの村では、毎年耕作のための牛に三〇パルダオ・デ・フェディアの経費がかかる。これは二二パルダオ三と四分の一ラリン一三バザルコになる。

この村では毎年耕作のために籾米四六ムーラを消費するが、このために一ムーラにつき五パルダオの借金をしなければならず、これは現金二五三パルダオに上る。

経費の合計、三六三パルダオ一・五ラリン一五バザルコ。

この村からの収入が四三四パルダオ四分の三ラリン一六バザルコ、経費が三六三パルダオ一・五ラリン一五バザルコなので、収入から経費を差引いて、国王公認の会計で以て七〇パルダオ三と四分の一ラリン一バザルコ余が残る。


コンドウティン村は、一五七七年にアルヴァロ・ピントとその妻カタリーナ・ファウンダ(前引史料二にはファクンダとなっている――引用者)から買入れたものである。彼等はこの村を、故ドン・ジョアン国王が発した贈与の証文に基づいて永久に所有していた。これには、年貢を毎年八〇パルダオ納める義務が伴っていた。買入れ証文によって明らかになる通り、日本管区のパードレ達はこの村を現金四〇〇〇パルダオで買入れた。籾米六六ムーラを産したが、これは一ムーラが五パルダオに当るものとして計算して、現金三六三パルダオになる。

パードレ達が買入れた当時、この村には九〇本の椰子があり、毎年一本当り四フェディアの収入になったので、全部で三六〇フェディアに上る。これは二一フェディアが一パルダオに相当するとして一七パルダオ半ラリン二バザルコになる。

更にこの村には店舗が一軒あり、毎年現金一一パルダオの収入になった。

更に森林があり、毎年五パルダオの収入になる。

収入の合計、三九六パルダオ半ラリン二バザルコ。

経費

この村は毎年年貢として現金八〇パルダオを納める。

更にこの村の原住民の書記に、現金一五パルダオを支払う。

この村の馬丁に毎年八パルダオ二と四分の三ラリン七バザルコの支払いをする。

この村では、耕作のための牛に毎年現金二〇パルダオを費す。

この村では、毎年耕作のために籾米一五ムーラを費す。これは借入れなければならないが、一ムーラが銀五パルダオに当るとして、現金八二パルダオ二ラリンになる。

経費の合計、二〇六パルダオ四分の三ラリン七バザルコ。

この村の収入は三九六パルダオ半ラリン二バザルコ、経費は二〇六パルダオ四分の三ラリン七バザルコなので、収入から経費を差引いて、国王公認の会計で以て、一八九パルダオ三・五ラリン一五バザルコ余が残る。


ムルガン村は、一五八四年にジョルジェ・ダ・フォンセーカとその妻ブリアンダ・ゴンサルヴェスから買入れた。彼等はそれをアイレス・ディアスとその妻ジョアンナ・テイシェイラから買入れて所有していた。そして彼等には、副王ドン・アフォンソ・デ・ノローニャが証文を以て贈与したものである。尤もそこには、毎年年貢として現金一六八パルダオ三ラリンを納める義務が伴っていた。そして副王フランシスコ・バレートは、勅許状で以て彼等に対し、上述のジョルジェ・ダ・フォンセーカにその村を譲渡したり売ったりすることを許可した。そしてこのフォンセーカが日本管区のパードレ達にそこを現金五〇〇パルダオで売った。この村は籾米七三・五ムーラの収穫があり、これは一ムーラが五パルダオに当るとして計算して、現金四〇四パルダオ一ラリンに上る。

パードレ達が買入れた時、この村には一五〇本の椰子があった。一本当り毎年四フェディアの収入になるので、全部で六〇〇フェディアに上る。これは二一フェディアが現金一パルダオに当るとして計算して、二八パルダオ二と四分の一ラリン二バザルコになる。

更にこの村には森林があり、現金九パルダオの収入になる。

収入の合計、四四一パルダオ三と四分の一ラリン二バザルコ。

経費

この村は年貢として毎年現金一六八パルダオ三ラリンを納める。

この村の原住民の書記に毎年現金一五パルダオを支払う。

この村の馬丁に毎年八パルダオ二と四分の三ラリン七バザルコを支払う。

更にこの村では、毎年耕作のための牛に現金二五パルダオを費す。

この村では、毎年籾米一七ムーラを消費する。これは耕作のために借入れなければならないものであるが、一ムーラが五パルダオに当るものとして、現金九三・五パルダオになる。

経費の合計、三一〇パルダオ三と四分の三ラリン七バザルコ。

この村の収入が四四一パルダオ三と四分の一ラリン二バザルコで、経費が三一〇パルダオ三と四分の三ラリン七バザルコなので、国王公認の会計により、差引き一三〇パルダオ二と四分の一ラリン一五バザルコ余が残る。

〔次にマロル村について同じような記述がつづいているが、日本管区のパードレがここを手に入れたのは一六四〇年十月一日のことであった、と記されており、この村からの収入が日本布教の財源になったとは言えないので、省略し、ただ経費を差引いたこの村の実収入が六二八パルダオ三と四分の一ラリン一〇バザルコと記録されていることのみを記しておく――引用者〕。

ポンヴェン村の実収入、七〇パルダオ三と四分の一ラリン一バザルコ。
コンドウティン村の実収入、一八九パルダオ三・五ラリン一五バザルコ。
ムルガン村の実収入、一三〇パルダオ二と四分の一ラリン一五バザルコ。
マロル村の実収入、六二八パルダオ三と四分の一ラリン一〇バザルコ。
国王公認の会計により、実収入の合計、一〇二〇パルダオ四分の三ラリン。

この金額から、これらの領有地を管理するプロクラドールの維持とその衣服のために、日本管区が毎年支払う現金七〇パルダオが更に差引かれる。

同じように、これらの領有地の仕事をするために上述のプロクラドールが使う従僕三人の衣食住のために、更に現金九九パルダオが差引かれる。

更に、牛や輿、及びプロクラドールがこれらの村を往来したり、その他一年を通して領有地に関する諸〻の仕事のために、現金一五パルダオが差引かれる。

これらの経費の合計、一八四パルダオ。

四村の実収入の合計からこの経費を差引いて、国王公認の会計により、八三六パルダオ四分の三ラリン一バザルコが純粋の収入として残る。

〔中略〕

カランジャの年金五〇〇パルダオは、一五七〇年十一月十六日に、当時ゴアの管区長であったパードレ・アントニオ・デ・クワドロスが、ドン・ジョアン・デ・カステロ・ブランコとその妻ドナ・マリア・ピニェイラから、金三三〇〇パルダオで買入れたものである。副王ドン・ルイス・デ・アタイデが国王陛下の名で発した勅許状によって許可したので、この売買が行われた。(58)」

日本イエズス会がインドに所有した資産に関する史料を**史料一**から**史料四**まで四点引用してきたが、そこに記述されている内容をとり上げるに当って、次の点を考慮に入れなければならない。

一、夫々の数字が何年のものかという点であるが、**史料一**は一六一五年十一月に巡察師が領有地の管理者より得た報告による、と明記されており、その当時の収入を表わす数字だと考えてよい。**史料二**・**史料三**は、ボンベイにおいて寄進を受けた菜園についての記事を別にすれば(**史料三**には、そこからの収入は不明となっている)、ポンヴェン、コンドウティン、ムルガンの三村とカランジャの年金の収入の数字は一致している。そして**史料三**は、前述の通り、その当時イエズス会がインドにおいて所有していた不動産収入の実態を明らかにするようにとの勅命を受けて、現地の植民政庁で作成された記録であった。従って、その当時の収入額を示す数字であることは言うまでもない。また、**史料二**も、数字がこれと同じであることに加えて、文書作成の時期が接近していることもあり、**史料三**と何らかの関連がある記録かも知れない。恐らく**史料二**も、文書作成当時の収入額を示しているものと見て差支えないであろう。**史料四**は、各村の収入や経費の数字が、夫々その村を買入れた当時のものである旨明記されている。但し、コンドウティン村を買入れた年が、**史料二**には一五七五年とあるのに対し、**史料四**は一五七七年となっている。この点については、他のイエズス会文書の記述とも関連するので、後で取上げたい。

二、四点の史料をくらべてみて、一番詳細な記述がなされているのは**史料四**であるが、これを他の史料と比較する場合、支出の点が問題になる。即ち、**史料四**は、各村について、年貢負担額だけでなく、いろいろな経費まで算出して、収入、支出、及び差引きした実収入が明細に判るようになっている。この点**史料二**も、三村については経費と年貢を差引いた実収入である旨明記されている。ボンベイの菜園についても、年貢納入後の収入である旨断っている。史料三はこの点には全く触れていない。前に述べた理由から、史料二と同じ基準の数字かも知れない。これに対し史料一は、支出分として年貢について問題にしているにすぎない。従って、ここでは恐らく諸経費は考慮されていないものと言えよう。それ故、史料一と史料二・史料三・史料四とでは、同じ収入額でも算出の基準が異なるという点を念頭に置かなければならないであろう。

三、ポンヴェン、コンドウティン、ムルガンの三村を日本イエズス会が取得するまでの経緯については、史料二と史料四の記述は殆ど同一である。若干の相違点は、コンドウティン村をイエズス会が買入れた時期について、史料二には一五七五年とあるのに対し、史料四は一五七七年と記述されていること、及びムルガン村が国王に納めねばならなかった年貢の額が、史料二には一五〇パルダオとあるのに対し、史料四には一六八パルダオ三ラリンとなっていること等である。尚、史料一は、この点は史料四と同じく一六八パルダオ三ラリンと記されている。また史料一と史料三には、イエズス会がこれらの村を取得するまでの経緯については記述されていない。

四、四点の史料の内、イエズス会が三村とカランジャの年金を買入れた価格が記されているのは史料四のみである。

五、ボンベイにおいて寄進を受けた菜園については、史料一・史料二・史料三には記述されているが、史料四では触れていない。これは、史料四は、その表題から明らかなように、日本イエズス会が買入れて所有していた資産からの収入のリストなので、寄進を受けたボンベイの土地について触れていないのは当然である。

六、カランジャの年金については、イエズス会が買入れるまでの経緯の記述は、史料二と史料三は同一、史料四——その関係記事は既に冒頭に引用した——も大体同じであるのに対し、史料一には、取得までの経緯については記述されていない。そこからの収入額は、四史料共同じ数字を挙げている。また、カランジャの年金を取得した時期と買入れ価格を明記しているのは**史料四**だけである。

七

日本イエズス会がインドに資産を取得した経緯や、その資産がどのような内容のものであったかといったようなことは、殆ど右に紹介した**史料一・史料二・史料三・史料四**の四点の史料のみによらざるをえないが、これに対して取得の時期、買入れ価格、及びそこからの収入——これが最も重要な点であるが——等については、宣教師の書翰等にも記載があるので、これと照合して比較検討しなければならない。

まず買入れた時期についてであるが、ポンヴェン、コンドウティン、ムルガンの三村の買入れ年については、**史料二**と**史料四**に記載が見られ、それによると、両史料共にポンヴェン村は一五七四年、ムルガン村は一五八四年となっているが、コンドウティン村については、**史料二**には一五七五年、**史料四**には一五七七年となっている。そこでこれをイエズス会文書の記事と照合してみると、第二節で記述したように、何点かのキリシタン宣教師の書翰その他の史料から、日本イエズス会は一五七四年の九月から十二月までの間にバサインに一村、さらに翌一五七五年の十月以前にも同じくバサインに一村を取得したということが明らかになった。この内一五七四年に買入れた村はポンヴェン村、一五七五年に手に入れた村がコンドウティン村のことであることは言うまでもない。従ってコンドウティン村取得の時期は**史料二**の記述が正しいと言わなければならない。

尚、これは蛇足であるが、イエズス会宣教師の書翰に見られる一五七〇年代から一五八〇年代にかけて取得したバサインの土地というのが、**史料一**・**史料二**・**史料三**・**史料四**に記載されているポンヴェン、コンドウティン、ムルガンの三村のことであるということは、次の二通の書翰から明らかである。即ち、一五八〇年十一月十三日付府内発、ヴァリニャーノの総会長宛ての書翰に、「私は臼杵の修練院には、四年前に日本のかねでわれわれがバサインの地で買ったいくつかの村からの収入を充てた。〔中略〕これらはコンドウティン村とポンヴェン村といい、バサインの地にある。(59)」と記されており、また一五八四年十二月十二日付コチン発、ヴァリニャーノの総会長宛て書翰に、「われわれが買ったこの村はムルゴンという。これは別のコンドティンという村の近くにある。このコンドティン村は、私がインドに来た二年目〔即ち一五七五年のこと――引用者〕に四〇〇〇パルダオで買入れた。(60)」と記されている。

次に、資産の買入れ価格についてであるが、一五七五年十二月四日付コチンからゴアに向う船中発、ヴァリニャーノの総会長宛て書翰に、「私の渡来後、両方で五〇〇スクードの収入が入る二つの資産を買入れた。一つは一二〇〇で、他は四〇〇〇パルダオで買入れた。(61)」と見え、これは既に述べたようにポンヴェン村とコンドウティン村のことを指しているものであって、夫々の購入価格を明らかにしている。また一五八四年十二月十二日付コチン発、ヴァリニャーノの総会長宛て書翰には、「私は、同じ日本のために、バサインの地において日本が有する他の村々の近くに別の村を五〇〇〇パルダオの価で買った。〔中略〕われわれが買ったこの村はムルゴンという。これは別のコンドティンという村の近くにある。このコンドティン村は、私がインドに来た二年目に四〇〇〇パルダオで買入れた。(62)」と記されており、コンドウティン村とムルガン村の購入価格が夫々四〇〇〇パルダオと五〇〇〇パルダオであったことを明らかにしている。

一方、**史料四**には、ポンヴェン、コンドウティン、ムルガンの三村の購入価格を夫々一四〇〇パルダオ、四〇〇〇パルダオ、五〇〇〇パルダオと記している。即ち、右のヴァリニャーノの記載と**史料四**を照合すると、ポンヴェン村についてのみ、ヴァリニャーノが一二〇〇パルダオと記しているのに対し、**史料四**には一四〇〇パルダオと記述されていて、食違いを見せている。しかし、今この内いずれを正しいと断定出来るだけの根拠もないので、この点不明のままにせざるをえない。

尚、カランジャの年金については、取得の時期、価格共に第二節の冒頭に引用した**史料四**の記事以外に関係史料を見出しえなかったので、ここでそれを繰返すまでもないことである。

八

最後に、インドにおける資産から日本イエズス会が毎年どの位の収入をえていたかについて述べてみたい。この点については、**史料一**以下の四点の史料にかなり詳しく記録されているが、これらの史料と共に、キリシタン宣教師の書翰も併せて取上げなければならない。そこで、次にインドの資産からの収入額が記載されている史料を出来る限り収集して、年代順に挙げてみたい。

1　前引の**史料四**

「カランジャの年金五〇〇パルダオは、一五七〇年十一月十六日に、当時ゴアの管区長であったパードレ・アントニオ・デ・クワドロスが……から買入れたものである。[63]」

この記事から、カランジャの年金収入は、取得当時から五〇〇パルダオであったことが判る。

2　一五七五年(一五七四年の誤)十二月二十五日付ゴア発、ヴァリニャーノの総会長宛て書翰

「〔在日イエズス会士は〕今日まで、ポルトガル国王がマラッカで施しをしている六〇〇パルダオと、当地インドの

バサインの近くに所有しているレンディタの六〇〇パルダオ、及び多くの商品を取引して上る利益――そこから毎年多額の利益がえられるが――で以て常に生活して来た。[64]」

一五七四年十二月に日本イエズス会がインドに所有していた資産は、カランジャの年金とポンヴェン村だけであった。従って右のヴァリニャーノの書翰に記述されている六〇〇パルダオは、この二つを合せた年収を意味するものであろう。

3　「この東インド管区のすべてのコレジオとレジデンシア・会員・学習・会員以外の学生・レンタ・布教の中心に関する要録。一五七五年十月に作成。」と題する文書

「〔在日イエズス会士は〕国王がマラッカで支給する九〇〇クルザドと、彼等のかねでバサインの地で買入れたいくつかの村から入る九〇〇クルザドで以て生活している。[65]」

これは、この文書が記述された時期から判断して、ポンヴェン、コンドウティンの両村とカランジャの年収の合計が九〇〇クルザドであったことを伝えるものであろう。

4　一五七五年十二月四日付、コチンよりゴアに向う船中発、ヴァリニャーノの総会長宛て書翰

「さらに日本は、国王がこのような方法で与える一〇〇〇の外に、バサインの近くにいろいろな資産を買入れて、そこから上る大凡一〇〇〇〔単位はスクードと思われる――引用者〕の収入を有している。この内、私の渡来後、両方で五〇〇スクードの収入が入る二つの資産を買入れた。[66]」

この記事によって、カランジャの収入が五〇〇スクード、ポンヴェン、コンドウティンの両村からの収入が五〇〇スクードで、合計して一〇〇〇スクードの年収があったことが明らかになる。

5　一五七七年九月一日付ロノ津発、カブラルの総会長宛ての書翰

「私はインドに毎年若干のかねを送り、日本から送ったかねで一〇〇〇クルザドのレンダを買った。[67]」

これはポンヴェン、コンドウティン両村の収入と、カランジャの年金の合計が一〇〇〇クルザドであったことを述べているものであろう。

6　一五七九年十二月五日付ロノ津発、ヴァリニャーノの総会長宛て書翰

「……このようにして四〇〇〇スクードの収入があり、これにインドのバサインの地の収入一〇〇〇スクードを加えた額で以て、イエズス会士が維持されている。[68]」

7　ヴァリニャーノの「インドのスマリオ」（一五八〇年八月）

「更に日本は、インドのバサインの地のいくつかの村から八〇〇ドゥカドの収入がある。[69]」

8　一五八〇年十一月十三日付府内発、ヴァリニャーノの総会長宛ての書翰

「私は臼杵の修練院には、四年前に日本のかねでわれわれがバサインの地で買ったいくつかの村からの収入を充てた。そこからは毎年大凡五〇〇ドゥカドの収入があろう。[70]」

これは、その収入を修練院の費用に充てた、とあるところから、ポンヴェン、コンドウティン両村の収入のみを記したものであろう。

9　一五八一年九月三日付臼杵発、カブラルの総会長宛て書翰

「私は日本到着後ただちに、われわれを維持する方策が外にないか知ろうと努力し、そして儲けの一部をゴアに送り始め、それでもって毎年一〇〇〇クルザドの収入になるレンダを買入れた。[71]」

これはまた、ポンヴェン、コンドウティン両村とカランジャの収入の合計であろう。

10　一五八一年九月四日臼杵発、カブラルの総会長補佐宛ての書翰

「私がゴアに送ったかねで以て、いくつかの村で一〇〇〇クルザドのレンダを買入れた。[72]」

11　一五八一年十月十三日付、コエリョの総会長宛て書翰

「日本は、インドに一〇〇〇クルザド程のレンダを持っている。[73]」

12「日本におけるイエズス会のコレジオとカーザ、及び毎年生活するのに要する経費のカタログの写し、一五八二年に巡察師によって送られ、、一五八四年ローマで受取る。」と題する文書

「さらにわれわれはインドのバサインの地で一〇〇〇ドゥカドの収入がある。[74]」

13　一五八三年十月五日付マカオ発、カブラルの総会長宛て書翰

「更に日本は、私がそのために日本から送ったかねで買ったいくつかの村から上る一〇〇〇クルザドのレンダをゴアに持っている。[75]」

14　一五八三年十月二十八日付コチン発、ヴァリニャーノの総会長宛て書翰

「バサインの地において日本のために確実なレンタを買入れるべきだという結論が、カブラルと管区長の間で出されたので、カブラルは一万八〇〇〇ドゥカドものかねを管区長に送り、日本に対して年貢の形で五〇〇クルザドの収入になるレンタを買入れるのに五〇〇〇を費した。[76]」

これは、買入れ価格と収入額から判断して、ポンヴェン、コンドウティンの両村のことを記したものであろう。

同じ書翰には、「私は日本に行って、そこの窮状を見て、……日本がインドに有する一〇〇〇クルザドのレンタを毎年全額送金するようゴアに書送った。[77]」と記されている。カランジャ、ポンヴェン、コンドウティンの収入が一〇〇〇クルザドであったことを示すものであろう。

15　ヴァリニャーノの「日本のスマリオ」(一五八三年十月)

「インドのバサインの地方で日本のために買入れたいくつかの村が、このカーザ〔臼杵の修練院のこと――引用者〕のレンタに充てられた。ここから毎年大凡六〇〇ドゥカドの収入が入るであろう。[78]」

修練院の経費に充てた、と記述されているところから、この六〇〇ドゥカドはポンヴェン、コンドウティン両村からの収入であろう。

16　一五八四年十二月十二日付コチン発、ヴァリニャーノの総会長宛て書翰

「この外に私は、同じ日本のために、バサインの地において日本が有する他の村々の近くに別の村を五〇〇〇パルダオの価で買った。これは毎年五〇〇の収入になる。〔中略〕われわれが買ったこの村はムルゴンという。これは別のコンドティンという村の近くにある。このコンドティン村は、私がインドに来た二年目に四〇〇〇パルダオで買入れた。これら二つの村から一〇〇〇パルダオの収入になる。[79]」

即ち、コンドウティン、ムルガン両村共に五〇〇パルダオの収入があり、合せて一〇〇〇パルダオの年収となったことが判る。

17　一五八五年一月十八日付、総会長アクワヴィーヴァのヴァリニャーノ宛て書翰

「昨年、バサインのいくつかの村から入る五〇〇タエルを臼杵の修練院に充てる件について、許可書を送って回答した。[80]」

臼杵修練院に充てた、とあるところから、これはポンヴェン、コンドウティン両村からの収入であろう。

18　前引の**史料四**は、ポンヴェン、コンドウティン、ムルガンの三村を買入れた当時の、夫々の収入額を次のように伝えている。

一五七四年に取得した当時のポンヴェン村の収入は四三四パルダオ四分の三ラリン一六バザルコ。年貢六〇パルダ

オを含む支出の総額が三六三パルダオ一と四分の二ラリン一五バザルコなので、これを差引いた実収入は七〇パルダオ三と四分の三ラリン一バザルコ。

一五七七年（前に述べたように一五七五年の誤）に取得した当時のコンドウティン村からの収入は三九六パルダオ半ラリン二バザルコ。年貢八〇パルダオを含む支出の総額が二〇六パルダオ四分の三ラリン七バザルコなので、これを差引いた実収入は一八九パルダオ三・五ラリン一五バザルコ。

一五八四年に取得した当時のムルガン村の収入は四四一パルダオ三と四分の一ラリン二バザルコ。年貢一六八パルダオ三ラリンを含む支出の総額が三一〇パルダオ三と四分の三ラリン七バザルコなので、これを差引いた実収入は一三〇パルダオ二と四分の一ラリン一五バザルコ。

以上三村からの実収入の合計は三九二パルダオ三・五ラリン程になる。

（尚史料四には四番目に取得したマロル村についても記述されているが、前に述べたようにこれは一六四〇年にイエズス会が入手したものであって、日本のキリシタン布教の財源としての意味は持っていないので、ここでは省略する。また、この史料には、四村を管理するプロクラドールの経費等も挙げているが、これは省略したマロル村の関係も一緒に合算されており、三村のみについて抜き出して算出することは不可能なので、ここでは、この種の経費については考慮しないことにする）。

19　「イエズス会の管区がインドに有するすべてのコレジオ・カーザ・レジデンシア・人・レンダ及び経費の要録、一五八六年作成」と題する文書には、カランジャの年金五〇〇パルダオ、ポンヴェン村の収入二八〇パルダオ、コンドウティン村の収入四八〇パルダオ、ムルガン村の収入五〇〇パルダオ、と記されている。(81)

20　一五八七年十一月二十七日付ゴア発、ヴァリニャーノの総会長補佐宛て書翰

「臼杵の修練院には、同総会長は、日本に行く前に私が北部地方で買入れた当地のいくつかの村からの収入を充て

た。そこからは五〇〇クルザドの収入があった。また、今から二年前に、私は同じ北部地方に別の村を一つ買った。そこからも同じ額の収入があるであろう。これもまた、それに充てなければならないと思う。[82]」

即ち、ポンヴェン、コンドウティンの両村からの収入が五〇〇クルザドであったことと、一五八四年に取得した三番目の村であるムルガン村からの年収も、同じ額が見込まれていたことが明らかになる。

21　一五八九年七月二十三日付マカオ発、ヴァリニャーノの総会長宛て書翰

「主として教皇が過去に送ってくれた喜捨のかねで以て、日本イエズス会はインドにいくつかの村を買入れて、大凡一二〇〇〔前後の文章から単位がドゥカドであることは明らかである――引用者〕のレンタを持っている。[83]」

これはカランジャの年金と三村からの年収の合計が一二〇〇ドゥカドであることを述べたものであろうが、ただその購入資金を教皇からの喜捨でまかなったというのは、前述の通りムルガン村について言えるにすぎず、カランジャ、ポンヴェン、コンドウティンについても主として教皇の喜捨を資金としたかのように読みとれる右の記述は誤りと言うべきである。

22　一五八九年七月二十四日付マカオ発、ヴァリニャーノの総会長宛て書翰

「日本は一万パルダオのレンタがある旨の計算をしたが、実際は、日本が有するレンタはバサインのいくつかの村から入る一八五〇パルダオと、マラッカで毎年支給される筈の一〇〇〇――尤もこれは殆ど支払われていない――、及び教皇が与えた別の喜捨――これは四〇〇〇クルザド全額届いて受取ったことはない――があるにすぎない。[84]」

これも、カランジャの年金と三村からの年収の合計が一八五〇パルダオであったことを伝えているものであろう。

23　一五九六年十一月二十六日付ゴア発、ヴァリニャーノの総会長宛て書翰

「この外に、われわれはバザインのいくつかの村で二〇〇〇パルダオのレンタを買入れた。これは一〇〇〇クルザ

ド余に相当するであろう。[85]」

24　一五九六年十二月十日付ゴア発、カブラルの総会長補佐当て書翰

「教皇が日本に支給しているレアル貨六〇〇〇クルザド――これはシナで六〇〇〇タエルに相当する――の外に、国王が毎年当地サルセッテとマラッカ税関において日本に支給する二〇〇〇クルザドがあり、その外、日本がバサインに所有するいくつかの村から入る収入二〇〇〇パルダオがあり、さらにマラッカの家屋と店舗から入る収入六〇〇タエルを有する。そしてこれ以外にも、日本のキリスト教徒の領主の所領にレンダを所有している。[86]」

即ち、カランジャと三村の収入の合計が二〇〇〇パルダオであったことを伝えているものであろう。

25　一五九六年十二月十七日付ゴア発、カブラルの総会長宛ての書翰

「日本はバサインにいくつかの村を領有しており、大凡二〇〇〇パルダオの収入になる。[87]」

26　ヴァリニャーノの「弁駁書」(一五九八年一月)

「これらすべての経費を維持するために、われわれには次のような収入しかない。即ち、ポルトガル国王の許可をえてインドで買入れた一二〇〇ドゥカドのレンタ、[88]〔以下略〕。」

27　一六〇三年一月十日に長崎で開催された協議会の記録

「〔日本準管区は〕インドの内バサインの村々に確実に所有している大凡一〇〇〇クルザド及び……のレンタを有するにすぎない。[89]」

これは明らかにポンヴェン、コンドウティン、ムルガン三村の収入額を示している。

28　一六〇三年一月十一日付長崎発、ヴァリニャーノの総会長宛て書翰

「われわれは、インドの内バサインの村々における一〇〇〇ドゥカドのレンタとポルトガル国王がわれわれに与え

た一〇〇〇以外に確実なものを持たない。[90]」

29　一六〇三年十月六日付マカオ発、ヴァリニャーノの総会長宛て書翰
「〔教皇給付金の内〕二五〇〇〔単位はドゥカド――引用者〕とバサインのレンタ一〇〇〇以下が当地に届いただけであった。[91]」

30　一六〇三年十月八日付マカオ発、ヴァリニャーノの総会長宛て書翰
「さらに日本がバサインの地に有するレンタと、サルセッテにおいて国王が五年毎に確認して給付させている喜捨からえられる二〇〇〇ドゥカドをわれわれは所有する。[92]」

サルセッテにおける国王の給付金は一〇〇〇ドゥカド故、バサインの土地収入は一〇〇〇ドゥカドということになる。

31　一六〇三年十一月十五日付マカオ発、ヴァリニャーノの総会長宛て書翰
「バサインの地の三村に、一〇〇〇ドゥカド余の、永久のレンタを買入れた。[93]」

32　一六〇四年四月七日付マカオ発、ヴァリニャーノの総会長宛て書翰
「これらの経費をまかなうために、われわれには次のようなレンタしかない。即ち、教皇が二〇年来スペインの徴収事務所で支給して来た年金、及びバサインの地に日本が所有するレンタ二〇〇〇ドゥカド[94]、〔以下略〕。」

これはまた、カランジャと三村を含めた収入額であろう。

33　一六〇九年十一月十二日付シナ発、ジョアン・コエリョの「日本イエズス会のカーザ・布教団・レンダ、及び経費の数字に関する短い叙述」
「カランジャ及びインドの北部地方のいくつかの村のレンダから、現地で要する経費を差引いて一〇〇〇パルダオ

の収入を有する。[95]」

カランジャ及びバサインの三村からの収入は、現地で要する経費を差引いた実収入が一〇〇〇パルダオであった、ということが明らかになる。

34　前引の史料一によると、一六一五年十一月にえた資料によるものとして、次のような数字を挙げている。

ポンヴェン村の収入五六四パルダオ一ラリン(年貢納入なし)、コンドウティン村の収入三九九パルダオ二ラリン(年貢納入なし)、ムルガン村の収入五四一パルダオ二ラリン二〇バザルコ(年貢として一六八パルダオ三ラリン納入するので実収入は三七二パルダオ一ラリン)。

三村からの実収入の合計一三〇〇パルダオ。

カランジャ島の収入五〇〇パルダオ。

ボンベイの寄進地からの収入一五四七パタカ(年貢と耕作の経費を差引いた実収入)。

35　一六一七年一月五日付マカオ発、ジェロニモ・ロドリーゲスの総会長宛て書翰

「この外にわれわれは、ドナ・マリア・デ・カストロがわれわれに寄進したレンダを所有しているが、これは九〇〇クルザドに上るであろう。[96]」

この史料は、バサインの土地収入については触れておらず、ボンベイの寄進地の収入が九〇〇クルザドであったことを伝えている。

36　「一六二〇年九月に作成された日本管区の第三のカタログ」

「日本が所有するレンダ

インドの北部地方のサルセッテに大凡三四〇〇クルザドの安定したレンダを有する。尤もその三分の一はまだ国王

の承認を受けていない。これは、ドン・ジェロニモ・デ・メネゼスとドナ・マリア・デ・カストロが日本に寄進したものである。[97]〔以下略〕」

この史料には、北部地方のサルセッテ Salsete do Norte（即ち Salsete de Baçaim のことであって Salsete de Goa に非ず）[98]にメネゼスとカストロによる寄進地があったように記述されているが、他のいろいろな史料によってこの寄進地がボンベイの内にあったことは確実である。更に加えて、寄進地からの収入として記されている三四〇〇クルザドという数字は、他の史料にくらべて余りに大きすぎる。この史料は、日本イエズス会の収入を列挙したものでありながら、バサインの土地収入について記載されていないのも疑問がある。或いはこの数字は、カランジャやバサインの収入をも含めたものではないであろうか。

37　「一六二四年一月に作成された日本管区の第三のカタログ」

「日本が所有するレンダ

マカオにおいて貸家から四〇〇クルザド以上の収入がある。インドの北部地方のサルセッテにおいて、大凡三〇〇〇クルザドの収入がある。しかしこれは一時期の収入にすぎず、その後すべて破壊されてしまって、ここ六、七年というものは僅かしか収入がない。[99]〔以下略〕」

これも、36の「一六二〇年九月に作成された日本管区の第三のカタログ」の記述と同様、「北部地方のサルセッテ」のレンダが具体的にどのレンダを指すのか明らかではない。金額から考えると、これも三村とカランジャ、ボンベイのすべてのレンダの合計だと考えるのが妥当であろう。

また、このレンダが破壊されてしまって、ここ六、七年は僅かしか収入がない、との記載に関して触れておくと、一六二五年十一月十六日付日本発、フランシスコ・パシェコ外八名のパードレが連署した総会長宛ての書翰に「インド北部地方のいくつかの村のレンダは、五、六年程前に暴風のため椰子の樹が倒れてしまったので、新たに種子を蒔いた。今後二、三年したら収入が入り始めるであろう。[100]」と見え、記事が大体一致する。しかし、このような災害による収入減も一時的なことにすぎず、その上椰子は収入の一部にすぎなかった筈でもあり、通常はこのインドの土地収入は、日本イエズス会にとってかなり安定した収入源であったことは確かである。

例えば、一五八九年七月二十四日付マカオ発、ヴァリニャーノの総会長宛て書翰には、「われわれがバサインで買入れたいくつかの村を除いて、日本のレンタはすべて非常に危険で不確実なように見えるのも、至極尤もなことである。[101]」と記述されている。

また一五九三年一月十日付マカオ発、ヴァリニャーノの総会長宛て書翰にも、「日本は、バサインの地に所有するいくつかの村からの収入以外に確実なレンタはなく、それ以外のものはすべて不確実であった。[102]」と記述されている。

右の二点の史料は、日本イエズス会にとって、インドの土地収入が、他のいろいろな種類の収入にくらべて、かなり安定した収入源であったということを明らかにしている。

38　一六三四年十二月十三日付の**史料二**に記述されている収入額は次の通りである。

ポンヴェン村の実収入二二五パルダオ六〇バザルコ、コンドウティン村の実収入三〇九パルダオ一ラリン、ムルガン村の実収入二五一パルダオ九六バザルコ、カランジャの収入五〇〇パルダオ、ボンベイの年貢納入後の収入一五四七パルダオ。

以上収入の合計は二八三二パルダオ余。

39　一六三五年二月五日付の**史料三**に記述されている収入額は次の通りである。

ポンヴェン、コンドウティン、ムルガンの三村からの収入は七八五パタカ一ラリン九六バザルコ、カランジャの収入は五〇〇パルダオ。（史料二と違い、年貢と経費については触れていないが、右の数字が史料二と同じであるところから、この数字も年貢と経費を差引いた実収入を示すものだと思う）。

40　何年の記録か記されていないが、文面から教皇クレメンス八世の在位中（一五九二—一六〇五年）のものであることが判る、「日本管区のレンタ」と題する文書には、「インドのバサインにおけるいくつかの領有地から入る一二〇〇ドゥカド。[103]」と見えている。

次にこれらの史料に記載されている収入額を表示してみたい。（次頁以下の表を参照していただきたい）。

このように表示してみると、肝心の収入額が史料によって一致していないことがはっきりする。そしてこれらの数字の内のいずれが正しく、どれを誤りと断定するだけの材料はないが、ただ各史料に見られる収入額に関して留意すべき点を若干記述しておきたい。

一、インドにおけるレンダを考える場合、最も厄介な問題は、史料に記されている数字が、年貢や諸経費を差引いた実収入か否か、という点である。更に、年貢のみ差引いた数字を挙げている場合もあろう。この点については、史料四のように明細に記載されている場合もあり、またこれ程明細ではなくても、年貢・経費を差引いた実収入だということを、はっきり断っている史料もいくつか有るが、殆どの史料がこの点曖昧な記述だと言わなければならない。尚、ここで表示するに当っては、史料に断ってあるものについては、すべて実収入を記しておいた。

二、この点と並んで困難な問題は、夫〻の数字が、インド北部地方の各地にあった日本イエズス会の資産の内の、どれの収入額なのか、必ずしもはっきりしない場合が多いことである。16の一五八四年十二月十二日付ヴァリニャーノの書翰、19の史料、31の一六〇三年十一月十五日付ヴァリニャーノの書翰、史料一・史料二・史料三・史料四等、この

<table>
<tr><th></th><th>史料 ＼ 資産</th><th></th><th>カランジャ</th><th>ポンヴェン村</th><th>コンドウティン村</th><th>ムルガン村</th><th>ボンベイ</th></tr>
<tr><td>1</td><td></td><td>史料四</td><td>500パルダオ</td><td></td><td></td><td></td><td></td></tr>
<tr><td>2</td><td>1574. 12. 25</td><td>ヴァリニャーノ</td><td colspan="2">600パルダオ</td><td></td><td></td><td></td></tr>
<tr><td>3</td><td>1575. 10</td><td>「要録」</td><td colspan="3">900クルザド</td><td></td><td></td></tr>
<tr><td>4</td><td>1575. 12. 4</td><td>ヴァリニャーノ</td><td>500スクード</td><td colspan="2">500スクード</td><td></td><td></td></tr>
<tr><td>5</td><td>1577. 9. 1</td><td>カブラル</td><td colspan="3">1,000クルザド</td><td></td><td></td></tr>
<tr><td>6</td><td>1579. 12. 5</td><td>ヴァリニャーノ</td><td colspan="3">1,000スクード</td><td></td><td></td></tr>
<tr><td>7</td><td>1580. 8</td><td>「インドのスマリオ」</td><td colspan="3">800ドゥカド</td><td></td><td></td></tr>
<tr><td>8</td><td>1580. 11. 13</td><td>ヴァリニャーノ</td><td></td><td colspan="2">500ドゥカド</td><td></td><td></td></tr>
<tr><td>9</td><td>1581. 9. 3</td><td>カブラル</td><td colspan="3">1,000クルザド</td><td></td><td></td></tr>
<tr><td>10</td><td>1581. 9. 4</td><td>カブラル</td><td colspan="3">1,000クルザド</td><td></td><td></td></tr>
<tr><td>11</td><td>1581. 10. 13</td><td>コエリョ</td><td colspan="3">1,000クルザド</td><td></td><td></td></tr>
<tr><td>12</td><td>1582</td><td>「カタログ」</td><td colspan="3">1,000ドゥカド</td><td></td><td></td></tr>
<tr><td>13</td><td>1583. 10. 5</td><td>カブラル</td><td colspan="3">1,000クルザド</td><td></td><td></td></tr>
</table>

<table>
<tr><th></th><th colspan="2">史料 ＼ 資産</th><th>カランジャ</th><th>ポンヴェン村</th><th>コンドウティン村</th><th>ムルガン村</th><th>ボンベイ</th></tr>
<tr><td rowspan="2">14</td><td rowspan="2">1583.10.28</td><td rowspan="2">ヴァリニャーノ</td><td></td><td colspan="2">500クルザド
■　■</td><td></td><td></td></tr>
<tr><td colspan="3">1,000クルザド
■　■　■</td><td></td><td></td></tr>
<tr><td>15</td><td>1583</td><td>「日本のスマリオ」</td><td></td><td colspan="2">600ドゥカド
■　■</td><td></td><td></td></tr>
<tr><td>16</td><td>1584.12.12</td><td>ヴァリニャーノ</td><td></td><td></td><td>500パルダオ
■</td><td>500パルダオ
■</td><td></td></tr>
<tr><td>17</td><td>1585. 1.18</td><td>総会長</td><td></td><td colspan="2">500タエル
■　■</td><td></td><td></td></tr>
<tr><td>18</td><td></td><td>史料四</td><td>500パルダオ
■</td><td colspan="3">392パルダオ余(実収入)
70パルダオ余（1574年買入れ当時）■　189パルダオ余（1575年買入れ当時）■　130パルダオ余（1584年買入れ当時）■</td><td></td></tr>
<tr><td>19</td><td>1586</td><td>「要録」</td><td>500パルダオ
■</td><td>280パルダオ
■</td><td>480パルダオ
■</td><td>500パルダオ
■</td><td></td></tr>
<tr><td>20</td><td>1587.11.27</td><td>ヴァリニャーノ</td><td></td><td colspan="2">500クルザド
■　■</td><td>500クルザド
■</td><td></td></tr>
<tr><td>21</td><td>1589. 7.23</td><td>ヴァリニャーノ</td><td colspan="4">1,200ドゥカド
■　■　■　■</td><td></td></tr>
<tr><td>22</td><td>1589. 7.24</td><td>ヴァリニャーノ</td><td colspan="4">1,850パルダオ
■　■　■　■</td><td></td></tr>
<tr><td>23</td><td>1596.11.26</td><td>ヴァリニャーノ</td><td colspan="4">2,000パルダオ
■　■　■　■</td><td></td></tr>
<tr><td>24</td><td>1596.12.10</td><td>カブラル</td><td colspan="4">2,000パルダオ
■　■　■　■</td><td></td></tr>
<tr><td>25</td><td>1596.12.17</td><td>カブラル</td><td colspan="4">2,000パルダオ
■　■　■　■</td><td></td></tr>
</table>

			括り	1	2	3	4	5
26	1598. 1	「弁駁書」	1,200ドゥカド（1〜4）					
27	1603. 1.10	協議会記録	1,000クルザド（2〜4）					
28	1603. 1.11	ヴァリニャーノ	1,000ドゥカド（2〜4）					
29	1603.10. 6	ヴァリニャーノ	1,000ドゥカド以下（2〜4）					
30	1603.10. 8	ヴァリニャーノ	1,000ドゥカド（2〜4）					
31	1603.11.15	ヴァリニャーノ	1,000ドゥカド余（2〜4）					
32	1604. 4. 7	ヴァリニャーノ	2,000ドゥカド（1〜4）					
33	1609.11.12	コエリョ	1,000パルダオ(実収入)（1〜4）					
34		**史料一**	1,300パルダオ余(年貢納入後)（2〜4）	500パルダオ	564パルダオ余	399パルダオ余	372パルダオ余	(実収入) 1,547パタカ
35	1617. 1. 5	ロドリーゲス						900クルザド
36	1620. 9	「カタログ」	3,400クルザド（1〜5）					
37	1624. 1	「カタログ」	3,000クルザド（1〜5）					
38		**史料二**	785パルダオ余(実収入)（2〜4）	500パルダオ	225パルダオ余	309パルダオ余	251パルダオ余	(年貢納入後) 1,547パルダオ
39		**史料三**	785パタカ余（2〜4）	500パルダオ				

点が明記されている史料もあるが、多くの場合は必ずしも明確ではなく、それらについては、いろいろなところから判断して一応の推測をしておいたにすぎない。

三、このことに関連して、最も判りにくいのが、カランジャ、ボンベイといった、バサインの三村以外のレンダについてである。ここでは、33の一六〇九年十一月十二日付コエリョの文書や史料一・史料二・史料三・史料四等、明記されている場合を除き、一応推測に基づいて、これら両所の収入を含むと思われる記録とそうでないものとを分けておいたが、この点を更に明らかにするには、今後の関係史料の紹介を待たなければならない。史料によって収入額が区々なのは、或いは取上げた対象のレンダが違うことも、理由の一つかも知れない。

四、キリシタン宣教師の書翰等に記されている収入額は、殆どが端数を省略した概算の数字だと言ってよいと思う。

五、インドの土地収入は主として米作・椰子等によるものであった以上、年によって収入額が一定でないのは当然であるが、しかしこの点を考慮に入れても、尚前掲の表に見られる数字の不一致を説明することは出来ないであろう。

九

以上述べて来たところをまとめてみると次のようになる。

一、日本イエズス会がインドに資産を取得したのは、勿論ローマのイエズス会本部の意向でもあったが、主としてゴア管区長アントニオ・デ・クワドロスと、その意をうけた日本布教長カブラル、更にはヴァリニャーノの尽力によるところが大きかった。そしてゴア管区のイエズス会関係者の間には、日本イエズス会が行なっている生糸貿易を止めさせ、その代りにインドの土地収入の増加を図るべきだとの声が強かった。

二、東インドの教会の保護者であるポルトガル国王は、一五七一年に勅許状を発布して、一定の制限は付しているが、日本イエズス会がインドで土地を買入れることを許可した。

三、資産を買うためのかねは日本から送られた。それは、主として生糸貿易の利益を蓄積してつくったものであった。一五六〇年代後半から一五七〇年代冒頭にかけて一万二〇〇〇クルザド送金され、その後もカブラルによって一五七〇年代前半に何回かにわたって六〇〇〇ドゥカド送られたものと推測出来る。但し、一五八四年に入手したムルガン村の購入資金は、教皇給付の喜捨でまかなったようである。

四、日本イエズス会は、一五七〇年にカランジャの年金を金三三〇〇パルダオで、一五七四年の九月から十二月までの間にポンヴェン村を一二〇〇又は一四〇〇パルダオで、一五七五年の十月以前にコンドウティン村を四〇〇〇パルダオで、一五八四年にムルガン村を五〇〇〇パルダオで、夫〻買入れた。

五、この外に日本イエズス会は、ボンベイにおいて菜園の寄進を受けたことが判っている。しかし、このボンベイの土地とカランジャの年金については、関係史料が乏しく、その詳しい内容を明らかにすることは出来ない。

六、日本から送られたかねが、全額資産の買入れに使用されたわけではなく、尚買増す希望を持ちながら、その残金がインドのイエズス会によって流用されてしまった。

七、バサインの土地収入については、ヴァリニャーノはこれを臼杵の修練院の経費に充てることにした。しかし修練院創設以前と秀吉による迫害以後においては、この収入の用途は限定されることなく、日本布教に要するいろいろな経費に充てられたものと思う。とくに、現地のインドにおいて日本関係の経費に消費される額も大きかった。

八、ヴァリニャーノは、ゴアに日本イエズス会のプロクラドールを一人配置して、彼にインドの資産の管理一切を委ねることを考え、総会長の許可をえて実行に移した。
九、これらインドの資産から日本イエズス会がどの位の年収をえていたかについては、かなりな数の関係史料があるが、そこに見られる数字は、記載の基準が一様でないこともあって区々であり、この点についても確かなところは判らない。大凡の額を挙げてみると、一五七〇年代の前半、即ち資産がカランジャとポンヴェン村だけであった頃は、五〇〇—六〇〇パルダオ。一五七〇年代の後半から一五八〇年代の初め、即ち資産にコンドウティン村が加わると大凡一〇〇〇クルザド。その後一五八〇年代後半から一五九〇年代・一六〇〇年代、即ち更にムルガン村が加わると一〇〇〇—二〇〇〇クルザド。そして一六一〇年代—一六三〇年代は大凡三〇〇〇クルザドの年収があったと見てよいのではないであろうか。
十、バサインの土地収入は主として米作と椰子等からの収入であったので、時に災害によって被害を受けたこともあった。またそこからの収入の一部が、インドのイエズス会のために流用されてしまったこともあった。しかし概してこのインドにおける資産は、日本イエズス会に安定した収入をもたらしたと言えよう。
十一、最後に、註(41)で簡単に触れておいたが、ゴアではスペイン=ポルトガル国王から日本イエズス会に資金が支給されていたが、これは、同じインドにおける収入とは言っても、全く性格を異にする収入なので、ここでは取上げなかった。

（1） J. Wicki, *Documenta Indica*, VIII, Romae, 1964, p. 189.
（2） José F. Ferreira Martins, *Os Vice-Reis da Índia*, Lisboa, 1935, pp. 83, 84.
（3） Arquivo Histórico Ultramarino, Códice 1659, f. 146v. 尚この史料は他の資産についても詳しく伝えている重要な記録なので、後で史料四として紹介する。

「イエズス会の管区がインドに有する凡てのコレジオ・カーザ・レジデンシア・人・レンダ及び経費の要録、一五八六年作成」と題する文書には、このカランジャの年金はエステヴァン・ペレストレルという者から買入れた旨、記述されている(J. Schütte, *Monumenta Historica Japoniae* I, Romae, 1975, p. 188)。

(4) Archivum Romanum Societatis Iesu, Jap. Sin. 7–III, f. 88v.
さらにこれに関連して、同じヴィレラは、一五七一年十一月三日付でゴアから総会長に宛てた書翰でも、これと大体同じ内容のことを伝えている。「当初は生糸貿易の利益は大きく、一方経費を要する布教団は少数であったので、資金は大凡一万八〇〇〇クルザドになった。しかしインドから指令が届き、生糸貿易を禁止する一方、そのかねの中から一万―一万二〇〇〇クルザドをインドに送金してレンダを買うように命じて来た。」(Jap. Sin. 7–III, f. 78v.)

(5) 一五七三年九月十日付、カブラルの総会長宛ての書翰に、大凡六〇万クルザドの商品と、巡察師ゴンサロ・アルヴァレスを含む五〇〇人程をのせたナウ船が日本に渡来する途中一五七三年七月二十一日に沈没したことが記述されている(Jap. Sin. 7–I, f. 165.)。また一五七三年十二月十五日付マラッカ発、クリストヴァン・ダ・コスタの総会長宛ての書翰に書加えられた追書には、その年巡察師アルヴァレスがマカオから日本に渡る途中、七月二十一日に船が遭難して死亡したこと、船と共に七〇万―八〇万クルザドの商品を失ってしまったことなどが記述されている(*Documenta Indica*, IX, Romae, 1966, pp. 295, 296.)。

(6) Jap. Sin. 7–I, f. 306. (*Documenta Indica*, IX, pp. 520, 521. 尚この書翰の日付は一五七五年十二月二十五日付と記されているが、一五七四年十二月二十五日付の誤りであることがシュッテ神父、ヴィッキ神父によって指摘されている。J. F. Schütte. *Valignanos Missionsgrundsäze für Japan*, 1. Band, 1. Teil, Roma, 1951, p. XXXII. *Documenta Indica*, IX, p. 481.)

(7) モンスーン文書の中に、一六二九年十二月一日付でバサインの長官が作成した「バサインの商館とその領域において毎年支払われ、そして定められている所得と給与の支払い、守備隊、及び倉庫と商館に保官されている物のリスト」(Arquivo Histórico do Estado da Índia, Livro das Monções N.º 13–B. 葉数不明。Filmoteca Ultramarina Portuguesa, Lisboa. 所蔵のマイクロフィルムによる。)と題する記録があるが、これによると、バサインは豊かな土地で、多くの教会、修道会、病院の経費、及びインドの軍事費をまかなっていたことが判る。

(8) *Documenta Indica*, X, Romae, 1968, p. 58.

(9) 通貨単位が記されていないが、恐らく一〇〇〇スクードのことと思われる。というのは、ポルトガル国王が支給する一〇〇〇というのが一〇〇〇スクードのことだからである。一五七四年一月七日付アルメイリン発、ヴァリニャーノの総会長宛て書翰に、国王に要望して許された事柄は次の通りである、として、「在日パードレ達のために、インド副王は毎年金一〇〇〇スクードを支給すること。」と見えている(*Documenta Indica*, IX, p. 60.)。

(10) J. F. Schütte, *Valignanos Missionsgrundsätze für Japan*, 1, 1, p. 43.

(11) *Documenta Indica*, X, pp. 164, 165.

(12) Jap. Sin. 8–II, f. 13av. (*Documenta Indica*, X, p. 58, n. 42. 尚ヴィッキ神父は、この書翰は一五七六年の年末に認められたものである旨註記している)。

(13) Jap. Sin. 3, f. 2v.

(14) Jap. Sin. 8–I, f. 140.

(15) Jap. Sin. 9–I, f. 23v.

(16) Jap. Sin. 9–I, f. 41v. 一五八二年一月十二日付、コエリョの総会長宛ての書翰にも、これと全く同じ文章が記されている(Jap. Sin. 9–I, f. 76.)。

(17) Jap. Sin. 9–II, f. 168v.

(18) J. F. Schütte, *Introductio ad Historiam Societatis Jesu in Japonia*, Romae, 1968, p. 886.

(19) *Ibid.*, p. 994. Francisco Rodrigues, *A Companhia de Jesus em Portugal e nas Missões*, Pôrto, 1935, p. 26.

(20) Jap. Sin. 9–II, f. 171v. (*Documenta Indica*, XII, Romae, 1972, p. 853.)

(21) この点、一五九三年十二月十五日付マカオ発、ヴァリニャーノの総会長宛て書翰に、「パードレ・アントニオ・デ・クワドロスは、管区長であった時、何らかの確実なレンタを買入れることを決めて、日本の資産から一万三〇〇〇パルダオをインドに送らせた。そして毎年五〇〇シェラフィンの年金を四〇〇シェラフィンの価で買っただけで、その他は凡てインドにおける他の必要のために消費してしまった。」(Jap. Sin. 12–I, f. 141.)と記されている。

(22) Jap. Sin. 10–II, f. 289v. (J. F. Schütte, *Introductio*, p. 110.)

(23) Archivum Romanum Societatis Iesu, Goa 13–I, f. 212v.

(24) Goa 13-I, f. 212v.

(25) Goa 22-I, f. 29v. (*Documenta Indica*, VIII, pp. 406, 407.)

(26) Arquivo Histórico do Estado da Índia, Livro das Monções N.º 19-C, f. 744, 744v. (Filmoteca Ultramarina Portuguesa. 架蔵のマイクロフィルムによる)。尚、この文書は後で史料二として引用する。また、同じく後程引用する史料三及び史料四にも同じ記述が見られる。

(27) Jap. Sin. 12-I, f. 77.

(28) Jap. Sin. 13-I, f. 135v.

(29) Jap. Sin. 8-II, f. 305.

(30) A. Valignano & J. L. Alvarez-Taladriz, *Sumario de las cosas de Japón*, Tokyo, 1954, pp. 110-113.（松田毅一他訳『日本巡察記』平凡社、昭和四十八年、四一頁も参照した）。

(31) 尤も、一五八〇年十月二十七日付臼杵修練院発、ヴァリニャーノの総会長宛ての書翰には、「私は、われわれがバサインに所有するレンタの一二〇〇シェラフィン——一シェラフィンが八レアルに相当する——の内、五〇〇を修練院に、残りの七〇〇をコレジオに充てようと決心した。」(Jap. Sin. 8-I, f. 299. J. F. Schütte, *Valignanos Missionsgrundsätze für Japan*, I, II, Roma, 1958, pp. 492, 493.) と記述されており、ヴァリニャーノがバサインからの収入の全額を臼杵修練院だけの維持費に充てる意向であったのかどうか、若干疑問が残る。

臼杵修練院の創設以前においては、インドの土地収入はどのように消費されていたかというと、この点については一五八〇年八月のヴァリニャーノの「インドのスマリオ」の中に、次のように記述されている。

「日本は更にインドのバサインの地のいくつかの村に八〇〇ドゥカドのレンタを持っている。この収入は、ミサのための葡萄酒、オリーブ油、その他の必需品を買ったり、インドから日本に渡る者の食糧を買ったりするのに利用される。このレンタは殆ど凡てこのような事に消費され、現金で日本に届くのは僅かにすぎない。」(A. Valignano, Sumario de las cosas que perteneçen a la Provincia de la Yndia Oriental y al govierno della. A. da Silva Rego, *Documentação para a História das Missões do Padroado Português do Oriente*, Índia, 12.º vol., Lisboa, 1958, p. 543. A. Valignano & J. L. Alvarez-Taladriz, *Sumario*, introducción, p. 110.)

また一五八一年十月十三日付、コエリョの総会長宛ての書翰には、「日本はインドに一〇〇〇クルザド程のレンダを持っている。〔中略〕これはパードレ・アントニオ・デ・クワドロスの死後〔彼の死は一五七二年九月二十一日――引用者〕は、いかなる名目か知らないが、ゴアのコレジオにおいて殆どすべて消費されてしまっている。」(Jap. Sin. 9–I, f. 41v. 尚、一五八二年一月十二日付、コエリョの総会長宛ての書翰にも同じ文章が記述されている。Jap. Sin. 9–I, f. 76, 76v.)とも見えており、インドで消費されてしまう額が大きかったことを伝えている。

(32) Jap. Sin. 3, ff. 8v., 9.

(33) Jap. Sin. 10–II, f. 289v.

(34) 尤もヴァリニャーノは、教皇が日本に年金を給付してくれるという情報を受取った直後には、インドの土地収入(少なく共コンドウティンとムルガンからの収入)を、将来設立される予定の京都又は堺のコレジオの経費に充てることを考えた。一五八四年十二月十二日付コチン発、ヴァリニャーノの総会長宛て書翰に次のように記されている。「〔コンドウティンとムルガンの〕二つの村から一〇〇〇パルダオの収入になるが、私はこれを京都《メアコ》又は堺のコレジオに充当したい。猊下が証明書によってそれを承認することを望む。」(Goa 13–I, f. 212v.)

このようなヴァリニャーノからの要望に応えて、総会長は一五八五年十二月二十四日付インド管区長ヴァリニャーノ宛て指令で以て、「ムルゴンとコンドティンの二村のレンタは、尊師は許しにより、京都《メアコ》又は堺の二つのコレジオのいずれにでも充てることが出来る。」(Jap. Sin. 3, f. 10.)と、これを許可した。しかし臼杵修練院に充てられた肝心の教皇の年金の給付状態が悪かったためか、ヴァリニャーノは前引の通り一五八七年十一月二十七日付書翰では、再びインドからの土地収入を凡て同修練院の経費に充てることにしている。

(35) Jap. Sin. 11–I, f. 126.

(36) A. Valignano, Apología en la qual se responde a diversas calumnias que se escrivieron contra los Padres de la Comp.ª de Jesús de Jappón y de la China, Jap. Sin. 41, f. 85; Biblioteca da Ajuda, 49–IV–58, f. 92v.

(37) Jap. Sin. 14–I, f. 146.

(38) Jap. Sin. 14–I, f. 159.

(39) Félix Zubillaga, *La Provincia Jesuítica de Nueva España. Su fundamento económico : siglo XVI*, Roma, 1969. p. 5. 及びH・チー

スリク神父のご教示による。

(40) Jap. Sin. 12–I, f. 141v.

(41) ポルトガル領インドには、サルセッテという名称の土地が二つある。即ちSalsete de GoaとSalsete de Baçaimである。前者は、ゴアから河一つ隔ててすぐ南にある半島である。後者は北部地方のサルセッテSalsete do Norteとも称し、バサインとボンベイの間に位置している島であって、バサインの行政区割に含まれ、主として米を産する非常に肥沃な土地であった(Frei Paulo da Trindade & F. Félix Lopes, *Conquista Espiritual do Oriete*, II parte, Lisboa, 1964, pp. 146, 176.)。

スペイン国王フェリペ二世は、ポルトガル王位を継承した時に、ゴアのサルセッテSalsete de Goaから上る収入の内一〇〇〇クルザドを日本イエズス会の維持費に充てた。尚、一六一六年四月にインド副王ドン・ジェロニモ・デ・アゼヴェードは、従来サルセッテで支給して来たこの一〇〇〇クルザドを、ゴア税関で支払うことにした(Titolo dos bens de raiz de Jappão, Biblioteca da Ajuda, 49–IV–66, f. 94v. ——東大史料編纂所架蔵の複製写真による。A. Valignano, Apología, Jap. Sin. 41, f. 85; Biblioteca da Ajuda, 49–IV–58, f. 92v.)。

(42) Jap. Sin. 12–I, f. 74, 74v.

ヴァリニャーノは、一五九三年十二月十五日付マカオ発、総会長宛て書翰の中で、この点を再確認し、次のように記している。「私が上述の書翰〔一五九三年一月十二日付総会長宛て書翰のこと——引用者〕の第三点で挙げた理由により、インドに日本のプロクラドールを一人配置しなければならない。これは凡てにわたって上述の日本準管区長に服するものとし、そして上述の書翰の第三点に関して述べた事柄を凡て行うものとする。」(Jap. Sin. 12–I, f. 141.)

(43) Jap. Sin. 3, f. 62v.

(44) Jap. Sin. 12–II, f. 330v. 尚インド管区プロクラドールによる日本資金流用についてであるが、一五八四年十二月十二日付コチン発、ヴァリニャーノの総会長宛て書翰にも、一五八三年に二〇〇〇ドゥカド、一五八四年にも二〇〇〇ドゥカドと、同プロクラドールが日本のための教皇給付金をゴアやインド管区の収入に入れてしまったことが記述されている。Goa 13–I, f. 212v. (*Documenta Indica*, XIII, Romae, 1975, p. 596.)

(45) Salsete do Norte即ちSalsete de Baçaimのことである。註(41)を参照していただきたい。

(46) ポンヴェン村とコンドウティン村については年貢を納めない旨記述されているが、両村に年貢納入の義務がなかったというわけではなく、この文書にはすぐつづいて次のように記述されている。

「故ドン・セバスチアン国王は、日本にコレジオを創設するために、ポルトガルの一〇〇〇クルザドをマラッカ税関で日本に与えた。しかし現在はマラッカで八七四クルザドしかわれわれに支給されていない。というのは、一〇〇〇クルザドに欠ける残りの一二六クルザドは、ポンヴェンとコンドウティンの両村が国王に納めていた年貢の分として差引かれたからである。このために、前述のように両村は国王に年貢を納めていない。」(Biblioteca da Ajuda, 49–IV–66, f. 94v.)

尚「イエズス会の管区がインドに有する凡てのコレジオ・カーザ・レジデンシア・人・レンダ及び経費の要録、一五八六年作成」と題する文書には、ポンヴェン村からの年収二八〇パルダオの内六〇パルダオ、コンドウティン村からの年収四八〇パルダオの内八〇パルダオは、夫々年貢として国王に納められていたものであるが、マラッカ税関で日本教会に給付される一〇〇〇クルザドの中からその分が差引かれるので、ポンヴェン村、コンドウティン村からえられる日本教会の年収は夫々二八〇パルダオと四八〇パルダオとなり、一方マラッカ税関からの給付額は八六〇クルザドに減額している旨記述されている(J. F. Schütte, *Monumenta*, I, pp. 187, 188.)。尤もこの史料は、右の記事内容から明らかなようにクルザドとパルダオとを同価値として扱っており、この点疑問がある。

因に後で引用する**史料二・史料四**等他の関係史料は皆、両村共年貢を納入していた旨明記されている。

(47) このボンベイにおける寄進に関しては、一六七七年十一月十七日付マカオ発、セバスチアン・デ・アルメイダの「日本管区のコレジオとレジデンシアの創設者及び同管区の慈善家のカタログ」にも、次のように記述されている。

「共に高貴の生れで、ポルトガルの第一の貴族階級に属するドン・ジェロニモ・デ・メネゼスとその妻ドナ・マリア・デ・カストロは、遺言状でボンベイに遺した資産で以て日本の別のコレジオをつくった。その資産からは、毎年、四ラリンを一パタカと勘定して、一五四七パタカの収入がある。これには年貢や耕作のための経費は含まれていない。」(Jap. Sin. 23, f. 1.)

また彼等が日本イエズス会に自分の資産を寄進した動機について、一六二五年十一月十六日付日本発、フランシスコ・パシェコ外八名のパードレが連署した総会長宛ての書翰には次のように記述されている。

「ドン・ジェロニモ・デ・メネゼスとその妻ドナ・マリア・デ・カストロは、非常に日本に好意をよせていた自分達の兄弟のイエズス会パードレ、クリストヴァン・デ・カストロの勧めに従って、インド北部地方のいくつかの村を寄進したが、この寄進が日本だけのため、即ち長崎市にコレジオをつくるために行われたことは明白である。」(Jap. Sin. 34, f. 160.)

(48) パタカの単位については詳らかではないが、註(47)に引用した一六七七年十一月十七日付マカオ発、セバスチアン・デ・アルメイダの文書に、「四ラリンを一パタカと勘定して……」と見え、また後出史料二には、「四ラリンを一パルダオと勘定して……」(四七二頁)と記されているので、パタカはパルダオと同価値と考えてよいのではないであろうか。

(49) Títolo dos bens de raiz de Jappão, Biblioteca da Ajuda, 49–IV–66, ff. 94v., 95.
一六一七年九月十八日付長崎発、コーロスの総会長宛て書翰に、パードレ・ブランダンの喜捨とドナ・マリア・デ・カストロの喜捨を国王が承認してくれれば、生糸五〇ピコの貿易を放棄する、との意見書をヴァレンティン・カルヴァーリョが送ったことが記述されており、ボンベイにおけるカストロの喜捨が、この当時まだ国王の承認をうけていなかったことを明らかにしている(Jap. Sin. 35, f. 63.)。

(50) J. F. Ferreira Martins, *op. cit.*, pp. 69, 70.

(51) *Ibid.*, pp. 73, 74.

(52) 「上述の勅許状」Alvara açyma dito. とあるが、どの勅許状を指すものか不明である。

(53) Arquivo Histórico do Estado da Índia, Livro das Monções N.º 19–C, f. 744, 744v. (Filmoteca Ultramarina Portuguesa. 所蔵のマイクロフィルムによる)。

(54) Arquivo Histórico do Estado da Índia, Livro das Monções N.º 19–C, 葉数不明(Filmoteca Ultramarina Portuguesa. 所蔵のマイクロフィルムによる)。

(55) Arquivo Histórico do Estado da Índia, Livro das Monções N.º 19–C, 葉数不明(Filmoteca Ultramarina Portuguesa. 所蔵のマイクロフィルムによる)。

(56) インドで用いられていた単位で七三五リットルに相当する。

(57) 原語は sanes. これは S. R. Dalgado, *Glossário Luso-Asiático*, vol. II, Coimbra, 1921, p. 282. に見える saneis(「馬丁」の意味)のことであろう。この点岸野久氏からご教示をえた。

(58) Arquivo Histórico Ultramarino, Códice 1659, ff. 143–146v.

(59) Jap. Sin. 8–II, f. 305.

(60) Goa 13–I, f. 212v.

(61) *Documenta Indica*, X, p. 165.

(62) Goa 13–I, f. 212v.

(63) Arquivo Histórico Ultramarino, Códice 1659, f. 146v.

(64) Jap. Sin. 7–I, f. 306. (*Documenta Indica*, IX, pp. 520, 521.)

(65) *Documenta Indica*, X, p. 58.

(66) *Ibid.*, X, pp. 164, 165.

(67) Jap. Sin. 8–I, f. 140.

(68) Jap. Sin. 8–I, f. 240, 240v.

(69) A. da Silva Rego, *Documentação*, 12.º vol. p. 543. A. Valignano & J. L. Alvarez-Taladriz, *Sumario*, introducción, p. 110.

(70) Jap. Sin. 8–II, f. 305.

(71) Jap. Sin. 9–I, f. 19v.

(72) Jap. Sin. 9–I, f. 23v.

(73) Jap. Sin. 9–I, f. 41v. 尚一五八二年一月十二日付コエリョの総会長宛ての書翰にもこれと同じ文章が記述されている(Jap. Sin. 9–I, f. 76.)。

(74) Jap. Sin. 25, f. 6. この文書の写しは数多く残存している。A. Valignano & J. L. Alvarez-Taladriz, *Sumario*, p. 71. にも掲載されている。

(75) Jap. Sin. 9–II, f. 168v.

(76) Jap. Sin. 9–II, f. 171v. (*Documenta Indica*, XII, p. 853.)

(77) Jap. Sin. 9–II, f. 171v. (*Documenta Indica*, XII, p. 853.)

(78) A. Valignano & J. L. Alvarez-Taladriz, *Sumario*, pp. 110–113. (松田毅一他訳、前掲書、四一頁も参照した)。

(79) Goa 13–I, f. 212v.

(80) Jap. Sin. 3, f. 8v.

(81) J. F. Schütte, *Monumenta*, I, pp. 188, 189.
(82) Jap. Sin. 10–II, f. 289v.
(83) Jap. Sin. 11–I, f. 84.
(84) Jap. Sin. 11–I, f. 107v.
(85) Jap. Sin. 13–I, f. 31v.
(86) Goa 32, f. 587v.
(87) Goa 32, f. 583v.
(88) Jap. Sin. 41, f. 85.　Biblioteca da Ajuda, 49–IV–58, f. 92v.
(89) Jap. Sin. 54, f. 264v.
(90) Jap. Sin. 14–I, f. 116.
(91) Jap. Sin. 14–I, f. 138v.
(92) Jap. Sin. 14–I, f. 131v.
(93) Jap. Sin. 14–I, f. 145.
(94) Jap. Sin. 14–I, f. 160v.
(95) Jap. Sin. 23, f. 37v.
(96) Jap. Sin. 17, f. 56.
(97) Jap. Sin. 25, f. 125v. 尚 Léon Pagés, *Histoire de la Religion Chrétienne au Japon*, première partie, Paris, 1869, pp. 460, 461. に、この文書のフランス語訳が掲載されている（吉田小五郎訳『日本切支丹宗門史』中巻、一六五、一六六頁）。
(98) 註(41)を参照して頂きたい。
(99) Jap. Sin. 25, f. 139v.
(100) Jap. Sin. 34, f. 161.
(101) Jap. Sin. 11–I, f. 107v.
(102) Jap. Sin. 12–I, f. 68.

(103) Jap. Sin. 23, f. 19.

第六章　キリシタン教会の財務担当パードレ

一

キリシタン時代、日本イエズス会のいろいろな職務の中で、余り表面には出ていないが重要な役割を演じていたものに、財務担当パードレとも言うべきプロクラドールがいる。イエズス会の財政の衝に当っていたこのプロクラドールについて解明することが、キリシタン布教事業の実態を明らかにする一つの有力な手がかりになると思う。以下、このプロクラドールの職務内容を中心に、少し述べてみたい。

二

日本イエズス会の財務に関係したプロクラドールは、国内だけでなく、マカオ、マラッカ、ゴア、リスボン、及びマドリードにも配置されていた。これは、日本イエズス会は国内で調達した財源はむしろ少なく、多くはいろいろな形で海外で取得するかねや、マカオ貿易の収益等に依存していたため、その関係の海外の要地にはプロクラドールを配置して、送金や資産の管理を行う必要があったからである。この内日本イエズス会の財務担当者として最も重視すべきものは、長崎に駐在したプロクラドールと、海外ではマカオのプロクラドールだと言えよう。この小論では長崎のプロクラドールについて取り上げ、マカオ等に駐在するものについては別の機会にゆずりたい。（以下とくに断らない限り、プロクラドールは凡て長崎のプロクラドールを指す）[1]。

歴代プロクラドールの名前、及び夫々の就任と辞任の時期は、これまでに判明した限りでは次の通りである。

1　ミゲル・ヴァズ。一五八二年十月三十一日付口ノ津発、フロイスの一五八二年年報に次のように記されている。「本年主は約九日間の熱病によりパードレ・ミゲル・ヴァズを御許に召し給うた。彼はイエズス会歴二〇年、内一九年間は日本のプロクラドールをつとめた。[2]」ヴァズが死亡したのは一五八二年五月であるが[3]、一九年間プロクラドールをつとめてきたとすると、この職についたのは一五六三年頃ということになる。彼が来日したのは一五六三年七月六日であるが、その時はまだイエズス会員ではなかった[4]。彼が入会した時期は明確ではないが、一五六五年の東インドのカタログに、在日会員としてイルマン・ミゲル・ヴァズの名が見えている。これは、日本については一五六四年十月―十一月現在の在日会員名を記録したもの故[5]、来日後右の年月以前に入会してイルマンとなったことは間違いない。恐らく入会後直ちにプロクラドールに就任したものであろう。

ミゲル・ヴァズ以前のプロクラドールについては、今のところ不明である。

2　ジョアン・デ・クラスト。「一五九四年三月から一五九五年十月までの日本年報」には、「一五九四年にパードレ一人とイルマン一人が死亡した。パードレはジョアン・デ・クラストといい、ポルトガル生れで日本のプロクラドールであった。五十五歳であった。イエズス会歴一七年であった。この職務を一〇年前から今迄、非常に熱心にそして愛をこめてつとめた。[6]」と記述されている。一五九四年に死亡したジョアン・デ・クラストが一〇年前からプロクラドールをつとめてきた、というのであるから、一五八四年頃に就任したことになるが、カブラルは、一五八三年十月五日付マカオ発、総会長宛て書翰の中で、「〔ヴァリニャーノは〕日本には、別にパードレ・ジョアン・デ・クラストをプロクラドールにした。彼は日本で同じように生糸の販売や取引の仕事に公然と従事している。」と記述している。この記事と、前任者のミゲル・ヴァズが一五八二年五月に死亡した事実とを考えあわせ、ジョアン・デ・クラストがプロクラドールに就任したのは、一五八三年とみてよい。一五八三年の日本管区パードレ・イルマンのリストに、日本のプロクラドールとしてイルマン・ジョアン・デ・クラストの名が見えている。[8] その後、彼は一五九四年六月二十九日に死亡する時迄プロクラドールをつとめたことが判る。[9] 一五九三年一月一日にヴァリニャーノが作成した日本イエズス会のパードレとイルマンのカタログにも、ジョアン・デ・クラストについて、「日本全体のプロクラドールである。[10]」と記述されている。

3　ガスパル・デ・クラスト。一五九六年に日本に渡来してプロクラドールに就任した。[11]

4　ルイ・バレート。一五九八年二月二十一日付長崎発、ルイ・バレートの総会長補佐宛ての書翰に、「私はこの長崎にいて、準管区のプロクラドールの職務を行っている。[12]」と記述されており、当時彼がプロクラドールであったことが判る。

5　ジョアン・ロドリーゲス。一六一七年十月作成、マカオのマードレ・デ・デウス・コレジオのパードレとイルマンのカタログには、ロドリーゲスについて、「一二年間この管区のプロクラドールであった。[13]」と記述されており、更に一六二〇年九月作成、日本管区のパードレとイルマンのカタログにも、彼について同じく「一二年間当管区のプロクラドールであった。[14]」と記されている。通事パードレ・ロドリーゲスは一六一〇年に日本からマカオに転任し、そしてマカオでも同地駐在の日本管区のプロクラドールをつとめた。但し、彼はマカオ転任後直ちにそこのプロクラドールになったわけではない。[15] 従って、前記のカタログに一二年間日本管区のプロクラドールをつとめた、とあるのは、長崎駐在のプロクラドールを一二年間つとめた、という意味にとるべきであろう。即ち、一五九八年頃から一六一〇年のマカオ転任迄プロクラドールであったものと思う。

6　セバスチアン・ヴィエイラ。一六二〇年九月作成、日本管区のパードレとイルマンのカタログには、ヴィエイラについて、「三年間マカオ駐在の管区のプロクラドールであり、更に三年間日本駐在の同プロクラドールであった。現在再びマカオ駐在の同プロクラドールである。[16]」と記述されており、また一六二三年十二月作成、日本管区のパードレとイルマンのカタログにも、「六年間マカオ駐在の管区のプロクラドールであり、更に三年間日本駐在の同プロクラドールであった。[17]」と記されている。ヴィエイラが日本に渡来してプロクラドールに就任した時期を正確に知ることは出来ないが、ノッサ・セニョーラ・ダ・グラッサ号焼討の事件が起った一六一〇年一月に彼がプロクラドールとして長崎にいたことは確かである。[18]従って彼は右のナウ船に乗って一六〇九年に渡来し、長崎駐在のプロクラドールに就任した可能性が強い。その後彼は、一六一二年の初めにカルロ・スピノラがプロクラドールに任ぜられる迄この職にあった。一六一二年三月十五日付長崎発、パシオの総会長宛て書翰には、次のスピノラの所で引用するように、プロクラドールがヴィエイラからスピノラに交替した経緯等が記述されているが、その後で、「今迄プロクラドールであったパードレは、パードレ・セバスチアン・ヴィエイラという名前である。[19]」と記されている。

7　カルロ・スピノラ。一六一四年十一月作成の日本のパードレとイルマンのカタログには、スピノラについて、「三年前から日本に駐在する管区のプロクラドールである。[20]」と記述されている。また一六一九年三月二日付日本発、フランシスコ・パシェコの総会長補佐宛ての書翰には、「一六一八年十二月十三日に……パードレ・カルロ・スピノラとイルマン・アンブロジオ・フェルナンデスが捕えられた。二人共プロクラドールであった。[21]」と記述されている。

セバスチアン・ヴィエイラに替ってスピノラがプロクラドールに就任した経緯については、一六一二年三月十五日付長崎発、パシオの総会長宛て書翰に次のように記述されている。

「この書翰と一緒に送る書翰を認めて後に、私はパードレ・カルロ・スピノラをこの管区のプロクラドールにした。それは次の理由による。日本におけるこの職務は非常に重要なもので、従ってプロクラドールは管区の第二番目の人物であり、全員が彼に依存している。あらゆる物がこのプロクラドール事務所から補給されるからである。このためプロクラドールは能力の豊かな人でなければならない。私がその気になったいま一つの理由は、以前この職にあったパードレが当地の和のために弊害となり、内部の人にも外部の人にも耐えられないような性格を持っていた。その外、この職務は彼の健康を蝕んだ。私はその更迭を望んだ。管区の大部分の者も同様であった。われわれは充分な資格を備えた人物を見出すことが出来なかったが、ついに管区長自身が私に対し、更迭を行なって、その職務をパードレ・カルロに任せるようにと要望した。顧問達やその他のパードレ達に諮った所、皆それに賛同した。更に私がそれに心が動いた今一つの理由に、パードレ・カルロは二年前に大病を患って以来、今尚少し加減が悪いので、そのためにこの長崎に駐在する必要がある。ここは他の場所以上にわれわれヨーロッパ人にとって治療に便がある。[22]」

即ち、プロクラドールとして不評であったヴィエイラが解任され、京都で活躍していたスピノラが属望されて一六一二年の初めにプロクラドールに任ぜられたことが判る。その後彼は、前引パシェコの書翰に記されている如く、一六一八年十二月十三日にその職にあるまま逮捕された。一六二〇年九月作成、日本管区のパードレとイルマンのカタログには、スピノラについて、「七年間管区のプロクラドールであった。[23]」と記されている。

8　クリストヴァン・フェレイラ。一六二〇年十月二十一日付加津佐発、マテウス・デ・コーロスの総会長補佐宛ての書翰に、「パードレ・クリストヴァン・フェレイラは、日本にいるイエズス会士達のプロクラドールの職務と全員の物資補給の仕事にも従事している。[24]」と記述されている。更に一六二〇年九月作成、日本のパードレとイルマンのカタログにも、フェレイラについて、「現在日本におけるプロクラドールである。[25]」と記されている。即ち、スピノラの後任として、フェレイラがプロクラドールに就任したものと思う。一六二一年十月にそれまで上《カミ》地区長であったフランシスコ・パシェコが管区長に就任したので、フェレイラがパシェコに代って上地区の副地区長として大坂に駐在することになり、[26] それに伴いプロクラドールを辞したものと思われる。一六二三年十二月作成、日本管区のパードレとイルマンのカタログには、フェレイラについて、「現在日本における上地区長である。[27]」と記されており、既にこの時にはプロクラドールの職を離れていたことが明らかになる。

9　マノエル・ボルジェス。一六二三年十二月作成、日本管区のパードレとイルマンのカタログには、ボルジェスについて、「三年間マカオのコレジオに駐在する日本のプロクラドールであった。現在も日本駐在の同プロクラドールである。[28]」と記述されている。一六二三年九月二十二日付日本発、コーロスの総会長宛て書翰にも、「今年巡察師ジェロニモ・ロドリーゲスは、マカオのプロクラドールに任ずるために当地のパードレ・マノエル・ボルジェスを招致させた。彼は現在日本駐在のプロクラドールである。[29]」と記されている。恐らくフェレイラの後をついでプロクラドールに任ぜられたものであろう。また一六二七年三月三十一日付マカオ発、ジョアン・ロドリーゲス・ジランの一六二六年の日本年報に、末次平蔵によって一層厳しいキリシタン穿鑿が開始されたことを述べている所で、「この捜索がいかに厳しいものであったかは、長崎に駐在するプロクラドールのパードレ・マノエル・ボルジェスが巡察師に書き送った書翰によって推測出来る。[30]」と記されており、ボルジェスは一六二三年に巡察師からマカオに呼ばれたにも拘らず、一六二六年当時もその職にあったことを明らかにしている。

ボルジェスはいつ迄プロクラドールの職務にあったか、またその後任は誰であったか等については、今のところ不明である。[31]

尚本来イエズス会では、プロクラドールには四盛式立誓司祭を起用しないのが常であったが、後に述べるように日本などの布教地では、プロクラドールは高度の政治的及び経済的手腕を要求される重要な地位であったために、四盛式立誓司祭をこれに任ずるようになった。このことは、一六〇一年十月二十四日付長崎発、ヴァリニャーノの総会長宛て書翰から明らかになる。

「シナにおけるプロクラドールの職務も、われわれが日本に持つプロクラドールも、この職務を行うために、強い忠誠及びその他の才覚と能力をそなえた人物であることが要求される。というのは、日本の救済と補給は凡て彼等に依存しているからである。われわれは、この職務に適した人材に非常に不足している。われわれは、時折四盛式立誓司祭をこの職に充てることによってその不足を補うことを余儀なくされている。事実現在日本のプロクラドールがそうである。シナのプロクラドールもそうなるに違いないと思われる。これはイエズス会の慣例に反する――このプロクラドールの職には四盛式立誓司祭を用いないのが常である――ので、それがわれわれの会憲に反するものだとは考えないが、われわれはこれに対していくらか懸念を持たざるをえない。しかし、目下他に対策がないので、猊下の回答を得る迄このままでやってゆく(32)。」

キリシタン布教の初期には、イルマンがプロクラドールをつとめていたものが、ここへくると、教会内におけるその地位の著しい向上が認められる。これは、キリシタン教会が、プロクラドールの働きに依存するところの大きい布教のあり方に変化していったことを意味していると言えよう。

三

次にプロクラドールの職務内容について述べてみたい。この点については、一五九一年に「日本のプロクラドールの規則[33]」（以下「規則」と略す）と題する内規が作られている。巡察師ヴァリニャーノが主になって作成したものであることは間違いない。三十四項から成るかなり詳しい職務規定である。この「規則」は、巡察師パシオ——一六一一年から一六一二年にかけて巡察師であった——が三十五・三十六・三十七の三項を追加し、更に十三・十四・十六・十九の各項について修正、或いは補足を加えた。[34] 以下、このヴァリニャーノとパシオが作成した「規則」を基本的な史料とし、それを他の史料で補いながら、プロクラドールの職務内容の主なものを述べてみたい。

Ｉ　日本イエズス会で必要とする物資の調達とその補給、及びかねの補給

イエズス会内部の仕事としては、この、必要物資を調達して保管し、国内の各地に補給することが先ず第一に挙げられる。

この在日イエズス会士に物資やかねを補給する仕方は、いろいろな経過をとった。即ち、ごく初期の、宣教師の人数がまだ少なかった頃は、パードレは何も持たずに、ただ上長が送ってくれたものだけで生活していた。しかしカブラルが布教長となってからは、在日イエズス会士に一定の物を配ることにした。しかしこれが余りに少なかったので、常に会員の間に不満があった。[35] ヴァリニャーノの第一回日本巡察中に開かれた第一回全体協議会においてこの問題が取り上げられた。そこでは各カーザ単位に一定額を配分する仕方をよしとする意見と、イエズス会士個人に対して必要に応じて支給するのがよいという意見とに分れたが、ヴァリニャーノはその裁決の中で、この内の前者の見解をとり、各カーザに一定額のかねを支給して、そしてプロクラドールが送ってくれるいろいろな必需品のすべてに対して、そのかねの中から支払いをするように指示した。[36] その後準管区長コエリョは、このような仕方で何年間か行なった。しかしパードレ達の間から補給が足りないという不満が生じ、さらにそれ許りでなく、カーザを訪れて宿泊する外部の人々も待遇が悪いと言って文句をつけるようになったので、コエリョは各カーザとレジデンシアに一定額を支給す

るのをやめ、そこのパードレ達が消費しただけの額を支給することにした[37]。

ヴァリニャーノの第二回日本巡察中の一五九〇年八月に開かれた第二回全体協議会においてもこの問題が取り上げられた。そこでは、基本的には第一回協議会で出された両論が依然くり返されたが、過去一〇年の経験に照していろいろ論議が行われたようである。そして結局、各カーザ、コレジオ、レジデンシアに一定額を支給すべきであるという見解と、それを非として各パードレは必要に応じて支給さるべきであるとの意見、及びカーザには一定額を支給し、そしてそこに所属して教会活動をしているパードレは、そのカーザから必要に応じて支給を受けるようにすべきである、との三つの見解に分れた[38]。これに対しヴァリニャーノは、その裁決の中で右の二番目の意見、即ち準管区長コエリョが途中から行なってきたように、各カーザに必要に応じて支給することに決めた。即ち、葡萄酒やオリーブ油等々各布教地で調達出来ず、長崎から送らねばならない物と、必要な額の現金とを各カーザに支給し、そして主なカーザの上長即ち地区長が配下のレジデンシアのパードレ達に必需品と現金を配分すべきだとした[39]。

「規則」は、この第二回全体協議会の裁決に基づいて、プロクラドールの重要な職務の一つとして、この補給の仕方を詳しく規定している。「規則」の二・三・六・十三・十四・十五・十八・二十七・二十八・三十七の各項がこれに関する規定だと言える。即ち、プロクラドールは毎年マカオからもたらすべき物資の目録を作り、上長の裁断をえてマカオに送る。またそれを買うための銀も上長の裁断をえた上でマカオに送る[40]。彼は身近に倉を持ち、マカオから届いた物資は帳簿に記入した上[41]でそこに保管し、しっかり鍵をかける。物資はこのように常に長崎に保管される[42]。綿織物・ミサのための葡萄酒・オリーブ油等はマカオから送られて来たが、物資調達は何もマカオから行うばかりではなかった。各地にいるイエズス会士が自分で調達出来ないような御器 goquis・食台 mezas・鳥の子紙 papel torinoco・杉原紙 papel suibara 等を京都その他の地方で調達する[43]。これらの物資を各イエズス会士に補給することについては、ヴァリニャーノは、プロクラドールが各地区の地区長の許に送り、地区長が配下の各布教機関のパードレ等に配分するように規定したが、[44]パシオはこの点を改め、各レジデンシアのパードレが全員直接プロクラドールから補給をうけることにした。[45]必需品については、その配分に関しプロクラドールが上長の裁断をえなければならないとの規定はない。しかし書籍・ポルトガルの織物・装飾品・ポルトガルのチーズやハムや葡萄酒・乾燥果物等、特別の品物については、マカオから届いたら上長にその目録を示し、そしてその配分について必ず上長の許可をえなければならなかった。[46]これらいろいろな物資を各地のイエズス会士に供給する場合、シナからもたらされた物についてはその実費を徴収するが、そのためにその運賃と関税をも加算した実費の金額が明らかになる勘定書を作るよう、プロクラドールに指示されている。[47]ロザリオや守り袋などもプロクラドールが一括してマカオから調達し、他の物資と同じようにパードレ達に実費でわかち与えることが規定されている。[48]

また各布教機関の年間の経常費をまかなうためのかねを送金するのもプロクラドールの仕事であるが、この場合も——経常費をまかなうためのかねである限り——右の必需品の配分と同じ仕方で、上長の許可をえることなしに補給するものと規定された。[49]しかしパードレ達が臨時に使用するかねを供給する場合には、上長の許可をえなければならなかった。[50]

しかし乍ら、この第二回全体協議会の裁決に基づく補給方法で二年間やってみて、これでは消費が大まかに行われ経費が増加するということが判り、一五九二年二月に開かれた日本管区会議の後改めて協議会を開き、そこにおいて、各カーザに一定額のかねを支給するという古い仕方に戻ることを決めた。[51]このように補給の問題はまことに厄介で、日本イエズス会が終始悩みぬいたことであった。

II　銀の保管

これは「規則」の十九項で規定されている。即ち、プロクラドールは倉の中に金庫を二つか三つ持ち、そこに銀を保管する。ヴァリニャーノは、金庫には夫々鍵を二つずつ付け、一つの鍵はプロクラドールが、今一つはそこのカーザの上長が所持するように指示したが、(52)パシオはこの点プロクラドールの鍵だけでよいと改めた。(53)各金庫には帳簿を入れておき、そこに保管してある銀の高と、そこから銀を引き出す際にはその年月日を記載するように定められていた。(54)

Ⅲ　各種帳簿の作成

「規則」の六から十二までの各項にわたって、この帳簿作成のことを規定している。そこでは、プロクラドールに対して四種類の帳簿をつけるように指示されている。第一の帳簿には、教皇が日本イエズス会に支給する年金。スペイン＝ポルトガル国王が関税収入から支給する年金。インド、マラッカ、シナ、及び日本国内に所有するレンダ（ここでは主として不動産のことを指す）の目録と、その各〻からの収入。毎年シナから送られて来る補給品目等、主として日本イエズス会の収入に関することを記載する。(55)第二の帳簿には、日本における各布教機関の経常費や、地区長の経費、及び進物・建築等の臨時の経費等、支出に関することを記載する。(56)第三の帳簿には、日本イエズス会の商業活動によってシナから送られて来る商品とその販売・売り上げ高。毎年シナに送金される金額を記してその分と関係経費を売り上げから差し引く。日本でイエズス会に行われた喜捨及び喜捨をしてくれた人々の名前。及び第一、第二の帳簿からも抽出して、収入と支出の凡てを簡単に記載する。その会計は八月末か九月を起点とする。これは毎年ナウ船が夏に渡来するのに合わせたものである。そして日本イエズス会の資産が常に判るようにしておく。またポルトガル、インド、マラッカ、マカオに駐在するプロクラドールから報告をうけて、それらの土地における日本関係の収入と支出、及びかねや商品の移動状況が判るように記載する。ポルトガルやインドから送られて来る特別の品物についても記載する。日本イエズス会の資産・喜捨に関する収支を記して、資産の金額が判るようにする。[57]第四の帳簿には、日本において負っている負債、カーザの中にいろいろな人から預っている物、シナ貿易に投資すべく大名等から預っているかねを記載する。そしてそのかねで仕入れた品物を積んだナウ船が渡来したら、それを消去し、依頼者に渡した品物を記入する。[58]即ち、この第四の帳簿はイエズス会の対外的な経済関係に関するものと言える。[59]

Ⅳ　小包・書翰の授受

これは「規則」の二十一項で規定されている。即ち、イエズス会士宛てに海外から届けられた小包や書翰を、宛先の会員がいる所の地区長に送り、日本から海外に送るものについても同じように取り扱う。[60]プロクラドールの仕事はこのような以上ⅠからⅣまでの職務は、いずれも事務的に処理出来る事柄だと言えるが、プロクラドールの仕事はこのようなもの許りではなく、経済的手腕を要求される面も少なくなかった。

Ⅴ　収支状況に注意し、資産の増大に努めること

この関係は「規則」の二十四と三十四の各項で取り上げられている。即ち、日本イエズス会の資産と収入に比して余りに多額の消費が行われているとプロクラドールが認めたら、この点上長に勧告をするのがその任務であった。[61]このように支出を適正に保つ許りか、プロクラドールは日本イエズス会の資産を増大させるよう尽力しなければならなかった。三十四項には次のように記述されている。

「五万タエルの金額になるまでは、この日本の資産を出来るだけ維持し増加させるよう最大の努力を払うように。〔中略〕これはナウ船が失われた場合でも、別の船を利用して投資して送って来るだけの資産をシナに確保していて、日本が救済不能の枯渇した状態にならないようにするためである。プロクラドールは、もしもこれだけの額の資産を持ったら、このかねの中から毎年少しずつ送金して一万タエルまでをマカオに預けておくよう、日本の上長に働きか

けるように。そしてこのかねは、巡察師がマカオにおいて同地駐在のプロクラドールに与えた指令に基づいて、日本のために用いる以外の、別のことに消費したり流用したりしてはならないものとする。[62]」

ここでプロクラドールに対し、資産を五万タエルにまで殖やすことと、その上で一万タエルをマカオに預けておいて、必要な場合に日本のために利用出来るようにすることが指示されている。ところでこの「規則」が作成された一五九一年当時、日本イエズス会にはどれ程の資産があったかというと、本書第二部第二章で述べたように、第二回日本イエズス会全体協議会記録(一五九〇年八月)には、その当時の資産として二万クルザド以下とあり、[63] 一五九二年三月十三日付長崎発のヴァリニャーノの書翰には二万ドゥカドと見え、[64] ヴァリニャーノの「日本のスマリオの補遺」(一五九二年)にも二万ドゥカドと記されている。[65] 即ち一五九〇—九二年当時の日本イエズス会の資産は二万クルザド前後であったとみてよい。

「規則」では、プロクラドールに課せられた資産蓄積の目標額が五万タエルとなっているが、一五九〇年八月の協議会記録では、四万クルザド(即ち四万タエル)の資産を保有しなければならない、と述べ、この数字の根拠として次のように記述されている。

「既に述べたように、ナウ船で以て常に一万乃至一万二〇〇〇クルザドの資金が送られるが、毎年大きな台風の危険にさらされるので、もし船が失われようものなら、そのかねと利益とが失われてしまう。そうしたらその年には、日本に残っているかねで食べてゆく必要があるが、その額は既に述べたように一万クルザド以下では補えない。そして次の年にはシナには何の資金もなく、また仮りに日本にかねが有っても、ナウ船が失われてしまったので、資金を送ることが出来ず、従って次の年のためにわれわれの許に何も送られて来ない。それ故、その年にはわれわれは、もしも日本に資金が有ればそれで以て食べて行かなければならない。そして更にその上、ナウ船で資金を送ることが出来るだけのかねが残るようにしなければならない。(66)」

即ち、日本イエズス会の年間経費を一万クルザド、毎年マカオに送金する貿易資金を一万乃至一万二〇〇〇クルザドとみて、船が遭難した場合の予備資金を考えに入れて四万クルザドの資産が必要だとしている。保有すべき資産額が、協議会では四万クルザドとされたのに、その翌年に作成された「規則」ではこれが五万タエルにふえているが、この点は深い意味があったとは思えない。

また「規則」では、五万タエルの資産を保有したら、その中から一万タエルをマカオに預けるように、との指示がなされている。このことは、前記協議会の答申に対する巡察師ヴァリニャーノの裁決(一五九〇年十一月五日付)の中にも、「出来るだけマカオに一定の資金を預けておくようにしなければならない。その額は八〇〇〇又は一万クルザド迄でなければならないであろう。それは、毎年日本に送らねばならない品物を買うのを、貿易船でかねが送られて来る迄待たないで、適時より安価に買い付けることが出来るようにするためであり、またこの日本航海の往復いずれかで船が失われた場合に、次の年のためにいつものように商品を仕入れて日本に送るだけの資金がシナに確保されているようにするためでもある。(67)」と記述されている。一定の資金をマカオに預けておくことは、確かに右の裁決に記述されているような利点が有るが、反面マカオだけでなく海外各地で往々にして見られたように、日本イエズス会のかねが現地のイエズス会によって流用されてしまう恐れもあった。それ故、前引の通り「規則」では、そのかねは日本のためだけに使用するよう強調している。

VI 貿易の管理

このようにプロクラドールは資産を増大させる義務を負っていたわけであるが、そのためにプロクラドールが管理する収入方法として「規則」に記述されているのは、貿易だけである。

これについては「規則」の二十九から三十三迄の各項にわたって規定されている。この内二十九と三十は、行きすぎた貿易は慎しむようにといった精神面の心得を述べているものであって、貿易の実務に関する規定事項は三十一から三十三迄の各項に記述されている。即ち三十一項には次のように記されている。

「イエズス会にこれ以上レンダが与えられない間は、資産を消費することなしに、その経費をまかなうことが出来るために、貧者や教会のための資金の中から送る以外に、この航海に通常一万三〇〇〇タエル迄の額を投資してもよい。そしてこの投資に無秩序な行為がないようにするために、カーザや教会で使用したり進物にしたりするために買う綿織物・反物(原語は peças. 絹織物のことか――引用者)その他と、契約により毎年われわれの負担でもたらされる五〇ピコの生糸の外は、上述の金額に達する迄の残りのかねと、貧者や教会のための資金の中から送られるかねは、金に投資してもたらすように。なぜなら嵩張らず、人目につかないで喧噪を伴わずに売買が出来るからである。そしてその他の雑品には投資しないように。但し、もしもこのように進めて行って資産が減少し、上長が顧問達に諮って、良心にまかせてこの貿易を拡大し、他の商品に投資させるのが適切であると判断した場合は、その必要と、この貿易に関する教皇と総会長の意向と許可とを考えあわせるように(68)。」

即ち、日本イエズス会としては、毎年マカオ＝長崎間貿易に一万三〇〇〇タエル迄を投ずべきこと、商品は各種織物――これは教会内での使用と進物のため、とあるが、余分のものは商品化された――と契約に基づく五〇ピコの生糸の外は金に限り、その他の雑品は原則として扱ってはならない、と指示されている。イエズス会の貿易活動における生糸以外の商品の問題については、別の機会に取上げる。

次に三十二項には次のように記述されている。

「この外、われわれの生糸についてマカオ市と結んだ契約を厳守するように。プロクラドールはその契約文の正式の写しを当地で所持するように。そしてシナでも当地でもそれを決して変更してはならない。それ故、ナウ船が出帆する時にわれわれに譲ってもらえる生糸が残った場合、決して四〇ピコ以上の量を手に入れてはならない。その四〇ピコの生糸は、次のナウ船が来航する時には、もうこの港には絶対にないようにしなければならない[69]。」

即ち、生糸貿易に関してマカオ市と結んだ契約[70]を循守することと、その契約に基づいて、ナウ船が長崎を出帆する際に売れ残った生糸からイエズス会がわけてもらう場合は、四〇ピコを限度とし、そしてこれは次のナウ船が来航する時には長崎にはないようにして、マカオ市に損害を与えないよう配慮しなければならないことが指示されている。

更に三十三項では、次のように規定されている。

「ナウ船の出発後まで保管しておいて売るために、当日本でポルトガル商人から商品を買い占めることを控えるように。但し、上長の判断により、何ら弊害なしに資産をいくらかでも増大させうると思われるような収益の道がある場合は別である。そして蟻のように利益を求めてはならない[71]。」

即ち、ここでは、ポルトガル人から商品を安く買い入れて、それをポルトガル船出帆後に高値で売り出すことを、弊害の伴わない範囲内でなら行なってもよい、としている。ここで問題にしている商品は、生糸以外のものであろう。というのは、生糸についてのこの種の商業規定は、別に三十二項に記述されているからである。前述のように、三十一項において、マカオ貿易に投ずる一万三〇〇〇タエル迄のかねは商品としては五〇ピコの生糸と金の購入のみに当てるべきことが指示されていたが、実際は、日本イエズス会が扱った商品は、この外に各種の絹織物・綿織物・陶器・砂糖・薬品・鉛・麝香・竜涎香等に及んだ。この内特に織物類を扱ったことがいろいろと弊害を招いたようである。一六二〇年二月十日付マカオ発、セバスチアン・ヴィエイラ外七名のパードレが連署した総会長宛ての文書に次のように記述されている。

「天鵞絨・繻子・緞子等の反物の形で行われる生糸貿易も、これ〔生糸の貿易のこと――引用者〕と大体同じか、又は少し少ない程度に迄増大している。そして利益が大きい時には、反物にすることによって生糸の利益を少し上廻るが、逆にこれが下廻る年もある。この貿易については、生糸そのものの貿易よりも語るべきことが多い。それは非常に嵩ばり、売るのが一層難しく危険が大きい。更に、本当のところ左程清潔ではない。このような反物を作っているシナ人を相手に当マカオで商いをするには、より大きな手練手管と才覚、その他少く共われわれにとって慎しみに欠けるような事が要求される。従って反物になった生糸を売買する貿易は、生糸そのものを商うのにくらべ、儲けが余りに大きすぎるわけではないのに、その取引に行きすぎた手練手管を用い、その上往々にして大きな危険と損失を蒙ることがある。それは今年起った通りである。

カンガリアの取引は、これと同じか又はもっと悪い。カンガリアとは一種の綿の反物のことである(72)。」

反物類の取引には手練手管を必要として弊害が大きい、というのは、主にマカオでこれらの商品を仕入れる場合のことを言っているようであるが、長崎でポルトガル船からいろいろな品物を安く買い付け、後でそれを高値で売って利益を上げるプロクラドールの商法も、教会内外の人々の注目をひいたようである。この点については、前に述べたように生糸については「規則」三十二項で指示がなされ、それ以外については三十三項で、弊害の伴わない程度ならこれを行なってもよい、と規定されていた。弊害の有無というのも主観的な問題である。「規則」では、プロクラドールが売買を行う場合、弊害をきたさないように自分自身が表に出ることをせず、敬虔なイエズス会の信徒を何人か配下に持ち、これを行わせるように、と指示している(73)。しかしこのような小手先の措置がどれ程の効果があったか疑わしい。この種のプロクラドールの商業行為を批判する声が、イエズス会の中で相当に強かったことは確かである。例えば一五九二年一月二十三日付マカオ発、フェルナン・マルティンスの総会長宛て書翰に次のように記述されている。

「日本のプロクラドール又はそれを許された者は、毎年マカオで仕入れた商品が送られて来るだけでは満足せず、貿易船が日本に着いて後、そこから更に別の商品を買い入れて、それを一層高く売れる他所に持って行き売っていた。即ち甲から買って乙に売っており、まるで本当の商人のようである。このようにして資産を殖やしていく一方で、イエズス会の良い面や信用が失われていった。(74)」

イエズス会が国内でこのような商業活動をするためのその商業ルートについては、その実態をはっきりつかむことは困難であるが、上方に販路を持っていたことは確かである。例えば、ヴァリニャーノの一五九二年の報告書に、「その翌年〔一五七九年のこと――引用者〕、同パードレ・カブラルが堺に送った四〇〇〇ドゥカド以上の価値がある生糸が全部失われた。これは堺の商人が運んでいた他の凡ての財と共に、山口の王が信長と戦争をしていたために没収したのである。(75)」とあるが、この時カブラルが堺に向け送った生糸というのは、イエズス会が同地で売り捌こうとしたものであったに相違ない。ヴァリニャーノは一五八五年に次のような指令を与えている。

「日本のプロクラドールは、日本でもシナでも、〔マカオと結んだ契約以外の〕他の貿易を行なってはならないし、かねを儲けるために他の財を買ってはならない。イエズス会士は何人も貿易も悪徳商売もしてはならない。また、ポルトガル人との間に結んだ契約に基づいて、ナウ船が渡来する港で売り切れなかったためにわれわれに譲ってもらういくらかの生糸の外は、生糸を堺に送ってはならない。(76)」

ナウ船が長崎から帰航する時に生糸が売れ残った場合、その中から一定量をイエズス会に譲渡することがマカオ市との契約に規定されていたが、この分の生糸を堺に送って売り捌くことは、当時イエズス会で承認されていた、ということが明らかになる。更に、一六一〇年代のことについて記述していると思われるイエズス会の一文書にも、(77)「このイエズス会の資金で買い入れてナウ船でもたらされる生糸は、プロクラドールに渡され、彼はナウ船の出帆後にそれを京都《ミヤコ》市又は堺市の何人かのキリシタン商人の許に送り、イエズス会士がそこに関係することなしに彼等がそれを売るのを常としている(78)。」と見えている。また、日本司教セルケイラが一六〇八年三月五日付で長崎からスペイン＝ポルトガル国王に宛てた書翰の一節は注目に価する。

「マニラ貿易によって、もう永年にわたってポルトガル人が独占してきた、シナと日本の間の航海と貿易が衰退しつつある。というのは、多くの船で以て毎年マニラからもたらす大量の生糸によってこれが混乱に陥った許りでなく、今年彼等が生糸を売るのに邪まな方法を用いたからでもある。即ち、彼等は生糸を日本の宮廷がある京都《ミヤコ》の地に持って行き、一方日本の商人達がそこに生糸を求めに行った。これはマカオ市によって厳禁されていたものである(79)。」

スペイン人が生糸を直接京都にもたらして日本人商人に売り渡す、という邪まな方法を用いたと言って強く非難しているセルケイラのこの書翰は、従来からの上方における自派の商業ルートが、スペイン人によって侵蝕されていたことに対するイエズス会側の焦躁を示すものと言えないであろうか。十六世紀末からスペイン系フランシスコ会士が京畿地方で布教を行うようになると、彼等はスペインの商権の拡大を図っていろいろと画策したことが推測出来る。それはまたフランシスコ会士自身の経済基盤を強化することにもつながるものであった。マニラ貿易をねらう堺や京都の商人などがこれに接近していったことも充分考えられる。一六〇〇年頃、京都に住み、フランシスコ会の財務担当者であった狩野派の狩野道味ペドロ——木屋道味ともいう——等の絵師四人が、フランシスコ会士に影響されてイエズス会士を非難する文書を認め、そして後になってそれを撤回する事件が起る(80)。狩野道味がフランシスコ会の財務担当者であったことに加えて、彼と堺の豪商で有力な朱印船貿易家の一人である木屋弥三右衛門との結びつきを考えることが出来るならば、この狩野道味一派の動向は、その頃上方に於て互に商権をめぐって対立していたイエズス会＝ポルトガルとフランシスコ会＝スペインとの関係を象徴するものと言えよう。そしてイエズス会側はスペイン勢力の進出を阻止するため、外ではスペイン＝ポルトガル国王や教皇に働きかけて他会の日本布教を禁ずる強い措置を求め、内では幕府に向って、スペイン船に対しても、ポルトガル同様日本で生糸を売る際には、パンカダ即ち入港地での一括取引を行わせるようにとの働きかけを行なった。(81)

日本イエズス会の収入源は他にもいろいろあったが、プロクラドールの才覚で以て国内で調達する収入として「規則」に記載されているものは、喜捨を別にすれば右に述べた貿易関係だけである。これが日本と特に緊密な関係にあったマカオ駐在のプロクラドールになると、特殊な収入の道として、ポルトガル産の葡萄酒や日本で作られた聖画を売ったりしていたことが明らかになる。(82) マカオ駐在のプロクラドール、パードレ・マノエル・ボルジェスが作った一六一六年八月一日から一六一七年八月末日までの、マカオ・プロクラドールの収支会計報告(83)からも、葡萄酒・生糸・象牙・蠟・綿織物等を売っていたことが判る。更に、マカオのある住民に対し、日本でレジデンシアを建てる費用を喜捨してもらうということを期待して、イエズス会教会の墓地に埋葬してやるとの話をもちかけたりしている。(84) 長崎のプロクラドールもこれに類することを行なっていた可能性が強い。

Ⅶ　日本人のマカオ貿易に対する仲介斡旋

以上ⅠからⅥまでのプロクラドールの職務は、いずれもイエズス会内部の仕事であったが、その外にプロクラドールは対外的にも重要な経済活動を行なっている。その一つとして、日本人のマカオ貿易に対して仲介斡旋をしたことが挙げられる。これについては、「規則」の十二及び十六の二項に記述されている。即ち十二項は、マカオに投資すべく日本人からかねを預った場合の帳簿記載についての指示であり、(85) 十六項では、上長の命令なしに外部の日本人やポルトガル人のかねを預ってシナに送ってはならないし、またシナから送られて来た外部の人の財を預って国内で売ってはならない、ということが指示されている。(86) 上長即ち準管区長とプロクラドールが中心となってこの仲介斡旋を相当な規模で行なっているが、このように長崎のプロクラドールとマカオのプロクラドールを結ぶ教会の商業ルートを利用して、日本人の銀をマカオに送って商品を買い付ける、ということが行われるようになったのは、他の南洋各地には日本人町が出来ており、これが代理商の働きをして朱印船等による取引が繁栄したのに対して、マカオでは日本人自身の手でマカオ貿易が行われるのが禁止されており、このためイエズス会士にこの点の斡旋を依頼するのが最も有効な方法であったからである。この方面でのイエズス会の活動の実態やその重要性、或いはこれに対する批判意見等については、既に別の場所で取り上げたので[87]、ここでくり返すことは避けたい[88]。

尚イエズス会士は日本人に対してのみ、この種の委託に応じたわけではなく、マカオのポルトガル人に対しても同じことを行なった。この点については本書第二部第三章の資金調達法の種別の所で触れた。

Ⅷ　長崎での生糸一括取引の価格即ちパンカダ価格の決定に対する介入

これについては、「規則」の十七項に記述されている。即ち、上長の命令なしに、プロクラドールは生糸のパンカダ価格の決定又はこれに類することに介入してはならない、と規定されている[89]。この、ポルトガル人が長崎で日本側に大部分の生糸を一括して売り渡す際のパンカダ価格の決定に、プロクラドールが関与するようになった経緯、その実態、及びこれがキリシタン史のみか日葡貿易史上にいかに大きな意味を持つものであったか等については、既にいろいろな機会に取り上げた[90]。

Ⅸ　金品の貸与

「規則」の二十項に記載されていることである。即ち、上長の許可なしに、かねや他の財を貸与してはならない、という規定である[91]。貸与する相手については記述されていないが、外部の者に対する貸与のことを言っているものであろう。キリシタン大名やその他の信徒が戦争等の事情で逆境にある時、イエズス会がこれにいろいろな形で支援をするということは、古くから行われて来た。曾てはイエズス会は、キリシタン大名とそうでない大名の間に戦いが生じた場合には、キリシタン大名を救うために積極的に介入し、これに武器弾薬を提供することまでもした。しかし、秀吉による伴天連追放令発布後は、キリシタン大名に武器の援助を与えることは、却って自らを危くするものであるとの考え方が内部で強まり、ヴァリニャーノは一五九〇年十一月五日付の文書の中で、戦争に当りキリシタン大名が危殆に瀕しているような場合には、これにかねと食糧だけは援助してもよいとし、武器については一切禁じている。(92)教会に裨益するか否かという基準で以てイエズス会が外部の者にかね等の援助を与えることは、その後も永く行われた。一六一五年三月二十五日付で長崎から、その頃プロクラドールの職にあったスピノラが総会長に宛てた書翰には、次のように記述されている。

「日本においてわれわれが裕福だという評判を払拭してしまわない限り、教勢の発展は殆ど望めない。というのは、大勢の日本人がキリスト教徒になり、われわれに近付いて来て、われわれを自分の土地に招くのは、必要な時にわれわれから支援をうけ、われわれから銀を借り、ナウ船が着いた時にわれわれの手で生糸や新種の反物を買い入れてもらうためだということが、経験によって私に判ったからである。(93)」

即ち、イエズス会は、喜捨もうけたが、一方では領主等の要望に応じて物質的援助をしており、これを教勢拡張のための一つの有力な手段としていたと言ってよい。

四

プロクラドールに対する指揮系統については、「規則」の四項で定められている。即ち、プロクラドールは、その職務以外のことについては、万事自分の居住するカーザの上長に服従しなければならないが、職務関係では一切カーザの上長を関与させてはならず、直接日本準管区長に服さなければならない、と命じている。[94] このように、財務全般についての最高責任者はあくまで日本(準)管区長であって、プロクラドールはその配下で実務を行なったわけであるが、しかしそれでいてプロクラドールは、前述の通り日本イエズス会の支出を適正に保ち、収入を図り、資産を増大させる義務を課せられていた。他方(準)管区長や地区長等の上長は、進物・供応・旅・建築等、特別の出費のために別わくで多額のかねを使っていた。例えば、ヴァリニャーノが作成した「日本におけるイエズス会のコレジオとカーザ、及び毎年生活するのに必要な経費のカタログの写し」(一五八二年)によると、準管区長と下・豊後・京都の三地区長の年間経費として一六〇〇ドゥカドの額を計上している。これは同じ文書に見える日本イエズス会全体の経費一万二〇二〇ドゥカドの一三パーセント余に上る額である。[95] またヴァリニャーノは、一五九〇年十一月五日付の文書の中で、準管区長と地区長の経費について、毎年一〇〇〇タエル以内なら自由裁量で消費してよいが、それを越える場合は顧問達に諮りその多数意見に従わなければならない、と規定した。[96] この一〇〇〇タエルの額でも、全体の年間経費の一〇パーセントに上るものである。しかも顧問の同意さえあればこれ以上を支出することも出来た。このような事情から、出費の問題をめぐってプロクラドールが上長に対して批判を加えたことがある。スピノラは一六一五年三月二十五日付で長崎から総会長に書き送った書翰の中で、次のように記述している。

「地区長達からも管区長からも、経費のことやわれわれが所有する銀について諮問が行われることは、一度もないか又はごく稀である。各人が望みのまま消費し、管区に資産が有るのか或いは負債をかかえているのかといったようなことは意に介さない。そしてかねが足りなくなると、それを請求して来るだけである。それが凡てプロクラドールの責任にかかってきて、彼はあらゆる手段を講じてかねの工面をしなければならず、銀がないとは言えない。というのは、仮令高利で借金をしようと、兎に角かねを提供しなければならないからである。[97]」

マカオ駐在のプロクラドール、セバスチアン・ヴィエイラも、一六〇八年一月二十八日付でマカオから総会長に宛てた書翰の中で、「当地〔日本準管区のこと——引用者〕には経費を減らしうる余地が有ることは否定しないが、それは手の打ちようがないものである。というのは、進物や訪問や旅に支出をするのは上長達だからであり、彼等はそうするのがよいと考えていて、この点彼等を制する者はいないからである。[98]」と記述している。これは、結局は日本での布教政策はどうあるべきかという問題に帰着することであろうが、この点についてのイエズス会士の考え方が多様であったことに加え、プロクラドールの職務上の立場の問題もあり、右のような意見が出て来たのは当然の成行と言えよう。しかし乍ら、右のスピノラやヴィエイラの書翰が、上長とプロクラドールの関係の凡てを語っているものとも言えない。彼等二人と対照的なのが、通事パードレ・ジョアン・ロドリーゲスであった。その当時のことについて、巡察師フランシスコ・ヴィエイラは、一六一八年九月十九日付日本発、総会長宛ての書翰の中で次のように記述している。

「商売によって貯えたこの莫大なかねによって、カーザや教会の建築・多数の小者による奉仕と扈従・進物・供応その他のことで無節度なことが行われるようになった。イエズス会の信徒で名誉ある人々が他の土地から来ると、その各〻に対し、長崎で宴会が三度も開かれた。即ち、最高の上長・長崎の地区長、及びプロクラドールが夫〻一回ずつ開き、互にそれを他より豪勢なものにしようと競い合った。しかし、そのために一般のパードレの衣食が向上したわけでは決してない。このような放縦はずっと以前から始まり、少しずつ嵩じてきたが、パードレ・フランチェスコ・パシオの時代〔一六〇〇—一一年準管区長、一六一一—一二年巡察師——引用者〕に一層弛緩した。[99]」

即ちここでは、プロクラドールが上長の出費を抑制するどころか、日本イエズス会において修道会本来の清貧の風を弛緩させた張本人の一人として弾劾されている。パシオ時代にプロクラドールをつとめたのはジョアン・ロドリーゲスであった。丁度その頃は、内外の情勢から殊の外幕府関係者等に対して難しい折衝を必要とした事情も認めなければならないであろうが、当時日本イエズス会において、その修道精神を問われるような行きすぎが顕著に行われたことは確かなようである。

尚、財務については日本(準)管区長とプロクラドールのみが行い、余人がそれに関与するのを一切禁ずる旨ヴァリニャーノが規定したとはいっても、その後時の巡察師の方針如何で、日本管区長もそこから遮断され、巡察師が独断でこの関係のことを処理したこともあった。例えば、一六一九年九月二十五日付長崎発、日本管区長コーロスの総会長補佐宛て書翰に次のように記述されている。

「同パードレ〔巡察師フランシスコ・ヴィエイラのこと——引用者〕は、マカオのプロクラドール及びわれわれがインドに持つプロクラドールに対し、私が書送ることには知らぬふりをするように、そして彼の明確な許可なしに、頼まれた物を他の人々のみか私に対しても与えてはならない、と命じた。〔中略〕自分が商業活動に大いに介入していることが、何人かの人々を怒らせている、ということが、この老人に判っているので、彼は、私が財をふやすべく尽力することに無関心なので、自分がそれを行なっているのだ、とパードレ達に語った。私はそのパードレ達に、私がそれに関与する以前に、巡察師がインドとマカオと日本において文書で与えた命令により、私をそこから遠ざけたのであるから、もしも私がそこに関与したらどうなるであろうか、と答えた。(100)」

このように、コーロスは管区長でありながら、巡察師ヴィエイラによって日本イエズス会の経済活動から遮断されてしまっていることを訴えている。

五

プロクラドールは常時長崎に駐在するよう規定されていた。[101] 当初は長崎のカーザにいたが、後に同地のコレジオ[102]に駐在するようになった。[103] プロクラドールがその職務を行う上で、長崎に駐在する必要があったことは言う迄もない。彼は恐らくはカーザ又はコレジオの一部を事務所にして、そこでイルマン等を配下に事務を執っていたことと思う。プロクラドールは、その任務の性質上、修道士にふさわしくないような極めて世俗的な業務も行わなければならなかった。殊に、前述のように彼は純然たる修道会内部の仕事許りでなく、外部の人々の商取引に対する仲介斡旋等の仕事も行なっていた。このようなところから、プロクラドールの事務所は「修道院」のイメージからまるでかけ離れた異様な様相を呈していたようである。一六〇三年三月二十三日付長崎発、司教セルケイラの総会長宛ての書翰には次のように記述されている。

「コレジオの中でパンカダ価格の決定をめぐる商人の協議が頻繁に行われた。コレジオの中で生糸の配分が行われたが、日本の商人や領主達の文書により、全員がそれを強く望み、望み通りの量の生糸を入手出来ない者の不満が常に存在しているということが私に判っている。そして最後に、コレジオの中でパンカダ価格の決定が行われた。[104]」

司教はこのように、イエズス会コレジオの中で修道院に不相応な業務が行われていることを憂え、このような有様では教会活動に大きな弊害をきたすであろう、と危惧している。また一六一八年九月十九日付日本発、ヴィエイラの総会長宛て書翰には次のように記述されている。

「このように大規模な、上述の地域のわれわれの貿易や商業行為のために、長崎とマカオにわれわれのプロクラドール事務所が一カ所ずつ設置されることになった。これらはコレジオから殆んど分離されており、厖大な量の銀と、取引をするために集って来る数多くの外部の人々をさばくために、非常に大きな建物・接待、及び経費を要した。これら二つのカーザは何にもましてわれわれの面目をつぶした。托鉢修道士やわれわれに対して不満を持つ世俗の人々は、これらのことをイエズス会が管区内に持つ二軒の取引所だと呼んでいた。そしてこのような呼び名でインドや国王陛下、更には教皇聖下にも伝わり、当時ローマにおいてこれは有名であった。[105]」

このようにヴィエイラは、長崎とマカオにおけるプロクラドール事務所の実態を伝え、それが外部の人々からいかに強い批判を買っていたかを強調している。

更に、マカオにおける同事務所については、カブラルが一五八三年十月五日付マカオ発、総会長宛て書翰（一五八四年十月六日付マカオ発、総会長宛て書翰も同文）の中で、次のように記述している。

「〔会員自身が生糸貿易を行うのではなしに、これを二、三人の外部の者の手に委ねるようにすれば〕イエズス会のこのカーザやコレジオは残るが、現在まるで取引所の如き観があるカーザはなくなるであろう。というのは、人々が教会の門をくぐってミサにあずかるのと同時に、一方ではその傍の門から生糸や綿織物の梱が運びこまれ、良心問題や霊的な事柄のために来た人々が、プロクラドールと一緒に、シナの財や商品を梱包しているのを眺める、というようなことが度々起っているからである。[106]」

カブラルは、一五九六年十二月十日付ゴア発、総会長補佐宛て書翰でも、マカオにおけるプロクラドール事務所のことを「取引所」と称し、その実態を記述している。[107]

フェルナン・マルティンスも、一五九二年一月二十三日付マカオ発の総会長宛て書翰の中で、マカオにおける同事務所について次のように記述している。

「このカーザのことを「修道士のカーザ」と呼ぶ者もいるが、一方われわれの面前で「取引のカーザ」と呼ぶ者がいる。〔中略〕シナ人達はプロクラドールのパードレと取引をしに来て、売りたい商品の見本を彼の所に持って来る。そしてここで彼等に対する支払いが行われる。何かにつけて常にこれらのシナ人が同じ門を通ってカーザに集って来る。彼等は私と同じように同パードレの寝室迄も知っており、場所柄にふさわしい慎しみもなしに、この取引のために出入りしている。プロクラドールの部屋が共通の廊下でつながっていたからである。そしてカーザが小さいので、シナ人に支払いが行われる時など、かねを数える音が教会の中に迄聞えることが屢〻ある。われわれが売買をしたり、かねを詰めた箱をカーザに運び込んだりする一方で、生きるための施しを乞う、というようなことをしていては、われわれへの同情を呼ぶことは出来ない。[108]」

長崎のそれも恐らく同じような有様であったと言えよう。以上引用したセルケイラ、ヴィエイラ、カブラル、及びマルティンスの書翰に共通して記述されているような、プロクラドール事務所の実態は、プロクラドールが純然たるイエズス会内部の財務にとどまらず、世俗の人々の取引にいろいろな形で関与したところから主として生じたものだと言ってよい。イエズス会が布教のための手段として積極的にこれらの俗事にかかわりを持ったことは、たしかに布教のための有効な方便であったが、反面そのためにイエズス会に対する不信と疑惑を招き、その修道精神を問われるような大きな代償を払わねばならなかったと言えよう。

ところで、長崎のプロクラドール事務所について、ヴァリニャーノはその「弁駁書」(一五九八年)の中で次のように記述している。

「確かに上述のカーザにおいて何らかの物資の授受が行われるのは避けられない。というのは、そこに日本のプロクラドールのパードレが駐在し、そしてパードレ達のためにシナから送られて来る補給物資を凡て搭載した貿易船が渡来する。しかもパードレ達はいろいろな領国にわたって大勢おり、カーザも沢山あるので、この補給物資は非常に大量に上り、それが同カーザから他の凡てのカーザとレジデンシアに配分されるからである。しかしこの物資のやりとりは商売でやっているのではない。しかも通常長くて一〇日か一二日間にすぎない。[109]」

在日イエズス会士のための補給物資の授受は、宣教師が生活し教会活動をしてゆく上に必要な、当然のことであって、批判の対象になったわけではない。プロクラドール事務所の実態に対する批判を招いたのはもっと外のことであったが、ヴァリニャーノはそれには触れないで、右のように問題をすり替えて自己弁護しようとしている。

その後カルヴァーリョはその「弁駁書」(一六一七年)の中で、「(ヴァリニャーノが「弁駁書」を記述して後)イエズス会士が居住しているカーザ又はコレジオから分離した、一層慎しみ深い別のプロクラドール事務所のカーザを設けることに決り、それが作られた。そこには、修道士達の居所に足を踏み入れないよう専用の通路がつけられた。今日ではわれわれは引籠っており、プロクラドール事務所に入る者はごく少数にすぎない。[110]」と記している。日本人のマカオ貿易に対する仲介斡旋の仕事は、一六一二年を最後にイエズス会の中で自粛する動きが強まった。[111] それに加えて一六一二年以後幕府が禁教政策を打出したことに伴い、従来からの長崎のプロクラドール事務所は破壊された。[112] そしてその後は、カルヴァーリョが記述しているように事務所の実態も改善されていったものであろう。

一六三五年のイエズス会文書に、「物質的なことに関して、曽ては管区が頼みとしてきた長崎のプロクラドール事務所は今はない。[113]」と記述されている。

六

以上、日本イエズス会のプロクラドールについて、いろいろな角度から取り上げてきた。近世初頭の日本とポルトガルとの交渉は布教と貿易という二つの要素から成り立っていたが、宣教師と貿易商人は別個のものではなく、一体となってわが国と交渉を持ったと言える。イエズス会士が貿易と密着していたことから、修道士はどうあるべきかというその基本的姿勢を問われることになるが、イエズス会内部では、布教という至上命令の前に批判意見も無力であったと言える。このように、布教のために貿易をすすんで教会活動の中に巻き込んでいった形のイエズス会の日本布教が、布教政策として長い目で見て果して得策であったかどうかは難しい問題であるが、このようなイエズス会の日本布教のあり方は、プロクラドールの職務に最も集約されていたと言えよう。

（1）日本関係のプロクラドールは、この外にも時折管区を代表してローマのイエズス会本部に派遣される「管区代表」と呼ぶべき者もいるが、これは財務担当のプロクラドールとは全く無関係である。

（2）*Segunda parte das cartas de Japão que escreverão os padres, & irmãos da Companhia de Jesus*, Évora, 1598, f. 47v.（村上直次郎訳註『耶蘇会の日本年報』一輯、拓文堂、昭和十八年、一八八頁）。

（3）J. F. Schütte, *Introductio ad Historiam Societatis Jesu in Japonia*, Romae, 1968, p. 1029.

（4）*Ibid.*, pp. 314, 315.

（5）J. F. Schütte, *Monumenta Historica Japoniae* I, Romae, 1975, pp. 65, 1321.

（6）Archivum Romanum Societatis Iesu, Jap. Sin. 52, f. 86.

（7）Jap. Sin. 9–II, ff. 167v. 一五八四年十月六日付マカオ発、カブラルの総会長宛て書翰も同文であるが、書翰中に、「私は今年長崎から当地に来たが……」(Jap. Sin. 9–II, ff. 168, 303.) と記されており、カブラルが長崎からマカオに渡ったのは一五八三年二月(J. F. Schütte, *Introductio*, p. 886.)であるところから、一五八三年十月五日の日付が正しい。

(8) J. F. Schütte, *Monumenta*, I, p. 179.

(9) *Ibid*., p. 1162.

(10) Jap. Sin. 25, f. 34.

(11) J. F. Schütte, *Introductio*, pp. 335, 336, 908.

(12) Jap. Sin. 13-I, f. 130v.

(13) Biblioteca da Ajuda, 49-V-7, f. 92.（東大史料編纂所架蔵の複製写真による）。

(14) Jap. Sin, 25, f. 114. Biblioteca da Ajuda, 49-V-7, ff. 192v., 197v.（東大史料編纂所架蔵の複製写真による）。

(15) M. Cooper, *Rodrigues the Interpreter*, New York, 1974, pp. 273-275.

(16) Jap. Sin. 25, f. 116.

(17) Jap. Sin. 25, f. 135.

(18) Jap. Sin. 23, f. 323.

(19) Jap. Sin. 15-I, f. 139.

(20) Jap. Sin. 25, f. 99bv.

(21) Jap. Sin. 38, f. 49.

(22) Jap. Sin. 15-I, f. 139.

(23) Jap. Sin. 25, f. 112v. Biblioteca da Ajuda, 49-V-7, f. 195.（東大史料編纂所架蔵の複製写真による）。

(24) Jap. Sin. 37, f. 170.

(25) Biblioteca da Ajuda. 49-V-7, f. 191v.（東大史料編纂所架蔵の複製写真による）。

(26) 一六二三年二月十五日付日本発、フランシスコ・パシェコの在マドリード、ペドロ・モレホン宛て書翰(Jap. Sin. 38, f. 87.)。H. Cieslik, "The Case of Christovão Ferreira", *Monumenta Nipponica*, XXIX, 1, 1974, p. 10.

(27) Jap. Sin. 25, f. 131.

(28) Jap. Sin. 25, f. 134.

(29) Jap. Sin. 37, f. 221.

(30) Jap. Sin. 63, f. 58v.

(31) 一六〇九年十一月十二日付シナ発、ジョアン・コエリョの「日本イエズス会のカーザ・布教団・レンダ、及び経費の数字に関する短い叙述」と題する文書に、「私は曾て長崎駐在の日本準管区のプロクラドールであり、また現在はマカオ駐在のプロクラドールであるところから得た情報と経験によって以上のような報告を作成した。」(Jap. Sin. 23, f. 38v.)と記述されており、コエリョが曾て日本駐在のプロクラドールであったことが判る。コエリョは一六〇四年又は一六〇五年から一六〇八年まで日本にいた(J. F. Schütte, *Monumenta*, I. p. 1156.)。一六〇七年十月に作成された在日パードレとイルマンのカタログに、P.e João Coelho, procurador. と見え、一方ジョアン・ロドリーゲスについては、「政庁との折衝に当る。」と記述されているのみで、プロクラドールとは記されていない(*Ibid.*, p. 505.)。従ってこの時、一時的にジョアン・コエリョがロドリーゲスに代ってプロクラドールに就任したものであろうが、その詳細は不明である。尚、右の J. F. Schütte. *Monumenta*, I. に見られるコエリョのプロクラドール在任時期については、柳田利夫氏より教示をえた。

(32) Jap. Sin. 14–I, f. 83v.

(33) ローマ・イエズス会文書館とアジュダ図書館に架蔵されている。共に写しであって、前者は Regras do procurador de Japão. 後者は Regimento do Proc.or q esta em Jappão. という題がついている。勿論同じ内容ではあるが、写しであるため細かい点の異同はかなりな数に上る(Jap. Sin. 2, ff. 114–118v. Biblioteca da Ajuda, 49–IV–66, ff. 37–40v. ——東大史料編纂所架蔵の複製写真による)。三四項から成るこの文書の内、六から十二迄と十九・二十三の各項は J. F. Schütte, *Introductio*, pp. 144–147. に印刷されている。尚シュッテ神父はヴァリニャーノがこの文書を作成した年を一五九二年としておられる(J. F. Schütte, *Valignanos Missionsgrundsätze für Japan*, I, I, Roma, 1951, p. XLVI.)。しかし文書中に「今年一五九一年……」(Jap. Sin. 2, f. 115v.)といった記載が見られるので、記述の年を一五九一年としておく。

(34) Biblioteca da Ajuda, 49–IV–66, f. 41. (東大史料編纂所架蔵の複製写真による)。

(35) 一五九三年一月一日付マカオ発、ヴァリニャーノの総会長宛て書翰(Jap. Sin. 12–I, f. 6, 6v.)。

(36) 註(35)の書翰(Jap. Sin. 12–I, f. 6v.)。A. Valignano & J. L. Alvarez-Taladriz, *Sumario de las cosas de Japón*, Tokyo, 1954, pp. 157–159.

(37) 註(35)の書翰(Jap. Sin. 12–I, f. 6v.)。A. Valignano & J. L. Alvarez-Taladriz, *Adiciones del Sumario de Japón*, Apéndice I, p. 616.

(38) *Ibid.*, pp. 616, 617.

(39) *Ibid.*, Apéndice II, pp. 664, 665.

(40) 「規則」十八項(Jap. Sin. 2, f. 116v.)。

(41) 「規則」六項(Jap. Sin. 2, f. 114v.)。

(42) 「規則」三項(Jap. Sin. 2, f. 114.)。

(43) 「規則」十四項・二十七項(Jap. Sin. 2, ff. 116, 117v.)。

(44) 「規則」十三項(Jap. Sin. 2, f. 116.)。

(45) Biblioteca da Ajuda, 49–IV–66, f. 41. (東大史料編纂所架蔵の複製写真による)。

(46) 「規則」十四項・十五項(Jap. Sin. 2, f. 116, 116v.)。

(47) 「規則」二十八項(Jap. Sin. 2, f. 117v.)。巡察師パシオが一六一二年に作成した「服務規定」には、ポルトガル産のミサの葡萄酒とオリーブ油はプロクラドールが無料で配布するように規定されている(Extracto das obediencias dos Visitadores feito p.^{a} os p.^{es} das Residẽcias e mais p.^{es} de Japam, p.^{e} Fr.^{co} Pasio Visit.^{or} da Prov.^{a} de Japam no anno de 1612, cap. 4, §1. Jap. Sin. 57, f. 249.)。

(48) 「規則」三十七項(Biblioteca da Ajuda, 49–IV–66, f. 41. 東大史料編纂所架蔵の複製写真による)。

(49) 「規則」十四項(Jap. Sin. 2, f. 116, 116v.)。

(50) 「規則」十四項(Jap. Sin. 2, f. 116v.)。

(51) 一五九三年一月一日付マカオ発、ヴァリニャーノの総会長宛て書翰(Jap. Sin. 12–I, f. 6v.)。

(52) 「規則」十九項(Jap. Sin. 2, f. 117.)。

(53) Biblioteca da Ajuda, 49–IV–66, f. 41. (東大史料編纂所架蔵の複製写真による)。

(54) 「規則」十九項(Jap. Sin. 2, f. 117.)。

(55) 「規則」六項(Jap. Sin. 2, f. 114v.)。

(56)「規則」七項(Jap. Sin. 2, ff. 114v., 115.)。

(57)「規則」八・九・十・十一の各項(Jap. Sin. 2, f. 115, 115v.)。

(58)「規則」十二項(Jap. Sin. 2, ff. 115v., 116.)。

(59) プロクラドールが作成したものと思われる帳簿は断片的に残存している。これについての検討は別の機会に行いたい。

(60)「規則」二十一項(Jap. Sin. 2, f. 117.)。

(61)「規則」二十四項(Jap. Sin. 2, f. 117.)。

(62)「規則」三十四項(Jap. Sin. 2, f. 118v.)。

(63) A. Valignano & J. L. Alvarez-Talariz, *Adiciones*, Apéndice I, p. 609. 尚ここでは通貨単位がクルザドであるが、この協議会記録の別の箇所(Apéndice II, pp. 660, 661.)から、クルザドがタエルと同価値のものとして使用されたと判断出来、「規則」の記述とは通貨単位が異なるが、そのままの数字で対比させてよいであろう。

(64) Jap. Sin. 11–II, f. 288v.

(65) A. Valignano & J. L. Alvarez-Taladriz, *Adiciones*, p. 460.(松田毅一他訳『日本巡察記』平凡社、昭和四十八年、一八四頁)。

(66) A. Valignano & J. L. Alvarez-Taladriz, *Adiciones*, Apéndice I, p. 609.

(67) *Ibid.*, Apéndice II, p. 659.

(68)「規則」三十一項(Jap. Sin. 2, f. 118.)。

(69)「規則」三十二項(Jap. Sin. 2, f. 118.)。

(70) マカオとイエズス会との間の契約や、イエズス会の生糸貿易については、筆者の「日本イエズス会の生糸貿易について」(『キリシタン研究』十三輯)及び「キリシタン教会の貿易収入額について」(『社会経済史学』四十巻一号、本書第二部第八章)を参照していただきたい。

(71)「規則」三十三項(Jap. Sin. 2, f. 118v.)。

(72) Jap. Sin. 45–I, f. 235v.

(73)「規則」五項(Jap. Sin. 2, f. 114v.)。

(74) Jap. Sin. 11–II, f. 268.

(75)　A. Valignano & J. L. Alvarez-Taladriz, *Adiciones*, p. 526.（松田毅一他訳、前掲書、二一〇・二一一頁）。

(76)　Biblioteca da Ajuda, 49-IV-56, f. 24v. 岡本良知編写真製版 *Jesuitas na Ásia*, v. 1. 昭和六年 (A. Valignano & J. L. Alvarez-Taladriz, *Sumario*, Introducción, p. 48.)。

(77)　マドリードの王立史学士院図書館に架蔵されているもので、「日本において異教徒改宗に従事しているイエズス会修道士を非難して、フランシスコ会の一修道士が一六一七年一月にローマで公表した中傷文書に対する回答」と題する文書である。この文書については筆者の「教会史料を通してみた糸割符」(『社会経済史学』三十七巻五号)七—九頁で取り上げたので参照していただきたい。

(78)　Real Academia de la Historia, Cortes 565, f. 352v.

(79)　Cortes 566, f. 263.　一六〇八年三月五日付長崎発、セルケイラの総会長補佐宛て書翰にも略〻同じことが記述されている (Jap. Sin. 21-II, f. 165.)。

(80)　福永重樹「「聖フランシスコ・ザビエル像」に就いての考察」、H・チースリク「ペドロ狩野事件の資料」(ともに『キリシタン研究』十四輯所収)。

(81)　高瀬弘一郎「十七世紀初頭におけるわが国のスペイン貿易について」(『史学』四十五巻一号)一九—二一頁。

(82)　一六一五年十一月五日付マカオ発、マノエル・ディアスの総会長補佐宛て書翰 (Jap. Sin. 16-II, f. 231.)。一六一五年十二月五日付マカオ発、ディアスの総会長補佐宛て書翰も同文 (Jap. Sin. 16-II, f. 249v.)。

(83)　Biblioteca da Ajuda, 49-V-7, ff. 101-102v.（東大史料編纂所架蔵の複製写真による）。

(84)　註(82)と同。

(85)　「規則」十二項 (Jap. Sin. 2, f. 116.)。

(86)　「規則」十六項 (Jap. Sin. 2, f. 116v.)。

(87)　高瀬弘一郎「キリシタン宣教師の経済活動——とくに貿易の斡旋について」(『史学』四十五巻二号、本書第二部第七章)、同「キリシタンと統一権力」(『岩波講座日本歴史　近世1』)。

(88)　パシオはこの十六項に対する補足の中で、このようなイエズス会士の活動を全面的に聖服従の掟により禁止する旨記述している (Biblioteca da Ajuda, 49-IV-66, f. 41. 東大史料編纂所架蔵の複製写真による)。このことは、パシオが別に一六一二年に作成した服務規定の中ではっきり規定している(註(87)にあげた二つの報告を参照していただきたい)。
(89)「規則」十七項(Jap. Sin. 2, f. 116v.)。
(90)高瀬弘一郎「日本イエズス会の生糸貿易について」、同「教会史料を通してみた糸割符」、同「キリシタンと統一権力」。
(91)「規則」二十項(Jap. Sin. 2, f. 117.)。
(92)高瀬弘一郎「キリシタン宣教師の軍事計画」中(『史学』四十三巻三号)五一―五三頁。本書第一部第三章一二三・一二四頁。
(93)Jap. Sin. 36, f. 168v.
(94)「規則」四項(Jap. Sin. 2, f. 114, 114v.)。
プロクラドールの職務に関しては、その駐在するカーザの上長を一切関与させないという事は、長崎のプロクラドール許りではなく、マカオ駐在のプロクラドールについても同じであった。一五八三年十月五日付マカオ発、カブラルの総会長宛て書翰(一五八四年十月六日付マカオ発、カブラルの総会長宛て書翰も同文)には、ヴァリニャーノがマカオ駐在日本のプロクラドール、パードレ・アンドレ・ピントに対し、カーザの院長の命令に服する義務を免じたので、その商業活動の行きすぎを規制することが出来ない、と記述されている(Jap. Sin. 9–II, ff. 167v., 302v.)。同じカブラルは、一五九六年十二月十日付ゴア発総会長補佐宛て書翰、及び一五九六年十二月十七日付ゴア発総会長宛て書翰の中で、ヴァリニャーノがマカオ駐在日本のプロクラドール、パードレ・ミゲル・ソアレスに対し、商行為に関しては院長の命令に服する義務を免じたので、その放埒な取引がいかに大きな弊害を生んでも如何ともしがたい、と強調し、ヴァリニャーノのとった措置を非難している(Archivum Romanum Societatis Iesu, Goa 32, ff. 584, 587.)。

この基本方針は、その後巡察師パシオによっても踏襲されており、彼は、マカオ駐在日本のプロクラドールの規則の中の一項で、プロクラドールが日本関係のことを行うに当っては、カーザの上長はそこに一切介入してはならない、と定めた(Biblioteca da Ajuda, 49–IV–66, f. 11v. 東大史料編纂所架蔵の複製写真による)。

ヴァリニャーノがゴアに日本のプロクラドールを配置するについて、日本の布教資金に関しては、現地のインド管区長にも関与を許さず、日本イエズス会の準管区長に全面的に服属すべきことを強調している点でも、この方針は貫かれている(高瀬弘一郎「キリシタン時代インドにおける日本イエズス会の資産について」上『史学』四十六巻一号、五六―五八頁、本書第二部第五章四六七―四七〇頁)。日本の布教資金については、内外各地に配置されたプロクラドールが日本イエズス会の長に直属して行い、余人の介入を一切排除する体制がとられていたことが判る。

(95) Jap. Sin. 25, ff. 5–6. (A. Valignano & J. L. Alvarez-Taladriz, *Sumario*, pp. 69, 70.)

(96) A. Valignano & J. L. Alvarez-Taladriz, *Adiciones*, Apéndice II, pp. 659, 660.

(97) Jap. Sin. 36, f. 168v.

(98) Jap. Sin. 36, f. 242.

(99) Jap. Sin. 17, f. 154.

(100) Jap. Sin. 35, f. 131.

(101) 「規則」三項(Jap. Sin. 2, f. 114.)。

(102) イエズス会のコレジオは一五九七年に天草から長崎に移された(一五九八年二月九日付長崎発、ゴメスの総会長宛て書翰。Jap. Sin. 13–I, f. 124. 片岡弥吉「イエズス会教育機関の移動と遺跡」『キリシタン研究』十一輯所収、二三頁)。

(103) J. F. Schütte, *Introductio*, p. 744.

(104) Jap. Sin. 20–I, f. 167.

(105) Jap. Sin. 17, f. 154, 154v.

(106) Jap. Sin. 9–II, ff. 168, 303.

(107) Goa 32, f. 587, 587v.

(108) Jap. Sin. 11–II, f. 267v.

このようなプロクラドール事務所の実態についての報告を受けたイエズス会総会長アクワヴィーヴァは、一五九三年十月二十四日付の巡察師ヴァリニャーノ宛て書翰の中で次のような指示を与えている。「貿易が行われ、シナで日本の定収入となる投資が行われて、非教化と不満を招き、そしてたえずその中で取引が行われているところから、われわれの取引所と呼ばれている、という報告をわれわれは受けた。尊師は愛をもってこれに注目し、行きすぎが行われるようならそれを排し、そして特にその地でイエズス会士に大いに期待されている模範的且つ教化的な仕方でそれを行うよう、命ずるように。」(Jap. Sin. 3, f. 16.)

(109) A. Valignano, Apología en la qual se responde a diversas calumnias que se escrivieron contra los Padres de la Comp.ª de

Jesús de Jappón y de la China, Jap. Sin. 41, f. 83.

(110) Valentim Carvalho, Apologia e reposta a hum tratado feito pello P.e Frei Sebastião de S. Pedro da Ordem de S. Fr.co q. se intitula recopilação das causas por q. o Emperador de Japão desterrou de seus reynos todos os padres, núm. 95, Biblioteca Nazionale Centrale Vittorio Emanuele II, Fondo Gesuitico 1469.

(111) 高瀬弘一郎「キリシタン宣教師の経済活動——とくに貿易の斡旋について」三八—四二頁、本書第二部第七章五六五—五七〇頁。

(112) 一六一八年九月十九日付日本発、ヴィエイラの総会長宛て書翰(Jap. Sin. 17, f. 154v.)。

(113) Biblioteca da Ajuda, 49-V-11, f. 492.(東大史料編纂所架蔵の複製写真による)。

第七章　キリシタン宣教師の経済活動

――とくに貿易の斡旋について――

一

ここで経済活動というのを長崎＝マカオ間の貿易に関する事柄に限って考えると、キリシタン宣教師の経済活動は大きく分けて次の三つの範疇に入るのではないかと思う。即ち第一に、日本イエズス会自身が長崎＝マカオ間のポルトガル貿易に参加して利益を上げ、それでもって布教資金の主な部分をまかなっていたこと。第二には、プロクラドールを主とする長崎在住のイエズス会士が、日本側とポルトガル商人との間の生糸取引の仲介者として重要な役割を演じていたということ。そして第三には、宣教師が日本人から銀の委託をうけ、それをマカオにもたらして希望する商品を仕入れて来る、という貿易の仲介斡旋の働きをしたことである。以下、ここでは右の第三番目の範疇に入る経済活動について取り上げてみたい。

二

イエズス会士のこのような貿易仲介の活動がいつから始められたものか正確に知ることは出来ない。しかしイエズス会宣教師とポルトガル商人とが一体に結びついた当時のポルトガルの日本進出の性格や、イエズス会士が日本で領主層の保護を軸に布教を進めて行く方針をとったこと、そしてそのわが国の領主の間でポルトガル船のもたらす生糸や金等に対する需要が非常に大きかったという事実等から考えて、このイエズス会士の貿易斡旋は、かなり早い頃から行われていたことが考えられる。ヴァリニャーノは一五九二年にあらわした「日本のスマリオの補遺」の中で、日本の領主等がパードレの好意を期待したことの第三番目として、パードレに貿易仲介の働きを求めたということを挙げ、次のように記述している。

「第三番目の種類の期待として、これらいろいろな領主は、パードレ達を介して自分の銀をシナに送り、それでもって希望する金又はその他何らかの品を買入れてくれるよう望んでいる。尤も通常は金以外のものは欲しない。このことは古くから少しずつ慈悲の一種として行われるようになった。即ちキリスト教徒の領主達には何がしかの援助を与えるためであり、またイエズス会が大変恩義をうけていた何人かの異教徒の領主に対しても、彼等の求めに応じて来た。例えばフランシスコ王〔大友義鎮のこと——引用者〕の場合がそうで、彼はまだ異教徒であった頃に、金か生糸に投資してもらうために三〇〇〇ドゥカドもの額を送った。またドン＝バルトロメ大村殿・ドン有馬殿・天草殿、その他何人かのキリスト教徒に対しても同じことが行われていた。しかし、これらの領主は皆かねが乏しかったので、当初は送られた額は非常に僅かであった。しかしその後キリスト教徒の領主の数が増加してゆき、京都《ミヤコ》地方の異教徒達も貿易船による儲けを望むようになった。また関白殿が、一方では年貢の納入を金以外のものでうけるのを望まなかったために、金の価値を大幅に高めた許りか、他方では領国について絶えず転封を行うことによって、すべての領主に対して、追放や移封の時に価値をもつ現金の形にしていくらかの資産を保持するように教えたので、かねをシナに送りたいという希望が多くの大名の間に非常に強くなった。このかねはわれわれに何も利を生まないものである。また疑いなくこれはわれわれにとって非常に煩わしいことである。そしてどうしたらわれわれがこれから解放されるのか判らない。

日本人は貧しく、性来欲が深いので、パードレ達は彼等のかねを送るのは望まないのであるが、理性に基づくかぎりいかんともし難い。キリスト教徒の領主達は、パードレ達がわれわれにこのように殆ど愛情を持たないのに、あれ程大きな特権を望むのは耐えられない、と公言している。また、今回の迫害に当って行なったように、彼等はパードレ達に対する愛のために、自分達の生命や領国を危険に陥れることもするのであるから、パードレ達が彼等のためにかねをシナに送ってやるというようなささいな事をするのを欲しないというようなことは、忍びがたい、全く慈悲と理性に反することである。というのは彼等にはパードレ以外にかねを送るのを依頼する者はおらず、パードレ以外に誰も知らないからである。この外に彼等は次のように言う。即ち、われわれが自領を維持することは、われわれと同様パードレ達にとっても重要なことであるが、われわれは何がしかの資産を現金にして、関白殿に贈物をしたり奉仕をしたりせずには、自領の維持は不可能である。われわれは関白殿に誅求されており何ら価値がないのに等しいからである。われわれは毎日自領を失う危険にさらされているのであるから、パードレ達はわれわれが身を全うするためにわれわれのことを助けてくれなければならないと思う。自分達のためにかねを送ってくれるのを望まないなどということは、理性と慈悲に反することだと思う、と。事実この関白殿の時代には、すべての領主にとって経費と危険が非常に増大した。そして彼の生存中もその死後も彼等が自領を維持するためにはかねが必要である。彼の生存中は彼等は毎年莫大な贈物をしなければならず、またその死後は国中が大きな内乱と混乱に包まれるのは確かなので、何がしかの資産を現金にしておく必要があるからである。

結局、これら彼等が示すいくつかの理由により、パードレ達はまさにいかんともし難く、彼等の望みに応ぜざるをえない。というのは、もしもわれわれがそれをしなかったなら、彼等も何か別の措置をとってわれわれを一層悩ませる恐れがあるからである。なぜなら彼等は自領では絶対者であって、何ら拘束されることなく、何でも望みのまま振舞えるのに反し、われわれは彼等の好意なしには何もなしえないからである。そしてもしもキリスト教徒の領主達に対してこの点いかんともし難いのなら、異教徒に対しては尚更である。彼等は非常に尊大且つ傲慢で、われわれイエズス会士に対しては望み通りのことが行えると思っているからである。

この、かねをシナに送ることは、われわれの使命からはずれたことである許りか、われわれにとって次のような二つの煩わしさを招くことになる。第一に、マカオにおいて彼等のかねを金に投資するために取引交渉の仕事をしなければならず、世話がかかることである。そしてこのことは、常に行われてきたように、ポルトガル人の手を経て容易に行うことが出来るが、マカオの住民達がこれに反対し、それを弊害だと考えるという別の新たな煩わしさが生じている。というのは彼等は、イエズス会士達が日本人達のかねを送って金を買えば、後で日本において自分達の商品の価格を下げることになる、と述べているからである。私は昨年マカオから来た時に、これらキリスト教徒や何人かの異教徒の領主のかねを六〇〇〇ドゥカド迄送ってもよい、という許可を同市からとりつけたが、しかしこの倍額でも日本人領主達の希望をみたすことが出来ない。しかも私は日毎にこれが増加してゆくのを懸念している。しかし神の加護をえて、当初われわれイエズス会士が日本においてそうであったように、このことから解放されるなら、現在はこれを断われずにいる多くの領主に対してはっきり拒絶出来るようになるであろう。また司教が来任すれば、われわれは日本キリスト教界の首長である司教にこの業務を委ねようと思う。それ以外にも、われわれは関白殿の死によってこのことが緩和又はなくなることを期待している。というのは、その時になれば金は今程価値はなくなり、領主達は今程抑圧されず、今のように自領を失う恐怖と危険を抱いて日を送ることなく、従って今程何がしかの資産を現金にしたいという希望も持たなくなるであろうと思われるからである。しかしながら、日本人領主達が現在われわれイエズス会士に求めるこの種の期待は、われわれにとって出費にならないとはいえ、上述のいくつかの理由により、パードレ達にとって最大の煩わしい仕事であることは疑いない。(1)」

このヴァリニャーノの記述によって次のような事実を知ることが出来る。

一、日本の領主がパードレに銀を託して買付けを依頼したものとしては金が最も需要が大きかった。

二、このようなことがいつから行われるようになったかは、正確には記されていないが、古くから行われて来た、とあり、キリシタン布教のかなり初期の頃から見られたことが推測出来る。しかしごく最初の時期には行われていなかったことが明らかである。

三、パードレにこれを依頼した大名としては、キリスト教徒の大名は当然として、何人かの非信徒の大名も含まれていた。そしてこのような領主にも便宜をはかった理由としては、相手が非信徒とはいっても、そうすることによって教会がいろいろな意味での裨益を受けることが出来る、という思惑があってのことと思われる。大友・大村・有馬及び天草といった諸侯の名があげられており、特に大友義鎮の場合は入信以前から行なっていた。

四、秀吉の全国統一が進むにつれて、九州の大名許りでなく、中央の大名の中にもこれを望むものが出て来た。このような傾向を助長したものに、当時の国内事情から諸大名の間で金に対する需要が著しく高まっていたということが指摘出来る。

五、パードレ達はこのような貿易の仲介斡旋から直接には何ら利益に浴したわけではなかった。それどころかこのような仕事はパードレにとって煩わしい、不満の種であった。しかし諸大名の強い要望の前に拒むことが出来ない、という事情であった。

六、大名から託された銀をマカオで金などにかえることはポルトガル人を通して行われたが、ポルトガル人は当然のこと乍らこれに対して強い不満を示していた。

七、ヴァリニャーノはこれが無制限に行われて、マカオのポルトガル人の間に不満が高まるのを鎮めるためにも、諸大名の依頼に応じる金額を全部で年間六〇〇〇ドゥカド以内とする、ということでマカオ市側の了解をとりつけた。その時期についてヴァリニャーノは、「昨年マカオから来た時に」と述べており、必ずしも明確ではないが一五九〇年のことであろうと思われる。尤もこの六〇〇〇ドゥカドでは要求額の半分にもみたなかったという。

尚、秀吉もこのような斡旋をイエズス会士に求めていたということは、次の、一五九九年二月二十五日付長崎発、ペドロ・デ・ラ・クルスのイエズス会総会長宛て書翰から明らかになる。

「〔太閤様《タイコサマ》は〕われわれのカーザを通してナウ船の貿易をすることを望んだ。というのは、われわれイエズス会士が日本にいなくなると、ポルトガル人達のナウ船が渡来しなくなると考えたからである。そして彼はパードレ達に対して、自分が望んでいるものを買入れさせてくれるように依頼した。[(2)]」

前引のヴァリニャーノ著「日本のスマリオの補遺」(一五九二年)には、諸大名から要請があったことを述べ乍ら秀吉については触れていなかった。秀吉は一五八七年伴天連追放令を発布して教会領長崎を直轄地とし、翌一五八八年に渡来したポルトガル船に対して、イエズス会士の仲介を廃し、直接長崎に使者を送り権力を背景に不当な安値で大半の生糸を買占めさせた。しかし、このような秀吉の態度に対し、マカオ側は、翌一五八九年には日本に向う予定であった船がメキシコに向け出帆するなど、強い抵抗を示した。このため秀吉もいささか認識を改めざるをえず、一五九一年にはポルトガル船から金を購入するに当り、イエズス会士の仲介によって取引をするという妥協をしている。[(3)] このことは、伴天連追放令に始まる一連の対ポルトガル・教会政策の挫折を意味し、秀吉といえどもポルトガル貿易を望む以上、従前通りの教会の介在を認めざるをえなかったわけである。そして他の諸大名同様、イエズス会士を仲介者とする委託貿易をも行うようになったものであろう。「日本のスマリオの補遺」には、秀吉からの委託について記載がなかったものが、一五九九年のペドロ・デ・ラ・クルスの書翰には右のような記述が見られるのは、それを表わしているものと言えよう。

三

在日イエズス会士によるこのような貿易仲介は、主として長崎に駐在するプロクラドールによって行われたと言ってよい。そしてプロクラドールのこのような任務については、ヴァリニャーノが一五九一年に作成した「日本のプロクラドールの規則」の中で次のように規定されている。

「〔プロクラドールは〕別のメモ帳を持っていて、そこの一方には日本において借金をしたために負っている債務を記し、他方にはカーザの中にいろいろな人から預かっている物を記載しておくように。また同じメモ帳の別の箇所には、シナに送るべく殿達《トノス》から受取ったかねを記載するように。そしてナウ船が渡来して彼等にかねを渡したなら、それを消去し、そして彼等の銀で購入して自分の許に送られてきた物を記載するように。(4)」

このようにヴァリニャーノは、日本人の銀を預かって貿易の代行をしたプロクラドールに対して、それに関する帳簿をはっきりとつけておくように指示している。ここで貿易仲介に関してヴァリニャーノが指示しているところは、一、日本人から委託を受けた銀高を記載する。二、ポルトガル船が渡来して委託主にかねを渡したら、それを消去する。三、そして委託された銀で購入されてきたものを記載する。以上三点である。即ち、ここでは、委託主の日本人に対して、その銀で購入された商品を渡すのではなく――商品を渡すことも勿論行われたであろうが――その商品をさらに日本で販売してその売上金を委託主に渡すことが問題になっているとみるべきであろう。そのように考えて、はじめて右の「日本のプロクラドールの規則」の規定事項を理解することが出来よう。日本人から委託をうけて、マカオからもたらされた商品を日本で販売する件については、同規則の別の所で取上げられている。即ち、次のように記されている。

「上長の命令なしに、日本人であれポルトガル人であれ、外部の者のかねをシナに送るために委託されてはならない。また同じように、上長の特別の命令又は全体的な命令なしに、シナから送られてきた外部の者の品物を委託されて、当日本で売ってはならないし、また外部の人々から預かったかねや品物をカーザの中に保管してもいけない。」(5)

この場合上長とは日本準管区長を指すが、その命令なしに、シナから送られてきた外部の者の品物を委託されて国内で売ってはいけない、という右の規定は、上長の指示又は許可が有れば、プロクラドールがそのような商品を委託されて、イエズス会の国内販路を利用してそれを売却することが出来たし、また実際にそれが行われていたことを示していると言えよう。

四

ところで、このようにイエズス会士が大名の注文に応じて貿易の仲介をしていたことに対して、一体周囲はどのような眼を向けたであろうか。まずマカオのポルトガル人は、ヴァリニャーノが前引「日本のスマリオの補遺」の中で述べている通り、それに対して明らかに不満を示した。彼等は日本に商品を輸出するに当り、日本での需要の如何を充分配慮し、供給過剰からくる価格の下落を防ぐために細心の注意を払うのを常としていた。そのようなポルトガル人が、イエズス会士によって別枠の取引が行われることを歓迎した筈がない。ヴァリニャーノが年間六〇〇〇ドゥカドの枠を設けることでマカオ側の了解をとりつけなければならなかったことは、当時ポルトガル商人の間でこの問題で日本イエズス会に対して不満が高じていたことを示すものであり、またこの金額は諸大名の希望よりははるかに少額にすぎなかったとはいえ、マカオ側からすればイエズス会に対して相当の譲歩をしたものと言わなければならないであろう。

またいろいろな面で日本イエズス会に批判的であったフランシスコ会士が、この点イエズス会士に対して非難を向けたのは当然であって、例えば同会のフランシスコ・デ・モンティーリャは一五九八年三月一日付の文書の中で、日本イエズス会士の行う布教資金調達のための生糸貿易を非難した後で、次のように記述している。

「またイエズス会士達は富裕な日本人に好意的なので、彼等のかねを同じナウ船でシナに送って投資し、同様の弊害をきたしていた。(6)」

五

イエズス会士のこのような貿易斡旋の活動が、十七世紀に入ってからも引つづきさかんに行われたことは言うまでもない。日本人の間で特に需要が大きかったのは金や絹織物等であった。生糸については、全く含まれなかったとは断言出来ないが、仮令含まれても僅かではなかったかと思われる。それは、生糸の日本への輸出は、マカオのアルマサンの組織によって一手に行われていたからである。そしてこのような日本に生糸を輸出する場合の特殊性から、生糸がイエズス会士の仲介によって日本にもたらされたことはなかったということは、後程引用するカルヴァーリョの「弁駁書」の記事からも明らかになる。

十七世紀に入るとイエズス会士に対する依頼者として幕府が登場して来る。即ち、マドリードの王立史学士院図書館に架蔵されているイエズス会の記録で「日本において異教徒改宗に従事しているイエズス会修道士を非難して、フランシスコ会の一修道士が一六一七年一月にローマで発表した中傷文書に対する回答」(7)と題する文書には次のように記述されている。

「彼〔フライ・セバスチアン・デ・サン・ペドロのこと――引用者〕が言うには、左兵衛はイエズス会士がこれ〔日本イエズス会が行なった生糸貿易のこと――引用者〕によって大きな利益をえているのを見て、貪欲な人間なので、彼等からその儲けを奪いとった、ということである。左兵衛がイエズス会士から奪いとったのは以下述べるように別のものであった。この修道士が自分の企みを立証するためにすべてを曲解していることは、ここからも明らかになる。このシナ＝日本間の貿易の初めから、日本の国王達は常にイエズス会のパードレ・ジョアン・ロドリーゲス――彼は国王達と非常に親交があった――に対し、自分達が欲しているいろいろな種類の珍らしい品物をナウ船でシナからもたらしてほしい。自分達のために、同パードレからそれをシナにいる経験豊かな、そしてイエズス会の友の何人かのポルトガル人に依頼してほしい、と頼んで来た。そこでナウ船が日本に着くと、ロドリーゲスは注文の品物を彼等の許に届けていた。他の多くの理由に加えて、このことのために彼は歓迎され、またそれはイエズス会士やキリスト教界に裨益して来た。左兵衛が長崎を統治するようになって後に、彼は何らかの悪事を犯し、もしもこれが国王の知るところとなれば、一庵という前任者と同じように彼が国王の寵愛を失い、追放されることは疑いなかった。彼の共犯者に当安というキリスト教徒がいたが、彼等は共に、パードレ・ジョアン・ロドリーゲスが国王と非常に親交があるので、それを詮索するのを恐れ、何らかの偽りのことを述べたてて国王に対して彼のことを告発し、シナに追放させてしまった。彼は現在そこにいる。そして国王は、それまで同パードレが自分のために斡旋してきた品物をその後は左兵衛に依頼した。」(8)

フランシスコ会士に対する論駁の形をとっているが、その記述の中にも、家康がイエズス会の通事パードレ・ジョアン・ロドリーゲスに対して、希望する商品の買付けを依頼していたこと、そしてこれがロドリーゲスに対して――延いてはキリスト教会に対して家康が好意的な態度を示して来た一因であったということが的確に指摘されている。さらにカルヴァーリョの「弁駁書」(一六一七年)にも、将軍からの委託があったことが記述されている。即ち、これはフライ・セバスチアン・デ・サン・ペドロが、「噂によるとパードレ達はマカオのガレオン船の商品を殆どすべて管理し、彼等の命令によって殆どすべての商品が搭載されるので、皇帝も他の日本の殿《トノス》や領主達も彼等に多額の銀を与えて、これを彼等の責任でマカオで投資し、日本で生糸を渡してもらうことにした。(9)云々」と述べたのに対して弁明する形で記述されているものであるが、次の通りである。

「日本の領主は、日本で生糸を渡してもらうために、われわれに銀を託したことはないし、また同パードレが言うような理由で銀を託したことはなかった。と言うのは、われわれは決してナウ船の商品を管理したことはなく、またわれわれの手でそれが処理されたこともなかったからである。日本国王である天下殿《テンカ》は、ある種の絹織物や、麝香・薬品、及びこれに類した雑品類の買入れをわれわれに依頼してきた。また何人かの日本のキリスト教徒の領主と、国王の側近達も、われわれに同じ依頼をしてきた。われわれの嘘をつかない誠実なところを彼等が信頼し、われわれならそれらの品について有利な商いをしてくれるものと思ってのことであった。日本イエズス会は、もしもこの注文品を失ってわれわれの資産から支弁しなければならないような事態になるのを危惧して、天下《テンカ》の三人の統治者に働きかけて、このような依頼からわれわれを解放してもらおうとした。しかし彼等は、もしもパードレ達がそのようなことをしようものなら、国王はパードレを国外に追放し、キリスト教界を絶滅させてしまうであろう、と答えた。日本キリスト教界はこれら領主や側近の全員に依存するところが大きかった。そしてもしも彼等が自分達にとって容易なことだと思っていることを、われわれが応じてやらないと、彼等は非常に立腹する。またそれを拒むだけの充分な理由もない。そこで日本の上長達は、やむをえず、キリスト教界を危険に陥れないために、われわれの資産を管理する者が、上述の領主達のためにこれらの品を代って買入れることを許可した。われわれは、われわれのルートでマカオにかねを送り、広東で上述の注文品を買入れる許可をマカオ市から得ていた。それは、もう今日はポルトガル人の資金が乏しくなっているために比較的寛大になっているとは言え、何人も日本から日本人のかねをマカオにもたらして広東の市場で投資してはならない旨の禁令が同市にあるからである。この金額は多くなかった。ただ大凡一、二回の航海については例外で、その折はナウ船が越冬したために二倍の注文品がもたらされた。しかし越冬が行われたからと言って、常に二倍になったわけではなかった。またわれわれがこのかねを上述の領主達の代理人の手から受取るとは言っても、以上述べてきたようなやり方で、われわれはそのかねをわれわれの資産を管理している上述の世俗の人々に渡して、投資してもらった。さらに同パードレが述べているように、このかねが生糸に投資されたというようなことは決してなかった。というのは、生糸は閉鎖されたアルマサンによって送られており、そこには、禁止されているので日本人の生糸が入ることはない。但し、もしもパードレ・フライ・セバスチアンが生糸の中に絹織物も含めて考えているのなら話は別で、絹織物はその他の雑品類と共にアルマサンの外でもたらされる。三十五番で述べたよう(10)に、時折日本において、われわれを介して、マカオ市民の代理商人達が何人かの領主に、余った生糸をいくらかパンカダの外で売ったことは確かである。そしてこれがわれわれ会員の仲介によって行われたところから、上に述べたようなことをこの修道士が語ったものと思うが、しかしこれがことの真相である。(11)」

家康がイエズス会に対して一六〇四年又は一六〇五年に五〇〇〇ドゥカドものかねを貸与したことがわかっているが、彼がこのような手厚い援助を教会に行なったことも、貿易を通して家康とイエズス会士との間に結びつきが有ったということと無関係ではないと思う。[12]

幕府がこのような投資を行なったのはマカオ貿易のみではなかったようである。一六一一年三月十二日付長崎発、司教セルケイラのスペイン国王宛ての書翰に次のような記事が見られる。

「もしもマニラにおいて、日本人の船と銀――その中には日本国王も投資を命じて送ったいくらかの銀が含まれている――に何か不都合が生じ、仮令戻るにしても一六一一年の六月か七月に戻らないようだと、〔中略〕日本国王が立腹するのではないかと懸念される。[13]」

この記録は、呂宋に赴いたわが国の朱印船に家康が銀を託して商品の買入れを依頼した[14]ことを示す史料だと解するのが妥当かも知れないが、しかし十七世紀に入って、フィリピンからスペインの商船が生糸等を積んでわが国に渡来することが漸くさかんになり、家康もそれを大いに奨励する態度を示した[15]ことを考えあわせ、家康がスペイン船に銀を託したものととることも強ち無理だとは言えないと思う。尤もそこに宣教師が介在していたかどうかは判らないが、ただ次に引用する一六一二年の日本イエズス会の「服務規定」に、マカオと同様マニラに対してもイエズス会の委託貿易を禁止する事項があり、これら二つの史料の記事内容には何らかの関連があるのかも知れない。

六

ところで、このような在日イエズス会士による貿易仲介がかなりな規模で行われると、当然の成行として、イエズス会の内部でこの件に関して議論がわき起ってきた。修道士がそのような任務を果すことを非難し、これを止めさせようとする意見もイエズス会の中でかなり強まったようである。イエズス会の内部で委託貿易に対する批判が急速に強まった要因の一つとして、一六〇九年夏に渡来したノッサ・セニョーラ・ダ・グラッサ号を利用して、イエズス会士がマカオの商人達の委託を受けて貿易の仲介をしようとしたところ、同船が長崎で焼討にあったところから、委託主との間で契約の履行をめぐって厄介な訴訟問題が起り、ローマのイエズス会本部もまき込んで会員がこれの対策に困惑したことを挙げねばならない。(16)そして委託貿易に対する批判意見の高まりを反映するものといえるが、日本イエズス会の「服務規定」の中で、これに対して次のような禁止措置がとられた。

「十五節　スマリオの規則第四十五を厳守するように。特に、会員が日本内外の世俗の人々の委託をうけて、他人の財をあずかってはならないという点については然りである。何故ならそれが規則であり、理性に基づいたものである、ということ以外に、非常に大きな不都合がここからひき起されるということが経験から判るからである。それ故、服従の戒により、管区の上長達・院長達、及びプロクラドールも含め、この管区の会員全員に対して次のことを命ずる。即ち、自分自身で売るのであれ、他の人が売るのであれ、決して他人の財を、売ったり、代って投資したりするために委託されてはならない。また、投資するために銀を委託されてもいけない。たとえ単にマカオで世俗の人々に渡すためだけであっても、日本人やヨーロッパ人の銀をマカオに送ってはならない。マニラに対しても、同様のことを禁ずる。また、管区長の明確な許可なしに、当日本で何かを買入れたり、作らせたりすることを委託されてはならない。そして管区長は非常に緊急な事態以外にはその許可を与えてはならない。

十六節　会員が上述のような委託をうけても依頼者に対して全く自由に断ることが出来るように、清貧に関する章の第十四節(17)で命ぜられていることを厳守するように。即ち、日本でも、他の土地でも、管区長の許可なしに異郷の外国人に喜捨を求めてはならないし、何によらず彼に頼んではならない。そしてこのような仕事はすべて日本とマカオのプロクラドールに委ねるように。但し、管区長の許可なしに、世俗の人々のためには何事も彼に頼んではならない。カーザへの補給として常時送ってもらっているものでない臨時の品、例えば金めっきの寝台・椅子、その他これに類する品を注文したい場合でも、同様の許可を必要とする。[18]」

まさに絶対的な禁令が出された。「服務規定」そのものは一五八〇年の第一回全体協議会以来、ヴァリニャーノとパシオの巡察師時代に開かれた何回かの協議会の巡察師裁決などを基に一六一二年にパシオが作成したものである。ただ、右に掲載した委託貿易を一切禁止した事項は、本稿で引用するこの前後のいくつかの史料の記事内容や、そこから判るイエズス会士による委託貿易行為の事実から判断して、一六一二年より以前に開かれた協議会の裁決などが基になったものとは考えられず、これは一六一二年にパシオによって加えられた規定事項だとみてよい。[19]ただそうであったとしても、これがパシオ自身の見解によって規定されたことだとは考え難い。それよりも、その直前にローマのイエズス会本部からこの種の委託貿易を禁ずる内容の指令が日本イエズス会に届き、[20]パシオは不本意ながらそれを「服務規定」の中に加えたと言ってよいようである。理由は後で述べる通り、パシオはその後も自ら右の禁令を犯し、貿易仲介を行なっているからである。ローマからそのような指令が届いたということは、次にあげるいくつかの史料から明らかになる。

まず一六一三年三月十日付長崎発、ジョアン・ロドリーゲス・ジランのイエズス会総会長アクワヴィーヴァ宛ての書翰に次のように記述されている。

「私は管区長の伴侶であった時、同時に、管区と長崎コレジオの院長の顧問であった。その両方の職務において私は鋭意事を処してきた。彼等は、カーザの会員達と外部の人々の利益に関することについて、それ程心配してはいなかった。しかし商業の事に関する猊下の文書を遂行しようとする管区長の堅い決意は、私にも認められた。その他の顧問達も皆この点同様であった。この猊下の命令と服務規定により、われわれは、われわれが依存している異教徒とキリスト教徒の日本人領主達や、さらには何人かの貧者や功労者の銀をシナに送って、その地でこの銀を彼等のために投資してやることから生じる多くの煩わしさ、不満、及び物質的な損失から解放された。今までこのことは親切心、及びその他善良な意図から行われた。われわれの方に、教皇や国王からわれわれがえていた許可を明らかに犯すようなことが行われたことはないと信じている。何故なら、すべてキリスト教界の利益のために行われて来たことであって、われわれの利益を図るためではなかったからである。(21)」

このジランの書翰の記事から、一六一三年三月十日の日付から溯ること余り遠くない時期に、イエズス会総会長アクワヴィーヴァから、従来在日イエズス会士が行なって来たような委託貿易の行為を禁ずる旨の服務規定が日本に届いたということが判る。

このジランの書翰と大体同じ内容のことが、一六一三年三月二十一日付日本発、カルロ・スピノラの総会長宛ての書翰にも記述されている。即ち次の通りである。

「昨年私は猊下に書送り、上長達がこの管区のプロクラドールの職を私にまかせたことを述べて、この務めを解いてもらいたいと懇願した。それは、私はマカオで一年半同じ職についた経験があるので判っているが、私の体力を超える程非常に多忙故、その務めが心底から嫌だからである。私は年をとる以前に、自分の体力をこのキリスト教界の開拓に用いたいと望んでいるからでもある。これこそ私が日本に渡来した目的であり、またこのような目的があればこそ、道中の多くの難儀や危険も私には小さく短いものに思われた。今再び私は同じ嘆願をくりかえす。尤も、猊下が命じた服務規定により、この職務の遂行は比較的楽になった。というのは、われわれが日本人やポルトガル人の他人の銀を代って投資することから解放されたからである。これは非常に煩わしい不満の種で修道士には不相応な大仕事であった。しかもイエズス会にとって何の利益にもならないどころか、むしろその資産に大きな損害をかけた。そしてわれわれが投資してやる銀の所有主の間で、それを希望する余り、まるで狂気の沙汰が生じた。われわれが日本で身の安全を計り、国王に気に入るようにするには、彼の銀を預かり、それをわれわれの責任でシナに送って彼の求める品を買入れることが必要であった。彼の側近達の仲介と尽力によってそれを説得された。しかしこのために却ってわれわれは国王の不興を買い、辛うじて日本追放を免れた有様である。彼はわれわれのことを泥棒だと思い、度々そう言った。彼が別の経路から入手する場合よりもわれわれが商品を渡す値の方が高いのを知ったからである。このためもうわれわれに銀を託して投資を依頼することを望まなくなった。主は、そのような手段を嘉し給わないどころか、われわれの修道士としての生活にそぐわない行為だということを明示し給うた。このような危険は多くの人々が既に以前に予測したことであった。私も猊下に何度もそのことを書送ったことを覚えている。現在われわれは曾てのように上述の銀を代って投資することをせずに、日本に滞在している。しかし乍ら、われわれが曾てその銀を運用したことは周知の事実である。尤もわれわれはその銀を取立てたわけではなく、それはわれわれの使命ではないと言って弁解してきた。主は、われわれが国王や他の人々の銀によって儲けたものがすべて失われるのをお許しになった。そして多額の負債の外何の資産もわれわれの手許に残らなかった。昨年ナウ船が渡来した時、プロクラドールのこのカーザを猊下に見てもらいたいと私は何度も思った程である。それは、巡察師がマカオに行ったジャンク〔巡察師フランチェスコ・パシオが長崎を発ったのは一六一二年三月二十二日のことであった[22]──引用者〕で、われわれのルートによって送られた日本人達の銀──それは一万八〇〇〇クルザドをこえた──によって仕入れた商品がそのナウ船に船載されて来たからである。そして各人にその持ち分を分配し、いろいろな種類の品物を与えるのは何週間もかかる厄介な仕事であり、その計算は迷路のようで、私や私を助けてくれた多くの人々を煩わせた。それ故日本人までもが、それは修道士には不相応な仕事であると言っていた。即ち、他人の銀を代って投資することは全く世俗的なことなので、上長達といえどもそれを強いることは出来ない、と。しかし私は、その仕事の困難を体験した後は、彼は確かな根拠があってそう言ったのだということが判った。そして何人かのパードレがこのプロクラドールの職を引受けることを嫌った理由は、すべてこの点にあった。というのは、イエズス会の資産を商うことの方はそれ程不利な条件はなく、しかもそれは日本のプロクラドールよりもむしろマカオに駐在するプロクラドールの仕事だからである。それ故、猊下が耐え難いこの務めを除いて下さったことに対し、私は深く感謝する。[23]」

このスピノラの書翰も、先のジランの書翰と同様、必ずしも時期は明確でないが、いずれにしてもごく最近に、在日イエズス会士が委託貿易をすることを禁ずる指令がローマの総会長から届いたことを伝え、この措置によってプロクラドールの煩わしい仕事が軽減された旨が記述されている。その外このスピノラの書翰は、一六一二年の春、巡察師パシオがマカオに赴いた船で日本人の一万八〇〇〇クルザド以上もの銀がもたらされ、そしてすぐその年の夏にはそのかねで仕入れた商品が日本に船載され、出資者に配分された、ということを伝えている。後で引用する一六一八年九月十九日付日本発、フランシスコ・ヴィエイラの総会長宛ての書翰によって明らかになる通り、これはパシオが総会長の禁令を犯してとった措置であった。それは兎に角として、一六〇七年、一六〇八年と二年つづけてポルトガル船が欠航した後の一六〇九年に渡来した大船ノッサ・セニョーラ・ダ・グラッサ号は、折角大量の商品を船載して来ながら、主要な商品については陸揚げされることなく船焼討の惨事が勃発し、このため一六一〇年はポルトガル船の来航なく、翌一六一一年にポルトガル側の使者が来日して日本政府との間に貿易再開の話をまとめ、そして一六一二年になってはじめて、久しい間中断されていた長崎＝マカオ間の貿易が再開されることになったが、この経緯から見て、従来からイエズス会士に仲介を依頼して来たような日本人は、貿易再開を待ちかねたように、一六一二年春に早くもイエズス会士を通してマカオに多額の銀を送り商品の買付けを依頼したことが判る。

尚この一万八〇〇〇クルザドという額は、前引ヴァリニャーノの「日本のスマリオの補遺」に、彼がマカオ市当局からこの種の銀を扱う許可をえた枠として挙げてある年間六〇〇〇ドゥカド以内という数字をはるかに上廻る。もしもヴァリニャーノがマカオと結んだという契約がこの頃迄も有効であったのなら、一六一二年に至るまでの数年間はこの種の取引が事実上行われていなかったところから、この年には約束の六〇〇〇ドゥカドを越える額の銀がイエズス会士を通してマカオに送られたものかも知れない。或いは又、年間六〇〇〇ドゥカド以内というような契約など初めから余り守られていなかったものかも知れないが、しかしこの点は、この種の商いが行われた実績を数量で示す史料が他にいくつか見出されない限り確言は出来ない。

更にこのスピノラの書翰には、近年日本国王がイエズス会士を通して投資をするということを望まなくなった、と記述されている。先に引用したフランシスコ会士サン・ペドロに反駁したイエズス会文書に、通事パードレ・ジョアン・ロドリーゲスの追放後は、家康は従来彼に依頼して来たものを、長崎奉行を通して行うようにした、と記載されていたが、スピノラの記述はこれと符合していると言えよう。但し、家康から直接にこの種の委託が行われることがなくなったとしても、それは幕府関係者からの委託がすべてなくなったという意味では決してない。

七

総会長から委託貿易の斡旋を禁止する旨の指令が日本イエズス会に届き、その上で「服務規定」の中でそれが絶対的に禁ぜられ、そしてそのような措置をプロクラドールのスピノラ等が大いに歓迎したわけであるが、しかしこれを機に在日イエズス会士による貿易の仲介斡旋がすべて断たれたわけではなかった。このような、総会長の指令を犯す振舞が、一六一二年に「服務規定」を作成した当のパシオによって行われたことは興味深い。

一六一八年九月十九日付日本発、フランシスコ・ヴィエイラの総会長ヴィテレスキ宛て書翰に次のように記述されている。

「最も大きな議論をよび、そして一番非難を買ったことは、パードレ達が天下殿《テンカ》のみでなく(彼に対しては断わるのは困難であった)、その他多くの殿《トノス》や領主、更にはわれわれの友である多数の個々の日本人、われわれが維持していた長崎の病院、及び司教の銀を、自分達のルートで無制限にマカオに送ったことである。この銀の大部分は、われわれ日本のプロクラドールから、別のマカオのわれわれのプロクラドールへというルートで日本から搬出された。そしてマカオのプロクラドールがその銀を投資し、日本に返送した。このことはマカオや広東の市場で非常に大きな議論と非難を招き、日本やマカオのポルトガル人達は、イエズス会士は自分達や自分に関係する日本人のために凡てを買占めてしまい、ポルトガル人の収入源を奪っている、と不満を述べていたが、それは至極尤もなことである。そしてこれらの不満はインド副王達やその他の国王の役人達の耳に入り、その上インドからポルトガルやスペインにも達した。このように大規模な上述の地域のわれわれの貿易や商業行為のために、長崎とマカオに、われわれのプロクラドール事務所が一カ所ずつ設置されることになった。これらはコレジオから殆ど分離されており、厖大な量の銀と、取引をするために集って来る数多くの外部の人々をさばくために、非常に大きな建物・接待及び経費を要した。これら二つのカーザは何にもましてわれわれの面目をつぶした。托鉢修道士や、われわれに対して不満を持っている世俗の人々は、これらのことをイエズス会が管区内に持つ二軒の取引所だと呼んでいた。そしてこのような呼び名でインドや国王、さらには教皇にも伝わり、当時ローマにおいてこれは有名であった。このようなところから、われわれに対する競争者托鉢修道士達の弁駁が生れた。そして事実その凡ての原因はわれわれから出たものである。

このようなイエズス会の余りな無節度と不信用に対し、主は故パードレ・クラウディオ・アクワヴィーヴァの文書によって、救済の手を延べ給うた。即ち、そこにおいて彼は、われわれが教皇や国王の許可をえて、マカオから日本に輸出する生糸に対して例の共同の投資を行なっていた分は除き、われわれや他の者のための凡ての商業活動を厳禁した。このような措置は神聖にして必要なものであった。この禁令が発せられた後であっても、商業活動に慣れ親しんで来た何人かの会員が完全にこれから解放されるのには困難が伴った。そしてパードレ・フランチェスコ・パシオは、その文書を受取ってからも日本からマカオに赴いた折に、マカオで投資するために他人のかねを三万五〇〇〇タエル以上もたらした。長崎のプロクラドールが、ローマから届いた文書に反すると思う旨パシオに忠告すると、彼は、その通りであるが、しかしこれはもう人々の話題にはならないことだと答えた。私は、これらの人々に対してこれを禁ずるすべを知らなかった。しかし結局今日はこのような商業活動は全くなくなっている。この点についてわれわれは主に深く感謝している。(24)」

前引一六一三年三月二十一日付のスピノラの書翰にはそれ程はっきりとは記述されていなかったが、このヴィエイラの書翰になると、巡察師フランチェスコ・パシオは、一六一二年三月二十二日に日本を発ってマカオに向った折に、総会長の禁令を犯して、日本人から託された三万五〇〇〇タエル以上ものかねをもたらして投資の便宜を図ったということが明記されている。同じスピノラの書翰には、この金額が一万八〇〇〇クルザドとなっており、そのいずれが正確な数字かはわからないが、パシオは、巡察師の地位にあり乍ら、総会長の命令を犯してまで日本人の依頼に応じ、かなりな金額のかねをマカオにもたらしてこれで商品を仕入れ、委託主の許に送り届けたことは疑う余地がない。

この点については、一六一二年十月十九日付長崎発、フランシスコ・ピレスの書翰（恐らく総会長補佐宛てと思われる）にも次のように記されている。

「去る三月にも巡察師は、マカオで投資するために、三万クルザドかそれ以上の日本人達のかねを彼地にもたらした。これについて私は、それがイエズス会のルートで投資されたことに対する不満の声を聞いた。しかも感謝されるどころか、商品を高値で買入れたといって彼が不満を買っている有様である。しかし今では、もう同パードレもマカオで経験した大きな不都合に鑑みて、これに反対しているということである。[25]」

ここでは、パシオが委託を受けてマカオにもたらしたかねを三万クルザドかそれ以上と記しており、通貨単位は異なるが、ヴィエイラが記しているところに略〻符合していると言えよう。兎に角この一六一二年のパシオによる仲介斡旋は、前に述べたように、しばらく長崎＝マカオ間のポルトガル貿易が中断されていたこともあって、日本人の間で要望が高まっていたことを示すものであろう。

ヴィエイラは、その後は総会長の禁令が守られ、このような在日会員による委託貿易は絶たれたように記述されている。右のピレスの書翰にも、従来最も熱心にこれを行なってきた会員の一人であるパシオも、一六一二年にマカオに来て実地にシナ商人からの商品の仕入れ等を経験し、ポルトガル商人が強い不満を抱いていることを知って、これに反対するようになった旨記されている。この一六一二年以後のことについては、カルヴァーリョの「弁駁書」に次のように記されている。

「第三者を通してわれわれが買入れた領主達の注文品を、その所有主に渡すまでプロクラドール事務所に置く時は、マカオでも日本でも、われわれが望む以上に煩雑なことがふえた。こういったことのために、日本のパードレ達は総会長に書送り、第三者を介してでもわれわれがイエズス会のものでない財を購入してはならない、という服務規定の掟を定めるよう求めた。総会長は六年前にこれを定めた。ローマからこの掟の文書が届くや、直ちに日本において他人の財から完全に手をひいた。そしてわれわれは、司教ドン・ルイス・セルケイラのかねも、他の何人のかねも、われわれのルートでマカオに送ろうとはしなかった。われわれにそれを求める人々に対しては、上述の文書を根拠に断わった。またそれが可能である。但し、後に総会長が言明したように[26]、日本国王に対してだけは、われわれが彼の求めにより既に述べたような形でその注文品の購入に応じないと、立腹して、日本のキリスト教界を破壊するとか平和を奪うとかいって威す場合は、例外である[27]。」

即ち、総会長の禁令が発せられて以後は、在日イエズス会士は、一般には委託を受けるのを拒否するようになったということと、将軍から要求があった場合には、例外としてそれに応じた、ということが記述されている。

イエズス会士による委託貿易は、一般には一六一二年を最後に絶たれたものと考えてよいが、その後も将軍の命として幕閣や長崎奉行から要求があった場合には、引つづきこれに応じていたことが明らかになる。このような幕府の要求がいつ頃まで行われたものか、明確ではないが、禁教政策が強化されてゆく過程で、貿易面での教会への依存も少なくなっていったとみてよい。

八

その後も、大名などの間で、イエズス会士に貿易の仲介斡旋を求める要求は、根強いものがあったようである。そして、布教の方便としてそのような要望に応ずべきだという意見の会員も少なくなかったようである。バルタサール・デ・トーレスは、一六二二年三月三日付で長崎から総会長に宛て、次のように書送っている。

「この殿《トノ》〔有馬の領主松倉重政のこと——引用者〕は、曾てわれわれが信徒の有馬殿《アリマドノ》に対して行なったように、彼に対してもわれわれが恩恵を施すことを望んでいる。しかしながら、既に天下殿《テンカドノ》がわれわれを追放する以前に、彼を除いて、われわれが世俗の人々の銀をわれわれの責任でマカオに送るのは禁止されているので、巡察師も管区長もあえてこの取引に関与しようとはしない。しかし猊下は、われわれがこの殿《トノ》を上述の理由で怒らせるのは適切でない、ということに留意していただきたい。また、彼の領土の農民はすべてキリスト教徒であり、彼はそれを黙認しているので、もしもわれわれが有馬殿に対して行なったように、この殿を助けるなら、天下《テンカ》にいくらかの平穏が生れた時に、彼は自分のすべての家臣と共にキリスト教徒になるであろう。その少なからざる徴候がある。この外、われわれが殿《トノス》や世俗の人々の商業行為に介入してはならない旨、服従の戒により命ぜられた当時行われていた弊害は、今日では見られない。この点について上長達やその他の顧問達が猊下に書送るものと思うが、猊下は事の真実をよく見極めていただきたい。[28]」

トーレスの希望通り総会長から委託貿易が許可されたとか、再び日本でこれが行われるようになった、という事実はないが、右の書翰は、貿易が領主と教会を結びつける上でいかに大きな役割を果していたか、イエズス会の日本布教の手段として、貿易がいかに重視されていたか、ということをよく示している。そしてこれも、キリシタン布教がポルトガルの国家事業の一環として進められる性格を持つものであったところから派生したことであった、と言えよう。

尚、以上述べてきたような在日イエズス会士による貿易の仲介斡旋は、十七世紀に入り、日本イエズス会の財務状態の悪化とともに、主な資金調達の方法として投銀による資金導入を図ったのと類似の形をとっており、その素地となったと言えよう。この点については本書第二部第三章で取上げた。

（1） A. Valignano & J. L. Alvarez-Taladriz, *Adiciones del Sumario de Japón*, pp. 540–543.（岡本良知『十六世紀日欧交通史の研究』六甲書房、昭和十七年、六八三・六八四頁にこの引用箇所の大部分が掲載されている）。

（2） Archivum Romanum Societatis Iesu, Jap. Sin. 13–II, f. 270v.

（3） 高瀬弘一郎「キリシタンと統一権力」（『岩波講座日本歴史　近世1』）二〇四―二〇六頁。

（4） Jap. Sin. 2, ff. 115v., 116. (J. L. Alvarez-Taladriz, "Un Documento de sobre el Contrato de Armação de la Nao de Trato entre Macao y Nagasaki",『天理大学学報』十一巻一号、一四頁。野間一正訳「マカオ・長崎間貿易船のアルマサン契約に関する一六一〇年の資料」『キリシタン研究』十二輯所収、三七四頁も参照した）。

（5） Jap. Sin. 2, f. 116v.

（6） *Archivum Franciscanum Historicum*, XVI, Firenze, 1923, p. 407.

（7） この一フランシスコ会士が日本イエズス会士のことを非難して一六一七年一月にローマで発表した文書というのは、同図書館に架蔵されている、フランシスコ会士フライ・セバスチアン・デ・サン・ペドロが一六一七年一月二十五日付でローマで発表した文書のことであろう(Real Academia de la Historia, Cortes, 566, ff. 184–189.)。

（8） Cortes, 565, ff. 352v., 353.

（9） Valentim Carvalho, Apologia e reposta a hum tratado feito pello P.e Frei Sebastião de S. Pedro da Ordem de S. Fr.co q. se intitula recopilação das causas por q. o Emperador de Japão desterrou de seus reynos todos os Padres, núm. 77, Biblioteca

Nazionale Centrale Vittorio Emanuele II, Fondo Gesuitico, 1469.

(10) 高瀬弘一郎「教会史料を通して見た糸割符」(『社会経済史学』三十七巻五号)一一頁。

(11) Valentim Carvalho, Apologia, núm. 80.

(12) 高瀬弘一郎「キリシタンと統一権力」二一五頁。

(13) Cortes, 566, f. 255v.

(14) 将軍が朱印船に銀を託して商品の買付を依頼した例としては、一六〇九年有馬船の占城渡航に当り、家康が伽羅木買入れのために銀六〇貫目などを託したこと、一六二三年矢張り伽羅木購入のための将軍の資金を携えた一艘が占城に向け出帆したことが明らかにされている(岩生成一『朱印船貿易史の研究』弘文堂、昭和三十三年、二七八・二七九頁)。

(15) 高瀬弘一郎「十七世紀初頭におけるわが国のスペイン貿易について」(『史学』四十五巻一号)。

(16) この事件の経緯とその意義については、本書第二部第三章で取上げた。

(17) 註(18)に記す Obediencias の cap. 7 da pobreza, § 14. にここで引用した内容と略〻同じ記述が見られるが、しかし若干の相違箇所もある。

(18) Obediencias do P.e Alexandre Valignano Visitador da Provincia de Japão e China, revistas e concertadas pello P.e Francisco Passio Visitador da mesma Provincia para Instrucção dos Reytores, Anno de 1612, cap. 15, § 15, § 16, Biblioteca da Ajuda, 49–IV–56.(岡本良知編写真製版 *Jesuitas na Asia*, v. 3. 昭和六年。A. Valignano & J. L. Alvarez-Taladriz, *Adiciones*, pp. 543, 544. にこの引用箇所のスペイン語訳が掲載されている)。

(19) このことは、一六一二年十月二十六日付長崎発、ヴァレンティン・カルヴァーリョの総会長宛て書翰の記事によって裏付けることが出来る。「同パードレ〔巡察師フランチェスコ・パシオのこと——引用者〕は、出発する前に〔彼がマカオに向け長崎を発ったのは一六一二年三月二十二日のこと——引用者〕パードレ・アレッサンドレが作成した命令を編輯し、要約した。そして日本のプロクラドールを除き、パードレは何人も不当な商いをしたり売るために買ってはならない。外部の人々の銀をマカオに送ってはならない、という服務規定を新たに定めた。」(Jap. Sin. 15–II, f. 178.)

(20) ローマから日本にこの禁令が届いた時期は、後で引用する一六一八年九月十九日付日本発、フランシスコ・ヴィエイラの総会長宛ての書翰に、パシオが禁令を犯して、日本からマカオに赴いた折に相当額の日本人の銀をもたらした、とあるところから、遅くとも一六一一年夏以前ということになる。

(21) Jap. Sin. 15-II, f. 253.

(22) J. F. Schütte, *Introductio ad Historiam Societatis Jesu in Japonia*, Romae, 1968, p. 181.

(23) Jap. Sin. 36, f. 159.

尚一六一三年七月二十一日付、スピノラの総会長宛ての書翰にも、「われわれの友である日本人又はポルトガル人のかねを投資することを猊下が禁止して以来、プロクラドールの職務の負担は比較的軽くなった。この任務はわれわれにとって多くの不快と不満の種であった。そしてまた何ら利益が伴わない所か、しばしばわれわれの儲けがこれによって非常にそこなわれるような、ひどく厄介な仕事であった。このことについては既に猊下に何度も書送った通りである。そしてこの結果として、われわれに多額の負債が残った。」とあり、一六一三年三月二十一日付の書翰と略〻同じ内容のことが記述されている (L. Delplace, *Le Catholicisme au Japon*, tome II, Bruxelles, 1910, p. 85; A. Valignano & J. L. Alvarez-Taladriz, *Adiciones*, p. 543.)。

(24) Jap. Sin. 17, f. 154, 154v.

(25) Jap. Sin. 15-II, f. 171.

(26) 総会長がカルヴァーリョに送った一六一六年一月五日付の指令を指しているものであろう。「われわれに許されているピコ数の生糸以外の商業行為を掟によって禁止している文書を厳正に守るように。そして認められる例外は、日本の国王がそれを迫り、われわれがそれを断わっては彼がそのことを悪くとる恐れがあって出来ない、という場合について、前総会長が認めた例外のみである。」(Jap. Sin. 3, f. 53v.)

(27) V. Carvalho, Apologia, núm. 95.

(28) Jap. Sin. 38, f. 251v.

第八章　キリシタン教会の貿易収入額

一

キリシタン時代、イエズス会はわが国で布教を行うのに要する経費をいろいろな方法で調達したが、中でも主な収入源は、主として生糸を取扱った貿易収入であった。日本イエズス会が行なった貿易活動は、基本的にはマカオを基地にシナ産の生糸をわが国にもたらすポルトガル貿易に参加する形で行われたものであった。当時カトリック宣教師が貿易をして布教資金をまかなうということは、何も日本イエズス会のみが行なったことではなく、わが国で教会活動をした他の修道会も行なったし、[1] また日本以外でも、広く東洋の各地において見られた。しかし乍ら、そのような中にあって、日本イエズス会が行なった生糸貿易は最も重要なものの一つであったと言ってよく、この貿易収入があった日本イエズス会は、他の布教地の教会にくらべ比較的財政が安定していたことも事実である。これは、わが国で生糸を商うことが非常に利益の大きい取引であったからである。このように宣教師が貿易をして布教費をまかなうというようなことが行われたのは、当時のカトリック布教事業が、スペイン・ポルトガル両国の海外進出・植民地経営・貿易活動といった国家事業と緊密に結びついて進められるものであったからに外ならない。一方キリシタン宣教師が貿易活動をしたことは、わが国の為政者がとった対外国及び対教会政策とも密接な関係を持っている。宣教師の経済活動を考えに入れないでは、秀吉や江戸幕府のキリシタン政策を理解することは出来ない。

ところで、このイエズス会の貿易活動については、曾て私は「日本イエズス会の生糸貿易について」（『キリシタン研究』十三輯所収、吉川弘文館、昭和四十五年）と題する報告を発表し、イエズス会士がどのような仕法で貿易を行なったか、ローマのイエズス会本部・ローマ教皇・本国国王がこれにいかなる見解を示したか、日本イエズス会の内部では、このような商業行為を行うことについてどのような論議が行われていたか、そしてこの貿易からの利益はどれ程であったのか等の問題をとり上げた。しかしその後関係史料を補充することが出来、旧稿を補正しなければならないことが判った。そこでここでは、貿易によって如何程の利益を上げていたか、といった問題のみを取上げ、数量的な考察を行なってみたい。尚、取引高や利益高を表わすのにいろいろな通貨の単位が用いられている。この当時ポルトガル人やスペイン人が東洋で使用した様々な通貨単位の価値について、年代別にその正確な数値を明らかにすることは、殆ど不可能に近い。主な通貨単位についてその大凡の換算率のみを記してみると、クルザド、ドゥカド、スクードは同価値、タエル対クルザドは一タエル＝一乃至二クルザド、クルザド対パルダオは一クルザド＝一・一乃至二パルダオといったところが、いろいろな史料からひき出される率である。(2)

二

イエズス会士の日本布教はザビエルの渡来に始まるが、彼等が貿易を始めるのは、ザビエルの渡来後数年を経た一五五〇年代の後半からであった。即ち、ポルトガル商人のルイス・デ・アルメイダがわが国で一五五六年に相当な私財を持ってイエズス会に入会したことが、同会が貿易を開始するきっかけとなった。フランシスコ・カブラルは一五七一年九月六日付長崎発、ローマ・コレジオの同僚ディオゴ・ミラン宛ての書翰の中で、「イルマン・ルイス・ダルメイダは四〇〇〇乃至五〇〇〇クルザドをもって入会したが、このかねでもって当日本とシナにおいて悪徳な商売が始められた。」と述べ、貿易によって大きな収益を上げるようになったので、日本イエズス会内部で初期の頃のような清貧の風が弛緩してしまった、と言って嘆いている。(3) このカブラルの書翰によって、日本イエズス会の生糸貿易が一五五〇年代の後半に開始されたものであることが明らかになる。

一五七一年十一月三日付ゴア発、ガスパル・ヴィレラのイエズス会総会長宛ての書翰に「当初は生糸貿易の利益は大きく、一方経費を要する布教団は少数であったので、資金は大凡一万八〇〇〇クルザドになった。(4)」と見え、同じヴィレラの一五七二年一月二十三日付インド発の総会長宛て書翰には「〔生糸貿易によって儲けた〕この資金がふえてゆき、二万クルザドの貯えが出来た。(5)」と記述されている。右の二点のヴィレラの書翰は、その当時蓄積されていた金額を一万八〇〇〇クルザドとも二万クルザドとも記述しており、この点いささか曖昧ではあるが、ルイス・デ・アルメイダが寄附した四〇〇〇乃至五〇〇〇クルザドを資本に一五五〇年代後半に貿易を始めてから一〇余年を経た一五七〇年頃には、当初の資本の四倍程の蓄積が出来ていたことが判る。

一五七五年十月二日付、カブラルのインド管区長代理マヌエル・テイシェイラ宛ての書翰には次のように記述されている。

「日本教界全体を維持するために毎年四〇〇〇ドゥカド以上が必要である。この外にも経費は今後増大してゆくことであろう。〔中略〕私には、現在のところこの貿易で一定額の資金を得る以外に収入の道があるとは思われない。これによる儲けは、毎年前述の四〇〇〇ドゥカドに上っている。(6)」

このカブラルの書翰は、一五七五年に至る何年かの間、生糸貿易による利益が毎年四〇〇〇ドゥカドに上っていたことを明らかにしている。

一五七八年十月十五日付臼杵発、カブラルの総会長宛ての書翰には次のように記されている。

「日本のキリスト教界と改宗事業を維持するための収入としては、次のような喜捨があるだけである。即ち、この日本とシナの間の航海に投資することが出来るだけである。そしてその額は非常に僅かであって、多い時でも八〇〇〇乃至一万クルザド投資されるにすぎない。一方経費は多く、この資金からの儲けを上廻っている。〔中略〕七、八年前迄は、この航海に一万二〇〇〇乃至一万五〇〇〇クルザドものわれわれのかねが投資され、そのかねで仕入れた商品が常にシナから届いていた。日本にイエズス会士が八人しかおらず、布教成果が今日の二〇分の一にも及ばなかった当時の話である。これが今日は当管区のイエズス会士は五〇人をこえる。(7)」

カブラルが日本布教長として渡来したのは一五七〇年のことであったが、右のカブラルの書翰は、自分が赴任する以前は、日本イエズス会が生糸貿易に投資する金額が一万二〇〇〇乃至一万五〇〇〇クルザドにも上っていたのに対し、赴任後は多い時でもそれが八〇〇〇乃至一万クルザドにすぎず、経費の増加に反してこのように貿易額が減少したために財政的に苦しくなっていることを訴えているものである。尤もこの書翰には利益高については記載されていない。

一五七八年十二月一日付マカオ発、アレッサンドロ・ヴァリニャーノの総会長宛ての書翰には次のように記述されている。

「日本について猊下に申し上げられることは、六〇〇〇乃至八〇〇〇クルザドのレンタが与えられない限り、この貿易、即ち八〇〇〇乃至一万クルザドの資産をこのシナ＝日本間の航路で送り、その利益で以て日本のパードレとキリスト教界を維持するのをやめることは決して出来ない、という点である。(8)」

この書翰は、その頃の貿易額について、前引一五七八年十月十五日付臼杵発のカブラルの書翰と同じ数字を挙げている。

一五七九年十二月五日付ロノ津発、ヴァリニャーノの総会長宛ての書翰には、イエズス会の生糸貿易について次のような重要な記述が見られる。

「われわれがかねやその他売ることの出来る資産にして所有している額を計算すると、今日われわれが所有する資産の総額は二万タエルに上り、これはわれわれの通貨に換算すると丁度三万スクードに当る。この内大凡八〇〇〇は毎年当地からシナに送られ、生糸を仕入れてその年の内に日本にもたらされる。この生糸は、私が別の書翰に記述するような方法で売られる。そしてその利益はわれわれの経費のために確保したり、再びシナに資金として送られたりする。この利益は、貿易船に要するすべての経費を差引いて、毎年二〇〇〇以上になる。残りの七〇〇〇スクードは、私が別の書翰に記述するような方法でもって、貿易船が出帆する時に、同船の代理商人がそれだけの額の生糸をわれわれに残し、われわれはその代価を彼に支払う。この生糸はその後当地で売られ、矢張りわれわれに二〇〇〇スクード以上の利益をもたらす。この四〇〇〇スクードと、インドのバサインの地でわれわれが所有している収入の一〇〇〇とでもって日本イエズス会士が維持されている。更に、われわれが日本において所有するすべてのカーザや教会のために多額の経費を要する。従って、この三万スクードの内一万五〇〇〇は通常生糸に投資され、そしてその生糸の半分は前述の通り日本とシナの間を往来する貿易船でもたらされ、残りの半分は当地日本に残し置かれるが、この分は通常売れるまでに一年かかる。何故ならその頃にならないと商人達がそれを買わないからである(9)。」

この史料によって、当時日本イエズス会は資産として三万スクードを所有していたこと、そしてこの内一万五〇〇〇を生糸貿易の資金とし、これを八〇〇〇と七〇〇〇とに分け、八〇〇〇は、マカオのポルトガル人の組織アルマサンに加わってシナで生糸を仕入れる資金に、また残りの七〇〇〇は日本からポルトガル船が帰航する時に日本で生糸をわけてもらう資金にしていたこと、そして八〇〇〇を資金にシナで仕入れた生糸からも、七〇〇〇を資金に長崎で買入れた生糸からも、夫〻同じ二〇〇〇以上の利益が上ったこと等が判る。各〻生糸を仕入れる際の金額が異なるにも拘らず、利益高は同じであったわけである。因にイエズス会が日本でポルトガル船から生糸を譲りうける際の価格は、マカオの価格に運賃とマカオに納める税金を加えた額とするよう取りきめられていたことは、一五八四年四月十八日付ゴア発、インド副王の勅令に記されている。[10] 運賃と税金が夫〻生糸の売上げ金額の一〇パーセントと三パーセントであったことはヴァリニャーノの「弁駁書」その他いろいろな史料に記述されている。[11] この分だけ利益が削減されることはいずれの場合も同じであるから、イエズス会が生糸をマカオで仕入れる場合も、長崎で買入れる場合も、生糸の仕入れ価格と経費は同じであった、ということになる。[12] 即ち、イエズス会がマカオで生糸を仕入れて、それをポルトガル商人が商う生糸と一緒に長崎で売る場合と、ポルトガル船が日本から帰航する際にこれから生糸を買入れて、後で国内で販売する場合とでは、後者の方が生糸の売値が高かったことになる。これは、当時ポルトガル人がわが国で生糸貿易を行うのに用いた取引方法に起因するものと言える。既に別の所でも論じたように、[13] ポルトガル人はふるくから長崎で生糸を日本側に売渡す際にパンカダ取引に付した。即ち、舶来した生糸の大部分をパンカダ価格でもって一括して販売した。そしてその際のパンカダ価格は、大量の商品を一括取引に付したために、このようなパンカダ取引によらないで比較的少量の商品を小口に販売する場合にくらべて安いものであった。これは、ポルトガル人は売値が比較的安値になることを承知の上で、大量の商品を限られた期間内に商う場合の利点を求めてこの仕法を用いた、と言うことが出来る。但し、ポルトガル人はもたらした生糸をすべてこの一括取引に付したわけではなく、一部はこの枠外に残して別途に小口に縁故販売をしていた。この分は特に希望者にパンカダ価格より高値で売っており、ここに彼我の取引の仲介者たるイエズス会士が暗躍する余地があった。[14] イエズス会は、このパンカダ取引の枠外の生糸の一部をマカオでの仕入値で入手し、それをポルトガル船の帰航後に独自の販売ルートを通して売りに出したのであるから、この方が利益率が高かったのは当然だと言わなければならない。

次に一五七九年十二月十四日付ロノ津発、ロレンソ・メシアの総会長宛ての書翰には次のように記されている。

「今年パードレ達はこの生糸貿易から大凡一万ドゥカドを得るであろうが、この全額でも、教会やキリスト教徒達に要する多額な経費にくらべれば僅かなものである。[15]」

この史料によると、イエズス会は一五七九年に渡来したポルトガル船を利用した生糸貿易でもって、大凡一万ドゥカドの利益を上げることを見込んでいたことになる。

ヴァリニャーノが一五八〇年八月に作成した「インドのスマリオ」には次のように記述されている。

「在日イエズス会士は主として貿易船による取引でもって維持されている。イエズス会士は、シナにおいて商品を船積みするポルトガル商人達と結んだ契約に基づいて、この取引により毎年大凡四〇〇〇クルザドの利益を上げる。[16]」

この記事は、前引一五七九年十二月五日付ヴァリニャーノの書翰と同様、毎年の利益として大凡四〇〇〇クルザドという数字を挙げている。

一五八〇年十月に豊後で開催された協議会の記録に、「日本イエズス会は全部で辛うじて二万クルザドに達する資産を有するにすぎない。そしてその半分以上は常にナウ船で危険にさらされる。[17]」と記されている。また、この豊後協議会も含め一五八〇年から一五八一年にかけて日本国内三カ所で開かれた第一回全体協議会の記録には、「〔日本イエズス会の資産は〕辛うじて二万クルザドに達するにすぎない。そしてその大部分は常に往復の航海で大きな危険にさらされる。[18]」と見えている。前者は二万クルザドの資産の半分以上、後者はその大部分と表現に多少差異があるが、それだけの額が常に航海で危険にさらされている、ということは、その送金額の殆どが貿易資金であったと解してよい。

一五八三年一月二十九日付ガスパル・コエリョの総会長宛ての書翰には次のように見えている。

「これらのコレジオやセミナリオは、毎年通常七〇〇〇乃至八〇〇〇クルザド要する経費をまかなうだけの定収入を持っていない。そしてシナから日本に渡来する貿易船を利用してわれわれが儲けていた利益では、その経費をまかなうのに充分ではない。[19]」

このコエリョの書翰は、ポルトガルの貿易船が安着して取引が順調に行われたとしても、その利益は、日本イエズス会の教育施設を維持するのに要する年間経費の七〇〇〇乃至八〇〇〇クルザドには及ばなかったことを伝えている。これもイエズス会の貿易収入額の大凡を窺い知る上で参考になろう。

一五八三年十月五日付マカオ発、カブラルの総会長宛ての書翰には次のように記述されている。

「今年行われたことであるが、われわれイエズス会士は、当地から日本に送ったわれわれの生糸からの利益が多額であったにも拘らず、それだけでは満足せず、日本でプロクラドールが、後で他の生糸の売値と同じ価格で支払うという約束でナウ船の商人達から大凡二五〇乃至三〇〇ピコの生糸を掛けで買い、それを船に積んで別の土地に運び、そこでナウ船における価格よりも高値で売った。その上、ナウ船が停泊していたその港で売れ残った生糸を売り尽した。このようにして同パードレは三〇〇〇乃至四〇〇〇クルザドの利益を上げた。[20]」

日本イエズス会の生糸貿易は、マカオ市当局との間に結んだ契約によりマカオ商人のアルマサンに参加するという形——それは本国の国王とローマ教皇によって承認されたものであった——でのみ行われたわけでは決してなかった。この外に彼等は非公認の商業活動をも行なっており、これがイエズス会の貿易活動の実態を解明することを困難にしている。右のカブラルの書翰は、日本に駐在するイエズス会のプロクラドールが、イエズス会の持ち分として定められた生糸量の外に、別途に相当量の生糸をポルトガル船から掛けで買い、それを他所でパンカダ価格より高値で売って、パンカダ価格でもってポルトガル人に代価を返済しその差額を儲ける、ということを行なっていた事実を明らかにしている。そして一五八三年については、大凡二五〇乃至三〇〇ピコの生糸についてこれを行い、三〇〇〇乃至四〇〇〇クルザドの利益を上げたという。この数字から判断して、パンカダ価格と、イエズス会士が独自の販売ルートを通して別途に売る価格との差額は、この年は一ピコ当り一二乃至一三クルザドであったということが判る。

また同じ書翰の中でカブラルは、「貿易によって六〇〇〇乃至七〇〇〇タエルを得れば凡ての経費をまかなうのに充分であるなら、もうそれ以上の貿易は行うべきではないであろう。(21)」とも記述している。この記事は、正規の公認された生糸貿易によって通常六〇〇〇乃至七〇〇〇タエルの利益を上げていたことを伝えているものと言えよう。

ヴァリニャーノは「日本のスマリオ」(一五八三年)の中で次のように記述している。

「日本イエズス会全体を維持するものとして、今迄のところシナから渡来する貿易船の取引があるにすぎない。この貿易船によって通常一万乃至一万二〇〇〇ドゥカドを投資して買入れた生糸がパードレ達のためにもたらされる。この生糸はシナの港の商人達が送る他のすべての生糸と一緒にもたらされ、すべて一括して売られる。そしてこの商品から毎年五〇〇〇乃至六〇〇〇ドゥカドの利益を得る。(22)」

このようにヴァリニャーノは、その頃イエズス会は毎年一万乃至一万二〇〇〇ドゥカドを生糸に投資して日本で売り、五〇〇〇乃至六〇〇〇ドゥカドの利益を上げていたことを記述している。

尚ヴァリニャーノは同じ「日本のスマリオ」の中で、自分が日本からシナに来て、インド行きの船便を待っている間に、商人達は生糸を二隻の貿易船に分載して日本に送ったが、その大きい方の船が途中の島で遭難し商品をすべて失ってしまった。このため日本のパードレ達はこれに積んでいた八〇〇〇ドゥカドの商品と、そこから期待されていた大凡四〇〇〇ドゥカドの儲けを失ってしまった、と記述している。[23] ここでヴァリニャーノが述べている遭難事件とは、一五八二年七月十日マカオを発って日本に向った二隻のポルトガル船の内の大きい方の船が途中台湾で遭難したことを指している。[24] そして日本イエズス会はこの船に八〇〇〇ドゥカドの商品を搭載し、それを日本で売れば四〇〇〇ドゥカドの利益が上ることを見込んでいたことが判る。

「イエズス会の管区がインドに有する凡てのコレジオ・カーザ・レジデンシア・人・レンダ及び経費の要録。一五八六年作成」と題する文書に、毎年シナ＝日本間のナウ船で資金を送って五〇又は七〇ピコの生糸を仕入れ、ここから毎年大凡三〇〇〇クルザドがえられる旨、記述されている。[25]

次に一五八七年十一月二十七日付ゴア発、ヴァリニャーノの総会長補佐マヌエル・ロドリーゲス宛ての書翰には次のように記されている。

「この外にシナからもたらされる五〇ピコの生糸から上る利益があるが、これは毎年三〇〇〇クルザドになるであろう。この取引はすべて日本のプロクラドールの手で行われている。[26]」

ヴァリニャーノは、ここでは、貿易の利益高は毎年三〇〇〇クルザドであったと述べている。

一五八八年十月十八日付マカオ発、ヴァリニャーノの総会長宛ての書翰には、次のように記述されている。

「この貿易がなくては日本イエズス会の維持が出来ないことは疑いないが、貿易は既に私が書送ったように、現在は非常な制限の下に行われているにすぎない。何故なら、私が当市と結んだ契約に基づいて行われているからで、生糸五〇キンタル——当地ではピコという——だけを当市全体が送るその他の生糸と一緒に送り、そして日本で当市の代理商人によって売られ、前述の五〇ピコ分の利益金がわれわれに与えられる。私はこの契約を守るようインドから厳命を送った。そして現在はこれを守って、当地でも日本でもこれ以外にいかなる種類の商業行為も行わないように努めている。そしてこの貿易によって毎年大凡四〇〇〇クルザドの利益を上げている。[27]」

この書翰では、ヴァリニャーノは毎年の利益額として四〇〇〇クルザドの数字を挙げている。

一五八九年七月二十三日付マカオ発、ヴァリニャーノの総会長宛て書翰には、「〔五〇ピコの生糸は〕既に猊下に何度も書送ったように一括して送られるが、そこからの利益は大凡二〇〇〇ドゥカドである。[28]」と見えている。

一五九〇年八月にヴァリニャーノによって加津佐において第二回日本イエズス会全体協議会が開かれ、そこで財政問題も論議されたが、その協議記録には次のように記述されている。

「日本イエズス会は、この日本航路を航海するシナからのナウ船で常に一定額の資産を送る必要があった。これは一万乃至一万二〇〇〇クルザドもの額に上らざるをえない。この内三〇〇〇は、日本イエズス会が維持している教会・カーザその他すべての布教施設で使用するのに必要な衣服のための絹織物・綿織物・毛織物を買うのに費し、その残りのかねで五〇ピコの生糸と若干の金を買入れる。これは、そこからの利益で経費をまかなうためである。〔中略〕この投資によって毎年大凡三〇〇〇クルザド迄の利益が上る。[29]」

この記録は、当時日本イエズス会は毎年七〇〇〇乃至九〇〇〇クルザドを生糸と金に投資して、そこから大凡三〇〇〇クルザド迄の利益を上げていたことを伝えている。生糸と金は、日本イエズス会が取扱った二つの主要な商品であるが、この内の金については、一五九三年九月二十五日付日本発、ペドロ・ゴメスの総会長宛ての書翰に、「〔日本イエズス会の〕貿易は二つの商品から成っている。即ちナウ船でもたらされる五〇ピコの生糸と二〇乃至三〇個程の金塊[30]である。金については余り問題にされていない。何故なら、これは密かにもたらすことが可能で、もたらされる量も多かったり少なかったりする。そして儲けも少ない。[31]」と記述されており、この頃はイエズス会は金からは余り大きな利益を上げていなかったことが判る。従って先の協議会記録に見られる、毎年大凡三〇〇〇クルザド迄上げていたという利益額も、その大部分は生糸による利益だと判断してよいであろう。尚この金の取引は、後になるとイエズス会の内部でもっと重要視されるようになる。

一五九二年三月十九日付長崎発、ゴメスの総会長宛ての書翰には次のように記述されている。

「私がシナから日本に渡来してから九年たつが、この間にナウ船が渡来しなかった年が四年もあった。従ってナウ船が来航したのはまるで一年おきであった。そしてナウ船が渡来しない年は、日本イエズス会は四〇〇〇タエル以上を失う。(32)」

ナウ船が渡来しない年は四〇〇〇タエル以上もの利益を失うことになる、ということこの記事は、当時イエズス会は通常貿易によってこの位の利益を上げていたことを明らかにしている。

同じゴメスは、一五九三年九月二十五日付日本発の総会長宛ての書翰の中で次のように述べている。

「〔イエズス会の〕生糸は、ポルトガル人達がナウ船でもたらす一五〇〇乃至一八〇〇ピコの生糸と一緒に公然ともたらされる。そしてこの生糸から、二〇〇〇乃至三〇〇〇タエル以上の利益がえられる。(33)」

即ち、ここでは利益高が二〇〇〇乃至三〇〇〇タエル以上であったことが記されている。

次に、一五九三年十二月二十五日付コチン発、カブラルの総会長宛ての書翰には次のように見えている。(34)

「日本イエズス会士は、第一に、副王の承認をうけた契約によって、毎年アルマサンに五〇ピコの生糸を入れることが出来る。これを日本で売って少く共六〇〇〇乃至七〇〇〇パルダオの利益が得られる。(35)」

同じ書翰の中でカブラルは一タエルが二パルダオに当ることを記している。即ち、生糸貿易の利益高としてここで挙げられている六〇〇〇乃至七〇〇〇パルダオは、三〇〇〇乃至三五〇〇タエルということになる。

一五九四年二月八日付長崎発、ゴメスの総会長宛ての書翰には次のように記述されている。

「日本イエズス会の資産は乏しく、その全額をシナに送らなければならなかった。しかもわれわれは毎年ますますこの資産に食込んでいる有様である。今年一五九四年は、プロクラドールが私に語ったところによると、管区の通常の経費のために、資産から大凡五〇〇〇タエルを割かなければならないだろう、とのことである。何故なら貿易船の利益は三〇〇〇タエル余にすぎないと予想されるからである。[36]」

ここで言及されている一五九四年の貿易利益というのは、一五九三年夏に渡来したポルトガル船によるものであろうが、それが三〇〇〇タエル余にすぎないと予想されるので、一五九四年の通常の経費のために資産から五〇〇〇タエル割かねばならないだろう、とゴメスは述べている。

フランチェスコ・パシオは、一五九四年十月十七日付長崎発、総会長宛ての書翰の中で、一五九四年にポルトガル船の渡来がなかったことに触れて次のように述べている。

「或る年に貿易船が渡来しないことによって蒙る損失は大凡四〇〇〇スクードである。[37]」

この記事は、通常の利益高が四〇〇〇スクードであったことを伝えているものと言ってよい。

一五九五年十一月二十三日付ゴア発、ヴァリニャーノの総会長宛ての書翰には、次のような記事が見られる。

「彼〔フランシスコ・カブラルのこと——引用者〕が布教長として日本にいた当時は、国内には維持すべきイエズス会士がパードレが一〇人とイルマンが一〇人しかいなかったにも拘らず、シナ＝日本間の貿易で、絶えず一〇〇乃至一二〇ピコの生糸その他金・水銀・鉛・反物といったような商品を大量に取扱った。これらは彼の命令によって日本で売られ、そして当時かねで三万ドゥカド以上の資産を蓄積していた。[38]」

カブラルは一五七〇年から一五八一年迄日本布教長の地位にあり、そして一五八三年にマカオに転任した。そして日本を去った後に、日本イエズス会が行なっている貿易活動について、必要最小限を越えて大規模な商業行為を行なったために清貧の風が弛緩してしまったことを強調してこれを非難する文書を認めたりしたので、ヴァリニャーノはこれに反駁する内容の書翰を記述している。右に引用した書翰はその一つであるが、そこに見られる、カブラルの布教長時代は日本イエズス会はパードレとイルマン夫〻一〇人ずつの小世帯であった、との記述については、この程度の人数であったのは一五七五、六年当時のことであって、その後在日イエズス会士の数は急速にふえ、一五八〇年には既に六五人に上っている。(39) 従ってこの点のヴァリニャーノの記載は、事実を正確に伝えているとは言えない。それは兎に角としてヴァリニャーノは、カブラル時代に貿易によって三万ドゥカドもの資産が蓄積された旨記述している。

前引一五七九年十二月五日付ロノ津発、ヴァリニャーノの総会長宛ての書翰にも、当時日本イエズス会には三万スクードの資産があった旨記述されており、この数字は信頼のおけるものである。確かにカブラルが来日した一五七〇年当時、既に一万八〇〇〇又は二万クルザドの資産が蓄積されていたことは前に述べた通りであるが、しかしインドで土地を買入れるために、一五六〇年代後半から一五七〇年代前半にかけて、一万八〇〇〇ドゥカドが日本からインドに送金されており、(40) カブラルの渡来以前に蓄積されていたかねは、殆ど全額これに充てられてしまったものと考えなければならない。そうだとすると、一五七〇年末における日本イエズス会の資産三万ドゥカドは、矢張りカブラルの布教長時代に蓄積されたものであろう。一五五〇年代後半に貿易を開始して以来、一五七〇年頃迄に一万八〇〇〇又は二万クルザドを蓄積し、そしてその後の大凡一〇年間のカブラルの布教長時代に三万ドゥカドの貯えが出来たのであるから、カブラル時代の方が、それ以前より資産の蓄積が急速に進んだことが判る。布教事業の規模の拡大に伴ない、経費も増大の一途をたどっていたにも拘らず、カブラルの時代にそれ迄以上に急速に資産の蓄積が行われた、ということは、各種の収入がふえたということもあろうが、矢張りヴァリニャーノが言うように、その時期に貿易が相当大規模に行われたことを示すものであろう。

同じヴァリニャーノの書翰には、つづいて生糸貿易の利益高について次のように記述されている。

「シナ貿易によって毎年日本で五〇〇〇乃至六〇〇〇ドゥカドの利益を上げている、とカブラルが言うのは偽りである。何故なら三〇〇〇に達すれば最高だからである。[41]」

このようにヴァリニャーノは、ここでは、貿易利益は最高で三〇〇〇ドゥカドであった、と述べている。

一五九六年十二月十七日付ゴア発、カブラルの総会長宛ての書翰には次のように記述されている。

「この外に、毎年マカオから日本に、五〇ピコの生糸を仕入れて送るが、これは、副王が承認した契約によって、同市が日本に輸出するその他の生糸のアルマサンに加わる形で行われている。これは相当に重要なもので、更に二〇〇〇タエル近くの利益が上る。[42]」

ここでは、生糸貿易の利益として二〇〇〇タエルという数字が挙げられている。

次にヴァリニャーノが一五九八年一月にマカオで記述した「弁駁書」の一節には次のような記事がある。

「当マカオ市は、このアルマシオンの中で五〇ピコの生糸をパードレ達の分として割当てることを許可した。（中略）この五〇ピコから通常一六〇〇ドゥカドの利益を上げていた。というのは生糸はシナでピコ当り大凡九〇ドゥカドで買入れ、日本で一四〇で売られるが、この内一〇パーセントは運賃に、三パーセントは税金に支払い差引かれるので、ピコ当り大凡一二一ドゥカドの売上げになるからである。[43]」

この「弁駁書」の記事は、生糸についてシナでの仕入値と日本における売値、及び純益等について詳しい数字が記述されているので確かに注目すべき史料ではあるが、しかしそこに記されている数字が正しいものかどうかは検討を要する。貿易による一年間の利益高が一六〇〇ドゥカドであったと記述されているが、これは他の多くの史料にくらべ明らかに少なすぎる数字である。そこで、生糸の仕入値と売値について他の史料を調べてみると、少し年代が下るが、一六一九年一月十日付マカオ発、フランシスコ・ピレスの書翰には次のように記述されている。

「今年一艘のパタショ船と三艘のガレオタ船が日本に安着した。〔中略〕そして十月末に大凡七〇万タエルを積んで戻って来た。というのは、当地で九〇乃至一一〇〔タエルのことか――引用者〕した生糸が、日本では最も安くても二八〇で売れ、最高三一五に達したからである。[44]」

生糸量の単位が記されていないが、ピコ当り九〇乃至一一〇タエルで仕入れたものが、日本では最低で二八〇タエル、最高三一五タエルで売れたという意味であることは明らかである。

また一六二〇年二月十日付マカオ発、セバスチアン・ヴィエイラ外七人のパードレが連署した総会長宛ての文書に次のような記事が見られる。

「生糸一ピコの価格は年によって上下するが、当地では大凡一〇〇クルザドするであろう。これが日本では一八〇、一九〇、そして年によっては二〇〇に達したことがあった。尤も年によってはマカオ市の命令でアルマサンによって売ったために一六〇にとどまったこともあった。そしてカピタンに支払う一〇パーセントの運賃と市に納める三パーセントの税金を差引き、更にその他の諸経費を差引いて、毎年大凡五〇パーセントの利益になろう。[45]」

更にリスボンのアジュダ図書館に架蔵されている、日本管区が財源調達のためにマカオに貸家を持つことの是非を論じた一六三五年の記録には、次のように見えている。

「日本管区が曾てパンカダの外で生糸を売って得ていた利益は非常に大きく、資金を二倍にするものであった。即ち二万パタカ〔パルダオと同か――引用者〕でもって二万パタカの利益を上げていた。そして一万を経費に費しても尚一万残り、海上で失われた場合などの救済に充てることが出来た。しかし乍ら、管区はパンカダ外で生糸を売る特権を失ったので、それにともなって、管区が経済的に依存していたオリーブ畑を失ってしまい、利益は減少し、曾ては一二〇乃至一三〇パーセントの利益を上げていたものが、現在は辛うじて三〇パーセント、うまくいって多い時でも四〇パーセントにすぎず、さもなければ、二年前のように二五パーセントしか利益が上らないことも時々あり、更にこれより少ないこともあって、例えば昨年などは九パーセントの利益にしかならなかった。そして今年は、辛うじて元手をとり戻すだけにすぎないであろう、との情報をマニラから受取った。(46)」

日本イエズス会がパンカダの外で生糸を販売することが出来た当時は、一二〇乃至一三〇パーセントの利益を上げることが出来たが、そのような特権を失ってからは、利益が一挙に減少したことが強調されている。前に述べたように、日本イエズス会は取扱う生糸のかなりの部分を、アルマサン組織を通してのパンカダ取引を経ずに、別途に日本国内において、独自の商業ルートでもってパンカダ価格より高値で販売して来た。このパンカダの枠外で販売する特権を失うことは、イエズス会の財政にとって重大な打撃であったことは言う迄もない。このことは幕府の対教会及び対外国政策の推移の中でとらえなければならない問題であり、本書第二部第十章で取上げ論述するのでここでは触れないが、ただ前引「弁駁書」に見えている数字の信憑性を検討する上からも、日本イエズス会がパンカダの枠外で販売出来る特権が何時頃迄つづいたのかという点だけは明らかにしておかなければならない。これについては、前引の一六二〇年二月十日付マカオ発、ヴィエイラ外七人が連署した総会長宛ての文書に、「われわれはこの生糸をアルマサンの外で売る自由を持つことによって他の人々より高値で生糸を売っているにも拘らず、維持出来るだけの利益を上げられない。(47)」とあり、表現は違うが、この当時は尚イエズス会がパンカダの枠外の生糸販売を行うことが出来たことを明らかにしている。

要するに、前引の一六一九年一月十日付ピレスの書翰、一六二〇年二月十日付ヴィエイラ外七人の文書、及び一六三五年の史料に見られる貿易利益に関する数字から判断して、「弁駁書」のそれは余りに少なすぎると言わなければならない。ヴァリニャーノが「弁駁書」を記述した主な動機の一つが、日本イエズス会は商売をして莫大な利益を上げ潤沢な暮らしをしていると言ってフランシスコ会士が非難したのに対して、反駁を加えることにあったのであるから、イエズス会が上げる利益高について故意に少な目の数字を挙げたとしても不思議ではない。

次に一五九八年三月一日付フランシスコ会士フランシスコ・デ・モンティーリャの陳述書には次のように記述されている。

「私はシナのマカオ市に滞在中次のことを目撃した。日本からポルトガル人のナウ船が着くと、銀は商人や住民に分配する前に、一人の重立った人物の家にすべて預けられた。そしてそこにイエズス会士が真先に駆付けて、銀の山から五〇〇〇ドゥカド以上もの莫大な銀を手に入れた。日本からナウ船が着く度毎に、当市が施すことになっている喜捨だという名目であった。しかしその後当地で判ったところによると、これは喜捨であった筈がなく、日本のパードレ達とキリスト教界を維持する財源を得るためという名目で、彼等が毎年日本に送った商品から上った利益であったに相違ない。(48)」

モンティーリャは、イエズス会による日本布教の独占を打破する目的を持ってフィリピンからヨーロッパに派遣されたフランシスコ会士で、右の陳述書もその運動の一環として作成されたものである。従って本稿で引用する他の史料と異なり、イエズス会以外の者の記録だという点に先ず留意しなければならない。彼はこの中で、マカオ滞在中に目撃したことだとして、ポルトガル船が日本から帰港すると、イエズス会士が真先に五〇〇〇ドゥカド以上もの銀を受取るが、これは貿易の利益に相違ない、と記述している。彼は一五八三年に一度、一五八三年末か一五八四年初に再度マカオに渡っている。(49) 従ってこの時に見聞したところを記述したものと考えられるが、但し、イエズス会士が五〇〇〇ドゥカド以上を得たという、その数字が仮に正確なものであったとしても、それがモンティーリャが言うように、日本イエズス会が貿易による利益の配分を受けたものなのかどうかは疑問である。というのは、イエズス会は基本的には貿易資金を日本からマカオに送り、そして商品を日本にもたらして販売した利益金は日本で受取り、そしてまた資金をマカオに送金する、という仕法をとっていた。勿論そこには借入金のことなど厄介な問題がからんでいるが、基本的には右のような仕法で行われていた。従ってモンティーリャの文書に見られる五〇〇〇ドゥカド以上の銀というのも、利益金の配分というより、日本から送られて来た貿易資金——勿論それも利益金からまかなわれたものであったろうが——ではないかと思われる。このため、このモンティーリャの記録は、貿易の利益高を知る上の史料としてはあまり信憑性の高いものとは言えない。

三

十七世紀に入って、一六〇二年一月二十五日付マカオ発、スピノラの総会長補佐宛て書翰に、「今年は航海がなかったので、かねが生かされなかった。そして七〇〇〇クルザドの儲けが失われた。[50]」と記されている。一六〇一年のポルトガル船欠航のために、イエズス会は七〇〇〇クルザドに見込んだ利益を失ってしまったことが判る。

一六〇三年十月六日付マカオ発、ヴァリニャーノの総会長宛て書翰には、その年の七月末、日本に向けマカオを出帆する直前のポルトガル船が三艘のオランダ船に襲われて、積荷を奪われたことによるイエズス会の被害について、次のように記している。「このナウ船で、日本イエズス会は一万五〇〇〇ドゥカド以上を失った。即ち、三〇〇〇は日本のカーザで消費するための補給品として送られるところであり、一万二〇〇〇は生糸その他の品物で以て送られるところであった。[51]」即ち、この年の貿易資金は一万二〇〇〇ドゥカドであったことが判る。さらに同じ書翰には、

「この資産の内毎年一万二〇〇〇〔単位はドゥカドであろう――引用者〕までを生糸に投資して送り、その利益で以て日本における経費の大部分をまかなってきた。[52]」とも記されている。

このように、右の書翰ではヴァリニャーノは毎年の貿易を一万二〇〇〇ドゥカドと記しているが、略〻同じ頃認めた別の書翰では、この点食違いを見せている。即ち、一六〇三年十月八日付ヴァリニャーノの総会長宛て書翰には、「この資産の内、シナから日本に渡航するナウ船で、常に大凡一万二〇〇〇〔単位はドゥカドであろう――引用者〕が送られる。三〇〇〇は日本のカーザのための必需品を補給するために、九〇〇〇は当市がわれわれに与える生糸で以て送られる。[53]」と記されており、また一六〇三年十一月十五日付マカオ発、ヴァリニャーノの総会長宛て書翰にも、「このシナから日本への航路で以て、常に一万二〇〇〇ドゥカドまでを送る必要がある。というのは、その内三〇〇〇は凡てのカーザのための通常の補給品をシナから日本に送るために必要であるし、九〇〇〇は、貿易のために送られる生糸を仕入れる資金である。[54]」と同じ趣旨のことが記述されている。このようにヴァリニャーノは、略〻同じ頃記述した書翰であるにも拘らず、毎年の貿易資金を一万二〇〇〇ドゥカドとも九〇〇〇ドゥカドとも記している。

一六〇五年三月九日付長崎発、ディオゴ・デ・メスキータの総会長宛ての書翰には次のように記述されている。

「今年、マカオからコレジオ及びイエズス会の大部分が集中している日本の長崎に貿易船が渡来したことによって、生糸その他の品物の形でもたらされた財とプロクラドールが用いた方策により、元手の外に二万五〇〇〇ドゥカド以上のかねを儲けた。[55]」

また同じメスキータはその翌日の一六〇五年三月十日付で長崎から総会長に宛てた書翰でも、その年の貿易の利益高について同じ数字を挙げている。

「今年、貿易船の渡来により、われわれは二、三カ月の内に、二万五〇〇〇ドゥカド以上儲けた。[56]」

右に引用した二通の書翰から、一六〇四年に渡来したポルトガル船によって、日本イエズス会は二万五〇〇〇ドゥカド以上という厖大な額の利益を上げたことが明らかになる。

一六〇九年末から翌一六一〇年初にかけて、大型ポルトガル船ノッサ・セニョーラ・ダ・グラッサ号が生糸取引を行う前に有馬軍の攻撃をうけて焼沈する事件が起るが、これにともない日本イエズス会は大きな損失を蒙った。即ち、一六一〇年三月十四日付長崎発、パシオの総会長補佐アントニオ・マスカレーニャス宛ての書翰には次のように見えている。

「上述の通りわれわれは三万ドゥカド以上の損害を蒙ったが、これはそれだけ投資したということではなく、異常な高値を呼んでいる今年の日本の相場で持ち分の生糸を売っていたら、これだけの利益を上げたに相違ないと思われる。生糸を仕入れた元手は一万二〇〇〇乃至一万三〇〇〇ドゥカドであったろう。[57]」

焼沈したノッサ・セニョーラ・ダ・グラッサ号に搭載していたイエズス会の生糸量については、ヴァレンティン・カルヴァーリョの「弁駁書」に、「過去二年間〔一六〇七・一六〇八年のこと――引用者〕日本航海が行われなかったので、われわれはアンドレ・ペッソアのナウ船に大凡一〇〇ピコの生糸を積載した。[58]」と記述されている。これら二点の史料から、イエズス会は同ナウ船を利用して一万二〇〇〇乃至一万三〇〇〇ドゥカドで仕入れた一〇〇ピコの生糸を日本にもたらしたが、これを積んだまま長崎で船が沈んでしまった。一六〇七年からポルトガル船による生糸取引が途絶えていたので、わが国において生糸の相場が異常な程騰貴しており、もしもこの一〇〇ピコの生糸を売りに出していたら四万二〇〇〇乃至四万三〇〇〇ドゥカド以上の売上げになり、三万ドゥカド以上の利益が期待出来たのに、これを失ってしまった、ということが判る。

一六一六年三月十八日付長崎発、スピノラの総会長宛て書翰に、「そのかねを生糸に替えれば、少なく共五〇パーセントの利益が得られるが、マカオで消費してしまうので、その儲けを失ってしまう。[59]」と記されており、生糸貿易の利益率が通常五〇パーセントであったことを伝えている。

一六一七年一月五日付マカオ発、ジェロニモ・ロドリーゲスの総会長宛て書翰には、「毎年われわれが必要とする一万クルザドを儲けるために、一万二〇〇〇乃至一万五〇〇〇屢々それ以上を危険にさらさなければならない。[60]」と記されている。余り明確な表現ではないが、通常一万二〇〇〇乃至一万五〇〇〇クルザドを貿易資金として、一万クルザドの利益を上げていたことを述べているものであろう。尤もこの数値は、同じ年に記述されたカルヴァーリョの「弁駁書」に見えているところにくらべ、誇張があると言わざるをえない。次に引用する同「弁駁書」に記されている一六一二年・一六一四年・一六一五年の利益高が信頼出来るものだということは旧稿で述べた通りである。[61]

そのカルヴァーリョの「弁駁書」(一六一七年)には、次のように記述されている。

「過去九年間に、われわれが何らかの利益を上げることの出来た航海は三回しかなかった。(中略)イエズス会はこのアルマサンに若干の生糸をもって参加する許可を得ており、またその必要があるが、これによって上述の三航海に全部で九三ピコ六二カテの生糸を搭載したにすぎなかった。これ以上仕入れる資力がなかったからである。しかもこの半分以上はシナの商人達から掛けで買ったものである。その資金は全部で一万〇六六六タエル、そこからの利益は三六七四であった。[62]」

ここで言及されている三航海とは、記されている夫々のカピタンの名前から一六一二年、一六一四年、及び一六一五年の航海であることが判る。従ってこの三年間におけるイエズス会の貿易による利益は全部で三六七四タエルにすぎなかったことになる。

一六一八年十月八日付長崎発、カルロ・スピノラの総会長宛ての書翰に次のような記事が見られる。

「従来われわれの生糸による儲けは、最低八〇パーセントであって、一〇〇パーセントの年もあり、また今年や他の年にも例があったが、一四〇パーセントに上ったこともある。従ってわれわれは少い時でも四二四〇ドゥカド[63]、通常は五三〇〇の利益を上げる[64]。」

一六一七年、一六一八年と二年つづけてポルトガル人は長崎貿易で異例な程有利な取引が出来、厖大な利益を上げたことは別稿で述べた通りである[65]。従ってイエズス会の利益も大きかったことが考えられる。但し、右のスピノラの書翰に記述されている内容で、今年即ち一六一八年の生糸貿易の利益率が一四〇パーセントであったという点は仮に事実としても、生糸の儲けは最低八〇パーセント、四二四〇ドゥカドであったとの記載は、前引カルヴァーリョの「弁駁書」の記事に照らして誇張だと言わねばならない。スピノラが故意に過大な数字を記した意図はどこにあったのか、といったような点については、既に旧稿で述べた通りである[66]。

「一六二〇年九月に作成された日本管区の第三カタログ」には次のように記されている。

「最後に日本管区には、一定ピコ数の生糸を仕入れて日本に送ることによって上る利益がある。これは教皇聖下と国王陛下の承認をうけたものである。これは非常に不確かである。何故なら、一、二年航海が行われなかったり、ナウ船がすべての積荷と共に沈没することが時折あるからである。しかし航海が行われる時は、これが日本イエズス会の主要な維持費になる。というのは貿易は当布教地の近くで収入になるからである。その利益は三〇〇〇クルザドに上ったり、四〇〇〇クルザドに上ったり、更に五〇〇〇クルザドに達したりする。ごく稀には更にそれを上廻ることさえある[67]。」

この記録には、生糸貿易の利益高は三〇〇〇乃至五〇〇〇クルザドで、稀にはそれを上廻った、と記されている。

一六二四年一月二十八日付マカオ発、ジョアン・ロドリーゲスの総会長宛て書翰に次のように記述されている。

「パードレ・セバスチアン・ヴィエイラが私にプロクラドール職を譲った時、私が同パードレから引ついだ収入は二万二九二一に上った。この内、一六二二年十二月一日から一六二三年同日までの一年間に、一万〇三〇九タエルを消費した。当管区は日本、マカオとコチンシナのコレジオ、シナ布教にこれだけ消費した。収入からこれだけ差引いて、一万二六一二タエル残っている。この内われわれは一万〇二二八タエルを生糸と麝香に投資して日本に送った。その利益は両方共六〇パーセントなので、六〇〇〇タエル以上になる。(68)」

即ち、一六二三年夏には、一万〇二二八タエルを投じて仕入れた生糸と麝香をマカオから日本に送ったこと、その利益として双方共六〇パーセント、合計六〇〇〇タエル以上を見込んでいたことが判る。

一六二五年十一月十六日付日本発、フランシスコ・パシェコ外八人のパードレが連署した総会長宛ての書翰には次のように記述されている。

「五〇ピコの生糸からの利益は非常に不確かであって、欠航することもあれば、船が沈没して資本と利益を失ってしまうこともある。またシナの商人が商品を持ち逃げしてしまうこともある。例えば、今年彼等は四五ピコの生糸を持って逃げてしまったが、これだけの生糸はマカオで六〇〇〇クルザド、日本では九〇〇〇クルザドに上るものである。(69)」

勿論これは利益を上げた実績を伝える史料ではない。ただ、日本イエズス会の分の四五ピコの生糸を奪われてしまったことに関して、それがマカオで六〇〇〇クルザド、日本では九〇〇〇クルザドに上るものであった、との記事から、一六二五年当時のマカオと日本における生糸の相場と、その年日本イエズス会は生糸貿易で三〇〇〇クルザドの利益を得ることを見込んでいたにも拘らず、これを失ってしまった、ということが判る。

前引アジュダ図書館架蔵の一六三五年のイエズス会史料には、生糸貿易が危険でしかも利益が乏しいことを論じている中で、「この二年間に三五〇〇〔前後の記事から通貨単位はパタカだと思う――引用者〕儲けたにすぎなかった。[70]」と記されている。

最後に、年代が不明の史料を付記しておくが、アジュダ図書館架蔵の「日本の不動産のカタログ」と題する記録に次のように記述されている。

「航海が行われる年に、われわれが許可をうけている五〇ピコの生糸を搭載すると、イエズス会はこの五〇ピコから大凡四〇〇二タエルの利益を上げることが出来るであろう。[71]」

次はローマ・イエズス会文書館架蔵の「貿易について」という題が付されている記録であるが、そこには次のように記述されている。

「五三ピコの生糸の外にも、何らかの商品を日本の資金で仕入れてマカオから送るのはやむをえないことのように思われる。何故ならそれだけの生糸からの利益は、多くても三〇〇〇クルザドだからである。[72]」

日本管区が生糸以外の商品を商うことの許可を総会長に求めた文書〔作成年代は不明であるが、「一六〇六年以後の九年間に……」といった記述が見られるので、一六一五年頃のものであろう。〕には、次のように記されている。

「五〇ピコへの投資とその経費は、通常毎年次の通りである。ピコ当り一〇〇ドゥカドとして、五〇ピコの生糸は五〇〇〇ドゥカド。非常に稀であるが、五〇パーセントの利益が二五〇〇。合計七五〇〇。税金と運賃として一四・五パーセントの割合で九一七を支払う〔この点、七五〇〇の一四・五パーセントは九一七にはならず、いかなる計算をしたものか不明である――引用者〕。資産と利益は合計六五八三である。[73]」

右の記事は計算の基準が不明確であるが、五〇ピコの生糸の仕入れに五〇〇〇ドゥカドを投資し、その利益は二五〇〇ドゥカド、税と運賃を差引いた純益は一五八三ドゥカドであった、ということを伝えているものであろう。

イエズス会と托鉢修道会との抗争に関する記録の一つで、托鉢修道会側が国王に提出したイエズス会非難の文書に対する論駁の文書（マドリード政庁駐在プロクラドール、アントニオ・コラソの記述したもの[74]故、一六〇一―一〇又は一一年[75]の記録である。）に、ヴァリニャーノが第一回日本巡察に先立って、マカオで、マカオの対日生糸貿易量一六〇〇ピコの内、四〇〇クルザドの資金と引替に五〇ピコをイエズス会の分とし、そこからの収益として一六〇〇クルザドを日本イエズス会に与える旨、市と契約を結んだことが記述されている[76]。

四

以上引用してきた史料に記されている数字に基づいて、日本イエズス会の年間貿易資金及び同利益高を次に表示してみたい。尚、各史料に見えている数値が何時頃の利益を表わしているのかという問題であるが、何年の利益高とはっきり断わってある史料はむしろ少なく、多くは「毎年……」とか「通常……」として利益高を挙げている。以下表示するに当っては、そのような史料の記載に従ったが、ただ史料に断わりがなくても、明らかに通常の利益額を記したものであると判断出来るものについては、そのように記した。また、利益を上げた実績ではなく、見込んだ利益を失った、というものについては括弧に入れた。

史料	時期	年間の貿易資金	利益
1575. 10. 2 カブラル	毎年		4,000 ドゥカド
1578. 10. 15 カブラル	1570 年以前 1571 年以後	12,000–15,000 クルザド 8,000–10,000 クルザド以下	

1578.12. 1	ヴァリニャーノ	通常	8,000–10,000 クルザド	
1579.12. 5	ヴァリニャーノ	〃	15,000 スクード	4,000 スクード以上
1579.12.14	メシア	1579年		10,000 ドゥカドの見込
1580. 8	ヴァリニャーノ「インドのスマリオ」	毎年		4,000 クルザド
1580.10	豊後協議会記録	通常	10,000 クルザド以上	
1583. 1.29	コエリョ	〃		7,000–8,000 クルザドに達せず
1583.10. 5	カブラル	通常 1583年		6,000–7,000 タエル 非公認の取引により3,000–4,000クルザドの利益もあり
1583	ヴァリニャーノ「日本のスマリオ」	通常	10,000–12,000 ドゥカド	5,000–6,000 ドゥカド
1586	要録	毎年		3,000 クルザド
1587.11.27	ヴァリニャーノ	〃		3,000 クルザド
1588.10.18	ヴァリニャーノ	〃		4,000 クルザド
1589. 7.23	ヴァリニャーノ	通常		2,000 ドゥカド
1590. 8	全体協議会記録	毎年	7,000– 9,000 クルザド	3,000 クルザド以下
1592. 3.19	ゴメス	通常		4,000 タエル以上
1593. 9.25	ゴメス	〃		2,000–3,000 タエル以上
1593.12.15(又は25)	カブラル	毎年		6,000–7,000 パルダオ (=3,000–3,500 タエル)
1594. 2. 8	ゴメス	1594年		3,000 タエル余の見込
1594.10.17	パシオ	通常		4,000 スクード
1595.11.23	ヴァリニャーノ	〃		3,000 ドゥカド以下
1596.12.17	カブラル	毎年		2,000 タエル
1598. 1	ヴァリニャーノ「弁駁書」	通常		1,600 ドゥカド

史料	時期	年間の貿易資金	利益
1598. 3. 1 モンティーリャ	1583年又は'84年		5,000 ドゥカド以上(?)
(1602. 1.25 スピノラ	1601年		7,000 クルザド)
1603.10. 6 ヴァリニャーノ	毎年	12,000 ドゥカド迄	
1603.10. 8 ヴァリニャーノ	通常	9,000 ドゥカド	
1603.11.15 ヴァリニャーノ	〃	9,000 ドゥカド	
1605. 3. 9 メスキータ	1605年		25,000 ドゥカド以上
1605. 3.10 メスキータ	1605年		25,000 ドゥカド以上
(1610. 3.14 パシオ	1610年	12,000-13,000 ドゥカド	30,000 ドゥカド以上)
1617. 1. 5 ジェロニモ・ロドリーゲス	通常	12,000-15,000 クルザド	10,000 クルザド
1617 カルヴァーリョ「弁駁書」	1612年 1614年 1615年	合計 10,666 タエル	3,674 タエル
1618.10. 8 スピノラ	通常		5,300 ドゥカド
1620. 9 「カタログ」	〃		3,000-5,000 クルザド以上
1624. 1.28 ジョアン・ロドリーゲス	1623年	10,228 タエル	6,000 タエル以上の見込
(1625.11.16 パシェコ外8人	1625年	6,000 クルザド	3,000 クルザド)
1635 アジュダ図書館架蔵イエズス会文書	1634年 1635年		合計 3,500 パタカ
「日本の不動産のカタログ」	不明		4,002 タエル
「貿易について」	〃		3,000 クルザド以下
1615年頃の一文書	毎年	5,000 ドゥカド	1,583 ドゥカド(純益)
托鉢修道会に対する論駁文書	1579年当時	4,000 クルザド	1,600 クルザド

五

以上述べてきたところから、いくつかの点を指摘してむすびとしたい。

一、利益高として記されている数字が余りにも区々である。同じ頃のいくつかの史料に、「毎年」とか「通常」とか断わり乍ら、このように区々の利益高が挙げてあるのは一体何故なのか理解に苦しむが、強いて指摘すると、主な理由として次の二つが考えられるのではないであろうか。第一は、記述に作為が加えられたのではないか、という点である。これについては、ヴァリニャーノの「弁駁書」や一六一八年十月八日付のスピノラの書翰の例のように、その可能性が強いものについてはその旨指摘しておいたが、他にもいろいろな思惑から数字を加減して記載した例がないとは言えない。但し、各史料に見られる数値について、いちいちその信憑性を明らかにすることは困難である。また、故意に作為を加えたものではないにしても、一五九八年三月一日付のフランシスコ会士モンティーリャの文書のように、誤解に基づいたものであろうと思われる記述もある。第二の理由としては、既に述べたように、イエズス会の貿易利益は、アルマサンを通してわが国で一括取引をしたマカオ側の売上げ金の中から配当金を受取るだけではなく、イエズス会が別途に日本国内で独自の販売ルートでもって生糸等を売って利益を上げる、ということも行われていた。そしてこの方は少しでも有利な商いを図って少額ずつ販売することも行われたであろう。そのような場合、各年の利益高として正確な数値を大勢の在日イエズス会士が一様につかむことが出来たかどうか疑問だと思う。このようなことも、各史料に区々の数字が挙げてある一つの理由として考えに入れなければならないと思う。

二、ここで引用してきた史料による限り、最高の利益を上げたのは一六〇五年——即ち、一六〇四年夏に渡来したポルトガル船によるもの——の二万五〇〇〇ドゥカド以上という金額である。一方最低は、一六三四年と一六三五年の二年を合計した三五〇〇パタカであろうか。また利益率については、最高は、これは予想利益を失ってしまったケースではあるが、一六一〇年——即ち、一六〇九年夏に渡来したポルトガル船によるもの——には、実に二三〇乃至二五〇パーセントの利益率を見込むことが出来た。一方低い例では、一六三四年などは僅か九パーセントであったという。しかしこのような言わば特殊な事例を別にすれば、概ね利益高は四〇〇〇乃至八〇〇〇クルザド、利益率は三〇乃至五〇パーセント又はそれ以上といったところであったようである。

三、日本イエズス会の年間経費については本書第二部第一章で取上げたが、その大凡の金額を記してみると、一五七〇年代までは六〇〇〇クルザド以下、その後一五八七年の伴天連追放令発布までは一万—一万五〇〇〇クルザド、その後の数年は八〇〇〇—一万クルザド、一五九〇年代後半から江戸幕府による禁教令発布頃までは一万二〇〇〇—一万六〇〇〇クルザド、その後は一万クルザド前後であったようである。そうだとすると、欠航や遭難の支障がなく貿易が行われれば、貿易利益は、年間経費の大凡三分の二又はそれ以上をまかなうことの出来る非常に重要な収入源であったと言えよう。

（1）高瀬弘一郎「キリシタン教会の貿易活動——托鉢修道会の場合について」（『史学』四十八巻三号）。
（2）ここに記した通貨換算率の典拠は、筆者の「キリシタン時代インドにおける日本イエズス会の資産について」下（『史学』四十六巻二号、本書付録）の中に史料を挙げておいたので参照していただきたい。
（3）Archivum Romanum Societatis Iesu, Jap. Sin. 7–I, f. 23.
（4）Jap. Sin. 7–III, f. 78v.
（5）Jap. Sin. 7–III, f. 88v.
（6）Jap. Sin. 7–I, ff. 321v., 322.

(7) Jap. Sin. 8–I, f. 203.

(8) Jap. Sin. 8–I, f. 215.

(9) Jap. Sin. 8–I, f. 240, 240v.

(10) 高瀬弘一郎「日本イエズス会の生糸貿易について」(『キリシタン研究』十三輯)一六二—一六七頁。

(11) 同右、一五一・一五二・一六八・一七三・一七四・一八四頁。

(12) 一五八一年十月十三日付、コエリョの総会長宛ての書翰には、「商人達は、シナに戻る時迄に売れなかった生糸の中から一定量をわれわれに譲った。これはシナでの買入れ価格よりも少し高値でわれわれに与える。」(Jap. Sin. 9–I, f. 41v. 一五八二年一月十二日付、コエリョの総会長宛ての書翰にも同じ文章が記されている。Jap. Sin. 9–I, f. 76v.)と記述されている。シナでの買入れ価格より少し高値で日本でイエズス会に譲った、というのは、運賃と税を加算した額のことを言っているものと思う。

(13) 高瀬弘一郎「教会史料を通してみた糸割符」(『社会経済史学』三十七巻五号)一七・一八頁。同「十七世紀初頭におけるわが国のスペイン貿易について」(『史学』四十五巻一号)一六—一八・二七頁。

(14) 高瀬弘一郎「教会史料を通してみた糸割符」八・一一頁。

(15) Jap. Sin. 8–I, f. 249.

(16) Alexandro Valignano, Sumario de las cosas que perteneçen a la Provincia de la Yndia Oriental y al govierno della. (António da Silva Rego, *Documentação para a História das Missões do Padroado Português do Oriente, Índia*, 12.º vol., Lisboa, 1958, p. 543.)
尚ヴィッキ神父によると、この「インドのスマリオ」は四種伝存しているとのことであるが、この内シルヴァ・レーゴ神父が底本とした大英博物館本、及びローマ・イエズス会文書館 Goa 7, ff. 1–77 bv. の稿本には、この貿易利益額が四〇〇〇クルザドとあるのに対し、ヴィッキ神父が底本とした Goa 6, ff. 1–59 bv. の稿本にはこれが六〇〇〇クルザドと記されている(J. Wicki, *Documenta Indica*, XIII, Romae, 1975, pp. 135–137, 223.)。前引一五七九年十二月五日付ヴァリニャーノの書翰の記事と対比させ、ここでは四〇〇〇クルザドの額をとっておく。

(17) Jap. Sin. 2, f. 23.

(18) Jap. Sin. 2, f. 61. (A. Valignano & J. L. Alvarez-Taladriz, *Sumario de las cosas de Japón*, Tokyo, 1954, p. 332.)
(19) Jap. Sin. 9–I, f. 133v.
(20) Jap. Sin. 9–II, f. 167v.
(21) Jap. Sin. 9–II, f. 168.
(22) A. Valignano & J. L. Alvarez-Taladriz, *Sumario*, pp. 310, 311.（松田毅一他訳『日本巡察記』平凡社、昭和四十八年、一四一・一四二頁を参照した）。
(23) A. Valignano & J. L. Alvarez-Taladriz, *Sumario*, pp. 335–337.（松田毅一他訳、前掲書、一四九・一五〇頁を参照した）。
(24) A. Valignano & J. L. Alvarez-Taladriz, *Sumario*, p. 336, n. 14.
(25) J. F. Schütte, *Monumenta Historica Japoniae* I, Romae, 1975, p. 198.
(26) Jap. Sin. 10–II, f. 289v. (J. F. Schütte, *Introductio ad Historiam Societatis Jesu in Japonia*, Romae, 1968, p. 110.)
(27) Jap. Sin. 10–II, f. 336.
(28) Jap. Sin. 11–I, f. 84.
(29) A. Valignano & J. L. Alvarez-Taladriz, *Adiciones del Sumario de Japón*, Apéndice I, Segunda Consulta de Japón, pp. 608, 609.
(30) 金塊 pan de oro について、一六一〇年三月十日付マカオ発、総会長宛ての、セバスチアン・ヴィエイラ外七人のパードレが連署した「われわれイエズス会士が行なっているシナ＝日本間の貿易に関する報告」と題する文書には、次のように記されている。「当地で金塊 pão de ouro と呼ぶものは、われわれが用いている重量で一二・五オンスであり、その金塊は当シナで一個七〇クルザド、時には八〇から八五クルザドする。即ちその価格は六〇から九〇クルザドの間である。というのは、これも他の商品と同様、価格が上下するからである。その金を日本で売ると、大凡五〇乃至六〇パーセントの利益がえられるようである。」(Jap. Sin. 45–I, f. 235v.)
(31) Jap. Sin. 12–I, f. 104.
(32) Jap. Sin. 11–II, f. 298v.
(33) Jap. Sin. 12–I, f. 104.

(34) このカブラルの書翰は、Archivum Romanum Societatis Iesu, Goa 14, ff. 146, 146v., 149–151v. 及び Goa 14, ff. 180–183. に同文のものが二通残存しているが、日付は、前者は一五九三年十二月十五日、後者は一五九三年十二月二十五日となっている。

(35) Goa 14, ff. 150, 182.

(36) Jap. Sin. 12–I, f. 168, 168v.

(37) Jap. Sin. 12–II, f. 198.

(38) Jap. Sin. 12–II, f. 316v.

(39) J. F. Schütte, *Introductio*, pp. 317, 321.

(40) 高瀬弘一郎「キリシタン時代インドにおける日本イエズス会の資産について」上(『史学』四十六巻一号)五〇頁、本書第二部第五章四五九・四六〇頁。

(41) Jap. Sin. 12–II, f. 317.

(42) Goa 32, ff. 583v., 584.

(43) Alexandre Valignano, Apología en la qual se responde a diversas calumnias que se escrivieron contra los Padres de la Comp.ª de Jesús de Jappón y de la China. Jap. Sin. 41, f. 80v. Biblioteca da Ajuda, 49–IV–58, f. 87v.

(44) Jap. Sin. 17, ff. 216, 217.

(45) Jap. Sin. 45–I, f. 235.

(46) Biblioteca da Ajuda, 49–V–11, f. 491v.（東大史料編纂所架蔵の複製写真による）。

(47) Jap. Sin. 45–I, f. 235.

(48) Lorenzo Pérez, "Memoriales y otros documentos del P. Francisco de Montilla", *Archivum Franciscanum Historicum*, XVI, Firenze, 1923, p. 406.

(49) *Ibid.*, XIII, Firenze, 1920, pp. 185, 186.

(50) Jap. Sin. 36, f. 147.

(51) Jap. Sin. 14–I, ff. 137v., 138. (J. L. Alvarez-Taladriz, "Un Documento de sobre el Contrato de Armação de la Nao de

Trato entre Macao y Nagasaki"，『天理大学学報』十一巻一号、九・一〇頁。野間一正訳「マカオ・長崎間貿易船のアルマサン契約に関する一六一〇年の資料」『キリシタン研究』十二輯所収、三六九頁も参照した)。

(52) Jap. Sin. 14–I, f. 138.

(53) Jap. Sin. 14–I, f. 131v.

(54) Jap. Sin. 14–I, f. 146.

(55) Jap. Sin. 36, f. 3.

(56) Jap. Sin. 36, f. 6.

(57) Jap. Sin. 14–II, f. 335.

(58) Valentim Carvalho, Apologia e reposta a hum tratado feito pello P.e Frei Sebastião de S. Pedro da Ordem de S. Fr.co q. se intitula recopilação das causas por q. o Emperador de Japão desterrou de seus reynos todos os padres, núm. 32. Biblioteca Nazionale Centrale Vittorio Emanuele II, Fondo Gesuìtico 1469.

(59) Jap. Sin. 36, f. 179v.

(60) Jap. Sin. 17, f. 56.

(61) 高瀬弘一郎「日本イエズス会の生糸貿易について」(前掲)二一六・二一七頁。

(62) V. Carvalho, Apologia, núms. 31, 32.

(63) このスピノラの書翰は、Jap. Sin. 36, ff. 193–194. に第一便書翰、Jap. Sin. 36, ff. 191–192. に第三便書翰が保存されている。そしてこの利益高が第一便書翰には「四二四〇ドゥカド」(f. 193v.)とあるのに対し、第三便書翰には「四二四〇タエル」(f. 191v.)となっている。しかし、この書翰の随処に記されている通貨の単位がドゥカドで統一されているのに、ここだけタエルで表わされているのは奇異に思われるので、ここは矢張り第一便書翰の通り「四二四〇ドゥカド」が正しいのではないかと思う。

(64) Jap. Sin. 36, f. 193v.

(65) 高瀬弘一郎「江戸幕府のキリシタン禁教政策と教会財政」(『史学』四十七巻一・二号)一九・二〇頁、本書第二部第十章六四五・六四六頁。

(66) 高瀬弘一郎「日本イエズス会の生糸貿易について」二一八—二二二頁。

(67) Jap. Sin. 25, f. 125v. 尚この史料は Léon Pagés, *Histoire de la Religion Chrétienne au Japon*, première partie, Paris, 1869, p. 461. にフランス語に訳されて掲載されている(吉田小五郎訳『日本切支丹宗門史』中、一六六頁)。

(68) Biblioteca da Ajuda, 49-V-6, ff. 154v., 155. (東大史料編纂所架蔵の複製写真による)。

(69) Jap. Sin. 34, f. 161.

(70) Biblioteca da Ajuda, 49-V-11, f. 492. (東大史料編纂所架蔵の複製写真による)。

(71) Biblioteca da Ajuda, 49-IV-66, f. 96v. (東大史料編纂所架蔵の複製写真による)。

(72) Archivum Romanum Societatis Iesu, Fondo Gesuitico 721-II-7.

(73) Fondo Gesuitico 721-II-7.

(74) J. F. Schütte, *Documentos sobre el Japón conservados en la Colección《Cortes》de la Real Academia de la Historia*, Madrid, 1961, p. 79.

(75) *Ibid.*, pp. 8, 12, 16.

(76) Real Academia de la Historia, Cortes 565, ff. 291, 296.

第九章　キリシタン宣教師の非公認の商業活動

一

キリシタン布教を支えた経済基盤を明らかにすることは、布教事業の性格を解明するための有力な手段であり、興味深い研究テーマである。イエズス会士はわが国で布教をすすめるための経費をいろいろな方法で調達したが、この内不定期に行われた喜捨を別にして、定収入のみを問題にすると、それはポルトガル国王が支給する年金、ローマ教皇が支給する年金、インド、マラッカ、マカオ、及び日本に所有した不動産からの収入、そしてイエズス会士がマカオと日本の間で行なった貿易を主とする商業活動の収益等からなっていた。ポルトガル国王は布教保護権の制度により、日本教会の保護者としてこれを経済的に支える義務を負っていた筈であるが、実際には、国王が支給したかねは、終始キリシタン教会の全経費にくらべまことに微々たるものであった。このため日本イエズス会は独自の才覚でもって収入の道を考えなければならなかった。イエズス会が各地で不動産を取得したことや、貿易を行なったことなどは、まさにそのためのものである。国王はこれらの収入の道を日本イエズス会に開くという形で、極めて間接的且つ不充分乍ら日本教会の保護者としての義務を辛うじて果していたと言えよう。

日本教会の財源を考える場合、最も重要なものは貿易収入である。貿易収入が他のいろいろな収入にくらべて多かったこと許りでなく、これこそキリシタン布教を性格づけるものであったと言えるからである。イエズス会がポルトガルの対日貿易に深く関与していたことから、キリシタン史上あるいは日葡交渉史上さまざまな重要問題が派生しており、この点を無視しては、わが国の統一政権がとった対外政策や対教会政策も充分に理解することは出来ない、と言わなければならない。

ところで、日本イエズス会の商業活動といっても、その内容はいろいろな角度から検討しなければならない。今これを、貿易を行なった主体という観点から見ると、日本イエズス会がその最高責任者の管理の下に行なった公認の貿易と、在日イエズス会士が個人的に行なった非公認の商業活動とに分けることが出来る。前者は、日本イエズス会の管区長なり準管区長なりの責任の下に、長崎に駐在する財務担当パードレであるプロクラドールによって行われたものである。またこれは、イエズス会がマカオ市との間で結んだ契約に基づいて、マカオ＝長崎間のポルトガル人の対日貿易に参加する形で行われた。日本イエズス会の全体の必要経費のかなりな部分をまかなったのは、この種の、イエズス会の公認の貿易であった[1]。しかし、イエズス会の商業活動はこれだけではなかった。即ち、日本イエズス会全体の経費をまかなう収入を図って(準)管区長＝プロクラドールの管理下で行われたものではなく、在日イエズス会士の個人又はその駐在所たるカーザが、独自に個人的且つ非公認の貿易及び国内での商業活動を行なって利益を上げていた。この個人的な商業活動については史料も少なく、その詳しい実態をつかむことは困難であるが、これまでに判ったところを次に述べてみたい。

二

在日イエズス会士の個人的な貿易がいつ頃から始まったものか、正確に知ることは出来ないが、一五七〇年頃から行われるようになったようである。フランシスコ・カブラルは、一五八三年十月五日付マカオ発のイエズス会総会長宛て書翰の中で、マカオと結んだ契約以外にイエズス会士が個人的に行なった商業行為について、次のように記述している。

「既に今年、何人かのパードレが個人で以て、貧者救済のため及び教会修理のためと言って、或いは二〇ピコ、或いは一〇ピコと生糸を入手した。その生糸は直ちにその地で転売されたが、これなども非常に悪いことだと思う。また何人かのパードレは、これと同じ口実で、当地で投資するためにいくらかのかねを送ってきた。これは少額ではあったが、もしも初期の内に防いでおかないと、これが嵩じて非常に大きな躓きとなる者も出て来るであろう。というのは一四、五年前に私が日本に渡った時には、何人かの者が、それがよいことであるという口実で以てこれを始め、私はその少数のパードレから或いは一〇〇〇エスクード程、或いは五〇〇程を受け取った。また私が日本から送り出したパードレ・コスタ——巡察師が彼のことを追放した——からもかなりな額のかねを受け取った。(2)」

即ち、カブラルが日本に渡来した一五七〇年頃から、これが行われるようになったと言う。ただ右の記事から、その場合も利益金は布教長であるカブラル自身が管理したようである。その頃はまだ日本イエズス会はマカオと貿易上の契約を結んでおらず——契約は一五七九年——従って厳密な意味で後のような公認・非公認の区別は出来ないとも言えよう。いずれにしてもその当初はまだこのような商業行為も少なかったと言うが、それは当時は日本イエズス会の規模が小さかったので当然のことである。これが、一五七九年にヴァリニャーノが渡来して教会組織を拡充したのにともない、この種の経済活動も増大していったことがうかがえる。

ヴァリニャーノは一五八一年十一月に作成した在日パードレのための規則の中で、次のようにこの種の商業行為を禁止している。

「これらのレジデンシアに分散して暮しているために時と共に生じうる弊害を凡て避けるために、まず第一に、上述のレジデンシア又はその他のカーザにいる者は何人も、いかなる口実の下でも、次のような商業行為に類する取引を行うことは、決して許されてはならない。即ち、仮令他の品物を買うためであっても、売るためのものを、何であれ、当地からシナに送ったり、シナから送ってこさせたりしてはならない。[3]」

ヴァリニャーノは、日本準管区長の責任で行う公認の貿易については、別に一五八〇年六月二十四日付の日本の上長のための規則の中で指示を与えており[4]、前引の在日パードレのための規則で禁止されている事柄は、あくまでイエズス会士個人の商業行為であった。このような禁止措置がとられたこと自体、そこで問題になっているような行為が行われていたことを物語っているものであろう。

このヴァリニャーノの規則によって、パードレの個人的な貿易活動が簡単に絶たれたわけでなかったことは言うまでもない。カブラルはこのような日本イエズス会の風潮を憂慮して、前引の書翰の中でさらに次のように記述している。

「喜捨を行なったり、教会を建てたり、その他敬虔ないかなる行為のためであろうとも、何人も個人としてかねをシナに送ったり、同地内で送金したりして、自分自身のためであろうと、他人のためであろうと、いかなる種類の不正な商いをも行なってはならない旨、猊下が命ずるのがよいと思う。なぜなら、このような行為に門戸を開いてしまうと、それを閉じるのは困難であるし、またそれまでに既にそのために多くの弊害が生じていることであろう。また、他に対策がない間は、日本の上長とプロクラドールだけがこの貿易に従事すれば充分だと思う[5]。」

カブラルはこのように、必要最小限度で貿易をつづけることは認めるものの、それはあくまで日本準管区長とプロクラドールの責任と管理の下に行うものでなければならないとし、それ以外の、イエズス会士の個人的な商業活動はあってはならないので、総会長がそれに対して禁止措置をとることを要求している。プロクラドールというのは、長崎に配置された日本イエズス会の財務担当者である。彼は日本イエズス会の財務全般を管轄する役目であったが、収入の点について言えば、プロクラドールが管理する収入方法として最も重要なものは貿易であった。プロクラドールがこの貿易をどのような仕法で行うべきかといったようなことについては、ヴァリニャーノが一五九一年に作成した「日本のプロクラドールの規則」(6)の中で規定されている。カブラルは、このようなプロクラドールが日本準管区長の指揮下で行う公認の貿易——それは基本的にはマカオと結んだ契約に基づくものであったが——以外の商業行為は禁止しなければならない、と訴えているのである。日本教界の拡大にともない、国内各地の会員の間で個人的に生糸等の商いに従事する風潮が激しくなったために、その利益金の用途が何であれ、これが嵩じて将来大きな弊害となることをカブラルは憂慮した。ヴァリニャーノは、一五八五年に「〔マカオとの契約に基づいてプロクラドールが行う貿易以外は〕イエズス会士は何人も貿易も悪徳商売もしてはならない。(7)」と命じているが、これも、日本イエズス会の貿易活動を、ヴァリニャーノ自身が一五七九年にマカオと結んだ契約に基づくもののみに限定して、これを秩序あるものにしようという彼の考えを表明したものであろう。また同時に、このような指令が発せられたこと自体、当時も在日イエズス会士の個人的な貿易活動が行われていたことを示していると言えよう。

恐らく前引のカブラルの書翰等によって、在日イエズス会士の商業行為の実態を知ったローマのイエズス会総会長アクワヴィーヴァは、早速一五八五年十二月二十四日付でヴァリニャーノ——当時インド管区長——に宛て、次のような指令を与えている。

「何人かのイエズス会士が個人で、ピコ〔ピコというのは重量の単位で約六〇キログラムに相当するが、ここでは「何ピコかの生糸」という意味である——引用者〕に投資するためにシナにかねを送ったということ、そしてこのことやその他のことのために、イエズス会士の間に急速に私有の観念が芽生えつつある、ということが、日本からの報告で判る。尊師は、教会にとって必要だという口実やその他いかなる口実の下でも、こういった行為やその他の種類の取引を、何人に対しても許可してはならない。(8)」

一五八五年には、ローマ教皇が日本イエズス会に支給する年金が、それ迄の四〇〇〇ドゥカドから六〇〇〇ドゥカドに増額されたことでもあり、総会長は同じ一五八五年十二月二十四日付でヴァリニャーノに宛てた別の指令で、日本イエズス会の公認の貿易活動も一切禁止している(9)(尤も総会長は一五八七年十二月二十八日付でヴァリニャーノに宛てた指令によってこれを再び許可している)(10)。準管区長の責任で行われてきた公認の貿易も、もはや不要だとして禁止されたのであるから、個人的な商業行為が禁止されたのは当然のことであろう。そして、これに関するローマへの情報としては、やはりカブラルの書翰が大きな影響を与えたものと思う。ところが、ヴァリニャーノは、この種の商業活動を否定する点でカブラルと同じ考え方であった筈であるにも拘らず、カブラルからの通報によって、前記一五八五年十二月二十四日付の総会長の禁令が出されたことに対して、こだわりを持ったようである。彼は一五八六年十二月二十日付でコチンから総会長に宛て、次のようなまことに奇妙な書翰を送っている。

「この同じ書翰〔凡て一五八五年十二月二十四日付の総会長のヴァリニャーノ宛て書翰が一五通も届いた旨が、前の部分に記述されており(11)、その内の一通のことである――引用者〕の中で猊下は、何人かのイエズス会士が個人でもってシナで何ピコかの生糸に投資するために日本からかねを送っているのが判った、と記述している。これに対して私は次のように申し上げる。このようなことは行われていないし、いかなる仕法であれ個人の貿易は厳禁されているということを、猊下は確信していただきたい。またすべての上長に対しても、最高の上長の命令によって行うのが許されている常の貿易の外は禁止されている。これは、私が日本において日本準管区長、その他の上長達、及びレジデンシアのパードレ達に書き残してきた各規則を見れば判ることである。これらの規則は、既に猊下に書き送った。このようなことが行われていないことは確かなのに、記述する者達は往々にして自分が記す事柄をよく考えず、偽りの報告や自分の浅薄な知識だけによって簡単に動かされてしまう。[12]」

ここでヴァリニャーノは、自分が一五八一年十一月に作成した在日パードレのための規則の中でパードレの個人的な貿易活動を禁じたので、その後はもうこういった取引は行われていない、と断言している。そしてその後もこれが行われている旨ローマに報ずる者は、詳しい実情を知らずにただ偽りの情報に基づいて記述しているにすぎない、とまで言っている。恐らくカブラル等のことを想定しているものであろうが、その方面からの情報によって総会長から禁令が出されたことに対して、ヴァリニャーノはこのように露骨な反撥を示している。ヴァリニャーノは、更に翌一五八七年十一月二十日付でゴアから総会長に書き送った書翰の中でも、「〔五〇ピコの生糸を扱う公認の貿易以外の〕その他の貿易は、昨年書き送った通り凡て廃止されている。[13]」と、これを再確認している。しかし、一五八一年十一月にヴァリニャーノが規則を定めた後も、依然として、そこで禁ぜられているような商業活動が行われていたことは、前述の通り、彼自身一五八五年にこれを再び禁止していることからも明らかである。

三

この種の貿易は、その後もつづいて行われている。一六〇五年三月九日付長崎発、ディオゴ・デ・メスキータの総会長宛ての書翰に次のような記事が見られる。

「この貿易は非常に好んで行われており、イエズス会の「大きな山」〔原語は este mõte mayor. この言葉の意味ははっきりしないが、イエズス会の資産・金庫などの意味で日本で用いられていたようである――引用者〕――あえて猊下にこう呼びたい――のみでなく、イエズス会の個々の会員もこの方法を用いている。即ち、上長の許可を受ける者も、自分独自の判断のみの者もいるが、手に入ったいくらかのかねをいろいろな所に送る。貧者を救うためとか、建築やカーザのためとかいった口実の下にこれを行う。このようにして、清貧の戒め、われわれが神に対して抱くべき信頼、われわれの日本人イルマンの天性が損われつつある。[14]」

貿易の利益が余りに大きく魅力的なので、日本イエズス会公認の貿易の外に、会員個人が別途に資金を送って取引をしていること、そしてそのために日本教会に大きな弊害が生じていることを訴えている。メスキータは、日本イエズス会の貿易活動は公認のものも一切廃止すべきであるという意見の持ち主であるが、[15]それは兎に角、右の書翰を読むと、曾て一五八〇年代の初めにカブラルが、この個人的な商業行為による弊害を総会長に訴えて、それに対する禁止措置を求めた書翰の記事と、その趣旨が同じであることが判る。ヴァリニャーノから度々禁令が出ていたにも拘らず、しかも総会長からもこれを禁ずるようにとの意志表示がなされていたにも拘らず、十七世紀に入っても依然として実態は変っていなかったと言わなければならない。そしてこれにともなう弊害がイエズス会の内部で累積されていったに相違ない。当然このような風潮を批判する声が教会内外で高まりを見せたことであろう。このような動向を反映したものであろうが、巡察師フランチェスコ・パシオは一六一二年に作成した在日パードレのための服務規定の中で次のように定めた。

「仮令貧者の救済・教会の建設等のためであっても、何人も商業行為に類することはいかなる種類のものも行なってはならない。このため、次のことを了解するように。即ち、何物も売る目的で買ってはならないし、同じ目的のために、綿織物や砂糖その他の補給品を余分に入手してはならないし、さらに売ったり投資したりする目的でイエズス会のかねや他の財を或る場所から別の場所に送り、これを危険にさらしてはならない。これが私有を表わすからであり、また商業行為だからである。この問題は、これまでマカオやヨーロッパで上っている非難の声に対して充分配慮がなされてこなかったが、非常に重大なので、これを然るべく改善するために、上述のことをすべて文字通り厳正に遵守するよう聖服従の義務により命ずる。[16]」

このように、パシオは在日イエズス会士の個人的な商業行為を全面的に禁止した。それが商業行為であって私有の観念を生むものだからである、という理由を挙げているが、これは、従来からこの種の活動を批判する際に常に指摘されていることである。また、従来はマカオとヨーロッパにおいてこれに対して生じた不満や批判意見に配慮をしてこなかった、ということも記述されている。マカオにおいてこれが問題になっていたことは言うまでもないが、ここでヨーロッパというのは、主としてスペイン＝ポルトガル国王を初めとする政庁関係者のことを指しているものと思う。そこで、パシオが先の服務規定を作成する以前に、日本イエズス会士の貿易活動について本国国王がいかなる意向を示したか述べてみたい。

国王は一六〇七年八月二日付の勅令で、新たに二〇〇〇クルザドを日本イエズス会に追加支給するかわりに、一切の貿易をやめるよう命じた。[18]また一六〇八年一月四日付で政庁のフランカヴィラ公が国王の命を奉じてポルトガル審議会に対し、インドから日本に布教に赴く者や既に日本にいる宣教師は、何人も貿易をしてはならない旨命ずるように、と指示している。[19]そして国王は、一六〇八年一月二十三日付のインド副王宛て書翰で、日本で布教に従事する者が貿易を行うことは一切禁止してあるから、これを徹底させるように、と指示している。[20]さらに国王は、一六一〇年二月二十日付のインド副王宛て書翰で、先の一六〇七年八月二日付の勅令により日本イエズス会に対して新たに追加支給することにした二〇〇〇クルザドの年金と、以前からの二〇〇〇クルザド、合せて四〇〇〇クルザドの年金の支給を保証し、さらに日本イエズス会の負債を返済するために、一回のシナ航海の権利を売ってえられる利益の半額を支給することにして、一六〇七年八月二日付と一六〇八年一月二十三日付の文書で命じた通り、その貿易を一切禁止した。[21] 国王は一六一〇年四月十一日付でイエズス会総会長にも書翰を送り、前引一六一〇年二月二十日付インド副王宛て書翰に記されているように、年金の増額と一回のシナ航海を売ってえられる利益の半額を与えるかわりに、その貿易活動を禁じた。[22] 国王はその翌年の一六一一年七月一日付の勅令で、日本イエズス会士の貿易を禁止した従前の諸文書を取消して、シナ＝日本間の生糸貿易の継続を許可しているが、[23] 巡察師パシオが一六一二年に日本で服務規定を作った当時は、日本イエズス会士の貿易を禁止する旨の国王の意向がくり返し表明せられていた許りか、直接イエズス会総会長に迄、これを命ずる国王の書翰が送られたということのみが、日本に伝えられていたに相違ない。そして国王が貿易を禁止する旨の意志表示をしたこれらの勅令や書翰が、公認・非公認を問わず一切の貿易活動を対象にしたものであったことは言う迄もない。パシオが服務規定の中で前引の如き規定をした背景の一つとして、このような本国政庁の意向を考えに入れなければならないであろう。尤も国王の意向といっても、国王が一六〇七年から一六一〇年にかけてくり返し日本イエズス会の貿易を禁じたのは、これによってマカオのポルトガル人の不満を解消しようと図る一方、日本イエズス会に対しては、年金の増額等の措置を講じてとかく批判の的になっている宣教師の貿易活動などはやめさせようとしたものであろうが、それにも拘らず、一六一一年には早くも従来の貿易を許可しており、一貫性を欠いている。これは、国王からの年金の支給状態、日本イエズス会の経済状態、そこに占める貿易収入の比重等について政庁では正確な情報を持ちえず、この件に対して確乎とした見解を持たなかったために、関係各方面からの働きかけによって簡単に態度の変更が行われたものであろう。

ところでパシオの服務規定であるが、彼は自分自身の見解でもって、服務規定の中にイエズス会士の個人的な商業行為を禁止する規定を盛り込んだのではなく、その直前にローマの総会長から、この件を含む日本イエズス会士の貿易活動全般について指令が届き、この指令に基づいてパシオが服務規定の中に前引の一項を加えた、というのが真相のようである。(24) そして、この時の総会長の指令について、プロクラドールのカルロ・スピノラは一六一三年三月二十一日付で日本から総会長に宛てた書翰の中で次のように記述している。

「〔猊下の服務規定によって〕禁じられた二番目のことは、各カーザが夫々財産を持ち、それを資金に外部の人の手を経て商いをすることである。即ち、われわれは世俗の人々の銀を代って投資し、一方彼等はわれわれの銀を投資してきた。これはパードレ達がプロクラドールに頼らずに、自分の槍でえた獲物のように任意にそれを消費するためであった。これによって多額な無駄な消費と逸楽を招き、パードレ達は利殖に没頭し、一層重要な別の仕事の時間が奪われるようになった。これが嵩じて、カーザの補給物資として彼等に与えられたものを利殖のために売ってしまったり、その他イエズス会の名誉を損う嘲笑すべき下劣な行為をするに至った。そしてこれは、仲介した世俗の人々の知るところとなった。これはすべて管区長の責任である。彼はあくまでそれを固執し、きちんと実行させている。(25)」

このスピノラの書翰は、プロクラドールの手によらない貿易が最近に総会長によって禁止されたことを伝えているのみでなく、このような商業活動の実態等にも触れていて興味深い。

四

次に、日本イエズス会士の個人的な貿易活動が行われるようになった背景、その実態、及びキリシタン教会に与えた影響等について述べてみたい。

日本イエズス会における、各地のカーザ、レジデンシア、コレジオ、セミナリオ等の布教機関に対する必要経費や必需品の補給の仕方は、いろいろな経過をとったが、パードレ達の間には常に補給が足りないという不満が生じがちであった。[26] このため布教機関では、どうしても不足しがちな経費を補うためにも、独自の収入源を求める必要が生じるわけで、このようなことが、パードレによって個人的な商業活動が行われる素地となった、と言えよう。

但し、パードレ達が非公認の貿易活動を行うようになったのには、今一つ重要な契機を考えに入れなければならない。即ちそれは、在日イエズス会士が日本人の依頼に応じてその銀を預かり、マカオに送って注文の商品を買い付ける、という貿易の仲介斡旋を行なっていたことである。これは長崎駐在のプロクラドールとマカオ駐在のプロクラドールを結ぶ教会経済のルートを利用して行われたものであるが、国内の各地にいるパードレがその中継ぎをしたに相違ない。このようなわけで、多くのパードレは平素から貿易活動に馴染み、わが国やポルトガルの商人とも緊密な結びつきがあったと言えよう。彼等が個人的な商業活動を行なって収入を図った今一つの素地として、このような点も考慮に入れなければならないであろう。但し、この日本人のための貿易仲介の仕事は、一六一二年までは日本イエズス会の中で公認されていたことで、プロクラドールが中核になってすすめられていたのに反し、[27] イエズス会パードレ個人が収益を図って行なった商業活動は非公認であった。このためパードレ達は、この貿易を長崎とマカオのプロクラドールをつなぐ教会のルートを利用して行うわけにはゆかず、世俗のポルトガル人等に依頼しなければならなかった。また、国内の商人の手を経ることもあったであろう。前引の一六一三年三月二十一日付のスピノラの書翰に、「われわれは世俗の人々の銀を代って投資し、一方彼等はわれわれの銀を投資してきた。」と記述されているのは、このような事情を伝えるものであろう。

ところで、イエズス会士がこのような非公認の商業活動を行なったこと自体の善悪は別にして、それを始めた動機は、不足しがちな必要経費を補うことにあった筈である。勿論純粋にそのような目的でこれを行なったパードレも少なくなかったであろう。また、後で触れるようにそこからの収益を救貧等のために善用していたイエズス会士もいた。しかしその半面、商業活動によって大きな収益を上げたことにより、日本イエズス会の内部で清貧の修道精神が弛緩し、浪費と放縦が行われるといった重大な弊害を招いたことも事実である。スピノラは前引の書翰の中で、この点について、「これによって多額な無駄な消費と逸楽とを招き、パードレ達は利殖に没頭し、一層重要な他の仕事の時間が奪われるようになった。」と記述しており、そしてさらに、これが嵩じて、必要物資としてプロクラドールから補給をうけたものまでも売って利殖を図る者がいた、という驚くべき事実を明らかにしている。

さらに巡察師フランシスコ・ヴィエイラは、一六一八年九月十九日付日本発の総会長宛て書翰の中で次のように記述している。

「この日本キリスト教界の管理が放縦に流れていたことについては、当然ローマにおいて噂に上っていることであろう。その大部分は聖清貧に反することであった。この清貧は、事実今度の迫害が始まる何年か前から等閑にされていた。このことで歴代イエズス会総会長が大いに憂慮し、その改善に尽力したのも当然である。そのことは、この問題について歴代総会長が当地に書き送ってきた書翰(28)によって判る。日本キリスト教界のパードレ達に必要な維持費や、同教界が要するその他の経費を調達するために、教皇や国王の承認をえて、マカオから日本にもたらされる生糸や反物に対して共同の投資をする外に、日本の上長達、長崎と京都《ミヤコ》の地区長達の大部分、及びその他レジデンシアの上長や田舎《イナカス》の小教区主任代行司祭の内の何人かの者は、可能な限り悪徳商売をしてきた。これらのカーザはすべて商いによってえた彼等個人の貯金を貯えていた。この貯金のことを当地では資産と呼んできた。例えば長崎のコレジオの資産、京都のカーザの資産等というように。従って、京都のこのカーザは、今度の迫害によって破壊された時に四〇〇〇タエル以上の資産を持っていた。これはポルトガルの四〇〇〇クルザドに匹敵する額である。その他のカーザは、これより多いものもあれば少ないものもある。しかしながら、他のパードレ達や、カーザの一般のパードレは、同じようにこれらの職務についていてもそれを行なっていなかったどころか、むしろ日本で清貧に、そして使徒的に生きてきた。彼等はこのような放縦を遺憾に思い、それを非難してローマに書き送ってきた。これらの資産の外にも、絵師のカーザのための資産や出版の経費のための資産もあった。さらに轆轤師のイルマン・ヴィンチェンツォ・カルーバ(29)までもが、その作業場のために資産を持っていた。これらの人々はすべて国内で商いをしたばかりでなく、マカオに取引に行く者もいれば、フィリピンに赴く者もおり、またコチンシナやカンボジャ等といった他の土地に行く者もいた。これらの商いは、歴代の最高の上長の許可をえて行われてきた。(30)」

この書翰により、「共同の投資」即ちマカオの対日貿易に参加する日本イエズス会の公認の貿易以外の、個人的な貿易活動の実態とその弊害の有様が一層明らかになる。即ち、各布教機関の関係者の商業活動によって、そこには独自の資産が蓄積され、所によってそれは相当な額に上ったようである。そしてパードレのみか、各種の技能的な仕事に従事していたイルマンまでもが、その財源調達のために同じように貿易を行い、資産を持っていたことが判る。これら非公認の貿易活動の対象となった地域は、マカオばかりでなく、フィリピン、コチンシナ、カンボジャ等にまで及んだという。貿易を行う船便については不明であるが、ポルトガル船ばかりでなく、わが国の朱印船を利用したことも考えられる。ヴィエイラは「これらの商いは歴代の最高の上長の許可をえて行われてきた。」と述べており、また同じ書翰の別の箇所では、「このような大まかさはずっと以前に始まり、しかも少しずつ嵩じてきたが、パードレ・フランチェスコ・パシオの時代(一六〇〇—一一年準管区長、一六一一—一二年巡察師——引用者)に一層規律がゆるんだ。(31)」とも記述している。先に引用したスピノラの一六一三年三月二十一日付の書翰には、「これはすべて管区長(ヴァレンティン・カルヴァーリョのこと。彼は一六一一年日本管区長に就任、一六一四年マカオに去った。――引用者〕の責任である。彼はあくまでそれを固執し、きちんと実行させている。」と記されていた。イタリア人のスピノラはポルトガル人の管区長カルヴァーリョの責任だと言い、ポルトガル人のヴィエイラはイタリア人の準管区長＝巡察師のパシオのとった方針に原因があった、と主張する。これは何もスピノラとヴィエイラだけのことではなく、日本イエズス会を構成した国籍を異にするパードレの間で見られた反目[32]の一端が表われたものと言うべきである。但し、個人的な商業活動の横行と、日本イエズス会内部の清貧の弛緩という点については、矢張りいろいろな記録から判断して、ヴィエイラが言うようにパシオの時代に殊に甚だしいものがあったことは否定出来ないようである。

五

総会長から送られてきた指令に基づいて、一六一二年にパシオが服務規定の中でこの種の商業活動を全面的に禁止したことは前に述べた通りであるが、その後は従前のような弊風が是正されたという点については、スピノラもヴィエイラも一致して認めている。即ち、ヴィエイラは、前引の一六一八年九月十九日付の書翰で、「しかし結局、この商業活動は今日はすべて廃止されている。[33]」とまで記述しており、さらに彼は、一六一八年九月三十日付日本発の総会長補佐宛ての書翰では、「商業活動の問題は、上述の通りもう片付いている。今はわれわれは、それが再開しないようにして、教皇の承認をうけ国王によって再び元通り許可された日本向けの生糸への共同投資のみに限って行うように努力しようと思っている。[34]」と記述している。このようにヴィエイラは、当時はイエズス会士の個人的な非公認の商業活動は行われていないことをくり返し述べている。またスピノラも、前引の書翰のみでなく、一六一六年三月十八日付長崎発、総会長宛て書翰の中で、「何人かのイエズス会士は、カーザの維持のためにプロクラドールから補給を受けたものを売り始めた。世俗の人々を介して商業行為によってそれを殖やそうと努めた。このようにして、上長が知ることなしに欲するものがすべて手に入った。しかしこのことは既にパードレ・フランチェスコ・パシオによって禁止された。」(35)と記述している。即ち、海外貿易と国内での商業活動とを問わず、イエズス会士の非公認の商業行為は、既にパシオによって禁じられた旨が記されている。一六一二年の服務規定によって、個人の商業活動が規制され、日本イエズス会内部の規律が是正されていったことは確かであろう。しかし、ヴィエイラやスピノラが断言しているように、その後これがすべて廃止されたということは果して事実であろうか。

一六一六年一月五日付で総会長はカルヴァーリョに宛て、次のような指令を与えている。

「われわれに許されているピコ数の生糸以外の商業行為を厳しく禁止している禁令を、厳正に守るように。そして日本の国王がそれを迫り、われわれがこれを断わっては彼がそのことを悪くとる恐れがあって出来ない、という場合について、前総会長が認めたものの外は認めない。」(36)

文中に見えている非公認の商業活動を禁じた禁令というのは、恐らくは、前に述べたように一六一二年にパシオが服務規定の中にこの件を盛り込む動機となった総会長の指令のことだと思う。そして一六一六年一月五日付で、総会長から重ねてこれに対する禁令が出されたということは、一六一二年以後も引きつづきこれが行われていて、その情報がローマに伝えられたことを物語るものであろう。総会長は同じ指令の中で、さらにつづけて、在日イエズス会士の間に見られる清貧の弛緩を正すよう命じ、上長とプロクラドール以外の者がかねを所持することを禁じている。(37)

右の総会長の指令は、一六一二年以後も非公認の商業活動が行われていたことを間接的に伝えているものであるが、この点を一層はっきりさせる史料として、一六二〇年十月十日付加津佐発、コーロスの総会長宛て書翰の中の、次のような興味深い記事を挙げることが出来る。

「現在日本にいるイエズス会士の精神面に関しては、私は神の恩寵によりうまくいっているように思う。そしてこの点で重大な欠陥のある者がいるということは知らない。イグナシオ・カトーという俗務幇助修士の日本人イルマンは、既に昨年自分の召命に心が動揺し、巡察師フランシスコ・ヴィエイラに対してイエズス会を脱会する許可を求めた。しかしその時は心の平静をとり戻した。

今年巡察師は、マカオから彼に書き送り、マカオのコレジオに来るようにと言った。それは少しそこで休息し、そしてイエズス会の規範や精神を学ぶためであった。ところが、このために彼は再び心が動揺し、脱会の許しを乞うたが、私は彼に対して出来る限りの助力を与えているところである。

彼が誘惑に陥ったきっかけは、パードレ・マルコ・フェラーロが或る何人かの世俗の人々の手に四〇又は五〇クルザド程を託してそこから利益を上げ、それでもって多くの貧者を助けようとしたことにあった。このイルマンは上長の命令なしにこのかねを運用した。彼は密かにこのかね又はその一部かでもって自分のために商いをしていた、ということである。われわれが彼に会計報告を求めても、彼はその日その日でいろいろと言い逃れを言って応じない。」[38]

さらにコーロスは、翌一六二一年三月十五日付日本発の総会長宛て書翰の中で次のように記述している。

「われわれは、イルマン・イグナシオ・カトーを会から追放した。彼がそれを熱心に願い、しかもその処分が相応しいからである。彼の心の動揺は、パードレ・マルコ・フェラーロが、貧者救済のために、二〇パーセントの利益を得るという条件で或る世俗の人々に託した五〇クルザド程のかねを、上長の許可なしに運用したことから生じた。同イルマンはこのかねを自分のために流用し、それを資金に商業活動をしてきた。」[39]

右のコーロスの二通の書翰には明確でない点もあるが、少なくとも次のような事実を知ることが出来る。即ち、一六二〇年頃になっても、尚在日イエズス会士による個人的な商業活動がつづけられていたようで、その内の一人としてマルコ・フェラーロというパードレの行動がここで問題になっている。フェラーロは数十クルザドのかねを商人の手に委ねて運用させ、二〇パーセントの利益を得て、それでもって救貧活動をしていたという。これが海外貿易なのか、それとも国内での商業活動なのかは、これだけの史料からでは不明である。問題は、このフェラーロが商人に委託すべきかねが、日本人イルマンのイグナシオ・カトーという者によって流用されてしまい、彼はこれを資金に商いをして私腹を肥したという点である。このイルマンは、結局これが原因でイエズス会を追放されることになるが、このような事件が起ったのは、一体何を物語っているのであろうか。推測するに、このカトーというイルマンは、フェラーロの許にあって商業活動の実務に従事していたのではないであろうか。一六一二年以後、日本イエズス会の内部で商業行為に対する規制が厳しくなったことに加えて、迫害の強化ということもあり、パードレが自ら表に立ってこれを行うことが難しい情勢になったことが考えられる。また、日本人イルマンが商業活動に関係するということは、既に以前から見られたことでもある。即ち、一六一二年二月二十六日付日本発、ニコラオ・ダ・コスタの総会長補佐宛ての書翰に次のように記述されている。

「イエズス会を介して世俗の人々の多額の銀がマカオに送られた。そのような行為はマカオ市全体の利益を損うものなので、銀を運んだ者に対しては破門罪が適用され、厳しい禁令が出ているのである。一人の日本人イルマンが、当時管区長であったパードレ・パシオは何人かの日本人のかね二〇〇〇クルザドを送金する許可を自分に与えた、と私に語った。既にパードレ・ディオゴ・デ・メスキータがこの件では寛大であった、ということである。この日本人イルマンは、重要な代理商人の役割を課せられており、自分の親戚や実の兄弟の財を預かって商いをしていた。曾てその財を売った後、その銀をマラッカに渡る船に搭載し、危険を冒して送ったことがあった。」

注の位置: パードレ(40)、者(41)、あった(42)

このコスタの書翰は、日本人イルマンが、ポルトガル貿易に深く関与していたイエズス会の会員という立場を利用して、肉親のために商いの仲介斡旋をしていたことを明らかにしている。このようなことは決して特殊な事例ではなく、外にも多く行われていたことではないかと思う。そして、在日イエズス会パードレが国内で個人的な商業行為によって収益を上げようとする場合、このような日本人商人と関係を持ったイルマンを介してこれを行なったことが推測出来る。先のコーロスの二通の書翰に記述されている、マルコ・フェラーロの資金を流用して会から追放されたカトーというイルマンの例は、在日イエズス会パードレが日本人イルマンを利用して行なってきた商業活動の犠牲者とも言えるのではないであろうか。

このようなイエズス会士の個人的な商業活動も、一六二〇年代半ばから、江戸幕府が教会に対し経済的打撃を加えてその勢力を一掃する政策を強く打出してきたために、実行が不可能になっていったに違いない。[43]

イエズス会の内部でくり返し禁令が出されたにも拘らず、会員は非公認の商業活動をやめなかった。上長も、表面ではこれを禁じておきながら、内実それを黙認していたようである。このような商業活動こそが、イエズス会の日本布教を経済的に支える重要な収入源の一つであったからでもあるが、半面キリシタン宣教師に精神的教師としての自覚に欠けるところがあったことを示すものでもあろう。イエズス会士の一切の経済活動は、貿易を犠牲にしてでも教会勢力を一掃することを決意した幕府によって禁圧された。そしてそれは、そのままわが国におけるキリシタン布教の終りを意味するものであったと言える。

（1）　この公認の貿易については、筆者の「日本イエズス会の生糸貿易について」（『キリシタン研究』十三輯）を参照していただきたい。

（2）　Arhivum Romanum Societatis Iesu, Jap. Sin. 9-II, ff. 167v., 303.

（3） Regimento pera os Padres q estão nas residencias de Japão feito ultimamẽte polo p.^{e} Visitador no mes de novẽbro do anno de 1581. Jap. Sin. 49, f. 242.

（4） Regimento pera o Superior de Japão ordenado polo p.^{e} Visitador no mes de Junho do anno de 1580. Jap. Sin. 49, ff. 256v., 257. Jap. Sin. 8–I, f. 262v.

（5） Jap. Sin. 9–II, ff. 167v., 303.

（6） Regras do procurador de Japão. Jap. Sin. 2, ff. 144–118v. Regimento do Proc.^{or} q esta em Jappão. Biblioteca da Ajuda, 49–IV–66, ff. 37–40v.（東大史料編纂所架蔵の複製写真による）。高瀬弘一郎「キリシタン教会の財務担当パードレについて」（『社会経済史学』四十一巻二号、本書第二部第六章）を参照していただきたい。

（7） Biblioteca da Ajuda, 49–IV–56, f. 24v.（岡本良知編写真製版 *Jesuitas na Asia*, v. 1. 昭和六年）。A. Valignano & J. L.Alvarez-Taladriz, *Sumario de las cosas de Japón*, Tokyo, 1954, Introducción, p. 48. にスペイン語訳が掲載されている。

（8） Jap. Sin. 3, f. 12v.

（9） Jap. Sin. 3, f. 12, 12v.

（10） Jap. Sin. 3, f. 13, 13v.

（11） Jap. Sin. 10–II, f. 209v.

（12） Jap. Sin. 10–II, f. 210, 210v.

（13） Jap. Sin. 10–II, f. 293v.

（14） Jap. Sin. 36, f. 3.

（15） 高瀬弘一郎「日本イエズス会の生糸貿易について」（前掲）二三一頁。同「キリシタン教会の経済基盤をめぐる内部の論議」本書第二部第四章三五三—三五八頁。

（16） Obediencias do P.^{e} Alexandre Valignano Visitador da Provincia de Japão e China, revistas e concertadas pello P.^{e} Francisco Passio Visitador da mesma Provincia para Instrucção dos Reytores, Anno de 1612, cap. 7, § 14. Biblioteca da Ajuda, 49–IV–56.（岡本良知編 *Jesuitas na Asia*, v. 3.） Extracto das obediencias dos visitadores feito p.^{a} os p.^{es} das Residẽcias e mais p.^{es} de Japam, P.^{e} Fr.^{co} Pasio Visit.^{or} da Prov.^{a} de Japam no anno de 1612. Jap. Sin. 57, f. 250v. Biblioteca da Ajuda, 49–

IV–56, f. 29.（岡本良知編 *Jesuitas na Asia*, v. 1.）。

尚ヴァリニャーノが一五九二年に作ったObedienciasには「準管区長の命令により、教会建設のためときめて、プロクラドールの手で金——他の品は不可——を買い求めて来るために、いくらかのかねを送る場合を除き、仮令教会の建設・貧者の救済のためであっても、何人も商業行為に類することはいかなる種類のものも行なってはならない。」(Jap. Sin. 2, f. 131v.)と見えている。一六一二年のObedienciasの規定は、これにパシオが加筆したものである。

この点について、ヴァレンティン・カルヴァーリョは一六一二年十月二十六日付長崎発の総会長宛て書翰の中で、「巡察師パードレ・フランチェスコ・パシオは、出発する前に(彼がマカオに向け長崎を発ったのは一六一二年三月二十二日——引用者)、パードレ・アレッサンドロが作成した命令を編輯し、要約した。そして日本のプロクラドールを除き、パードレは何人も悪徳商売をしたり売るために買ったりしてはならないし、外部の人々の銀をマカオに送ってはならない、という服務規定を新たに定めた。」(Jap. Sin. 15–II, f. 178.)と記述している。

(17) これで国王が日本イエズス会に支給する年金は、名目は合計四〇〇〇クルザドになった。

(18) *Archivo Portuguez-Oriental*, fascículo 6.º, Nova Goa, 1875, pp. 795, 796.

(19) Archivo General de Simancas, Livro 1483, f. 112. 尚ここに見えているフランカヴィラ公とは、アレンケル侯ドン・ディオゴ・ダ・シルヴァ・デ・メンドンサのことである。

(20) *Documentos remettidos da India*, t. I, Lisboa, 1880, p. 185.

(21) *Ibid.*, t. I, pp. 343–345. (C. R. Boxer, *The Affair of the "Madre de Deus"*, London, 1929, pp. 80–82. に英訳が掲載されている)。

(22) Jap. Sin. 24, f. 25, 25v.

(23) *Documentos remettidos da India*, t. I, pp. 185, 345.

(24) 高瀬弘一郎「キリシタン宣教師の経済活動——とくに貿易の斡旋について」(『史学』四五巻二号)三八—四二頁、本書第二部第七章五六六—五七〇頁を参照していただきたい。

(25) Jap. Sin. 36, f. 159.

(26) 高瀬弘一郎「キリシタン教会の財務担当パードレについて」六—八頁、本書第二部第六章五二二—五二四頁。

(27) この、日本人のためにイエズス会士が行なった貿易仲介の問題については、高瀬弘一郎「キリシタン宣教師の経済活動——とくに貿易の斡旋について」及び同「キリシタンと統一権力」(『岩波講座日本歴史　近世1』一九七五年)二一七—二一九頁を参照していただきたい。

(28) 一六一二年三月二十八日付、総会長アクワヴィーヴァの日本準管区長パシオ宛て指令には、経費を切りつめて収入に見合うようにし、速やかに負債を返済して財務状態を安定させるように、とあり(Jap. Sin. 3, f. 41, 41v.)、一六一三年一月三十日付、同総会長の同準管区長宛て指令には、日本管区では行きすぎた浪費が行われており、それを抑制しなければならない、という訴えが広く行われている、と見え(Jap. Sin. 3, f. 42v.)、一六一六年一月五日付、総会長ヴィテレスキのカルヴァーリョ宛て指令には、日本管区においてイエズス会の会憲を守らせ、贅沢や清貧の弛緩を許さないように、上長とプロクラドール以外にはかねを持たせないように、とあり(Jap. Sin. 3, f. 53v.)、さらに一六一七年十二月一日付、同総会長の巡察師ヴィエイラ宛て指令には、日本管区が収入に見合った消費をしないために負債がふえつつある、ということが、いろいろなルートから伝えられて来るので、速かに対策を講じなければならない。特に布教要員の削減、会員の諸経費や調度品、及び進物の削減に努力するように、と記されている(Jap. Sin. 3, f. 54.)。

(29) 一六二〇年九月に作られた日本管区のパードレとイルマンのカタログには、イルマン・ヴィンチェンツォ・カルーバについて、「シチリア島パレルモ生れのイタリア人。四十八歳。イエズス会歴二八年。強健。カーザの業務に従事。俗務幇助修士。」(Jap. Sin. 25, f. 119. J. F. Schütte, *Monumenta Historica Japoniae* I, Romae. 1975, p. 867.)と記され、さらに同じカタログの第二部、各人の能力についての記載には、彼について「轆轤で挽く技能良し。万事にわたり思慮・分別・経験が極めて乏しい。猛烈なる癇癪持ち。智力に乏しく極めて放縦故、カーザの仕事に対する能力に欠ける。」(Jap. Sin. 25, f. 124v.)と記されている。尚、Joseph Dehergne, *Répertoire des Jésuites de Chine de 1552 à 1800*, Roma, 1971, p. 46. も参照した。

(30) Jap. Sin. 17, f. 154.

(31) Jap. Sin. 17, f. 154.

(32) K. Takase, "Royal Patronage and the Propagation of Christianity in Japan", *Acta Asiatica*, 22, Tokyo, 1972, pp. 7–12. 高瀬弘一郎「大航海時代とキリシタン——宣教師の祖国意識を中心に」本書第1部第二章。

(33) Jap. Sin. 17, f. 154v.

(34) Jap. Sin. 17, f. 169.

(35) Jap. Sin. 36, f. 180.

(36) Jap. Sin. 3, f. 53v.

(37) Jap. Sin. 3, f. 53v.

(38) Jap. Sin. 37, f. 157.

(39) Jap. Sin. 37, f. 194.

(40) 一六二〇年九月に作られた日本管区パードレ、イルマンのカタログには、マルコ・フェラーロについて次のように記されている。「ナポリ王国カタンツァロ市生れのイタリア人。六十四歳。イエズス会歴四三年。強健。哲学を聴講し、二年間神学を聴講した。日本語の知識は中程度。一五九九年に単式立誓司祭になった。」(Jap. Sin. 25, f. 115. J. F. Schütte, *Monumenta*, I, pp. 859, 860.)

(41) 一六二〇年九月に作られた日本管区パードレ、イルマンのカタログには、このイグナシオ・カトーについて次のように記述されている。「肥後国天草生れの日本人。四十七歳。イエズス会歴一八年。体力は中位。日本の学問について中程度の知識がある。自国語で説教をする。俗務幇助修士。」(Jap. Sin. 25, f. 117v. J. F. Schütte, *Monumenta*, I, p. 864.) また同じカタログの第二部では、彼の能力評価として次のように記されている。「すべてにわたって中程度よりはるかに劣る。癇癪持ち。説教する才能と下層の人々に対する応接の点で中程度以下である。」(Jap. Sin. 25, f. 123v.)

(42) Jap. Sin. 15-I, f. 118v.

(43) 高瀬弘一郎「江戸幕府のキリシタン禁教政策と教会財政」(『史学』四十七巻一号)二三—二九頁、本書第二部第十章六五〇—六五六頁。

第十章　江戸幕府のキリシタン禁教政策と教会財政

一

江戸幕府は一六一二年以後キリシタン禁教の政策を打出し、その後年を追って禁教・迫害が強化されていった。このように幕府が禁教政策を進めていった過程で、キリシタン教会の財政に対してどのような手が打たれたのか、考えてみたい。経済面から教会を締付けることは、これに大きな打撃を与えることが出来、禁教政策を効果的に行いうる手段であったと言えよう。そこで、この経済的にキリシタン教会に打撃を加える政策が、何時からどのように行われていったか。そしてそのことは、幕府の対外政策の推移の上でいかなる意味を持つものなのか、といった問題をとり上げてみたい。

このことを考える前提として、キリシタン教会は当時どのような収入源で布教資金をまかなっていたのかを明らかにしておかなければならない。この点については、日本イエズス会はスペイン＝ポルトガル国王やローマ教皇から支給されたかね、内外に所有していた不動産からの収入、喜捨等いろいろな収入があったが、中でも最も重要なものは貿易収入であった。日本イエズス会の商業活動は多岐にわたるものであったが、その主要な部分はマカオ＝日本間の生糸貿易であった。この日本イエズス会の貿易は、一五五〇年代後半に開始され、その仕法や貿易額等は時期によって変るが、終始これが主要な収入源であったことには変りなく、殊に一五六〇、七〇年代の、布教組織の規模が比較的小さかった当時は、この貿易利益によって毎年の経費をまかなった許りか、更にその余剰金を蓄積して厖大な資産をこしらえている程である。その後、一五八〇年以後はキリシタン教会の規模が急速に拡大し、経費もかさむようになったので、いささか事情が変って来るが、それでもこの貿易収入は、年間経費の三分の二かそれ以上をまかなうことが出来る、教会にとって非常に重要な収入源であったことは確かである。(1)

二

そこで、江戸幕府が経済面からイエズス会を締付けようとするなら、この貿易収入の道を絶つのが最も効果的な手段であった筈である。

ところで、幕府の貿易政策の内に、キリシタン対策の意図を読みとろうとした恐らく最初の見解は、山脇悌二郎氏によって示された。即ち、山脇氏は糸割符制度を設定した狙いの一つに、教会の財源を封じようという意図が秘められていたのではないか、との注目すべき見解を出された。(2) このような考え方は、幕府の貿易政策の中に、貿易収入を主な財源としていた日本イエズス会に対する経済的締付けを図る幕府の意図を読みとろうとした点、確かに示唆にとみ注目すべき見方ではあるが、しかし糸割符の制定にこのようなキリシタン対策の狙いがあったかというと、そのように考えるのはどうしても無理である。理由は、イエズス会が従来から行なって来た生糸貿易が、糸割符制定と共に規制され、教会が経済的に打撃を受けることになったという事実がないからである。即ち、糸割符制度がキリシタン教会の貿易活動に何らかの影響を与えたといったようなことは、全く認められない。

また一六〇九年夏に渡来したノッサ・セニョーラ・ダ・グラッサ号に対して、長崎奉行長谷川左兵衛が船に監視の者を送って凡ての商品の目録を作ろうとしたり、商品の陸揚げ後にそれを逐一調べて、家康のためと称して望み通りの価格で希望の品を買上げてしまい、このためポルトガル人は甚大な損害を蒙った、という出来事が生じたが、この事件と糸割符法との結びつけ、この時奉行のとった措置は糸割符制度を完全に実施しようとしたものであり、その後は、ポルトガル船のもたらす生糸は凡て糸割符商人に売られるようになった許りか、イエズス会士がポルトガル商人と日本側の間の仲介・斡旋者として生糸取引に介入することもなくなった、というような考え方も一部で行われている。もしもこのような考え方に立てば、糸割符仕法は矢張り日本イエズス会に経済的打撃を与えるものであった、ということになる。しかしこのような見方は、ノッサ・セニョーラ・ダ・グラッサ号に対してとられた強硬措置が、引つづき同事件後のポルトガル貿易にもそのまま行われたということが明らかにされた上で、はじめて成り立つものであるが、この点の裏付けを欠いていると言わなければならない。私は、この時日本側がとった貿易仕法はあくまでこの船に対してのみとられた一回限りのことであり、これ以前も、またその後もしばらくの間は、ポルトガル貿易は自由貿易(3)を基調とするものであったと考える。ノッサ・セニョーラ・ダ・グラッサ号に対して奉行がとった押買い的な強硬措置が、その後一六一二年以後の取引でも引つづき行われた、ということを立証出来るような史料は、私はまだ見ていない。そしてこのことに関連して、イエズス会の生糸貿易がその後幕府から規制を受けて不自由になり、そのために経済的に打撃を蒙った、といった事実もない。

同事件後の日葡関係、及びそこにおけるイエズス会士の立場等がどのようなものであったかは、次に挙げるいくつかの史料によってその大凡のところを知ることが出来る。

一六一二年十月十日付長崎発、司教セルケイラのイエズス会総会長宛ての書翰には次のように記述されている。

「長崎は国王に直属しているにも拘らず、キリスト教徒達の都市であり、特権を与えられており、昔から国王の勅令が与えられている、といった事その他の理由により、そして中でも主な理由はポルトガル人と貿易を行なっているからであるが、キリスト教界にも、修道士や原住民司祭のカーザや教会にも、何ら変化はなかった。(4)」

既に禁教政策を打出した後でありながら、幕府はポルトガル貿易を望む余り、長崎の教界を黙認していたことが判る。

一六一二年に貿易が再開された直後の教会の経済状態については、一六一三年三月十日付長崎発、ロドリーゲス・ジランの総会長宛ての書翰に次のように記述されている。

「〔去るモンスーンで〕ポルトガル人のナウ船その他何艘かの貿易船が渡来したことにより、イエズス会やキリスト教界の事情は、過去よりも、また将来はこうなりはしないかと以前に危惧していたよりも良い状態になり、大きな安らぎをえた。(5)」

事件以後はイエズス会の貿易活動に対する規制が徹底し、収入の道が封ぜられた、といったような様子は少しもうかがえない。

禁教令発布後も、幕府がポルトガル貿易に対する思惑から長崎の教会を温存したことは、一六一四年九月十六日付日本発、ルセナの総会長宛ての書翰によって一層はっきりする。

「われわれイエズス会士がマカオに立去ることを、この左兵衛は望んでいなかった。むしろわれわれを当地に置いて、われわれの力をかりてナウ船の日本貿易を続けたいと願っていた。それは彼にとって厖大な利益になるからである。(6)」

ルセナはこのように述べ、そして更に、長崎奉行の左兵衛がイエズス会士やイエズス会と関係のある長崎の乙名《ウオトナス》達のことを良く言い、何人かのパードレとイルマンが当地にとどまれるよう出来るだけの尽力をする、と語ったこと。

これらの乙名が、何人かのイエズス会パードレの長崎滞在を認めてほしい旨要請したのに応じて、早速家康の側室になっている自分の妹と重臣達に書送ってこの件を依頼したこと。彼が要請してくれた以上、容易に少く共四、五人のイエズス会士の滞在が許されるものと期待出来ること。そしてポルトガル船のカピタンの訪問を受けた返礼に、同船に彼をたずねるなど、これと友好的に交わったこと、等を記述している[7]。

即ち、ポルトガル貿易の続行を日本側が強く希望していたこと、そしてそこにイエズス会士が深く関係していて、ポルトガル人との取引をスムーズに進めるにはこれの協力をとりつける必要があった、という従来からのポルトガル貿易の実情は、この時になっても一向に変っていないということが判る。

同様のことは、一六一六年三月十八日付長崎発、スピノラの総会長宛ての書翰からもうかがうことが出来る。

「長崎において、われわれの上に新しい迫害が起ることはないと期待される、否殆どそれは確実である、ということを申し述べたい。何故なら、国王の凡ての役人は当市を維持したいと望んでいる。その貿易によって彼等は富を得ているからである[8]。」

その上一六一八年四月六日付マカオ発、フランシスコ・ピレスの総会長補佐宛ての書翰には次のように記述されている。

「この手紙を認めた後の十月二十六日に[9]、日本から当地にガリオタ船が一艘着き、それがもたらした朗報がわれわれ及び当地全体を喜ばせた。即ち、ナウ船が逆風にも拘らず、長崎湾口で待機していた三艘のオランダ船から奇跡的に逃れて日本に安着した。その儲けは永年の間で最高であった。そしてこのナウ船と、同じく長崎から来た二艘の船が四〇万クルザド以上をもたらした。主がこのナウ船を安着させ給うたことにより、当地は蒙っていた多くの損失を回復することが出来た[10]。」

ポルトガル船の貿易額についてはまだ言及出来る段階ではないので、右の記事に見えている四〇万クルザド以上という金額について、ここで問題にすることは控えるが、この史料によって、ポルトガル側が一六一七年の航海によって永年の間で最高の利益を上げることが出来たこと。日本側の規制措置によって利益が減じたというような認識は持っていなかった、ということは言える。

更にその翌年の一六一八年には、前年よりもはるかに大きな売上高に達した。一六一九年一月十日付マカオ発、ピレスの書翰に次のように記述されている。

「今年日本にパタショ船一艘とガリオタ船三艘が安着した。〔中略〕そして十月末に大凡七〇万タエルを積んで戻って来た。というのは当地で九〇乃至一一〇〔タエルのことか――引用者〕の価であった生糸が、日本で最も安くて二八〇で売れ、他は三一五に達した。その他の商品も莫大な儲けがあった。これによって当市は立ち直ることが出来、このコレジオに多額の喜捨が行われた。(11)」

ポルトガル人は一六一七年、一六一八年と二年つづけて異例な程有利な取引が出来、厖大な利益を上げたことが明らかになる。

このように見てくると、ノッサ・セニョーラ・ダ・グラッサ号事件後も、そしてまた禁教令発布後も、日葡関係とそこにおけるイエズス会士の役割は、以前と基本的には同じであったということが判り、この事件を境にして彼我の力関係が一変し、日本側に有利な取引の仕方になった許りか、イエズス会士が貿易の場から排除された、というような考え方は根拠のないものだと言わなければならない。

三

そこで、ノッサ・セニョーラ・ダ・グラッサ号事件以後も引つづき自由取引を基調にしたポルトガル貿易が行われ、従ってイエズス会の貿易活動も何ら規制を受けることなしに行われたとすると、このような自由貿易とそれに基づくイエズス会の貿易活動が何時迄つづいたかが問題になる。この点に入る前に、まず十七世紀に入ってからのイエズス会の生糸貿易の仕法を明らかにしておかなければならない。

一六一〇年代におけるイエズス会の生糸貿易の仕法については、ヴァレンティン・カルヴァーリョの「弁駁書」(一六一七年)が重要な史料であるが、そこには次のように記述されている。

「当市〔マカオのこと――引用者〕の市民によって許され、そしてわれわれの主君国王によって承認された五〇ピコの生糸は、アルマサンの係員達が日本でわれわれに渡す。これは当マカオ市民の代表達の命令と好意によるものである。代表は自分達の代理商人に覚書を与えてこのような恩恵を与えている。われわれはパンカダ価格に基づいて運賃と税金を支払う。――尤も当初はパードレ・アレッサンドロが言うように取りきめられていたが。この生糸をわれわれは直ちに売ることはせず、ナウ船が出帆してから、カーザの外の世俗の人々を介して売りに出す。パードレ・フライ・セバスチアン〔イエズス会士を批判した文書を発表したフランシスコ会士――引用者〕が事実をよく知らないで記述している如く、長崎の教会又はその他のイエズス会の建物で売るようなことはしていない。更にわれわれは、ナウ船が出帆する以前に、何ピコかの生糸をパンカダ価格より高値で売ることが時々ある。丁度パンカダに拘束されずに生糸を所有している他のすべての人々がパンカダ価格より高値で売るように。というのは、パンカダ価格は通常最高値と最低値の中をとった適当な価格だからである。[12]」

このカルヴァーリョの記録から、当時の日本イエズス会の生糸貿易がどのように行われていたか、その大凡をうかがい知ることが出来る。即ち、マカオのポルトガル人はアルマサンの組織を通して対日貿易を行なっていたが、このアルマサンは日本にもたらした生糸の中から五〇ピコを日本でイエズス会に渡す。イエズス会はその生糸について、アルマサンが大部分の生糸を日本側に一括して売渡すパンカダ価格に基づいて、ナウ船のカピタンに運賃を、マカオ市へは税金を支払う。[13] そしてイエズス会はこの生糸を、他のアルマサンの生糸とは別途に、独自の販売ルートを通してパンカダ価格——パンカダ価格は通常最高値と最低値の中をとった値段であった——より高値で売りに出した。カルヴァーリョは、このようにパンカダの外で販売するのは、時々、何ピコかの生糸について行うにすぎないかのように記しているが、しかしそれはナウ船出帆以前についてのことであって、それ以後に売る場合は当然凡てパンカダ外の取引であり、要するに日本イエズス会は、この有利な販売法により、恐らく割当て分の生糸の大部分を売捌いたものと思う。そしてこの五〇ピコという生糸の量については、六〇ピコ、七〇ピコというように、それ以上の生糸をイエズス会がマカオで搭載して日本に送ることが許されていたということも、同じく「弁駁書」に記述されている。[14] 要するに右のカルヴァーリョの記事から明らかになる重要な点は、その頃の日本イエズス会の生糸貿易は、アルマサンが日本にもたらした生糸の一部を現物で受取り、それを独自の販売ルートで別途にパンカダ価格より高値で売って大きな利益を上げていた、という点である。

このようなイエズス会の取引は、一六二〇年頃にも行われていた。即ち、一六二〇年二月十日付マカオ発、セバスチアン・ヴィエイラ外七人が連署した総会長宛ての文書に、「われわれはこの生糸をアルマサンの外で売る自由を持っていることによって、他の人々より高値で生糸を売っているにも拘らず……[15]」と記述されているところから、このことは明らかである。

ところが、これが一六三五年のイエズス会関係の一文書には次のように記述されている。

「日本管区が曾てパンカダの外で生糸を売って得ていた利益は非常に大きく、資金を二倍にするものであった。即ち二万パタカで以て二万パタカの利益を上げていた。そして一万を経費に費しても尚一万残り、海上で失われた場合などの救済に充てることが出来た。しかし乍ら、管区はパンカダ外で生糸を売る特権を失ったので、それにともなって管区が経済的に依存していたオリーブ畑を失ってしまい、利益は減少し、曾ては一二〇乃至一三〇パーセントの利益を上げていたものが、現在では辛うじて三〇パーセント、うまくいって多い時でも四〇パーセントにすぎず(16)……」

イエズス会が生糸をパンカダの外で販売することが出来た当時は、一二〇乃至一三〇パーセントの利益を上げることが出来たが、そのような特権を失ってからは利益が激減したことが強調されている。この、以前は一二〇乃至一三〇パーセントの利益を上げていたものが、特権を失ってからというものはそれが三〇乃至四〇パーセントに減少してしまった、という数字自体は、いささか誇張のあとが感じられるが、この文書が記述された一六三五年当時は、日本イエズス会は自分の生糸をパンカダの外で高値で販売出来るという特権を失ってしまっていたこと、そしてそのために重大な経済的打撃を受けたことが明らかになる。一六二〇年頃にはまだそのような特権を握っていたものが、一六三五年にはそれを失っていたということが判る。即ち、この間に、キリシタン教会に対する経済的締付けを狙った幕府によるポルトガル貿易への干渉が行われたことが予想出来る。

四

この点に関し、一六二六年二月二十四日付日本発、コーロスの総会長補佐宛ての書翰に次のように記述されている。

「マカオからは、貿易に関して船が直接長崎に渡来することが出来る。しかし今年ポルトガル人に対して加えられた横柄で迷惑な措置が余りにひどく、そして異例であったので、まるでポルトガルの方から愛想を尽かして日本渡来を止めるように仕向けていると思える程である。何日か前に、ポルトガル人が日本からもたらす物は凡て調べる、との通告がなされた。それ故、ポルトガル人がわれわれの書翰を運ぶために、われわれは工夫を凝らさなければならない。

権六はマカオ市のカピタンと代理商人に対し、インド人水夫や従僕に至る迄、搭乗して来た者全員を証明する市参事会員の署名した名簿を持たずに、一艘たりとマカオから日本に渡来してはならない。また当地に到着後は、何人もこの名簿によって登録せずに上陸することを許さない。帰航に当っても同じような手続きをしなければならない、と厳重に通告した。また彼は彼等に対して、仮令貿易に関するものであっても、パードレ達のものは何であれマカオから日本にもたらしてはならない、と命じた。このような措置は、われわれの生存を妨げようとの狙いからだと思われる。(17)」

この史料によって、右の日付の何日か前に、長崎奉行長谷川権六からポルトガル側に対し、新たにポルトガル船に対して強い規制措置をとる旨通告されたことが判る。そしてこの新しい措置は主として次の三つから成っている。

一、ポルトガル人が日本から持出すものは凡てあらためること。

二、ポルトガル船の渡来に当っては、搭乗者全員の名簿を必ず持参し、登録せずに何人も上陸してはならないこと。帰航の際も同じ手続きをとること。

三、パードレのものは、貿易品であれ何であれ、一切マカオからもたらしてはならないこと。

この三項の内容を見て、その狙いとするところがキリシタン対策にあったことは言う迄もない。即ち、日本の教会と国外の教会やイエズス会本部との連絡をたち、宣教師の潜入を阻止し、そして教会を経済的に締付けようという意図をそこにはっきり読みとることが出来る。

同じことは、一六二六年十一月二十一日付マカオ発、ジョアン・ロドリーゲスの総会長宛ての書翰にも記述されている。

「ポルトガル人の貿易船に非常に厳しい措置がとられた。彼等は搭載されている財の箱・包み・梱その他凡てを開けた。パードレやキリスト教界の関係のものがないか調べるためであった。そして貿易を全面的に断絶し、貿易船を遭難船として没収し、そこに搭乗している凡ての人々を、日本の法を犯して国内に潜伏している司祭達を助けに来た者だとして処罰しようという狙いであった。しかし主のご加護により何も発見されなかった。何故なら、既に当地からその点用心して送られたからである。しかし、彼等はあらたに厳しい法律を制定した。即ち、マカオから、定航の貿易船によって教会聖職者の財・ミサの葡萄酒・キリスト教徒宛ての書翰その他のものを送ってはならない、というものであって、違反したら船を焼き、乗員を殺し、貿易を永久に絶つという罰に処す旨定められた[18]。」

即ち、前引一六二六年二月二十四日付コーロスの書翰に記述されている奉行権六の通告通り、一六二六年に渡来したポルトガル船に対して、一切の積荷の検査が行われ、教会関係の品物がないか取調べが行われたこと、そして更に、今後教会関係の物資や書翰を日本にもたらすことを厳重に禁止する旨、ポルトガル側に申渡したことが判る。

一六二七年三月三十一日付マカオ発の一六二六年年報にもこの新しい措置について記述されている。

「ポルトガル人の貿易船が長崎に着くや、投錨する前に奉行の権六がそれらの船に乗込み（今迄にどの奉行もそのようなことをしたことはなかった）、法を犯して搭乗して来た者や品物がないか凡て調べた。このようにしてその悪辣な狙いを実行し始めた。搭載しているものを凡て目録にした後も、何日間か彼は陸揚げを許さなかった。〔中略〕ポルトガル人に対して、今年は昨年以上に苦しめた。何故なら商品を売る手段を彼等から奪ってしまったからである。というのは、ポルトガル人が緊密な関係を持っているキリスト教徒達が、取引をしたり交渉をしたりすることが出来なくなったからである。積荷を陸揚げする時には、極めて厳重な措置がとられ、反物の箱・机その他、修道士のためにもたらされたものはないか調べるために、開けられないものはなかった。(19)」

これらの史料によって、幕府は一六二六年以後、ポルトガル船に対して人的・物的の両方から規制する措置をとったことが明らかになる。そしてその目的が教会対策にあったこと、しかもその主な狙いの一つが、経済面から教会活動を封じようとしたものであったことは明白である。そして右の年報の記事は、単に商品が宣教師の手に渡るのを阻止するだけでなく、従来から教会とのつながりを利用してポルトガル貿易に関係し、ポルトガル商人に融資をしたり、これから優先的に買付けをしたり、更にはイエズス会が国内で生糸等を販売する商業ルートをなしていたと考えられるような信徒の商人が、貿易に関与するのを阻止する措置をとったことも明らかにしている。そして従来からポルトガル貿易の仲介者的な立場にあった教会関係者の存在を一切排除し、奉行自らがポルトガル船に乗込んで乗員と船載品の取調べを行うことにしたわけであるが、その場合トマス荒木など転び伴天連が奉行に同行してこれに協力したようである。

例えば一六二五年十月三十日付日本発、コーロスの総会長補佐宛ての書翰に次のように記述されている。

「ガリオタ船が着くと、彼〔長崎奉行のこと――引用者〕は自ら、背教した教区司祭を連れて赴き、マカオの名簿に基づいて一人ずつ全員を調べた。[20]」

右のコーロスの書翰から判るように、ポルトガル船に対する人的・物的規制の内、人的規制の方は、実は一歩先に断行されていた。即ち、この一六二五年十月三十日付のコーロスの書翰には、「彼〔長崎奉行のこと――引用者〕は昨年マカオの市参事会員に対し、マカオから日本に渡来する凡ての貿易船について、従僕に至る迄一人のこらず搭乗者全員の名前と人数を記した参事会員全員の署名した名簿を送って来るように通告させた。[21]」と記述されている。このように、一六二四年にはポルトガル船の搭乗者に対する規制措置が打出されたが、その翌年の一六二五年十月三十日付マカオ発、ジェロニモ・ロドリーゲスの総会長補佐宛ての書翰には、「日本の諸事情は尚非常に不安定である。われわれは新たに宣教師を送込むことに尽力している。全員がそれを志願している。しかし乍ら、経験によって判るように、キリスト教界に更に大きな難儀が降りかかる危険が大きいし、また当市や貿易にも何か災難が生ずる恐れがあるので、われわれは非常に用心深く行動しなければならない。[22]」とあり、キリスト教界にとってより大きな難儀が降りかかる危険が大きいということと、マカオ市と貿易にとって何らかの災難が起る恐れがある、ということを危惧している。そしてこのロドリーゲスが危惧した通り、前述のような経済的に教会を締付けることを狙いの一つとした、ポルトガル船の積荷に対する規制が一六二六年に断行された。

狙いは違ったかも知れないが、長崎奉行がポルトガル船に対してこのような強硬措置をとろうとした前例としては、前に述べたように一六〇九年に渡来したノッサ・セニョーラ・ダ・グラッサ号の場合があった。この時はポルトガル側が強く抵抗し、そして結局幕府側もこれと妥協して自由貿易の復活という形で一六一二年に貿易を再開せざるをえなかった。[23]それが一六二六年には、ポルトガル船に対する規制が抵抗もなしに行われたわけであるが、それを可能にした背景について考えてみたい。

第一には、オランダ、イギリス側からの働きかけが効を奏したということもあって、ここ数年来、幕府がキリシタン取締りを強化して来たことが挙げられる。即ち、一六二〇年オランダ、イギリス両国商館員が、カトリック布教と植民地獲得が不可分であることを力説した上申書を幕府に提出した。同年平山常陳事件が勃発し、これがきっかけとなって大勢の信徒と宣教師が処刑された。一六二三年にはポルトガル人の日本居住禁止、日本人のマニラ渡航禁止、キリスト教徒の海外渡航禁止、日本船がポルトガル人航海士を雇傭することの禁止、ポルトガル人の日本再来は許すが、従来宿泊した家やキリスト教徒の家に宿泊することを禁止する、等の制限措置が講ぜられた。そして一六二四年にはルソンとの通交断絶。[24]——このように数年来強化されて来たキリシタン取締り政策の一環として、一六二六年にポルトガル船に対する規制措置がとられたと言える。また同時に厳しいキリシタン取締りが行われて来たために、イエズス会士がポルトガル貿易の仲介者として大きな発言力を持つという面も段々制約されてゆき、貿易の場面に宣教師が関与することを一切排除して、これを経済的に封ずることの可能な条件が熟した、ということも出来よう。

第二に、一六一〇年代以後シナ船による生糸輸入量が相当な額に上ったことが挙げられる。[25]またオランダ人が一六二四年台湾に対日貿易の仲継基地を獲得してその基盤を確立したことも、幕府がポルトガル船に対して強い規制措置をとることが出来た背景として、考慮に入れなければならないであろう。

第三に、一六二〇年代も半ばになると、既に日本人商人によるポルトガル船への投資がかなりな規模で行われていたことが考えられる。[26]そしてこのことはそのまま日本とマカオの間の力関係につながることであって、これなども一六二六年の措置を可能にした事情の一つと言えよう。

五

ところで一六二六年以後のポルトガル貿易であるが、ポルトガル船の積荷に対する取調べは厳重を極めている。例えば、一六三二年十一月四日付日本発、ベネディクト・フェルナンデスの総会長宛ての書翰には次のように記述されている。

「今年パードレ・セバスチアン・ヴィエイラが奇跡的にこの諸島に渡来したことによって、私は一六二八年と一六二九年の猊下の書翰を受取った。これは全く予期しないことであった。何故ならこの日本全土でわれわれに対する迫害に努力が払われているので、マカオからの貿易船に搭載されて来る積荷に対する取調べは非常に厳しく、手紙を隠して持って来るのは危険なことだからである。というのは、その一通でも長崎を統治する者の知るところとなれば、マカオ貿易は絶たれてしまうからである。(27)」

ここでは特にローマから送られて来た書翰のことを問題にしているが、取調べが手紙のみについて行われたものでなかったことは言う迄もなく、この頃になると、も早イエズス会が長崎でポルトガル船から生糸を受取り、独自に販売するなどということは、到底望みえない状態になっていたと言わねばならない。寛永十年（一六三三年）鎖国令の中の「異国船ニつみ来り候白糸、直段を立候而、不残五ケ所へ割符可仕之事」（『徳川禁令考前集』）の規定は、シナ船・オランダ船が五カ所糸割符仲間の支配に従属させられてゆく過程の中でとらえるべきものではあるが、一面これを教会対策という観点からみれば、一六二六年以来とられてきたイエズス会の経済活動を封じようという政策を、更に別の角度から再確認・補強したものだとも言えよう。そして、ここに来れば糸割符制度に教会対策の機能も認められるわけであるが、しかしそうだからと言って、そのような狙いで以て糸割符を制定したとは考えられないということは前に述べた通りである。先に引用した一六三五年のイエズス会史料に見える「日本管区はパンカダ外で生糸を売る特権を失ったので、それにともなって、管区が経済的に依存していたオリーブ畑を失ってしまい、利益は減少し……」という記述は、まさにこの一六二六年以後のポルトガル貿易及びイエズス会の貿易活動の実情を伝えているものと言えよう。尤も右の文書からも明らかなように、この頃になっても日本イエズス会は依然として貿易収入を得ている。これは、パンカダ外で独自に有利な取引をする道は絶たれたとはいっても、尚ポルトガル側が一括取引によって生糸を売ったその利益の中から配当金を受取るという道は残されていたし、更に、金・麝香など嵩張らず隠しやすい品を取扱ったことによるものであろう。[28] しかしこの一六二六年の措置が、既に迫害によってかなりな痛手を蒙っていた日本イエズス会に対して、更に追討ちをかけるものであったことは間違いない。

またこのことは、ポルトガル貿易を希望する余り、どうしてもイエズス会士やキリスト教徒の活動を見のがす面があった従来の幕府の対ポルトガル・教会政策を転換することでもあり、ポルトガル貿易を犠牲にしてでも教会勢力を一掃しようという決意の表明と見てよいと思う。

(1) 高瀬弘一郎「キリシタン教会の貿易収入額について」(『社会経済史学』四十巻一号、本書第二部第八章)。

(2) 山脇悌二郎『近世日中貿易史の研究』吉川弘文館、昭和三十五年、八六—九〇頁。

(3) 当時のポルトガル貿易のことを自由貿易と呼ぶのは、一、ポルトガル船は入港地を自由に選択出来た(尤もこの点は、ポルトガル人は自分達の思惑で入港地を長崎一港に定めていた)。二、ポルトガル人は取引の相手を事実上自由に選択することが出来た。三、ポルトガル人は日本側と対等の立場で価格の交渉をすることが出来た。以上三点が原則として保障されていたと考えるからである。

右の第一点に関連して、とくに元和二年(一六一六年)八月八日付幕府法令で、「将又黒船いきりす船之儀、右之宗躰ニ候間、御領分着岸候共、長崎平戸へ被遣之、御領内ニ而商賣不仕様尤候」(『御当家令条巻十八』『徳川禁令考前集』)と、黒船とイギリス船の着岸と商売を長崎・平戸二港に制限したことに触れておきたい。右の「黒船」について、これをポルトガル船と解する研究者が多いが、ポルトガル人は既に古くから自分達の思惑で以て自主的に着岸と商売を長崎一港に定めており、改めて幕府がこれを右の二港に制限するまでもないことである。また仮令それを行なっても、何らポルトガル貿易を規制したことにはならない。私は、この「黒船」は主としてスペイン船を指しているものと思う。

(4) Archivum Romanum Societatis Iesu, Jap. Sin. 21-I, f. 253v.

(5) Jap. Sin. 15-II, f. 253.

(6) Jap. Sin. 16-I, f. 76.

(7) Jap. Sin. 16-I, f. 76, 76v.

(8) Jap. Sin. 36, f. 180.

(9) この文書は、一六一七年十月十二日付の書翰の後に、一六一八年四月六日付の追書が記されている。ここで引用した箇所は、この追書の冒頭の部分である。

(10) Jap. Sin. 17, ff. 135v., 136.

(11) Jap. Sin. 17, f. 216.

(12) Valentim Carvalho, Apologia e reposta a hum tratado feito pello P.e Frei Sebastião de S. Pedro da Ordem de S. Fr.co q. se intitula recopilação das causas por q. o Emperador de Japão desterrou de seus reynos todos os padres, núm. 34. Biblioteca Nazionale Centrale Vittorio Emanuele II, Fondo Gesuitico 1469.

(13) 運賃と税金は夫々原則として生糸の売上高の一〇パーセントと三パーセントであった(高瀬、前掲報告、『社会経済史学』四十巻1号、五頁、本書第二部第八章五八六頁)。

(14) V. Carvalho, Apologia, núm. 34.

(15) Jap. Sin. 45-I, f. 235.

(16) Biblioteca da Ajuda, 49-V-11, f. 491v.（東大史料編纂所架蔵の複製写真による)。

(17) Jap. Sin. 37, f. 233v. (J. F. Schütte, *Introductio ad Historiam Societatis Jesu in Japonia*, Romae, 1968, p. 249.)

(18) Jap. Sin. 18–I, f. 71.
(19) Jap. Sin. 63, ff. 54v., 71v. この一六二六年年報は *Lettere annue del Giappone degl'anni MDCXXV, MDCXXVI, MDCXXVII*, Roma, MDCXXXII. にイタリア語訳が収録されており、ここで引用した箇所はその一九一・二一一・二一二頁である。しかしこのイタリア語訳は逐語訳とは言えず、大意を追ったにすぎない所も多く見られるので、史料として利用するには原文に溯る必要がある。
(20) Jap. Sin. 37, f. 229v.
(21) Jap. Sin. 37, f. 229v.
(22) Jap. Sin. 18–I, f. 49.
(23) この点については筆者の「教会史料を通してみた糸割符」(『社会経済史学』三十七巻五号)一二一一八頁を参照していただきたい。
(24) 岩生成一「鎖国」(『岩波講座日本歴史 近世2』一九六七年)七八―八一頁。
これに関連して、一六二五年十月三十日付日本発、コーロスの総会長補佐宛て書翰を挙げておきたい。

「この諸島に聖福音の説教者を入れないようにし、そして当地にいる説教者を凡て殺害するための将軍《ショグン》の穿鑿は非常に厳しく、まるで彼は他のことは眼中にないかのように思われる。彼は、このようにして自国においてキリストの法を抹殺し、この法を介し、そして同キリスト教徒達の〔助けヵ〕によって、われわれがこの帝国をスペイン国王に服従させようと狙っている、という自分の危惧が解消出来る、と思っている。このため、一六二一年から今年一六二五年に至る迄、マカオにおいて巡察師がいかに尽力しても、イエズス会士は一人も当地に渡来することが出来ない。この逆風の猛りが鎮まらない間は、人の力では何人も渡来出来ないと思われる。

シャム、カンボジャ、コチンシナ等に渡航する日本人の船は前以て長崎奉行の前で信仰を棄てない限り、キリスト教徒を乗せて行ってはならない、という法が存在する。このため、利益に盲目になった大勢の人々が、キリストに背を向けた。毎年船が出帆する前に、同奉行の役人達が、搭乗する人々の中にキリスト教徒がいないか調べるために、その全員を取調べに行く。またコチンシナに渡航する者は間諜を連れて行き、これが、背教者の中にそこに駐在しているイエズス会士を訪ねたり、これと交渉を持ったりする者はいないか、福音の法に立返る者はいないかを探る。

また、渡航先から、その地であらかじめ信仰を棄てない限り、キリスト教徒を連れて来てはならない。当地に妻子を持つ日本人であっても然りである、との禁令が行われている。そしてこれらの船が戻った時に、この点厳しい取調べが行われる。」(Jap. Sin. 37, f. 229.)

また、これは日本船に対する取締りの強化についてであるが、一六二五年三月十二日付日本発、パシェコの総会長補佐宛て書翰に次のように記述されている。

「叙品をうけたヨーロッパ人や日本人が変装して渡来することのないよう、全面的に門戸を鎖すために、海外に渡航する日本人の船に対し、船に登録されている者以外は、海外に滞在している日本人を何人も船に乗せて来てはいけない旨命じた。さらに、海外からの船が着く下《シモ》の国々の殿達《トノス》に対し、船を発見したら何人も上陸させてはならない。全員を名簿につけ、直ちに長崎奉行に通報するように、との指令を送った。」(Jap. Sin. 38, f. 182, 182v.)

パシェコは一六二五年十一月十六日付日本発の総会長宛て書翰の中でも次のように記述している。

「異教徒の長崎奉行は、キリスト教徒を脱落させるためにあらゆる策を講じている。今年、海外から渡来した日本人キリスト教徒を全員脱落させた。彼等を捕えたり、彼等が船に積んで来た財を没収することはしなかったが、棄教しようとしなかった一人に対しては、投獄してその財を没収した。さらに、海外から渡来した船に別の船で近付いてはいけない、と命じた。凡ては聖福音の司祭が何人も上陸しないようにするための措置である。そして日本人やヨーロッパ人のパードレが渡来しはしないかをつきとめるために、非常に厳しい穿鑿が行われ、全員が名簿につけられる。」(Jap. Sin. 38, f. 188.)

(25)　岩生成一「近世日支貿易に関する数量的考察」(『史学雑誌』六十二巻十一号)九頁。

(26)　一六二七年三月三十一日付マカオ発、一六二六年年報に次のように記述されている。「諸事情がこのような状態になり、信徒の迫害者は、自分達の策謀が望み通りの効果を信徒に及ぼさないのを見て、そこで、多くの人々を常に破滅させずにはおかない一つの策略を考え出した。それは彼等の生活を支えているかねと、そこからの儲けを彼等から奪うこと、精神面で彼等を破滅させるために、物質面でこれを破滅させよう、と決意した。長崎の住民は、通常外国からそこに渡来する貿易船を利用した商業活動に依存して生活している。即ち、貿易船がもたらす商品を売買する。更に、彼等の中に富裕な人々がおり、外国人から商品を買う以外に、彼等にかねを貸して儲けることもしている。彼等は日本国外に渡航する同国人に対しても同じことをしている。上述の二人の迫害者〔長谷川権六と末次平蔵のこと――引用者〕はカーザの盗人であり、長崎の住民を困らせる手段をよく知っているので、新任の奉行〔水野河内守のこと――引用者〕に対して、同市のキリスト教徒を凡て脱落させるには、彼等が日本国外に送ったかねを奪うこと以上に効果的な手段はない、と言ってこれに働きかけた。その金額は二三万クルザドに上ったということである。この点で彼等は、キリスト教徒であって法を棄てない者は、送った銀を凡て目録に記すように、そしてもしも信仰を堅持するならその銀を凡て没収するが、信仰を棄てた者はそれを全うして儲けを得ることが出来る旨、触れを出させることに合意した。」(Jap. Sin. 63, ff. 68v., 69.)

即ち、日本人信徒によるポルトガル船への投資が相当な金額に上っていたことが明らかになると同時に、長崎奉行がキリシタン対策の一環としてこれに干渉を加えて来たことが判る。

一六二六年十月五日付日本発、コーロスの総会長宛ての書翰にもこれに関連した記事が見られるので挙げておく。

「将軍《ショグン》は、自分の寵臣で水野河内という新しい奉行を、今迄奉行であった権六の代りに長崎に送って来た。彼は去る六月に到着した。彼の到着により、彼が定めた法律に基づいて同市における迫害の焔が点火された。それはまるで、凡てを破壊し尽してしまおうとしているのではないかと思える程である。彼は凡てのキリスト教徒に対し、貿易のために日本国外に送ったかねの額を目録にして出すよう命じた。というのは、貿易船が着いたら、それに乗って来た人々から、彼等が各人から受取って運んだ額が判るからである。そして、もしも誰か自分が送ったかねのことを隠したことが露顕したら、直ちに死刑に処せられる定めであった。殆ど全員がこの命令に従った。そしてその総額は、二三万クルザド以上に上ったということである。

信仰を棄てた者全員にはそのかねを返すが、棄教しない者からはそれを没収する、という定めである。これによって多くの人々の意志が弱くなった。殊に最も富裕な人々がそうであった。」(Jap. Sin. 37, f. 238. J. F. Schütte, *Introductio*, pp. 250, 251.)

右の二点の史料の記事は、日本人信徒が海外貿易のために内外の商人に貸付けていた金額が二三万クルザドにも上ったことを伝えている。恐らくその内の多くが、ポルトガル人に対する貸付けであったとみてよいであろう。問題は、この金額がその頃ポルトガルの日本貿易の取引高の中でどの位の割合を占めたかという点であるが、肝心の長崎におけるポルトガル船の売上高について、未だ確言出来る段階ではない。十六世紀の間と一六一〇年代までは、ポルトガル船の年間売上高として四〇万―八〇万クルザド前後の金額が教会史料にいくつか認められるが、生憎一六二〇年代以後については未だ適当な関係記事を見出すことが出来ない。従って一六二六年に日本人信徒が主としてポルトガル人に貸付けていた二三万クルザドが、その当時のポルトガル船の売上高の中でどの程度の割合であったものか、確かなところは判らないが、相当に大きな比重を占めたことは推測出来よう。

(27) Jap. Sin. 35, f. 184.

(28) 日本イエズス会の貿易活動は生糸のみを扱ったわけではなかった。その他の商品のことについては「キリシタン教会の貿易活動――とくに生糸以外の商品について」(『社会経済史学』四十三巻一号)で取上げた。

付　通貨の換算率

当時ポルトガル人はインドで様々な通貨の単位を使用していたが、その各〻について年代別に正確な価値を明らかにすることは非常に難かしい問題であり、殆ど不可能に近いことだとも言えよう。クルザド(＝ドゥカド)・タエル・パルダオといった頻出する通貨単位の換算率のみについて、収集しえた関係史料を挙げてその大凡のところを示してみたい。

タエル対クルザド、ドゥカドの比率

1　一五七五年十月二日付カブラルのゴア管区長代理マヌエル・テイシェイラ宛て書翰に、「既に私が当地に来た時に、毎年の経費は二〇〇〇タエルに上った。これは三〇〇〇ドゥカドにも相当しよう。」[(1)]と記述されている。一タエル＝一・五ドゥカドの率となる。

2　一五八〇年六月ヴァリニャーノが作成した日本の上長のための規則は、彼の署名があるポルトガル文の原文と、そのスペイン文の写しが伝存しているが、その内ポルトガル文の原文には、「(長崎・茂木)両所の武装を一層強化し、大砲その他必要な物を一層配備するため、毎年ポルトガル船が支払う中から一〇〇タエルを費すこと。」[(2)]と記されているのに対し、スペイン文の方には、これが一五〇ドゥカドとなっている。[(3)]即ち、ここから一タエル＝一・五ドゥカドの比率が使用されたことが判る。

3　一五八一年四月十四日付京都発、フロイスの書翰に、「彼(柴田勝家のこと——引用者)は昨日信長を訪問し、黄金三〇枚と茶の湯の道具三つを献じた。この道具は一つ三〇〇〇貫の価のもので、進物のみ合せて三万クルザド、即ち二万タエルに達した上に、途中の費用、部下の衣服装飾に三万タエル即ち五万クルザドを費したということである。(4)」とあり、ここでは、二万タエル＝三万クルザド（即ち一タエル＝一・五クルザド）とも、三万タエル＝五万クルザド（即ち一タエル＝一・六六六……クルザド）とも記述されていて、食違いを見せている。

4　一五八六年十二月二十日付コチン発、ヴァリニャーノの総会長宛て書翰に、「これら各パードレに毎年一二タエル与えるよう命ぜられた。これは一六クルザドに当る。(5)」と見えている。一タエル＝一・三三三……クルザドの比率が示されている。

5　一五九〇年八月に開催された第二回日本イエズス会全体協議会に対する巡察師の裁決（一五九〇年十一月五日）に、「〔コレジオの院長や主なカーザの上長は〕地区長又は準管区長に連絡することなしに、二タエル即ちスペインの二クルザド以上の価値がある品の贈物をしてはならない。(6)」とあり、これによると一タエル＝一クルザドになる。

6　一五九一年十月二十八日付長崎発、ゴメスの総会長宛て書翰に、「〔関白はヴァリニャーノ一行の使節を迎えた日〕同パードレと二人の伴侶のパードレと二人のイルマンに対し、二〇〇〇タエル即ちクルザド相当を与えた。(7)」と見え、一タエル＝一クルザドの比率が示されている。

7　一五九四年二月八日付長崎発、ゴメスの総会長宛て書翰には、「ポルトガル人達は銀三〇〇タエルの喜捨をしてくれた。これはクルザドに換算して三五〇クルザド余に相当するものと私は思う。(8)」と見え、三〇〇タエル＝三五〇クルザド余（即ち一タエル＝一・一六六六……クルザド余）の率が記されている。

8　一五九五年十一月二十三日付ゴア発、ヴァリニャーノの総会長宛ての書翰には、「日本における毎年の経費は少なくとも八〇〇〇タエルで、これは一万二〇〇〇ドゥカドに当る。(9)」と記されており、これによると八〇〇〇タエル＝一万二〇〇〇ドゥカド（即ち一タエル＝一・五ドゥカド）の換算率になる。

9　一五九六年一月四日付マカオ発、日本司教マルティンスの国王宛て書翰には、「〔日本に渡った托鉢修道士達は〕一人のキリスト教徒の婦人に五〇〇タエル、即ちわれわれの一〇〇〇クルザドに当る金額の喜捨を求めた。(10)」と記述されており、これによると五〇〇タエル＝一〇〇〇クルザド(即ち一タエル＝二クルザド)の率になる。

10　一五九六年十二月十日ゴア発、カブラルの総会長補佐宛て書翰に、「教皇は日本にレアル貨六〇〇〇クルザドを与える。これはシナで六〇〇〇タエルに当る。(11)」と見えており、一タエル＝一クルザドの比率となる。

11　一五九六年十二月十七日付ゴア発、カブラルの総会長宛て書翰に、「日本教界の維持には毎年八〇〇〇タエル必要だと同パードレは言う。これは一万六〇〇〇パルダオに当る。しかし私は、維持費は一万だと思う。この内教皇は毎年六〇〇〇タエルを与える。というのは、レアル貨六〇〇〇クルザドはシナで六〇〇〇タエル又はそれ以上になるからである。(12)」と記されている。即ち、一タエル＝二パルダオ、及び一タエル＝一クルザド又はそれ以下という換算率が示されている。

12　ヴァリニャーノの「弁駁書」(一五九八年)に、「ピコ当り大凡九〇タエルで買入れる。これは一一レアル＝一ドゥカドで以て、大凡九〇ドゥカドに相当する。(13)」と見えており、一タエル＝一ドゥカドの比率が示されている。

13　一五九八年七月一日付マカオ発、ヴァリニャーノの書翰に、「一タエル――これはシナと日本の銀の重量の名称である――は、当地と日本で六六〇レイスに相当するのに対し、スペインにおける一ドゥカドは四三四レイスの価しかない。従って一タエルは一・五ドゥカド以上の価値がある。(14)」と記述されている。即ち、一タエル＝約一・五二ドゥカドと記されている。

14　一六〇三年十月八日付マカオ発、ヴァリニャーノの総会長宛て書翰に、「これらのカーザを維持するのに要する経費の合計が、毎年一万二〇〇〇タエルに上るということを猊下に了解していただきたい。タエルとは当地で用いられている重量単位で、大体一ドゥカド・デ・ラ・カマラに相当する。それ故、これは大凡一万五〇〇〇ドゥカドになる。[15]」と見え、一万二〇〇〇タエル＝一万五〇〇〇ドゥカド(即ち一タエル＝一・二五ドゥカド)になる。

15　一六〇三年十一月十五日付マカオ発、ヴァリニャーノの総会長宛て書翰に、「勘定は当地ではタエルを使用するが、一タエルは一ポルトガル・ドゥカドより価値がある。[16]」と見え、そして文中ではタエルとドゥカドの価値の差は僅かなものとして扱われ、両者が混用すらされている。一タエル＝一ドゥカド強の比率が用いられていると言ってよい。

16　一六〇五年三月十日付長崎発、メスキータの総会長宛て書翰に、「(内府様は)われわれに五〇〇〇ドゥカド――タエルの方が価値が高いが――を貸与した。[17]」と記されており、一タエル＝一ドゥカド強の率が示されている。

17　一六〇六年十一月四日付マカオ発、カルヴァーリョの総会長補佐宛て書翰には、「当地全体に金持は二〇人以下しかいない。その内大部分の者は四〇〇〇乃至五〇〇〇タエル以下の資産しか持っていない。これは四〇〇〇乃至五〇〇〇ポルトガル・クルザドより少し価値が高い。[18]」と記述されている。即ち、一タエル＝一クルザド強という比率になる。

18　一六〇九年十一月十二日付シナ発、ジョアン・コエリョの「日本イエズス会のカーザ、布教団、レンダ、及び経費の数字に関する短い叙述」と題する文書には、「下で言及するその他の経費を除き、カーザとレジデンシアにおいて、銀で一万五六七〇ポルトガル・クルザドを消費する。これは、シナの銀一万四四九四タエル七マス五コンドリンに相当し、レアル貨のパルダオに換算すると、一万九七七四パルダオ四マスになる。[19]」と見え、ここには、一万四四四九四タエル七マス五コンドリンが一万五六七〇クルザドに相当する(即ち一タエル＝約一・〇八一クルザド)ことが記されている。

19　ジョアン・ロドリーゲス著『日本教会史』に、「一六〇九年にわれわれが駿河にある内府の宮廷にいた時、出納係長は貯蔵量の報告をしたが、銀だけで八三〇〇万タエル即ち八三〇〇万金クルザドの銀があり、その他にも多量の金があった。[20]」と見え、一タエル＝一クルザドの比率が示されている。

20　一六一六年十二月二十五日付マカオ発、コンファロニエリの総会長補佐宛て書翰に、「〔マカオではなく、ゴアで教育をするようにすれば〕日本は三人の教師が消費するものを節約することが出来よう。これは一三五タエル即ちポルトガル・クルザドに上る。[21]」と見えている。一タエル＝一クルザドの比率になっている。

21　ヴァレンティン・カルヴァーリョの「弁駁書」（一六一七年）には、「この管区は毎年一万乃至一万二〇〇〇ポルトガル・クルザドを消費する。これは一万乃至一万二〇〇〇タエルより僅かに価値が低い。[22]」と記されている。即ち一タエル＝一クルザド強の比率を用いている。

22　一六一八年九月十九日付日本発、フランシスコ・ヴィエイラの総会長宛て書翰には、「京都のカーザはこの迫害によって破壊された時、四〇〇〇タエル以上の資産を持っていた。これは四〇〇〇ポルトガル・クルザドに相当する。[23]」とあり、一タエル＝一クルザドの換算率が示されている。

23　一六二二年九月六日付日本管区長と顧問達の意見書に、「総会長が偽りの情報によってシナに与えるよう命ずる五〇〇クルザド即ちタエルについては、われわれは我慢する。[24]」とあり、一タエル＝一クルザドの率が示されている。

24　一六二四年一月に作成された日本管区のカタログに、「日本は当地〔日本とマカオのことか――引用者〕に一万二五六六タエルの負債がある。これは一万三〇〇〇クルザド以上に相当する。[25]」と記述されている。即ち、一タエル＝一・〇三四クルザド余の比率が示されている。

25　一六二五年十一月十日付マカオ発、モレホンの総会長補佐宛て書翰に、「〔パードレ・フランシスコ・ヴィエイラは〕当地に到着し、日本が三万タエル即ちエスクードの負債があるのを知った。[26]」と記述されている。即ち一タエル

＝一エスクードの比率が示されている。

26　「マカオ市のシナ帝国及び日本王国との貿易に関するカトリック国王宛て報告」と題する文書には、「一六三四年及び一六三七年は日本から二〇四万タエルもたらされた。この内運賃として一〇パーセントの二〇万四〇〇〇クルザドが国王陛下に与えられた。[27]」とあり、ここから一タエル＝一クルザドの比率がひき出される。

タエル対パルダオの比率及びクルザド、ドゥカド対パルダオの比率

1　一五七五年十月に作成された「イエズス会がこのインド管区に所有する凡てのコレジオとレジデンシアのレンタ」と題する記録に、一八〇クルザド＝金二〇〇パルダオ、四五〇クルザド＝金五〇〇パルダオ、五二二クルザド＝金五八〇パルダオ、五四〇クルザド＝金六〇〇パルダオ、一七三七クルザド＝金一九三〇パルダオ、一八〇〇クルザド＝金二〇〇〇パルダオの換算がみえている。[28]即ち一クルザド＝一・一一一……パルダオの比率となる。

2　一五八一年九月四日付臼杵発、カブラルの総会長補佐宛ての書翰に、「巡察師が着いた時に、七〇〇〇タエル即ち一万四〇〇〇パルダオあった資産[29]」云々といった記事があり、これによると七〇〇〇タエル＝一万四〇〇〇パルダオ（即ち一タエル＝二パルダオ）の率になる。

3　一五八一年十月十三日付コエリョの総会長宛て書翰には、「今年一五八一年にインドのプロクラドールは、ゴアのコレジオが日本に借財していた五〇〇〇パルダオ即ち四五〇〇クルザドの金額を、猊下が帳消しにしてしまった、と書送って来た。[30]」とあり、これによると、四五〇〇クルザド＝五〇〇〇パルダオ（即ち一クルザド＝一・一一一……パルダオ）になる。

4　一五八四年十二月十四日付コチン発、ヴァリニャーノの総会長宛て書翰に、「短かい年月の間に負債は返済出来ると思う。負債は全部で一万クルザド即ち一万四〇〇〇パルダオに上るであろう。[31]」と見え、一クルザド＝一・四パルダオの率が示されている。
5　一五八五年十二月二十六日付ゴア発、ヴァリニャーノの総会長宛て書翰には、「この分離された修練院は、維持するのに毎年少なくとも二〇〇〇パルダオ必要とする。これは一五〇〇ドゥカドに相当する。[32]」と記述されており、これによれば一五〇〇ドゥカド＝二〇〇〇パルダオ（即ち一ドゥカド＝一・三三三……パルダオ）の換算率になる。
6　一五八七年十一月二十日付ゴア発、ヴァリニャーノの総会長宛ての書翰に、「〔日本イエズス会は〕昨年は現金で一万七六〇〇パルダオ余を消費した。これは大凡一万四〇〇〇クルザドに相当する。[33]」と記され、これによると一万四〇〇〇クルザド＝一万七六〇〇パルダオ（即ち一クルザド＝約一・二五七パルダオ）の率になる。
7　一五八九年七月二十四日付マカオ発、ヴァリニャーノの総会長宛て書翰には、「〔教皇の喜捨は〕非常に確実であったとしても、四〇〇〇クルザド即ち五三〇〇パルダオにすぎない。[34]」と見え、四〇〇〇クルザド＝五三〇〇パルダオ（即ち一クルザド＝一・三二五パルダオ）になる。
8　一五九三年一月一日付マカオ発、ヴァリニャーノの総会長宛て書翰には、「一回の日本航海は、インドにおいて二万三〇〇〇乃至二万四〇〇〇パルダオ迄にしか売れない。これは一万二〇〇〇ドゥカド余にすぎない。[35]」と記されており、一ドゥカド＝二パルダオ弱の比率が示されている。
9　一五九三年十二月十五日付コチン発、カブラルの総会長宛ての書翰には、ヴァリニャーノが帰国した少年使節の一行を伴って関白に謁見した際の、京都までの旅行について述べた中で、「御地に赴くパードレ・ヒル・デ・ラ・マタが私に語ったところによると、一行の食費だけで毎月三〇〇タエルかかったということで、これは六〇〇パルダオに相当する。」と見え、さらにつづいて「〔このヴァリニャーノからの高価な贈物の返礼として〕関白殿《コンパクンドノ》は彼に対し、長崎の教会とカーザを破壊するよう命じた。パードレ・ルイス・フロイスは、それは一万タエル、即ち二万パルダオに価するものであった、と私に書送って来た。[36]」とあり、これによると三〇〇タエル＝六〇〇パルダオ、及び一万タエル＝二万パルダオ（即ち一タエル＝二パルダオ）の換算率になる。

10　一五九三年十二月二十五日付コチン発、カブラルの総会長宛て書翰には、日本イエズス会の生糸貿易について述べた中で、「私が日本にいた当時、投資額を少くするように命じたので、現在行われている貿易の三分の一余の規模であったが、そこから毎年少くとも六〇〇〇―七〇〇〇タエルの利益があった。これは一万二〇〇〇―一万四〇〇〇パルダオに相当する。」と見え、さらに「今度日本で一人の男が死亡したが、彼はイエズス会に七〇〇〇タエルを寄附したということである。これは一万四〇〇〇パルダオに相当する。[37]」とも記されていて、ここでも六〇〇〇―七〇〇〇タエル＝一万二〇〇〇―一万四〇〇〇パルダオ、及び七〇〇〇タエル＝一万四〇〇〇パルダオ（即ち一タエル＝二パルダオ）の換算率が示されている。

11　一五九四年十一月九日付マカオ発、ヴァリニャーノの総会長宛て書翰に、「インドで死んだイルマン・ガスパル・ヴィエガスは日本に一五〇〇パルダオを遺贈したが、これは大凡一〇〇〇クルザドに当る。[38]」と見え、これによると一〇〇〇クルザド＝一五〇〇パルダオ（即ち一クルザド＝一・五パルダオ）ということになる。

12　一五九六年十一月二十六日付ゴア発、ヴァリニャーノの総会長宛て書翰に、「この外に、われわれはバサインのいくつかの村に、二〇〇〇パルダオのレンタを買入れた。これは一〇〇〇クルザド余に相当するであろう。[39]」と記述されており、これによれば、一〇〇〇クルザド余＝二〇〇〇パルダオ（即ち一クルザド＝二パルダオ弱）の率になる。

13　一六〇三年十月八日付マカオ発、ヴァリニャーノの総会長宛て書翰に、「一六〇二年のモンスーンでパードレ・アルベルトと共に来た二〇人のイエズス会士は、インドに着いたとたんに四〇〇〇パルダオを消費してしまった。これは三〇〇〇ドゥカドに当る。[40]」とあり、これによると三〇〇〇ドゥカド＝四〇〇〇パルダオ(即ち一ドゥカド＝一・三三三……パルダオ)の率になる。

14　先に引用した一六〇九年十一月十二日付シナ発、ジョアン・コエリョの「日本イエズス会のカーザ、布教団、レンダ、及び経費の数字に関する短い叙述」と題する文書には、一万四四九四タエル七マス五コンドリンは一万九七七四パルダオ四マスに相当し(即ち一タエル＝約一・三六四パルダオ)、一万五六七〇クルザドも一万九七七四パルダオ四マスに相当する(即ち一クルザド＝約一・二六二パルダオ)ことが記述されていた。また同文書に「貧者や追放された人々に毎年八〇〇クルザドを費す。これは一〇〇九パルダオ四マスに相当する。[41]」と記述されている。ここから一クルザド＝約一・二五パルダオの比率が引出される。

これらの史料に見られる換算率を表示すると次のようになる。

	史	料	換	算	率
1	1575. 10. 2	カブラル	1 タエル ＝	1.5 ドゥカド	
2	1580. 6	ヴァリニャーノ「規則」	1 タエル ＝	1.5 ドゥカド	
3	1581. 4. 14	フロイス	｛1 タエル ＝	1.5 クルザド	
			｛1 タエル ＝	1.666…… クルザド	
4	1586. 12. 20	ヴァリニャーノ	1 タエル ＝	1.333…… クルザド	
5	1590. 11. 5	ヴァリニャーノ「裁決」	1 タエル ＝	1 クルザド	
6	1591. 10. 28	ゴメス	1 タエル ＝	1 クルザド	
7	1594. 2. 8	ゴメス	1 タエル ＝	1.1666…… クルザド余	

8	1595.11.23	ヴァリニャーノ	1タエル ＝ 1.5 ドゥカド
9	1596. 1. 4	マルティンス	1タエル ＝ 2 クルザド
10	1596.12.10	カブラル	1タエル ＝ 1 クルザド
11	1596.12.17	カブラル	1タエル ＝ 1 クルザド又はそれ以下
12	1598	ヴァリニャーノ「弁駁書」	1タエル ＝ 1 ドゥカド
13	1598. 7. 1	ヴァリニャーノ	1タエル ＝ 約 1.52 ドゥカド
14	1603.10. 8	ヴァリニャーノ	1タエル ＝ 1.25 ドゥカド
15	1603.11.15	ヴァリニャーノ	1タエル ＝ 1 ドゥカド強
16	1605. 3.10	メスキータ	1タエル ＝ 1 ドゥカド強
17	1606.11. 4	カルヴァーリョ	1タエル ＝ 1 クルザド強
18	1609.11.12	コエリョ	1タエル ＝ 約 1.081 クルザド
19		ロドリーゲス『日本教会史』	1タエル ＝ 1 クルザド
20	1616.12.25	コンファロニエリ	1タエル ＝ 1 クルザド
21	1617	カルヴァーリョ「弁駁書」	1タエル ＝ 1 クルザド強
22	1618. 9.19	ヴィエイラ	1タエル ＝ 1 クルザド
23	1622. 9. 6	管区長と顧問達	1タエル ＝ 1 クルザド
24	1624. 1	「カタログ」	1タエル ＝ 1.034 クルザド余
25	1625.11.10	モレホン	1タエル ＝ 1 エスクード
26		「国王宛て報告」	1タエル ＝ 1 クルザド
1	1575.10	「コレジオとレジデンシアのレンタ」	1クルザド ＝ 1.111…… パルダオ
2	1581. 9. 4	カブラル	1タエル ＝ 2 パルダオ
3	1581.10.13	コエリョ	1クルザド ＝ 1.111…… パルダオ
4	1584.12.14	ヴァリニャーノ	1クルザド ＝ 1.4 パルダオ

	史料	換算率
5	1585.12.26 ヴァリニャーノ	1 ドゥカド ＝ 1.333…… パルダオ
6	1587.11.20 ヴァリニャーノ	1 クルザド ＝ 約 1.257 パルダオ
7	1589. 7.24 ヴァリニャーノ	1 クルザド ＝ 1.325 パルダオ
8	1593. 1. 1 ヴァリニャーノ	1 ドゥカド ＝ 2 パルダオ弱
9	1593.12.15 カブラル	1 タエル ＝ 2 パルダオ
10	1593.12.25 カブラル	1 タエル ＝ 2 パルダオ
11	1594.11. 9 ヴァリニャーノ	1 クルザド ＝ 1.5 パルダオ
12	1596.11.26 ヴァリニャーノ	1 クルザド ＝ 2 パルダオ弱
前出	1596.12.17 カブラル	1 タエル ＝ 2 パルダオ
13	1603.10. 8 ヴァリニャーノ	1 ドゥカド ＝ 1.333…… パルダオ
14	1609.11.12 コエリョ	1 タエル ＝ 約 1.364 パルダオ 1 クルザド ＝ 約 1.262 パルダオ／約 1.25 パルダオ

(1) Jap. Sin. 7–I, f. 321v.

(2) Jap. Sin. 49, f. 256v.

(3) Jap. Sin. 8–I, f. 262.

(4) *Cartas que os Padres e Irmãos da Companhia de Jesus escreverão dos Reynos de Japão & China aos da mesma Companhia da India, & Europa, desdo anno de 1549 atè o de 1580,* Segunda Parte, Évora, 1598, f. 4, 4v.（村上直次郎訳註『耶蘇会の日本年報』第1輯、拓文堂、昭和十八年、一三四・一三五頁も参照した）。尚、A. Valignano & J. L. Alvarez-Taladriz, *Sumario,* introducción, p. 48. にこの史料に見られる換算率がとり上げてある。

(5) Jap. Sin. 10–II, f. 207v.

(6) A. Valignano & J. L. Alvarez-Taladriz, *Adiciones del Sumario de Japón*, Apéndice II, pp. 660, 661.

(7) Jap. Sin. 11–II, f. 257.

(8) Jap. Sin. 12–I, f. 170v.

(9) Jap. Sin. 12–II, f. 317.

(10) Jap. Sin. 20–II, f. 45v.

(11) Goa 32, f. 587v.

(12) Goa 32, f. 583v.

(13) Jap. Sin. 41, f. 82v.

(14) Jap. Sin. 13–I, f. 135v.

(15) Jap. Sin. 14–I, f. 131.

(16) Jap. Sin. 14–I, f. 146v.

(17) Jap. Sin. 36, f. 6.

(18) Jap. Sin. 14–II, f. 263.

(19) Jap. Sin. 23, f. 37v.

(20) João Rodrigues Tçuzzu & João do Amaral Abranches Pinto, *História da Igreja do Japão*, Macau, 1954, p. 143. (ジョアン・ロドリーゲス『日本教会史』上、岩波書店、一九六七年、二六八頁)。

(21) Jap. Sin. 17, f. 34.

(22) Valentim Carvalho, Apologia e reposta a hum tratado feito pello P.e Frei Sebastião de S. Pedro da Ordem de S. Fr.co q. se intitula recopilação das causas por q. o Emperador de Japão desterrou de seus reynos todos os padres, núm. 31, Biblioteca Nazionale Centrale Vittorio Emanuele II, Fondo Gesuìtico 1469.

(23) Jap. Sin. 17, f. 154.

(24) Jap. Sin. 18–I, f. 1v.

(25) Jap. Sin. 25, ff. 139v., 140. (J. F. Schütte, *Monumenta*, I, p. 969.)

(26) Jap. Sin. 18–I, f. 53v.
(27) Jap. Sin. 27, f. 284v.
(28) Goa 22–I, f. 57. (*Documenta Indica*, X, pp. 60, 61.)
(29) Jap. Sin. 9–I, f. 23v.
(30) Jap. Sin. 9–I, f. 41v. 一五八二年一月十二日付コエリョの総会長宛ての書翰にもこれと同じ文章が記述されている(Jap. Sin. 9–I, f. 76v.)。
(31) Goa 13–I, f. 221. (*Documenta Indica*, XIII, p. 691.)
(32) Jap. Sin. 10–I, f. 112.
(33) Jap. Sin. 10–II, f. 293v.
(34) Jap. Sin. 11–I, f. 107v.
(35) Jap. Sin. 12–I, f. 6v.
(36) 両引用文ともにGoa 14, f. 154.
(37) 両引用文ともにGoa 14, f. 182. 一五九三年十二月十五日付コチン発、カブラルの総会長宛て書翰も同文(Goa 14, f. 150, 150v.)。
(38) Jap. Sin. 12–II, f. 223.
(39) Jap. Sin. 13–I, f. 31v.
(40) Jap. Sin. 14–I, f. 131v.
(41) Jap. Sin. 23, f. 37v.

あとがき

本書は、学生時代以来キリシタン関係の文献・史料に取組んできた私の研究活動の成果を一纏めにしたものである。キリシタン史研究は、明治以来これまでに内外の研究者によって大きな蓄積がなされており、私も常にその恩恵に浴してきた。しかしそれと同時に、従来の研究では比較的取上げられることの少なかった所を今一つ掘下げた奥に何があるか知りたいという私の疑問は、大きくなるばかりであった。この、従来のキリシタン史では被い隠された側面をつきとめたいという気持から、私は研究を進めてきたといってよい。それは根本的には、キリシタン布教を普遍的なカトリック世界布教の一環として取上げる傾向が強いこれまでのキリシタン史研究に対し、教会の世俗的活動や世俗との関りを解明することによって、キリシタン布教事業を現実の歴史の中でとらえたいという気持であった。尤も、そのようなことは今になって振返ってみて言えることであって、実際はただ興味のおもむくままに研究を進めてきた、というのが偽りのないところである。

本書に収めた論文は、既発表のものと新たに書下した未発表のものがあるが、それは次の通りである。

第一部第一章　『思想』昭和四十六年十月号

第二章　未発表

第三章　『史学』四十二巻三号(昭和四十五年二月)、四十三巻三号(昭和四十五年十二月)、四十四巻四号(昭和四十七年四月)

第二部第一章　未発表

第二章　未発表
第三章　未発表
第四章　未発表
第五章『史学』四十六巻一号（昭和四十九年六月）、四十六巻二号（昭和四十九年十二月）
第六章『社会経済史学』四十一巻二号（昭和五十年七月）
第七章『史学』四十五巻二号（昭和四十八年一月）
第八章『社会経済史学』四十巻一号（昭和四十九年六月）
第九章『日本歴史』昭和五十年十一月号
第十章『史学』四十七巻一・二号（昭和五十年十二月）

すべて最近七年間に書いたものではあるが、それ以前からの勉強が直接間接その土台になっている。その意味で、昭和四十年から四十二年にかけて二年間ポルトガル、スペイン、イタリアに留学する機会に恵まれたことは、単に史料採訪ということ以上に私にとって貴重な学習期間となった。曲りなりにも教会の関係古文書を使用出来るようになったのも、この期間にその基礎を身につけることが出来たからである。本書を作成する上で、先学の業績に多大な恩恵を蒙ったことは勿論であるが、直接的には主として未刊の教会史料を利用した。これはヨーロッパ各地の文書館・図書館に所在するものであるが、その大半はローマのイエズス会文書館に架蔵されている良質の関係文書である。私は、先の留学中の一カ月と昭和四十八年春の二カ月と都合二度、最初は矢沢利彦教授、二度目の時はイエズス会H・チースリク神父の紹介で同文書館を訪れ、史料の収集をすることが出来たが、その外にも何回にもわたって文書の写真を郵送してもらった。また近年わが国でも、マイクロフィルムによる海外所在日本関係史料の収集が組織的に進められており、既に東京にいてかなりな程度にまでこの方面の文書を見ることが出来るようになっているが、その内特に東大史料編纂所架蔵のものを私は多く利用させてもらった。

私が研究活動を進める上で教えを受け、お世話になった方々や諸機関は多数に上り、そのお名前をすべてを挙げて謝意を表することは不可能である。ただ、ポルトガル、スペインの文献・史料に精通され、わが国における日欧交渉史研究の水準を高めた岡本良知教授、ポルトガルの海外活動について幅広く取上げ、その広い視野から日本キリシタン史・日欧交渉史の研究にすぐれた業績を上げたC・R・ボクサー教授、ローマのイエズス会本部にあってキリシタン史研究に専念し、関係史料に通暁している点現在第一人者といえるJ・F・シュッテ神父、及びヴァリニャーノを軸にその周辺をめぐる豊富な史料紹介とすぐれた研究を進めておられるJ・L・アルバレス・タラドリス教授の四氏を、主として著書・論文を通してであるが、最も学ぶところ大きかった方々として銘記したい。

また諸機関としては、前記イエズス会文書館と東大史料編纂所の外には、国内では東洋文庫と上智大学キリシタン文庫、海外ではスペインの王立史学士院図書館とインド綜合文書館、ポルトガルのアジュダ図書館と海外領土史研究所、イギリスの大英博物館等に架蔵されているものを殊に多く利用させてもらった。また身近な所では、幸い慶応義塾図書館にも幸田成友先生の旧蔵書を中心にこの関係の文献がかなりあったことは、私にとって有難かった。

学生時代以来私が指導をうけてきた慶応義塾大学史学科の諸先生・先輩・同僚の方々から蒙った恩恵も特記しなければならない。殊に昭和五十年度に一年間研究休暇を許されたことは貴重な機会であって、この期間に収録論文の内の未発表のもの五篇を書いたばかりでなく、既発表のものについても全面的に見直し、一、二篇を除いてかなり大幅に訂正加除筆することが出来た。本書は原稿の段階で岩生成一・吉田小五郎・中井信彦・清水潤三の諸先生に、ご多忙の中を目を通していただき、いろいろ有益な助言を得ることが出来た。特に吉田先生には学生時代以来大変にお世話になってきた。先生のご指導がなければ、私がキリシタン史研究の道を進むこともありえなかったであろう。なお、教会史料の解読については、碑文谷カトリック教会デルコル神父とイエズス会コエリョ神父から教えを受けた。

本書の出版に関しては、岩波書店の石原保徳氏に特にお世話になったことも銘記しておきたい。このような特殊な内容のものにも拘らず出版することが出来たのは、私にとってまことにうれしいことであり、ここに至るまでにお世話になった大勢の方々に厚くお礼申上げたい。ただ私が未熟なため、多くの不備・誤りがあるものと恐れている。この点多くの方々からのご教示をお願い申上げたい。

昭和五十二年五月

著　者

■岩波オンデマンドブックス■

キリシタン時代の研究

1977年9月28日　第1刷発行
2015年1月9日　オンデマンド版発行

著　者　高瀬《たかせ》弘一郎《こういちろう》

発行者　岡本　厚

発行所　株式会社　岩波書店
〒101-8002 東京都千代田区一ツ橋2-5-5
電話案内 03-5210-4000
http://www.iwanami.co.jp/

印刷／製本・法令印刷

ISBN 978-4-00-730166-7　　Printed in Japan

索　　　引

1. 本文・註の人名・地名・事項の主なものを五十音順に配列した(但，「品目」の細目だけは分類別に配列した).
2. 人名は原則としてその標準的な称呼を表記した.
3. 頻出するもの(例：ヴァリニャーノ，生糸，クルザド，タエル等)は省略した.
4. 引用文献の著者は省略した.
5. 修道会士の欧文名の最後に付したS. J. はイエズス会，O. F. M. はフランシスコ会，O. P. はドミニコ会，O. S. A. はアウグスチノ会の略称である.
6. →は参照を示す.

ア

アウグスチノ会(――士)　4, 5, 27, 31, 50, 77, 78, 103, 312
アウグスティノ(アウグスティン，アグスティノ)津守殿　→小西行長
アクィナス，トマス Aquinas, Thomas　85
アクワヴィーヴァ，クラウディオ Aquaviva, Claudio S. J.　290, 339, 343, 357, 463, 490, 551, 567, 568, 573, 621, 638
アジュダ図書館 Biblioteca da Ajuda　261, 262, 329, 330, 438, 439, 450, 451, 452, 508, 509, 510, 511, 513, 545, 546, 547, 549, 550, 552, 596, 604, 605, 608, 613, 614, 615, 636, 657
アゼヴェード，ジェロニモ・デ Azevedo, Jerónimo de　509
アセンシオン，マルティン・デ・ラ Ascensión, Martín de la O. F. M.　32
アソーレス諸島 Açores, Ilhas dos　9, 15, 16, 34, 169
アタイデ，ルイス・デ Ataíde, Luís de　454, 473, 482
安土　222, 364, 366, 414, 434
アフォンソ五世 Afonso V, Dom　9
アフリカ África　8, 9, 11, 12, 14, 15, 32, 33, 34
天草島　138, 144, 434, 435, 436, 551, 639
天草殿(――氏)　128, 225, 347, 434, 451, 554, 557
天草久種　438
新井白石　161, 171
アラキ・トマス(ペドロ・アントニオ) Araqui Thomas(Pedro Antonio)　170, 652
有馬　100, 107, 117, 303, 304, 433, 435, 436, 437, 576
有馬殿(――氏，――家)　109, 112, 122, 225, 288, 347, 419, 421, 426, 452, 557, 576, 578, 601
有馬晴信，鎮貴(ドン・プロタジオ，有馬の王)　107, 117, 127, 162, 352, 436, 437, 450, 554
アルヴァレス，ゴンサロ Álvares, Gonçalo S. J.　453, 454, 455, 505
アルヴァレス，ジョアン Álvares, João S. J.　382
アルカソヴァス条約 Alcaçovas, Tratado de　9, 10
アルカラ Alcalá　99
アルバレス・タラドリス，ホセ・ルイス Álvarez-Taladriz, José Luis　168, 425
アルベルト Alberto S. J.　669
アルマサン(アルマシオン) Armação (Armación)　226, 227, 259, 275,

543,551,567,573,588,600,628,629,663
——(マカオ)　66, 91, 96, 99, 202, 238,252,272,279,301,344,346,348, 350,372,378,517,520,541,573,604, 633,646
——(ローマ)　582
コロンブス(コロン, クリストーバル Colón, Cristóbal)　8,10,11,15,16
ゴンサルヴェス, アントニオ Gonçalves, António　472,476,477
ゴンサルヴェス, ブリアンダ Gonçalves, Brianda　473,479
ゴンサルヴェス, マティアス Gonçalves, Mathias　472,476
ゴンサレス, アルフォンソ Gonzáles, Alfonso S. J.　414
コンスタンティーノ　→大友義統
コント conto　189,370
コンド(ウ)ティンCondotim　471-473, 475,476,478,481-485,487-493,495, 497,503,504,508-510
コンドリン condorim　210, 244, 245, 303,304,305,665,670
コンファロニエリ,チェルソ Confalonieri, Celso S. J.　289,666,671
コンフラリア confraria　279

サ

蔡敬陽　318,319,320
財務担当パードレ　→プロクラドール
堺　176,193,330,508,532,533
鎖国　30,40,70,163,316,330,655,658
薩摩　149
——王　109,241
ザビエル, フランシスコ Xavier, Francisco S. J.　22, 49, 107, 334, 549, 582
サモラ, フアン・ポーブレ・デ Zamora, Juan Pobre de O. F. M　28,29,37
サラゴサ条約 Zaragoza, Tratado de　18-21,24,25,31,36,37
サラサール, ドミンゴ・デ Salazar, Domingo de O. P.　84,88,102
サラマンカ Salamanca　99,169
——大学　12
サルセッテ Salsete　225,347,377,380, 385,409,442,468,469,471,493-496, 509
サルメント, ローポ Sarmento, Lopo　305
サ, レオナルド・デ Sá, Leonardo de　98
沢野忠庵　→フェレイラ, クリストヴァン
サン・グレゴリオ管区 Provincia de San Gregorio　31
サンチェス, アロンソ Sánchez, Alonso S. J.　79,80,81,83,84,90,91, 98, 99,100
サンチョ, ドン　→大村喜前
サンデ, ドゥアルテ・デ Sande, Duarte de S. J.　344
サンデ, フランシスコ・デ Sande, Francisco de　77
サント・アンタン島 Santo Antão　24,28
サン・トメ島 São Tomé　18
サン・フアン島 San Juan　19
サン・フェリペ号 San Felipe　129, 133,156,157,163,169
サン・ペドロ, セバスチアン・デ San Pedro, Sebastián de O. F. M　228,261,262,328,329,552,562,563, 564,571,577,578,579,614,647,657, 673

シ

シェラフィン xerafim　189,215,224, 245,369,370,371,475,506,507
志岐　144,151,154
司教　30, 36, 147, 372, 374, 375, 378, 379,401,465
——(日本)　36, 208, 242, 244-247, 251,301,556,572,664
——(マカオ)　23
——(マニラ)　→マニラ司教
司教区　29,30,36,131,374

ス

長谷川左兵衛　562, 563, 642, 644
『破提宇子』　160
パタカ pataca　212, 217, 245, 247–250, 256, 311, 360, 472, 475, 495, 497, 510, 511, 596, 605, 608, 610, 649
パタショ船 patacho　202, 204, 205, 208, 209, 210, 240, 596, 646
パタニ Patani　26
伴天連追放令　107, 116, 117, 125, 126, 127, 129, 137, 190, 191, 192, 218, 220, 369, 373, 430, 432, 465, 536, 558, 610
パプア Papua　19
パリ外国宣教会 La Société des Missions Étrangères de Paris　70
バリャドリード Valladolid　169
バルトロメ王　→大村純忠
バレイラ，バルタザール Barreira, Balthasar S. J.　402, 403, 446
バレート，フランシスコ Barreto, Francisco　473, 479
バレート，ルイ Barreto, Rui S. J.　517
バロス，ジョアン・デ Barros, João de　13
パンカダ pancada　309, 310, 356, 357, 534, 535, 540, 564, 586, 589, 596, 597, 647, 648, 649, 656
バンダ諸島 Banda, Ilhas de　19, 24
バンドラ Bandorá　467

ヒ

ピーナ，ルイ・デ Pina, Rui de　13
東インド(ポルトガル領インド)　5, 8, 9, 14–17, 27, 29, 31, 32, 53, 78, 79, 89, 91, 290, 291, 476, 503, 516
比丘尼　60
ビスカイノ，セバスチアン Vizcaíno, Sebastián　162
ビトリア，フランシスコ・デ Vitoria, Francisco de O. P.　12, 15, 35
ピニェイラ，ドナ・アンナ Pinheira, Dona Anna　473
ピニェイラ，ドナ・マリア Pinheira, Dona Maria　454, 473, 482
ピニェイロ，ブラズ Pinheiro, Braz　471
ヒメネス　Ximenes (S. J. ?)　394
平戸　102, 103, 108, 166, 170, 199, 303, 426, 434, 657
平戸の王　→松浦鎮信
平山常陳事件　171, 654
ビリャマンリーケ，マルケス・デ Villamanrique, Marqués de　102
ビリャローホス，ルイ・ロペス・デ Villalobos, Ruy López de　19
ピレス，フランシスコ Pírez, Francisco S. J.　248, 256, 260, 328, 574, 596, 597, 645, 646
ピント，アルヴァロ Pinto, Alvaro　473, 478
ピント，アンドレ Pinto, André S. J.　337, 550
品目(商品・必需品・進物)
　米　412, 434, 435, 436, 450
　大麦　450
　小麦　450
　パン　65, 412
　菓子　52, 63
　果物　65, 437
　梨　65
　乾燥果物　524
　砂糖煮の果物　62, 65
　砂糖　287, 530, 624
　塩　437
　牛肉　65
　鳥肉　52, 65
　ハム　524
　チーズ　62, 524
　ゆで卵　65
　魚　437
　マンジャール・レアル manjar real　65
　野菜　434, 437
　葡萄酒　59, 62, 63, 523, 534, 651
　オリーブ油　523
　薬品　530, 563
　牛黄　52
　山荒の結石　396

フ

フェレイラ，アントニオ Ferreira, António 289
フェレイラ，クリストヴァン Ferreira, Christóvão S. J. 160, 519, 520, 545
フォンセーカ，ジョルジェ・ダ Fonseca, Jorge da 473, 479
フォンセーカ，ペドロ・ダ Fonseca, Pedro da S. J. 53, 458
不干斎ファビアン 60, 160
布教聖省 Sacra Congregatio de Propaganda Fide 30, 70
布教保護権 Padroado 8, 22, 23, 24, 29, 30, 35, 36, 41, 69, 75, 106, 157, 163, 166, 168, 362, 374, 386, 617, 638
「服務規定」(ヴァリニャーノ，1592年) 237, 255, 259, 637
——(パシオ，1612年) 295, 325, 329, 547, 550, 565, 566, 567, 572, 578, 624-627, 631, 632, 636, 637
フスタ船 fusta 111, 112, 116, 153, 155, 167
府内 434, 437, 463, 464
府内司教 →司教(日本)
府内司教区 →司教区(日本)
フラガータ船 fragata 97, 101
ブラス，トメ Bras, Thomé 289
プラド，ライムンド Prado, Raymundo S. J. 132
フランカヴィラ公 Francavila, Duque de 625, 637
フランシスコ王 →大友義鎮
フランシスコ会(——士) 27, 28, 30, 31, 32, 71, 88, 129, 162, 170, 198, 312, 533, 549, 561, 562, 563, 577, 578, 598, 609, 613
フランス 70
ブランダン，ディオゴ Brandão, Diogo S. J. 66, 359, 360, 511
ブルネイ Burnei 102
フローレス諸島 Flores, Islas de las 9
フロイス，ルイス Fróis, Luís S. J. 50, 71, 119, 120, 127, 128, 176, 185, 186, 190, 214, 223, 234, 235, 268, 516, 662, 669, 670
プロクラドール(管区代表) Procurador →イエズス会日本管区代表
プロクラドール Procurador (インド管区の駐インド) 458, 465, 468, 469, 470, 509, 667
——(インド管区の駐リスボン) 468
——(シナ布教の) 327
——(日本管区の駐ゴア) 252, 253, 379, 398, 465, 466-470, 472, 481, 491, 503, 509, 515, 525, 539, 550
——(日本管区の駐長崎) 57, 58, 60, 62, 63, 181, 187, 188, 192, 194, 195, 206, 210, 217, 220, 224, 234, 239, 244, 251, 272, 274, 293, 294, 295, 302, 309, 326, 338, 339, 341, 342, 350, 351, 356, 359, 424, 439, 440, 第二部第六章, 553, 559, 566-570, 572, 573, 575, 578, 579, 588, 590, 593, 600, 618, 620, 621, 627, 628, 629, 632, 636, 637, 638
——(日本管区の駐マカオ) 210, 242, 246, 252, 253, 260, 272, 273, 276, 283, 284, 288, 294, 295, 296, 298, 299, 301, 303-308, 323, 328, 329, 337, 338, 339, 341-344, 346, 348-352, 354, 356, 424, 433, 434, 515, 517, 518, 520, 521, 525, 527, 534, 535, 538-542, 546, 550, 551, 567, 568, 570, 572, 575, 579, 604, 627, 628
——(日本管区の駐マドリード) 213, 383, 384, 391, 403, 406, 409, 444, 446, 466, 515, 606
——(日本管区の駐リスボン) 249, 250, 260, 390, 391, 398, 405, 406, 465, 466, 515, 525
——(日本管区の駐ローマ) 466
ブロシャード，コスタ Brochado, Costa 15, 35
プロタジオ，ドン →有馬晴信
プロテスタント 333

豊後　109, 121, 136, 167, 179, 183, 184, 186, 188, 189, 303, 304, 364, 365, 419, 433, 434, 435, 463
——地区長　184, 188, 434, 537

ヘ

ベーラ, サンティアゴ・デ Vera, Santiago de　102, 103, 105, 166
ヘシオ, ドン・フアン・バウティスタ Gessio, Don Juan Bautista　20, 24, 36
ペソ peso　249, 256
ペッソア, アンドレ Pessoa, André　283, 289, 290, 328, 601
紅屋彦兵衛　320
ベラスコ, ルイス・デ Velasco, Luis de　19
ベラルミノ枢機卿 Belarmino, Cardenal　200, 397, 446
ペルー Perú　80, 87, 95, 97, 100, 132
ペレストレル, エステヴァン Perestrel, Estévão　505
「弁駁書」(ヴァリニャーノ)　32, 46, 47, 198, 216, 221, 226, 424, 425, 449, 450, 451, 465, 493, 508, 509, 542, 543, 551, 552, 586, 595, 597, 598, 607, 609, 613, 664, 671
「弁駁書」(カルヴァーリョ)　211, 212, 217, 228, 248, 250, 251, 256, 261, 262, 282, 293, 328, 329, 543, 552, 562, 563, 574, 577, 578, 579, 601, 602, 603, 608, 614, 647, 648, 657, 666, 671, 673

ホ

ボイル, ベルナルド Boil, Bernardo(ミニミ会)　34
ポーロ, ジョバンニ・バッティスタ Porro, Giovanni Battista S. J.　60, 72
ボカーロ, アントニオ Bocarro, António　316
ボクサー, チャールズ・ラルフ Boxer, Charles Ralph　370
ボジャドール Bojador　9
ボルジェス, マノエル Borges, Manoel S. J.　303, 304, 520, 534
ボルジェス, ルイス・メルグーリャン Borges, Luís Mergulhão　475, 476
ポルトガル・イエズス会管区長　52, 468
ポルトガル国王　4, 6, 7, 18, 43, 362, 366, 386, 409, 454, 461, 462, 471-478, 482, 493, 503, 506, 617
——の給付金　225, 226, 231, 268, 279, 306, 339, 340, 345, 347, 349, 353, 358, 362, 363, 364, 366-369, 372, 374, 375, 377-387, 401, 405, 429, 455, 456, 463-466, 468, 469, 486, 487, 492, 494, 504, 506, 510, 525, 617, 625, 626, 637, 641
ポルトガル審議会 Conselho de Portugal　26, 28, 625
ポルトガル船の欠航・遭難　189, 191, 205, 209, 235, 236, 242, 243, 257, 267, 268, 271, 280, 296, 298, 299, 301, 309, 339, 353, 354, 361, 364, 365, 393, 412, 414, 426, 428, 451, 458, 505, 526, 527, 528, 564, 570, 589, 590, 592, 593, 599, 601, 603, 604, 610
ポルトガルの征服　第一部第一章, 44, 45, 47, 132, 157, 163
ポルトガル, ドン・パウロ・デ Portugal, Dom Paulo de　207
ポルト・サント島 Porto Santo　9
ボルネオ Borneo　19, 20, 24, 132
ボルハ, ドン・フアン・デ Borja, Don Juan de　23
ボルハ, フランシスコ Borja, Francisco　453
ポンヴェン Ponvem　471, 472, 475, 476, 481-485, 487-493, 495, 497, 503, 504, 509, 510
ボンベイ Bombaím　454, 467, 472, 474, 475, 482, 483, 495, 496, 497, 502, 503, 509, 510, 511

マ

マードレ・〔デ・〕ディオス，マヌエル・デ・ラ Madre[de]Dios, Manuel de la O. S. A.　4, 5
マードレ・デ・デウス号 Madre de Deus →ノッサ・セニョーラ・ダ・グラッサ号
マカオ=長崎間貿易　27, 28, 46, 55, 56, 57, 129, 134, 142, 153, 167, 228, 281, 310, 316, 317, 318, 322, 323, 324, 336, 373, 428, 441, 442, 443, 530, 532, 533, 534, 553, 558, 562, 565, 571, 581, 588, 618, 第二部第十章, 668
マカオにおけるイエズス会の商業活動　339-352, 354, 531, 534, 539, 542, 551, 556, 558, 560, 561, 564, 566, 572, 574, 575, 576, 583, 585, 586, 598, 599, 624, 625
マカオの帰属　20, 22, 23, 24
マス maz　210, 244, 245, 303, 304, 305, 665, 670
マスカレーニャス，アントニオ Mascarenhas, António S. J.　382, 384, 601
マスカレーニャス，ヌーノ Mascarenhas, Nuno S. J.　378, 380-385, 443
マゼラン(マガリャンエス，フェルナン・デ Magalhães, Fernão de)　17
マタ，ヒル・デ・ラ Mata, Gil de la S. J.　44, 50, 53, 193, 280, 371, 393-397, 404, 436, 468, 469, 668
松浦鎮信(法印)　102, 103, 104
松倉重政　576
松田毅一　448
マデイラ諸島 Madeira, Ilhas da　9, 287
マトス，カブリエル・デ Matos, Gabriel de S. J.　66, 359
マドリード Madrid　170, 387, 391, 393, 395, 399, 402, 404, 405, 406, 409
マナドス Manados　19
マニラ Manila　26, 28, 30, 31, 32, 56, 77, 107, 129, 132, 133, 145, 169, 296, 311, 565, 566, 597, 654
マニラ司教　84, 88, 90, 99, 114, 117
マニラ司教区会議　21
マニラ大司教　30
マニラ=日本間貿易　→スペインの日本貿易
マヌエル，ドン Manuel, Dom　14
マラッカ Malaca　20, 22, 24, 28, 29, 31, 42, 81, 96, 157, 225, 267, 268, 285, 290, 347, 362, 363, 366, 367, 368, 381, 385, 391, 396, 443, 455, 456, 463, 464, 468, 486, 487, 492, 493, 510, 515, 525, 634
マルガン Margão　371
マルティンス，ドン・ペドロ Martins, Dom Pedro S. J.　5, 664, 671
マルティンス，フェルナン Martins, Fernão S. J.　323, 324, 342, 343, 348, 354, 531, 541, 542
マロル Marol　476, 480, 481, 491
マンリーケ，フランシスコ Manrique, Francisco O. S. A.　103

ミ

三浦按針(Adams, William)　55
水野守信(河内守)　660
ミゼリコルヂアの組　147
ミナ Mina　11, 33, 34
京都(ミヤコ)　65, 125, 134, 135, 136, 138, 141, 144, 150, 159, 183, 184, 186, 188, 193, 419, 433, 434, 435, 508, 519, 523, 533, 554, 629, 666, 668
京都地区長　184, 188, 520, 537, 629
ミラン，ディオゴ Mirão, Diogo S. J.　582
ミンダナオ島 Mindanao　19, 24

ム

ムーラ mura　476-480
村山当安　60, 562
ムルガン Mulgão　471, 472, 473, 475, 476, 479, 481-485, 490-493, 495, 497, 503, 504, 508

メ

モ

ヤ

ユ

ヨ

ラ

リ

ル

レ

ロ